LAROUSSE du Cheval et du poney

LAROUSSE du Cheval et du poney

Sous la direction de
Bertrand de Perthuis

LAROUSSE

21 Rue du Montparnasse 75283 Paris cedex 06

Directeur d'ouvrage
Bertrand de Perthuis, ancien cavalier de compétition, auteur d'ouvrages sur l'équitation, éleveur amateur

Auteurs
Jean-François Ballereau, cavalier, grand randonneur, auteur d'ouvrages sur les chevaux
Matthieu Belloir, auteur de rubriques juridiques dans diverses revues hippiques françaises
Brigitte Blanche, journaliste, ancienne collaboratrice à *Cheval Magazine*
Diego de Bodard, président de la Société de Vènerie
Henry Château, vétérinaire diplômé de l'École nationale vétérinaire de Maison-Alfort
Nathalie Calvo Platero, journaliste équestrre, spécialiste des poneys
Christian Delâge, ancien cavalier professionnel, présentateur d'évènements équestres, journaliste à *L'Eperon*
Muriel Estrade, cavalière et journaliste équestre
Catherine Fleury, vétérinaire diplômée de l'École nationale vétérinaire de Lyon, directrice du département des sciences et techniques hippiques de l'Institut hippique Bourgelat
Jacinte Giscard d'Estaing, présidente du Paris Horse show, présidente de Poneyland
Michel-Antoine Leblanc, éthologiste
Marie-Hélène Merlin, cavalière de dressage, journaliste équestre
Alban Poudret, éditeur, rédacteur en chef du *Cavalier romand,* chroniqueur à la Radio Suisse Romande, à *L'Eperon* et au *Matin.*
Marie-Pascale Rauzier, journaliste, ancienne collaboratrice à *Cheval Magazine*

Illustrateurs
Yvan Benoist-Gironière, Philippe Meyrier

Reportage photographique
Stéphan Lefebvre

Réalisation
Hubert Deveaux & Co
Mise à jour : Martine Debrais ; adaptation graphique : Jacqueline Bloch

Direction éditoriale
Édith Ybert, Roselyne Messager, assistées de Tatiana Delesalle
Mise à jour : Nathalie Cornellana, assistée de Rupert Hasterok

Direction artistique
Laurence Lebot
Mise à jour : Emmanuel Chaspoul, assisté de Sophie Compagne

Lecture-correction
Annick Valade, assistée de Madeleine Biaujeaud

Fabrication
Isabelle Goulhot, Claire Svirmickas, Annie Botrel

Couverture
Véronique Laporte

Nous tenons à remercier, pour leur aide précieuse, Joëlle Bertomeu, cavalière et écrivain, le Docteur Denoix, professeur à l'école vétérinaire de Maisons-Alfort, Alain Francqueville, de l'École nationale d'équitation à Saumur, Éric Wauters, cavalier international et éleveur belge. Surtout nous n'oublierons pas Gilles Delaborde, photographe équestre, disparu durant la réalisation de cet ouvrage qui contient nombre de ses photos.

ISBN : 2-03-560294-7

Préface

Voici un ouvrage né avec une grande ambition, celle de vous parler amoureusement du cheval, au sens le plus large possible. Cette réédition met en valeur les constantes qui font du monde de l'équitation un univers de passion – quelle que soit la manière de le vivre et de le parcourir. Grâce aux classes vertes ou par la compétition, en découvrant les chuchoteurs ou en admirant l'École de Vienne, par l'attrait du PMU ou en dévorant livres et films de cow-boys, en imaginant des fiers étalons dans leur désert ou un shetland dans un pré, en s'amusant de petits jouets multicolores ou en dessinant des montures ailées au verso des pages d'un cahier de brouillon, chevaux et poneys ont mille et une manières de résider en nos cœurs – ou de pénétrer dans nos rêves…

Pourtant, la folie initiale parfois s'érode sur les aspérités du quotidien. Les débuts précoces confrontent les jeunes aux contraintes d'emploi du temps, d'évolution de la monture avec la croissance physique, de choix entre plusieurs disciplines. C'est pourquoi nous avons tenu à ajouter les regards d'une spécialiste en équitation poney, lorsque la spécificité de ce petit cheval le nécessite. Nous espérons que cela permettra à certains lecteurs voulant agir sur leur avenir de cavalier, de choisir la voie la meilleure pour vivre dans la continuité leur amour des poneys et des chevaux.

Ce livre s'adresse à tous, curieux ou passionnés, débutants ou cavaliers confirmés. Il aborde en effet, grâce aux contributions de spécialistes, les multiples aspects du monde équestre, de la découverte jusqu'au perfectionnement – sans pour autant se prétendre exhaustif, car il reste toujours énormément à apprendre des chevaux, aussi bon cavalier soit-on. Son glossaire très complet explique tous les termes traditionnels ou spécialisés utilisés dans les différents types d'équitation. Enfin, l'ouvrage dans son ensemble met en évidence la nécessité du « bon sens équestre » qui pourrait se caractériser par ouverture d'esprit, dialogue, maîtrise de soi et... travail : l'équitation est bel et bien une « école de vie ». Pourtant, monter à cheval ne doit pas être un pensum ; bien au contraire, l'art équestre ne peut être que joyeux. Et l'équitation « militaire », obligatoire au temps de la cavalerie et qui a marqué de son austérité les débuts des sports équestres, n'est plus d'actualité. Les jeunes découvrent désormais le poney dans des structures adaptées à la pédagogie et au jeu, puis se perfectionnent dans des centres dirigés par des professionnels de l'enseignement sportif et de loisir.

Il n'y a rien d'étonnant alors à rencontrer tant de vocations pour les métiers permettant de rester en contact avec les chevaux. Et si le monde du travail exige désormais un certain niveau d'études, il existe de nombreuses filières professionnelles qui intègrent les cours théoriques (notamment d'informatique !) à l'apprentissage « sur le terrain ». Il est ainsi agréable d'imaginer que le cheval, notre compagnon depuis plus de 3 000 ans, offre toujours aujourd'hui la possibilité de vivre au quotidien à son rythme, aussi mécanisé et informatisé que soit notre monde.

Bertrand de Perthuis

SOMMAIRE

4- LE CHEVAL AU QUOTIDIEN 160

Savoir s'occuper d'un cheval ou d'un poney

5- ANATOMIE, ÉLEVAGE ET RACES 218

Connaître chevaux et poneys dans tous leurs détails

6- AUTOUR DU CHEVAL 304

Les bons conseils et les bonnes adresses

1

COMPRENDRE LE CHEVAL

L'ÉTUDE
DES RARES CHEVAUX
VIVANT ENCORE
EN LIBERTÉ
PERMET
DE MIEUX COMPRENDRE
NOS MONTURES,
FAÇONNÉES
PAR LE MILIEU DE VIE
ET L'HISTOIRE.

Aujourd'hui comme hier, les chevaux libres vivent en petites cellules familiales, soudées par leur instinct grégaire et une stricte hiérarchie.

CHEVAUX LIBRES D'AUJOURD'HUI

IL N'EXISTE PLUS AUJOURD'HUI DE CHEVAUX VRAIMENT SAUVAGES, CAR MÊME CEUX QUI VIVENT EN TOTALE LIBERTÉ SONT LES DESCENDANTS D'ANIMAUX DOMESTIQUES ET SUBISSENT DONC PLUS OU MOINS DIRECTEMENT L'INFLUENCE DE L'HOMME. TOUTEFOIS, CERTAINS D'ENTRE EUX SONT SUFFISAMMENT LIBRES POUR AVOIR RETROUVÉ UNE AUTONOMIE « NATURELLE ».

LES MUSTANGS DE L'OUEST

Christophe Colomb, en route vers les Indes par la voie maritime occidentale, « découvre » un Nouveau Monde dépourvu de chevaux. Pourtant les lointains ancêtres de ces derniers s'y étaient développés normalement durant des millions d'années, avant de disparaître, sans explication évidente pour les scientifiques d'aujourd'hui.

En Amérique du Nord, les habitants traditionnels, les Amérindiens, vivaient en petites communautés, pratiquant un peu d'agriculture, mais le plus souvent la cueillette et la chasse sur d'immenses territoires qu'ils parcouraient à pied. Leur seul animal domestique était le chien, qu'ils utilisaient comme gardien du campement, auxiliaire de chasse et même... bête de trait ! L'introduction de chevaux par les nouveaux arrivants améliora toutes ces techniques : chasse au gros gibier en choisissant sa proie, et non plus en tuant à l'affût l'animal le plus mal en point ; transport des lourdes charges enfin possible, permettant l'amélioration de l'habitation, le tipi, démonté puis remonté à chaque campement ; vitesse de déplacement plus grande, donc temps plus long passé durant les étapes à développer des arts et traditions jusque-là purement utilitaires.

Dès les premiers voyages vers l'Amérique, parmi les chevaux embarqués se trouvaient des juments. À cette époque, les cavaliers montaient surtout des entiers : la présence de ces reproductrices tend à prouver que les premiers colons avaient prévu l'élevage de montures, sans doute à des fins militaires. Par la suite les colons amenèrent avec eux des représentants de races de trait, en prévision des travaux agricoles. Et, comme cela s'était déjà produit cinq siècles avant notre ère au Japon, comme cela se répéta à la fin du XVIIIe siècle en Australie, certains animaux réussirent à s'enfuir, et fondèrent en se reproduisant les bases d'une nouvelle population équine. Le mode de vie des différentes tribus amérindiennes influa fortement sur le développement des premiers troupeaux sauvages ; en effet, les Indiens ne développèrent pour la plupart jamais d'élevage, se contentant de capturer les montures dont ils avaient besoin. Les meilleurs chevaux étaient choisis, sortant ainsi du panel de reproduction ; les hardes étaient donc de plus en plus constituées de chevaux aux caractéristiques moins prisées. Ce qui explique les autres sources d'approvisionnement des Indiens en montures :

Aujourd'hui le mustang est en liberté surveillée et des terres, souvent des réserves nationales, lui sont concédées.

Le brumby australien mesure de 1,42 m à 1,52 m. C'est un cheval agile et vif aux membres minces, mais solides, malgré une faiblesse évidente de l'arrière-main. Ses pieds durs supportent un terrain accidenté.

l'achat (très rare) et... le vol, très valorisant pour le guerrier, mais qui fut en partie à l'origine des conflits sanglants avec les immigrants. Une exception, notable, à cette généralisation : l'élevage par les Nez-Percés d'une race tachetée de qualité, appelée « appaloosa » par déformation du nom de la rivière traversant les montagnes de l'Oregon, la Palouse.

Le développement considérable de l'élevage bovin par les colons, sur des étendues immenses, créa un besoin grandissant de gardiens de troupeaux, les cow-boys. Ceux-ci trouvèrent leurs montures dans le réservoir inépuisable des *broncos*, ces mustangs sauvages des grandes plaines qu'ils parcouraient, beaucoup moins onéreux que les chevaux d'élevage : il arrivait fréquemment que leur selle valait plusieurs fois le prix du mustang sur lequel ils la posaient. Puis ces montures interchangeables, dressées en force, ne correspondirent plus aux auxiliaires parfaits que des travaux et une équitation de plus en plus spécialisée rendaient nécessaires. L'élevage en grand nombre du quarter horse, entre autres, repoussa le mustang dans sa vie sauvage en petites bandes dispersées.

Il se reproduisit alors de façon anarchique, le cheptel atteignant plusieurs millions d'individus après la Seconde Guerre mondiale – nombre qui ne cessait de croître, entraînant dégénérescence, épuisement de la nourriture et de l'eau sur place et donc migration sur d'autres terres, souvent cultivées. L'histoire du mustang des origines pionnières fut alors oubliée, et ces chevaux furent chassés et abattus dans des proportions considérables, jusqu'à ce que l'opinion nationale et internationale s'en émeuve, et qu'un plan de sauvegarde soit institué dans les années 1990. Les animaux sont régulièrement dénombrés, et leur reproduction, limitée. Et leur race s'en trouve plutôt améliorée.

Le brumby australien

Le brumby est l'équivalent australien du mustang ; descendant de chevaux échappés parmi ceux importés par les Anglais à la fin du XVIIIe siècle, il est retourné à l'état sauvage. En effet les *stockmen*, les gardiens de troupeaux dans le *bush*, ont cessé de prélever leurs montures dans ces troupeaux errants lorsque de meilleures races ont été élevées, tel le waler.

Devenu indésirable, le brumby a été pourchassé car on le considérait comme nuisible à la végétation, au même titre que les lapins pullulant dans les plaines.

Certains reportages ont montré des éleveurs de bétail poursuivant en hélicoptère les hardes et abattant les chevaux au fusil automatique.

Une prise de conscience nationale s'est heureusement développée, venant de mouvements de protection de l'environnement et d'associations de citadins, cotisant pour financer l'adoption d'éléments sauvages de ces troupeaux et la mise en œuvre d'un plan de sauvegarde et d'encadrement en semi-liberté de ces adoptés.

Chevaux perdus d'Éthiopie

Les chevaux d'attelage de l'Égypte ancienne, la cavalerie nubienne combattant César aux côtés de Pompée, les montures de l'escadron de Mamelouks au service de Napoléon Ier, voilà tout ce que l'histoire doit aux petits chevaux d'Éthiopie. Petits certes (1,20 m à 1,40 m), mais de proportions telles qu'ils font plus penser à de vrais chevaux qu'à des poneys, frugaux et endurants ; c'est leur aptitude à supporter la chaleur et la rareté de nourriture durant la saison sèche qui permit leur développement et leur expansion géographique.

Chevaux libres d'aujourd'hui

Le commerce oriental florissant les entraîna en Arabie et en Inde ; ils ont d'ailleurs exercé une forte influence sur la race du cheval arabe. Mais c'est toujours sur les hauts plateaux d'Éthiopie que la race trouva ses meilleures conditions de vie.
La tradition pastorale des peuplades locales contribua à la préservation de ce paradis équestre qui compta près de trois millions d'individus dans les années 1970. Malheureusement, la sécheresse chronique de cette région ainsi que l'instabilité politique ont conduit à la raréfaction des troupeaux sauvages et, parallèlement, à la quasi-disparition des élevages qui auraient permis la préservation de la race lors de l'évolution d'une économie rurale traditionnelle en société mécanisée.

Depuis des siècles, le harnachement et les principes d'élevage ont très peu changé et la perche-lasso, l'urga, reste une technique propre aux cavaliers mongols.

Chevaux et... cavaliers sauvages

C'est de Mongolie que partirent des vagues d'invasions, vers la Chine puis vers la mer Caspienne, et que les Tartares déferlèrent au XIIIe siècle sur la Russie et sur presque toute l'Europe centrale. L'invention de l'étrier leur est directement ou indirectement attribuée (par les rapports étroits liés avec les Chinois). Ces cavaliers étaient supérieurs par leur tactique, leur armement (cuirasse légère et lame tranchante, plus un usage exceptionnel de l'arc), mais aussi par les rapports très étroits, presque symbiotiques, avec leurs montures. Ce peuple nomade a très tôt su profiter de tout ce que les robustes poneys qu'il élevait pouvaient lui fournir : vêtements avec sa peau, mais aussi feutre avec les poils peignés et agglomérés ; nourriture avec le lait de jument (beaucoup plus qu'avec la viande, peu prisée) ; autonomie, vitesse, liberté grâce à ces montures plus ou moins domestiquées. La tradition voulait que les Mongols ne montent jamais de juments, mais plutôt des hongres ; quant aux étalons, ils étaient réservés à la chasse aux loups... Ce peuple de cavaliers laissait donc en semi-liberté la plupart des chevaux dont il avait besoin, les suivant durant leurs déplacements en quête de nouveaux pâturages. C'est ainsi qu'aujourd'hui encore de très nombreuses hardes de quinze à vingt chevaux chacune, menées par un étalon, vivent en pleine steppe, chaque « famille », au sens large, de Mongols accompagnant et « surveillant » deux ou trois d'entre elles, et n'ayant pour tout contact avec la vie moderne qu'un aller et retour hebdomadaire en véhicule tout-terrain à la ville la plus proche. Qui nourrit l'autre ? Qui permet à l'autre de vivre selon une tradition millénaire ? En fait, chacun contribue à la liberté commune !

Des poneys sauvages

Au début du siècle, de nombreux poneys vivaient en quasi-liberté en Grande-Bretagne : petits shetlands poilus dans les îles du même nom, highlands rustiques dans les montagnes d'Écosse, exmoors et dartmoors dans les landes proches du Devon anglais. Mais l'industrialisation galopante les menaçait tellement que seul l'élevage a pu les sauver de l'extinction. En Irlande, le très célèbre connemara a lui-même dû à l'intérêt dont il était l'objet d'être élevé et sélectionné depuis près de deux siècles, alors que le pays se serait très bien prêté à la survivance d'un certain nombre de troupeaux sauvages. Il en est de même en France où

pottok et poney landais sont chacun l'objet de soins d'élevage attentifs, alors qu'il s'agit de deux races rustiques ayant durant des siècles survécu dans les bois et les montagnes.
Le paradoxe est encore poussé plus loin en Allemagne, où une race locale a été préservée (voire « retrouvée » par croisement) et protégée par réintroduction dans un immense domaine clos. Là, ces poneys dülmen sont laissés en liberté, seulement regroupés une fois par an pour dénombrement et... soins. Ce rassemblement donne lieu à des réjouissances régionales, bienvenues dans un environnement plutôt industriel.

Entre mer et montagne

Dans les Pyrénées, des troupeaux vivent également libres durant la belle saison : les petits chevaux de Mérens sont en estive dans la montagne. Mais ils ne sont pas pour autant sauvages, et redescendent – le plus souvent, tout seuls – vers leurs regroupements d'élevage en automne. Ce respect de leur mode de vie traditionnel permet à la race de conserver ses qualités de rusticité et d'agilité. Tout près de là existe aussi un pays, mi-terre mi-eau, où de petits chevaux blancs comme l'écume abandonnent encore leurs pâtures pour venir aider les hommes à braver les rapides taureaux noirs. Depuis des siècles, ils vivent dans les marais du delta du Rhône, et portent le nom de la région : « camargue ». Ce courageux cheval participa activement au développement économique local, lié à l'introduction de la culture du riz à la fin du Moyen Âge ; il était le seul animal pouvant participer au dépiquage, consistant à fouler les gerbes de riz des heures durant, en enfonçant jusqu'aux jarrets...

Mais son activité principale a toujours été le travail avec les gardians, éleveurs du petit taureau de Camargue. Vif et rapide, celui-ci partageait avec lui les pâtures marécageuses, aux trous d'eau cachés et à la végétation envahissante. Toute une équitation s'est développée autour du travail de ce bétail. Ainsi ce cheval vit-il en petites troupes constituant des manades, en semi-liberté dans ses marais originels. De même qu'aucune autre race n'a pu s'acclimater en Camargue, lui-même supporte mal une sélection et des soins sophistiqués en terrains riches ; seule exception notable, l'introduction de petits groupes de camargues dans l'estuaire de la Seine, pour « entretenir » les zones marécageuses aménagées en aval du pont de Normandie. En dehors de ce cas, toute tentative d'amélioration de la race par apport massif de sang, arabe ou barbe par exemple, a échoué : les produits sont beaux et plaisants, mais perdent en rusticité et leurs descendants ne sont plus aptes à résister aux caractéristiques de leur milieu de vie. Car, bien qu'il soit situé au sud de la France, le delta de Camargue subit fréquemment des hivers rigoureux, entraînant la prise par les glaces d'une grande partie des pâtures. L'été, la chaleur et les mouches font dépérir les chevaux d'autres races ; sans compter la nourriture constituée d'une végétation très particulière et les pièges de la vase. Cette région très singulière, menacée aujourd'hui d'inondations récurrentes, a donc façonné un cheval remarquable. Tout doit être mis en œuvre aujourd'hui pour préserver l'écosystème – et la race qui en est issue au fil du temps.

De nature résistante, robustes et adaptés à leur milieu de vie (sabots larges et faible poids leur permettant de circuler en terrain très spongieux), les camargues avaient déjà été distingués par Jules César.

Même chez les poneys rustiques comme le dartmoor, seule une certaine dose de liberté surveillée peut rappeler aujourd'hui une vie proche des origines.

L'ORGANISATION SOCIALE DES CHEVAUX LIBRES

LE CHEVAL EST UN ANIMAL SOCIAL, À LA VIE RELATIVEMENT RÉGLÉE. EN LIBERTÉ, LES CHEVAUX VIVENT EN PETITS HAREMS FAMILIAUX OU EN BANDES DE JEUNES MÂLES CÉLIBATAIRES. DE MÊME, ILS N'ERRENT PAS À L'AVENTURE, MAIS S'ATTACHENT À UN HABITAT OÙ ILS ONT LEURS HABITUDES.

La cellule familiale de base compte moins de dix individus. On est loin de l'image mythique des immenses troupeaux de chevaux sauvages.

LE HAREM FAMILIAL

Dans la nature, les chevaux vivent en petits harems familiaux, constitués d'un étalon, de quelques juments, généralement deux ou trois, et de leur progéniture. Les poulains quittant le groupe vers 2 ou 3 ans, les « hardes » de chevaux comportent donc généralement entre trois et huit individus. S'il est vrai que, parfois, plusieurs hardes peuvent se côtoyer de près et se déplacer de concert en donnant l'impression d'un troupeau soudé, de tels regroupements restent le plus souvent liés à l'intervention de l'homme. Les quelques rassemblements spontanés sont dus à des conditions d'environnement bien particulières. Et, de toute façon, ils restent temporaires et ne remettent pas en cause la structure familiale de base.

Une fois formé, le noyau familial reste stable au fil des ans, du moins en ce qui concerne les adultes. Seule la jeune classe change. Certes, l'étalon doit parfois user de menace ou d'autorité pour évincer ses rivaux et garder ses femelles. Mais, sauf événement exceptionnel, étalon et juments restent unis pour la vie. Une hiérarchie s'établit entre ces dernières en fonction de leur ordre d'arrivée dans le harem, la plus ancienne occupant le rang le plus élevé. Cette hiérarchie elle-même demeure au fil des ans. Les rares chevaux solitaires sont les mâles affaiblis par l'âge ou des individus malades.

LES JEUNES MÂLES

Les jeunes pouliches ne quittent guère leur famille que pour contribuer à en former une autre. En revanche, les jeunes mâles passent par une période de vie célibataire avant de se préoccuper de « fonder un foyer ». À l'époque de la puberté, vers 2 ans, ils désertent la harde qui les a vus naître, soit de leur propre chef, soit que l'étalon les y contraigne, et s'en vont rejoindre une bande d'autres jeunes mâles. Là, durant deux ou trois années, ces jeunes adolescents turbulents se livrent à des jeux, des bousculades et des simulacres de combat. Ils font ainsi l'apprentissage de comportements qu'ils manifesteront plus tard « pour de

vrai » lorsqu'ils affronteront d'autres étalons. C'est aussi l'occasion pour certains d'établir des liens privilégiés avec un ou deux autres jeunes arrivés en même temps qu'eux dans le groupe. La composition de la bande fluctue en fonction des arrivées et des départs, mais elle reste généralement limitée à six ou sept individus.

La quête des compagnes

Il arrive que, durant leur vie de célibataire, les poulains connaissent quelque aventure sans lendemain avec une pouliche un peu fugueuse qui, encore toute jeune, s'en retourne auprès de sa propre famille jusqu'à la mise-bas. Mais, lorsqu'ils atteignent l'âge adulte, vers 4 ou 5 ans, les jeunes mâles se mettent en quête d'une compagne stable. Il n'est pas rare alors que la ou les juments élues pour une union durable soient déjà poulinières. Il n'est pas rare non plus que deux jeunes étalons ayant noué des liens d'amitié au sein de leur bande de célibataires restent encore associés un moment avec une seule jument. Dans un tel cas, toutefois, il existe une relation hiérarchique entre les deux compagnons, et c'est essentiellement le dominant qui a droit aux faveurs de la belle.
Quoi qu'il en soit, normalement, la situation évolue vers un harem stable où chaque étalon partage sa vie avec quelques juments peu nombreuses. Il semble en effet que les chevaux manifestent une tendance assez nette à établir des relations privilégiées avec environ deux autres individus.

Le domaine vital

Loin d'errer à l'aventure par monts et par vaux, les chevaux qui vivent en liberté se montrent attachés à un habitat dans lequel ils ont leurs habitudes. Mais ils acceptent plus ou moins de partager cet habitat avec d'autres hardes : tout dépend de l'environnement. En fonction de l'espace disponible, de la richesse et de la dispersion de la nourriture et aussi de la densité de la population, les habitats de plusieurs hardes peuvent en effet plus ou moins se recouvrir. On parle dans ce cas de domaine vital et non pas de territoire. D'autres espèces d'équidés sont dites « territoriales », car elles ne supportent pas l'intrusion de congénères sur leur domaine, comme le zèbre de Grévy ou les ânes d'Afrique ou d'Asie. Mais parler du cheval comme d'un « fier étalon qui défend son territoire » relève plus du mythe que de la réalité.
Quelque peu casanier, le cheval établit généralement son domaine vital au sein de la région qui l'a vu naître et grandir, et ne semble guère tenté d'explorer d'autres contrées. En revanche, si les circonstances l'obligent à se déplacer vers d'autres cieux, il saura s'adapter et se reconstruire un nouveau domaine vital là où les hasards de la vie l'auront conduit.
Sans commune mesure avec l'espace alloué d'ordinaire aux chevaux domestiques, le domaine vital du cheval est généralement assez vaste. Sa dimension varie, toutefois, selon le type de climat et la nature du sol, la densité et la richesse de la nourriture, l'abondance ou non des sources d'abreuvement... Ainsi, dans les régions désertiques où la verdure pousse chichement, les domaines vitaux sont-ils très étendus et ne se recouvrent guère, sauf là où une ressource rare, comme un point d'eau, exige d'être partagée. Mais, là où la nourriture abonde, les chevaux se contentent d'une superficie plus restreinte et se tolèrent mieux les uns les autres.
La taille des domaines vitaux fluctue également avec les saisons et les ressources alimentaires qui

La superficie du domaine vital d'une harde varie, notamment selon les ressources alimentaires : elle avoisine une cinquantaine de kilomètres carrés dans la région du Grand Canyon du Colorado.

Equus caballus

Quand on parle du cheval, il faut aussi entendre le poney, car tout ce qu'on dit pour l'un vaut aussi bien pour l'autre. Ils appartiennent tous deux à une seule et même espèce que les zoologistes baptisent *Equus caballus*. Si la tradition établit une frontière entre cheval et poney selon que la taille au garrot de l'animal dépasse ou non 1,47 m (ce qui n'empêche pas, d'ailleurs, de nombreux « chevaux » de race camargue de se situer en dessous de cette « limite »), une telle distinction n'est significative d'aucune vraie différence de nature. Des différences existent en revanche, liées à la notion de race, qui établit des subdivisions fondées sur une parenté particulière. Celles-ci se traduisent par des similitudes de morphologie et de tempérament entre les individus au sein de l'espèce. Pour autant, tout ce que nous évoquons ici s'applique bien à tous les représentants de l'espèce cheval, dans son ensemble, quelle qu'en soit la race.

L'ORGANISATION SOCIALE DES CHEVAUX LIBRES

Les lieux préférés des roulades sont d'autant plus poussiéreux que les chevaux grattent souvent du sabot avant de s'y rouler et que, en s'y roulant, ils empêchent la végétation d'y repousser.

s'ensuivent. Concrètement, elle peut varier de quelques kilomètres carrés à quelques dizaines de kilomètres carrés.

Pâtures, points d'eau et abris

Comme dans tout habitat, certains espaces du domaine vital du cheval sont affectés à des usages spécifiques. Parmi les emplacements privilégiés naturellement se trouvent les zones de pâturage où la nourriture est particulièrement abondante, les points d'eau et tous les lieux susceptibles de servir d'abri aux chevaux : les haies et les bosquets qui les protègent du vent ou de la pluie, les divers ombrages qui les abritent du soleil, mais aussi le couvert des arbres et les endroits éventés où ils sont à l'abri des taons et autres « mouches piqueuses et suceuses de sang ». Si ces prédateurs du cheval sont moins impressionnants que les lions ou les chiens sauvages des temps anciens (auxquels sont toujours exposés leurs cousins, les zèbres), ils n'en sont pas moins redoutables. Suffisamment nombreux, les taons sont quand même capables de prélever un demi-litre de sang en une seule journée, ce qui, jour après jour, et chez les sujets jeunes ou affaiblis, peut avoir des conséquences dramatiques.

Lieux marqués

L'affectation de certains lieux à certains usages tient à la fois à leur nature et à la pratique sociale. Ainsi en est-il des lieux choisis pour la roulade. Qui n'a pas remarqué, par exemple, que les chevaux dans les prés se roulaient de préférence à certains endroits bien précis ?

Ce sont généralement des endroits plutôt sablonneux ou poussiéreux. Ce type de sol assure en effet à leur peau un massage plus efficace que l'herbe tendre. La poussière contribue également à les sécher, car ils ont tendance à se rouler lorsqu'ils sont mouillés ou qu'ils ont transpiré. Mais, outre cet aspect d'hygiène et de confort individuel, les roulades semblent comporter aussi une composante sociale qui explique qu'elles se pratiquent souvent en des lieux bien précis. C'est ainsi que la roulade d'une jument ou d'un jeune entraîne fréquemment la roulade au même endroit de l'étalon du harem. L'odeur laissée sur le terrain l'incite sans doute à se rouler au même endroit. Et,

Sur les chomadous et, en règle générale, partout où plusieurs chevaux peuvent se regrouper pour se défendre des insectes, on peut les voir en position de « chasse-mouches ».

Les chomadous

On a observé en Camargue qu'au début de l'été, à l'époque où les taons prolifèrent, et aux heures chaudes de la journée où ils se montrent particulièrement actifs, les chevaux se rassemblent pour se reposer (ou « chômer », selon l'expression locale) dans des endroits exposés aux vents dominants, que les habitants appellent des « chomadous ». En réalité, plusieurs facteurs expliquent le rassemblement des chevaux. La présence du vent réduit le nombre et l'activité des taons et rend leur « atterrissage » plus difficile. Mais le rapprochement des membres de la harde leur permet aussi de se débarrasser mutuellement des taons, soit en se frottant l'un contre l'autre, soit en se mettant tête-bêche pour se faire l'un l'autre du « chasse-mouches » avec la queue. De plus, quand plusieurs hardes se regroupent sur un même chomadou (tout en conservant néanmoins entre elles un certain espace), le risque individuel d'être piqué diminue avec l'importance du groupe. C'est là une « stratégie de défense » qu'on trouve chez de nombreuses espèces face à différents prédateurs.

en superposant son odeur à celle des membres de sa harde, l'étalon laisse sa marque de mâle du harem sur les lieux.

ITINÉRAIRES BALISÉS

Ce n'est d'ailleurs pas le seul endroit que l'étalon marque de son odeur : témoin les piles de crottin qui bordent les sentiers utilisés par différentes hardes et sur lesquelles chaque étalon dépose de nouveaux excréments !

Lorsqu'elle va d'un point à un autre, chaque harde se déplace en file indienne et suit généralement les mêmes cheminements, si bien qu'elle trace ainsi des sortes de « passées », à l'instar de bien d'autres espèces. Quand plusieurs hardes empruntent un même sentier, soit parce qu'elles partagent un même point d'eau, soit simplement parce que leurs domaines vitaux se recouvrent, le chemin est jalonné de tas de crottin pouvant atteindre 30 à 40 cm de haut, et jusqu'à 1 m de côté ! En effet, lorsqu'il passe à proximité d'excréments laissés par d'autres étalons, chaque étalon s'arrête pour les flairer, dépose quelques crottins supplémentaires sur le dessus de la pile (les chevaux font en moyenne quelque seize crottins par jour), puis flaire ses propres déjections avant de reprendre son chemin. Même s'il ne s'agit pas à proprement parler de « bornes » marquant les frontières d'un territoire, il y a là, néanmoins, un indice de concurrence entre les étalons du cru. D'ailleurs, lorsqu'il rencontre des excréments de juments, l'étalon se comporte différemment. Après les avoir flairés, et à la suite éventuellement d'une mimique caractéristique, il urine dessus, queue redressée, dans une posture campée, différente de celle qu'il utilise pour répondre à un simple besoin naturel.

Les déplacements de la harde se font en file indienne, les poulains suivant leur mère, du plus petit au plus âgé.

Zones W-C pour chevaux domestiques

Comme les chevaux qui vivent en liberté, les chevaux domestiques tracent des sentiers dans leurs enclos. Mais, à la différence de ce qui se passe dans la nature, ils ne sont pas jalonnés de piles de crottin, ne serait-ce que du fait de l'absence d'étalons, la plupart des groupes ne comportant que des juments ou des hongres.

En revanche, on remarque souvent, dans les prés, l'existence de zones W-C. De surface non négligeable, ce sont des zones d'herbes hautes, de « refus », où les chevaux viennent déposer leurs excréments. De telles zones ne semblent pas liées à la nature de la végétation qui y pousse, mais tout simplement au fait que les occupants évitent systématiquement de venir y paître.

Le point d'eau est avant tout un endroit où s'abreuver ; pourtant certains chevaux, qui ont maîtrisé leur peur instinctive de la surface miroitante, s'y baignent volontiers par temps chaud.

LES RYTHMES DE VIE

BROUTER OCCUPE PRÈS DES DEUX TIERS DE LA JOURNÉE DU CHEVAL LIBRE. CE QUI NE L'EMPÊCHE PAS DE VARIER SES ACTIVITÉS ET DE PASSER DU TEMPS À RESSERRER SES LIENS AVEC SES COMPAGNONS DE HARDE. SI LA DURÉE QU'IL CONSACRE À CHAQUE ACTIVITÉ EST ASSEZ STABLE, IL ADAPTE EN REVANCHE VOLONTIERS SES HORAIRES AUX CIRCONSTANCES.

ALIMENTATION : DE TREIZE À QUINZE HEURES

Pour se nourrir comme il convient, le cheval doit passer largement plus de la moitié de sa vie à brouter ! Rien d'étonnant à cela. Dans la nature, ce grand mammifère herbivore doit en effet se contenter d'une nourriture généralement éparse et peu énergétique, et il ne dispose même pas, comme les ruminants, d'un système digestif prévu pour « stocker » des quantités importantes d'aliments.

Résultat : les étalons consacrent en moyenne treize ou quatorze heures sur vingt-quatre à s'alimenter, et les juments environ quinze heures quand elles allaitent ou qu'elles sont en gestation. Sans parler des hivers particulièrement rigoureux qui augmentent encore leurs besoins énergétiques...

REPOS : CINQ OU SIX HEURES

Autre activité importante : le repos. Le cheval y consacre environ cinq ou six heures par jour, quand il est adulte, mais bien davantage les tout premiers mois de sa vie.

La moitié du temps de repos du cheval se passe à somnoler, debout, les oreilles en position latérale et relâchées, l'encolure et la croupe basses, les antérieurs joints, un postérieur fléchi de telle façon que seule l'extrémité du sabot touche le sol.

Vient ensuite ce qu'on appelle couramment le sommeil. Dans ce cas, le cheval dort couché, « en vache », les jambes repliées sous le corps, la tête levée ou à même le sol (on dit alors en « décubitus sternal »). Même s'il réagit par des tressaillements, des mouvements de tête ou des fouettements de queue aux atteintes des insectes, il n'en a pas conscience : il dort !

La troisième forme de repos, appelée « sommeil paradoxal », est celle durant laquelle surviennent les rêves. On le voit alors couché sur le côté, étendu de tout son long, tête reposant sur le sol, membres allongés (en « décubitus latéral »), muscles détendus. Cependant, des mouvements très rapides des yeux, des soubresauts des membres, une respiration souvent bruyante, voire des gémissements ou des plaintes témoignent d'une activité intense des cellules nerveuses du cerveau : il rêve !

VIE SOCIALE

Les autres activités auxquelles se livrent les chevaux correspondent peu ou prou à des comportements à dominante sociale. Ainsi consacrent-ils en moyenne deux heures par jour à se rendre de concert d'un endroit à un autre, pour aller boire par exemple ou simplement pour aller voir un peu plus loin si l'herbe n'y est pas plus verte...

Et puis, il y a les séances de « grattouille », pendant lesquelles on fait ami-ami en se mettant tête-bêche et en se mordillant l'encolure, le dos, la croupe, voire les épaules. C'est ce que les spécialistes désignent sous le nom de « toilettage social » (l'équivalent de l'« épouillage » chez les singes). Les étalons, surtout, passent aussi un certain temps

Des trois positions du sommeil, celle où le cheval est étendu de tout son long est la plus brève, sauf chez le poulain. C'est aussi celle au cours de laquelle il rêve !

L'ennui du temps libéré

Quel contraste entre le cheval qui, dans la nature, doit passer la majeure partie de sa journée à brouter et celui qui vit en box et que l'on nourrit d'aliments très énergétiques sous un faible volume. Quelques instants lui suffisent pour avaler grains, avoine, orge... ou granulés. Même le foin n'occupe qu'un peu du temps ainsi libéré, sauf si on le place dans un filet pour en rendre l'extraction plus difficile et donc plus lente. C'est dire l'intérêt d'une litière en paille, bien entretenue pour rester consommable, afin que le cheval, dans son box, ne sombre pas dans un ennui propice au développement de tics divers et variés (il faut bien passer le temps !).

à surveiller l'environnement, attentifs à ce qui se passe aux alentours, et prêts à prévenir la harde de tout signe annonciateur d'un danger.

Un rythme de vie très variable

Si les chevaux consacrent globalement un temps assez constant à chaque type d'activité, ils font preuve d'une grande souplesse en matière d'horaires et ont tendance à passer fréquemment d'une activité à une autre.

En réalité, leur rythme de vie dépend beaucoup de l'environnement et de la saison. Dans les régions tempérées, ils broutent plutôt, lorsque la température est douce, en pleine journée durant l'hiver, mais en début de matinée ou en fin d'après-midi au plus chaud de l'été.

De même, quand les points d'eau sont rares et qu'il leur faut marcher plusieurs kilomètres pour s'y rendre, les chevaux ne vont généralement boire qu'une ou deux fois par jour. En revanche, si la pluie a laissé des flaques abondantes, ils en profitent pour s'abreuver plus fréquemment.

Le printemps, en particulier, est marqué par toutes sortes de modifications de l'environnement et de la physiologie du cheval qui influent profondément sur son mode de vie. C'est à cette époque que le toilettage social est le plus intense, car les chevaux se débarrassent mutuellement de la « bourre », ces poils qu'ils ont accumulés tout au long de l'hiver pour se protéger des intempéries. C'est aussi bien sûr à cette époque que les étalons manifestent un comportement sexuel entreprenant, que les juments se trouvent plus réceptives, que les adolescents quittent le groupe familial... et que les plus jeunes font preuve d'une exubérance particulière dans leurs jeux.

C'est d'ailleurs aussi l'époque où naissent les poulains, dans le même temps que la fertilité et la richesse de la nature s'expriment.

Le toilettage social correspond à la fois à des fonctions d'hygiène et de resserrement des liens sociaux entre individus.

Peu d'allures rapides

Alors que les activités équestres demandent fréquemment des allures rapides, il est rare que les chevaux qui vivent en liberté trottent ou galopent spontanément. Ils le font essentiellement dans trois types de situation : pour fuir devant le danger, peu fréquent dans nos contrées ; lors des parades ou des combats entre étalons, c'est-à-dire en période de reproduction ; ou pour jouer, ce qui reste surtout le fait des jeunes mâles. Ce sont, somme toute, des activités très occasionnelles et qui concernent presque uniquement les mâles.

UN SIXIÈME SENS

SI LE CHEVAL DISPOSE DES MÊMES CINQ SENS QUE L'HOMME, ILS FONCTIONNENT TOUTEFOIS UN PEU DIFFÉREMMENT. SON ODORAT, EN PARTICULIER, EST BEAUCOUP PLUS DÉVELOPPÉ. MAIS IL POSSÈDE EN OUTRE UN SIXIÈME SENS, FORT EFFICACE, NOTAMMENT POUR RECONNAÎTRE LES JUMENTS PRÊTES À S'ACCOUPLER.

LA VUE

À la différence de celui de l'homme, le cristallin du cheval ne peut presque pas changer de forme pour lui permettre de voir alternativement un objet proche et un objet éloigné, en accroissant ou en diminuant sa convergence (ce qu'on appelle l'« accommodation dynamique »). En revanche, la forme, non pas ronde mais ovoïde, de son globe oculaire fait que la distance du cristallin à la rétine (sur laquelle se forment les images) varie : ainsi, le bas de son champ de vision est net pour les objets proches tandis que le haut de son champ de vision est net pour les objets éloignés. Cela lui permet, en même temps, de voir ce qu'il est en train de brouter et de surveiller au loin si quelque prédateur ne survient pas.

Quoi qu'on en dise parfois, il semble prouvé que le cheval soit capable de distinguer des couleurs, notamment le bleu et le rouge. Mais il est possible qu'il perçoive le jaune comme une nuance de rouge et le vert comme une tonalité de gris.

Le cheval est doté d'une bonne vision dans l'obscurité, meilleure que la nôtre, ce que l'on constate lors de chevauchées nocturnes. Cependant, il s'adapte plus lentement que nous aux variations d'éclairage, si bien que, passant de la lumière à la pénombre, nous y serons déjà accoutumés alors qu'il sera encore presque aveugle.

Enfin, son acuité visuelle, intermédiaire entre celle de l'homme et du chien ou du chat, permet au cheval une bonne reconnaissance des formes. Non seulement il peut distinguer une silhouette de cheval de celle d'autres animaux, mais il semble en mesure d'identifier les humains familiers par les traits de leur visage aussi bien que par leurs vêtements habituels.

L'OUÏE

L'ouïe du cheval, comme sa vision, apparaît bien adaptée à la détection d'éventuels dangers, jadis indispensable pour la survie de l'espèce. Sa sen-

Le cheval peut percevoir d'éventuels dangers dans tous les alentours grâce à son champ de vision particulièrement large alors même qu'il dirige son regard vers l'objet de sa curiosité ou de son inquiétude.

sibilité auditive recouvre une gamme de sons assez proche de celle que nous percevons, mais elle est plus étendue vers l'aigu, donc vers les ultrasons (or ces derniers portent plus loin que les sons plus graves). La grande mobilité de ses oreilles lui permet d'orienter très rapidement son pavillon auditif dans la direction d'où lui semble venir un bruit afin d'en détecter la nature. Il est doté de surcroît d'un système d'alerte coordonné entre la vision et l'audition, comme en témoigne la coordination des mouvements de ses yeux et de sa tête quand il entend un bruit inattendu.
S'il peut reconnaître des bruits familiers ainsi que des commandements donnés par la voix, il n'est toutefois pas capable d'identifier à coup sûr chacun de ses semblables par son hennissement. Sa capacité de discrimination des sons n'est pas extrêmement fine.

L'odorat

L'odorat est beaucoup plus développé chez le cheval que chez l'homme. En cas d'alarme, il hume l'air environnant pour y détecter les odeurs. C'est aussi grâce à l'olfaction, en particulier, qu'il peut identifier les amis et connaissances. C'est de même à l'odeur qu'une mère s'assure que le poulain qui vient la téter est bien le sien, en lui flairant la base de la queue.

Le goût

Les papilles gustatives dont est doté le cheval lui permettent de reconnaître différents niveaux de concentration de salé, de sucré, d'acide et d'amer. Son attrait pour certaines saveurs, notamment sucrées, est bien connu de tous. En pleine nature, ses choix alimentaires paraissent assez éclectiques. Mais, si vous lui faites goûter un aliment qui lui semble comestible, mais dont le goût ne lui convient pas... il le recrachera derechef !

Le toucher

Le cheval est doté d'une grande sensibilité tactile qui concerne tout son corps, comme en témoignent, notamment, ses réactions au moindre mouvement de la jambe, au « souffle de la botte » des écuyers émérites ! En témoignent aussi ses nombreux comportements de toilette : toilette individuelle lorsqu'il se gratte avec son sabot, qu'il se frotte la tête contre un antérieur (ou contre votre épaule !), le côté ou la croupe contre un arbre ou une clôture, ou qu'il se roule dans la poussière ; toilette sociale lorsque, tête-bêche avec un compagnon, deux animaux se mordillent mutuellement la base de l'encolure ou le dos. Quant aux sensibilités particulièrement fines des lèvres, du bout du nez, des paupières ou du tour des oreilles, quel ami du cheval pourrait prétendre les ignorer ?

Le sens des phéromones

Le sixième sens du cheval est une sorte de second sens de l'odorat, spécialisé dans la détection des phéromones. Ces substances chimiques volatiles émises par un animal influent sur les émotions et les comportements instinctifs, notamment sexuels, de ses congénères. Un organe particulier, l'organe voméronasal, distinct du nez et situé au-dessous de la cavité nasale, permet de percevoir ces signaux chimiques. Un tel organe a d'ailleurs été récemment identifié chez l'homme. Chez le cheval, en tout cas, il donne lieu à une mimique caractéristique qu'on appelle le flehmen ou la grimace : encolure tendue vers le haut, la lèvre supérieure largement retroussée, le cheval fait une inspiration puis retient son souffle un moment avant d'expirer. Certaines circonstances sont propices à l'expression de cette mimique, comme la présence d'un nouveau-né ou la proximité d'une jument en chaleur.

Un étalon passant près de crottins de juments va les flairer, puis, après éventuellement un flehmen, cette sorte de grimace qui lui sert à tester la nature de certaines odeurs, va uriner dessus.

Idée fausse

Parmi les légendes qui courent sur le cheval, l'une voudrait qu'il voie plus gros que l'homme... parce que son œil est plus gros. Et c'est ainsi qu'on explique couramment pourquoi il s'effarouche si facilement. Faux, totalement faux ! Il est vrai que l'œil du cheval est plus gros que celui de l'homme et que l'image qui se forme sur sa rétine est de ce fait plus grande. Mais tout ce qu'il voit, y compris son propre corps, est également plus gros et son cerveau interprète les sensations visuelles en fonction des proportions, qui, elles, restent les mêmes.

LES RELATIONS ENTRE INDIVIDUS

POUR ALERTER SES COMPAGNONS, IMPOSER SON AUTORITÉ OU MARQUER SA SOUMISSION, POUR MANIFESTER SES AFFINITÉS OU EXPRIMER SES ÉMOTIONS, LE CHEVAL PRIVILÉGIE LES SIGNAUX VISUELS. MAIS L'ODORAT ET LE TOUCHER ONT ÉGALEMENT LA PART BELLE DANS SES MODES DE COMMUNICATION.

LA POSTURE D'ALERTE

Vivant à l'état naturel dans des habitats « ouverts », où la vue porte loin et où le danger peut être détecté suffisamment à l'avance, le cheval privilégie la communication visuelle. Ainsi, pour indiquer à ses congénères qu'il leur faut fuir pour assurer leur survie, il commence par adopter une posture caractéristique.

L'étalon qui, en liberté, joue assez généralement le rôle de « guetteur » attitré de la harde, se met alors en position campée, le corps tourné vers la menace, l'encolure redressée, les oreilles pointées, la queue relevée. Si le danger devient manifeste, sa posture s'accuse et se double de hennissements d'alarme. Puis, tête et encolure hautes, et queue carrément en panache, l'étalon fait quelques foulées rapides vers la source de son inquiétude. Pendant ce temps, la harde se rassemble et, attentive aux signaux de l'étalon, s'apprête à la fuite. Alors les juments et leur progéniture fuient en premier, suivies de l'étalon, qui les presse.

L'ESCALADE DES MENACES

La stabilité du harem familial et la hiérarchie établie entre ses membres adultes font que chaque animal sait dans quelle relation, de dominant ou de subordonné, il se trouve par rapport à un autre. De ce fait, les manifestations d'hostilité dégénèrent rarement en combat.

Une simple menace, plus ou moins prononcée, suffit généralement pour que le dominé se soumette, avec plus ou moins de bonne volonté. Pour exprimer une légère menace, le cheval commence par coucher les oreilles. Puis, s'il le faut, il balance sa tête de haut en bas tout en allongeant l'encolure et en fouettant l'air avec sa queue. Ensuite, la montée en puissance de l'agression peut prendre deux formes : soit l'assaillant charge son partenaire, qui prend alors la fuite ; soit, plus fréquemment, toute sa physionomie exprime son mécontentement, les dents découvertes, les traits tirés vers l'arrière. Si cela ne suffit pas, il fera semblant de mordre dans le vide, puis, le cas échéant,

La posture de guet de l'étalon est un comportement hérité de l'époque où les chevaux devaient être constamment en alerte pour fuir quand menaçait quelque grand prédateur.

Ce sont les oreilles qui indiquent les premiers symptômes de mécontentement, en étant plus ou moins couchées vers l'arrière.

Les « amis »

Les préférences individuelles peuvent varier selon les circonstances. Ainsi, tel cheval appréciera de pratiquer le toilettage social avec tel compagnon d'herbage, mais choisira, par contre, de se reposer plutôt aux côtés d'un autre.
En outre, les « amis de nos amis » n'étant pas toujours nos amis, des rivalités voire des jalousies viennent parfois troubler l'harmonie des relations amicales. C'est le cas en particulier à l'occasion de modifications dans la structure sociale du groupe.

Des « amis » vont rester très proches durant les périodes de repos, presque à se toucher.

il finira par mordre carrément son partenaire. Lorsque le comportement agressif est le fait d'un subordonné ou correspond à une réaction de défense, il s'exprime, en revanche, par les postérieurs plutôt qu'avec la tête : l'animal couche les oreilles et tourne la croupe, puis, s'il y a lieu, il esquisse une ruade ou effectue, même, une franche ruade des deux postérieurs.

Évitement et soumission

Face aux menaces d'un dominant, un subordonné manifeste des conduites d'évitement. Soit il se contente de détourner la tête, souvent en couchant les oreilles (ce qui exprime une sorte de mécontentement), soit il s'éloigne au pas dans cette même position, soit, dans les cas extrêmes, il prend carrément la fuite. Mais, en tout état de cause, il garde sa queue immobile, en position basse. Pour autant, il n'est pas totalement exclu que, dans sa fuite, il décoche une bonne ruade à son agresseur.

De façon courante, lorsqu'un dominant approche, le subordonné a plutôt tendance à l'éviter. Le jeune poulain manifeste, quant à lui, sa soumission par un comportement qui lui est propre et qui consiste en une sorte de « mâchouillement » ou de claquement de dents.

Les affinités électives

S'il peut survenir des conflits ou exister des inimitiés au sein des hardes, les comportements que l'on y observe le plus couramment expriment surtout des relations de bon voisinage et des préférences individuelles marquées.
C'est en particulier ce que se manifestent deux individus (rarement trois) lorsqu'ils procèdent à une toilette mutuelle, ou toilettage social. Après s'être généralement flairé les naseaux, ils se mettent dans une position caractéristique, côte à côte et tête-bêche, puis se mordillent doucement l'encolure, le garrot, le dos, la croupe, la base de la queue. Ils ont alors une expression détendue et les

dents découvertes, sans que les lèvres soient pour autant retroussées.

Ce comportement de toilettage social, très répandu chez les différentes espèces animales, a en fait une double fonction, comme son nom l'indique. Il a d'abord une fonction hygiénique de soins corporels. C'est un moyen pour les deux compagnons de se débarrasser des crins et des poils morts, en particulier dans des endroits qu'ils peuvent difficilement atteindre par eux-mêmes. C'est la raison pour laquelle il est particulièrement fréquent au printemps. Il a aussi une fonction sociale d'entretien de la relation entre les individus et d'apaisement. C'est souvent d'ailleurs un subordonné qui a l'initiative d'une telle toilette vis-à-vis d'un dominant. Plus généralement, les comportements de contact ou même de simple proximité expriment clairement une préférence mutuelle entre individus. On peut ainsi voir l'un se frotter la tête contre le corps de l'autre ou rester immobile, au contact, en laissant reposer sa tête sur lui. Les flairages mutuels ne servent pas seulement à identifier un congénère, mais ils se pratiquent également entre « amis ». La simple proximité au repos est aussi la marque d'une sympathie. C'est le cas par exemple quand les chevaux somnolent debout côte à côte, en étant tournés dans la même direction, ou qu'ils se mettent tête-bêche et se font mutuellement du « chasse-mouches ».

Un répertoire vocal varié

Bien que le vocabulaire français courant ne retienne que le hennissement et l'ébrouement, le répertoire vocal du cheval est en réalité nettement plus riche. Les sons qu'il peut émettre se modulent de façon plus ou moins continue, du grave à

Bouche ouverte, oreilles dressées vers l'avant, le cheval hennit vers un confrère, par exemple à l'occasion d'une séparation ou lors de retrouvailles.

l'aigu, du fort au faible et du bref au long. Les sons émis correspondent à un certain état d'excitation de l'animal et expriment différentes émotions : attente, frustration, inquiétude, menace... On peut toutefois répartir ces appels en sept catégories : le soupir, l'appel de contact, le couinement (ou grincement), le renâclement (ou ronflement), le hennissement proprement dit, l'ébrouement (ou éternuement) et le grondement. Le soupir correspond à une sorte de frémissement soufflé, de faible intensité. C'est l'appel le plus doux, émis entre deux compagnons très proches l'un de l'autre.

L'appel de contact s'effectue bouche fermée, mais naseaux largement dilatés, et se traduit par un frémissement sourd et modulé. Plus fort que le soupir, il est néanmoins toujours émis lorsque l'interlocuteur est à faible distance et indique généralement soit une certaine appréhension, soit l'attente. C'est un type d'appel émis par une jument lorsque son poulain s'éloigne, par un étalon vis-à-vis d'une jument en chaleur, par les chevaux domestiques à l'approche de leur soigneur, en particulier lors de la distribution de nourriture.

Le couinement de colère, ou grincement, est un son aigu et bref, que le cheval amorce bouche fermée, commissures retroussées, et qu'il peut achever bouche ouverte. C'est un cri de combat, associé à la menace ou à la défense, émis par exemple à l'occasion de bagarres entre des juments ou lorsqu'une jument refuse un étalon.

Le renâclement, ou ronflement, est le résultat d'une vibration des naseaux, dont le son porte loin. Il manifeste une vive inquiétude, voire l'effroi et s'accompagne d'une forte tension fréquemment assortie d'une grande agitation. Un cheval qui aperçoit un intrus, par exemple, peut émettre des ronflements avant de s'enfuir, puis de revenir prudemment.

Le hennissement, poussé bouche ouverte, est un cri qui peut porter jusqu'à une distance de un kilomètre. Proféré le plus souvent à l'occasion d'une séparation, il suscite fréquemment une réponse de même nature, et s'accompagne d'un état d'excitation manifeste. Lorsque les comparses se retrouvent, il n'est pas rare que le même scénario se reproduise dès qu'ils s'aperçoivent au loin. C'est également le cri que lancent les étalons avant de s'affronter.

L'ébrouement, ou éternuement, permet au premier chef de dégager des naseaux irrités du fait, par exemple, de la poussière ou des mouches. Toutefois, il survient aussi à l'occasion d'un changement d'état : lorsqu'on remet en mouvement un cheval resté un temps immobile, ou immédiatement après être allé à une allure soutenue.

Le grondement, enfin, qui est émis bouche ouverte et qui se traduit par un son d'intensité assez faible, révèle en général un sentiment d'inconfort ou de fatigue. Il est parfois produit par des étalons mis en présence de juments qui ne sont pas en chaleur.

Toute prise de contact entre deux individus séparés pendant quelque temps ou qui ne se connaissent pas, commence par un « naseaux à naseaux » au cours duquel chacun flaire le souffle de l'autre.

Pour être sûr de se comprendre

Pour faire passer des messages « forts » ou éviter toute équivoque, le cheval utilise en réalité souvent non pas un mode de communication, mais plusieurs, soit simultanément soit successivement. C'est notamment le cas dans des situations de grande tension, en cas de danger ou lorsque la colère gronde. De même que l'homme qui veut alerter, convaincre... ou séduire ne s'exprime pas seulement avec des mots, mais joint le geste et les mimiques à la parole, le cheval renforce son message visuel en donnant de la voix. Lorsqu'une mère est séparée de son poulain, elle le recherche en se guidant, dans un premier temps, sur ses hennissements ou la couleur de sa robe. Ce sont là des indices qui se perçoivent de loin. Mais ils restent un peu incertains, aussi n'est-elle assurée de l'avoir retrouvé qu'après l'avoir longuement flairé.

MÂLE ET FEMELLE : DES RÔLES COMPLÉMENTAIRES

OUTRE LEURS COMPORTEMENTS SEXUELS ET LE RÔLE MATERNEL DE LA JUMENT, MÂLE ET FEMELLE EN LIBERTÉ ONT CHACUN LEURS SPÉCIALITÉS. L'ÉTALON S'OCCUPE DAVANTAGE DES RELATIONS EXTÉRIEURES DE LA HARDE ALORS QUE LA JUMENT EN CONSTITUE LE CŒUR. LEURS RAPPORTS SONT PLUTÔT FONDÉS SUR LE CONSENTEMENT MUTUEL QUE SUR L'AUTORITÉ.

COMBATS DE CHEFS

Certains comportements propres aux étalons, comme le fait de baliser les sentiers de piles de crottin, sont l'indice d'une certaine concurrence entre les différents « chefs de famille » qui se partagent les lieux. Cette concurrence devient tout à fait manifeste et s'exprime avec vigueur lorsque, à la saison des amours, certains cherchent à conquérir quelque jument ayant déjà établi des liens « conjugaux » pour constituer ou compléter leur propre harem. Surviennent alors des affrontements qui, selon les cas, peuvent se limiter à de simples escarmouches ou dégénérer en de furieux combats. Lorsque l'affaire est un peu sérieuse, c'est tout un rituel qui se déroule, souvent précédé par un cérémonial d'examen à distance, de flairage et de dépôts de crottin, de postures d'intimidations, etc. Avant d'en « venir aux sabots », les étalons s'approchent l'un de l'autre, oreilles pointées, tête haute, encolure arquée, queue en panache, d'un trot ample qui se mue en « passage ». Arrivés à proximité, ils se font un « naseaux à naseaux », tendus, grattant parfois le sol, poussant éventuellement un couinement de colère. Puis, souvent, ils se livrent à une inspection générale du rival en flairant tout son corps, de l'encolure à la queue. À moins qu'ils ne s'adonnent à quelques autres manœuvres d'intimidation : se « mettre au passage » côte à côte, se menacer, encenser de la tête, se bousculer de l'épaule...
Lorsqu'enfin ils entament réellement le combat, les étalons usent de toutes leurs armes : le poids pour bousculer l'autre et si possible le renverser, la mâchoire, qui distribue de vigoureuses morsures à l'encolure, aux membres, antérieurs et postérieurs, ou sur le corps, les sabots qui servent en se dressant à « boxer » l'adversaire, ou à lui décocher d'énergiques coups de botte. Quoi qu'il en soit, la bataille est rude, les adversaires s'acharnent l'un contre l'autre, tandis que les juments paissent paisiblement, comme indifférentes...
Parfois les combattants s'interrompent pour aller renifler un tas de crottin, y déposer quelques excréments, et le renifler à nouveau, ou pour s'examiner à distance et se défier par des postures d'intimidation. Puis la lutte reprend plus furieusement encore. À moins qu'elle ne s'arrête tout bonnement. Car, même s'il arrive que l'un des protagonistes prenne le dessus et chasse l'autre en le poursuivant, le combat cesse le plus souvent de lui-même, par une sorte de consentement mutuel.

UN IMPÉRIEUX « GUIDAGE »

L'étalon se comporte tout différemment pour imposer son autorité aux juments, soit qu'il veuille ramener au bercail l'une de ses proches qui tend à s'éloigner un peu trop à son goût, soit qu'il cherche à faire une nouvelle conquête. Il adopte alors un comportement bien particulier de « guidage par l'arrière » : oreilles couchées, encolure tendue et basse, avec une sorte de balancement ou

Les étalons se combattent vraiment à coups d'antérieurs et de morsures, mais ils n'hésitent pas à recourir également aux ruades, bien qu'il faille pour cela tourner le dos à l'adversaire.

Après le combat, les deux étalons vont rejoindre leurs harems respectifs...

Échange de vantardises

Pour tenter d'impressionner leur rival, les étalons se contentent parfois d'échanger quelques vantardises. Ils se gonflent, se grandissent, amplifient leur allure, affirment leur vigueur et paradent ainsi en mesurant du regard l'adversaire. Puis, après s'être ainsi testés, ils se remettent tranquillement à brouter !

Même si l'étalon se trouve à 10 ou 20 m d'elle, la jument qui présente des velléités de fugue obtempère immédiatement au « guidage par l'arrière » et rejoint la harde.

d'ondulation de la tête, il poursuit la jument en orientant sa course. Un tel comportement semble, d'évidence, très impérieux à la jument, d'autant plus impérieux d'ailleurs que l'encolure est tendue plus bas. S'il s'agit d'une belle étrangère qui n'est pas encline à se laisser séduire, elle ne trouvera son salut que dans une fuite précipitée.

Des rôles complémentaires

Si l'étalon peut parfois imposer sa volonté aux juments, c'est loin d'être toujours le cas. Le plus souvent, elles sont d'ailleurs largement consentantes. Il existe en particulier deux types de situations dans lesquelles les juments ne se laissent pas intimider. Lorsqu'elles ne sont pas prêtes à répondre aux avances du mâle, elles se montrent tout à fait capables de le lui faire savoir, et vigoureusement s'il insiste trop. De même, au cours des tout premiers jours de vie de leur poulain, elles savent s'il y a lieu d'empêcher avec énergie l'étalon de l'approcher.

Lorsqu'on observe la constitution des harems, on constate également que les juments ne se laissent pas séduire par n'importe qui ! Elles ont leur mot à dire dans le choix du partenaire. Et, une fois qu'elles ont intégré un harem, elles ne se laissent généralement pas, non plus, entraîner par les chevaliers errants. Elles contribuent pour beaucoup à la stabilité de la harde. On a d'ailleurs vu des harems dont l'étalon mourait et qui conservaient leur intégrité, pendant parfois plusieurs mois, jusqu'à ce qu'un autre étalon prenne la relève.

Ainsi les juments constituent-elles le cœur de la harde. Ce sont elles qui, s'occupant des jeunes, sont le ciment de la famille. Elles n'entretiennent que peu de relations avec les étrangers au groupe. Lorsqu'une nouvelle venue survient, l'autre jument ou les autres l'accueillent tout d'abord avec réticence et même en l'agressant. Mais, une fois qu'elle a compris que sa place est au bas de la hiérarchie, elle est acceptée et le lien qui lie les différentes femelles est d'une grande solidité.

L'étalon, en revanche, semble beaucoup plus occupé par les relations extérieures : c'est lui qui, le plus souvent, fait le guet ou donne l'alerte, puis se met à l'arrière de la harde, en couverture, en cas de fuite. C'est lui qui combat, mais c'est aussi lui qui évite les contacts inutiles avec d'autres hardes en s'assurant éventuellement de la disponibilité des lieux avant de s'approcher d'un point d'eau. En définitive, plutôt qu'un rapport d'autorité, c'est une complémentarité qui régit les rôles sociaux de l'étalon et des juments.

La jument sait manifester son mécontentement si elle ne désire pas être importunée par un mâle, même s'il s'agit de l'étalon en titre.

Si le cheval s'effraie
à la moindre alerte
et s'il est prompt à prendre
la fuite, même
pour une cause minime,
c'est parce que
la fuite est le
comportement inné
que la sélection naturelle
a retenu face
à un danger potentiel.

DES PRÉDISPOSITIONS NATURELLES

CONNAÎTRE LE COMPORTEMENT DU CHEVAL EN LIBERTÉ PERMET DE MIEUX COMPRENDRE SES PRÉDISPOSITIONS NATURELLES OU SES DIFFICULTÉS DANS SES RELATIONS AVEC LES HUMAINS. ROUTINIER MAIS ADAPTABLE, IL A DE GRANDES CAPACITÉS D'APPRENTISSAGE. SOCIABLE, IL A BESOIN D'ÉTABLIR DES LIENS DURABLES, MAIS NE S'ATTACHE QU'À QUELQUES RARES FAMILIERS.

FIDÈLE ET RESPECTUEUX

L'une des caractéristiques essentielles du cheval est sa sociabilité, son besoin d'établir des liens durables avec quelques familiers, peu nombreux. C'est dire le triste sort qui lui est réservé lorsqu'il se retrouve à longueur de temps isolé dans un pré. Cela permet aussi de comprendre le contraste entre l'indifférence dont le cheval peut faire preuve à l'égard de nombreux cavaliers et l'attachement qu'il manifeste vis-à-vis de compagnons, même bipèdes, attentifs et fidèles.

Ces relations sociales se développent naturellement dans un contexte hiérarchique qui contribue à limiter les affrontements. La venue d'un nouveau dans un groupe déjà constitué entraîne une courte période de confrontations après laquelle s'installe un ordre hiérarchique tel qu'une légère menace de la part du dominant suffit pour que le subordonné s'écarte sans barguigner ! Ainsi l'homme qui sait trouver sa place dans la société des chevaux, où règnent la stabilité, l'autorité et la mesure, peut-il espérer bénéficier de façon constante de la déférence due à son rang.

CASANIER MAIS PAS RIGIDE

Le cheval manifeste peu d'attrait pour le changement, aussi bien dans son habitat que sur le plan social. Une fois installé sur son domaine vital, il n'en bougera plus, se contentant seulement de l'élargir en hiver ou de le restreindre en été, selon que la nourriture est clairsemée ou abondante. En revanche, s'il se trouve transplanté dans un autre lieu, il saura fort bien s'y adapter et ne tardera pas à s'y reconstituer des habitudes. Sa souplesse d'adaptation, conjuguée avec sa tendance à s'installer dans des habitudes, fait qu'il se « routine » assez facilement, aptitude que l'homme a su avantageusement utiliser à son profit.

DOUÉ POUR L'APPRENTISSAGE

La capacité d'adaptation du cheval, son aptitude à réagir à des sollicitations très ténues et sa grande mémoire expliquent les performances que l'on obtient par le dressage.

La forme la plus simple d'apprentissage, appelée accoutumance ou habituation, se produit quand on répète un événement, au départ inattendu,

Parfois au simple bruit du chariot d'aliments, même sans l'avoir vu, les chevaux manifestent leur impatience à être nourris.

sans le faire suivre d'aucun effet, ni positif, ni négatif. Elle permet à l'individu d'éviter de s'alarmer inutilement.

La deuxième forme d'apprentissage est le conditionnement classique, illustré par le chien de Pavlov. Elle consiste à faire précéder un événement provoquant une réaction chez l'animal d'un autre événement, au départ sans signification. Au bout d'un certain nombre de répétitions, ce deuxième événement prend une valeur de signal et suffit pour déclencher la réaction. C'est ainsi, par exemple, que le cheval manifeste son impatience d'être nourri dès qu'il entend la voix de son soigneur sans même avoir aperçu la nourriture.

La troisième forme, l'« apprentissage par essais et erreurs » ou conditionnement « instrumental », repose sur la récompense ou la punition (« renforcement » positif ou négatif) d'une action spontanée ou provoquée. Ainsi en est-il du cheval qui, en jouant avec le loquet de sa porte, finit par l'ouvrir et en est récompensé par l'ouverture de celle-ci, et, plus encore, par la nourriture qu'il peut trouver à proximité. Ainsi du poulain qui, ne réagissant pas à la menace d'une jument étrangère accompagnée de son poulain, en reçoit un coup de botte, et apprend à décoder de cette manière les signaux de communication de son espèce.

Les différentes méthodes de dressage mettent en œuvre l'une ou l'autre de ces formes d'apprentissage, voire une combinaison de celles-ci. Des études ont montré que les séances d'apprentissage courtes et espacées de plusieurs jours (apprentissage « distribué ») étaient plus efficaces que des séances longues et très répétées (apprentissage « massé »), ce qui confirme l'adage « pour un bon dressage, il faut savoir prendre son temps ». Sans être sûr des clés du succès, la clarté des demandes et la constance avec laquelle on sanctionne, de façon positive ou négative, la réponse à ces demandes sont bien sûr essentielles.

Intelligent ?

Au-delà de ses capacités d'apprentissage, peut-on dire du cheval qu'il est intelligent ? C'est une question à laquelle il est difficile de répondre dans la mesure où la forme d'intelligence d'une espèce animale est liée aux problèmes qu'elle a à résoudre. Aussi ne peut-on s'attendre à trouver la même forme d'intelligence chez un carnivore ou chez un herbivore. Si la pratique du « détour » (le contournement d'un obstacle) fait partie du répertoire du chien qui, dans le passé, devait chasser pour se nourrir et donc anticiper les divers comportements de ses proies, cela n'a aucun sens pour le cheval, qui n'a pas à poursuivre une herbe qui ne se sauve pas... On ne saurait traiter d'idiot un cheval qui, pour atteindre son but, essaie de sauter une clôture plutôt que d'aller voir à 100 m de là si la barrière n'est pas ouverte !

Cela étant, il en va de même du cheval et des autres espèces : au regard de chacune de leurs aptitudes, certains individus sont plus doués et d'autres moins. C'est en ce sens que se trouve vérifiée une étonnante démonstration de l'intelligence du cheval mentionnée jadis dans une revue équestre : « Or, le cheval a de l'intelligence, et la preuve c'est qu'il y en a d'idiots » !

L'accoutumance est le mode d'apprentissage utilisé pour les chevaux de fanfare. À force d'entendre répéter certains bruits, sans qu'aucun effet ne s'ensuive, l'animal ne s'en effraie plus.

Hans le Malin

Au début du siècle vivait à Berlin un cheval, nommé Hans, qui fit beaucoup parler de lui : il savait compter et résoudre d'autres problèmes arithmétiques. Si on lui montrait deux chiffres à additionner, Hans répondait en grattant le sol du sabot pour indiquer la bonne somme. On n'avait jamais vu de telles performances.

Une commission spéciale fut nommée par l'Académie des sciences pour élucider ce mystère. Après moult vérifications, celle-ci se rendit compte que Hans réagissait en fait à des indications involontaires et quasi imperceptibles de son dresseur : celui-ci restait tendu dans l'attente du résultat et se relâchait dès que le cheval avait frappé le nombre correct de coups ! C'est dire l'acuité de perception dont est capable le cheval. Il est logique dans ces conditions que l'animal perçoive l'assurance ou l'anxiété d'une personne qui l'approche et qu'il puisse se conformer à des indications très fines de son dresseur, pour peu qu'elles soient données avec justesse, même dans d'autres registres que le « souffle de la botte », mouvement extrêmement léger de la jambe.

LA DOMESTICATION DU CHEVAL

IL Y A 1,5 MILLION D'ANNÉES, LE CHEVAL N'ÉTAIT POUR L'HOMME QU'UN GIBIER COMME UN AUTRE. ET CE N'EST QU'À L'AVANT-VEILLE DU TROISIÈME MILLÉNAIRE QU'IL EST DEVENU UN AUXILIAIRE D'ABORD, UN COMPAGNON PLUS TARD. AUCUNE CERTITUDE NE PERMET DE DÉCRIRE CES ÉTAPES ANCIENNES, MAIS LES SUPPOSITIONS SONT NOMBREUSES.

UNE DOMESTICATION TARDIVE

Le premier animal domestiqué par l'homme a été le chien, il y a 10 ou 15 000 ans. Puis le bipède s'est rendu successivement maître du mouton, du porc, de la chèvre, de la vache, de l'âne. Il va de soi qu'au début de leur domestication, il a dû tenir tous ces animaux enfermés dans des enclos, avant de véritablement les apprivoiser et de pouvoir, pour certains d'entre eux, les manœuvrer pour les regrouper en troupeaux.

Le cheval a été le dernier à passer sous la coupe de l'homme, vers 3500 av. J.-C., « quelque part dans les steppes d'Asie centrale ». Cette domestication est bien tardive, compte tenu du fait qu'un cheval représentait, tout comme une vache, de substantielles réserves de viande « sur pied ». Mais le cheval était, à l'instar du cerf ou du chevreuil, d'une méfiance, d'une vivacité et d'une fougue décourageant dès l'abord toute idée de capture. Il est d'ailleurs tout à fait possible que les premiers sujets mis en captivité l'aient été accidentellement parce que l'opportunité s'est présentée.

Le char est apparu vingt siècles avant J.-C. Utilisé pour la chasse et pour la guerre, il remplaçait alors souvent la monte à califourchon. Mosaïque de la villa romaine du Casale, en Sicile.

DE LA CAPTURE À L'ÉLEVAGE

On peut imaginer que, au cours d'une chasse fructueuse, un homme se soit trouvé en présence d'un cheval blessé ou d'un tout jeune et faible poulain dont la mère venait d'être abattue. Disposant momentanément de suffisamment de viande, il l'aurait emmené et enfermé près de sa demeure. C'était un moyen de conserver à portée de la main de quoi pallier une éventuelle disette.

Les hommes consommaient le lait de la chèvre et de la vache depuis longtemps lorsqu'ils se sont rendus maîtres du cheval. Mais, pour qu'une jument donne du lait, il faut d'abord qu'elle ait un poulain. Et qui dit poulain dit accouplement, donc étalon. Or il est douteux que, parmi les premiers chevaux mis en captivité, les mâles aient été bien nombreux. Car il est difficile de tenir enfermé, même en compagnie de juments, un entier, surtout s'il n'a jamais connu que la liberté. On peut imaginer plusieurs hypothèses expliquant la méthode qui a permis aux premiers détenteurs de chevaux de faire saillir des juments captives, pour bénéficier de lait tout en augmentant leur cheptel. Soit le propriétaire d'une jument la mettait à l'attache à l'écart, lorsqu'elle était en chaleur, afin qu'un étalon sauvage vienne la saillir ; soit les jeunes mâles nés en captivité n'étaient tués et mangés qu'après être devenus pubères et avoir couvert plusieurs juments.

MODES D'APPRIVOISEMENT

On peut évidemment se dire que la meilleure manière de venir à bout du cheval, de le rendre calme et docile, de véritablement le domestiquer, était de l'apprivoiser. Ce qui a été fait avec plus ou moins de bonheur au fil des générations de chevaux nés en captivité. Mais cela n'a été possible que parce que les premiers sujets capturés et conservés pour la reproduction avaient une aptitude à mettre leurs instincts de survie en sommeil, sous la domination de l'homme. Ce que ne pouvaient pas, ce que ne peuvent toujours pas faire certaines espèces d'équidés, tels le zèbre ou le cheval de Prjevalski. Les hommes vivant il y a plus de

Survivance d'une très ancienne manière d'utiliser le cheval, les âniers s'asseyent sur la croupe de l'animal, derrière la charge.

Dès que l'homme a disposé de juments, il a songé à les traire, comme on le fait encore de nos jours en Mongolie.

5 000 ans ont fait plus que maintenir des chevaux en captivité : ils les ont apprivoisés. Mais il est difficile de savoir comment... Seule certitude sur laquelle on puisse se baser : par leur mode de vie, ces gens étaient obligatoirement proches de la nature, donc théoriquement aptes à comprendre les animaux. Selon leur caractère et celui de leurs chevaux, sans doute les mataient-ils par la force, comme le font encore les Argentins, ou bien s'adressaient-ils à leur bon sens et à leur bon vouloir, comme nos modernes Américains du Nord.

De gibier à compagnon

Deux mille ans après le début de sa domestication, le cheval, même partiellement apprivoisé, n'était encore qu'un gibier. L'homme le maintenait attaché ou enfermé, faute de pouvoir le rattraper s'il le laissait en liberté. Il le déplaçait régulièrement pour lui permettre de brouter, plutôt que de le nourrir de foin. Quotidiennement, il buvait le lait des juments. Pour se fournir en viande et en cuir, il abattait un des animaux de son troupeau, préférant celui qui ne présentait pas d'intérêt pour la reproduction. Bien qu'on ne sache pas précisément à quel moment de la préhistoire cela se produisit, le cheval fut ensuite utilisé pour tracter des charges placées sur des travois (voir « L'attelage – Une histoire ancienne », p. 114). Quasiment aussi puissant que le bœuf, mais bien plus vif que lui, il devint alors un auxiliaire important dans la vie quotidienne.

Le char de guerre attelé de chevaux est apparu au Proche-Orient vers 2000 av. J.-C. Les harnais des chevaux étaient si rudimentaires qu'ils étranglaient peu ou prou les pauvres animaux. Il était donc important de leur faire tracter une charge aussi légère que possible, et le char était réduit à sa plus simple expression.

Le cheval a été utilisé pour les transports de charges très tôt, et bâté probablement avant l'apparition du char. Bâté, ou plutôt à demi bâté, à demi monté. Les plus anciennes représentations de cavaliers connues les montrent assis sur la croupe de leur monture, position dans laquelle il n'est pas possible de se maintenir sur l'animal en mouvement autrement qu'au pas. Pourquoi se seraient-ils installés de la sorte sur le cheval, sinon pour se placer *derrière une charge*, comme le font toujours les âniers d'Afrique du Nord ? Bien des hommes se sont donc fait transporter par des chevaux, en ignorant l'art de monter.

LES DÉBUTS DE L'ART ÉQUESTRE

QUI N'A PAS RÊVÉ DU PREMIER CAVALIER DU MONDE ? LE ROMANTISME NOUS LE FAIT IMAGINER SÉDUIT PAR LA NOBLESSE ET LA PUISSANCE DU CHEVAL ; IL AURAIT MIS ALORS À CONTRIBUTION TOUTES SES RESSOURCES POUR PARVENIR À GALOPER SUR LE DOS DE L'ANIMAL FABULEUX ET PROUVER AINSI SA VALEUR. MAIS LA RÉALITÉ A SANS DOUTE ÉTÉ PLUS PROSAÏQUE.

LES BIENFAITS DU CHEVAL

L'art équestre n'est sans doute pas né grâce à un seul et génial inventeur qui, il y a 3 500 ans, aurait eu l'idée d'enfourcher un cheval derrière le garrot. Cependant, elle demeure une de ces innovations qui ont brutalement et profondément transformé la vie des hommes.
Car il semble bien qu'en un laps de temps très court, quelques décennies peut-être, des tribus, des peuples entiers des steppes d'Asie se soient trouvés capables de dominer le cheval.
Les hommes se sont adjoint la puissance et la vélocité du cheval en devenant cavaliers. Ils ont pu manœuvrer leurs troupeaux, les déplacer, les récupérer efficacement et sans fatigue, et l'on peut penser qu'ils n'ont plus voulu garder tous leurs chevaux en totale captivité.
La chasse leur est devenue plus facile, moins aléatoire, puisqu'ils pouvaient traquer et forcer le gibier à la course. Leur régime alimentaire s'est donc quantitativement amélioré et les vraies disettes se sont faites plus rares.

LES PREMIERS PAS

Les premiers cavaliers montaient certainement avec une grande habileté, car ils ne disposaient d'aucun des moyens de conduite et de tenue que sont la bride, la selle et l'étrier. Ainsi, un siècle av. J.-C., les Numides d'Afrique du Nord chevauchaient à cru et conduisaient leur monture au moyen d'un nœud coulant passé autour de l'encolure et d'une baguette. Pour ralentir ou arrêter le cheval, ils tiraient plus ou moins vigoureusement sur le nœud coulant, menaçant ainsi l'animal d'étranglement. Pour le faire tourner, ils lui tapotaient la tête ou l'encolure avec une baguette, du côté opposé à celui où ils voulaient virer. On peut penser que les Numides pratiquaient une équitation sommaire sans efficacité, mais ce n'était pas l'avis des soldats romains qui craignaient ces redoutables cavaliers.
Tous les mors antiques retrouvés, qu'ils soient grecs, perses ou mongols, sont fort différents. Cette pièce maîtresse du harnachement a donc été imaginée en divers lieux, à des époques diffé-

Les Achéménides qui ont créé l'Empire perse vers le VIIe siècle av. J.-C. utilisaient le mors. Témoin ce cavalier qui orne un bas-relief de l'apadana, salle du trône du palais que Darius érigea à Persépolis à la fin du VIe siècle av. J.-C.

rentes plutôt que par un cavalier de génie, mais tous les mors comportent des barrettes, anneaux, piquants et autres rouelles, destinés à les rendre convaincants, pour ne pas dire violents...

Perfectionnement...

Toujours avant l'ère chrétienne, des bergers devenus cavaliers, les Parthes du bord de l'Euphrate, connaissaient le mors et faisaient preuve d'une étonnante adresse équestre. Leur arme de prédilection à cheval était l'arc et leur spécialité était de décocher la perfide « flèche du Parthe », en faisant retraite au galop. Tirer à l'arc vers l'arrière en chevauchant à cru un cheval lancé à pleine vitesse est pour le moins délicat. Car, en ayant les deux mains prises et en regardant derrière soi, comment peut-on guider sa monture ? On raconte aussi que, pour régler leur tir avec précision, certains Parthes auraient carrément enfourché leur monture à l'envers !

Numides contre soldats romains, Parthes tirant des flèches pour protéger leur retraite : nous ne cessons de côtoyer des guerriers. Cela n'a rien d'extraordinaire, puisque tous les peuples devenus cavaliers ont fait du cheval, avant tout, un auxiliaire de guerre.

Et, jusqu'au début du XXe siècle, les chevaux sont demeurés l'apanage des militaires à qui ils étaient réservés en priorité, avec de fréquentes pénuries au fil des siècles, donc des difficultés de remonte, car les guerres étaient de grandes « consommatrices » de chevaux.

... et révolutions

L'étrier a été inventé vers l'an 400, mais l'utilisation de cette pièce de harnachement, permettant pourtant une tenue en selle sans pareil, ne s'est répandue que très lentement, puisqu'en l'an 1000 bien des cavaliers montaient toujours à cru.

Curieusement, l'utilisation des étriers a été la cause d'une régression dans l'art de monter à cheval. Constituant de solides points d'appui, ils permettaient le combat à la lance, le combat de choc. Pour s'y livrer à moindres risques, les chevaliers durent revêtir de grinçantes et raides armures dans lesquelles ils étaient engoncés, tout comme leurs chevaux, que protégeait la pourpointe, armure façonnée à leurs dimensions. Autant dire que montures et cavaliers ne se déplaçaient que difficilement, bruyamment aussi. Mais, au XVe siècle, une arme nouvelle apparut, l'arquebuse, dont les projectiles perçaient les armures.

Les chevaliers et leurs chevaux chargés de lourdes armures ne pouvaient pas même songer à se livrer à des acrobaties, comme celles chères aux Numides et aux Parthes.

Leur lourde protection métallique étant devenue inutile, les guerriers l'abandonnèrent assez rapidement. Ils se trouvèrent alors dans la situation des anciens cavaliers, dont l'atout majeur au combat était la rapidité d'évolution. Et ils cherchèrent à tirer parti des possibilités de leur monture pour se protéger des coups et en donner efficacement. C'est en partie pour cette raison qu'est née l'équitation d'école, à laquelle les grands maîtres d'aujourd'hui font toujours référence.

L'histoire de l'équitation ne se termine pas avec l'apparition de cet art équestre, toujours fort prisé à l'aube du XXIe siècle. Depuis est née l'équitation américaine, autre grand art équestre. Et, à la fin du XXe siècle, se sont fait connaître ceux que certains appellent les « nouveaux maîtres », qui, plus que ne l'ont jamais fait leurs devanciers, cherchent avant tout à comprendre le cheval en tant qu'animal et à se faire comprendre de lui.

Les « nouveaux maîtres »

La plupart des « nouveaux maîtres » de l'équitation sont américains et ont pour noms Harris, Parelli, Jackson, Tellington-Jones, Roberts ou Hunter. Mais l'Allemand Hempfling, l'Anglaise Kille-Worthington ou l'Italien Gentilli sont éthologues comme eux. Ils savent véritablement s'adresser au cheval, dont ils obtiennent ce qu'ils souhaitent, rapidement, avec une relative facilité et sans la moindre violence, tant à pied qu'en selle.

De tout temps, il a existé des privilégiés ayant le don d'observer, de comprendre le cheval et de communiquer avec lui. Au XIXe siècle, l'Américain Rarey parvenait à monter une heure durant le cheval réputé être le plus fou. Nous le connaissons par son édifiant petit livre où il explique comment agir et réagir avec les chevaux. Les nouveaux maîtres sont aujourd'hui plus connus que Rarey ne l'était en son temps parce qu'ils sont de bons communicateurs, capables d'enseigner leur approche du cheval au cours de stages, par des revues, des livres et des films.

LA FASCINATION DE L'HOMME POUR LE CHEVAL

DEPUIS LES TEMPS LES PLUS RECULÉS, LE CHEVAL A TOUJOURS FASCINÉ DE MULTIPLES MANIÈRES. ET IL CONTINUE ! CAR IL EST TOUJOURS BIEN PRÉSENT DANS NOTRE QUOTIDIEN. LE PLUS SOUVENT DE MANIÈRE EXPLICITE, PARFOIS À NOTRE INSU…

La grotte de Lascaux présente les peintures rupestres de chevaux les plus connues au monde. La découverte d'autres sites préhistoriques (Chauvet et Cosquer) où le cheval est représenté, non plus comme un gibier, mais au milieu de prédateurs, laisse penser qu'il appartenait déjà au bestiaire imaginaire de l'homme.

MYTHES ET RÉALITÉS

Dès l'époque où l'homme ne faisait encore que le chasser, le cheval a exercé un grand attrait sur lui. Si les artistes de la préhistoire ont représenté des chevaux sur les parois de telle ou telle grotte, c'était peut-être pour se concilier les dieux de la chasse, pour que les prises soient nombreuses et grasses. Mais en auraient-ils peint si souvent, si ces animaux ne les avaient pas véritablement marqués, charmés ?

Le centaure, cheval à poitrail et tête d'homme, est un animal mythique. Des gens apercevant pour la première fois un cavalier ont pu imaginer ce curieux être hybride. Ils ont vu là un cheval, évoluant selon la volonté de celui qui le montait, un cheval apparemment doté de sa vivacité, de sa vélocité et de sa puissance propre, mais agissant comme s'il avait une tête d'homme. Cette image est si puissante qu'elle est sans cesse demeurée vivace et est parvenue jusqu'à nous à travers les siècles. Elle est si parlante qu'un bon cavalier s'entendant parfaitement avec sa monture est toujours qualifié de centaure.

LÉGENDES INTEMPORELLES

Animal puissant, dont la crinière et la queue ondulant dans le vent d'un galop dénotent la rapidité, le cheval a été et est toujours un symbole de fuite et de liberté. Au Moyen Âge, la chanson de geste *Renaut de Montauban* racontait les aventures de quatre frères, Renaut, Alard, Richard et Guichard Aymon, qui, en rébellion contre Charlemagne, se déplaçaient ensemble sur un seul et unique cheval, le vaillant Bayard, à l'endurance et à la puissance merveilleuses, qui « avançait par bonds immenses ». Un cheval de rêve !

On ne peut pas en dire autant de la Rossinante de Don Quichotte ! Et pourtant c'est grâce à cette haridelle, dans laquelle son maître voyait un fougueux destrier, que l'ingénieux hidalgo partit à la rencontre des fantasmes qu'avait fait naître en lui la lecture de romans de chevalerie.

Qui n'a pas entendu parler du film *Crin-Blanc*, tourné par Albert Lamorisse en 1953 ? C'est l'histoire de l'amitié nouée par le jeune Camarguais Folco avec un magnifique étalon blanc. Fier et farouchement indépendant, Crin-Blanc refuse de se laisser capturer par les gardians qui veulent le priver de sa liberté. Guidé par le jeune Folco qui le chevauche, le bel étalon n'a bientôt plus qu'une solution : s'esquiver vers l'infini absolu, vers la liberté qu'offre la mer…

SUR L'ÉCRAN DE NOS RÊVES

Crin-Blanc n'est qu'un exemple de film mettant des chevaux en scène. On pourrait aussi parler de *l'Étalon noir*, des *Cavaliers* ou d'une multitude

Une image polyvalente

Les chevaux sauvages furent les héros d'un spot télévisuel célébrant une voiture aux nombreux chevaux-vapeur, tandis que la silhouette d'un robuste équidé à longue crinière est le logo d'une entreprise de déménagement. La monture du cow-boy viril défend le côté « naturel » d'une marque de cigarettes, alors que la silhouette d'un cavalier de polo exalte la puissance sophistiquée d'une ligne de parfums pour homme. Le cheval a décidément plus d'une image dans son sac !

En argot aussi

Le vocabulaire argotique, tout comme celui du bon français, doit beaucoup aux chevaux et à ce qui tourne autour d'eux. Ainsi donner *une avoinée*, c'est exciter – comme on excite un cheval en lui donnant trop d'avoine – et, par déviation, tancer ou battre. Sur qui n'est pas *un mauvais cheval*, on peut compter, et surtout parier à l'hippodrome. Le *cheval de retour* est le récidiviste, qui regagne régulièrement la prison, comme le cheval son écurie. Qui *dételle* ou *lâche le harnais* abandonne une activité ou un état. Et puis *la mort du petit cheval* est la fin d'une affaire, ou celle de tout...

d'autres films, qui ont permis aux chevaux ayant déserté les routes, les chemins de halage et les champs, devant les assauts des machines, d'entrer en images dans le cœur et dans l'imaginaire des grands et des petits et dans nos maisons par les lucarnes de la télévision.

Chaque soir avec les résultats des courses, les chevaux font une brève apparition sur le petit écran. Nombreux sont les téléspectateurs non parieurs qui contemplent avec plaisir le spectacle présenté, sans être intéressés par les épreuves elles-mêmes. De même, innombrables sont ceux qui, ne goûtant ni les scénarios simplistes, ni les bagarres et les coups de revolver, regardent des westerns pour le seul plaisir d'observer les attitudes, les évolutions des chevaux et des cavaliers, et leurs galops sans fin au milieu d'espaces sans limites.

Au coin des mots

Affirmer que, comme dans les temps anciens, tout le monde parle « cheval », peu ou prou, devrait constituer une lapalissade.

Cependant la plupart des gens emploient quotidiennement des termes qui se rapportent au cheval, et cela sans même s'en douter...

Postillonner, c'est crachoter en désordre malgré soi ? Oui, mais ce mot a d'abord signifié « emmener un attelage sans voitures d'un relais de poste à un autre, en poussant les chevaux devant soi », ce qui était le travail... du postillon.

Un *traquenard* est un piège ? Bien sûr, tout comme l'allure défectueuse du cheval – le traquenard – qui met le cavalier dans un inconfort total. Avoir un *contretemps* est aussi gênant que le vrai contretemps qu'est le changement de pied intempestif d'une monture au galop. Un cheval attelé *a des œillères* – des vraies, bien matérielles – qui l'empêchent d'utiliser tout son champ visuel, de tout voir et de tout comprendre. *Ronger son frein*, c'est presque *piaffer d'impatience* ! Le « frein » est le mors du cheval, qu'il mâchonne faute de pouvoir agir immédiatement comme il le voudrait. Lorsqu'un cheval *regimbe*, il résiste en ruant, ce que l'homme peut faire aussi, tout comme lorsque l'animal fait une *incartade*, un écart brusque. Avant d'être une dame préservant la réputation d'une jeune fille, un *chaperon* était le couvercle d'une fonte de selle. *Tirer à hue et à dia*, c'est un peu faire n'importe quoi, comme le cheval qui va tantôt à droite, côté auquel correspondait le commandement « Hue ! », tantôt à gauche, « Dia ! ». Et puis est-il nécessaire d'expliquer l'origine de la *porte cochère* ou de *brider un moteur* ?

Ce qui précède n'est qu'un échantillonnage très succinct de ce vocabulaire usuel, qui ne serait jamais devenu ce qu'il est sans le cheval.

Rossinante, ici peinte par Daumier (1808-1879), est une malheureuse haridelle imaginée fougueuse par Don Quichotte, le célèbre héros de Cervantès, qui l'entraîne à la rencontre de ses visions.

LE CHEVAL ET L'HOMME AU QUOTIDIEN

EN UN TEMPS OÙ L'ON NE CIRCULE PLUS QU'ENTRE AUTOS, MÉTRO, TRAINS, AVIONS – VOIRE SUR INTERNET –, IL SEMBLE ÉVIDENT QUE LE CHEVAL N'EST AUJOURD'HUI QU'UN COMPAGNON DE LOISIRS ET PLUS DU TOUT DE TRAVAIL. MAIS IL ARRIVE QUE LES APPARENCES SOIENT TROMPEUSES ! CERTAINS VIVENT ENCORE AU QUOTIDIEN AVEC LES CHEVAUX.

DES STEPPES À LA PAMPA

En Mongolie, on connaît tout des machines et du confort moderne. Dans la capitale, Oulan-Bator, des secrétaires voyagent sur Internet avec leurs ordinateurs, tandis que dans les avenues roulent limousines, véhicules à quatre roues motrices et motos tout-terrain. Cependant, à travers tout le pays, en dehors des villes, l'existence des Mongols est presque la même que celle que menaient leurs ancêtres il y a mille ans, très liée aux chevaux.
En Argentine, la Pampa n'est plus l'immensité ouverte à travers laquelle on pouvait galoper sans fin vers l'horizon. La plaine gigantesque est maintenant morcelée par des clôtures. Mais, pour y élever les impressionnants troupeaux de bovins, on a toujours recours à la figure légendaire du pays, le *gaucho* ; et le cheval fait partie de la vie quotidienne, au point que bien des petits écoliers vont en classe à cheval, en tenant leur cartable devant eux. Pendant les cours, leurs montures les attendent devant l'école, attachées à une barre.
Pendant les concours de modèles et allures en Argentine, à côté du jury officiel, des adolescents jugent les chevaux de leur côté. Ensuite, les notes qu'ils ont attribuées sont comparées à celles décidées par les adultes. Celui qui a approché au plus près la notation du jury reçoit un beau prix. N'est-ce pas là une fameuse formation, pour des jeunes qui n'oublieront jamais le cheval, tant il est indispensable dans leur immense pays à peine peuplé ?

DES PLAINES HONGROISES À LA CAMARGUE

Encore une plaine, mais ouverte, dépourvue de clôtures : la Puszta hongroise. Et des troupeaux de bœufs gris aux cornes fourchues et de moutons ratzka. Et des cavaliers, les *csikos*, pour les garder. Dans son pays apparemment sans limites, le *csiko* passe ses journées entières à cheval. Voilà qui explique son étrange habileté de cavalier. Car c'est à n'en pas douter ses incessantes chevauchées qui l'amènent à une connaissance approfondie du cheval. Une monture qu'il prend plaisir à éduquer

Dans ce pays de marécages, se prêtant peu à l'utilisation d'engins motorisés, le gardian de Camargue ne peut compter que sur son cheval pour faire son travail.

avec soin. Faire coucher son cheval monté, le faire s'asseoir ou encore s'étendre de tout son long en laissant son cavalier se mettre debout sur son épaule, n'ont pas de secret pour le *csiko*. La poste hongroise où l'homme mène plusieurs chevaux en se tenant debout, chaque pied sur la croupe d'un animal, qui l'aurait imaginé sinon lui ?
En Camargue, le gardian est le « berger » des manades de taureaux noirs et des « crinières » de chevaux blancs. On pourrait s'imaginer que ces animaux, confinés dans des espaces ceints de clôtures de barbelés, n'ont guère besoin d'être gardés. Mais les vaches et les taureaux ont une tendance certaine à chercher à se mélanger aux autres manades, en ignorant ces limites fixées par l'homme, en les franchissant, voire en les brisant. Le gardian authentique, dépositaire d'une tradition très ancienne, regrette d'être confondu avec tous ceux qui ne montent à cheval que pour promener des touristes. Mais il se console en galopant à travers le désert d'alluvions, dont seul son cheval blanc et lui connaissent la beauté et les pièges.

L'Ouest américain

Autre gardien de bovins, à l'image mondialement connue : le cow-boy. Sans son cheval il ne serait, certes, plus rien. Mais depuis longtemps sa monture n'est plus son seul atout, pour accomplir ses tâches. Dans les grands ranchs de l'Ouest américain, on dispose aujourd'hui de puissantes camionnettes à quatre roues motrices, de postes de radio sophistiqués et même d'hélicoptères qui rendent moins nécessaire l'utilisation du cheval. Avec la camionnette passe-partout, plus besoin de bâter plusieurs animaux pour porter du foin sur des terrains variés. La radio évite des chevauchées d'inspection, en permettant d'échanger des informations avec d'autres ranchs. Et l'hélicoptère ou l'avion sont des aides précieuses et souvent indispensables pour rabattre les vaches lors des grands rassemblements de bétail.
Mais, qu'on ne s'y trompe pas, le cow-boy n'est pas pour autant devenu piéton ! Car, lorsqu'il faut débusquer des vaches dans de profonds et étroits canyons, convoyer les animaux pour les changer de pâturage, jouer du lasso pour isoler et marquer les jeunes veaux, ou trier un troupeau, le cow-boy ne peut le faire qu'en selle. Sa selle qu'il assure préférer au fauteuil le plus confortable !

Les chevaux de trait

Dans quelques pays d'Europe, des hommes vivent et travaillent encore avec des chevaux de trait. Cela peut évidemment étonner, en un temps où le tracteur semble avoir totalement évincé la traction animale. Mais, pour débarder le bois, sortir les arbres coupés de la forêt, le cheval a un incontestable avantage sur le tracteur : ses pieds n'abîment pas le sol, comme le font les pneus des gros engins à moteur. Il est impressionnant de regarder travailler une, deux, trois, parfois quatre juments (plus dociles que les chevaux), attelées en ligne à un tronc. Elles obéissent, démarrent, obliquent, ralentissent ou accélèrent, simplement en se conformant aux ordres verbaux lancés par celui qui les guide. On peut alors croire que la traction animale n'appartient pas au passé, mais a une place dans l'avenir...

Aucun hélicoptère ne peut suivre un troupeau et rabattre les jeunes bêtes égarées en sous-bois ! Le cow-boy a encore de l'avenir devant lui.

LA REDÉCOUVERTE DU PONEY

LE PONEY EST UN PETIT CHEVAL ADAPTÉ À L'ÉQUITATION ENFANTINE. MAIS C'EST AUSSI UN ANIMAL RUSTIQUE, QUI TRAVAILLE ENCORE AUPRÈS DES HOMMES. PORTRAIT D'UN ÉQUIDÉ TRÈS ÉCLECTIQUE, ADORÉ DES ENFANTS.

QU'EST-CE QU'UN PONEY ?

L'univers du poney est aussi varié que celui du cheval, mais en format réduit : le fjord ressemble à une peinture rupestre, le welsh rappelle une gravure anglaise, le fell est le sosie miniature du frison et le caspien a des faux airs de petit cheval arabe. Officiellement, en France, on les nomme tous poneys, en référence à leur hauteur au garrot, inférieure à 1,48 m avec leurs fers (ou 1,47 m sans les fers), à l'âge de 6 ans. Ils sont classés généralement en quatre tailles, allant de A à D, du plus petit (shetland) au plus grand (highland ou dales). Certaines races se situent au milieu de l'échelle, d'autres, comme les quatre types de poneys welshes, sont présentes dans toutes les catégories.

Le poney est donc un petit équidé. Toutefois, la taille n'est pas l'unique critère permettant de le distinguer le monde du cheval. Camargue, mérens et chevaux arabes, qui passent souvent sous la toise fatidique de 1,48 m, ne sont pas considérés comme des poneys, ni non plus les chevaux miniatures qui, pourtant, n'excèdent pas 86,5 cm.

Pour les Anglais et les Français, le mot poney désigne la monture des enfants. Les gardians, les bergers ariégeois et les bédouins n'apprécieraient sûrement pas que l'on qualifie leur monture de la sorte. Et les falabellas, *toyhorses* et autres équidés de très petite taille sont avant tout des chevaux de compagnie, qui ne se prêtent pas à l'équitation. Quant au fjord, il a hérité du nom poney malgré sa corpulence qui n'est pas adaptée au gabarit des jeunes enfants. Il ne faut pas oublier que son allure primitive est l'apanage de nombreux poneys de souche (appelés aussi poneys de pays ou autochtones).

LES PONEYS DE SOUCHE

On a longtemps parlé des « petits chevaux de pays » avant de se référer à une race de poneys, la création des premiers livres généalogiques ne remontant qu'à la fin du XIXe siècle, de même que pour

Le poney est avant tout le complice de jeu des enfants. Une fois « passés à cheval », ils resteront longtemps nostalgiques de leur première monture.

De ses origines écossaises, le shetland a conservé une grande rusticité. Il peut porter son propre poids et tirer des charges deux fois plus lourdes que lui. Il continue d'initier de nombreuses générations de cavaliers âgés de 5 à 12 ans.

les grands équidés. En France existaient le brennou, le cotentin, le bidet breton, le poney de Noirmoutiers et bien d'autres petits chevaux, aujourd'hui disparus. Certains ont survécu tant bien que mal, comme le landais et le pottok. Il devait aussi y avoir beaucoup d'échanges de poneys entre les pays européens. Les shetlands ont ainsi été importés depuis fort longtemps en France, à tel point qu'ils sont synonymes de poneys pour beaucoup de gens. Tout ce qui n'était pas shetland était alors appelé double poney, poney de souche compris.

Au cours des siècles, les hommes ont sélectionné les poneys de souche en fonction de leurs besoins : poney paysan-laboureur (fjord norvégien), poney paysan-moissonneur (skyros grec), poney bûcheron-débardeur (haflinger tyrolien), poney chasseur (landais), poney postier (chevaux amérindiens du fameux *pony-express*), poney mineur (shetland écossais), poney de contrebande (pottok) et, plus récemment, poney d'entretien des espaces protégés (konik polonais). Leur utilisation pour les loisirs est de date récente. Vivant en semi-liberté dans des régions difficiles, les poneys de souche ont acquis intelligence, rusticité et sûreté de pied, qualités toujours appréciées en randonnée ou en attelage, mais qui n'en font pas pour autant des poneys de selle polyvalents. Au moment du boom des poney-clubs dans les années 1970, ces poneys très volontaires et au corps large n'ont pas pu rivaliser avec les poneys britanniques, plus adaptés à l'équitation enfantine.

Les poneys de selle

Les éleveurs anglais ont, les premiers, décidé de croiser welsh, dartmoor ou exmoor avec des chevaux arabes et des pur-sang pour allier la rusticité à l'élégance, un caractère bien trempé à la douceur. Ainsi est né le *riding pony*, premier poney conçu spécialement pour les jeunes cavaliers de concours. Dans les années 1970, d'autres poneys de selle européens, qui n'ont plus rien de primitif, voient le jour, dont le poney français de selle. Le précurseur anglais des poneys de selle est aujourd'hui détrôné par le *deutsches reitpony*, qui brille aussi bien sur le carré de dressage qu'à l'obstacle où il titille le poney de selle irlandais, grand spécialiste du genre. Les éleveurs allemands visent la compétition, alors que les anglais jugent d'abord l'élégance de leur *riding pony*. Dans la plupart des *länder* allemands, c'est toutefois l'apport du sang welsh qui a été déterminant... En France et en Suède, les éleveurs produisent, par contre, des poneys de selle osseux et charpentés, qui supportent difficilement la concurrence des autres poneys de selle. Très souvent, des poneys aux origines inconnues sortent du lot, tout comme les poneys britanniques de race pure, qui ont toujours leurs fidèles admirateurs. Les poneys de souche n'appartiennent pas encore au passé.

Le mot « poney »

En 1659, les Écossais utilisaient déjà le terme powny, issu probablement de pouleney. Ce mot anglais aurait été emprunté, en 1444, au moyen français poulenet, diminutif de poulain. De la forme francisée – ponet, ponette – de 1825, les cavaliers ont repris le féminin ponette pour nommer un poney femelle. À la fois d'origine française et anglaise, le terme poney désigne un cheval de petite taille. En islandais, le mot poney n'existant pas, on parle indifféremment de cheval quelque soit sa hauteur au garrot.

2

PRATIQUES DE L'ÉQUITATION

IL FAUT CONNAÎTRE LES ALLURES ET LES RÉACTIONS DES CHEVAUX ET DES PONEYS POUR BIEN LES MONTER ; IL FAUT SAVOIR DIALOGUER AVEC EUX AVANT D'EXIGER LEUR OBÉISSANCE. TOUT CECI S'ACQUIERT EN TRAVAILLANT RÉGULIÈREMENT EN REPRISE.

C'est en montant de nombreux chevaux différents, avec les conseils d'un moniteur attentif, que l'on progresse jusqu'à se sentir capable, un jour, d'avoir sa propre monture.

LES PREMIERS CONTACTS

QUI AIME LES CHEVAUX NE PEUT SE SATISFAIRE D'ENFOURCHER UNE MONTURE BRIDÉE ET SELLÉE PAR QUELQU'UN D'AUTRE. QU'IL SOIT AU PRÉ OU AU BOX, POUR NOUER DES LIENS AVEC LE CHEVAL OU LE PONEY (POUR LEQUEL LES PRINCIPES SONT LES MÊMES), DONT ON VA S'OCCUPER, IL EST PRÉFÉRABLE D'ALLER LE CHERCHER ET DE LE HARNACHER SOI-MÊME.

ABORDER UN CHEVAL

Où qu'il se trouve, il faut dans tous les cas prévenir le cheval de votre arrivée, en lui parlant de manière apaisante pour qu'il repère qui vient vers lui. On l'aborde alors calmement, sans mouvement brusque ni éclat de voix, toujours de face, jamais en se présentant derrière lui. Il faut retenir son attention sans risquer de le faire fuir, ce qu'il fait d'instinct devant tout ce qui le poursuit, en l'assimilant à un prédateur.

La prise de contact doit être calme, assurée et amicale. L'offrande d'une friandise est un bon départ. Des caresses suivent, là où les chevaux les aiment le plus, sur l'encolure et sur l'épaule. Mais elles ne doivent pas s'éterniser, car en voyant le licol l'animal a compris qu'on vient le chercher et hésiter serait néfaste. Lorsqu'il s'approche, il suffit de le caresser et de lui empoigner fermement la crinière pour qu'il s'immobilise.

TENIR UN CHEVAL EN MAIN

Le licol est le harnachement de tête le plus simple (sans mors) auquel se fixe une courte longe (de 1,20 m à 1,50 m) pour tenir ou attacher le cheval. Avant de passer le licol, il est bon d'entourer l'encolure du cheval avec la longe – ce qui est très facile à faire, même d'une seule main – pour lui faire sentir d'une traction qu'il est tenu. Cela le dissuade de chercher à s'esquiver. Il ne reste alors qu'à enfiler et à boucler le licol.

Même s'il ne fait jamais preuve naturellement de la moindre malice, un cheval est très grand et très fort. Aussi, pour le contrôler tenu en main, il importe de conserver la longe courte, de manière à l'obliger à avancer avec la tête à hauteur de l'épaule de celui qui le mène. Il traînasse ? Pour l'activer, on peut lui toucher le flanc soit avec une badine, soit avec le bout de la longe si elle est assez longue. L'animal cherche à tirer en avant ? Quelques tractions affirmées sur la longe peuvent l'en dissuader. Sinon, sans être violent, on peut le calmer en lui donnant de légers coups sur le chanfrein avec le bout de la longe et utiliser la voix.

Pour attraper un cheval au pré, il ne faut pas être brusque ni nerveux, sinon il peut vous faire marcher, au sens propre, à travers tout le champ. Au contraire, en jouant sur sa curiosité, voire sur sa gourmandise avec une carotte ou un sucre, vous le ferez tranquillement venir à vous.

La longe passée par-dessus l'encolure permet de maintenir le cheval pendant la présentation du licol.

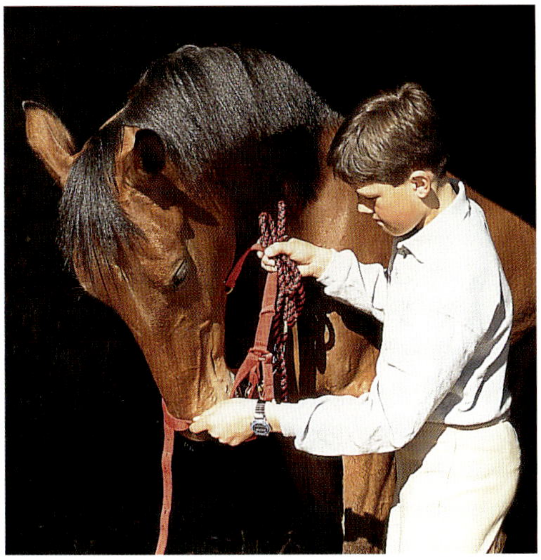

Pour enfiler un licol au cheval, il faut le lui présenter bien ouvert pour qu'il le voie, et le lui passer autour du nez.

Avec le bras droit passé sous l'encolure, le cavalier passe le montant du licol par-dessus la nuque du cheval ; il n'y a plus alors qu'à le boucler sans trop serrer.

En menant un cheval à la longe, il ne faut pas commettre l'erreur de tenir la longe enroulée autour de sa main. Car, si l'animal se mettait à tirer, la corde enserrerait la main et la blesserait. En cas de vrai problème, il faut pouvoir lâcher totalement l'animal : s'il s'affole, il se calmera d'autant plus vite qu'il ne se sentira plus tiraillé violemment. Il aura peur du cavalier qui tire le bout de la longe, alors que le pire qui puisse lui arriver est de marcher sur la longe, puis de se calmer de lui-même et de s'arrêter. Avant de harnacher un cheval, il convient de le panser, de l'étriller, de curer ses pieds, pour le rendre propre et prévenir les blessures que pourraient provoquer de la crasse au passage de sangle ou un caillou coincé sous un sabot (voir « Le pansage », p. 180 et « Le soins des pieds », p. 182).

Un cheval au licol doit être tenu fermement, la main droite assez près de la tête, le bras tendu afin de ne pas se faire marcher sur les pieds.

La voix

La voix est une des aides naturelles les plus utiles, à pied comme à cheval. Des paroles prononcées calmement sont des apaisements, des encouragements ou des compliments, pour cet animal extrêmement sensible aux intonations de la voix humaine. À l'inverse, des mots lancés vivement sur un ton dur sont des signes d'insatisfaction, des réprimandes. Parler à un cheval, c'est donc jouer sans cesse entre ces deux registres, le complimenter ou le gronder, en fonction de ce que l'on obtient ou de ce que l'on cherche à obtenir.

Incapable de comprendre le vocabulaire des humains, le cheval peut cependant associer certains mots à des actions précises, à condition que ces mots soient repérables pour lui. Ainsi, on ne parviendra jamais à faire avancer un cheval en prononçant un mot compliqué, mais il comprendra très vite ce que l'on attend de lui, si, chaque fois qu'on le sollicite, on lance « Hue ! » ou « Va ! ». Utiliser des mots brefs et claquants est donc le premier des secrets pour parler au cheval. Le second réside dans le choix de ces mots, qui doivent avoir des sonorités différentes, particulières. Car il tombe sous le sens que, si l'on commandait « Bou ! » pour « À droite » et « Pou ! » pour « À gauche », le cheval ne pourrait faire la différence. On ne parle jamais assez aux chevaux. Et jamais assez clairement !

BRIDER ET SELLER

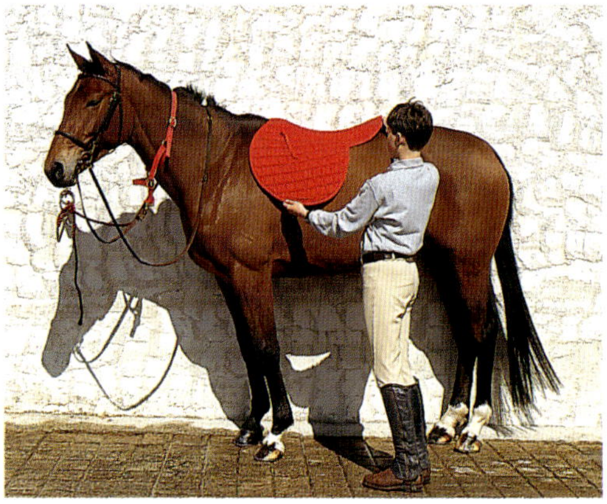

UN CHEVAL SE HARNACHE AVEC GRAND SOIN, PARCE QU'UNE BRIDE MAL RÉGLÉE, UN TAPIS DE SELLE QUI COMPRIME LE GARROT OU FORME DES PLIS, UNE SANGLE MAL POSÉE PEUVENT BLESSER L'ANIMAL OU SIMPLEMENT NUIRE À SON CONFORT ET LE METTRE DE MAUVAISE HUMEUR. IL DEVIENT ALORS DIFFICILE À CONDUIRE ET NE PEUT DONNER DE PLAISIR À SON CAVALIER...

AVANT DE BRIDER

Pour brider le cheval, tout comme pour le panser et le seller, il est nécessaire de l'attacher à une barre, un anneau ou une branche (en randonnée), à hauteur de son nez, ni trop long ni trop court, au moyen d'un nœud d'écurie (voir « Le cheval en stalle », p. 175), plus facile à défaire qu'un nœud ordinaire dans le cas où il viendrait à tirer violemment sur sa longe. Certains cavaliers – principalement des randonneurs – brident leur monture par-dessus le licol, pour disposer à tout moment d'un moyen de l'attacher. Mais, généralement, on enlève le licol avant de passer la bride. Pour que le cheval, un moment dépourvu de licol et de bride, ne soit pas tenté de s'échapper, il suffit, en se plaçant à gauche du cheval, de déboucler la têtière du licol et de la reboucler autour de l'encolure, sans que le licol tienne sur le chanfrein.

METTRE BRIDE OU FILET

Avec un seul mors, le harnachement de tête est appelé « bridon » ou « filet » ; avec deux mors, c'est une bride. Mais, dans tous les cas, l'action de le mettre au cheval s'appelle brider.

En se tenant toujours à gauche de l'animal, on lui passe les rênes par-dessus l'encolure. Puis on prend la têtière de la main droite et, de la main gauche, le mors, que l'on place entre les lèvres du cheval. S'il se refuse à desserrer les dents, on glisse un doigt sur sa barre gauche (partie de la mâchoire sans dents) pour lui faire ouvrir la bouche. Une fois le mors en place, on fait passer la têtière derrière les oreilles en veillant à ne pas trop les écraser, puis on rabat le toupet sur le frontal.
Dans le cas où la bride comporte une muserolle et qu'elle soit ouverte, on la boucle, avant de faire de même avec la sous-gorge. Mais, attention, ni l'une ni l'autre ne doivent être trop serrées : il faut pouvoir passer quatre doigts entre la sous-gorge et le dessous de l'encolure et deux doigts entre la muserolle et le dessous de la tête.

SELLER LE CHEVAL

La selle doit être préparée en relevant les étriers ou en les croisant sur le siège avec la sangle.
Le tapis de selle se pose, également réparti des deux côtés du cheval, en avant de sa place définitive. De la même façon, la selle doit être posée sur le tapis en avant de sa place.
On glisse ensuite le tapis et la selle ensemble vers l'arrière jusqu'à leur place, ce qui permet de bien lisser les poils pour éviter qu'ils ne forment de

Brider le cheval
Tous les gestes doivent être mesurés pour ne pas inquiéter le cheval dont on frôle les yeux et à qui on manipule les oreilles et la bouche – toutes zones particulièrement sensibles.

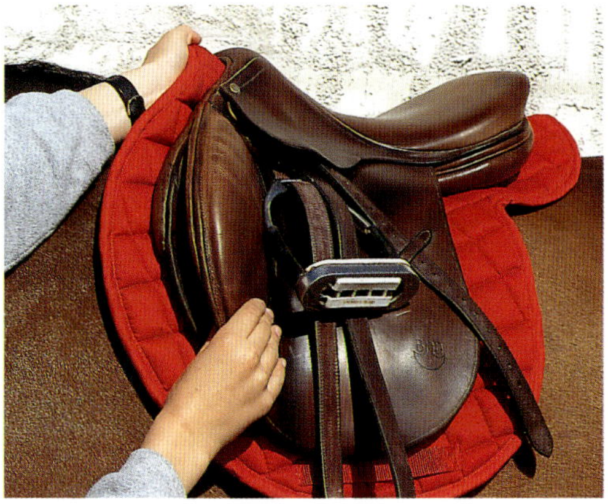

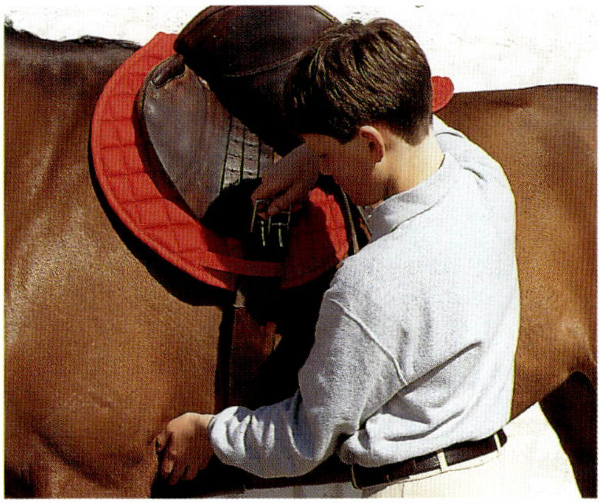

Mettre la selle
Durant toute la mise en place de la selle, il faut veiller à ce que ni la sangle, ni les étriers ne ballottent et heurtent les membres du cheval.

petites bourres susceptibles de provoquer des gonfles (œdèmes).

Après avoir dégagé le tapis de selle, afin qu'il ne compresse pas le garrot, on passe du côté droit du cheval, où l'on rabat l'étrier droit et la sangle. Puis on repasse du côté gauche, on attrape la sangle sous le ventre et on la serre doucement. La sangle doit être à un travers de main des antérieurs. On descend alors l'étrier gauche.

Il est bon ensuite de prendre les antérieurs l'un après l'autre et de les étirer à l'horizontale, pour bien tendre la peau sous la sangle et éliminer ainsi les plis qui provoqueraient des blessures.

Régler les étrivières

Il reste encore à régler les étrivières auxquelles sont fixés les étriers. Pour le faire on peut se baser sur la vieille théorie, qui veut que la longueur de l'étrivière plus l'étrier soit égale à la longueur de bras du cavalier. Cependant, attention ! il existe des gens aux grandes jambes et aux petits bras, tout comme l'inverse. Aussi ce premier réglage n'est-il le plus souvent qu'approximatif et, une fois à cheval, il sera peut-être à rectifier.

Mais, dans tous les cas, il faut que le cavalier, une fois les pieds engagés d'un tiers dans les étriers, puisse positionner les talons plus bas que les pointes des pieds.

Le premier réglage de l'étrivière est approximatif, mais nécessaire pour enfourcher le cheval dans les meilleures conditions : si l'étrivière est réglée trop long, l'étrier est facile à chausser, mais il sera difficile de passer la jambe par-dessus la croupe ; si elle est réglée trop court, cela obligera le cavalier à lever très haut la jambe gauche, le mettant en déséquilibre.

SE METTRE EN SELLE

ON N'ENFOURCHE PAS UN CHEVAL COMME UN VÉLO, CE SERAIT OUBLIER QU'UNE MONTURE EST UN ÊTRE VIVANT, QUI PEUT ÊTRE CHATOUILLEUX OU SUSCEPTIBLE. LA MANIÈRE DE SE HISSER EN SELLE, PUIS DE S'Y INSTALLER, SUIT DONC UN PROTOCOLE IMMUABLE, QUI PERMET À LA FOIS DE NE PAS GÊNER LE CHEVAL ET DE NE PAS LE SURPRENDRE.

Aller de l'écurie vers la carrière (ou le manège) à pied permet au cheval de se dégourdir les membres et au harnachement de prendre sa place, qu'il faudra vérifier avant de monter.

RESANGLER

Avant d'enfourcher un cheval, il est bon de le faire marcher, tenu en main, sur au moins quelques dizaines de mètres, pour permettre à la selle de bien se mettre en place. Ensuite, il est indispensable de contrôler d'un coup d'œil l'état du harnachement et de resangler. Car, pour limiter la gêne de la sangle, bien des chevaux se « gonflent », enflent leur poitrine, au cours du premier sanglage. Et une selle mal sanglée, donc instable, pose des problèmes d'équilibre au cavalier. Elle peut même tourner, entraînant une chute et peut-être l'affolement du cheval. Affolement qui peut avoir des conséquences immédiates graves, et marquer la monture au point qu'elle soit désormais inquiète, voire rétive au montoir.

LA MISE EN SELLE

Pour se mettre en selle, on prend les rênes de la main gauche et on les ajuste sans excès, de façon à pouvoir cramponner le pommeau, en ayant la possibilité de contrôler le cheval si besoin est.
En tournant le dos à la tête de l'animal, on place le pied gauche dans l'étrier gauche. En s'aidant de la main gauche qui tient le pommeau et de la droite qui empoigne le troussequin, on s'élève et on jette la jambe droite par-dessus la croupe du cheval. Une fois assis, il ne reste plus qu'à chausser l'étrier droit.
L'opération est toute simple, mais encore faut-il la réaliser avec légèreté par respect pour le cheval. Deux erreurs sont à éviter. En premier lieu, il faut éviter de s'agripper lourdement à la selle pour ne pas la déstabiliser. Ensuite, il convient de ne pas heurter ou frotter du pied le cheval, en passant la jambe par-dessus sa croupe.

PLACER LA JAMBE SANS ÉTRIER

Sitôt en selle, le premier réflexe du cavalier doit être de « placer sa jambe », avant même de chausser les étriers. Cela est de la première importance, car l'équilibre et la souplesse du cavalier en dépendront. Le geste déterminant est celui qui consiste à amener la face interne de la cuisse contre le quartier de la selle. Cette posture permet en effet à la jambe d'absorber les déplacements (parfois heurtés) du corps du cheval en descendant le genou, évitant les contorsions auxquelles est

L'immobilité du cheval au montoir
Il est important d'obtenir du cheval un arrêt équilibré, dans le calme, jusqu'à ce que le cavalier bien en selle lui ordonne d'avancer.

condamné le rein, lorsqu'il est seul à jouer le rôle d'amortisseur. La bonne descente de la jambe assure la fixité et l'élégance.

Pour l'obtenir, on peut conseiller de garder les jambes légèrement écartées de la selle, et faire l'effort de rentrer les pointes de pied avant d'appliquer les cuisses contre les quartiers. Il est vrai que ce geste va à l'encontre d'une position naturelle et s'accompagne de quelques douleurs pendant l'apprentissage. Mais tout plaisir a ses exigences...

Cette façon de placer la cuisse a pour effet d'écarter le bas de la jambe du corps du cheval, si celle-ci reste verticale. Il suffit alors de ployer le genou (surtout sans l'avancer !) pour que le mollet vienne au contact du flanc.

Chausser les étriers

Si la jambe est bien placée selon ces règles, l'étrivière tombant verticalement le long de la selle, on doit pouvoir chausser l'étrier sans avoir besoin de le regarder. En effet, il doit se trouver à hauteur de la cheville, à quelques centimètres devant elle. Il suffit alors de soulever la pointe du pied (sans avancer le genou !) et de la rentrer vers le flanc du cheval par rotation de la cheville, pour trouver le plancher et l'y poser sans effort.

Régler les étrivières

Cela peut se faire à l'arrêt ou en marchant au pas, les rênes longues, et d'une seule main. Il suffit de remonter sa jambe pliée, le genou éloigné du cheval. C'est alors le pied qui soutient l'étrier pour détendre le cuir. On fait glisser l'étrivière sur son couteau pour libérer la boucle, que l'on manie alors entre pouce et index pour chercher le nouveau point de réglage.

Lorsque celui-ci est définitivement adopté, il ne faut pas oublier de remonter la boucle jusque contre le couteau, pour éviter que la jambe ne s'y frotte. Le choix de la longueur des étrivières dépend de la discipline pratiquée. On admet généralement que, si on laisse descendre naturellement la jambe après avoir déchaussé l'étrier, celui-ci doit se trouver à la hauteur du talon pour le dressage, de la cheville pour la promenade, au-dessus de la cheville pour l'obstacle. À cet égard il convient cependant de ne pas être trop formaliste, chacun trouvant son juste équilibre en fonction de sa propre morphologie et du type de cheval qu'il monte.

Chausser l'étrier

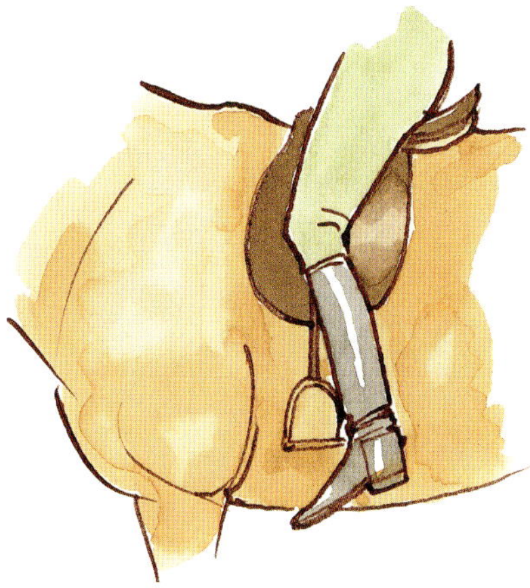

Longueur de l'étrivière (promenade)

Le côté du montoir

Dans tous les pays du monde, on enfourche généralement le cheval par son côté gauche (le côté montoir), ce qui explique que toutes les pièces de harnachement – licol, bride, sangle, etc. – sont conçues pour être bouclées de ce côté. La raison de cette habitude semble être qu'autrefois les gens de guerre, les plus nombreux à monter à cheval, ne pouvaient, à cause de l'épée qu'ils portaient au côté gauche, enfourcher leur monture ou la quitter que de ce côté-là. Il est certain qu'il en est découlé une tradition. Cependant il est probable que, même sans épée, les cavaliers auraient toujours mis d'abord le pied dans l'étrier gauche, tout simplement parce que la jambe gauche de l'homme est dans la plupart des cas la plus puissante, celle sur laquelle il prend appel pour s'élever (saut en hauteur, escalade, etc.).

Habitués à être montés par leur gauche, bien des chevaux refusent de se laisser enfourcher à droite. Il est cependant facile de leur apprendre à se prêter à l'opération d'un côté comme de l'autre, ce qui peut être utile en extérieur, par exemple. Car il arrive qu'à cause d'un obstacle quelconque – pente, branches, etc. – on ne puisse accéder à sa monture que du côté droit.

Resangler, en restant en selle, jambe gauche par-dessus le quartier.

■ RESANGLER À CHEVAL

Une fois à cheval, il est bon de vérifier la sangle et de resangler.

Cela doit se faire en marchant – pour éviter que la monture ne se gonfle à nouveau –, les deux rênes tenues dans la main droite. La jambe gauche (conservant l'étrier pour qu'il ne batte pas contre le flanc), repliée au-dessus de la selle, libère le quartier, que la main gauche soulève alors. Puis cette même main s'empare du contre-sanglon, tire dessus jusqu'à sentir une résistance suffisante et place l'ardillon à son nouveau point de réglage. Il est recommandé de refaire cette vérification chaque fois que l'on se prépare à une difficulté supplémentaire : galop d'extérieur, saut d'obstacle, entrée sur un terrain de compétition, etc.

■ LA BONNE POSITION EN SELLE

La position classique du cavalier à cheval peut se définir ainsi :

– assis d'aplomb et le plus en avant possible ;

– les cuisses ne s'allongent que par le poids des jambes ;

– les genoux sont contre la selle, mais ils ne la serrent pas ;

– les jambes tombent naturellement ;

– le tiers des pieds est engagé dans les étriers, les talons plus bas que les pointes ;

– le rein, soutenu mais sans raideur, est prêt à jouer dans tous les sens ;

– le buste et la tête sont en position parfaitement verticale.

Pour conserver aisément ce maintien, il est une erreur à ne pas commettre : se contracter. Se tenir correctement, donc efficacement, en selle demande au contraire une grande souplesse, une grande disponibilité musculaire, car l'équitation n'a rien de statique. En selle, le cavalier doit suivre, épouser sans jamais les contrarier les mouvements de sa monture en l'aidant, dans la mesure où elle exécute ce qui lui est demandé. C'est dire que la position de base n'est pas figée, mais évolue selon la dynamique du mouvement, tout en respectant les principes évoqués plus haut. Aussi n'est-il pas tout à fait juste de parler de « la position » du cavalier à cheval, puisqu'il en existe en fait plusieurs.

■ ADAPTER SON ÉQUILIBRE À LA DISCIPLINE

À côté de cette position classique il en est d'autres, qui diffèrent principalement par la manière de régler ses étriers et de se tenir en selle. Les cavaliers d'endurance montent modérément long, pour pouvoir trotter et galoper en suspension avec un

Le cavalier assis vu de derrière à l'arrêt. Une ligne imaginaire verticale descend le long de la colonne vertébrale du cavalier sur l'axe de la colonne vertébrale et de la queue du cheval.

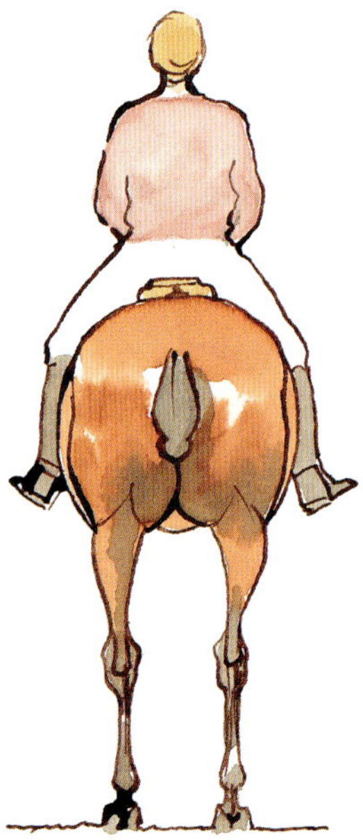

Le cavalier assis vu de profil. Une ligne imaginaire verticale passe par les oreilles du cavalier, son épaule, sa hanche et l'arrière de son talon.

Placer la jambe : elle doit tomber naturellement.

minimum de fatigue. Pour sauter, on monte nettement plus court, afin de se mettre en suspension et d'accompagner efficacement le cheval sur les obstacles. Et puis le jockey de galop monte très, très court, ce qui lui permet de faire porter son poids sur l'avant-main du cheval, pour le forcer mécaniquement à aller très vite.

Descendre de cheval

Ce geste semble bien anodin, mais il faut savoir qu'il est préférable de ne pas l'exécuter de n'importe quelle manière. En effet le cheval reste un animal craintif, et tout, avec lui, doit être fait sans heurt. Attention au cavalier dont la jambe frotte la croupe, ou accroche le flanc, ou à celui qui se jette loin du cheval, frappant le sol bruyamment. Il y a un risque, à chaque fois, de déclencher une réaction brutale.

L'habitude la plus courante est de prendre appui sur les quartiers de la selle, de se pencher très franchement en avant, la tête à gauche de l'encolure, pour que la jambe droite passe facilement au-dessus de la croupe, et l'on se retrouve pieds joints à hauteur de la sangle, non sans avoir conservé les rênes dans la main gauche.

Une autre façon consiste à reproduire le geste inverse du montoir, avec lenteur. Ce procédé est certes plus élégant, mais requiert une bonne assurance de ses gestes.

Celle à bannir, du moins avec un cheval dont on n'est pas parfaitement sûr, consiste à passer la jambe droite par-dessus l'encolure.

En effet, il y a un moment critique pendant lequel on risquerait un fâcheux dénouement si le cheval venait à se sauver.

Une fois le travail terminé, on accorde à sa monture un temps de décompression au pas, avant de la ramener à l'écurie. C'est le moment de lui rendre ses aises en relâchant la sangle, selon le même procédé que celui du sanglage.

Les assouplissements

Tous les gestes précédemment évoqués semblent a priori d'une exécution fort simple au cavalier chevronné, mais ne sont pas si aisés que cela pour un débutant. En effet, le cavalier encore peu confiant a parfois une réticence à abandonner la position à califourchon, qui le rassure. Or il est indispensable d'accomplir tous ces mouvements avec aisance et sans s'accrocher aux rênes.

La confiance nécessaire s'acquiert à la longue avec tous les exercices d'assouplissement usuels : rotation du tronc, des bras (sans rênes), élévation des jambes alternativement, d'abord couché sur l'encolure, puis sur la croupe, etc., tout ce qui permet de se rendre compte qu'à cheval il n'est guère besoin de se cramponner, et que la seule loi de la pesanteur suffit à rester en selle.

Descendre de cheval : attention à bien se soulever de la selle et à ne pas heurter la croupe du cheval avec le pied.

Le collier d'encolure

C'est un simple collier, ou une étrivière fermée par une boucle, que l'on place à la base de l'encolure, afin de se maintenir à cheval sans se cramponner aux rênes en cas de frayeur ou de déséquilibre. Un collier d'encolure permet au débutant de prendre confiance. Mais pas seulement : c'est aussi un moyen de fixer les mains pour trouver son équilibre. Cela peut concerner le débutant qui « cherche » le trot enlevé, mais aussi le cavalier qui aborde un obstacle. Pour ceux qui voient dans l'utilisation d'un collier d'encolure un caractère humiliant, rappelons que bien des jockeys d'obstacle l'utilisent en course, et que Michel Pélissier, un cavalier qui a été parmi nos plus grands maîtres en matière de jumping, ne montait que muni de ce petit instrument, remède universel contre les fautes de mains.

Toute situation nouvelle inquiète le cheval, surtout s'il est jeune et manque d'expérience. Caresses et encouragements de la voix vont le tranquilliser et changer sa peur en curiosité : la mise en confiance est alors réussie.

LES AIDES

LES AIDES SONT LES MOYENS UTILISÉS PAR LE CAVALIER POUR COMMUNIQUER AVEC LE CHEVAL ET LUI FAIRE COMPRENDRE CE QU'IL DOIT FAIRE. PLUS LE CHEVAL PROGRESSE DANS SON DRESSAGE, PLUS LES SIGNAUX ENVOYÉS PAR LE CAVALIER PEUVENT ÊTRE COMPLEXES. L'ART ÉQUESTRE A GÉNÉRÉ DE NOMBREUSES THÉORIES ET TECHNIQUES CONCERNANT LES AIDES.

Les aides sont efficaces si le cavalier est assis correctement ; l'assiette doit être symétrique à l'arrêt, le poids du cavalier réparti également sur les deux fesses, les épaules à la même hauteur et le dos droit, les talons descendus de la même façon.

UN LANGAGE À DÉFINIR

De l'équitation western au dressage académique et d'un cheval à un autre, selon son niveau de dressage, son caractère et sa morphologie, les codes pour communiquer avec le cheval diffèrent. Toutefois, les principes généraux restent toujours les mêmes et le bon cavalier saura toujours rapidement se faire comprendre.

L'apprentissage de l'équitation n'est rien d'autre que l'acquisition de ce langage des aides avec toutes les variantes et les subtilités qui en découlent. De même que, pour apprendre à lire et à écrire, il faut démarrer par la connaissance de l'alphabet, du vocabulaire et de la grammaire, pour découvrir les multiples facettes de l'équitation il faut passer par l'assimilation et la maîtrise de l'emploi des aides. Il s'agit d'un apprentissage basé sur l'écoute, la sensation, le réflexe, la logique, la rigueur, l'intuition et l'expérience. De quoi remplir toute une vie...

Le cheval est un animal très sensible : il n'y a qu'à observer ses réactions lorsqu'une mouche veut se poser sur sa peau pour s'en rendre compte ! Comment le même animal peut-il rester insensible aux actions exercées en force par un être humain de 80 kg posé sur son dos ? Parce qu'il les refuse ou qu'il ne les comprend pas. Se faire comprendre et se faire obéir, voilà l'objectif à atteindre. De plus, il faut le faire selon un langage de base commun à tous les chevaux et à tous les cavaliers pour d'évidentes raisons de simplicité.

LA VOIX

La voix humaine joue un rôle important dans l'éducation du cheval. Dès les premiers contacts, le poulain apprend à interpréter les différentes intonations de la voix humaine et à les associer à une récompense ou à une réprimande. À la longue, le cheval assimile rapidement différents mots comme « pas », « trot », « galop » ainsi que certains signaux comme le claquement de langue pour stimuler le mouvement en avant ou le « hoho » pour ralentir.

Une fois dressé, le cheval reste sensible à la voix. De bonnes intonations employées au bon moment aident le cheval à comprendre ce que l'on veut de

Des aides symétriques dans le mouvement en avant permettent de garder le cheval droit, ses épaules bien devant ses hanches.

Un défaut courant : la pointe du pied est plus basse que le talon : étrier chaussé à fond, les fesses reculent, le dos est voûté, la tête est penchée vers le bas.

Aggravation du défaut : le bas de la jambe et le talon remontent vers l'arrière, le cavalier s'accroche avec ses genoux et est assis sur l'enfourchure, son buste bascule vers l'avant.

lui. Comme pour toutes les aides, le cavalier doit rester sobre : trop de paroles lasseront le cheval, qui finira par ne plus y apporter la moindre attention.

La position

Pour pouvoir agir efficacement, le cavalier doit être correctement assis sur son cheval. Trouver la bonne position est donc un préalable à toute action (voir « Se mettre en selle » p. 50). À tous les niveaux, le cavalier doit régulièrement se poser la question : suis-je bien assis, mes jambes, mon dos, mes épaules, mes bras, ma tête sont-ils à la bonne place ? Pour cela, il doit arrêter son cheval, se décontracter et vérifier méthodiquement chacun des points.
Tout le monde n'arrive pas à acquérir la position idéale et, si celle-ci reste un objectif à atteindre, il ne faut pas non plus en faire une fin en soi. Le cavalier débutant doit apprendre à trouver sa place, à sentir et à suivre les mouvements du cheval, sans les subir. Pour y arriver, il faut alterner position assise et position en équilibre en passant de l'une à l'autre à l'arrêt, puis progressivement aux différentes allures. Dès que le cavalier sent qu'il se fatigue ou qu'il se crispe, il doit respirer à fond, s'obliger à se décontracter et reprendre la position de base.

Les jambes

Les jambes du cavalier jouent un rôle fondamental, elles commandent toute l'arrière-main du cheval, qui est le centre de propulsion de l'animal. L'action des jambes le long des flancs mobilise les postérieurs du cheval vers l'avant : plus les jambes du cavalier agissent, plus les postérieurs du cheval s'engagent sous son corps.
Le contact des jambes du cavalier avec le flanc se fait au niveau du mollet, de la cheville et du talon. Lorsque la jambe est normalement descendue, elle se place légèrement en arrière de la sangle.
Pour stimuler le cheval, attirer son attention, on intervient en donnant des petits coups de talons avec les deux jambes de façon symétrique. Les mouvements doivent être secs, répétés deux ou trois fois. Leur intensité varie selon le niveau de réactivité et de dressage du cheval. Si celui-ci ne répond pas, il faut recommencer une fois ou deux de façon nettement plus ferme. Dès que le cheval obéit, il faut arrêter l'action. Il faut toujours faire attention à ne pas blaser le cheval, sinon il devient progressivement insensible, il « s'endort » sur la jambe et ne répond plus à rien.
Pour entretenir une action, on augmente la tension des rênes, on favorise l'engagement des postérieurs. L'action des jambes se fait par une pression des mollets le long des flancs. Là encore, il faut savoir relâcher l'action dès que l'on a obtenu ce que l'on cherchait, sous peine de lasser le cheval.
Le contrôle des trajectoires du cheval nécessite également l'emploi des jambes, elles agissent alors isolément l'une de l'autre. La pression d'une jambe près de la sangle permet de donner un pli au corps du cheval (incurvation) ; si l'on recule le bas de la jambe bien en arrière de la sangle, on intervient

La position du cavalier en équilibre : il doit être au-dessus de ses pieds, le bassin avancé en direction du pommeau de la selle, le dos plat, le buste légèrement incliné vers l'avant, le regard haut.

Les jambes, bien au contact juste en arrière de la sangle, interviennent pour entretenir l'avancée des membres postérieurs du cheval sous son corps, son « engagement ». Le cheval est « entre la jambe et la main ». Le bon positionnement des jambes est également nécessaire à la fixité du cavalier.

En reculant le bas de la jambe, le cavalier intervient sur le contrôle latéral des mouvements de l'arrière-main du cheval. Si la jambe n'est pas en contact ou qu'elle se trouve en avant de la sangle, le cheval « n'engage » plus les postérieurs et son arrière-main n'est plus « encadrée ». Il ne s'appuie plus sur la main, il « s'ouvre ».

alors sur les hanches du cheval en les poussant du côté opposé à celui où l'on exerce la pression.
Pour bien utiliser ses jambes, le cavalier développe une musculature particulière. Le novice s'en rendra compte en sentant quelques courbatures le lendemain d'une séance d'équitation ! Avec l'entraînement, ses douleurs disparaîtront et ses jambes deviendront de plus en plus efficaces, sachant agir en restant en place.

Les mains

Les mains interviennent sur la bouche du cheval par l'intermédiaire des rênes et du mors. La bouche est un organe sensible, les mains du cavalier doivent la respecter.
Pour que la bouche du cheval soit en contact avec la main du cavalier, il faut que les rênes soient tendues, c'est ce que l'on appelle le contact. L'objectif est de créer un lien permanent qui permet de recevoir et de transmettre des messages. Ainsi, lorsqu'un cheval veut accélérer l'allure il durcit sa bouche : le cavalier a l'impression d'être tiré vers l'avant, il a du poids dans ses bras. Il doit y répondre en renforçant de son côté la tension des rênes. Dès que le cheval ralentit, le cavalier relâche immédiatement la tension des rênes et le cheval

Pour que les mains aient une action efficace, elles doivent être bien placées et tenir les rênes de la même longueur de chaque côté. Les épaules du cavalier doivent être décontractées ; les bras tombent naturellement le long du corps, les coudes, souples, sont légèrement fléchis de façon que l'avant-bras se trouve dans l'axe des rênes jusqu'à la bouche du cheval.

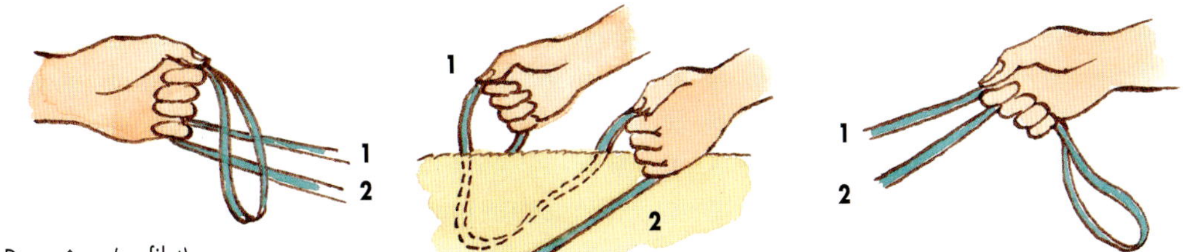

Deux rênes (en filet)

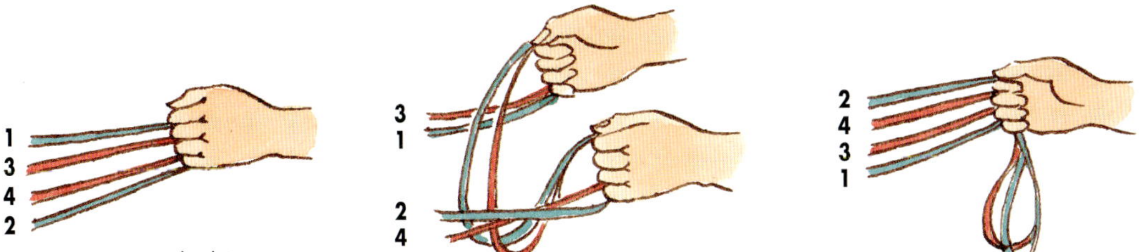

Quatre rênes (en bride)

La tenue des rênes à une et deux mains : elles sont coincées entre le pouce et l'index, les autres doigts sont souples pour donner du moelleux au contact avec la bouche. Les pouces sont au-dessus, les ongles des autres doigts doivent se faire face.

1. Filet droit
2. Filet gauche
3. Bride droite
4. Bride gauche

y répond immédiatement en relâchant sa bouche ; le contact initial est recréé.
Il est très important de ne jamais « s'accrocher » aux rênes. C'est un réflexe que tout cavalier doit absolument bannir s'il veut progresser en équitation. Pour cela, il faut apprendre à savoir monter sans aucun contact avec la bouche, c'est-à-dire les rênes longues. De même, le cheval bien dressé doit savoir travailler sans contact, c'est le cas des bons chevaux de club hippique et de randonnée, c'est également l'un des fondements de l'équitation américaine ou western.
Une fois cela acquis, on s'exerce à ajuster ses rênes, c'est-à-dire à les tenir à la bonne longueur pour pouvoir créer et entretenir un contact moelleux avec la bouche du cheval en toute circonstance. L'une des astuces que le cavalier doit utiliser pour y arriver est de penser à ne jamais utiliser ses biceps pour tirer sur les rênes. Quand le cheval durcit son contact, le cavalier répond en tirant ses coudes vers l'arrière par une contraction de ses triceps (muscles situés à l'arrière du bras) ; ceci lui permet de résister à la tension et de se relâcher immédiatement dès que l'effet recherché a été obtenu. Lorsque le cavalier est rênes longues et qu'il doit « rajuster ses rênes », il prend les rênes dans une main, puis dans l'autre main avancée vers le haut de l'encolure ; après avoir repris contact avec la bouche du cheval en ramenant cette main en place, il reprend les rênes dans les deux mains.
Acquérir une bonne main, c'est apprendre à savoir résister fermement si le cheval s'appuie fortement sur son mors, agir par des actions brèves et douces des doigts sur les rênes lorsque le contact est léger et moelleux, et systématiquement radoucir le contact, sans pour autant le perdre, dès que le cheval obéit. Le cavalier qui arrive à ce stade réalisera avec son cheval des exercices qu'un cavalier à la main dure n'arrivera jamais à exécuter.

Si le cavalier a ses rênes trop longues et qu'il tire pour intervenir sur la bouche du cheval, son action provoque l'effet contraire à celui recherché : le cheval répond en tirant encore plus fort de son côté.

Le cavalier doit apprendre à être parfaitement à l'aise avec des rênes longues, c'est-à-dire sans aucun contact avec la bouche du cheval.

L'ACCORD DES AIDES

UTILISER CORRECTEMENT LES AIDES EST COMME JOUER DU PIANO : LES JAMBES ET LES MAINS DOIVENT TRAVAILLER EN PERMANENCE DE FAÇON PARFAITEMENT COORDONNÉE. POUR FAIRE TOURNER LE CHEVAL, LE FAIRE CHANGER D'ALLURE, CHAQUE MAIN ET CHAQUE JAMBE DOIT EFFECTUER UN MOUVEMENT PRÉCIS EN HARMONIE LES UNES AVEC LES AUTRES.

Changement de direction

Lorsqu'il avance bien, quelle que soit son allure, le cheval est très sensible aux actions latérales du cavalier et change très facilement de direction. Il suffit donc d'être très décontracté et d'agir de façon instinctive.

En toute circonstance, le cavalier doit regarder dans la direction où il veut aller en tournant sa tête. Pour acquérir ce réflexe, le cavalier débutant doit se forcer à fixer le point qu'il veut atteindre avec ses yeux et ne pas le quitter du regard jusqu'à ce qu'il y soit arrivé. Il apprendra ainsi à sentir s'il respecte bien sa trajectoire ou s'il a tendance à « sortir de la route ». Les épaules du cavalier suivent le mouvement de la tête, la main du côté où l'on veut tourner met une légère pression sur la rêne tandis que l'autre main se relâche : naturellement la tête du cheval se trouve orientée dans la direction souhaitée et il suffit d'une pression des deux jambes pour encourager le cheval à suivre cette direction. Dès que le changement de direction est terminé, le cavalier se repositionne de façon totalement symétrique et récompense son cheval.

La rêne d'ouverture

Pour tourner de façon plus précise et intervenir si le cheval a des difficultés à changer de direction, le cavalier doit apprendre à utiliser la rêne d'ouverture. C'est un mouvement qui paraît simple, mais qui, en pratique, demande une très bonne coordination de l'ensemble des aides du cavalier. Le débutant doit d'abord s'entraîner à l'exécuter au pas, quitte à exagérer les mouvements. Tout d'abord, le regard et les épaules du cavalier se tournent vers l'intérieur, puis l'avant-bras s'écarte du corps en effectuant un mouvement qui ressemble à celui de l'auto-stoppeur, les ongles de la main se trouvant tournés vers le haut. La main extérieure s'avance pour permettre au cheval de plier l'encolure. Pendant tout ce temps, le cavalier doit rester bien assis sur ses deux fesses et ses jambes exercent des pressions régulières pour faire avancer le cheval et lui faire comprendre qu'il doit tout simplement suivre la direction que lui indique la main intérieure.

Piste et changement de main

Dans un manège, le cheval évolue sur une piste qui forme un rectangle. Le cavalier peut facilement se repérer par rapport à l'intérieur et à l'extérieur de ce rectangle. Par convention, le cavalier et le cheval sont « piste à main droite » lorsque la main droite du cavalier est à l'intérieur, et réciproquement pour la gauche. Quand, à l'occasion d'une figure de manège, ils reprennent la piste dans l'autre sens, on dit qu'ils « changent de main ».

La rêne d'ouverture gauche : la main gauche du cavalier doit clairement attirer la tête du cheval vers la gauche. L'avant-bras s'écarte du corps, le poignet est tourné pour que la traction s'effectue uniquement en direction du côté gauche et surtout pas vers l'arrière. La main droite s'avance afin de permettre à l'encolure du cheval de se plier.

Rêne d'ouverture gauche
À gauche : bon – À droite : mauvais

Rêne d'appui gauche
À gauche : bon – À droite : mauvais

Les défauts les plus courants : pour la rêne d'ouverture, la main gauche tire vers l'arrière au lieu de s'écarter. Pour la rêne d'appui, la main est passée de l'autre côté du garrot.

La rêne contraire ou rêne d'appui

Pour effectuer des virages plus serrés, le cavalier peut également utiliser sa rêne extérieure pour faire tourner le cheval. Pour sentir cette action, le débutant doit essayer de faire tourner son cheval en tenant ses deux rênes dans la même main. Il ajuste correctement ses rênes, exactement à la même longueur et les prend dans sa main intérieure, le bras extérieur étant relâché le long du corps et ne faisant rien. Pour changer de direction, le cavalier effectue le même début de mouvement que pour la rêne d'ouverture : il tourne son regard et ses épaules vers l'intérieur et écarte sa main intérieure tandis que les jambes font avancer le cheval. La rêne extérieure se tend et agit en poussant les épaules du cheval dans la direction souhaitée, la rêne intérieure se trouve relâchée et, grâce à l'action des jambes, le cheval se dirige naturellement vers l'intérieur. Une fois qu'il a bien senti ce mouvement, le cavalier essaye de le refaire en tenant cette fois-ci ses deux rênes dans la main extérieure, le bras intérieur tombant décontracté le long du corps. Les deux rênes sont bien ajustées, le corps a toujours le même mouvement du regard et des épaules, la main extérieure se déplace légèrement vers l'intérieur et l'avant, en direction de l'épaule intérieure du cheval afin de « pousser » toute l'avant-main vers l'intérieur. Les jambes restent toujours actives pour faire avancer le cheval. Pour l'aider à bien comprendre le mouvement demandé, le cavalier peut utiliser sa jambe extérieure de façon un peu plus forte que la jambe intérieure. Dernière étape : le cavalier reprend une rêne dans chaque main et reproduit le même effet. La main intérieure doit relâcher son contact tandis que la main extérieure tend sa rêne en direction de l'épaule intérieure.

La rêne d'appui gauche : la rêne droite est très légèrement relâchée, la main gauche tend sa rêne en direction de l'épaule droite du cheval, la jambe gauche agit plus fortement.

Une fois qu'il aura maîtrisé ces mouvements de base – changement simple de direction, rêne d'ouverture, rêne d'appui –, le cavalier pourra les utiliser à volonté, de façon simple ou combinée, et il apprendra progressivement à faire exécuter à son cheval une trajectoire de plus en plus précise. Pour bien comprendre les mécanismes et les actions qui permettent au cheval d'accélérer ou de ralentir, le cavalier doit se familiariser avec

Deux équilibres extrêmes. En pesade, le cheval est pratiquement assis, son centre de gravité est reculé au maximum. En course, le pur-sang avance au maximum son centre de gravité en étendant son encolure. L'écuyer et le jockey sont tous les deux au-dessus du centre de gravité de leur cheval.

quelques termes qu'il retrouvera régulièrement dans toutes les phases de son apprentissage de l'équitation.

L'IMPULSION

Ce que l'on appelle impulsion, c'est la force développée par le cheval dans le mouvement en avant, c'est-à-dire la qualité de l'énergie musculaire générée à chacune des phases de l'action. Cela n'a rien à voir avec la vitesse pure ni avec l'excitation du cheval. L'impulsion dépend de facteurs innés, certains chevaux disposant d'une morphologie et d'un influx nerveux plus développés que d'autres ; l'impulsion s'acquiert également par le travail de gymnastique et d'éducation du cheval.
Le cavalier, grâce à l'emploi de ses aides, doit apprendre à générer et à contrôler l'impulsion du cheval. Pour faire une comparaison avec la conduite automobile, la maîtrise de l'impulsion correspond à l'utilisation des différents rapports de la boîte de vitesses.

L'ÉQUILIBRE

Lorsqu'il se déplace, le cheval peut faire varier la position de son centre de gravité vers l'avant ou vers l'arrière, c'est-à-dire qu'il fait porter plus de poids sur son avant-main ou sur son arrière-main. L'un des objectifs du cavalier est de se situer au-dessus du centre de gravité du cheval pour gêner le moins possible son action. Pour cela, soit il déplace son propre centre de gravité pour l'amener au-dessus de celui du cheval, soit il intervient sur l'équilibre du cheval pour ramener le centre de gravité de l'animal sous le sien.

LA CADENCE

À toutes les allures, les déplacements successifs des membres et du corps du cheval fonctionnent comme un mouvement pendulaire.
En raison du principe d'inertie selon lequel tout objet en mouvement tend à rester en mouvement à vitesse constante, le mouvement pendulaire permet une grande conservation de l'énergie motrice. Ainsi le cheval ne réalise en fait que peu d'efforts une fois qu'il s'est installé dans une allure, ce qui permet d'expliquer son niveau d'endurance exceptionnel.
La cadence correspond à la régularité du mouvement dans une allure donnée, soit un déplacement continu sans aucune variation d'allure. Une fois installé dans un rythme, le cavalier doit apprendre à le conserver, son cheval se fatiguera moins vite et aura tendance à se décontracter.

L'ENGAGEMENT

L'engagement des membres postérieurs sous le corps du cheval est l'un des moyens principaux dont dispose le cavalier pour intervenir sur l'im-

Pour accélérer, ces deux cavaliers n'utilisent pas les bonnes méthodes : faute de mains pour le premier et faute de mains et de jambes pour le second.

Cavalier accroché aux rênes

Cavalier aux jambes inefficaces

pulsion et l'équilibre. Il est indispensable pour certaines allures (passage, piaffer...), nécessaire le reste du temps. Selon sa morphologie, un cheval peut plus ou moins engager ses postérieurs.

Accélérer

Il y a deux façons d'augmenter la vitesse du cheval : soit en passant à l'allure supérieure, soit en augmentant la cadence dans une même allure. Dans le premier cas, les ordres transmis par les aides du cavalier doivent être un peu plus énergiques que dans le deuxième, mais le principe général des actions est toujours le même.

Avant de demander une accélération, le cavalier doit vérifier que son cheval est bien à l'écoute. Il serre légèrement ses jambes pour accroître l'engagement des membres postérieurs du cheval et, si celui-ci réagit correctement, la tension des rênes devient un peu plus forte. Les jambes du cavalier interviennent alors en donnant des petits coups de talons et les mains se relâchent pour autoriser le cheval à accélérer. Dès que le cheval a obéi, l'action des jambes s'arrête et les mains reprennent un contact moelleux avec la bouche du cheval.

Pour accélérer, deux défauts sont à éviter :

– le cavalier agit avec ses jambes mais tire sur ses rênes, le cheval ne comprend pas l'ordre donné ;

– le cavalier précède l'action du cheval en jetant ses épaules vers l'avant et en perdant le contact avec la bouche, ses jambes n'agissent pas efficacement. Le cheval se retrouve déséquilibré et désengagé : il n'a pas l'impulsion pour accélérer.

Ralentir

Comme précédemment, le ralentissement s'obtient soit par un changement d'allure, soit par une diminution de la cadence. Avant de demander un ralentissement, le cavalier doit vérifier si son cheval est dans le bon équilibre.

Pour le comprendre, on peut faire une comparaison simple : si vous portez une brouette chargée de sable dans une descente et que vous vous laissiez entraîner les bras tirés en avant, vous ne pouvez pas ralentir. En revanche, si vous vous redressez, si vous reculez votre buste en vous arcboutant sur vos talons, vous reprenez rapidement le contrôle de la situation et vous pouvez progressivement stopper la brouette.

Un cheval déséquilibré sur son avant-main (cheval sur les épaules) n'obéira pas aux ordres de son cavalier. Il faut donc d'abord le remettre en équilibre, reculer légèrement son centre de gravité.

Comme toujours, ce sont les jambes du cavalier qui commencent par agir par une pression forte des mollets afin d'augmenter l'engagement du cheval, le dos du cavalier restant bien droit ; puis les mains interviennent par une ou plusieurs petites actions saccadées (demi-arrêts), légèrement vers le haut, pour demander au cheval de reporter son poids sur l'arrière-main.

Le cavalier arrête l'action et doit alors retrouver un contact plus léger avec la bouche : le cheval est prêt pour ralentir. Les jambes du cavalier restent bien au contact afin de maintenir l'engagement des membres postérieurs, tandis que les mains résistent plus fermement, de façon parfaitement symétrique, sur les rênes, le haut du corps légèrement reculé. Dès que le ralentissement se manifeste, les bras et les mains se relâchent pour retrouver un contact plus doux avec la bouche et les jambes se décontractent en arrêtant leur pression.

Pour ralentir le cheval, il n'est pas nécessaire de trop pencher le haut du corps en arrière, ce qui fait souvent avancer la jambe, alors qu'elle doit rester en contact en arrière de la sangle.

Le demi-arrêt
La main du cavalier agit par une action très brève dirigée vers le haut. Après le demi-arrêt, le cavalier doit retrouver un contact léger et symétrique avec la bouche du cheval en remettant ses mains à la même hauteur.

SE FAIRE OBÉIR

TOUT CAVALIER CONNAÎTRA UN JOUR OU L'AUTRE UN MOMENT DE DÉSESPOIR : MALGRÉ TOUS SES EFFORTS, SON COMPAGNON NE RÉPOND À RIEN ! MALGRÉ SA DÉTRESSE, L'HOMME DE CHEVAL DOIT RESTER CALME ET ANALYSER LA SITUATION : EST-CE QUE LA MONTURE NE COMPREND PAS CE QU'ON LUI DEMANDE OU EST-CE QU'ELLE REFUSE TOUT SIMPLEMENT D'OBÉIR ?

LES DÉFENSES DU CHEVAL CONTRE LA MAIN

Dans tous les cas il faut réagir, en se faisant aider par quelqu'un de plus expérimenté si nécessaire, car la situation risque d'empirer et un cheval qui « prend le dessus » peut devenir dangereux.

– **Problème n° 1** : le cheval refuse le contact avec le mors et se défend en levant la tête. Le cavalier doit alors radoucir sa main, rechercher plus de liant dans ses coudes et dans ses doigts, maintenir la pression de ses jambes pour inciter le cheval à engager ses postérieurs et à tendre son dos. Ce type de réaction peut également être provoqué par l'utilisation d'un mors trop dur ou mal ajusté, par une douleur dans la bouche liée à la présence de surdents, par l'existence de raideurs au niveau du dos ou des jarrets du cheval.

– **Problème n° 2** : le cheval plie exagérément son encolure et lâche son mors, c'est ce que l'on appelle « s'encapuchonner ». Le cheval a peur de la main du cavalier, il faut absolument lui redonner confiance en ayant la main la plus douce possible. Le cavalier doit chercher à recréer un contact très léger en utilisant bien ses jambes pour « envoyer le cheval sur le mors » et effectuer des actions de mains très brèves. L'emploi de la rêne d'ouverture dans les virages est recommandé dans ce cas.

– **Problème n° 3** : le cheval s'appuie exagérément sur son mors, tire vers le bas (il « charge »), le cavalier n'arrive pas à le ralentir. Avec ce type de cheval, plus le cavalier va tirer sur ses rênes, plus le cheval va résister en tirant lui aussi. Il faut donc utiliser des actions brèves et énergiques de type demi-arrêt et jouer alternativement d'une main et de l'autre jusqu'à ce que le cheval réponde. Dès qu'il a cédé, le cavalier doit le récompenser et redonner un contact léger. Si les demi-arrêts ne fonctionnent pas et que le cavalier n'arrive pas à ralentir son cheval en ligne droite, la seule solution est d'obliger le cheval à tourner et à rester sur un cercle à l'aide d'une rêne d'ouverture. Une fois sur le cercle, le cavalier doit essayer de se relâcher et radoucir ses actions, le cheval finira alors par ralentir.

Pour résoudre ces trois types de problèmes, le cavalier expérimenté dispose également de la palette très étendue de mors et d'enrênements différents qui rendent l'action des mains plus précise et plus efficace (voir « Méthodes de travail et d'enrênements » p. 76).

Mais changer d'embouchure et enrêner son cheval n'est pas une fin en soi, c'est un moyen provisoire pour améliorer le cheval par le travail et qui demande une bonne connaissance de l'équitation : cavalier novice, attention à ne pas faire plus de mal que de bien.

LE CHEVAL N'OBÉIT PAS AUX JAMBES

L'obéissance aux jambes n'est pas quelque chose de naturel chez le cheval, c'est un réflexe qui s'acquiert au cours de l'éducation du jeune cheval et par un dressage plus poussé. Pour renforcer son action, le cavalier dispose de différents moyens,

Les principales défenses du cheval en réaction à une main trop dure :
1. Le cheval lève la tête et renverse l'encolure (défense vers le haut).
2. Le cheval « s'encapuchonne » (défense vers le poitrail).
3. Le cheval arrache les rênes du cavalier en tendant l'encolure vers le bas (défense vers le bas).

1

2

3

Un petit coup de cravache sur l'épaule permet de réveiller l'attention du cheval. Mais attention à ne pas tirer sur la bouche en même temps.

La cravache utilisée juste en arrière de la jambe du cavalier fait comprendre au jeune cheval qu'il doit obéir à la jambe : les actions de la cravache et de la jambe doivent être simultanées.

appelés traditionnellement aides artificielles : la cravache et les éperons.

La cravache doit rapidement faire partie de l'équipement de tout cavalier afin qu'il puisse se familiariser à son emploi et apprendre à tenir dans la même main, sans être gêné, la rêne et la cravache.

La cravache et les éperons

La cravache se tient toujours pointe vers le bas (l'inverse est strictement interdit), le long de l'encolure, dans la main du côté intérieur de la piste. De même, le cavalier ne tapera jamais sur la tête d'un cheval avec sa cravache : les yeux du cheval sont saillants sur le côté et, si l'un d'eux était touché, c'est la vue de l'animal de ce côté qui risquerait d'être définitivement perdue.

La façon la plus courante d'utiliser la cravache consiste à donner un petit coup sur l'épaule du cheval, sans lâcher la rêne, à l'aide d'un mouvement de poignet. Cela ne fait pas mal au cheval, mais le surprend et le rend plus attentif aux demandes du cavalier.

Lorsque le cheval refuse réellement de répondre aux actions de jambes, il est inutile de s'épuiser à tambouriner dans les flancs du cheval ; il faut remettre les choses en ordre, prendre ses deux rênes dans une main et placer sa cravache dans l'autre, le long du flanc du cheval en arrière de la jambe ; on redemande l'action avec ses jambes et, si le cheval ne répond toujours pas, la cravache intervient par un coup sec sur le flanc. Le cheval réagit, le cavalier remet ses jambes en place et caresse le cheval pour le récompenser. Pour être plus efficace dans cette action, il est préférable de retourner la cravache dans sa main, le pouce vers la pointe de la cravache, avant d'agir.

Dans le cas de certains refus à l'obstacle, ou lorsque le cheval en extérieur ne veut pas franchir un passage ou s'approcher d'un endroit particulier, le cavalier peut utiliser sa cravache pour frapper deux ou trois fois sur la croupe du cheval. C'est une punition qu'il faut parfois appliquer mais dont il ne faut pas abuser, ce qui risquerait de rendre le cheval craintif et violent.

Les éperons permettent d'affiner l'emploi des jambes, de les rendre plus efficaces et plus précises. Chez certains chevaux très sensibles, l'emploi des éperons est parfaitement inutile ; chez d'autres, ils apportent une aide réelle et sont mêmes indispensables dans certaines circonstances. Avant d'utiliser des éperons, le cavalier doit déjà avoir atteint un certain niveau d'équitation et acquis une bonne fixité de ses jambes. En effet, comme toutes les aides, pour être efficace l'action des éperons doit toujours être brève, appliquée juste au bon moment et au bon endroit, et cesser dès que le cheval a obéi. En pratique, cela nécessite une certaine expérience !

La pointe de l'éperon doit toujours être dirigée vers le bas, parallèle au flanc du cheval. Le cavalier tourne légèrement sa cheville pour faire agir l'éperon. Dès que le cheval a obéi, l'action doit cesser.

Le pas

Le pas est une allure naturelle du cheval, à quatre temps. Cela signifie que les quatre membres se déplacent les uns après les autres et que le cavalier doit pouvoir compter 1-2-3-4-1-2-3-4... Au pas, les mouvements d'ondulation de la colonne vertébrale du cheval sont très marqués, ainsi que le balancement de l'encolure.

Au pas, les pieds du cheval se posent au sol selon la séquence suivante : postérieur gauche, antérieur gauche, postérieur droit, antérieur droit.
Le cheval a toujours au moins deux pieds posés au sol lors de chacune des phases du pas.

Faire marcher le cheval

Le pas est l'allure idéale pour décontracter un cheval et lui permettre de faire jouer tous ses muscles sans effort musculaire violent.
Une bonne période de pas est donc indispensable avant tout effort physique, surtout si le cheval vient de passer de longues heures dans son box ou dans un camion.
Sur les hippodromes et les terrains de concours hippique ou de cross, il n'est pas rare de voir les chevaux marcher plus d'une heure avant le début de l'épreuve. De la même façon, une bonne leçon en manège ou une promenade en extérieur doivent commencer par plusieurs minutes de pas décontracté. C'est d'ailleurs l'occasion pour le cavalier de régler ses étrivières, de s'échauffer lui-même par des mouvements de pieds, d'épaules, etc. Tout cela contribue à détendre moralement et physiquement la monture et à lui faire prendre son équilibre sous la selle sans mouvement brusque.
Ce qui est vrai avant le travail l'est également après. À la suite d'un effort physique important, le pas permet au cheval de se refroidir et d'éliminer toutes les toxines qui ont pu s'accumuler dans ses muscles, c'est le meilleur remède contre les courbatures du lendemain.

Les différents types de pas

– **Le pas les rênes longues.** C'est le pas naturel du cheval, il marche de façon énergique, l'encolure allongée, la tête basse.
Lorsqu'il marche bien ainsi, l'empreinte de chacun des pieds postérieurs se pose devant celle des pieds antérieurs du même côté.
C'est l'allure de prédilection pour décontracter le cheval avant et après le travail, c'est également la façon de marcher du bon cheval de randonnée.
– **Le pas moyen.** Lorsque, après une phase de pas les rênes longues, le cavalier va ajuster ses rênes pour établir un contact régulier avec le mors, le cheval doit se mettre au pas moyen.
Il avance régulièrement, sa tête est plus relevée et les mouvements de l'encolure sont moins perceptibles.
Si l'allure est suffisamment énergique, les empreintes des postérieurs se situent toujours en avant de celles des antérieurs.
– **Le pas allongé.** En partant du pas moyen et en accélérant l'allure sans passer au trot, on obtient le pas allongé. Le cavalier doit laisser ses rênes s'allonger pour que l'encolure s'étende vers l'avant et vers le bas sans pour autant perdre le contact avec le mors, ce qui nécessite une bonne souplesse de ses bras et un bon mouvement d'accompagnement de son assiette.
C'est une allure étendue, chaque membre du cheval couvre une grande distance à chaque foulée et, là encore, l'empreinte des postérieurs passe devant celle des antérieurs.

Posé du postérieur gauche (et levé de l'antérieur gauche)

Posé de l'antérieur gauche (et levé du postérieur droit)

Le pas allongé est une allure exigeante pour le cheval qui requiert un niveau relativement avancé de dressage et exige une bonne musculation.

– **Le pas rassemblé.** C'est une allure plus relevée que le pas moyen, c'est-à-dire que le rythme doit rester à peu près le même, mais chacun des membres effectue un trajet plus haut et moins long qu'au pas moyen. L'encolure est redressée et la nuque est fléchie de façon que le chanfrein du cheval soit à la verticale.

Les empreintes des membres postérieurs et antérieurs se chevauchent.

Le pas rassemblé exige du cheval un bon niveau de soumission et une très bonne musculation, c'est un exercice difficile qui exige également une certaine expérience de la part du cavalier.

Le pas les rênes longues

Le pas moyen

Le pas allongé

Le pas rassemblé

Bon pas, bon cheval

On dit souvent qu'un cheval qui marche bien est un bon cheval.

Le pas est une allure exigeante qui met en œuvre de façon complexe tous les muscles du cheval et qui permet d'apprécier l'amplitude et la coordination des mouvements de l'animal.

Le départ au pas depuis l'arrêt

Pour partir au pas depuis l'arrêt, le cavalier doit indiquer au cheval sa volonté d'aller en avant par quelques petits coups de talons et, simultanément, ouvrir ses doigts en accompagnant bien les mouvements de l'encolure du cheval dans les premières foulées de pas. Le cavalier au pas doit rester bien assis et suivre les mouvements du corps du cheval avec son bassin et le bas de son dos. Bien que cela ne soit pas une allure rapide, le pas est une allure fatigante pour le cavalier : le cheval actionne tous ses muscles en profondeur, son cavalier aussi !

Un cheval déséquilibré aura tendance à trébucher et la trajectoire de ses membres postérieurs sera raccourcie : l'empreinte des postérieurs ne se posera pas devant celle des antérieurs.

Un cheval de nature craintive ou trop excitable aura tendance à piétiner sur place ou à trottiner au lieu de marcher normalement.

Ces défauts sont difficiles à corriger et sont particulièrement pénibles chez le cheval destiné à la promenade : cavalier et monture se fatigueront prématurément et n'auront pas l'occasion de se décontracter.

Le pas n'est pas toujours l'allure nonchalante qu'on pourrait imaginer. De grands cavaliers de concours considèrent les promenades au pas (moyen et allongé) comme indispensables à l'entraînement du cheval.

Posé du postérieur droit (et levé de l'antérieur droit)

Posé de l'antérieur droit (et levé du postérieur gauche)

Le trot

Le trot est une allure symétrique à deux temps. Un cheval au trot se déplace à la vitesse de 12 à 15 km/h. Au trot, la colonne vertébrale du cheval se comporte comme un axe relativement rigide et l'encolure joue peu son rôle de balancier. La tête du cheval reste assez fixe, les mains du cavalier doivent l'être aussi.

Trot assis et trot enlevé

Pour le cavalier, il y a deux façons de trotter : assis et enlevé.

– **Le trot assis.** Il s'apprend plus facilement sans étriers. Le cavalier doit rester naturellement dans sa position, laisser tomber ses jambes sans les crisper et amortir avec son bassin et son dos les mouvements « sautillés » du cheval. Il doit relâcher ses coudes et ses épaules pour que ses mains restent fixes par rapport à la bouche du cheval. Le trot est la meilleure allure pour apprendre à établir un contact régulier avec la bouche du cheval, sous réserve que le cavalier ait déjà acquis une certaine fixité. Certains chevaux sont beaucoup plus confortables que d'autres et, selon les cas, l'apprentissage du trot assis sera plus ou moins facile.

– **Le trot enlevé.** Lorsqu'il est correctement exécuté, il est plus confortable aussi bien pour le cheval que pour le cavalier.

Le principe en est simple : le cavalier utilise la poussée verticale du cheval lors d'un temps de suspension pour s'élever légèrement au-dessus de sa selle et, en suivant le mouvement du cheval, il se rassied lors de la fin du temps de suspension suivant. Le haut du corps est très légèrement incliné vers l'avant, sans pour autant que les épaules du cavalier ne passent devant ses genoux ; le poids est réparti symétriquement sur les deux étriers sans appui excessif ; le bas de la jambe est en contact avec le flanc du cheval pendant tout le mouvement ; les coudes sont souples, ils s'ouvrent lorsque le cavalier s'élève et se replient lorsque le cavalier se rassied.

Le cavalier trotte sur le diagonal droit lorsqu'il quitte sa selle juste après le poser du diagonal droit ; il reste en suspension pendant le poser du diagonal gauche et se rassied juste avant le poser du diagonal droit. Pour savoir sur quel diagonal il trotte, le cavalier regarde quelle est l'épaule qui est en appui lorsqu'il se rassied. En extérieur, il est important de changer régulièrement de diagonal pour ne pas toujours charger les mêmes membres du cheval. Pour changer de diagonal, il suffit de rester assis deux temps successifs.

En manège, on doit changer de diagonal à chaque changement de main. Le cavalier doit trotter sur le diagonal extérieur, c'est-à-dire le diagonal droit lorsqu'il évolue à main gauche et le diagonal gauche lorsqu'il est piste à main droite. Il s'assied donc lorsque l'épaule extérieure du cheval est en appui, et se lève lorsque l'épaule intérieure est en appui.

Les différents types de trot

– **Le trot de travail.** C'est le trot naturel du cheval, qui se déplace de façon rythmée et équilibrée sans fournir d'effort important. Les pieds de ses

Au trot, les pieds du cheval se posent au sol selon la séquence suivante : diagonal droit (postérieur gauche et antérieur droit) – temps de suspension (aucun membre ne touche le sol lorsque l'allure est rapide, dite « flying trot » en course) – diagonal gauche (postérieur droit et antérieur gauche).

Posé du diagonal droit (trot assis)

Posé du diagonal gauche (trot assis)

membres postérieurs se posent sur les empreintes de ses membres antérieurs à chaque foulée.
– **Le trot moyen.** La vitesse est un peu plus soutenue qu'au trot de travail, le cavalier demande au cheval d'être plus tonique et d'engager davantage ses postérieurs, afin que leurs empreintes passent devant celles des antérieurs. L'encolure est plus allongée et la tête descend légèrement.
– **Le trot allongé.** C'est l'une des allures les plus spectaculaires. Le cheval étend ses membres au maximum à chaque foulée avant de les poser au sol, le temps de suspension dure plus longtemps et on a l'impression que le cheval ne touche pratiquement plus le sol : il évolue comme sur un nuage. L'encolure est étendue et l'engagement des membres postérieurs est à son maximum. Le trot allongé demande beaucoup de travail, un très bon équilibre et une très bonne musculature. Sa qualité dépend également de l'aptitude naturelle du cheval, particulièrement recherchée chez les chevaux destinés à la compétition de dressage.
– **Le trot rassemblé.** L'allure est ralentie mais toujours active, la tête du cheval est plus haute, la nuque bien pliée, la trajectoire des membres se développe en hauteur, l'empreinte des membres postérieurs passe derrière celle des antérieurs. Lorsque le mouvement est poussé à son extrême, le cheval se met « au passage » : l'ensemble des mouvements se fait de façon extrêmement décomposée, les genoux et les jarrets du cheval montent très haut à chaque foulée, le temps de suspension semble marquer un ralentissement de l'allure. Le passage est un exercice très difficile que seuls exécutent les chevaux de compétition de dressage de haut niveau, ou ceux des grandes académies de haute école.

Le trot de travail

Le trot moyen

Le trot allongé

Temps de suspension du cavalier (trot enlevé)

Le trot rassemblé

Au trot rassemblé, le cavalier reste assis dans la selle ; pour les autres types de trot, il peut rester assis ou trotter « enlevé », en fonction du travail demandé – et du confort du cheval ! Sur de longues distances, le cavalier au trot enlevé doit « changer de diagonal » pour ne pas fatiguer dissymétriquement l'animal.

Le trot est une allure sautée et certains chevaux y sont alors particulièrement inconfortables.
Le trot enlevé permet au cavalier de maîtriser son équilibre et allège le dos du cheval un temps sur deux.

LE GALOP

LE GALOP EST L'ALLURE LA PLUS RAPIDE DU CHEVAL. DANS SON RYTHME NATUREL, IL SE DÉPLACE À 20-25 KM/H (12 KM/H POUR UN PETIT PONEY), MAIS, EN COURSE, LA POINTE DE VITESSE FRISE LES 60 KM/H. LE CHEVAL UTILISE AU MAXIMUM LE MOUVEMENT DE BALANCIER DE L'ENCOLURE ET SON CORPS SEMBLE BASCULER AU-DESSUS D'UN MEMBRE ANTÉRIEUR.

ALLURE À TROIS TEMPS

Le galop est une allure dissymétrique, à trois temps inégaux suivis d'une phase de suspension.
Lorsque le cheval galope à droite, ses pieds se posent au sol selon la séquence suivante : postérieur gauche – diagonal gauche (postérieur droit et antérieur gauche posés en même temps) – antérieur droit – phase de suspension.
Le galop à gauche correspond à la séquence inverse : postérieur droit – diagonal droit (postérieur gauche et antérieur droit) – antérieur gauche – phase de suspension.

LES DIFFÉRENTS TYPES DE GALOP

– **Le galop de travail.** Le cheval est dans son attitude naturelle, bien équilibré, la tête un peu relevée. Il couvre la distance sans effort en faisant jouer tous ses mouvements de balancier.
– **Le galop moyen.** L'allure est plus soutenue, la propulsion des membres postérieurs est plus active. Le cavalier doit laisser le cheval étendre légèrement son encolure vers le bas sans pour autant changer d'équilibre. L'effort musculaire demandé au cheval est plus important, il nécessite un bon entraînement physique et une bonne musculature. La vitesse parcourue est de 350 à 450 m/min selon l'amplitude de la foulée du cheval, c'est le rythme qu'il faut tenir pendant un parcours de saut d'obstacles.
– **Le galop allongé.** Le cheval couvre le plus de terrain possible en allongeant sa foulée au maximum et en assurant une très forte propulsion avec son arrière-main. Le cavalier laisse encore plus l'encolure s'allonger et la tête se baisser tout en maîtrisant l'équilibre du cheval grâce à l'action de ses jambes qui maintiennent l'engagement des membres postérieurs. Le galop allongé fait partie des allures demandées en compétition de dressage, c'est également la cadence qu'il faut prendre lorsque l'on s'élance sur un parcours de cross.
Lorsque le galop est allongé à son maximum, ce qui est le cas en course, il devient une allure à quatre temps ; par exemple, à droite, les pieds du cheval touchent le sol dans l'ordre suivant : postérieur gauche, postérieur droit, antérieur gauche, antérieur droit.
Au galop allongé, l'énergie musculaire dépensée par le cheval est considérable, il faut donc qu'il ait la condition physique suffisante pour supporter cette allure. Ses muscles doivent également être parfaitement échauffés pour tolérer l'effort demandé : par conséquent, il est fondamental de ne jamais demander au cheval d'effectuer un galop allongé sans avoir préalablement pris la précaution de le préparer par une bonne phase de trot et une ou plusieurs petites périodes de galop de travail.

Le galop à gauche
La séquence est la suivante : appui du postérieur droit, appui du diagonal droit, appui de l'antérieur gauche.

Appui du postérieur droit

Appui du diagonal droit

– **Le galop rassemblé.** Le galop est ralenti à son maximum grâce à un déplacement du centre de gravité du cheval – il « s'assied » sur son arrière-main. L'encolure est très relevée, la nuque fléchie, le chanfrein à la verticale. Le galop rassemblé demande un bon niveau de dressage et de souplesse de la part du cheval. C'est une allure qui sollicite beaucoup ses jarrets, il ne faut donc pas en user trop souvent.

Le galop de travail

Le cavalier au galop

Le cavalier doit s'habituer à suivre ces mouvements qui, lorsqu'on les ressent pour la première fois, sont assez vigoureux. Une fois la phase d'appréhension passée et le rythme acquis, le galop sera l'allure la plus recherchée par le cavalier.
Pour suivre les mouvements du corps du cheval au galop, le cavalier peut soit rester assis dans sa selle, soit se mettre en équilibre sur ses étriers ; le mélange des deux est à éviter absolument, et pourtant c'est souvent la tentation du cavalier novice.
Pour découvrir la sensation du galop assis, la meilleure école est sans aucun doute la voltige ou la leçon en longe. Le cheval est sur un cercle, bien équilibré, le cavalier n'a à se soucier ni de la vitesse, ni de la direction, ni du contact avec la bouche du cheval. Il peut alors se décontracter, laisser simplement ses jambes tomber le long du flanc du cheval sans serrer les genoux et en recherchant un contact avec le mollet, garder ses épaules légèrement en arrière sans arrondir le dos, et absorber les mouvements du dos du cheval avec son bassin et le bas de son dos, ses fesses restant en permanence en contact avec la selle. Le cavalier ne doit pas chercher à résister aux oscillations du cheval, mais, comme s'il était sur un bateau qui tangue, se concentrer sur le rythme et le suivre naturellement. En manège, pour retrouver cette sensation, le cavalier s'entraînera au galop sans étriers. Une fois ce mouvement parfaitement acquis, il pourra rechausser ses étriers et galoper correctement assis. Les bras doivent toujours être très souples pour suivre les mouvements de la tête du cheval.
L'autre technique consiste à commencer à apprendre à galoper en équilibre sur ses étriers. Cela suppose que le cavalier maîtrise déjà bien la position en équilibre, c'est-à-dire qu'il ait bien ses jambes en place, la cheville légèrement fléchie et décontractée, le mollet en contact avec le flanc, le bassin avancé en direction du pommeau de la

Le galop allongé

Le galop rassemblé

Au galop, le cheval se sert de son encolure comme d'un balancier ; la main du cavalier, pour être fixe par rapport à la bouche du cheval, doit effectuer un mouvement rotatif vers le bas et l'avant. Plus le cheval est rassemblé, moins ce mouvement a d'amplitude.

Appui de l'antérieur gauche

Le galop en suspension, ou galop en équilibre, permet de soulager le dos du cheval.

Le galop assis sans étriers est la meilleure manière de « sentir » le galop du cheval.

selle, le haut du corps un peu incliné en avant. Pour s'aider, dans un premier temps, le cavalier pose ses mains de part et d'autre de la base de l'encolure et peut tenir la crinière avec une main. Progressivement, il lâche la crinière et suit les mouvements de la bouche du cheval avec ses mains. La position en équilibre est moins fatigante pour le cheval. Elle est recommandée sur les jeunes chevaux qui n'ont pas encore une musculature très développée ainsi qu'aux allures vives, car elle permet au cavalier de mieux suivre les mouvements d'encolure de sa monture.

Le départ au galop

Le galop étant une allure dissymétrique, le cavalier doit donner au cheval des instructions claires pour lui faire comprendre sur quel pied il doit prendre le galop. Pour un départ au galop à droite, le cavalier trotte sur la piste du manège à main droite, il vérifie que son cheval est bien attentif et dans le bon équilibre en réalisant si nécessaire une petite remise en équilibre (voir « Ralentir », p. 61). Le cavalier se rassied doucement dans sa selle, lève légèrement sa main droite en appliquant en même temps sa jambe droite à la sangle ; la jambe gauche se recule en arrière de la sangle et demande le départ à l'aide d'un petit coup de talon. Dès que le cheval a pris le galop, le cavalier doit bien conserver sa position, assise ou en équilibre, pour accompagner le mouvement.
Pour le départ à gauche, les aides sont inversées : main gauche légèrement relevée, jambe gauche en pression à la sangle, coup de talon avec la jambe droite en arrière de la sangle.

Apprendre au jeune cheval à partir au galop

Pour le jeune cheval, le départ au galop peut rapidement devenir une source d'excitation et de conflit avec le cavalier. Il est craintif, maîtrise encore mal son équilibre, son dos et son arrière-main sont faiblement musclés et son instinct naturel de fuite est encore très présent. Patience et tact seront nécessaires. Il faut prendre les choses de la façon la plus naturelle possible pour que les aides du départ au galop deviennent rapidement un réflexe conditionné simple pour l'animal. Le cavalier se met sur un grand cercle au trot et place ses aides pour le départ au galop. Il agit avec ses jambes, et, si le cheval accélère le trot, il le laisse faire et continue à agir avec ses jambes jusqu'au départ au galop. Dès que le cheval a pris le galop, il le maintient sur le cercle en le caressant pour le rassurer. Au fur et à mesure des leçons, le cavalier peut devenir plus exigeant et obliger le cheval à partir au galop depuis le trot de travail, sans accélérer l'allure.

Galoper sur le bon pied

En manège, le cheval doit galoper sur le pied intérieur, c'est-à-dire sur le pied droit si l'on évolue piste à main droite et inversement. C'est ce qu'on appelle « galoper sur le bon pied ». Cela ne fait que respecter l'aptitude naturelle du cheval, qui galope spontanément sur le pied intérieur.
Certains chevaux qui ont plus de mal à partir sur un pied que sur l'autre, à la suite de raideurs ou de mauvaises habitudes, prennent le galop sur le pied extérieur. C'est ce qu'on appelle « galoper à faux ». Avec l'expérience, le cavalier sait immédiatement si le cheval est parti sur le pied qu'il avait demandé. Le cavalier débutant a déjà beaucoup de choses à penser et à faire et on ne peut pas lui en vouloir de ne pas savoir sur quel pied il galope. Cela ne sert à rien de se pencher en avant, en risquant de perdre l'équilibre, pour regarder l'épaule intérieure du cheval, il vaut mieux apprendre à sentir ce qui se passe et se faire aider par quelqu'un qui observe, et qui pourra confirmer sur quel pied le cheval galope.
Lorsque le cheval n'est pas sur le bon pied, le cavalier doit le faire repasser au trot et redemander un départ au galop en accentuant légèrement l'action de ses aides.

Le changement de pied est un mouvement complexe qu'effectue le cheval pendant le temps de suspension du galop pour inverser simultanément tous ses appuis.

Le changement de pied

C'est un mouvement naturel : le poulain en liberté au pré sait changer spontanément de pied. Le cheval monté fait de même sauf s'il est gêné par son cavalier. Il arrive alors que le cheval change de pied devant, mais ne change pas derrière, le cheval est « désuni », c'est très inconfortable pour lui et pour le cavalier. Pour éviter cela, lors des changements de direction au galop, le cavalier doit se faire le plus léger possible en se mettant en équilibre sur ses étriers afin d'alléger le dos du cheval et de favoriser le passage des postérieurs sous le corps du cheval au moment du temps de suspension du galop. Les actions de jambes s'inversent, celle qui était à la sangle recule tandis que l'autre se remet près de la sangle.
Les mains doivent être le plus discrètes possible et agir pour contrôler la vitesse et l'équilibre du cheval tout en lui laissant une certaine liberté.
Le changement de pied est un exercice de dressage lorsqu'il s'effectue à la demande du cavalier sans être associé à un changement de direction. C'est un exercice très technique lorsqu'il s'agit de respecter un nombre précis de foulées de galop sur chaque pied, et qui atteint la complexité suprême lorsqu'il est effectué « au temps », à chaque foulée.

Galoper à faux

À un bon niveau de dressage, le cavalier peut demander volontairement à son cheval de galoper à faux, c'est-à-dire de galoper sur le pied extérieur. L'allure est celle du galop rassemblé. Cela exige beaucoup d'équilibre et de souplesse de la part du cheval et constitue un excellent exercice de musculation et de soumission.

Le galop à faux peut être fautif : le cheval n'a pas compris les ordres de son cavalier et a pris le galop sur le mauvais pied.

L'ARRÊT ET LE RECULER

PARMI LES ALLURES, COMMUNÉMENT ASSIMILÉES AU MOUVEMENT EN AVANT, IL NE FAUT POURTANT PAS OUBLIER NI L'ARRÊT NI LE RECULER. ILS SONT EN EFFET INDISPENSABLES AU CHEVAL, DANS LA NATURE, COMME AU COUPLE CAVALIER/MONTURE DANS TOUS LES GENRES ÉQUESTRES.

Apprendre l'immobilité

L'arrêt « franc » n'est pas un exercice naturel pour le cheval. Il faut donc l'y habituer dès les premières phases de son dressage. Pour apprendre à un jeune cheval à rester arrêté tranquillement, il faut souvent répéter l'exercice suivant : depuis le pas, le cavalier demande un arrêt avec un contact très léger sur les rênes ; dès que le cheval obéit, le cavalier radoucit le contact, caresse son cheval, compte 10 secondes puis repart au pas. Progressivement, il pourra allonger la durée de l'arrêt à 20, 30 secondes, jusqu'à 1 min. C'est un exercice simple qui ne fatigue pas le cheval et qui lui apprend la soumission dans le calme. Au fur et à mesure, il se tranquillise et se décontracte. Certains chevaux ont tendance à arracher les rênes dès qu'ils s'arrêtent, c'est une mauvaise habitude qu'il faut réprimander. Même sur une prairie couverte d'herbe appétissante, le cheval doit attendre l'autorisation du cavalier avant de baisser la tête pour brouter. Autrement dit, après un arrêt, le cheval doit systématiquement conserver un contact léger avec la main du cavalier, sans bouger la tête. Si le cavalier décide alors de laisser son cheval se détendre, il lâche ses rênes et ne les tient plus que d'une main au niveau de la boucle ; le cheval est alors totalement autorisé à étendre son encolure.

De l'arrêt comme transition

À un niveau de dressage plus élevé, l'arrêt devient une véritable figure de manège : c'est l'arrêt carré. Pour l'obtenir, le cheval doit déjà accepter un bon niveau de contact avec la main et avoir la musculature suffisante pour engager correctement ses postérieurs. Comme lors de toutes les transitions d'allures, le cavalier prépare le mouvement par de discrets demi-arrêts afin de rééquilibrer le cheval et d'alléger le contact ; ensuite le cavalier assure une bonne pression avec ses mollets contre le flanc du cheval afin de favoriser l'engagement des postérieurs tout en résistant avec ses mains et en reculant légèrement le haut du corps. Dès que le cheval s'arrête, les doigts s'ouvrent sans que les mains s'avancent, les mollets relâchent leur pression mais restent bien au contact. Si l'arrêt n'est pas parfaitement carré, il vaut mieux recommencer tout le mouvement plutôt que d'essayer de « bricoler » en faisant piétiner le cheval sur place. Après l'arrêt, le cheval doit repartir sans hésiter en gardant le même contact et le même équilibre. L'arrêt peut s'obtenir depuis le pas bien sûr, mais aussi depuis le trot et le galop ; de même, un che-

Un bon arrêt bien carré : le cheval reste « placé » grâce à un bon contact avec les mains du cavalier et ses postérieurs sont bien engagés, prêts à assurer la propulsion au moment de la reprise du mouvement en avant.

Le reculer est une allure diagonale mais désunie, c'est-à-dire que les membres se mobilisent successivement. Il débute par le recul d'un postérieur, puis de l'antérieur diagonalement opposé, puis de l'autre postérieur...

val bien dressé et attentif aux aides de son cavalier peut prendre directement le trot et le galop depuis l'arrêt.

Le reculer, dans le calme

Même si le mouvement du reculer est inné chez le cheval, ce n'est pas véritablement une allure naturelle. Il est très important que le cheval l'exécute calmement sans que cela soit pour lui une punition ou une bataille. Cela n'est possible que lorsque le niveau de soumission, d'équilibre et de musculation est déjà bien avancé.

L'exercice ne doit être demandé que lorsque le cheval maîtrise déjà sans problème l'arrêt carré en équilibre. Les aides du cavalier doivent être claires et bien comprises par sa monture, le contact avec la bouche étant constant pendant la phase d'arrêt, le cheval restant bien immobile et attentif. C'est le cavalier qui demande le mouvement : le cheval ne doit jamais anticiper.

Depuis l'arrêt, le cavalier fait agir ses jambes comme s'il voulait repartir au pas et, simultanément, il résiste avec ses mains et recule légèrement ses épaules pour bloquer le mouvement en avant.

Le mouvement de reculer doit être énergique ; si le cheval traîne les pieds et si les membres antérieurs sont plus actifs que les postérieurs, c'est mauvais.

Après quelques pas en arrière, le cavalier relâche l'action de ses mains et de ses jambes et le cheval doit s'arrêter, il faut alors le caresser et repartir dans le mouvement en avant.

Pour apprendre au jeune cheval à reculer correctement, il est conseillé de se faire aider par quelqu'un à pied qui se met devant le cheval et intervient en appuyant sur les muscles situés devant les épaules, complétant ainsi l'action du cavalier, et qui tranquillise le cheval en lui parlant et en le caressant.

Un mauvais arrêt : le cheval a relâché la tension de son dos et ses postérieurs ne sont pas tous les deux engagés sous la masse de son corps.

Le reculer en main doit s'effectuer dans le calme, sans que le cheval « s'accule », c'est-à-dire recule le corps sans bouger les postérieurs, en baissant la croupe.

Le reculer en main

Tout cheval bien éduqué doit savoir reculer en main dans le calme, ne serait-ce que pour pouvoir ouvrir et fermer une barrière, descendre d'un van, rentrer dans une stalle de soins... Il existe une astuce simple qui permet d'obtenir le reculer sans bagarre et sans anxiété de la part du cheval. Il suffit de pincer fermement d'une main, au niveau du quart inférieur de l'encolure, le muscle brachio-céphalique (muscle qui relie la tête au bras du cheval, situé en avant, de part et d'autre de l'encolure, juste au-dessus de la gouttière jugulaire), pendant que de l'autre main on maintient gentiment la tête du cheval fléchie. Le réflexe déclenché est immédiat, le cheval recule spontanément d'un pas ; il suffit ensuite de l'accompagner en le poussant légèrement au poitrail ou sur le devant de l'épaule et en l'encourageant.

MÉTHODES DE TRAVAIL ET ENRÊNEMENTS

L'ENRÊNEMENT DU CHEVAL (AU SENS LARGE, LE HARNACHEMENT QUI SERT À LE DIRIGER) DOIT ÊTRE ADAPTÉ À SA MORPHOLOGIE, MAIS AUSSI À SES CONNAISSANCES, À CE QUI LUI EST DEMANDÉ ET AUX MÉTHODES DE TRAVAIL QUI SONT EMPLOYÉES. AINSI, DIFFÉRENTS MORS ET ENRÊNEMENTS PARTICULIERS SONT À LA DISPOSITION DU CAVALIER D'EXPÉRIENCE.

LES EMBOUCHURES

On peut classer en trois groupes, selon l'effet produit, ces instruments qui ont pour but d'établir, ou de moduler, la liaison entre la main du cavalier et la bouche du cheval.

– **L'appui direct**, qui est le premier effet recherché dans la chronologie du dressage, consiste à obtenir que le cheval vienne prendre un contact franc et confortable sur la main du cavalier. Sont généralement utilisés à cette fin les filets simples, composés d'un canon articulé en son milieu (canon brisé) ou non (canon droit), selon que l'animal possède une bouche normale ou susceptible ; type Chantilly, filet à olive, Verdun, filet à aiguilles, filet Billot... D'une manière générale, on considère que plus le diamètre du canon est important, plus celui-ci est « doux » et acceptable par le cheval.

– **L'effet releveur**, qui consiste à modifier l'action de main en une direction plus verticale, sollicite, par réaction, les muscles releveurs de la base de l'encolure, de façon à obtenir un meilleur soutien de l'avant-main et, ainsi, un meilleur équilibre. Citons à cet effet le filet releveur, dont les montants coulissent à travers les anneaux ; le filet Baucher, qui agit par effet de bascule ; le mors Pessoa, du même principe, mais amplifié par la longueur des branches.

– **L'effet abaisseur**, enfin, est obtenu avec les différents mors de bride. Il s'agit d'un système de levier qui produit un effet orienté vers les barres du maxillaire inférieur, incitant l'animal à entrouvrir la bouche, et à répondre par une flexion de la nuque. C'est là l'expression aboutie du dressage, qui conduit au rassembler. Le bras de levier du mors est réglé par une gourmette, petite chaîne passée derrière le menton du cheval et accrochée suffisamment large pour que, rênes longues, il soit possible de passer deux doigts entre celle-ci et le maxillaire inférieur.

LES ENRÊNEMENTS SPÉCIAUX

Pour être agréable à monter et pour que sa longévité soit assurée, un cheval doit travailler dans une attitude « juste » qui lui permette de tendre son dos sous le poids du cavalier, ce qui a priori ne lui est pas naturel. Pour l'aider à acquérir cette force de compensation, il existe plusieurs types d'enrênements particuliers qui complètent le filet

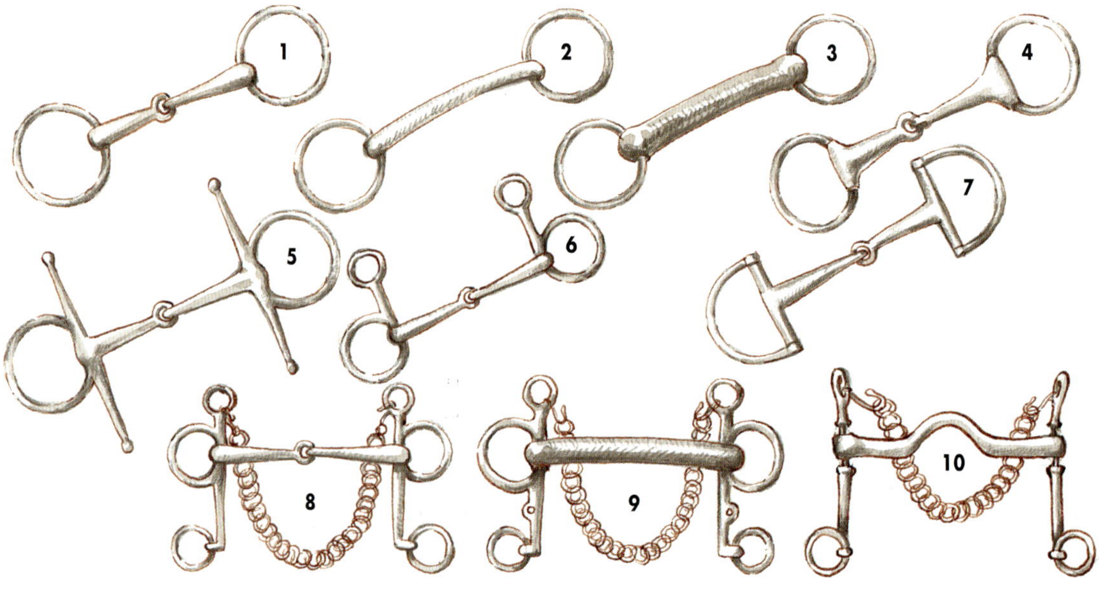

Les différents types de mors
1. Filet Chantilly
2. Filet Billot
3. Filet caoutchouc
4. Filet à olives
5. Filet à aiguilles
6. Filet Baucher
7. Filet Verdun
8. Mors Pelham
9. Pelham caoutchouc
10. Mors de bride à pompe avec passage de langue

simple ou la bride (voir « La sellerie », p. 200). Tous concourent à obliger l'encolure à modifier sa direction pour permettre l'élévation des vertèbres dorsales et la libération des lombaires.

– **Le gogue**. C'est un triangle déformable fait de ficelles coulissantes ; il n'a que des effets de contention souple (jamais bloquée) pour orienter l'encolure en combinant extension et « ramener ». Il s'utilise indifféremment en longe ou monté, et présente le double avantage d'être toujours supporté et de ne pouvoir travailler « faux » qu'à condition d'être trop ajusté.

– **Le chambon** est constitué comme le gogue, mais, comme il est fixe, il opère une forte contention si le cheval élève l'encolure, l'incitant à travailler le nez au ras du sol. Ce procédé est utilisé à la longe, mais peut se révéler dangereux au travail monté.

– **L'enrênement fixe.** Plutôt conçu pour la liberté et la longe (cirque, voltige). Fixé sur les côtés de la poitrine, il a plus pour effet de préserver la ligne du dessus que de la « redresser ». Fixé sous le poitrail, il incite le cheval à tirer vers le haut, par réaction, et peut devenir nuisible.

– **Les rênes allemandes.** Elles ont un effet de coulisse qui assouplit et amplifie la demande de la main. À l'origine, elles ont été conçues pour être fixées sur les côtés et n'être utilisées qu'une seule à la fois, dans le but d'obtenir des flexions latérales. On les fixe néanmoins également sous le poitrail, mais dans ce cas elles deviennent plus utiles à l'extension de la ligne du dessus.

– **La martingale à anneaux.** Elle permet l'obtention rapide de la flexion de la nuque, mais ne détermine pas pour autant une juste orientation de l'encolure, risquant au contraire d'en figer la base sur un cheval qui aurait tendance à ce défaut. C'est une aide efficace en compétition pour faciliter les « reprises de main », à condition d'être appliquée à un cheval déjà bien dressé.

– **Le back lift.** Récent et encore peu répandu, il a l'originalité de n'agir que sur la base de l'encolure, incitant le cheval à « se porter » légèrement, sans contention à l'égard de la bouche ni de la nuque. C'est un remède contre les garrots qui ont tendance à s'effondrer.

Mais prudence ! Si chaque enrênement peut apporter une aide aux problèmes de la construction musculaire, il n'en reste pas moins que la meilleure preuve de son efficacité est le fait que

L'effet abaisseur du mors de bride, par son système de levier, est toujours complété, en équitation académique, par l'action d'un mors de filet (monte à quatre rênes) et l'ensemble exige suffisamment de dextérité pour dissocier les deux effets (fléchir la nuque, soutenir la bouche).

Le gogue est un enrênement à l'usage assez simple, surtout en longe, lorsqu'il est réglé correctement : sa contrainte ne doit s'exercer que lorsque le cheval veut lever la tête et le bout du nez.

Le travail aux longues rênes est un travail à pied dans lequel le principe de propulsion est le même qu'à la longe : il reproduit le contact avec la bouche du travail monté, sans l'assiette ni les jambes du cavalier.

Aux longues rênes, le longeur est placé derrière le cheval (plus ou moins près de la croupe selon la méthode) pour le travail sur une piste ; sur le côté du cheval (avec alors une rêne passant en travers du dos) pour le travail sur deux pistes.

l'on puisse rapidement s'en passer ! Prudence encore en matière d'ajustage, pour lequel la limite est irrévocablement la perte de l'impulsion, si infime soit-elle !

LE TRAVAIL À LA LONGE

Cet exercice, d'abord pratiqué pour inculquer les premiers éléments de soumission lors du débourrage, peut être répété tout au long de la vie d'un cheval, soit au titre de détente, soit comme un travail. Voici quelques règles à suivre :
– le diamètre de base de la piste ne nuisant pas aux articulations est de 12 m ;
– c'est le cheval qui doit tendre sa longe par le mouvement en avant, et non le longeur (au risque de « traverser » l'animal, qui se met alors de travers par rapport au cercle qu'il parcourt) ;
– le positionnement du longeur détermine le comportement du cheval : il marche vers la croupe pour le propulser, vers la tête pour l'arrêter ;
– le travail utile est la régularité de la cadence ;
– le temps de cet exercice ne doit pas excéder 10 min à chaque main.

LE TRAVAIL AUX LONGUES RÊNES

Selon la manière de l'utiliser, on peut en user depuis le débourrage jusqu'à la Haute École.
– **Le travail à l'anglaise** consiste à passer les rênes dans les étriers fixés à la sangle d'une selle, à mi-hauteur. Cela produit une action basse, propice à la mise « sur la main » (un appui franc de la bouche sur le mors) de la part du poulain, et permet de travailler l'incurvation et la cadence sur le cercle.
– **Le travail à la française** utilise un surfaix, les rênes décrivent un Z, d'où un placer plus haut de l'avant-main, tout en conservant le passage des rênes sur les cuisses du cheval. Plus contraignante,

Les longues rênes à l'anglaise

Les longues rênes à la française

cette méthode favorise la rectitude et s'adapte aussi bien au travail en cercle qu'au travail en ligne.

– **Le travail à la danoise** consiste à passer les rênes dans les anneaux surélevés d'un surfaix (type sellette d'attelage). Dans ce cas, elles ne contournent plus les cuisses, mais viennent directement dans la main du dresseur. On obtient alors une très belle légèreté, permettant de combattre efficacement les résistances. Toutefois, ce procédé exige la plus grande vigilance à l'égard de l'impulsion et de la rectitude du cheval.

– **Le travail à la viennoise** : ici, plus aucun relais, les rênes vont directement de la bouche du cheval à la main du dresseur, qui se tient très près de la croupe.

Le travail sur les barres

Le cheval doit être souvent travaillé à la longe, aux deux mains, au pas surtout et au trot. Il passe alors sur de petites barres, parfois simplement posées par terre, ou des cavaletti. On surélève ensuite les barres et on fait travailler le cheval à toutes les allures. La longe assouplit le cheval ; elle lui permet de s'arrondir au-dessus de l'obstacle sans avoir à supporter le poids du cavalier, et cela est capital pour sa musculation et son travail de sauteur. Lorsque le cheval franchit correctement les obstacles à la longe, on peut débuter le travail du saut en liberté, sans harnachement, puis avec un harnachement réduit. On peut utiliser parfois un couloir que le cheval est obligé de suivre.

Lorsqu'il est enrêné (gogue, rênes allemandes), le cheval monté ne doit franchir que des barres simples, des cavaletti ou de petits obstacles pour travailler son équilibre.

Cet équilibre, le cavalier l'obtiendra d'autant mieux qu'il ne le recherchera pas au moyen d'enrênements trop compliqués, trop sophistiqués et surtout trop brutaux. Un cheval contraint ne donnera pas longtemps le meilleur de lui-même.

Les muserolles

Selon leur type, elles participent ou non à l'action du mors. Ainsi la muserolle française ou de parade, ajustée assez haut sur le chanfrein, se contente de maintenir une certaine pression sous l'auge du cheval, le dissuadant d'ouvrir trop la bouche. En revanche, la muserolle allemande, bouclée sous le mors, plaque celui-ci à la commissure des lèvres et oblige le cheval à garder la bouche fermée. La muserolle croisée a le même effet, tempéré par son double réglage qui permet d'ajuster la tension sous le menton.

Muserolle française

Muserolle allemande

Muserolle croisée

Les longues rênes à la danoise

Les longues rênes à la viennoise

LES EXERCICES DE MANÈGE

LES EXERCICES DE MANÈGE, DESTINÉS À EFFACER LE PLI EXTÉRIEUR (PLI NATUREL DU CHEVAL) AU PROFIT DU PLI INTÉRIEUR (NOMMÉ ALORS LE « PLI JUSTE »), DOIVENT SUIVRE UNE PROGRESSION MÉTHODIQUE. ILS CONSISTENT EN DIFFÉRENTES « FIGURES », EFFECTUÉES AU PAS, AU TROT, PUIS AU GALOP.

LE PLI DE L'ENCOLURE

Naturellement, le cheval en mouvement s'équilibre à l'économie d'effort et, surtout, sans perte de vitesse, car c'est là son « arme essentielle ». Cela se traduit par un pli de l'encolure dirigé vers l'extérieur de la courbe qu'il amorce, ce qui a pour effet de contrebalancer l'excès de poids sur l'épaule intérieure. Cette attitude reste celle des chevaux de course dans un tournant, où il s'agit de ne pas ralentir. Impulsion, équilibre et vitesse sont alors indissociables. Voilà ce que le dressage du cheval de selle a pour objet de transformer, puisque l'équitation repose sur l'art de rendre ces éléments indépendants : à l'extrême, le piaffer est l'expression de l'impulsion maximale à la vitesse zéro.

TRAVAIL EN LIGNE DROITE

La ligne droite, premier exercice de l'effacement du pli naturel, n'est pas facile à obtenir avec perfection, du fait que les chevaux ne naissent pas symétriques, mais soit droitiers, soit gauchers. On dit qu'un cheval est « droit » lorsque antérieurs et postérieurs suivent rigoureusement la même piste. Les exercices donnés au cheval débutant pour approcher cette rectitude consistent à s'aider de l'appui du bord (lice ou pare-botte) comme d'une règle. On maintient alors une bonne impulsion, tout en remettant constamment les épaules du cheval devant ses hanches.

LE PASSAGE DES COINS

Le cheval ayant tendance à couper les coins du manège en se donnant un pli extérieur, on doit lui demander au contraire de s'incurver selon la courbure du tracé que l'on suit. L'aide prédominante en ce cas est la jambe intérieure, qui « plie » le cheval vers le pare-botte. La bonne exécution se contrôle par la régularité de la cadence.

LE CERCLE

On utilise de grands cercles (20 m de diamètre) que l'on pourra réduire à mesure des progrès. L'idéal est que le rachis du cheval (des oreilles à la queue) soit incurvé à l'image du cercle qu'il décrit, c'est-à-dire à peine. Le point de cintrage est la jambe intérieure du cavalier. Les corrections consistent à ramener les épaules sur la piste des hanches, et non pas l'inverse, quitte à sacrifier la « rondeur » du cercle au début. Ce sont la rectitude et la cadence qui doivent être privilégiées.

ASSOUPLISSEMENTS LATÉRAUX

– **Les diagonales.** Cet exercice élémentaire du changement de main peut être mis à profit pour initier aux premiers changements de pli. Si l'on sort d'un coin dans le pli à gauche, et que l'on se dirige vers le coin diagonalement opposé pour lequel il

Les principales figures dites « de manège » sont identiques en carrière.

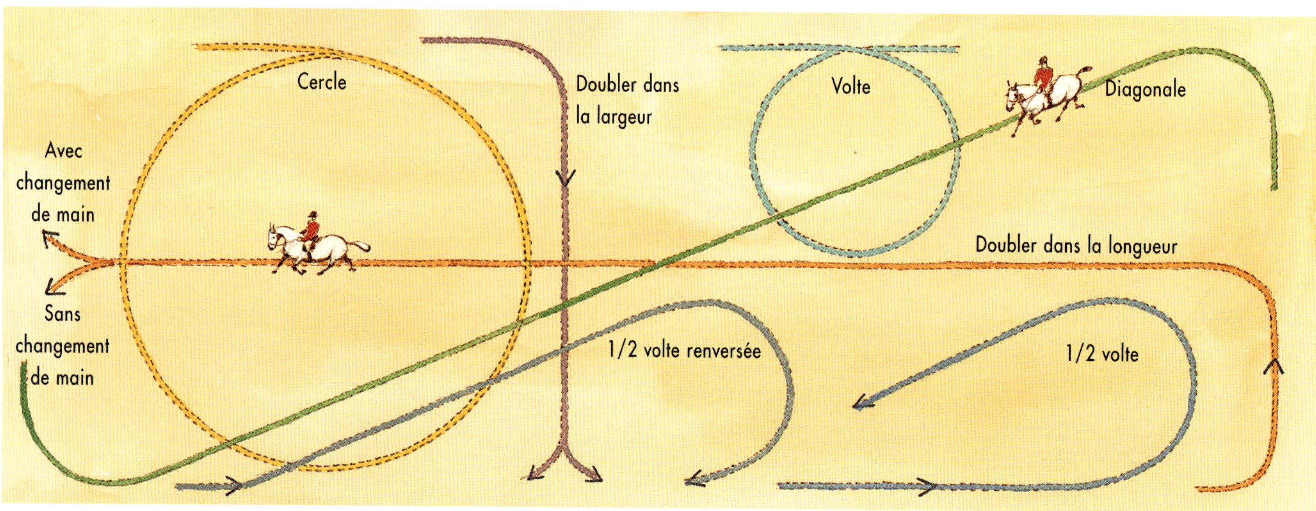

Passage des coins avec pli « juste » du cheval

Le cercle avec incurvation de la colonne vertébrale

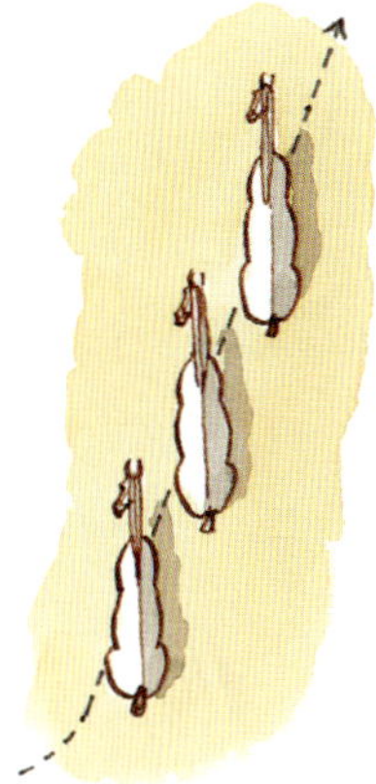

Le pas de côté vers la droite

L'épaule en dedans, piste à main droite

Le pli du cheval n'est pas toujours en rapport avec la direction qu'il suit : le bout du nez est du bon côté dans le pli juste sur le cercle, mais à l'opposé dans le pas de côté.

faudra obtenir le pli à droite, il est intéressant d'utiliser toute la longueur de la diagonale pour faire accepter au cheval débutant l'inversion très progressive des aides, qui lui feront rejoindre la piste dans une attitude déjà préparée : « La position précède l'action. »

– **Le huit de chiffre.** Il s'agit de suivre le tracé de deux cercles juxtaposés de 10 m de diamètre en changeant de main à chaque fois. Les cercles plus petits obligent à l'accentuation du pli et à celle de l'engagement des postérieurs ; leur juxtaposition oblige à effectuer le changement de pli en un minimum de battues, mais sans précipitation.

– **La serpentine**. Elle consiste à enchaîner des courbes en changeant de main, et donc de pli, à chaque passage de la ligne médiane. Suite logique du huit de chiffre, mais où le cheval n'est plus sur un tracé répétitif. La recherche de la précision dans cet exercice génère un important travail d'assouplissement, aussi bien physique que mental.

Travail de deux pistes

On nomme ainsi les déplacements du cheval durant lesquels antérieurs et postérieurs suivent deux traces distinctes.

– **Les pas de côté.** L'action est celle d'une jambe isolée : le cheval étant placé dans le pli à droite, par exemple, on lui demande (au pas ou au trot) de se déplacer suivant une oblique, vers la gauche, tout en conservant la même direction du corps. Épaules et hanches se déportent en même temps, les membres se croisant. On travaillera sur des fins de diagonale ou de demi-volte, après avoir obtenu des changements de pli corrects.

– **L'épaule en dedans.** Quand l'élève a bien admis la jambe isolée, on lui demande de dissocier épaules et hanches. Les postérieurs suivant une piste droite, sans se croiser, les antérieurs doivent évoluer sur une piste décalée, parallèle à celle-ci. Mécaniquement, si les hanches sont bien maintenues dans la juste direction, le cheval n'a d'autre solution que de ployer son dos latéralement et longitudinalement, pour garder l'activité de son postérieur interne. La vitesse restant réduite et l'impulsion augmentant considérablement, avec en corollaire l'abaissement des hanches et l'élévation de l'avant-main, l'épaule en dedans est la clé du travail qui conduit au rassembler.

– **L'appuyer**. Tout en avançant franchement, le cheval suit une ligne oblique par rapport à lui-même (environ 30°), gardant un pli du même côté que celui en direction duquel il se déplace. Appuyer à droite = pli à droite. Le plus important dans cette figure est que les hanches ne précèdent pas les épaules, et que la cadence soit toujours régulière. Son accomplissement exige un maintien de l'impulsion, assez difficile à obtenir. Outre l'élégance qui s'en dégage, c'est un exercice extrêmement efficace pour le développement musculaire de l'animal.

L'appuyer. Outre l'élégance de ce mouvement sur les terrains de dressage, l'appuyer est un exercice très efficace pour le développement musculaire.

Le saut des premières barres

Le saut est un moyen naturel pour le cheval en liberté de franchir un obstacle. Mais, pour le cavalier, c'est un geste complexe qui nécessite un apprentissage particulier afin de ne pas gêner sa monture... et de rester en selle.

Les bases indispensables

L'apprentissage du saut s'adresse à des cavaliers qui ne sont plus débutants et qui désirent vraiment aller sur l'obstacle. En effet une bonne assiette, mais également de la volonté sont indispensables pour guider et accompagner le cheval dans un mouvement de plus grande amplitude que les allures habituelles. L'initiation se déroule bien entendu avec une monture bien dressée, capable de rattraper les fautes du jeune cavalier. De plus, chaque leçon sera précédée d'exercices d'échauffement, ou se déroulera en cours de reprise, et débutera par des mouvements d'assouplissement et de mise en confiance spécifiques. Ainsi, la position « en suspension » est apprise à l'arrêt, au pas et au trot étriers chaussés, étrivières raccourcies de 3 ou 4 trous ; puis elle est conservée sans étriers, genoux serrés et mollets souples ; enfin le cavalier galope en suspension et apprend à diriger sa monture sur des voltes de tailles différentes. Il est essentiel que le cavalier conserve son équilibre, quels que soient l'allure ou le changement de direction, sans se raccrocher aux rênes ; pour cela, il peut au début tenir une poignée de crins, ou même un collier de chasse installé pour la séance.

Pour se mettre en confiance, le jeune cavalier franchit des cavaletti, petites barres espacées d'une foulée. Ici, le saut s'effectue à cru pour bien sentir le geste du poney.

La position en suspension

Elle consiste à rester en équilibre sur les étriers, fesses légèrement décollées de la selle, bras à demi ployés, tête droite et regard fixé au-delà de l'obstacle, jambes également ployées, genoux fixes, mollets serrés au contact des flancs du cheval pour maintenir l'impulsion, talons bas afin que les chevilles puissent jouer leur rôle amortisseur. Pour cela le buste, fléchi au niveau des hanches alors que les jambes restent fixes, se penche vers l'encolure lorsque le cheval lève les épaules, puis se redresse quand les antérieurs se tendent pour la réception ; à cette étape, le cavalier reste encore en suspension, les fesses décollées de la selle pour éviter le « coup de raquette » qui désarçonne souvent les débutants. Cela peut être le cas lors du saut de pied ferme : à l'arrêt, face à l'obstacle, le cavalier se met en position et pousse son cheval en avant ; sans élan, celui-ci franchit la barre sans vraie battue d'appel, mais en se propulsant des quatre membres.

Le déroulement du saut

Au début, il n'est pas exigé du cavalier qu'il sente les différentes phases du saut du cheval, et il doit seulement conserver sa position en suspension afin de ne pas le gêner. L'instructeur fait en sorte de canaliser le cheval afin qu'il ne se dérobe pas. Dans un premier temps, il s'agit de franchir une, puis plusieurs barres disposées sur le sol du manège ou de la carrière, en travers de la piste ; au pas, au trot puis au galop, le cavalier les franchit en suspension, rênes longues. Ensuite une barre est posée sur pieds, afin que le cheval n'enjambe plus, mais développe réellement son saut avec battue d'appel, planer et foulée de réception. Le mouvement de bascule peut déséquilibrer le jeune cavalier : il doit absolument éviter de s'accrocher aux rênes, ce qui pourrait blesser la bouche du cheval, qui a besoin d'utiliser son encolure comme d'un balancier, et le dissuader de sauter à

Foulée d'abord Battue d'appel

L'obstacle d'entraînement peut comporter une barre « d'appel » à son pied pour faciliter l'ajustement du saut. Le cavalier, en équilibre sur ses étriers, garde le contact avec la bouche du cheval et regarde loin devant lui.

nouveau. C'est alors que les exercices précédents prennent toute leur importance, le cavalier sachant se retenir aux crins ou rester en selle même en ayant perdu ses étriers. Il est conseillé de lui faire franchir plusieurs fois cette petite barre, rênes longues puis rênes sur l'encolure, mains derrière le dos, enfin rênes ajustées lorsque le mouvement sera bien assimilé. Le cavalier peut ensuite passer aux séances de perfectionnement quand il est capable de diriger son cheval sur un obstacle placé non plus sur la piste, mais au centre de la carrière. La hauteur de la barre peut alors varier de 30 à 70 cm.

Le perfectionnement

Il s'agit d'apprendre à aborder les obstacles dans les meilleures conditions, à les enchaîner d'abord toujours en suspension, puis assis dans la selle entre chaque saut. Les exercices les plus courants consistent en voltes, au trot ou au galop, cheval calme, avec sortie tangente pour aborder la barre bien droit, remise en volte à la réception avant de se diriger vers une autre barre. Le profil des obstacles peut être varié, obligeant le cheval à prendre son appel différemment ; le cavalier peut alors sentir que le nombre de foulées change. Enfin un parcours est installé, le cavalier devant choisir le meilleur tracé pour un abord correct des barres.
À ce niveau, le cavalier est généralement passionné et la difficulté sera de limiter la hauteur et le nombre des obstacles, car le saut représente un effort pour le cheval, qui peut entraîner un traumatisme s'il est trop violent ou/et trop fréquent. Pour que monture et cavalier raisonnablement doués acquièrent une bonne technique, deux reprises d'obstacles de 20 min chacune, par semaine, à au moins deux jours d'intervalle, sont amplement suffisantes. En fait, le gros du travail doit se faire sur le plat et ressemble à celui des autres disciplines équestres : assouplissement, équilibre à toutes les allures, cheval calme et engagé y compris lors des transitions, souffle, endurance et musculation.
La reprise d'obstacles se différenciera d'une séance de travail sur le plat par l'accent mis sur la suspension, le calme, la bonne entente du couple sur le nombre de foulées à l'approche de la barre, le respect de l'obstacle par le cheval.

La position « en arrière » lors du saut était de rigueur jusqu'aux enseignements du capitaine italien Caprilli, vers la fin du XIXe siècle.

Une position récente

Jusqu'à la fin du XIXe siècle, il était conseillé aux cavaliers voulant pratiquer le saut d'obstacles de chausser les étriers, d'enserrer le cheval entre ses jambes et de pencher le haut du corps en arrière, tout en faisant jouer la souplesse du rein et en rendant les rênes afin de libérer l'encolure. Enchaîner plusieurs obstacles devenait alors fort difficile. Ce sont des officiers italiens qui proposèrent une monte différente, dont le principe fut établi par le capitaine Caprilli, vers 1896, puis développé par un Français, le colonel Danloux, écuyer à Saumur, qui conçut également une selle plus adaptée au saut d'obstacles.

Le déroulé du saut est une foulée de galop modifiée : le cheval suit une courbe déterminée par la montée de ses épaules et la propulsion de ses postérieurs.

PREMIÈRES SORTIES EN EXTÉRIEUR

UNE PREMIÈRE INCURSION À CHEVAL, À TRAVERS CHAMPS ET BOIS, EST UNE AVENTURE EXCITANTE, POUR DES APPRENTIS CAVALIERS N'AYANT MONTÉ JUSQUE-LÀ QU'EN MANÈGE OU SUR LA CARRIÈRE. ILS PEUVENT PRENDRE BEAUCOUP DE PLAISIR À VAGABONDER EN COMPAGNIE D'UN CHEVAL À TRAVERS LA NATURE, MAIS IL Y A CEPENDANT DES RÈGLES À RESPECTER.

SAVOIR TENIR SON CHEVAL

« Gardez vos distances ! » recommande souvent l'instructeur qui dirige une reprise au manège ou sur la carrière. Il est important que les cavaliers ne se suivent pas de trop près pour éviter qu'un cheval ne marche sur les postérieurs de celui qui le précède, en risquant de le blesser plus ou moins gravement. Au cours d'une chevauchée en groupe en extérieur, il faut garder ses distances pour la même raison, mais aussi parce que le cheval qui progresse devant soi peut soudain piler, apeuré par ceci ou cela, buter ou glisser, et que mieux vaut alors ne pas se heurter à lui. Il peut aussi, sur une pente de montagne, faire s'ébouler des cailloux qu'il est préférable de voir venir pour les éviter. Il faut donc maintenir sa monture largement en retrait de celle qui la précède. Et cela à toutes les allures.

Certains chevaux ne se font nullement prier pour suivre leurs congénères à une bonne distance. Mais d'autres ont des instincts de guide, d'éclaireur, qui les pousse à toujours chercher à devancer ceux qui les précèdent. Ou il est possible de les maintenir à leur place, au prix d'un peu d'autorité, ou il faut sans cesse leur serrer la bride. Dans le second cas, il vaut mieux leur donner satisfaction et les laisser aller se placer aussi en tête de la cavalcade que possible – derrière l'instructeur ou le guide –, plutôt que de se lancer dans une désagréable bagarre, qui peut être aussi pénible pour le cheval que pour le cavalier, et les priver l'un comme l'autre de tout plaisir.

GARDER SA PLACE

Rien n'est plus gênant, durant une promenade en groupe, que de monter un cheval fou de course. Il peut s'agir d'un animal toujours gentil, docile, calme, parfois même fainéant, mais qui, dès qu'on lui demande le trot ou le galop, n'a immédiatement qu'une idée en tête : aller plus vite que ses congénères. Quitte à ensuite chercher à traînasser, pour se retrouver en queue de peloton... Dans le cas d'un galop en fourrageurs (tous sur un rang)

La première sortie est une vraie aventure pour les jeunes cavaliers ; si, de plus, elle les conduit au bord de l'eau, cela devient un souvenir inoubliable.

à travers un vaste terrain ouvert, on peut lui laisser la bride sur le cou (en prenant soi-même du plaisir !). Mais, s'il s'agit de trotter ou de galoper le long d'un chemin plus ou moins étroit, on ne peut prendre le risque de doubler d'autres cavaliers. Si l'on monte un tel cheval – qui ne devrait pas être confié à un débutant... –, il est préférable de le maintenir en deuxième position, derrière le guide, place où l'animal aura le moins tendance à s'exciter en changeant d'allure.

Au manège ou sur la carrière, le cheval évolue sur un terrain souple, uniforme et dépourvu d'obstacles. En forêt, sur la plage ou sur le causse, il en va tout autrement. Là, l'animal doit progresser sur des sols inégaux, parfois souples, parfois raboteux, tantôt mous, tantôt glissants, quelquefois plats mais souvent faits d'une succession de déclivités plus ou moins prononcées, ici encombrés de petite broussaille, là jonchés de roches, plus loin bourbeux...

En liberté dans la nature, le cheval se débrouille parfaitement à travers ce genre de terrains. Aussi le mieux est-il de lui laisser une certaine initiative, de le laisser négocier à sa guise les amas de branches ou les pentes. Pour lui permettre de décider où il va poser ses pieds, on laisse donc les rênes lâches, mais en demeurant toutefois prêt à revenir au contact. Car, un cavalier est tout de même un guide, à qui revient l'initiative de la direction à prendre.

L'ÉQUILIBRE DU CHEVAL

Le cheval n'est pas seul, nu comme à l'état sauvage, mais porte un cavalier dont le poids peut être pour lui un sérieux handicap. Sachant cela, on doit s'efforcer de l'aider dans sa progression, en le gênant le moins possible, en suivant, en épousant au mieux ses mouvements, en jouant aussi finement qu'on le peut de son assiette.

Cette aide fournie à la monture est particulièrement importante sur les déclivités, où le cavalier doit maintenir son buste parfaitement vertical pour éviter de faire porter du poids sur l'arrière-main de l'animal, ce qui entraverait le « moteur » ou le « frein » qu'elle constitue. Car, dans les côtes, le cheval pousse avec ses postérieurs, qui lui permettent à l'inverse de se retenir en descendant des pentes, et de ne pas se laisser entraîner par son propre poids.

En montant des côtes raides, il ne faut pas hésiter à empoigner la crinière – ce qui n'est nullement douloureux pour l'animal et n'a rien de honteux –, afin d'éviter d'être entraîné vers l'arrière en devenant trop pesant.

Un autre moyen d'aider le cheval sur les terrains tourmentés consiste à jouer du buste comme d'un balancier. Lorsqu'on demande de tourner à droite, par exemple, on se penche de ce côté de manière d'autant plus prononcée que le virage est serré. Ce système, pris en compte depuis peu dans les programmes d'examens fédéraux, est efficace : les Mongols, hommes solides et montant de très petits chevaux, ne mettent leur monture en route, ne l'arrêtent et ne la font tourner qu'en agissant ainsi.

Le casque ou la bombe (avec sa jugulaire) sont indispensables pour sortir en extérieur ; un chemin peut toujours présenter un obstacle inattendu et un incident en rase campagne prend des proportions plus grandes qu'en carrière.

Garder ses distances

Voici une astuce simple pour savoir si son cheval n'est pas trop près du précédent : à taille de monture égale, il faut pouvoir apercevoir la racine de la queue du cheval de devant entre les oreilles du sien, lorsqu'on est assis en selle. Dans ces conditions, on peut être sûr, compte tenu de la longueur de l'encolure et de l'amplitude des foulées normales, que les antérieurs de son cheval ne vont pas marcher sur l'arrière des postérieurs de celui qui est devant lui.

3

CHEVAL LOISIR, CHEVAL PASSION

L'ÉQUITATION OFFRE
AU CAVALIER
DE TRÈS NOMBREUSES
DISCIPLINES,
À PRATIQUER PAR PLAISIR
AVEC SON CHEVAL
OU SON PONEY,
OU À PERFECTIONNER
JUSQU'À LA COMPÉTITION,
EN AMATEUR,
VOIRE MÊME
EN PROFESSIONNEL.

Cavalier et cheval, même durant une phase importante de l'épreuve (ici en concours de saut d'obstacles), profitent pleinement du plaisir de leur entente, dont dépend leur réussite.

LES JEUX ÉQUESTRES

POUR BIEN DES TÉLÉSPECTATEURS, LE CHEVAL EST AVANT TOUT CETTE STAR DU TROT ET DU GALOP QU'ILS VOIENT COURIR LORS DE RETRANSMISSIONS. MAIS IL NE FAUT PAS OUBLIER QU'ENFANTS ET ADULTES DE TOUS NIVEAUX PEUVENT S'ADONNER À DES JEUX TRÈS DIVERS POUR LESQUELS LE CHEVAL A D'AILLEURS SOUVENT DU GOÛT LUI-MÊME !

LES JEUX À PONEY

Pour les enfants, les poney-clubs sont avant tout les lieux où ils peuvent découvrir les petits chevaux, les cajoler, les soigner et surtout s'amuser avec eux. Et, outre les célèbres *poney-games*, compétitions ludiques venues d'Angleterre, il y a de nombreuses manières de jouer. En faisant de leur poney leur compagnon de jeux, les enfants apprennent à connaître son caractère, à prévoir ses réactions, à se faire obéir. Par ailleurs, les jeux équestres développent les qualités d'agilité, d'adresse, de rapidité et d'esprit d'initiative que doit posséder tout cavalier. En voici quelques-uns, destinés aux tout-petits montant des poneys shetlands.

Le jeune cavalier doit être à l'aise : pantalon pas trop serré, sans coutures à l'intérieur du genou ; bottes d'équitation en caoutchouc et casque à sa taille, pour la sécurité.

Le jeu de l'anneau est une variante du jeu de la bague : la cible est plus grande et plus facilement attrapable pour les enfants.

– **Allons au marché** : dans la carrière, des supports (tables, etc.) sont disposés, représentant les boutiques ; sur chacun sont posées des cartes, portant le dessin d'une marchandise ; chaque petit cavalier reçoit un sac en plastique, à titre de cabas, et une liste du marché qu'il doit faire ; tous vont chercher les cartes correspondant à leur liste et ils doivent les ramasser sans mettre pied à terre ; le premier qui a terminé son marché a gagné.
– **Indiens contre cow-boys** : les cow-boys à cheval sont placés dans un cercle, à l'intérieur duquel ils peuvent bouger, mais sans en sortir ; les Indiens à cheval tournent autour d'eux ; chaque cavalier des deux camps a un sac de boules de papier enroulées de ruban adhésif, avec lesquelles ils mitraillent l'adversaire ; les Indiens touchés par une « balle » et les cow-boys par une « flèche » cessent de jouer et ramassent les boules de papier ; le jeu s'arrête lorsqu'une équipe n'a plus de combattants.

DES JEUX TRADITIONNELS

– **La queue du diable** : un cavalier désigné comme le diable a une longue queue accrochée dans le dos, que tous les autres cherchent à lui enlever, pour devenir diable à leur tour.
– **Le déménagement** : tous les cavaliers sauf un ont une maison, matérialisée par un cône en plastique, près de laquelle ils se tiennent ; celui qui n'a pas de maison reste au milieu d'eux et demande à deux cavaliers de déménager : « Sébastien et David déménagent ! » ; pendant que les deux garçons échangent leurs maisons, le sans domicile tente d'occuper une des deux habitations momentanément abandonnées en s'y précipitant le premier.
– **« Jacques a dit »** : certains de ces jeux sont presque les mêmes que ceux ordinairement pratiqués à pied. C'est le cas, par exemple, de celui-ci. Les cavaliers, à chacun desquels on a remis trois foulards, tournent autour de la carrière ou du manège ; le meneur de jeu donne des consignes, dont seules celles précédées de « Jacques a dit... » doivent être suivies ; chaque cavalier commettant une erreur remet un foulard au meneur ; le jeu prend fin lorsqu'un cavalier, qui est le perdant, n'a plus de foulard.

LES GYMKHANAS

Pour les enfants un peu plus âgés, les gymkhanas sont des jeux amusants, mettant en évidence leur adresse en selle. Il s'agit de parcours hérissés de difficultés, d'épreuves diverses, telles qu'un gobelet à ramasser sur un piquet et à aller poser sur un autre au galop, un ballon à pousser avec une pelle

Adresse, agilité, maîtrise de sa monture et confiance en elle : c'est à la fois ce dont le jeune cavalier a besoin et ce qu'il développe dans ces jeux.

Le horse-ball est un sport d'équipe dans lequel les cavaliers galopent souvent proches les uns des autres : le casque et les genouillères sont indispensables.

d'un point à un autre, un temps de trot sur des cavaletti en gardant un œuf en équilibre dans une cuillère tenue en bouche sans le casser, un petit seau à aller remplir dans un abreuvoir sans mettre pied à terre, puis à porter dans un endroit précis. Sur un « parcours du randonneur », sorte de gymkhana pour les grands comme pour les petits, les cavaliers se trouvent confrontés à des difficultés identiques à celles souvent rencontrées en randonnée, telles que le passage entre deux tracteurs, la traversée d'un gué, l'ouverture d'une barrière sans mettre pied à terre, et quantité d'autres.

Jeux autour d'une balle

L'indoor-polo se pratique dans un manège, avec des maillets ordinaires mais une balle un peu plus grosse qu'au vrai polo, qu'il s'agit de faire passer entre deux poteaux ou limites, délimitant les buts. Étant donné la surface restreinte de l'aire de jeu, les matchs ne se disputent pas entre équipes de quatre joueurs, mais seulement de trois. **Le paddock-polo** est le même jeu, mais se pratique en extérieur sur un terrain un peu plus vaste. Il existe encore une autre variante du polo, imaginée en Australie, **le polo-cross**, qui se joue avec une balle en cuir, que l'on pousse avec des sortes de raquettes. Jeu roi depuis des années, **le horse-ball** a été imaginé en 1975 par la commission des centres équestres de la Fédération française d'équitation. Ce dérivé du vieux pato lorrain est en quelque sorte du basket à cheval. Les équipes comprennent chacune quatre cavaliers. Le horse-ball se joue avec un ballon muni de poignées, afin qu'il puisse être ramassé sur le sol, sans que les cavaliers mettent pied à terre. Le jeu consiste à lancer le ballon dans le panier adverse, cercle métallique de plus de 1 m de diamètre. Le harnachement du cheval est

Jeux et complicité

« Ce joueur-là n'a pas besoin de se fatiguer. Sa monture joue pour lui, et elle s'amuse ! » Il est vrai que, dans bien des cas, des chevaux ou des poneys se prennent véritablement au jeu. Ainsi un cheval de horse-ball peut parfaitement savoir, lorsque son cavalier détient le ballon, qu'il lui faut gagner le panier adverse, vers lequel il fonce alors, sans même être sollicité. Le cheval de polo doit, lui, suivre la balle, ce à quoi il s'habitue généralement très vite et qui souvent l'amuse beaucoup. Quant au cheval de gymkhana, ou à celui monté sur un parcours du randonneur, à partir du moment où il a confiance dans un cavalier, qui ne l'a jamais mis dans la position de souffrir, il n'a guère à être sollicité pour s'aventurer dans ce qui peut sembler être pour un cheval des chausse-trapes. Un animal particulier peut ou non comprendre un jeu ou être naturellement prédisposé à jouer. Et, surtout, il fait ou non confiance à son cavalier, selon que celui-ci agit avec lui ou se sert de lui. Mais, lorsque tous deux vivent à l'unisson au point de constituer un vrai centaure, ils s'amusent ensemble, énormément et avec efficacité !

particulier en ce qu'il comporte toujours une martingale et une bricole ou un collier de chasse, plus une solide courroie reliant les étriers sous le cheval, ce qui permet au cavalier d'effectuer des mouvements et des manœuvres inhabituels, sans risquer de se trouver désarçonné. Sous peine de perdre les étriers, on ne peut jouer au horse-ball qu'en y engageant entièrement les pieds : ce qui est pour le moins peu courant. La monture doit bien sûr être maniable et de bonne composition, car, si elle peut prendre goût à l'ambiance du jeu, elle est incapable de comprendre le subtil jeu de passes entre les joueurs et ne sait sans doute pas qu'il y a des adversaires, ni qui ils sont...

Le horse-ball est tellement passionnant pour les joueurs et spectaculaire pour leurs supporters qu'il a rapidement fait des adeptes dans un nombre grandissant de pays. Chaque année se déroule le championnat d'Europe de la discipline qui, à la fin des années 1990, était devenue populaire au point qu'il est sérieusement question de mettre sur pied, dans les prochaines années, un championnat du monde. Tous les jeux équestres, pratiqués tant par les enfants que par les adultes, sont des amusements utiles. Car ils obligent les cavaliers à faire corps avec leur monture et à sans cesse améliorer la qualité de leur assiette. En cela, ils sont des instruments pédagogiques encore trop souvent ignorés...

Jeux et spectacles

Les fêtes et kermesses en tout genre sont autant d'occasions de mettre sur pied des jeux-spectacles avec les chevaux. Il peut s'agir de rencontres entre cavaliers, adeptes d'une des disciplines ou de jeux déjà cités. Ces fêtes commencent souvent par un carrousel. Dérivé des parades militaires d'autrefois, les carrousels sont devenus, dès le début du XVIIe siècle, des sortes de ballets équestres, où des cavaliers partagés en quadrilles évoluent en musique. Donnés en l'honneur des dames ou pour célébrer quelque événement marquant, les plus fastueux ont eu lieu sous Louis XIV. Depuis 1828, le

Lors d'une compétition de horse-ball, le geste du cavalier doit être précis, sans pour autant gêner le cheval qui, lui, participe souvent en anticipant le mouvement, entraîné par le jeu.

Il est agréable de modifier la routine en carrière pour régler un carrousel plus ou moins compliqué qui sera présenté à la prochaine fête du club.

Cadre noir de Saumur présente chaque année le sien. Et d'autres formations montées, telle la Police montée canadienne, ont aussi le leur, qui obtient toujours un grand succès auprès des foules.
Mettre en scène un carrousel avec huit, douze ou seize cavaliers demande des moyens et des talents. Cela nécessite des chevaux parfaitement « mis » et maniables, des cavaliers adroits, des costumes attrayants, des musiques correspondant aux allures des chevaux et des évolutions originales.
Autres spectacles, dont les cavaliers sont metteurs en scène et acteurs : les défilés ouvrant fêtes et manifestations. Certains sont véritablement imposants, s'étirant sur des centaines de mètres, voire sur un kilomètre ou plus ; ce sont toujours des rappels du passé. On peut voir des scènes très diverses : par exemple, un héraut d'armes ouvre la cavalcade sur son destrier ; une diligence suit, tirée par quatre chevaux et bondée de jeunes déguisés ; un couple passe à cheval, comme autrefois au bois de Boulogne, le monsieur en haut-de-forme chevauchant à la gauche d'une amazone portant voilette ; arrivent ensuite une batteuse tractée, un fiacre, un meunier montant à cru un cheval de trait, une voiture de pompiers hippomobile agitant sa cloche, une escouade de dragons...
Les courses d'amateurs ont aussi leur place dans les fêtes. Ici des enfants se mesurent sur des poneys, là des adultes disputent une épreuve par relais, ou encore pour chevaux de trait.

Et, s'il y a bien un tiercé gagnant à l'arrivée, il ne permet à personne de toucher quoi que ce soit, puisque ces compétitions n'intéressent pas encore le PMU !
Les fêtes sont aussi l'occasion pour les cascadeurs professionnels et amateurs de se produire. Ici se déroule un flamboyant tournoi, là-bas des Cosaques se livrent à des démonstrations de voltige en ligne droite, avec force cris d'excitation, plus loin un « hussard » debout, chaque pied posé sur la croupe de chacun des deux derniers chevaux, fait galoper un attelage de dix animaux en « poste hongroise », tandis qu'un étonnant dresseur fait exécuter de brillantes figures à ses deux étalons.

Le savoir-vivre équestre

Pour participer aux jeux, parades et spectacles, la monture doit être propre, toilettée si possible (voir « Le pansage », p. 180), sinon au moins bien brossée, la queue et la crinière démêlées et peignées, sans brin de paille, les sabots nets. Le harnachement doit lui aussi avoir été nettoyé ; les boucles et les passants doivent être mis correctement.
Une tenue trop classique n'est plus de rigueur ; en revanche, les vêtements doivent être pratiques, propres et seyants.
Traditionnellement, les garçons saluaient le jury en enlevant leur bombe, l'intérieur toujours tourné vers eux, et les filles saluaient d'une inclinaison de la tête en tenant leur cravache verticale devant elles, le pommeau au menton. Aujourd'hui, avec le casque, pas très facile à enlever, et une fréquente absence de cravache, l'immobilité de la monture et l'inclinaison de la tête constituent un salut correct accepté par les juges... et les spectateurs.
Ces règles visent surtout à ce que le cavalier soit à l'aise et exprime son plaisir de participer, ainsi que le respect qu'il éprouve pour les organisateurs et les autres concurrents.

LA VOLTIGE

RYTHME, SOUPLESSE ET ÉLAN, LA VOLTIGE TELLE QU'ELLE EST PRATIQUÉE AUJOURD'HUI EN CLUB OU EN COMPÉTITION EST L'ŒUVRE DU TRIO, VOLTIGEUR, CHEVAL ET LONGEUR. À LA FOIS PROCHE DE LA GYMNASTIQUE, DE LA CASCADE ET DE LA DANSE, LA VOLTIGE DÉVELOPPE CHEZ LES JEUNES CAVALIERS L'ÉNERGIE, LA CONFIANCE ET LA COORDINATION.

LE CHEVAL DE VOLTIGE

La voltige consiste à exécuter des figures gymniques et acrobatiques sur le dos d'un cheval non sellé, mais muni d'un surfaix à poignées. Seul un cheval puissant, musclé, endurant et régulier dans ses allures peut être apte à supporter des voltigeurs sur son dos. Calme, concentré, il doit être d'un naturel généreux, peu émotif ni chatouilleux. Quels que soient les déplacements du voltigeur sur son dos et les pressions qu'il exerce, le cheval doit posséder un galop rond, ample, énergique et fluide et se maintenir dans une allure cadencée irréprochable. Le cheval de voltige est en général bâti sur un modèle puissant. En compétition, sa haute taille est primordiale – entre 1,75 m et 1,80 m au garrot –, l'idéal étant qu'il mesure 5 cm à 7 cm de plus que la taille du voltigeur. Certains selles français, pur-sang américains, chevaux belges sont de grands chevaux de sang, énergiques, mais « froids », particulièrement appréciés des voltigeurs. De même, les haflingers ou les poneys landais sont d'excellents poneys de voltige pour les enfants qui débutent. Un cheval qui n'a pas atteint sa taille adulte, généralement de moins de 6 ans, ne peut être utilisé régulièrement en voltige sous peine de voir sa croissance stoppée.

Pour mettre un jeune cavalier en confiance, rien ne vaut un poney habitué à la voltige... à l'arrêt d'abord, avant de tourner au galop.

LA PRÉPARATION DU CHEVAL

Le cheval de voltige est un cheval souple, habitué au cavalier et à la selle, mais travaillé de manière spécifique. Car, tout au long d'une épreuve de voltige, il devra conserver un galop cadencé et régulier sur un même cercle sans jamais accélérer, trébucher ou couper le cercle. Le longeur professionnel a un rôle prépondérant dans la bonne préparation de son cheval. Ses connaissances et sa pratique de l'équitation lui permettent d'initier le cheval à la longe dans le calme, sans brûler les étapes. À la fin de son apprentissage, celui-ci doit être capable de galoper régulièrement tout en restant insensible à tout mouvement extérieur autour de lui ou sur lui. L'accoutumer à la longe est la première des étapes. Le longeur dirige son cheval à la voix, une chambrière dans la main gauche, afin de canaliser ses déplacements. Une fois le cheval entraîné seul, le longeur fera intervenir sur son dos le poids d'un cavalier et l'habituera à passer du galop au pas ou à l'arrêt sans passer par le trot. De même, il l'habituera à repartir de l'arrêt au galop de pied ferme. Peu à peu, le cavalier pourra bouger, sauter à terre à main droite ou à main gauche sans que le cheval ne réagisse. Puis l'entraîneur l'accoutumera à la présence de voltigeurs à terre qui vont l'aborder progressivement en courant. Ils défileront en petites foulées jusqu'à lui, puis courront à ses côtés, tout en le caressant. Une fois le cheval rassuré, les voltigeurs attraperont les poignées du surfaix et prendront leur élan pour grimper sur son dos, se mettre à genoux, debout ou sauter à terre et à cheval...

Au voltigeur de rythmer ses efforts avec ceux du cheval. Il devra choisir la bonne foulée de galop pour effectuer ses exercices sans déséquilibrer le cheval. Si ses mouvements sont exécutés en force, s'il s'appuie sur lui à contretemps, le cheval réagira malgré lui.

La voltige en cercle

Le voltigeur doit posséder de l'énergie, des qualités acrobatiques, expressives et le sens de la glisse. La voltige se pratique sur un cercle de 13 m de diamètre par équipe de quatre à huit voltigeurs, ou individuellement. En compétition, les voltigeurs en équipe exécutent successivement ou ensemble six figures imposées.

– Dans la position **assis à cheval**, le voltigeur se tient droit, les bras en croix, le haut du buste immobile pendant quelques foulées de galop, avant de sauter à terre en passant la jambe droite par-dessus l'encolure.

– Dans la figure de **l'étendard**, le voltigeur passe de la position assise à celle à genoux sur le cheval. Il lève la jambe droite en extension, puis le bras gauche, le corps cambré, le regard à l'horizontale.

– **Le moulin** consiste à s'asseoir en amazone à gauche puis à droite en faisant passer ses deux jambes ensemble par-dessus la croupe du cheval toutes les six foulées de galop.

– **La position debout** s'obtient à partir des positions assise, puis à genoux, pour se maintenir debout les bras en croix, en parfait équilibre, avec des articulations souples.

– Pour exécuter **les ciseaux** à partir de la position assise, le voltigeur se tourne face à la croupe après un ciseau arrière, faisant pivoter ses jambes alternativement l'une sur l'autre.

– Dans **l'amazone**, le voltigeur, en prenant appui sur les poignées du surfaix, jette ses jambes en arrière avant de les ramener sur la gauche puis sur la droite alternativement. Il sort par l'arrière et vers l'extérieur de la piste.

Le programme libre permet au voltigeur de compétition d'effectuer de nombreuses autres figures de son choix en musique, et de privilégier la recherche esthétique.

Mathias Lang (ici en figure libre) a été le premier Français champion du monde, en 2002 à Jerez. Les compétitions de voltige ont longtemps été dominées par les cavaliers allemands.

La voltige en ligne droite

La voltige en ligne droite est un héritage des Cosaques, qui se dissimulaient aux yeux de l'ennemi derrière les flancs de leur cheval ou même sous son ventre. Longtemps les gens du cirque utilisèrent cette forme de voltige qui permet une accélération du galop et des acrobaties spectaculaires. Aujourd'hui, elle est surtout pratiquée par les cascadeurs équestres dans de nombreux spectacles ou films qui utilisent des chevaux comme figurants. Dans la voltige en ligne droite, une selle spéciale est utilisée. Munie de courroies et de poignées, elle permet au cavalier de se tenir caché le long de son cheval ou de ramasser des objets à terre plus aisément.

« À cheval »

1. Le voltigeur « galope » au rythme du cheval, juste derrière son épaule, en tenant les poignées du surfaix.

2. Il s'appuie de l'avant-bras gauche sur le cheval.

3. Il propulse son bassin vers le haut en pivotant les épaules autour de l'appui du bras gauche.

4. Il enfourche le cheval en projetant les jambes en ciseaux par-dessus la croupe.

5. Il s'assied et suit les mouvements du cheval.

LES JEUX TRADITIONNELS

QUI PEUT PRÉTENDRE IGNORER CE QU'ÉTAIENT LES TOURNOIS ? QUI N'A JAMAIS VU, AU CINÉMA OU À LA TÉLÉVISION, LE BOZKACHI DES CAVALIERS AFGHANS ? CES JEUX TRADITIONNELS ONT SOUVENT DES ORIGINES TRÈS ANCIENNES. ET TOUS DÉCOULENT SOIT D'EXERCICES GUERRIERS, SOIT DES IMPÉRATIFS DE L'ÉLEVAGE DU BÉTAIL.

JEUX DE GUERRE D'AUTREFOIS

Les entraînements des guerriers d'autrefois paraissent sans grand intérêt aujourd'hui, mais sont toujours pratiqués sous forme de jeux traditionnels, parce qu'ils développent l'adresse des cavaliers.

Autrefois, le tournoi était une joute guerrière dangereuse ; pour s'y préparer, les chevaliers s'entraînaient régulièrement. Certaines de leurs épreuves d'adresse sont encore pratiquées aujourd'hui.

Au Moyen Âge, pour être à même de faire tomber leur adversaire, les chevaliers devaient s'entraîner sérieusement.
Car atteindre un but précis avec la pointe de leur longue arme n'était pas facile du tout pour ces guerriers, gênés par leur rigide armure. Pour devenir experts au maniement de la lance, ils disposaient entre autres de la quintaine, qui aurait été inventée vers le Ve siècle, par un certain Quintus. Cette cible particulière était une sorte de mannequin de bois, mobile sur un pivot vertical. Si l'apprenti la touchait de sa lance sur son axe central, le coup était excellent et la quintaine ne bougeait pas. Mais, s'il la touchait ailleurs, il la faisait pivoter à grande vitesse et risquait d'être durement – et honteusement ! – frappé par le sabre de bois dont elle était armée pour se « défendre ».

LA BAGUE ET LE PIQUET

Le jeu de la bague a été imaginé au XVIIe siècle, à une époque où, par galanterie, on a voulu faire juger certains exercices équestres par des femmes. Une bague remplaçait un prix et récompensait celui qui parvenait à l'enlever au galop, à la pointe de sa lance. Mais il s'agissait là d'une bien petite cible ! Et il arrivait que, parmi les cavaliers cherchant à s'adjuger le bijou, aucun n'y parvienne, ne réussissant pas à « faire un dedans ». La bague revenait alors à celui ayant le plus souvent touché l'anneau.
Le jeu du piquet était destiné à développer l'adresse des cavaliers dans le maniement de la lance ou du sabre. Un piquet, solide mais de taille modeste, était planté dans le sol, d'où il ne dépassait que d'une dizaine de centimètres. Les cavaliers se lançaient vers lui au galop, sabre ou lance en main, et, en se penchant sur le côté de leur monture, cherchaient à l'embrocher pour l'arracher du sol. La difficulté était double. Il fallait bien planter la pointe de l'arme dans le piquet, mais aussi réussir un « haut le sabre » ou un « haut la lance », pour le sortir de terre.

LE TIR À L'ARC À CHEVAL

Au Japon, depuis le XIIe siècle, des cavaliers se livrent à un jeu, le yabusame, destiné à l'origine à entretenir l'habileté des samouraïs à l'équitation et au tir à l'arc. Les épreuves se déroulent sur une piste de 250 m de long sur 2,50 m de large, délimitée par des cordes et qu'il faut parcourir au grand galop. Trois cibles sont disposées le long de ce parcours. À demi dissimulées par des panneaux, elles ne sont visibles du cavalier que lorsqu'il arrive sur elles. Chevauchant sans tenir les rênes, les concurrents doivent donc décocher leur flèche avec une rapidité extraordinaire, avant d'en replacer vivement une autre sur la corde de leur arme. Pour attribuer les points, les juges tiennent compte de la précision avec laquelle les flèches ont touché les cibles, mais aussi de la monte du cavalier et de la vitesse du cheval.

LE BOZKACHI

En Afghanistan, on prétend que le très violent jeu équestre qu'est le bozkachi remonte à Attila et qu'il servait d'entraînement à ses guerriers. Les cavaliers afghans, spécialistes de ce jeu, s'y disputent la dépouille d'une chèvre à laquelle on a coupé la tête (le *boz*). Au départ, cet enjeu est placé dans un

Le bozkachi, pratiqué en Afghanistan, l'est aussi dans les steppes de Haute-Asie, où il semble que ce jeu ait été inventé.

cercle appelé « cercle de justice », autour duquel se rangent les concurrents, qui peuvent être fort nombreux. Sitôt le signal donné, tous se précipitent pour s'emparer du *boz*. C'est alors une vraie foire d'empoigne, dans laquelle tout est permis, y compris les coups de cravache. Dès qu'un cavalier s'est emparé de l'enjeu, il cherche à aller faire le tour d'un poteau éloigné, puis d'un autre, situé à l'opposé du cercle de justice, pour enfin ramener le *boz* à son point de départ. Mais, durant toute la course, il est poursuivi par les autres cavaliers qui cherchent à s'emparer de la dépouille, et y parviennent souvent... On peut penser que ces exercices sont aujourd'hui dépassés, sans grand intérêt, puisque la guerre à cheval appartient au passé. Mais rien n'empêche de s'y essayer, pour le simple plaisir de jouer en devenant plus à l'aise et plus adroit en selle.

Jeux de Camargue

Parmi les jeux traditionnels issus du travail des vachers, il y a les jeux camarguais. **Le jeu du bouquet** est un gentil amusement, au cours duquel les gardians, en utilisant les aptitudes de leurs chevaux pour conduire le bétail, se disputent un bouquet. Lors des fêtes, ces cavaliers ont la charge d'emmener les taureaux aux arènes. C'est alors l'**abrivado**. Les gardians vont chercher environ une demi-douzaine de bêtes et les encadrent étroitement pour qu'elles ne s'échappent pas et pour que les piétons ne réussissent pas à les disperser : c'est là le jeu. Les gardians demeurent généralement imperturbables. Mais les piétons, eux, utilisent toutes les ruses possibles. Cet affrontement cavaliers-piétons est l'occasion pour les seconds de mettre à l'épreuve les qualités équestres tant vantées des premiers.

La fantasia

Jeu ou spectacle ? La nuance est souvent délicate et les galops des cavaliers en djellaba tirant des coups de feu en l'air appartiennent désormais au cérémonial de bienvenue au Maroc comme en Tunisie. Pourtant, c'est encore un peu une démonstration d'adresse, les cavaliers devant arrêter leurs chevaux galopant dans un nuage de poussière au plus près d'un endroit précis, tout en maniant d'antiques vieux fusils. Les démonstrations guerrières ne sont pas oubliées.

Du chapeau à large bord aux bottes basses, la tenue du manadier rassemble les caractéristiques des costumes traditionnels de gardiens de bétail.

L'abrivado est le convoyage par les gardians de quelques taureaux, de leur manade jusqu'aux arènes.

L'ÉQUITATION AMÉRICAINE

LE RODÉO, PRATIQUÉ AUX ÉTATS-UNIS PRINCIPALEMENT DANS L'OUEST, COMPORTE UNE QUANTITÉ D'ÉPREUVES, PRESQUE TOUTES DÉRIVÉES DE L'ÉLEVAGE DU BÉTAIL. ON NE PEUT COMPRENDRE CE QUE SONT L'ÉQUITATION AMÉRICAINE ET CE JEU TRADITIONNEL SANS UN BREF RAPPEL HISTORIQUE.

L'HISTOIRE DU COW-BOY...

C'est vers le milieu du XIXe siècle que, dans les grands espaces de ce que l'on appelait alors le Far-West, les premiers pionniers ont commencé à se livrer à l'élevage extensif des bovins. À travers les immensités désertiques, dépourvues de haies ou de clôtures, il était – et est toujours – impossible de rassembler le bétail autrement qu'à cheval.

Une position détendue dans une selle très enveloppante et un cheval coopératif : voilà l'image complémentaire de celle des épreuves de rodéo.

Les *vaqueros* mexicains du Texas et de la Californie le faisaient déjà depuis deux siècles. Les nouveaux venus n'eurent qu'à imiter ces cavaliers qui s'étaient eux-mêmes inspirés, en ce qui concerne le harnachement et la manière de monter, des coutumes et des pratiques espagnoles, fortement influencées par les techniques et traditions arabes. Le cow-boy n'est pas né de rien !

Les nouveaux gardiens de troupeaux passaient la quasi-totalité de leur existence à prendre soin des vaches. Pour eux, le cheval était un indispensable auxiliaire, mais auquel ils avaient peu de temps à consacrer et qu'ils voulaient vite prêt. Aussi le débourraient-ils, le soumettaient-ils rapidement, en force : ils le brisaient. Ce qui ne pouvait faire de lui une monture idéale...

Lorsque des cow-boys se retrouvaient dans les petites villes de l'Ouest, ils se défiaient souvent, soucieux et fiers qu'ils étaient de montrer leur maîtrise de l'équitation et de la capture du bétail. Ils rivalisaient alors d'habileté et de dextérité dans des prises de veaux au lasso, des courses de vitesse ou de maniabilité, des *colear* mexicains, qui consistent à retourner un veau en l'attrapant par la queue, ou encore dans des débourrages de chevaux sauvages.

Bien évidemment, les spectateurs ne manquaient pas pour observer les exploits des cavaliers, ce que remarquèrent quelques fins commerçants. Ces malins eurent vite fait de mettre sur pied des épreuves, proches des défis que se lançaient les cow-boys, en promettant des prix aux vainqueurs et en faisant payer les spectateurs.

Ces manifestations connurent immédiatement un succès aussi grand que durable, puisqu'à la fin du XXe siècle le rodéo (du mot mexicain signifiant « rassemblement ») est devenu le premier sport aux États-Unis, pour ce qui est du nombre de spectateurs.

... ET DE SA MONTURE

Sans un cheval bien « mis », calme, docile et disponible, il est quasi impossible de participer avec succès à la plupart des épreuves de maniabilité d'un rodéo. Aussi les cow-boys fanatiques – ou professionnels, car il y en a – de ces manifestations commencèrent-ils, au lieu de débourrer leurs chevaux en force, à les éduquer avec douceur et patience, dans le but d'en faire des montures performantes. Leur cheval devait devenir un véritable partenaire, puisque, dans bien des situations, c'est à lui de prendre seul la bonne décision. Ils se mirent ainsi à pratiquer une équitation de plus en plus fine, faite de douceur et de fermeté.

Voilà comment, au fil du temps et en partie grâce au rodéo, l'équitation américaine est devenue l'art équestre tel qu'il est pratiqué aujourd'hui.

Chevaux et taureaux

Certaines épreuves de rodéo sont risquées et dangereuses. Le *bull-riding* consiste à chevaucher un taureau de race brahma, gigantesque, au garrot proéminent, aux longues cornes et à la vivacité légendaire. Le cavalier doit se maintenir huit secondes sur son dos, en se tenant d'une seule main à une corde non nouée, entourant sa poitrine, à laquelle pend une cloche. Cela ne peut se terminer que par une chute, même pour ceux qui ont tenu plus longtemps que la limite réglementaire.

Autre exercice de lutte, mais avec un cheval, le *bronco-riding*, dont il existe deux catégories : le *bare-back-riding*, où le cavalier monte à cru, en se tenant d'une seule main à une sorte de surfaix, et le *saddle-bronco-riding* où il utilise une selle sans corne au pommeau et contrôle le cheval – ou essaie de le faire ! – au moyen d'un licol et de sa longe.

En *bare-back-riding*, le cavalier doit demeurer huit secondes sur le dos du cheval et, en *saddle-bronco-riding*, dix secondes. Sitôt sortis de la « boîte » où les cavaliers les enfourchent, les chevaux bondissent, se contorsionnent, ruent vigoureusement. Est-ce parce qu'ils sont sauvages ? Non, plus aujourd'hui ; simplement, on a fortement serré la sangle qui leur passe sous le ventre. Est-ce de la méchanceté ? Nullement, et ces animaux parfaitement soignés pour leur aptitude à désarçonner les cavaliers gagnent leur picotin annuel en... quelques minutes. Dangereux aussi, le *bull-dogging*. Il consiste pour deux cavaliers à poursuivre un veau et à l'encadrer, afin que l'un d'eux puisse sauter sur l'animal en lui empoignant les cornes pour le coucher à terre. Il s'agit là d'un véritable numéro de voltige, dont le succès dépend en grande partie du cheval du dos duquel le cavalier « plonge », et de la capacité pour l'homme et pour la monture à former équipe. Car, à partir du moment où ils arrivent à la hauteur du veau, le cheval n'est plus guidé ni de la main ni des

Rester sur le dos d'un bronco (terme mexicain qui désigne un cheval sauvage) qui essaie de se débarrasser de la sangle qui lui serre l'arrière du ventre est presque aussi difficile que de chevaucher un taureau sauvage.

L'équitation western

La grande particularité de cette équitation est de ne pas contraindre le cheval, mais de rechercher sa coopération. Le cavalier formule des demandes, en laissant l'animal apprécier la meilleure façon d'y répondre. On pourrait penser qu'il y a là un certain laxisme. Il n'en est rien, car le cheval mis à l'équitation américaine sait que, s'il ne répond pas à une demande, il sera repris vigoureusement ! Et il préfère la caresse du velours à la fermeté de la main de fer... Le bridon et l'embouchure employées en équitation western sont presque symboliques de la liberté surveillée dans laquelle se trouve le cheval. Le bridon ne comporte pas de muserolle comme il en existe en équitation classique, ce qui permet à l'animal d'ouvrir la bouche à volonté. Mais le mors à balancier, qu'il a très souvent dans la bouche, rappelle que, s'il est toujours monté rênes lâches – mais pas « en guirlande » –, une désobéissance aura des conséquences fort désagréables.

La tenue de cow-boy n'est pas un déguisement, mais l'aboutissement de nombreuses années de travail à cheval auprès des bœufs.

La course de tonneaux (*barrel racing*) avait pour but de prouver l'agilité et la vitesse des chevaux de bétail. Aujourd'hui, c'est devenu une épreuve à part entière.

jambes et, de plus, il est fortement déséquilibré. Cette épreuve se dispute au chronomètre, l'équipe gagnante étant celle qui a réussi à mettre le veau à terre dans le temps le plus bref.

Lors du *team-roping*, deux cavaliers immobilisent un taureau : l'un saute à terre et l'attrape par les cornes, l'autre prend les deux postérieurs au lasso. Le *calf-roping* est également un travail d'équipe. Deux cavaliers poursuivent un veau, l'un l'attrape au lasso par les cornes, l'autre par les postérieurs. Sitôt que les cordes sont tendues et le veau immobilisé, le chronomètre s'arrête.

Mais le *calf-roping* se dispute aussi entre des cavaliers seuls : une fois le veau attrapé par les cornes, le cavalier saute à terre, couche l'animal et lui ficelle les quatre pieds avec un nœud bien particulier, au moyen de la cordelette qu'il tient entre les dents. Pendant ce temps, c'est sa monture qui tend le lasso fixé au pommeau de la selle et maintient le veau. Pour être certain de l'efficacité du nœud, on attend

six secondes après qu'il ait été serré, avant d'arrêter le chronomètre. Si au cours de ces six secondes le nœud se défait et que le veau se libère, le concurrent est éliminé.

La capture du bétail est l'essence de l'équitation américaine : amener un bœuf de son troupeau jusqu'à un point précis, par exemple, ou encore séparer un veau de sa mère pour le marquer.

Épreuves de virtuosité

Les épreuves uniquement équestres, sans combat avec un veau ou un taureau, sont également pratiquées par des cavalières.

Dans le *pole-bending*, course slalom qui se court entre de hauts piquets, le cheval doit sans cesse « changer de pied » au galop.

Le *barrel-racing* est une autre course de vitesse spectaculaire, autour de trois tonneaux disposés en triangle. Certains cavaliers réussissent à tourner tellement court qu'ils touchent presque le sol avec leur étrier à l'intérieur du tournant ! Dans la *roman-race* (« course romaine »), les cavaliers – presque toujours des hommes – montent deux chevaux, debout, un pied sur la croupe de chacun d'eux.

Le reining aux championnats du monde

C'est à Jerez de la Frontera, en septembre 2002, que le reining a fait entrer pour la première fois l'équitation américaine dans le cercle fermé des épreuves de championnats du monde. Inspirée du travail quotidien du cheval dans les ranches, cette discipline voit notamment les couples évoluer en musique, selon des figures «western» imposées mais dont l'enchaînement est libre – comme la reprise « kür » en dressage... ou le patinage artistique.

L'attrait indiscutable de la présentation vient de la décontraction apparente du cheval et du cavalier, les mouvements les plus soudains devant s'effectuer en souplesse, sans défense du cheval ni déséquilibre du cavalier – qui tient toujours les rênes d'une seule main !

La promenade

Découvrir, pendant quelques heures, la campagne, les bois et les landes en compagnie d'un bon cheval est à la portée de tout cavalier, chevronné ou non. Quelle que soit la saison, on peut y prendre un immense et profitable plaisir. À condition toutefois de ne pas se mettre en selle dans n'importe quelles conditions...

Même en promenade, le port d'un couvre-chef est important... et pas uniquement pour se protéger de la pluie.

Un temps d'apprentissage

Une promenade tout terrain est profitable tant pour le cheval que pour le cavalier. Surtout s'il est habituellement monté sur la surface unie d'un manège ou d'une carrière, le cheval est obligé en terrain varié de retrouver une attention soutenue – normale –, pour venir à bout des obstacles, petits ou grands. Il acquiert aussi une plus grande sûreté de pied et fait travailler des muscles rarement sollicités. Voilà qui ne peut que lui être bénéfique. C'est aussi pour le cavalier l'occasion de faire travailler l'animal différemment et peut-être de remédier à certains de ses manques (un galop peu satisfaisant, une difficulté à s'incurver, une mauvaise réponse à la rêne d'appui, etc.).

Car, comme l'affirme le champion olympique Jean d'Orgeix : « Si un bon cavalier d'extérieur fait presque toujours un bon cavalier de manège, l'inverse est rarement vrai. » Une bonne assiette ne peut s'acquérir uniquement au manège et sera améliorée grâce à la promenade.

Quand se promener

Une promenade ne se décide pas seulement en fonction des envies que l'on peut avoir. Il convient de choisir judicieusement un circuit, en tenant compte du terrain, qui peut être plat ou vallonné, du mauvais temps, qui détrempe certains sols, et de ce que l'on entend faire faire à son cheval. La saison doit aussi être prise en compte. Par temps de grosse chaleur, le cheval peinera moins à l'ombre d'une forêt que sur un causse dénudé. En automne et en hiver, attention à la saison de chasse, car les itinéraires habituellement si calmes peuvent vous entraîner au milieu d'une battue, ce qui est désagréable pour toutes les personnes concernées. Enfin, le sol doit être le meilleur possible – même s'il n'est pas toujours facile d'éviter chemins pierreux et routes goudronnées, sur lesquels il faudra adapter son allure. Au départ d'une promenade, on doit marcher quelques centaines de mètres en tenant le cheval en main, pour permettre au harnachement de bien se mettre en place. En route, il est bon de mettre pied à terre pour gravir ou descendre les pentes trop raides, afin d'éviter au cheval des efforts éprouvants. Et, peu avant de regagner l'écurie, il faut à nouveau sauter à terre, dessangler et marcher, pour que la selle masse le dos du cheval, limitant ainsi les risques de gonfle. Enfin, le cheval, une fois qu'il est dessellé, mérite une récompense !

La balade en groupe

Une longue balade en groupe avec les membres d'un centre équestre ne manque pas de charme, même si elle laisse moins la possibilité d'entraîner un cheval, car toute la cavalerie avance ensemble sous la conduite d'un guide. La première des précautions à prendre est de garder soigneusement ses

1

2

Se balader est important pour le moral du cheval... et du cavalier. Il ne faut pas pour autant oublier les bons usages et la sécurité.

Au long d'une chevauchée parsemée de trous, de fossés, de mares, d'obstacles, le cavalier améliore son assiette.

distances, pour éviter que sa monture ne bouscule, voire ne blesse, avec ses pieds, le cheval qui précède. Ensuite, il est impératif de suivre les indications du guide, chef de file, qui s'inquiète au premier chef du bien-être de tous les chevaux. Ce responsable commande souvent les changements d'allure, non seulement en parlant, mais aussi au moyen de signaux faits avec son bras droit.

Les codes à respecter

Ce n'est pas parce que vous êtes à cheval que vous devez vous conduire de façon... cavalière ! La promenade, comme d'ailleurs la randonnée ou les voyages équestres pour les plus expérimentés d'entre vous, vous met en contact avec bien d'autres usagers de la campagne et des chemins. Première règle, évidente mais si souvent oubliée : ne passer que là où c'est autorisé. Si votre route doit vous faire traverser une propriété privée – et un champ, cultivé ou non, en est une –, il est indispensable d'en avoir demandé l'autorisation préalable au propriétaire. S'il vous faut ouvrir une barrière, n'oubliez pas de la refermer ; si le terrain est meuble, évitez de passer là où les fers de votre cheval pourraient provoquer des dégâts (les greens de golf sont interdits !). Les sentiers et les chemins d'exploitation agricole sont autorisés, mais les pistes cyclables sont strictement réservées aux deux-roues ; s'il existe des allées cavalières, dans les forêts domaniales notamment, vous devez les emprunter. Le règlement des Eaux et Forêts est assez tolérant avec les chevaux, sauf en ce qui concerne les jeunes plantations et la sécurité des chemins pour piétons, où le galop est bien entendu proscrit.

Le Code de la chasse est, en France, particulièrement draconien... pour les non-chasseurs : si l'écriteau « Chasse gardée » (ou « réservée ») n'est absolument pas synonyme de « Interdiction d'entrer », dans les faits il vaut mieux associer les deux, au risque d'entendre les plombs siffler. Certes on voit plus de gibier à cheval qu'à pied, et la monture permet d'approcher de bien plus près les animaux, mais il vaut mieux expliquer sa démarche aux chasseurs locaux avant toute confrontation sur le terrain.

Les signaux du guide de promenade

Les signaux faits avec le bras droit signifient :

1. Levé verticalement : « Attention ! » ou « Arrêtez ! »
2. Abaissé vers l'avant : « En avant ! »
3. Agité latéralement de haut en bas : « Ralentissez ! »
4. Agité de haut en bas en pliant le coude : « Au trot ! »
5. Tournoyant : « Au galop ! »
6. Levé, deux doigts écartés : « Par deux ! »
7. Balayant vers l'avant : « En fourrageurs ! » (les uns à côté des autres).

3 4 5 6 7

La sortie en extérieur est un plaisir pour le cheval comme pour le cavalier. Cela peut être aussi une récompense après un travail intensif, parfois un entraînement à part entière en vue de randonnées ou d'épreuves d'endurance à venir.

LA RANDONNÉE

DES PETITES PROMENADES DE DEUX HEURES, D'UNE DEMI-JOURNÉE OU D'UNE JOURNÉE COMPLÈTE PEUVENT FAIRE NAÎTRE DES ENVIES DE CHEVAUCHÉES PLUS LONGUES. ET L'ON PEUT SE METTRE À RÊVER DE RANDONNÉES, VOIRE DE RAIDS, D'UNE DURÉE DE PLUSIEURS SEMAINES OU DE QUELQUES MOIS. CEPENDANT, VOYAGER À CHEVAL EST QUASIMENT UN MÉTIER, QU'IL CONVIENT D'APPRENDRE.

DES MODALITÉS DIVERSES

Les professionnels proposant des randonnées organisées sont légion. Mais, avant de se décider pour l'un des services qu'ils offrent, il est bon de s'assurer de l'état de leur cavalerie. Car on ne peut profiter pleinement d'une randonnée qu'avec des chevaux en bon état et bien éduqués.
Les types de randonnées sont très divers et présentent maints avantages et inconvénients, plaisirs et contraintes. Il peut s'agir d'un long périple avec étapes dans des auberges et dîners servis à la table d'hôte, ou avec arrêts dans des gîtes plus rustiques et casse-croûte, ou bien encore avec couchers sous la tente ou en bivouac, sous les étoiles... ou sous la pluie.

Par ailleurs, le groupe de cavaliers peut être suivi par une voiture ou une camionnette, qu'il retrouve à chaque halte et qui transporte tout le matériel, à l'exception des imperméables et des effets individuels indispensables aux cavaliers. Cette formule présente l'avantage de décharger les chevaux et de permettre un train rapide et des temps de galop fréquents. Mais elle impose de rejoindre chaque jour des points prévus à l'avance, ce qui interdit le vagabondage. Tout en reliant plusieurs étapes fixées à l'avance, le groupe de cavaliers peut aussi emmener des animaux de bât, transportant le matériel lourd et l'intendance. Il est fort intéressant d'observer les chevaux « porte-bagages » au travail, avec leurs astuces et leurs manies. Cependant leur présence et la charge qu'ils portent obligent à progresser à un train plus calme et interdit les galops vifs et prolongés. Enfin certaines randonnées, comportant ou non des animaux de bât, laissent la place à l'aventure ! Les cavaliers se mettent en selle, en emportant tout ce qui peut leur être nécessaire pour plusieurs jours, et suivent le guide vers un but qui n'est pas forcément déterminé.
L'éventail des possibilités est donc vaste. À chacun de choisir en fonction de ses goûts et de ses compétences, sans oublier qu'évidemment les prix varient en fonction de la prestation fournie.

CONTRAINTES DU VOYAGE

Voyager à cheval, c'est passer en selle de quatre à cinq heures par jour, parfois beaucoup plus, ce qui n'est pas à la portée des cavaliers peu entraînés.

Le cheval de bât permet d'emporter du matériel et des provisions en quantité plus importante, afin de s'affranchir des étapes aménagées, notamment en ce qui concerne la nourriture complémentaire indispensable aux chevaux peu rustiques.

Dans une randonnée à plusieurs, il est important d'établir un ordre de marche qui respecte les caractères des chevaux autant que le désir des participants.

La tenue du randonneur doit avant tout tenir compte du confort et de la sécurité plus que d'une quelconque image de « baroudeur ».

Randonnée en marguerite

Menée par certains guides, mais aussi pratiquée en solitaire par des cavaliers (propriétaires ou non de leurs chevaux), la randonnée dite « en marguerite » permet de bourlinguer sans contrainte, tout en étant assuré de disposer le soir d'un bon confort. Ces randonneurs-là choisissent un gîte où on loge « à pied et à cheval » (et qui, souvent, loue des montures), qu'ils quittent chaque matin et retrouvent chaque soir, au terme d'une randonnée plus ou moins à l'aventure. Ainsi, jour après jour, ils découvrent en selle les recoins les plus secrets de toute une contrée. Pour qui aime garder ses habitudes et refuse le nomadisme, cette manière de chevaucher est des plus agréables. À condition toutefois – ce qui tombe sous le sens –, que le gîte et la région choisis soient plaisants.

Avant de songer à entreprendre une longue randonnée, il est indispensable, pour ceux-là, de s'aguerrir quelque peu. La plupart des cavaliers montent une ou deux heures par semaine ; il s'agit donc de s'entraîner à chevaucher plus longtemps, par exemple avec des promenades d'une demi-journée. Une fois en selle pour une semaine, durée moyenne des circuits proposés, on a deux possibilités : soit suivre simplement le guide en se contentant de prendre du plaisir à cheval, soit profiter du voyage pour apprendre les techniques de la randonnée (ce qui n'empêche pas de se délecter !). Car, pour bourlinguer à cheval, outre monter il faut savoir mener et soigner correctement le cheval dont on a la responsabilité, s'orienter et lire une carte, brocher un fer (c'est-à-dire remettre un ou plusieurs clous), faire une quantité de nœuds utiles et de réparations de fortune. Pour cela, il suffit d'observer et de questionner le guide et les randonneurs chevronnés, qui ne refusent jamais de transmettre leur savoir. Et puis, de retour chez soi, on peut peaufiner, pousser ses connaissances à ses moments perdus. Même si la théorie ne vaut pas la pratique, on peut lire de manière profitable des livres traitant de sujets spécifiques comme l'orientation, par exemple, ou plus généraux comme la randonnée équestre. Cette acquisition de compétences en chambre est garante d'un plus grand plaisir, lors de longues chevauchées ultérieures. Et elle permet hors vacances de rêver au prochain voyage à cheval.

Dès qu'on prépare une randonnée, on commence à acheter, si peu que ce soit, les instruments, ustensiles, accessoires aidant à chevaucher agréablement à travers le pays. On commence par un couteau multilames ou une gourde isotherme et l'on peut fort bien vouloir ensuite posséder sa propre selle.

Les sites inaccessibles aux deux-roues, a fortiori aux voitures, mais atteignables à pied, le sont aussi souvent à cheval.

Regardons donc de près ce que doit être l'équipement complet du randonneur, en commençant par le harnachement.

Le harnachement

Parmi tous les modèles de selle mis sur le marché, il faut en choisir un dont la surface portante soit assez vaste pour répartir le poids important que porte le cheval en randonnée (cavalier plus paquetage). Elle doit bien dégager le garrot et être munie de suffisamment de points d'attache (dés, anneaux, etc.), pour fixer sacoches et fontes. Le tapis de selle le plus astucieux est une couverture pliée en huit, qui protège bien le dos du cheval et peut être utilisée pour bivouaquer.

Les sacoches se choisissent en fonction de la selle, à laquelle elles doivent être adaptées. Elles doivent être très solides, donc de préférence en cuir (si possible chromé, ne craignant pas l'humidité). Il est important que leur dos, c'est-à-dire la partie reposant sur le cheval, soit suffisamment rigide pour que les objets mis à l'intérieur ne forment pas des bosses pouvant gêner, voire blesser le cheval.

Embouchure, rênes, bricole, licol se choisissent en fonction de divers critères, selon les besoins et les impératifs. Quelle embouchure préférer ? M. de La Palisse répondrait : « Filet, mors de bride ou autre, l'embouchure qui convient au cheval ! »

Astuces de randonneur

Pour ne pas avoir froid aux pieds en hiver, on enfile une paire de chaussettes de Nylon (ou, mieux, de soie) en dessous des chaussettes de laine.

Pour graisser les sabots du cheval et favoriser la pousse de la corne, on les frotte sur la couronne avec un morceau de lard de bœuf, facile à transporter.

Pour ne pas être gêné par la condensation en dormant sous la tente, on recouvre le sac de couchage d'une couverture.

Sécurité et confort

Si l'on ne monte pas toujours le même animal, on peut choisir un hackamore, parce que ce harnachement convient à la majorité des chevaux et présente plusieurs avantages. D'abord, cette embouchure – qui n'en est pas une puisque le cheval n'a rien dans la bouche – se règle pour être soit douce, soit contraignante et dure, quel qu'en soit le modèle. En cela, elle peut être utilisée avec les chevaux les plus divers par des cavaliers ayant la main légère ou lourde. De plus, le cheval peut brouter à l'aise durant les haltes puisqu'il a la bouche libre. Pour les rênes, à chacun selon son goût. Mais il ne faut pas oublier qu'en randonnée on est appelé à les tenir pendant longtemps. Aussi les plus minces et les plus légères sont-elles préférables.

Les modèles de licols en Nylon sont à coup sûr les meilleurs. Plats et légers, ils peuvent être laissés sans inconvénient sous la têtière. Un détail à noter cependant : la longe du licol doit être suffisamment longue (2,50 m) pour pouvoir attacher un cheval à un arbre, par exemple.

Le collier de chasse ou la bricole peuvent être indispensables lorsque l'on randonne dans des régions vallonnées ou que l'on monte un cheval ayant une morphologie particulière. Pour le confort de l'animal, il faut choisir un modèle souple et doux, en coton ou recouvert de peau de mouton.

Un principe important doit présider à la confection du paquetage du cavalier : limiter le poids au maximum, pour charger le cheval au minimum. Pour ce faire, on a intérêt à choisir des pièces d'équipement pouvant avoir deux usages (poncho, tantôt tapis de sol tantôt bâche et imperméable, etc.). Les vêtements sont choisis en fonction de la saison et de préférence pas en cuir, car il est difficile à sécher. Parmi les objets à ne pas oublier, la lampe cycliste éclairant blanc devant et rouge derrière, pour circuler la nuit au bord des routes.

Partir en voyage

Lorsqu'on a une bonne expérience de la randonnée et un matériel éprouvé, on peut voyager à cheval seul ou avec des amis, avec sa propre monture ou un cheval que l'on loue.

On a alors deux possibilités : soit se lancer sur un circuit balisé, jalonné de gîtes d'étape, soit partir à l'aventure, carte d'état-major en main. Dans les deux cas, on a le plaisir de découvrir, du haut de sa monture, une contrée avec ses paysages, ses habitants, ses coutumes. En toute liberté, même si le trajet est aussi célèbre que la route de Compostelle, même si vous pensez déjà à écrire un livre sur votre aventure ou à recommencer avec toute votre famille...

Licol, bricole, selle, sacoches, tout le harnachement doit être prévu, inspecté... et utilisé avant le départ : une blessure, même si elle semble bénigne, peut remettre en cause le projet.

Une monture expérimentée supporte très bien froid et neige, mais ce temps rigoureux nécessite nourriture et soins attentifs à l'étape.

Les règles de savoir-vivre

Saluez les personnes que vous rencontrez, au moins d'un signe de la tête si votre couvre-chef n'est pas facile à retirer. Et, si vous vous arrêtez pour parler à un piéton ou à un automobiliste, descendez de cheval pour être à sa hauteur. Vous êtes alors autorisé à sauter à terre en passant la jambe par-dessus l'encolure, car la courtoisie vous incite à ne pas tourner le dos à votre interlocuteur en passant la jambe par-dessus la croupe !

LA COURSE D'ENDURANCE

DE VOGUE RELATIVEMENT RÉCENTE, LA COURSE D'ENDURANCE CONSISTE À COUVRIR LE PLUS RAPIDEMENT POSSIBLE UNE TRÈS LONGUE DISTANCE AVEC LA MÊME MONTURE, QUI DOIT TERMINER L'ÉPREUVE CERTES FATIGUÉE, MAIS DANS TOUS LES CAS EN PARFAIT ÉTAT PHYSIQUE ET MENTAL. C'EST UNE DISCIPLINE FASCINANTE QUI IMPLIQUE, PARMI D'AUTRES QUALITÉS, UNE BONNE CONNAISSANCE ET UN GRAND SENS DU CHEVAL.

Il est plus facile de trotter en groupe, mais à condition que le rythme tenu soit bien compatible avec celui que vous vouliez initialement faire respecter à votre monture.

UN PASSÉ À NE PAS OUBLIER

Le premiers raids d'endurance ont été effectués par des militaires, dans le but de sélectionner des chevaux... endurants, bien sûr. En 1902, le raid Bruxelles-Ostende, gagné par le lieutenant Madamet, montant Courageux, a vu « dix-huit chevaux crevés en route par la cravache et l'éperon ». En 1979 à Florac, à la fin d'une des premières épreuves d'endurance organisées en France, trois chevaux sont morts d'épuisement. On pourrait trouver d'autres tristes exemples qui prouvent que, montés par des cavaliers inexpérimentés, incompétents ou inconscients, les chevaux sont vraiment en danger dans de telles compétitions. Cependant, dès les années 1980, des règlements ont partout été mis en place, pour que les vétérinaires qui supervisent les raids puissent arrêter et éliminer les concurrents abusant de leur monture. La course d'endurance est alors devenue une discipline, ni plus ni moins dangereuse qu'une autre pour les chevaux, ayant ses Championnats d'Europe et du monde.

QUEL CHEVAL CHOISIR ?

Les avis divergent, même si tout le monde s'accorde pour constater qu'il doit avoir toutes les qualités du bon cheval de randonnée. Certains préconisent un cheval mâtiné d'arabe, un selle français issu de pur-sang anglais, ou encore telle ou telle race locale adaptée au terrain et au climat.
Étalon ? Jument ? Hongre ? Là, une réponse précise est possible. Les résultats de la *Tevis' Cup Ride*, course d'endurance américaine réputée pour être la plus dure du monde, font nettement apparaître que le hongre, toutes pulsions sexuelles disparues, est le plus fiable. Car, en près d'un demi-siècle, les

deux tiers des vainqueurs de l'épreuve ont été des hongres. Chez les étalons et les juments, il semble bien que le champion d'endurance soit rare, quelle que soit la race considérée.

Matériel et entraînement

Le harnachement du cheval d'endurance est d'abord léger, car moins l'animal porte lourd, plus il économise ses forces et meilleure est sa performance (mais un poids minimal du cavalier et du harnachement est imposé au départ de certaines épreuves). Ici et là, des modèles de selle tenant compte des impératifs de l'endurance ont été mis au point. Mais, quel que soit celui que l'on choisisse, il suffit qu'il soit adapté à la morphologie du cheval et confortable pour le cavalier.

Participer à un raid d'endurance est – relativement – facile pour un randonneur, par exemple, ayant l'habitude de demeurer longtemps en selle. Mais entraîner judicieusement un cheval en vue d'une épreuve l'est beaucoup moins. Il faut savoir le muscler de manière utile en insistant sur l'arrière-main qui est le « moteur » et le « frein » du cheval (voir encadré). Le degré de développement de son arrière-main se mesure à la manière dont le cheval engage ses postérieurs. Cela demande ensuite du temps. Car seules les heures passées sous la selle, même à un train modeste, rendent la musculature d'un cheval endurante, insensible à la fatigue.

Aussi est-il nécessaire d'effectuer avec le futur champion de longues sorties, pouvant aller de trois ou quatre heures jusqu'à douze ou quinze. À la fin de l'entraînement, qui s'étale sur huit, dix ou douze semaines pour une première année de course, le cheval doit être habitué à passer sous la selle un temps supérieur à la durée probable de l'épreuve fixée comme but.

Un peu de tactique

Le jour du raid arrivé, le cavalier ne doit avoir qu'un but en se mettant en selle : faire donner le meilleur de lui-même à son cheval, mais sans outrepasser ses capacités et en l'amenant au bout de la course en état d'aller plus loin encore.

S'il y a beaucoup de cavaliers sur la ligne de départ, il faut se méfier d'un rush soudain. Car un temps de

La cavalière Sunny Demedy, avec Fifi du Bagnas, a terminé troisième des jeux équestres mondiaux d'endurance en 2002, permettant à l'équipe de France de remporter son deuxième titre de championne du monde de la discipline.

Muscler le « moteur »

Pour développer et muscler l'arrière-main, le cavalier dispose de deux moyens : le reculer et le travail sur les déclivités.

Pour le champion olympique Jean d'Orgeix, « le reculer – ignoré du cheval libre, surtout en ligne droite – est l'allure la plus importante de l'équitation [...]. Il favorise l'esprit de soumission. Mais l'intérêt capital réside dans le fait de donner au cheval l'habitude de reporter du poids sur les hanches et de développer tous les muscles concernés, par l'avancée des postérieurs sous la masse ». Ces muscles sont ceux de l'arrière-main, mais aussi les dorsaux et les abdominaux. Le reculer n'est efficace que bien exécuté, en ligne droite, en respectant l'ordre de pose des membres, sans que le cheval ne s'accule, mâchoire crispée, encolure raide, muscles contractés.

L'autre moyen d'obliger le cheval à engager ses postérieurs, donc à se muscler, en portant un maximum de poids sur ses hanches, consiste à gravir et à descendre des pentes, le cavalier demeurant bien vertical en selle. Mais, là encore, la progression de l'animal doit être contrôlée. Il ne doit ni monter par bonds, ni descendre en se laissant glisser, mais avancer d'un pas normal.

LA COURSE D'ENDURANCE

Le contrôle vétérinaire est essentiel : état du cheval à son arrivée à cet arrêt obligatoire, puis surveillance de sa récupération en un temps donné. C'est le moment de le réhydrater, avant de repartir avec l'accord des officiels.

galop excité, pas toujours contrôlable, est éprouvant et n'est pas un atout quand on s'attaque à une longue route. Pour tenir une bonne cadence, le mieux est de multiplier les temps courts de trot et de galop, en tenant compte de la météo et de l'état du terrain. Dans les descentes, surtout lorsqu'elles sont très raides, il est bon de mettre pied à terre pour soulager le cheval. Pour économiser ses forces et soutenir son moral, il est recommandé de marcher de temps à autre, pendant des temps courts, mais souvent renouvelés.

Il est important de s'arrêter aussi souvent que le cheval en a besoin, pour le laisser uriner, par exemple, même à quelques centaines de mètres d'un contrôle. Un point d'eau est un arrêt obligatoire, car il vaut mieux faire boire l'animal souvent plutôt que beaucoup à la fois, et une source ou un ruisseau peuvent être l'occasion de le rafraîchir avec une éponge. Arrêt aussi en arrivant en haut d'une côte un peu rude, simplement pour faire souffler le cheval deux ou trois minutes.

Toutes ces haltes peuvent sembler du temps perdu, dans une épreuve chronométrée. En fait, ce sont de véritables jokers, que l'on glane en cours de route, puisqu'on permet ainsi au cheval de progresser et de faire face à de rudes efforts dans les meilleures conditions.

Aux contrôles vétérinaires fixes – il y en a aussi des volants –, la halte imposée peut être d'une demi-heure ou d'une heure. Mais, pour le cavalier, elle est bien vite écoulée. Car, même aidé par une équipe suiveuse très compétente, qui amène sur place tout le matériel nécessaire et s'active, il doit prendre soin de son partenaire à quatre pieds. Il faut le faire

Attention à être bien chaussé : le cavalier d'endurance doit marcher souvent à côté de son cheval durant l'épreuve.

Le règlement

La participation aux raids d'endurance est organisée différemment selon les pays, mais selon des principes proches. En France, le Comité national des raids d'endurance (CNRE), organisme rattaché à la Fédération française d'équitation (FFE), a mis en place un système destiné à prévenir les erreurs de cavaliers inexpérimentés, dommageables aux chevaux. Un cavalier et un cheval n'ont accès que progressivement aux différentes catégories d'épreuves, qui sont :

– les « qualificatives », se courant à vitesse imposée (de 10 à 13 km/h) sur 20 à 40 km, selon les difficultés du terrain ;
– les « régionales », se courant entre 12 et 15 km/h sur 40 à 60 km ;
– les « prénationales », se courant sur 90 à 110 km à une vitesse de 12 à 16 km/h ;
– les « nationales », se courant à vitesse libre, sur une distance de 130 km ou plus, et qui peuvent se dérouler sur deux jours.

Aucun cheval ne peut participer à un raid d'endurance s'il est âgé de moins de quatre ans (sept ans pour les épreuves les plus longues) et s'il n'est pas muni d'un document d'origine, ou d'une fiche d'identification identique à celle de la FFE.

boire, le bouchonner pour qu'il ne prenne pas froid, lui faire manger des carottes (riches en sucre, donc immédiatement énergétiques), mais aussi le faire marcher, de manière à conserver la souplesse de sa musculature.
La rude chevauchée se poursuit, au cours de laquelle une erreur à ne pas commettre est de s'inquiéter de sa position dans le classement. Car, si l'on obtient que le cheval donne le meilleur de lui-même, le pousser plus est aller au-delà de ses moyens actuels.
La ligne d'arrivée passée, on s'intéresse évidemment à son classement. Le bonheur est grand d'être parmi les premiers. Mais, dans la mesure où l'on pense avoir tiré le meilleur des forces de son cheval, sans léser sa santé, être dernier n'a rien de déshonorant.
Les cavaliers de tous les âges peuvent courir en endurance (même si un « chaperon » qu'il leur faut suivre est souvent imposé aux plus jeunes). Ils doivent produire leur carte fédérale, ainsi que la carte de qualification en endurance délivrée en France par le Comité national des raids d'endurance (CNRE), sur laquelle sont portés leurs résultats précédents, et donc leur qualification.
D'un raid à un autre, d'une saison à une autre, les résultats reflètent les qualités du cheval et celle de l'entraînement. Bons, les résultats ne sont pas la preuve d'un acquis définitif ; médiocres, ils ne prouvent pas que le cheval n'est pas capable de progresser. L'entraînement d'un cheval d'endurance demande donc... bien de l'endurance !
Les cavaliers doivent privilégier le respect de leur monture plutôt que de vouloir réaliser une performance à tout prix : c'est là le véritable sens des épreuves d'endurance.

Certains terrains exigent que le cavalier descende de sa monture : chemins très caillouteux ou montée brusque cassant le rythme...

LE TREC

LES ÉPREUVES DE TECHNIQUES DE RANDONNÉE ÉQUESTRE DE COMPÉTITION (TREC) SONT DESTINÉES À FAIRE SE CONFRONTER DES CAVALIERS, TANT SUR LE PLAN DE LEURS CAPACITÉS À S'ORIENTER À TRAVERS LE PAYS QUE SUR CELUI DE LEUR ADRESSE EN ÉQUITATION PURE ET DE LA MAÎTRISE DES ALLURES.

Des cavaliers de tous horizons, des chevaux de toutes tailles et des obstacles de tous ordres : ce n'est pas de la fantaisie, c'est de l'ouverture d'esprit.

NATURE ET COMPÉTITION

Le paysage équestre européen et notamment français a connu vers la fin des années 1970 une sorte de schisme : le fossé se creusait en effet de plus en plus entre les cavaliers montant en club, héritiers d'une certaine méthode d'équitation, et ceux découvrant le cheval par l'intermédiaire de la nature. Entre les tenants de la compétition et les « marginaux » de la randonnée, les positions apparaissaient inconciliables. Les montures elles-mêmes étaient impliquées : chevaux « à papiers » (d'origine certifiée et de races reconnues) contre chevaux sans certificat de naissance. C'est par la reconnaissance des qualités nécessaires au cheval d'extérieur qu'est venue la réconciliation entre compétition et nature : les premières épreuves se dénommaient « concours d'aptitude du cheval de randonnée ». Puis il est apparu que le cavalier avait également besoin de certaines qualités et que le jugement idéal devait porter sur le couple et non sur ses composantes.

Conditions de participation

Pour participer à des épreuves de TREC, il faut être titulaire d'une licence de la FFE (Fédération française d'équitation), délivrée par la DNTE (Délégation nationale au tourisme équestre), et disposer d'un cheval de plus de cinq ans muni d'une pièce d'identification (carnet de signalement ou livret signalétique pour les animaux inscrits au stud-book d'une race).

C'est ainsi qu'à travers diverses épreuves le TREC s'efforce de juger de la connaissance que le cavalier a de son cheval et de ses capacités (qu'il ne faut jamais dépasser), mais aussi de ses bases en orientation et en topographie, en pratique de l'équitation d'extérieur et en bon sens équestre ! Si chaque difficulté n'a rien d'original en elle-même, c'est leur réunion et l'esprit « hors caste » exprimé qui ont permis au TREC de marquer ainsi le petit monde équestre européen. Alors que l'équitation est l'un des plus vieux sports du monde, présent à toutes les olympiades depuis l'époque de la Grèce antique jusqu'au renouveau olympique d'il y a un siècle, voici une nouvelle discipline hippique créée en quelques années et qui réunit les faveurs à la fois du cavalier amateur et du public. Il faut noter également l'ouverture essentielle que cela offre à l'élevage, par l'adoption d'un label qui ne dépend plus des origines raciales ou des performances des ancêtres en concours hippique, mais bien d'aptitudes démontrées dans un domaine jusque-là oublié, l'équitation d'extérieur.

LES PARCOURS

Le POR (parcours d'orientation et de régularité) se dispute sur 40 à 60 km, au long d'un itinéraire non balisé à couvrir à des vitesses prescrites au départ, en se dirigeant seulement avec une boussole et une carte d'état-major où sont indiqués des passages obligatoires. Les concurrents ne respectant pas les vitesses imposées, ou manquant un passage, sont sanctionnés par des pénalités.

La distance à couvrir – souvent augmentée par les erreurs des cavaliers... – est telle qu'on pourrait craindre que des chevaux ne soient forcés. Mais, comme en course d'endurance, l'épreuve est suivie par des vétérinaires, qui peuvent arrêter un concurrent, temporairement ou définitivement, lors d'un passage à un point de contrôle.

Le PCCR (parcours chronométré du cheval et du cavalier de randonnée), jalonné de seize difficultés naturelles ou simulées, fréquemment rencontrées en randonnée (tronc à sauter, branches sous

lesquelles il faut passer, gué à traverser, etc.), est long de 5 km, qui doivent être couverts à la vitesse de 12 km/h. Les dépassements de temps et surtout les mauvaises négociations de difficultés sont sanctionnés selon un barème précis.

La maîtrise des allures

Comme le PCCR, l'épreuve de maîtrise des allures a un côté spectaculaire qui attire les foules. Au long d'un couloir d'une centaine de mètres, matérialisé par des rubans de plastique ou des raies tracées au plâtre, les concurrents doivent d'abord faire soutenir à leur monture un galop aussi ralenti que possible. Il leur faut ensuite couvrir la même distance à un pas le plus rapide possible. Sans tomber dans le trot ! Au cours de la présentation du couple cheval-cavalier, on examine le harnachement de la monture de chaque concurrent, qui doit expliquer les raisons de ses choix dans ce domaine. Il s'agit presque d'une question subsidiaire pour départager les concurrents !

Imaginé en France dans les années 1980, le TREC est vite devenu populaire dans les pays voisins. Il a eu son Championnat de France et aussi d'Europe. Avant un Championnat du monde ?

Les épreuves de TREC sont intéressantes pour aider le cavalier à juger de la confiance que lui accorde son cheval et pour... le plaisir du spectateur.

Les épreuves

Quatre épreuves différentes se déroulent, généralement sur deux jours :
- le POR (parcours d'orientation et de régularité), noté sur 240 points ;
- le PCCR (parcours chronométré du cheval et du cavalier de randonnée), noté sur 190 points ;
- le test de maîtrise des allures, noté sur 60 points ;
- la présentation du couple cheval-cavalier, notée sur 10 points.

Un total de 500 points peut donc – théoriquement ! – être obtenu pour l'ensemble de ces épreuves.

L'ATTELAGE

APRÈS QUATRE MILLE ANS D'EXISTENCE ET L'ARRIVÉE DE L'AUTOMOBILE ET DU TRACTEUR, L'ATTELAGE A BIEN FAILLI SOMBRER DANS L'OUBLI. DU MODE DE TRANSPORT TRADITIONNEL QU'IL FUT DURANT PLUSIEURS MILLÉNAIRES, IL EST AUJOURD'HUI DEVENU SPORT, ART ET LOISIR. MÉTHODE, PRUDENCE ET SÉCURITÉ SONT LES MAÎTRES MOTS DE CETTE DISCIPLINE ÉQUESTRE EXIGEANTE.

Une histoire ancienne

Bien avant d'être monté, le cheval a tracté des charges placées sur des traîneaux ou des travois. Composé de deux perches entrecroisées sur l'encolure, puis traînant à terre à l'arrière du cheval, le travois était utilisé notamment par les Indiens d'Amérique.

La roue fut inventée aux alentours de 4000 avant notre ère ; les populations nomades d'Asie Mineure furent les premières à atteler un char – petite plateforme de bois, posée au-dessus de l'essieu reliant deux roues pleines – derrière le cheval. Les Hittites, puis les Égyptiens, les Assyriens et les Perses utilisèrent ce char pour la guerre, tiré par des chevaux attelés de front, réunis par un joug d'encolure relié au timon, axe en bois solidaire de la caisse. Légère, sans suspension mais très maniable, cette première « voiture » portait deux passagers pouvant se tenir debout : un conducteur et un combattant prêt à l'attaque.

Deux millénaires plus tard, le char de combat à quatre roues fait son apparition, ainsi que la traction par traits. Ces lanières de cuir souples, directement reliées au véhicule, avaient l'inconvénient de faire basculer le joug latéralement dans les virages. Aussi, un système de deux fortes sangles de cuir fut imaginé : la première remplaçait le joug, la seconde entourait les épaules. La bricole était née.

Des relais de poste aux omnibus

Avec le pavage des voies romaines, les attelages sont utilisés à des fins autres que militaires ou guerrières. C'est à cette époque que l'empereur Auguste créa le service des postes. Jusqu'à la fin du Moyen Âge, l'attelage connaît peu d'évolution. Au XVe siècle, avec l'apparition du coche, puis du fiacre, les voitures attelées deviennent un moyen de transport régulier et se généralisent dans les grandes villes. Le XVIIe siècle est marqué par une importante révolution technologique. Les suspensions – ressorts à lames superposées – sont faites de pièces métalliques, les essieux aussi. Plus de robustesse, davantage de sécurité. L'augmentation du diamètre des roues permet une grande facilité de traction. De 1750 à 1850, la diligence connaît un siècle de gloire. Les chevaux sont en nombre considérable, et les carrossiers conçoivent toutes sortes de voitures légères à usage privé : le phaéton, le landau, le mylord, attelés à quatre roues, le cabriolet et le tilbury attelés à deux roues. Après des années de transport du courrier sur chevaux montés, la Royal Mail, en 1784, assure un

Les diligences à six, huit chevaux, voire plus, permirent de voyager, selon des liaisons régulières entre villes, à ceux qui n'avaient pas d'« équipage » personnel. Ici, un modèle Laffitte et Caillard de 1828, des Messageries générales de France.

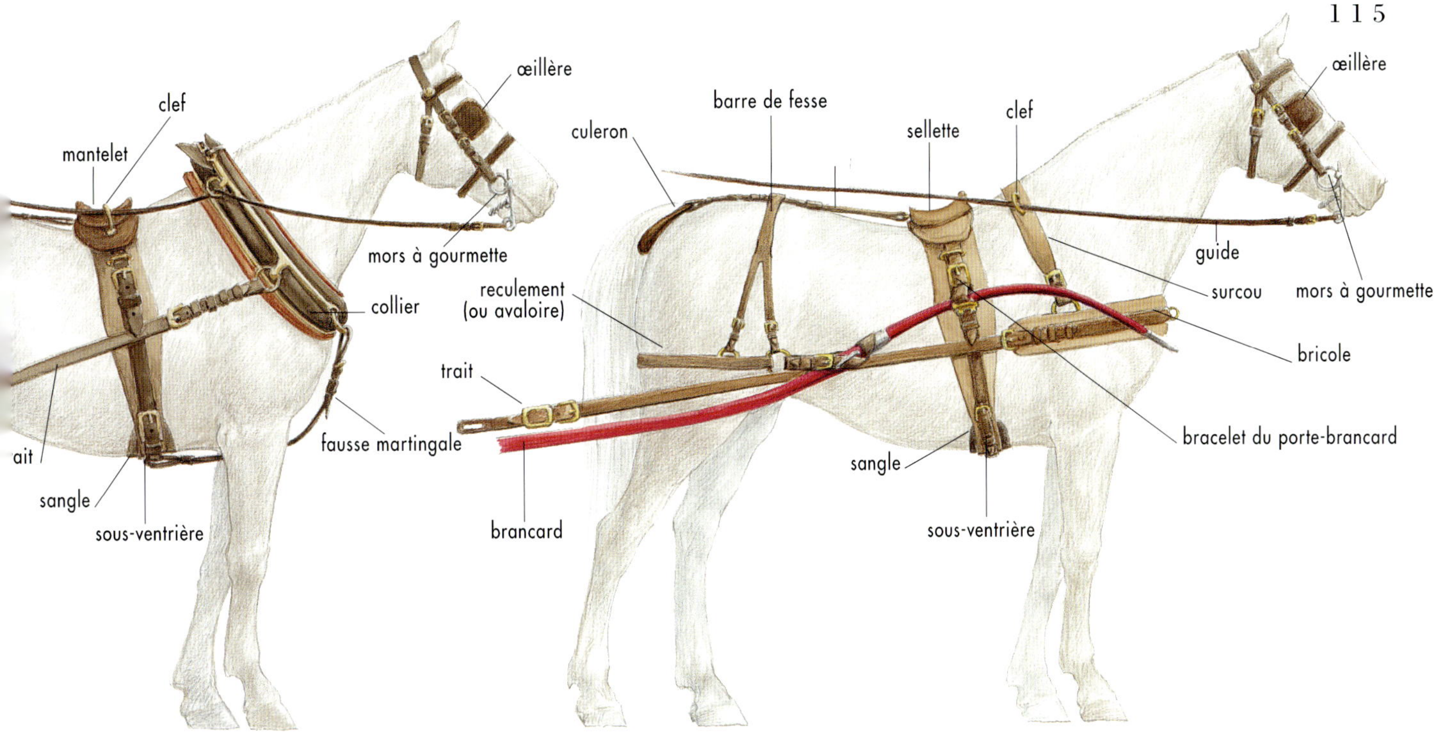

Le harnachement, est le relais indispensable entre le cheval et la voiture d'attelage. Il a pour vocation d'assurer la sécurité de l'équipage, avec le plus d'efficacité possible, sans gêner le cheval. Il peut être à collier (dessin de gauche et photo avec deux chevaux attelés en tandem) ou à bricole (dessin de droite).

service rapide de la poste par voiture à cheval. La malle-poste en France fut à l'origine du transport public. Au XIXe siècle, les bandages de roue en caoutchouc pleins ou creux remplacent les lourds cercles forgés. Vers 1820, l'omnibus offre aux passagers un service régulier de transport en ville. En 1854, la Compagnie générale des omnibus exploite vingt-cinq lignes à Paris.

L'utilisation quotidienne des voitures hippomobiles disparaît après la Seconde Guerre mondiale, car celles-ci sont détrônées successivement par le train, l'automobile et le tracteur.

Embouchures et enrênements

Le cheval d'attelage est bridé comme un cheval de selle, à quelques exceptions près. La sous-gorge est un peu plus serrée sur le cheval d'attelage afin d'éviter qu'il ne se « décoiffe ». Les œillères, quasi obligatoires, sont positionnées et parfaitement ajustées de chaque côté de la tête du cheval pour l'empêcher de voir latéralement et ainsi diminuer son énervement dans la circulation.

En attelage, l'action de la main du meneur sur la bouche du cheval est ferme et efficace sans être brutale. Le cheval doit accepter son mors et s'y

Du collier de cou à la bricole

Généralisé en Europe à partir du XIXe siècle par le comte d'Artois, qui l'utilisait pour ses propres chevaux, le collier permet au cheval de tirer de lourdes charges. Légère et élégante, la bricole s'adapte à tous les chevaux, grâce à une série de réglages possibles. Afin d'assurer une traction efficace et de ne pas gêner le cheval, la bricole doit être placée au-dessus de la pointe de l'épaule. En compétition, le collier est apprécié pour les épreuves de dressage et de maniabilité. En marathon, l'une des épreuves du concours d'attelage, la bricole lui est préférée. Autrefois, l'attelage militaire et l'attelage de poste choisissaient la bricole plutôt que le collier car, à l'inverse du collier, celle-ci leur permettait de changer aisément de chevaux.

appuyer en confiance. Face au choix important des types de mors, on choisira un mors à canon droit, un mors anglais, type Liverpool. Ce mors doit toujours être muni d'une gourmette. Les guides du meneur, prolongement de ses mains, sont les rênes du cavalier. Selon le positionnement des guides dans les branches du mors, le meneur obtient un effet plus ou moins puissant sur la bouche du cheval. Entre le mors et la main du cavalier, les guides passent dans des anneaux placés sur le collier ou sur la sellette.
La position de base de tenue des guides est celle qui consiste à tenir les guides dans la seule main gauche, la main droite tenant le fouet. Elle permet de garder un contact moelleux avec la bouche du cheval. La tenue des guides « à la vigogne » laisse autant de paires de guides que de chevaux dans la main du meneur. Au-delà de trois chevaux, on ne peut plus fermer les mains sur les épaisseurs de cuir. La position « de conduite » ou « de dressage » est celle qui consiste à tenir dans la main droite les guides droits ; ceux-ci repassent dans la main gauche qui tient les guides gauches. Ainsi, le contact à droite se fait par la main droite qui tient aussi le fouet, et le contact à gauche par la main gauche, qui maintient en plus l'ensemble du flot des guides.

Les poneys, ici des italiens de race avelignese, sont excellents à l'attelage. En fonction de leur gabarit, il faut choisir une voiture qui leur convienne.

L'AJUSTAGE DES HARNAIS

Cet ajustage, bien que fastidieux, est capital pour le cheval et son confort.
L'avaloire, qui permet au cheval de faire reculer la voiture ou de la retenir lors des descentes sans se cogner, maintient les traits dans la bonne direction. Elle doit être placée sur la moitié supérieure de la cuisse, à 15 cm environ sous la pointe de la fesse.
La sellette, pièce maîtresse du harnais, est fixée sur le dos du cheval à l'aide d'une sangle sur laquelle passent les supports des brancards. Elle doit être placée une main derrière le garrot, et la sangle, serrée normalement. Toutes les pièces du harnais sont reliées entre elles par différentes courroies qui longent le dos et se terminent autour de la queue par la croupière et le culeron. La croupière ne doit être ni trop serrée ni trop tendue. Il faut pouvoir passer un poing vertical entre la croupière et le sommet de la croupe.
Trait d'union entre la force exercée par le cheval et la voiture, les traits prolongent la bricole et se fixent aux palonniers. Ils sont maintenus en place par le porte-trait et la sous-ventrière, ainsi que par l'avaloire. Lorsque le cheval tire, le porte-brancards doit se trouver dans l'axe du panneau de la sellette. Les traits sont alors à la bonne longueur. Le réglage de la hauteur des bracelets sur la dossière à courroie mobile est essentiel, afin d'assurer le meilleur équilibre de la voiture. La longueur des traits détermine la position du cheval par rapport à la voiture. Les jarrets du cheval doivent se trouver à un minimum de 40 cm du palonnier.

LE CHOIX DU CHEVAL

Le cheval d'attelage doit tout d'abord posséder la puissance de traction suffisante pour tirer la voiture choisie. Un cheval paisible mais énergique

Le TREC attelé

Pour ceux que la compétition et les examens rebutent, mais qui s'ennuient à parcourir indéfiniment le même trajet autour de chez eux, le TREC attelé est une nouvelle formule de loisirs, adaptée du TREC monté. Ouvert à tous les chevaux, avec ou sans papiers, et à toutes les voitures, à condition de répondre aux normes de sécurité élémentaires, le TREC attelé se pratique sous forme de rassemblements amicaux non officiels, autour d'une épreuve d'orientation et d'un parcours en terrain varié. Quinze à vingt difficultés ponctuent cette épreuve : dévers, gué, départ au sommet d'une montée sans reculer, passage au centre d'un couloir étroit sans faire tomber les barres qui l'encadrent, travail à une main sur le dessin d'une demi-volte, etc. L'engouement pour ces compétitions chaleureuses promet à cette nouvelle « discipline » un bel avenir.

et équilibré sera parfait pour de simples balades, s'il est capable de soutenir une cadence régulière et de s'adapter en toute circonstance. On observera longuement le futur cheval d'attelage au box, à l'arrêt, en extérieur, face à des dangers potentiels. Un écart sur un chemin solitaire, au moment du brusque envol d'un oiseau, peut avoir des conséquences dramatiques sur la route. On jugera son impassibilité en présence de véhicules à moteur, de bruits d'avertisseurs, d'aboiements de chiens ou d'autres aléas de la circulation sur la route. Un cheval « sur l'œil », qui rechigne à la tâche, qui se défend ou qui prend le mors, ne serait-ce qu'une fois, est un cheval qu'il ne faut jamais atteler. En revanche, un cheval courageux et peu émotif s'habitue vite à tirer une voiture.

Le hongre est sans aucun doute plus sage et plus facile à atteler que la jument, qui, bien que généreuse et attentive, peut avoir des réactions imprévisibles lorsqu'elle est en chaleur. L'entier est rarement assez calme pour tirer une voiture.

D'un excellent caractère, placides et énergiques, les chevaux de trait peuvent tirer de lourdes charges sans se fatiguer. Parmi eux, le cob normand, le postier breton, le boulonnais, le percheron, le comtois, l'ardennais, le poitevin. De petite taille, rustiques et rassurants, les poneys conviennent à tous les types d'attelage, et peuvent permettre aux enfants de débuter sans crainte. Le fjord, le pottock, le haflinger, le shetland font d'excellents poneys d'attelage. De petits chevaux comme le mérens et le camargue sont également bien adaptés.

Le niveau des concours d'attelage s'étant considérablement élevé avec les années, les chevaux sont devenus de véritables athlètes, au moral d'acier et à la morphologie de sportifs. Leurs performances sont aussi remarquables en dressage, en maniabilité qu'en cross. Certains chevaux de sang tels le selle français, le cheval arabe ou le hanovrien sont sélectionnés pour leur rapidité. Les chevaux de trait ont leur place en compétition, à

Le Code de la route

Assimilés à des usagers de la route, les attelages sont soumis au même Code de la route que les automobilistes : depuis 1954, les chevaux ne sont plus prioritaires. Coups de Klaxon d'automobilistes inconscients, frôlement des voitures, déplacement d'air provoqué par un camion, tout cela est dangereux pour l'attelage, qui est devenu un « phénomène ». Aussi, prudence, sécurité et responsabilité du meneur sont devenues les mots d'ordre de l'attelage sur route.

Un attelage doit être visible de loin et comporter des feux réfléchissants obligatoires : blancs devant, rouges à l'arrière. En guise d'immatriculation, la voiture doit posséder la plaque du constructeur ainsi que celle du propriétaire. Si le meneur est arrêté, il devra présenter ses papiers d'identité, mais aussi ceux des chevaux. Arrêt aux stops, aux feux tricolores, priorité à droite, stationnement, respect des lignes blanches... le Code est formel. Mais on l'adapte en fonction des équipements du cheval attelé. Pour tourner, le bras du meneur fait office de clignotant. Une bonne assurance est essentielle dès que l'on sort d'une propriété privée.

Les étalons des haras nationaux ont participé à la préservation des techniques d'attelage en France. Ils travaillent très régulièrement et leur dressage leur permet de sortir dans de nombreuses manifestations.

condition de subir un entraînement poussé. Leur aptitude au travail et leur franchise en font d'excellents chevaux d'attelage sportif.

Le travail de base

Autrefois, la polyvalence d'un cheval, dressé pour être monté aussi bien qu'attelé, était une nécessité économique. L'entraînement d'un cheval avant la mise à l'attelage est le même que pour le cheval de selle. Il est préférable de le monter d'abord, d'apprendre à connaître ses réactions, et de l'atteler ensuite. Un cheval destiné aux concours d'attelage travaille en selle régulièrement et connaît le dressage de haute école. Ce travail l'assouplit, le muscle, et lui apprend la soumission. Le débourrage et la mise à l'attelage durent environ un à deux mois, parfois moins si toutes les conditions d'apprentissage sont réunies : lorsque les lieux lui sont familiers, s'il ne voit pas une voiture pour la première fois et, surtout, s'il a déjà tissé des liens de confiance quotidiens avec l'homme qui le met à l'attelage. La préparation psychologique compte au moins autant que la préparation physique.

L'apprentissage – à la longe – commence sur le cercle, à toutes les allures. Le cheval doit parfaitement répondre aux ordres donnés par la voix : arrêts, départs, pas, trot, galop. Voix qui ordonne mais qui encourage aussi. Puis il va s'habituer progressivement au port du harnais, à la bricole, à l'avaloire, à la sellette et, pour finir, à la bride et au mors. Quand il est familiarisé avec les longues rênes, il est bon de commencer à simuler la traction en lui plaçant de simples brancards sans la voiture, ou de résister soi-même aux traits. Le cheval est alors prêt à être attelé.

Les épreuves de concours

Ce n'est qu'en 1970, et sous l'impulsion du prince d'Édimbourg, que l'attelage retrouve une nouvelle vocation, sous la forme d'une discipline sportive et de loisirs. Les premiers concours d'attelage naissent en Angleterre, avec pour objectif de rester fidèle à la tradition tout en augmentant les performances des chevaux et des voitures. En France, depuis 1973, l'AFA, Association française d'attelage, gère toutes les manifestations sportives. Spectaculaire, un concours d'attelage se déroule en trois épreuves – dressage, marathon et maniabilité – au cours desquelles les concurrents peuvent atteler à un, à deux, à quatre chevaux ou en tandem (deux chevaux en ligne).

La présentation, premier test de l'épreuve de dressage, privilégie l'esthétisme. Les attelages sont jugés sur leur qualité, la propreté des chevaux et de la voiture et la tenue du meneur et des coéquipiers. Coiffure, gants, tablier et fouet tenu en main sont obligatoires. En dressage, une douzaine de figures imposées, au pas et au trot, permettent de juger de la liberté et de la régularité des allures, de

L'épreuve de marathon est très spectaculaire, plus même que le cross d'un concours complet. Les obstacles à négocier nécessitent toute l'adresse des chevaux et du meneur, et la présence obligatoire du groom n'est pas une vaine contrainte du règlement.

La présentation est primordiale lors d'un concours de tradition. Cheval, voiture et meneur sont pomponnés, ce qui n'exclut nullement l'efficacité qui sera prouvée sur un parcours routier, puis sur un parcours de maniabilité.

l'aisance et de l'impulsion des chevaux, ainsi que de la précision et du doigté du meneur.

Le marathon est une épreuve difficile et éreintante. Entre cinq et huit obstacles naturels jalonnent le parcours, éloignés l'un de l'autre de 600 à 800 m. Les juges mesurent le niveau de préparation et d'endurance des chevaux, ainsi que la régularité des allures. Les attelages sont pénalisés sur le temps de parcours, la perte du matériel, la mise pied à terre, les erreurs de parcours. Prendre des risques sans perdre le contrôle de l'attelage exige de grandes qualités de meneur et d'importantes performances du cheval. Le rôle des grooms est essentiel, car ils contrebalancent le déséquilibre de la voiture dû à la vitesse. Plus solide que la voiture de présentation, la voiture de marathon est équipée de freins à disques et d'amortisseurs.

L'épreuve de maniabilité est un parcours d'obstacles balisé de portes numérotées, à réaliser en allure libre. Vingt obstacles au maximum disposés sur une carrière, du zigzag à la serpentine, au gué, au pont, en forme de L ou de U mesurent la souplesse et l'obéissance des chevaux ainsi que la résistance nerveuse du meneur. Sur les voitures, les bandages de roues métalliques ou en caoutchouc sont autorisés mais les pneumatiques, indicateurs de vitesse, compteurs de distance et systèmes de blocage de l'avant-train sont prohibés dans toutes les épreuves.

L'ATTELAGE DE TRADITION

L'attelage de tradition est devenu depuis 1984 une véritable discipline équestre avec des compétitions rassemblant de nombreux meneurs avertis, des collectionneurs et des restaurateurs.

Conviviales, respectueuses de la tradition, ces rencontres amicales et sportives sont ouvertes à tous, sans nécessité de licence de compétition. Toutes les races de chevaux sont admises, mais leur aspect physique est primordial dans la recherche de l'harmonie du couple cheval-voiture.

Les participants sont tous des amateurs de belles voitures, qui consacrent leur temps libre à la recherche de la perle rare, à la rénovation de la voiture rêvée et à la mise en valeur de l'équipage et des chevaux dans ses moindres détails.

De l'omnibus parisien au phaéton, les élégantes voitures présentées en concours – modèles anciens rénovés – sont jugées pour leur élégance, leur sobriété et sur le style de l'équipage.

Le harnais doit correspondre au type de voiture et à son époque. Un harnais de couleur noire s'harmonise à une voiture en bois laqué, un harnais de cuir fauve, à une voiture en bois verni. La tenue vestimentaire du meneur doit rester d'une grande sobriété et comporter les accessoires obligatoires : chapeau, gants, tablier et fouet. Dans un attelage à quatre, la tradition veut que le haut-de-forme du meneur soit gris s'il est propriétaire de l'attelage, noir s'il est seulement cocher.

Les concours d'attelage de tradition ont souvent lieu dans un cadre somptueux et se déroulent en trois épreuves : la présentation individuelle, où les juges évaluent l'attelage à l'arrêt, l'impression

La restauration d'une voiture ancienne

Maître d'œuvre de la rénovation (coûteuse !) d'un véhicule, le restaurateur est obligé de sous-traiter les différentes interventions de la rénovation. À l'ébéniste, la découpe et l'assemblage de pièces en bois ; au ferronnier, la fabrication et la remise en état du train, des essieux, des ferrures ; au charron, les roues ; au sellier, la confection ou la restauration de la capote, des sièges et autres accessoires en cuir.

La peinture est l'étape la plus délicate. De sa réussite dépend l'esthétique de l'ensemble. Les meneurs anglais et français préfèrent la peinture brillante. Pourtant, au siècle dernier, les voitures étaient peintes en semi-mat, ce qui permettait au bois de mieux respirer. Leur aspect brillant n'était dû qu'au nombre de couches de vernis apposées par-dessus. La partie avant d'une voiture ainsi que les pièces d'usage – marchepied, palonniers... – étaient toujours peintes en noir. Quant aux filets peints sur la jante et le moyeu, ils ne peuvent être dessinés que par un artiste à la main sûre.

La bricole, large bande de cuir à bords arrondis, entoure le haut du poitrail du cheval, qui s'appuie dessus lors de la traction. Elle est maintenue en place par une courroie passant sur le garrot – le surcou –, qui permet de régler sa position.

d'ensemble des chevaux, du meneur, des passagers, des voitures et des harnais ; le parcours routier balisé, d'une dizaine de kilomètres, qui permet de juger de l'impulsion et de l'aisance des chevaux ; le parcours de maniabilité, qui mesure la dextérité des meneurs et l'obéissance des chevaux.

Connaissances du meneur

Les techniques de meneur et l'abord du cheval sont très différents de ceux du cheval monté. Aussi, il n'est pas obligatoire de savoir monter pour mener un attelage. Un cavalier peut d'ailleurs avoir des difficultés à corriger certains défauts, tels que celui d'intervenir sur les guides comme il le fait sur les rênes. Sur l'attelage, trois éléments relient le meneur à son cheval : la voix, qui doit rester douce, la main, en contact moelleux permanent, et le fouet, rassurant, qui calme et récompense le cheval, et exceptionnellement le rappelle à l'ordre en cas de désobéissance ou de refus.
Un meneur doit faire preuve de bon sens, savoir réfléchir et toujours anticiper ce qui peut arriver. Car, en cas de danger, il lui faudra rapidement s'opposer aux mouvements désordonnés de son cheval. Un bon meneur observe attentivement l'attitude de son cheval et sait reconnaître ce qui l'inquiète. Il reste calme et n'oublie jamais que le cheval est craintif de nature et plus fort que lui en toute occasion.

Le choix d'une voiture

Une voiture d'attelage est choisie pour sa fiabilité, sa robustesse et son équilibre. Elle doit être adaptée à ce que l'on veut en faire – loisir, com-

Les roulottes aujourd'hui

Guidées par le pas lent et rassurant d'un cheval lourd, les vacances en roulotte ou en chariot bâché ont de quoi séduire plus d'un adepte. Avec un minimum de connaissances sur les besoins du cheval et une initiation aux techniques de l'attelage, ces voyages au rythme de la nature offrent un réel dépaysement. Mais le risque guette lorsque ces roulottes sont confiées à de parfaits néophytes, inconscients de leur responsabilité, ravis de faire trotter un cheval docile, oubliant de l'abreuver, et incapables de sortir la roulotte du fossé où elle a glissé à la suite d'un demi-tour mal négocié. Une demi-journée de formation n'est pas superflue pour apprendre à nourrir, panser, soigner, harnacher, atteler, arrêter, respecter son cheval... et réviser le Code de la route !

Différents types de véhicules à 2 et 4 roues : deux anciens rénovés (break et tilbury) et deux modernes (voiture de marathon et dresseuse).

break

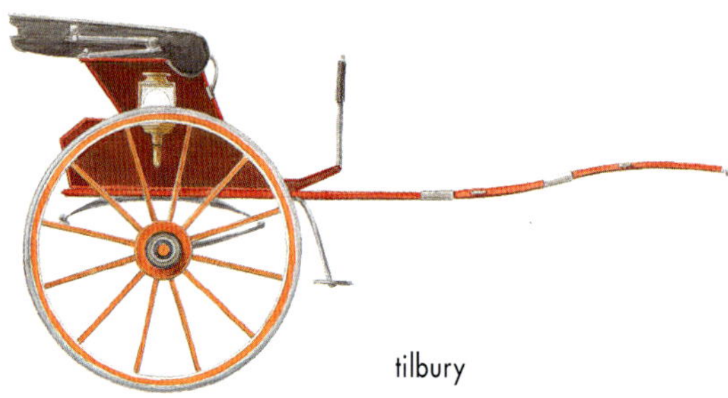

tilbury

pétition ou présentation – et au type de cheval à atteler. Les voitures anciennes, au charme désuet irrésistible, qui n'ont pas subi une réfection totale sont à utiliser avec précaution.

La voiture d'attelage de loisir nécessite un choix averti. Assimilée sur route à une automobile, elle doit se comporter comme telle. Les risques sont moins graves en compétition, car, même malmenée, la voiture évolue en circuit fermé. Aussi, si l'on est débutant, il est préférable de commencer à atteler une voiture à quatre roues, moderne, métallique, comportant des freins à disques, des timons en fer, qui peuvent se tordre, mais pas se casser, et des sièges réglables et confortables.

Les voitures à deux roues sont plus légères, plus rapides, moins coûteuses à l'achat, mais leur équilibrage n'est pas aisé et on ne peut les atteler qu'à un seul cheval ou en tandem. Les plus connues sont la charrette anglaise, le dog-car, la dresseuse, le tonneau, le tilbury, le tandem-car, le rally-car, le pill box, le cabriolet.

À quatre roues, la voiture est spacieuse, confortable, conviviale et plus facile à équilibrer. On peut l'atteler à un cheval, en paire, à quatre chevaux, ou davantage. Plus lourde, elle est cependant facile à manier, dans les virages notamment, grâce à son avant-train articulé, sur lequel vient se fixer le timon. Parmi les voitures à quatre roues, on répertorie le break, le phaéton, le coupé, le victoria, le fiacre, le landau, le mylord, le duc, le coach, le spider, l'américaine.

En compétition de haut niveau, la voiture à quatre roues est obligatoire. À centre de gravité très bas, elle est équipée de freins à disques et de timons flottants rétractables qui facilitent l'évolution dans les virages et au travers des obstacles.

Une voiture chez soi

La longévité d'une voiture dépend du soin apporté à son remisage et à son entretien. Laissée en plein soleil ou sous la pluie, la voiture et sa peinture ne résisteront pas longtemps aux outrages du temps. La placer dans l'écurie, à côté des chevaux, est aussi fortement déconseillé. Les émanations de fumier oxydent les aciers et peuvent faire pourrir le bois et les cuirs.

Une voiture sera bien remisée, dans un lieu sec, aéré, capote remontée. Si elle ne comporte que deux roues, ses brancards devront reposer sur un support suffisamment haut pour maintenir la voiture à l'horizontale.

Il est important de nettoyer souvent la caisse pour ôter le sable ou la boue, tout en prenant soin de ne pas abîmer la peinture, et de ne pas faire pénétrer de l'eau à l'intérieur. Les brancards, les marchepieds, les garde-crottes et les roues doivent être lavés à la brosse, les pièces en laiton ou en cuivre sont à astiquer. Les cuirs seront lavés, séchés, puis graissés à l'huile de pied de bœuf et au cirage avant de les faire reluire. Coussins et tapis seront secoués et brossés.

Enfin, les roues, l'avant-train et les essieux doivent être graissés régulièrement.

Le voyage-découverte est une aventure nécessitant une véritable connaissance des chevaux (et des mules !), ainsi que de l'attelage lui-même.

voiture de marathon

dresseuse

LE SAUT D'OBSTACLES

LE SAUT D'OBSTACLES, LONGTEMPS APPELÉ CONCOURS HIPPIQUE, EST SANS DOUTE LA DISCIPLINE ÉQUESTRE LA PLUS PRATIQUÉE ET LA PLUS MÉDIATIQUE. SHOW JUMPING, SON NOM ANGLAIS, RÉSUME BIEN LE MÉLANGE DE SPORT ET DE SPECTACLE D'UNE DISCIPLINE QUI PEUT AUSSI LAISSER AU CAVALIER DÉBUTANT L'ILLUSOIRE ESPOIR D'UN SUCCÈS EXPRESS.

La tenue de saut d'obstacles est identique pour cavaliers et cavalières ; la bombe est depuis peu concurrencée par le casque léger en épreuves régionales et nationales.

UNE DISCIPLINE JEUNE

En assistant à un concours, en découvrant de vieilles photos, en pensant aux décors quasi mythiques de la place de Sienne (Rome), de la Soers (Aix-la-Chapelle) ou du Grand Parquet (Fontainebleau), le profane comme le spécialiste (passionné) a souvent l'impression que le saut d'obstacles, discipline ancrée dans nos mœurs et nos traditions, fait partie de l'histoire. Or, en tant que compétition, avec ses règles et ses enjeux, le concours hippique n'a guère plus d'un siècle. Il est né à la fin du XIXe siècle, simultanément dans plusieurs pays européens. L'aptitude au saut faisait certes depuis longtemps déjà partie des critères importants lors de l'acquisition d'un cheval, mais c'était dans le but de parcourir la campagne, voire de participer à des chasses. Courses de haies, steeple-chases et rallyes avaient aussi montré la voie et cela, depuis un certain temps. Les obstacles des premiers parcours de saut proprement dits seront d'ailleurs largement inspirés des chasses ; il s'agit de copies d'obstacles dits naturels tels que rivières, barrières en bois, haies, talus et buttes. Très vite, on sépare deux types d'épreuves, celles de puissance et celles de vitesse et d'adresse. Les fautes sont pénalisées de points ou de temps supplémentaire. Le but est toujours le même : franchir un certain nombre d'obstacles sans fautes, sans s'arrêter devant l'un d'entre eux et sans en renverser aucun. Les fautes commises par les antérieurs sont au début du siècle plus sévèrement punies que celles dues aux postérieurs ; autrement dit, on sanctionne davantage l'erreur d'évaluation du cavalier (mauvaise distance) que la mauvaise technique du cheval. On changera ces règlements dans les années 1920 et les pénalités dès lors en vigueur ne seront plus guère modifiées par la suite (voir tableau p. 127).

DANS L'HISTOIRE DES JEUX OLYMPIQUES

En 1900, les jeux Olympiques de Paris (les deuxièmes olympiades de l'ère moderne) accueillent trois épreuves, dites « de démonstration ». Figurent au programme une épreuve de hauteur, une de largeur et enfin une de maniabi-

Alberto Larraguibel (Chili) et son cheval de selle Huaso établissent en 1949, en franchissant 2,47 m, le record de saut en hauteur, jamais battu depuis.

lité (chasse). Toutes les formes de compétition sont donc déjà plus ou moins là... À Stockholm, douze ans plus tard, le concours hippique fera sa grande entrée officielle aux J.O. et le règlement établi par le visionnaire von Rosen ne sera plus guère modifié durant tout le siècle. Le capitaine Jean Cariou, qui est encore un brillant ambassadeur de la « vieille école », s'adjuge la médaille d'or : le premier vrai champion olympique, c'est lui ! C'est à cette époque qu'à Tor di Quinto, à Berne ou à Saumur sous l'impulsion du colonel Danloux, Caprilli commence à faire autorité. On libère le cheval, son dos et ses reins, d'une bonne partie de la charge du cavalier, qui, de plus, le gêne moins dans sa bouche puisqu'il accompagne le mouvement de l'encolure (voir « Le saut des premières barres », p. 82).

Aujourd'hui, on tient avant tout à consacrer la technique, l'harmonie et la complicité d'un couple cavalier-cheval. La taille des obstacles a sans doute culminé aux J.O. de Mexico (1968) et de Munich (1972) ; depuis, on insiste d'abord et surtout sur l'enchaînement des difficultés, les combinaisons et les distances. Il s'agit de négocier au plus fin un contrat de foulées défini par le chef de piste : quatre foulées longues ici, cinq foulées courtes peut-être pour un cheval à l'amplitude moindre, six ou sept foulées là. On détermine son « plan » en fonction de son cheval, de son modèle, de ses capacités. Voilà aussi pourquoi des chevaux aussi petits que Jappeloup (1,58 m au garrot), champion olympique à Séoul (1988) et champion d'Europe, ou Milton (1,62 m), double vainqueur de la Coupe du monde (1989 et 1990) et champion d'Europe, ont pu tenir tête à des géants comme Big Ben (1,85 m) ou Beethoven 2 pendant si longtemps... On ajoutera que Stroller, « poney » de 1,48 m, décrocha l'argent aux « monstrueux » J.O. de Mexico 1968 ! Il n'y a décidément pas de loi...

Le Français Éric Navet, double champion du monde de saut d'obstacles en 1990 avec Quito de Baussy (notre photo), a remporté la médaille d'or par équipe et celle d'argent individuelle aux championnats du monde de Jérez en 2002 avec Dollar du Murier.

Le record n'est plus une fin en soi !

Dans les années 1990, les épreuves de puissance progressive, jusque-là assez prisées du (grand) public, sont d'ailleurs tombées en désuétude. Leur côté « jeux du cirque », les risques qu'elles comportaient n'étaient plus dans l'air du temps. Voilà aussi ce qui explique que le record du monde de saut en hauteur, obtenu sur un obstacle isolé et légèrement incliné, n'ait pas bougé depuis ce jour de 1949 où, à Viana del Mar (Chili), le capitaine Alberto Larraguibel et son bon Huaso franchirent 2,47 m. Depuis, le Français Michel Parot, dans les années 1970, a essayé, en vain, de faire mieux avec Tancarville, mais plus personne n'a vraiment tenté de le battre. C'est que, contrairement à ce qui se passe en athlétisme, il ne s'agit pas d'aller toujours plus haut, mais plutôt de sauter mieux...

Une professionnalisation croissante

Si la technicité des parcours a beaucoup évolué, l'aspect des obstacles a aussi beaucoup changé. Les difficultés naturelles ont, hélas, disparu de la

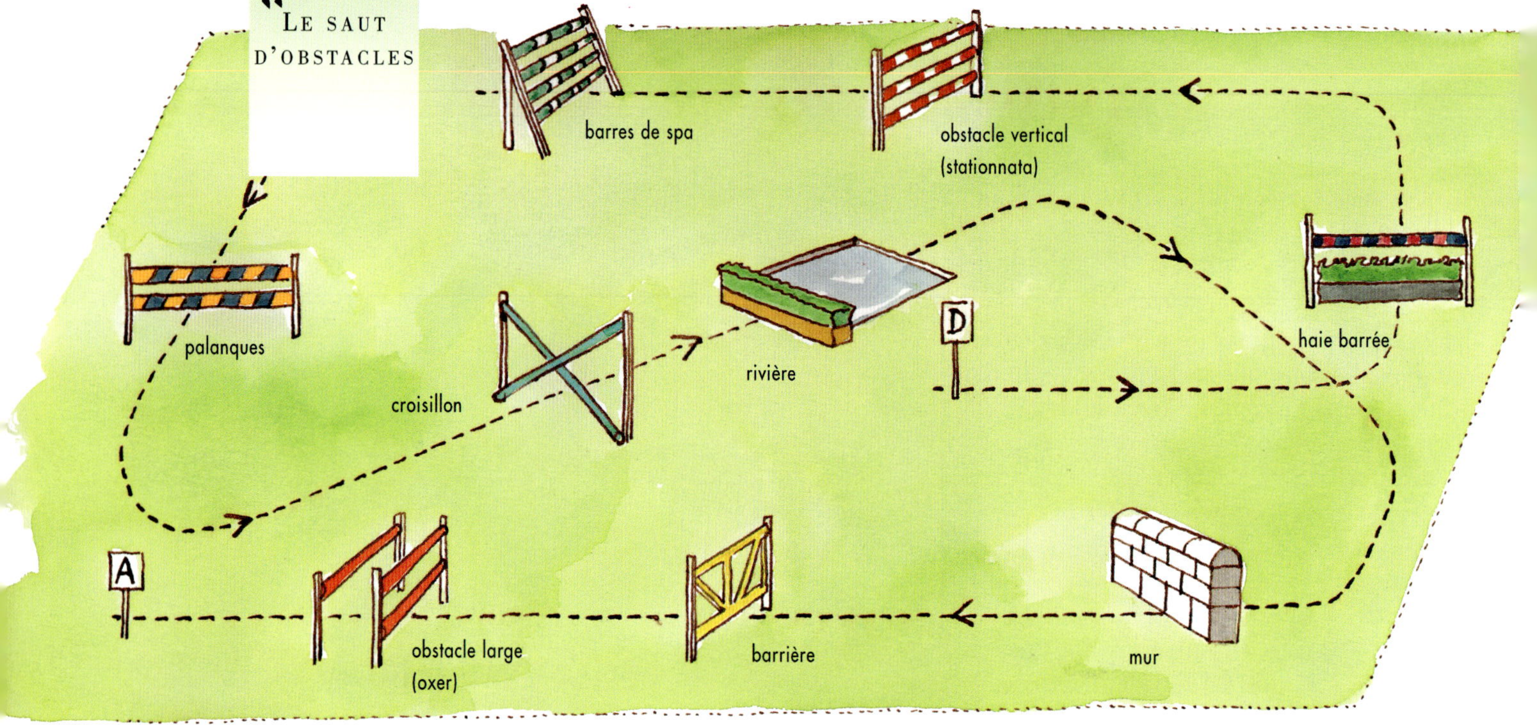

Quelques obstacles formant un parcours simple. Les variations du nombre, de la taille et de la disposition des obstacles permettent d'augmenter la difficulté du parcours.

plupart des terrains et il ne subsiste guère que quelques places de derby, comme Hambourg, Hickstead, La Baule, Dinard ou Monterrey, où l'on conserve encore et même (re)construit buttes, trous, fossés et banquettes. La mode les consacrera probablement à nouveau, car un certain retour à la nature est très prisé du public. Reste que la plupart des pistes du monde entier ressemblent davantage à un terrain de football qu'aux paddocks des débuts. La professionnalisation (on ne veut pas risquer de blesser un cheval qui, devenu outil de travail, vaut de plus une fortune), la multiplication des manifestations et l'avènement d'un circuit *indoor* (en terrain couvert) ont aussi accentué cette évolution. La création d'une tournée hivernale des concours en halle (les cavaliers veulent gagner leur vie douze mois sur douze et le public entend se régaler tout au long de l'année et partout dans le monde) a du reste profondément modifié l'organisation d'un sport devenu plus professionnel, plus commercial et un peu plus artificiel aussi. Cela a également eu pour effet de multiplier les événements. Depuis 1979, la finale de la Coupe du monde clôture et couronne la saison dite « hivernale » des CSI-W (concours de saut internationaux, W comme *world*), au mois d'avril, tandis que l'été est réservé aux Coupes des nations (CSIO, concours de saut internationaux officiels) et aux grands championnats – J.O. ou mondiaux les années paires, Championnats d'Europe et jeux Panaméricains les années impaires.

Un parcours est composé d'obstacles différents, mais il y a quelques types d'obstacles-clés. Les obstacles larges sont communément appelés « oxers » ; ils sont d'autant plus délicats à franchir qu'ils sont carrés (les deux barres du haut à la même hauteur). Les obstacles verticaux, également appelés « droits » ou « stationnatas », peuvent être secs (sans haie, décoration ou barre placée au pied de l'obstacle) ou « appelés », ce qui les rend dans ce cas plus faciles, plus abordables.

Les parcours sont devenus si techniques et complexes que la reconnaissance à pied du parcours

Débuts à poney

Richesse et diversité valent aussi pour les poneys. On trouve d'excellents sauteurs parmi les welsh, les new-forest ou les connemaras tout comme chez le poney français de selle. Les shetlands sont plutôt utilisés pour les petites épreuves (poneys de taille A). Les catégories varient en effet aussi en fonction de la taille des poneys, de A (moins de 1,07 m) à D, pour les grands poneys, toisant entre 1,40 et 1,48 m. Les épreuves internationales sont d'un très haut niveau et les Championnats d'Europe se disputent sur des parcours dont les obstacles sont presque aussi hauts que les poneys et leurs jeunes cavaliers (environ 1,40 m). Les poneys montrent une extraordinaire aptitude au saut et, par rapport à leur taille, sautent plus haut que les chevaux. À 16 ans, et cela quelle que soit leur taille, les jeunes cavaliers doivent désormais passer des poneys aux chevaux. La transition n'est pas toujours facile, car le style du poney (arrière-main très puissante, sauts « en chandelle ») diffère souvent beaucoup de celui du cheval. Une remarque qui ne vaut toutefois pas pour certains poneys de catégorie D, qui ressemblent étonnamment à de petits chevaux. Dans les pays anglo-saxons, les concours à poneys sont presque un passage obligé pour qui veut devenir champion et le phénomène s'étend de plus en plus aux autres pays européens.

fait partie intégrante de l'« épreuve » : elle a une importance capitale. Certains cavaliers déjouent très vite les pièges ou les « subtilités » placés par le chef de piste.

Complicité obligée

Le cheval prend-il une part prépondérante aux succès ? Voilà une question qui revient souvent. Le colonel Gudin de Vallerin estimait à 70 % la part du cheval, à 20 % celle du cavalier et à 10 % celle de la chance (est-elle quantifiable ?), mais de plus en plus de cavaliers préfèrent parler de 50-50. Cela semble d'autant plus adéquat que la technicité toujours plus grande des parcours exige une totale complicité entre le cavalier et sa monture. Un grand cavalier n'est rien sans un bon cheval, mais, à l'inverse, un cheval ne donne le meilleur de lui-même que s'il est parfaitement « piloté ». En saut comme dans les autres disciplines équestres, le cheval est l'athlète et doit être préparé et soigné comme tel. Il faut se promener dans les écuries d'un grand CSIO pour se rendre compte à quel point ces chevaux-athlètes sont « bichonnés » : multiples couvertures, bandages de repos, pommades et massages, mini-jacuzzi, ultrasons, médecines douces (sans parler de dopage...), ils sont l'objet de mille attentions. Les palefreniers, communément appelés grooms, veillent sur eux vingt-quatre heures sur vingt-quatre, allant jusqu'à dormir dans un box voisin ou dans un camion stationné à proximité immédiate...

Préparation à la compétition

L'apprentissage est long, il peut et devrait durer plusieurs années. Il requiert calme, patience et sentiment de la part du cavalier, qui doit s'occuper au mieux de la préparation physique et psychique de son cheval : développer sa puissance mais aussi sa souplesse, son agilité et sa réactivité, son respect des barres et des ordres, tout en ne négligeant jamais de renforcer son calme, sa franchise et son bon moral. Tout cela commence déjà par un sérieux travail sur le plat. Les grands cavaliers ne sautent d'ailleurs pas souvent « gros » à l'entraînement et encore moins avec des chevaux confirmés. Il s'agit d'abord d'entretenir leur bonne condition physique et leur moral. En saut d'obstacles, tout est affaire d'équilibre et cela passe aussi par l'équilibre du mental.

Depuis Caprilli et Danloux, le style n'a plus guère changé, même si l'on a longtemps opposé l'école allemande, assez rigide et contraignante pour les chevaux, à l'école française ou « latine », plus légère et « en avant », basée sur la confiance dans les moyens de son cheval. Aujourd'hui s'est effectuée une synthèse, et il n'y a plus guère qu'un style « européen », voire mondial. Car, si les montes peuvent différer, les grands principes se retrouvent chez tous les grands cavaliers, quelles que soient leurs origines. Les parcours sont devenus si techniques qu'intervenir est nécessaire en

Des couples d'exception

Si l'on consulte la liste des champions olympiques individuels, de Jean Cariou à Ulrich Kirchhoff, le héros d'Atlanta, en passant par l'Allemand Kurt Hasse (Berlin 1936), le redoutable général mexicain Humberto Mariles-Cortes (Londres 1948), le brillant Pierre Jonquères d'Oriola (1952 et 1964), le très subtil William C. Steinkraus (Mexico 1968), Pierre Durand ou Ludger Beerbaum (1992), on constatera que ce sont tous de très fortes personnalités, des cavaliers à l'intelligence vive et à la volonté de fer qui se sont imposés. Pour être là le jour J (O !) avec une monture au mieux de ses possibilités, il faut être un champion d'exception doublé d'un stratège.

Sur les gros obstacles, le cavalier doit soulager le dos du cheval et ses mains doivent garder le contact avec la bouche. Ici, Pierre Durand avec Jappeloup, médaille d'or aux J.O. de Tokyo en 1992.

permanence mais de façon fine et discrète. La façon de monter dépend bien sûr aussi de son cheval, de sa race comme de son caractère.

LES RACES DE PRÉDILECTION

Certaines races conviennent sans doute mieux à cette discipline, mais avec de glorieuses exceptions. Jappeloup, l'olympique champion de Pierre Durand, était un fils d'une jument pur-sang et d'un étalon trotteur.
On a même vu des lusitaniens ou des appaloosas s'immiscer dans le concert international.

Un artiste concentré sur son œuvre : oreilles pointées, antérieurs groupés sous le menton, pour un effort qui paraît bien maîtrisé.

Von Rosen, un visionnaire

Après les épreuves de démonstration de Paris, en 1900, le cheval disparaît des jeux Olympiques pour douze ans, mais, à partir de 1906, le comte Clarence von Rosen se fera l'inlassable avocat de l'équitation auprès du Comité international olympique. En 1907, von Rosen, chef écuyer du roi de Suède, présente un projet qui ne sera guère retouché avant la fin du XXe siècle. Il ressemble en effet à celui des Jeux de 1996, avec trois disciplines, le saut, le dressage et le complet. En saut, deux épreuves bien distinctes sont prévues pour les classements individuel et par équipe, idée qui sera ensuite abandonnée de 1924 à 1960 puis reprise jusqu'à nos jours. Le comte von Rosen présidera les J.O. de Stockholm en 1912 et prendra aussi la tête du comité des Jeux de 1956.

Même si l'élevage est de plus en plus scientifique et pointu, la morphologie et le caractère propres à la monture comptent souvent davantage que la race. Le cheval doit être sain, solide, généreux, avec un geste relevé des antérieurs sur la barre, un bon équilibre, une croupe puissante et de solides jarrets. On sélectionne de plus en plus les meilleures origines, ce qui a aussi eu pour effet de lancer beaucoup plus d'étalons et de juments poulinières renommées dans le sport. On compte du reste des lignées célèbres. Les élevages du Hanovre, du Holstein, du stud-book hollandais, du demi-sang de sport belge, de l'irish sport horse et du selle français sont parmi les plus performants.

LA CARRIÈRE DE JEUNE CHEVAL

En compétition, l'âge des chevaux va de 4 à... 20 ans ou plus. Le débourrage se fait à 3 ans ; suivent les épreuves pour jeunes chevaux de 4, 5 et 6 ans. En France, on a parfois un peu tendance à brûler les étapes (avec des épreuves de 6 ans difficiles), mais certains l'ont bien compris et on est un peu revenu en arrière. La pleine maturité du cheval de saut, la période durant laquelle il s'exprime le mieux au plus haut niveau, va de 8 à 15 ans, mais Chichester (monté par l'Australien Kevin Bacon au début des années 1970) et Bellevue (monture du colonel italien Raimondo d'Inzeo dans les années 1960-70) ont remporté des Grands Prix internationaux ou des Puissances à plus de 20 ans. Miss Moët, Milton, Gammon, Gem Twist, Jappeloup ou Deister ont eu de très longues carrières. On n'arrête plus son cheval trois ou quatre mois l'hiver, le calendrier ne le permet plus guère

Les épreuves de puissance sont de moins en moins fréquentes : l'effort quasi unique paraît moins méritoire que l'enchaînement de tout un parcours délicat.

et beaucoup de cavaliers prétendent qu'il vaut mieux ne pas arrêter complètement le travail d'un cheval. L'idéal serait donc de répartir ses sorties sur l'ensemble de l'année. On peut en tout cas légitimement se demander si la Fédération équestre internationale ne devrait pas limiter le nombre de parcours par année effectués par un cheval.

De brillantes cavalières

Aujourd'hui, l'équitation est le seul sport olympique où hommes et femmes concourent à égalité, et le concours hippique est une discipline où les cavalières ont souvent brillé.
Que l'on pense aux Anglaises Pat Smythe, Anneli Drummond-Hay, Marion Coakes-Mould, vice-championne olympique avec le « poney » Stroller à Mexico, Caroline Bradley, à la Française Janou Tissot-Lefebvre, double championne du monde et médaillée olympique, à la Canadienne Gail Greenough, championne du monde devant MM. Skelton, Homfeld et Durand en 1986, aux Américaines Mélanie Smith, Leslie Burr, Katharine Burdsall (toutes trois gagnantes de la finale de la Coupe du monde) et à Katie Monahan-Prudent, ou à la Normande Alexandra Ledermann, médaillée de bronze aux J.O. d'Atlanta avec son cheval Rochet M. Pourtant, les femmes n'avaient été admises aux J.O. qu'à partir de 1956 (pour ce qui est du saut) et des championnats séparés furent mis sur pied jusqu'en 1974 à La Baule.

Barèmes et pénalités

Les règlements de concours hippique paraissent très compliqués, mais, une fois les principes acquis, tout est beaucoup plus simple ! Il s'agit d'abord de sauter sans fautes et, souvent aussi, le plus vite possible. Une barre touchée ou effleurée n'engendre une pénalité que si elle tombe : seule la modification de la hauteur ou de la largeur d'un obstacle provoque des pénalités. La pénalité est la même que l'obstacle soit entièrement détruit ou qu'il n'y ait qu'une seule barre à terre. Les fautes sont comptées en points ou en temps supplémentaire. Les parcours de type « derby » ou « de chasse », comportant quelques obstacles fixes sont le plus souvent courus au barème C.

Les barèmes de pénalités les plus utilisés

Selon les organisateurs des concours, les barèmes A ou C sont choisis.

Barème A (avec et sans chronomètre)

– Première désobéissance (refus, volte)	3 pts
– Obstacle renversé ou pied dans la rivière (un pied ou plus)	4 pts
– Deuxième désobéissance	6 pts
– Chute du cheval et (ou) du cavalier (plus d'un pied sur le sol)	8 pts

(en international, la chute entraîne généralement l'élimination, exception faite des jeux Olympiques et de grands championnats).

– Troisième désobéissance	Élimination
– Dépassement du temps accordé, par seconde ou fraction de seconde	1/4 pt

Sans chronomètre. Le classement est établi en totalisant les pénalités d'obstacle(s) et éventuellement de dépassement du temps accordé encourues durant le parcours. Les ex-aequo se partagent les prix ou alors disputent généralement un ou plusieurs barrages, sur un parcours réduit et éventuellement surélevé ou élargi. Les épreuves de Puissance et les Six-Barres (six obstacles en ligne) comptent un maximum de quatre barrages.
Avec chronomètre. Le classement se fait selon les points et les temps encourus sur le parcours initial. En cas d'égalité de points, le temps départage.

Barème C

Le classement est établi selon le temps mis par un concurrent sur l'ensemble du parcours et on y ajoute du temps supplémentaire correspondant aux diverses pénalités encourues. Selon la longueur du parcours et le nombre d'obstacles, une faute d'obstacle coûte entre 3 et 7 secondes (généralement 4).

LE CONCOURS COMPLET

COMPORTANT DES ÉPREUVES DE TOUTES SES DISCIPLINES – DRESSAGE, SAUT D'OBSTACLES, STEEPLE, CROSS –, LE CONCOURS COMPLET EST LE COURONNEMENT DE L'ÉQUITATION CLASSIQUE. CETTE COMPÉTITION REQUIERT DU CHEVAL ET DU CAVALIER BIEN DES QUALITÉS : VITESSE ET ENDURANCE, AGILITÉ ET PUISSANCE, APTITUDES À L'OBSTACLE ET SUR LE PLAT.

Le concours complet est le descendant des épreuves militaires continentales, ainsi que des chasses et des épreuves-spectacles anglaises. Ici, une gravure anglaise du XIXe siècle d'un « steeple-chase de minuit », organisé impromptu en tenue de nuit.

DES QUALITÉS PHYSIQUES ET MENTALES

Le concours complet, longtemps appelé « military » (du fait de ses origines militaires), mérite bien son nom actuel, car il est un véritable combiné équestre. C'est l'épreuve qui demande le plus de capacités physiques et mentales chez le cheval, le plus de qualités variées chez le cavalier, qui, dans cette discipline en tout cas, se doit d'être un parfait homme de cheval. Et, quand on dit homme, on pourrait aussi dire femme de cheval puisque de Sheila Wilcox à Bettina Overesch, en passant par la princesse Anne, Mary Gordon-Watson, Lucinda Green-Prior Palmer ou Lucy Thompson, toutes championnes d'Europe ou du monde dans les années 1980 et 1990, sans oublier les multiples médaillées Mary King et Marie-Christine Duroy, les grandes championnes n'ont pas manqué. MM. Todd, Tait, Stark, Davison, Bigot et autres cavaliers ont eu la vie dure en face de telles athlètes présentant les mêmes courage, agilité, endurance, faculté de récupération, patience et travail.

DU MILITARY AU COMPLET

Avant de devenir un terrain de prédilection pour les « civils », hommes et femmes, le complet fut donc longtemps l'affaire des militaires. En 1902, le général français Donnop, alors inspecteur de cavalerie, institua le championnat du cheval d'armes, compétition dans laquelle les officiers se mesuraient déjà en dressage, en saut et dans une épreuve de fond un peu différente de celle d'aujourd'hui.

Ce championnat se disputa tout d'abord à Paris, dans le cadre ravissant du bois de Boulogne ou de la forêt de Marly pour l'épreuve de fond et le parcours routier (50 km !), sur l'hippodrome d'Auteuil pour le steeple et au Grand Palais, au centre de la capitale, pour le saut d'obstacles. Vichy et Fontainebleau suivirent ensuite l'exemple, qui se transmit dans toute l'Europe. Plus tard, ce championnat devint celui du cheval de selle et s'ouvrit à tous les cavaliers, civils et militaires.

En Angleterre et en Irlande, le complet était plutôt issu des chasses, des drags (des raids de plusieurs dizaines de kilomètres parfois...), des « point to point » et autres jeux équestres. Il avait donc une connotation moins militaire.

En Allemagne, en revanche, comme en Suisse ou en France, les épreuves d'endurance, parfois disputées sur plus de 100 km, étaient réservées aux militaires. On parle d'un raid disputé sur 580 km en 1892 en Allemagne, avec un vainqueur sacré au bout de 71 heures de course : monstrueux ! Le complet est donc issu de ces deux courants, militaire pour ce qui est de la France et du continent, chasse pour ce qui est des îles anglo-saxonnes.

Mais l'idée était bien la même : combiner un parcours de cross avec le franchissement d'obstacles, en gardant des montures assez fraîches, pousser les chevaux aux limites ne servant à rien !

Dès 1912, le military figurait aux jeux Olympiques, mais l'épreuve était assez différente. Elle se déroulait sur cinq jours, dont un jour de repos. Deux courses d'endurance précédaient le cross et l'on terminait par le saut et le dressage. Les jeux Olympiques suivants virent l'épreuve se rapprocher petit à petit de sa formule actuelle.

Ce n'est qu'en 1952 que le military prit le nom de concours complet d'équitation et il fallut encore attendre quelques années pour que les femmes soient admises aux jeux Olympiques (en 1952, seul le dressage leur était ouvert). En Allemagne, il a d'ailleurs gardé le nom de military jusqu'à la fin des années 1990, mais la Fédération équestre internationale tente de nos jours de ne plus garder que deux noms : concours complet en français et *three days event* en anglais. Chacune de ces appellations résume en effet un aspect de la compétition ! Car c'est bien sur trois jours que se déroule un concours complet de haut niveau, voire même sur quatre jours lorsqu'il y a trop de concurrents pour présenter les reprises de dressage en vingt-quatre heures.

■ UNE ÉCOLE EXIGEANTE

Chaque épreuve requiert évidemment une préparation spécifique et la somme de temps et de travail pour préparer un cheval aux grandes épreuves internationales telles que Badminton et Burghley (Grande-Bretagne), Luhmühlen (Allemagne), Punchestown (Irlande), Saumur (France), Gawler (Australie) ou le Kentucky Horse Trial (États-Unis) est tout bonnement considérable. Un cheval est rarement prêt avant 7 ou 8 ans, même si le Néo-Zélandais Blyth Tait a décroché la médaille d'or individuelle aux jeux Olympiques d'Atlanta en 1996 avec un jeune alezan de 8 ans répondant au nom de Ready Teddy. Depuis le début des années 1990, les jeunes chevaux jusqu'à 7 ans ont d'ailleurs un Mondial qui leur est réservé, dans

Le parcours de cross est constitué de 18 à 30 obstacles fixes. Ils sont inspirés des difficultés « naturelles » que chevaux et cavaliers pourraient trouver dans la nature.

Trois épreuves en une

Le cavalier monte évidemment le même cheval dans les trois épreuves, qui sont dans l'ordre :
- une reprise de dressage de niveau moyen, plutôt là pour juger de l'harmonie et de la soumission. Elle est exécutée sur une carrière de 20 m x 60 m ;
- une épreuve de fond comprenant quatre phases : un parcours routier sur des chemins en herbe ou en terre, de préférence au goudron, à couvrir au trot (240 m/min) ; un steeple-chase de 3 à 4 km, avec des obstacles fixes à couvrir à vive allure ; un nouveau routier et, après un examen vétérinaire et une pause de dix minutes, un cross de 5 à 8 km comprenant 20 à 30 obstacles fixes, à couvrir à un galop de 520 à 570 m/min ;
- un parcours de saut d'obstacles le dernier jour, pour vérifier la bonne forme du cheval et éviter que le cavalier ait trop forcé, soit allé trop vite la veille, sur le cross.

Les résultats finaux se calculent à partir des pénalités obtenues dans chaque épreuve.

le cadre somptueux du Lion-d'Angers en Maine-et-Loire. Ce Mondial est parrainé par la *World Breeding Federation For Sport Horses,* qui rassemble tous les stud-books et leurs éleveurs.

L'ÉPREUVE DE DRESSAGE

Le test de dressage est évidemment d'un niveau bien moins élevé que celui d'une reprise académique. Il reste toutefois assez exigeant pour des chevaux à qui l'on demande de « tout » faire – dressage, fond et saut – et les nouveaux programmes élaborés dans les années 1990 sont plus difficiles, surtout en international.

La difficulté du steeple-chase ne réside pas dans la hauteur des haies à franchir, mais dans la vitesse à respecter pour ne pas perdre de précieux points.

On n'y exige évidemment ni airs relevés, ni changements de pied au galop (sinon un dans la diagonale, depuis 1997), mais des appuyers, des allongés et des demi-tours sur les hanches. Les concurrents doivent effectuer une vingtaine de figures de mémoire, qui sont notées de 0 à 10 (en concours international). On attribue également des notes pour la soumission et la régularité des allures du cheval, de même que pour l'assiette et les aides du cavalier.

DU SOUFFLE ET DU CŒUR !

L'épreuve de fond est divisée en quatre phases. Le steeple comprend déjà quelques obstacles assez sérieux, mais, franchis à grande vitesse et en début de parcours (et de journée !), ils ne posent généralement pas trop de problèmes, même s'il arrive qu'une chute ruine tous les espoirs. En revanche, le cross, avec sa vingtaine ou sa trentaine d'obstacles, répartis sur 5, 6, voire 7 ou 8 km, représente la difficulté majeure de la compétition. Le parcours est fait d'obstacles plus ou moins naturels, connus et attendus. Il faut déjà déjouer les traquenards et les éventuels pièges lors de la reconnaissance (une journée y est entièrement consacrée, en faisant trois ou quatre fois le parcours à pied), étudier le terrain et choisir les options en fonction des aptitudes du cheval (et de celles du cavalier !). Il ne faut pas non plus oublier que, si le cavalier connaît la tâche qui l'attend par cœur, il n'en va pas de même pour sa monture, qui sait où elle prend son appel mais pas toujours où elle devra se réceptionner. Or certains contre-bas de 2 m ou plus sont très impressionnants... Le bon cheval de complet doit donc non seulement faire preuve de vitesse et d'endurance, mais également de confiance et de courage pour venir à bout d'une telle épreuve.

La plupart des obstacles comprennent des alternatives, plus ou moins rapides. On perd facilement 20 s en prenant la voie lente (la *chicken way*, comme l'appellent les Anglo-Saxons), mais on renforce ses chances de terminer l'épreuve. Suivant ses ambitions propres ou, en international, les plans de son équipe, on optera pour tel ou tel passage. La reconnaissance est donc en soi déjà un exercice crucial et déterminant. On modifiera peut-être encore ses plans le jour de l'épreuve, en fonction de la météo, de l'état du terrain (profond, boueux, glissant, etc.) et de la résistance de son cheval. À ce propos, on peut regretter que certains officiels et chefs de piste n'aient pas toujours supprimé certaines options difficiles en cas d'intempéries. Par le passé, des accidents mortels

L'évolution des épreuves

Il faut savoir qu'un cheval ne peut pas faire plus de trois (ou quatre) concours complets internationaux (CCI) par an. Les épreuves sur un jour constituent une alternative et une préparation idéale aux grandes épreuves.

Sous l'impulsion des pays anglo-saxons, on organise de plus en plus d'épreuves sur un (ou deux) jours : les *one day* font fureur en Angleterre. Et, depuis 1997, des CIC (concours international combiné) remplacent certains CCI, comme c'est le cas à Chantilly. Le Championnat de France se court aussi sur une dizaine d'épreuves de ce type, une toutes les trois semaines environ. Mais le concours complet apparaît toujours dangereux, et sa présence serait remise en cause aux jeux Olympiques de Pékin (2008).

pour des chevaux eussent peut-être pu être évités. Mais la tendance générale va heureusement à la modération. On essaye de limiter autant que faire se peut les risques inhérents à ce type d'épreuves. Aux jeux Olympiques d'Atlanta, on avait tenu compte de la chaleur et du fort taux d'humidité, supprimant une phase et diminuant la distance du cross, sans pour autant que la hiérarchie ait été bouleversée lors des résultats.
Les accidents arrivent d'ailleurs rarement aux meilleurs. Bien préparé, on se joue en principe de toutes les difficultés avec aisance.
L'épreuve de saut d'obstacles est assez simple ; elle est destinée à prouver que les chevaux, ayant été soumis la veille à des efforts très intenses, ont conservé leur intégrité physique et leur cœur à l'ouvrage. Les obstacles (10 à 12, y compris une ou deux combinaisons) ne dépassent pas 1,20 m dans les grands championnats, 1,05 ou 1,15 m en national, et les enchaînements sont habituellement sans complication. C'est plus un « garde-fou » qui évite à certains cavaliers de prendre des risques démesurés sur le cross : il faut toujours garder un peu de forces !

L'INSPECTION VÉTÉRINAIRE

Avant de s'élancer sur ce dernier parcours, les chevaux doivent une fois encore (la troisième en trois jours !) passer devant les vétérinaires. Et c'est le jury, une fois l'avis du chef vétérinaire donné, qui prend sa décision. Celle-ci peut sembler parfois être assez cruelle et priver un concurrent en tête de la possibilité de partir dans la dernière épreuve. Bien des médailles individuelles ou par équipe se sont jouées de cette façon.
Car ces grandes épreuves sont certes sélectives, mais il devient de plus en plus difficile de départager les meilleurs concurrents. En effet, le cross ne peut pas être rendu trop dur, compte tenu des dangers inhérents aux chutes sur des obstacles fixes ; le dressage présente déjà des exigences élevées. Seul le parcours de saut peut être prévu plus ardu, le chef de piste le compliquant techniquement. Seulement, ruiner les chances d'un concurrent après un beau cross, à cause d'une ou deux barres tombées à l'obstacle (10 points de pénalité à chaque fois) serait assez contraire à l'esprit du complet.
Dans ces conditions, une inspection vétérinaire sélectionnant les chevaux qui sont le plus en forme paraît juste.
Cela étant dit, l'état et la condition des chevaux sont généralement assez remarquables. Ceux-ci

La tenue
Ce sont les cavaliers de complet qui développèrent le port du casque, obligatoire compte tenu des risques de chutes sur les obstacles fixes du cross. Le cheval porte aussi des protections, aux antérieurs, parfois aux postérieurs.

Le cheval est attentif, calme mais déterminé dans son effort. Le cavalier l'a bien préparé et peut espérer terminer ce cross sans pénalités.

sont soignés avec beaucoup d'attention et ils sont suivis médicalement, sans pour autant être dopés. Et, comme le dit Jean Teulère, 4e aux jeux Olympiques d'Atlanta : « En complet, les contrôles antidopage sont permanents et on se fait prendre pour un rien. » Et d'ajouter : « Les seuls médicaments qui nous donneraient un coup de pouce sont les tranquillisants car nos chevaux sont tellement chauds qu'ils ont du mal à rester calmes sur le "carré" de dressage. Mais il serait impossible de passer au travers des contrôles, alors on leur donne de la poudre de perlimpinpin, qui a plus un effet psychologique sur le cavalier qu'un effet physique sur le cheval. » Voilà qui est bien vu et pourrait d'ailleurs se rapporter à d'autres disciplines !

L'ÉQUIPEMENT

L'équipement pour le cross, tant du cheval que du cavalier, n'a cessé de se perfectionner ces trente dernières années, avant tout par souci de sécurité. C'est ainsi que, depuis le milieu des années 1960, les cavaliers portent un casque, qui protège la tête de manière nettement plus efficace que la bombe ou le képi d'autrefois. Le port de mousses de protection pour le dos, plus ou moins sophistiquées, s'est également généralisé.

Le cheval est la plupart du temps muni de guêtres ou de bandages, sous lesquels on place des coques ou des coussinets de coton. Ceux-ci sont souvent cousus, afin de résister aux quelque trois heures et 25 à 30 km d'effort de l'épreuve de fond. Certains sont adeptes des cloches, qui évitent que le cheval ne se touche au niveau de la couronne ou qu'il n'accroche un de ses fers. D'autres pensent que celles-ci peuvent être dangereuses, dans le cas où le cheval marcherait dessus, en plein galop ou à la réception d'un obstacle, sans que celles-ci ne se cassent. On imagine la chute !

La queue du cheval est souvent tressée et attachée avec du Scotch, afin de ne pas rester prise dans un obstacle. Enfin, ne pas oublier la graisse, dont il faut enduire les membres du cheval, afin de l'aider à glisser – et non pas « crocher » – sur les obstacles qu'il pourrait toucher.

À signaler aussi l'utilisation d'une sur-sangle, qui passe par-dessus la selle, et qui peut servir au cas où la sangle céderait, en cas d'effort sur un obstacle ou en cas de chute.

TYPES ET RACES DE CHEVAUX

Le complet exige un cheval près du sang, mais le pur-sang n'est pas forcément le cheval idéal. Cette épreuve requiert en effet des qualités très complètes et parfois un peu contradictoires, si bien que le pur-sang peut pécher dans certains cas, en dressage par exemple.

Parmi les meilleurs chevaux, on trouve souvent des anciens steeplers ou des chevaux de chasse, très près du sang (rapides, mais robustes), des hunters irlandais ou anglais (solides, mais pleins d'énergie), des anglo-arabes (plus légers, mais très vigoureux), des selles français, des demi-sang irlandais, allemands (trakehners, hanovriens, souvent descendants de pur-sang anglais ou de selles français)

Une réception difficile. Pourtant la chute n'est pas inéluctable, le cavalier n'étant malgré tout pas trop penché en avant.

ou hollandais (dont de nombreuses lignées sont issues de reproducteurs de race selle français). Le cheval doit avoir un dos fort, une arrière-main développée et puissante. Les jarrets doivent être bas et puissants, les tendons solides et les aplombs impeccables. L'épaule doit être massive et si possible oblique. Le cheval doit savoir monter son garrot et ses genoux pour ne pas « crocher » l'obstacle, faute souvent synonyme de chute, et garder une trajectoire idéale. Mais le plus important, c'est peut-être son mental : calme, soumis, solide, rapide, volontaire et réactif. Or, là aussi, ce sont des qualités un peu antinomiques...

Les poneys aussi !

Un poney de compétition doit être solide, sain et pas trop petit. Ses aplombs doivent être irréprochables et le sabot bien dur, d'autant plus que les épreuves dans la campagne et en forêt recèlent certains pièges (racines, trous). Son caractère est d'une grande importance ; il doit allier docilité, vivacité et courage. Les races les plus prisées sont les mêmes qu'en saut d'obstacles (welsh, new-forest, connemara, français de selle...). Le shetland ne peut concourir qu'en petites épreuves, le plus souvent non officielles. La compétition comprend les mêmes épreuves que pour les chevaux, mais le niveau est moins élevé.

La position du cavalier lors du cross est un compromis entre la recherche de vitesse et la sécurité : il ne faut pas charger l'avant-main du cheval pour lui laisser l'aisance de monter les épaules.

Jean Teulère (ici avec Kozac de Rouly) a remporté avec Espoir de la Mare la médaille d'or individuelle et celle d'argent par équipe pour la France, lors des championnats du monde de concours complet en 2002.

LE CONCOURS DE DRESSAGE

SI L'ÉQUITATION EST, DE MANIÈRE GÉNÉRALE, LA RECHERCHE D'UNE COMPLICITÉ AUSSI GRANDE QUE POSSIBLE AVEC LE CHEVAL, LE DRESSAGE POUSSE CE TRAVAIL JUSQU'À L'APPROCHE DE LA PERFECTION – CETTE DERNIÈRE SE DÉFINISSANT PAR RAPPORT À DES CRITÈRES ÉQUESTRES DITS « CLASSIQUES ».

UNE DISCIPLINE « SPECTACLE »

Le but de cette discipline est de donner au spectateur l'impression que le cheval se meut par lui-même avec harmonie, légèreté et aisance, comme le précise le règlement de la Fédération équestre internationale. Ce dernier, insistant sur la confiance et la décontraction totale de l'animal, codifie autant que faire se peut cette célébration moderne de la beauté du cheval. En des temps plus anciens, l'équitation de cour n'avait pas d'autre but et seuls pouvaient espérer l'atteindre des cavaliers de grand talent. Aujourd'hui, le public du XXe siècle remplace les cours royales, et cabrioles, courbettes, croupades et autres sauts ne figurent pas au programme des compétitions de dressage. De difficulté croissante, celles-ci sont réglementées soit par les fédérations nationales, soit par la Fédération équestre internationale (FEI), qui a établi en 1929 son règlement international, transformant le dressage en discipline officielle et en sport olympique. La FEI reconnaît une vingtaine de reprises (textes qui donnent l'ordre d'enchaînement et la description des figures à exécuter), allant de la reprise Saint-Georges au Grand Prix spécial, en passant par la reprise libre en musique (RLM ou *kür*). À ce niveau de difficulté, les changements de pied au temps, les pirouettes au galop, le passage et le piaffer nécessitent une grande maîtrise technique tant du cheval que du cavalier. La difficulté réside autant dans les mouvements eux-mêmes que dans la nécessité de réaliser ces mouvements en des points imposés de la carrière de dressage, et suivant un enchaînement différent, propre à chaque programme de reprise.
Discipline fondamentale, le dressage semble terminer sa traversée du désert. Partout il connaît un regain d'intérêt tant auprès des cavaliers que du public, et la qualité du travail présenté ne cesse de progresser.

DÉROULEMENT DE L'ÉPREUVE

Le résultat se joue au moins autant à l'échauffement, pendant lequel il n'est plus temps de régler de préalables insuffisances de travail, qu'à la présentation. Il faut donc soigner l'échauffement physique et le moral du cheval lors de la détente, ce qui est facilité en dressage par le déroulement précis de l'épreuve. Les cavaliers connaissent généralement la veille l'heure à laquelle ils devront se présenter sur le « carré ». Ne reste plus alors qu'à faire le compte à rebours pour que tout se passe dans le calme requis : départ des écuries, préparation du cheval et du cavalier, détente.

Isabell Werth et Gigolo (cheval hanovrien) sont au changement de pied au galop. Ce couple allemand a été champion d'Europe en 1991, 1993, 1995 et 1997, champion du monde en Grand Prix spécial en 1994, champion olympique en individuel et par équipe en 1996.

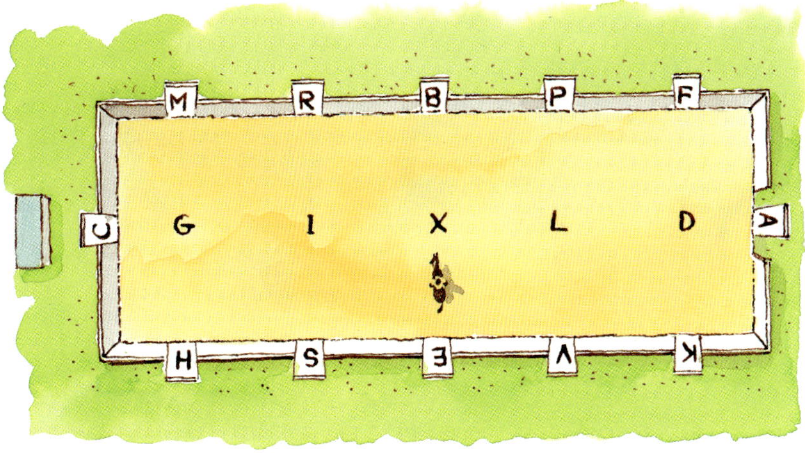

S'il est bon de s'en tenir aux exercices de préparation qui conviennent à sa monture, il faut toujours adapter cette détente à ses dispositions du jour et aux conditions particulières de l'environnement. Suivant le tempérament, l'expérience et l'âge du cheval, l'échauffement musculaire, la mise en main, l'entrée dans les aides seront plus ou moins longs et auront pour objectif de préparer calmement le cheval aux difficultés de la reprise qu'il va effectuer.

L'heure est arrivée, le cavalier se présente aux juges qui peuvent être de un à cinq, selon le niveau de l'épreuve, répartis alors sur un petit côté et les deux longueurs. Après le coup de sonnette du président de jury, et surtout pas avant, le concurrent a une minute pour préparer son entrée sur le rectangle. Dans les petites reprises, un aide peut dicter au fur et à mesure du déroulement de la reprise les différents mouvements à exécuter. Mieux vaut cela qu'une erreur de parcours, à condition que le dicteur anticipe suffisamment pour permettre au cavalier d'enchaîner ses figures harmonieusement.

Le concurrent mettra plus de chances de son côté s'il connaît par cœur le texte de sa reprise et l'emplacement des lettres des côtés, ainsi que la dénomination (par lettres non représentées physiquement) des points particuliers de la ligne du milieu. Après son entrée en A et jusqu'au salut final, les principales mésaventures qui peuvent lui arriver sont une défense caractérisée de sa monture de plus d'une minute, ou un petit bond par-dessus les lices matérialisant le rectangle : dans les deux cas, il sera éliminé. Même sort pour celui dont le cheval boitera de façon évidente ou qu'un ami compatissant aura encouragé de la voix ou du geste.

Les principales difficultés

Dans les reprises des concours départementaux ou régionaux, le concurrent enchaîne des mouvements d'assouplissement latéraux ou longitudinaux d'une difficulté croissante : changements ou variations d'allures, changement de direction, figures aussi simples que les voltes, puis travail de deux pistes ou plus, changements de pied, etc. Toutes sont décrites dans le règlement de la FEI et en grande partie dans le règlement national. Tout dresseur de compétition, même à petit niveau, doit connaître le premier comme un précis d'équitation, et bien évidemment s'informer chaque année des modifications éventuelles du deuxième, dans lequel il trouvera les conditions de qualification pour lui et son cheval, et les textes de reprises ainsi que quelques précisions sur ce que les juges attendent de sa démonstration.

– À partir de la **reprise Saint-Georges** (durée indicative, 7 min 30), le texte est le même pour tous les concurrents du monde, que ce soit dans un concours national ou international : changements de pied aux quatre temps et demi-pirouette au galop sont les principales difficultés.

– En **Intermédiaire I** (7 min), ce seront la serpentine de cinq boucles au galop, la pirouette au galop et le changement de pied aux trois temps.

– Le piaffer (7 ou 8 battues) et le passage arrivent dans l'**Intermédiaire II** (7 min), ainsi que la délicate ligne brisée de trois contre-changements au galop de part et d'autre de la ligne du milieu, et les changements de pied aux deux temps.

– En **Grand Prix** (7 min), jusqu'à quinze changements de pied au temps doivent être exécutés et une série de neuf sur la ligne du milieu entre deux pirouettes, ainsi qu'une ligne brisée de quatre contre-changements au galop, et jusqu'à quinze battues de piaffer.

– Dans le **Grand Prix spécial** (7 min 30), les difficultés sont les mêmes, mais les transitions sont

La carrière de dressage est un rectangle (20 x 60 m pour les concours internationaux, 20 x 40 m pour les autres) ; elle est pourtant souvent surnommée le « carré » par les cavaliers.

La tenue de dressage

Dans les petites reprises, le cavalier civil de dressage, familièrement surnommé « pingouin », porte veste sombre, culotte claire, gants et coiffure – bombe, melon ou demi-haut-de-forme – sous laquelle les cheveux sont courts ou soigneusement retenus par un catogan ou un filet (pour les femmes). À plus haut niveau, le frac (genre de queue-de-pie), toujours sombre, remplace la veste. Les bottes, noires, remontent souvent sur l'extérieur du genou.

Dans les rendez-vous internationaux majeurs, l'habit noir ou bleu marine est toujours de rigueur et le haut-de-forme est obligatoire. L'austérité de cette tenue destinée à effacer le cavalier souffre quelques exceptions, puisque certains corps montent en uniforme : militaires, policiers ou représentants d'élevages nationaux. Ce qui égaie parfois le rectangle, spécialement quand il s'agit d'un garde républicain français.

plus rapprochées et plus difficiles : du trot allongé au passage sur les grands côtés, ou d'un huit de chiffre au passage avec piaffer entre les deux cercles.

Les critères de jugement

Le dressage est une discipline appréciée suivant des critères définis par le règlement international de la FEI, lui-même décliné au niveau national. Ce règlement a pour objectif « de préserver l'art équestre des altérations auxquelles il peut être exposé et de le conserver dans la pureté de ses principes pour le transmettre intact aux générations futures des concurrents ». Le cavalier qui souhaite se tourner vers la compétition de dressage doit d'emblée accepter la part de subjectivité inhérente à tout jugement humain et aussi la possible part d'erreur, soit d'interprétation du règlement, soit tout simplement de point de vue.
Chaque mouvement est noté de 0 à 10 par chaque juge, et des notes d'ensemble sont ajoutées à la fin de la reprise, récompensant certains aspects de la présentation : chez le cheval, les juges apprécient les allures (franchise et régularité), l'impulsion, la soumission, la mise en main, et, chez le cavalier, l'assiette, la position, la précision du tracé (par rapport aux lettres) et la correction des aides. Toutes ces notes et d'éventuelles remarques sont inscrites en bas du protocole qui sera remis au concurrent à la fin de l'épreuve.

Margit Otto-Crépin, cavalière française championne d'Europe en 1988, médaille de bronze par équipe en 1995, est ici au passage avec Lucky Lord (cheval inscrit au stud-book allemand).

Le choix du cheval

Contrairement à une idée très répandue, le dressage impose des efforts musculaires et articulaires très importants et les spécialistes considèrent donc généralement que le cheval de dressage doit au moins avoir les qualités physiques d'un autre cheval de sport. Il doit même avoir d'autant plus de force et avoir suivi un entraînement d'autant plus poussé que rien de ce qu'il fait ne doit laisser paraître l'effort. Plutôt « fait en montant », le cheval destiné au dressage doit être doté d'un dos fort, de hanches souples, de jarrets solides capables de supporter des fléchissements importants et répétés, le tout pour transmettre l'indispensable impulsion à un bon « bout de devant ». Celui-ci se caractérise notamment par un garrot bien sorti, une encolure assez longue et à la flexion harmonieuse. Bien sûr, ce cheval bien fait doit de préférence avoir une tête expressive, du brio, ainsi que des allures d'une régularité irréprochable qu'il pourra développer et étendre, ou raccourcir et élever selon les demandes de son cavalier. Enfin, son intelligence devra permettre à ce cheval quasi parfait de percer les subtilités de cette discipline très technique. Les cavaliers internationaux ont ainsi bien des difficultés à remplacer les chevaux qui sont arrivés au sommet de la compétition internationale : l'Allemande Nicole Uphoff, double championne olympique et du monde avec son vibrant Rembrandt, n'a pas encore retrouvé l'oiseau rare, pas plus que la Française Margit Otto-Crépin dont le fameux Corlandus a cessé de fréquenter les carrés de dressage en 1992.

Les connaissances du cavalier

Cette quête du cheval d'exception met à rude épreuve les qualités essentielles du cavalier de dressage que sont la patience, la persévérance et une certaine humilité. Pour franchir les étapes qui vont faire d'un poulain parfois ingrat une star des concours internationaux, le cavalier doit sup-

Dominique d'Esme est l'une des cavalières françaises les plus titrées : médaillée de bronze par équipe aux Championnats d'Europe en 1995, 15 fois championne de France. Elle est ici à la pirouette avec Arnoldo Thor (cheval inscrit au stud-book hollandais).

Anky van Grunsven (hollandaise) sur Bonfire, cheval oldenburg. Ils ont été médaillés d'or au Championnat du monde 1994 en reprise *kür*, médaillé d'argent en individuel et par équipe aux jeux Olympiques de 1996.

porter les remises en question quotidiennes. Des connaissances techniques toujours plus approfondies, une constante maîtrise de la psychologie du cheval sont indispensables à cette nécessaire réflexion. Le choix initial de la monture est la première manifestation de cette compétence. Ensuite, le cavalier mettra à profit toute l'expérience accumulée depuis la première fois où il est monté sur un cheval : de la volte qui fait partie des premiers assouplissements demandés, jusqu'au rassembler qui permet d'améliorer l'aisance et la prestance du cheval et qui le rend plus agréable à monter – grâce à une impulsion nette provenant de l'activité de l'arrière-main, de l'engagement sous la masse des postérieurs aux articulations pliées et souples. Un rassembler sans lequel le piaffer, le mouvement le plus difficile demandé en épreuve officielle de dressage, ne peut exister. Cette expérience n'est acquise qu'au prix de longues heures passées à cheval, à développer l'usage toujours plus fin des aides, avec concentration et analyse. Un savoir et une expérience que le passionné enrichira de ses observations des chevaux et des autres cavaliers, ainsi que de ses lectures. De même que le cheval doit sembler se mouvoir sans effort apparent, le cavalier doit être lié à son cheval en toute décontraction mais sans avachissement. Ses actions peuvent alors être à ce point discrètes qu'elles deviennent invisibles. La légèreté recherchée, mais si difficile à atteindre (en compétition surtout), n'est alors plus loin.

Aides artificielles et harnachement

Quel que soit le niveau de la compétition, la cravache est interdite, au moins en France et dans les épreuves internationales, et son usage doit être très modéré lors de la détente (s'il est indispensable à la mise en avant). Les éperons classiques sont autorisés, même à molettes, à condition que celles-ci ne soient pas bloquées : attention à leur entretien, un simple grain de sable peut les coincer. La tenue du cheval est dépouillée : bride et selle. La première est équipée d'un simple mors de filet et d'un mors de bride avec gourmette et muserolle ordinaire (voir p. 76 à 79). Dans les reprises françaises de petit niveau, les cavaliers peuvent monter en filet simple et les muserolles croisée et allemande sont autorisées. La selle est anglaise, généralement à quartiers rallongés ; elle doit laisser une entière liberté au garrot. En présentation, toute autre pièce de harnachement, même destinée à protéger le cheval, est proscrite.

La compétition à poney

Le circuit français est exceptionnel : les championnats de France de Lamotte-Beuvron rassemblent le plus grand nombre de cavaliers en Europe, avec 5 000 engagés. Le système des poney-clubs n'a pas d'équivalent dans les autres pays européens. Ce concept est très envié : une véritable recherche pédagogique s'est forgée autour de l'enfant, marquée par l'aspect ludique.

À shetland, les jeunes cavaliers peuvent apprendre à monter sans étriers, et ils participent aux concours de saut d'obstacles en montant de la sorte.

Les enfants et la compétition

Pourquoi les faire attendre ? Les enfants vont plus facilement au feu que leurs aînés. La compétition à poney est un moyen de les stimuler, sinon beaucoup d'entre eux abandonneront l'équitation par lassitude. Dans le circuit Club, les concours sont accessibles à tous dès la première année d'équitation et permettent de se qualifier aux Championnats de France. L'âge maximal des cavaliers est systématiquement indiqué en France. Dans la catégorie Moustique, les cavaliers ne doivent pas être âgés de plus de 8 ans. La plupart des poney-clubs acceptant les enfants à partir de 4, 5 ou 6 ans, un cavalier peut théoriquement commencer la compétition dès 5 ans, mais l'âge de 7 ans paraît plus raisonnable. Dans les épreuves de confrontation comme les mounted games, les moins de 14 ans ne sont pas admis. À l'autre extrémité de l'échelle du circuit Club, les cavaliers à poney et à cheval peuvent concourir en épreuve E, sans limite d'âge.

Ponam et championnats d'Europe

En revanche, les épreuves Ponam, qui se déroulent dans les trois disciplines olympiques (concours de saut d'obstacles, concours complet, dressage), sont réservées exclusivement aux enfants âgés de 12 à 16 ans et aux poneys à papiers. Un nombre croissant de poney-clubs ont des poneys à papiers mais avec des capacités physiques moyennes, même bien entraînés. Les poneys de Grand Prix coûtent cher. À haut niveau, il faut être propriétaire de son poney ou bien trouver un arrangement avec un éleveur. En épreuves Ponam, le règlement est le même que celui de la Fédération équestre internationale. On privilégie la performance. C'est dans le circuit Grand Prix Ponam que sont recrutés les 15 participants français aux championnats d'Europe (cinq par discipline olympique), dont les épreuves se situent à un seul niveau, le plus élevé.

Des épreuves ludiques

En plus des trois disciplines olympiques, les organisateurs des concours Club en France offrent les

Le ski tracté, une nouvelle discipline

Les fous de glisse et d'attelage peuvent pratiquer le ski tracté, ou ski-joering. Les enfants des ski-clubs débuteront cette discipline dès l'âge de 8 ans, les autres devront attendre 2 à 4 ans de plus. Actuellement, seuls les adultes et les adolescents participent aux épreuves sportives, mais les enfants ne devraient pas tarder à assurer la relève. Les premiers championnats de France se sont déroulés en 2002 sur neige, sur herbe et sur sable mouillé.

Le jeu des cinq drapeaux,
en pony-games,
demande de la dextérité
et de la rapidité
au couple poney-enfant.

Catégories :
Les épreuves club et Ponam sont identifiées par une cote, tel **A3** où **A** indique la taille du poney et **3** un niveau très facile.
A : poney de moins de 1,07 m (cavalier de 12 ans maximum)
B : poney de 1,08 à 1,30 m (cavalier de 14 ans maximum)
C : poney de 1,31 à 1,40 m (cavalier de 16 ans maximum)
D : poney de 1,41 à 1,48 m (cavalier de 18 ans maximum)
E : poney de 1,49 m et plus

Niveau :
1 : technique
2 : facile
3 : très facile

de 10 minutes, séparées par un mi-temps d'au moins 3 minutes. Les épreuves d'attelage sont ouvertes aux jeunes meneurs dès l'âge de 10 ans : un petit poney – un shetland jusqu'à l'âge de 12 ans – est certes moins rapide, mais il est plus facile à mener. L'endurance à poney s'effectue sur une boucle de 10 km (catégorie A et B), de 20 km (B, C et D) ou de 30 km (B, C et D), avec un contrôle au milieu. En Trec, sur le parcours en terrain varié, l'enfant rencontre des obstacles à option, en fonction de la taille de son poney. Quand un grand nombre de poneys participent à l'épreuve, la vitesse minimale de 7 km/h passe à 6 km/h. L'équi-fun est plus proche du Trec que des pony-games. Les participants doivent surmonter des difficultés dans un grand terrain. Le carrousel des clubs laisse place à la créativité, seuls la qualité des costumes et le choix de la musique étant jugés. En hunter, la qualité de la prestation prévaut sur la rapidité…

pony-games, l'équi-fun, le carrousel, le polo, le horse-ball, la voltige, le Trec, le hunter, l'attelage, l'endurance… Ces disciplines mettent les jeunes cavaliers plus rapidement en confiance que l'équitation classique, notamment par leur dimension ludique. En compétition de voltige de niveau 3, la majorité des épreuves à poney se déroulent au pas avec un seul voltigeur sur les dos du poney. Au galop, on lui demande juste de lâcher les rênes. Au horse-ball à poney, terrain et ballon sont plus petits et le mi-temps plus court qu'au horse-ball à cheval. Démarrages, demi-tours, arrêts, accélérations, interceptions, contre-attaques rythment les matchs et enthousiasment les joueurs. Le polo se décline, dans sa version poney, avec trois cavaliers par équipes. Peu de poney-clubs pratiquent cette discipline. Le jeu se déroule en deux périodes

En concours complet,
le passage du gué est
le plus spectaculaire.
La petite taille du poney
minimise les frayeurs de
son cavalier.

La haute école

L'ÉQUITATION ACADÉMIQUE COMPREND LA BASSE ÉCOLE (TOUTES LES ALLURES NATURELLES) ET LA HAUTE ÉCOLE. DANS CELLE-CI, LES ALLURES SONT STYLISÉES ET CONDUISENT À DES AIRS CLASSIQUES (PIAFFER, PASSAGE, CHANGEMENTS DE PIED AU TEMPS, PIROUETTE) ; LES SAUTS NATURELS DU CHEVAL SONT ÉGALEMENT STYLISÉS ET SONT APPELÉS AIRS RELEVÉS. L'ORIGINE DE CET ART ÉQUESTRE REMONTE À LA RENAISSANCE ITALIENNE.

La naissance d'une véritable équitation

Durant tout le Moyen Âge, l'équitation pratiquée par les chevaliers – les seuls, ou presque, à disposer de chevaux – était pour le moins simpliste, sommaire. Car leurs montures bardées de plaques de fer, chargées d'un homme lourdement armé et engoncé dans une pesante armure, portaient de tels poids qu'elles ne pouvaient être très manœuvrables. Aussi un chevalier se contentait-il le plus souvent de piquer pour avancer et de tendre les rênes pour ralentir et arrêter, faute de pouvoir faire mieux. Mais, à la fin du XVe siècle, tout changea avec l'apparition de l'arquebuse, ancêtre du fusil.

Jusqu'alors, le chevalier avait ignoré les flèches et les carreaux d'arbalète, dont sa carapace métallique le protégeait parfaitement. Mais il fut bien obligé de prendre en compte les balles d'arquebuse, qui perforaient son armure, et pouvaient le blesser ou le tuer. L'usage des armes à feu s'étant assez rapidement généralisé, il constata que sa protection métallique était devenue inutile et il finit par la mettre au rebut, tout comme celle de sa monture. Il se trouva alors dans l'obligation d'apprendre à tirer parti des capacités manœuvrières de son cheval, pour éviter les coups ou s'esquiver.

C'est en premier lieu dans l'Italie de la Renaissance que des hommes de bon sens commencèrent à éduquer des chevaux, dans le but principal d'en faire des montures performantes au combat. Les principaux furent Fiaschi, Grisone et Pignatelli. Presque tous publièrent des traités de dressage, de soins aux chevaux, de harnachement, d'hippologie, etc. Et ils firent des émules, en Allemagne avec Löhneysen, en Angleterre avec Newcastle, en France avec La Broue et Pluvinel – ces deux derniers, selon un de leurs contemporains, « peuplant leur pays d'écuyers ». À la fin du XVIe siècle, partout en Europe s'étaient ouvertes des académies fort fréquentées, car l'équitation d'école faisait partie intégrante de l'éducation d'un homme de qualité.

L'équitation qui deviendra « classique » était pratiquée par les gentilshommes de la Renaissance soucieux d'avoir une monture rompue aux dernières règles de l'art militaire.

L'équitation académique

Cette équitation d'école, ou encore équitation académique, qui fut appelée plus tard équitation classique, adoptait des règles précises. La position du « bel homme de cheval » était presque celle préconisée par Xénophon – qui ignorait l'étrier – deux mille ans plus tôt. Le cavalier devait être « droit de même que quand il est sur ses pieds, l'estomac avancé avec un petit creux près de la ceinture, les genoux serrés, les jarrets tendus et les talons tournés en dehors » (à cause des éperons). Il travaillait son cheval en pratiquant des figures de manège destinées à l'assouplir et à développer sa maniabilité. Selon les écuyers de l'époque, qui jugeaient que l'équitation est un art devant tout au savoir-faire de l'homme de cheval, c'est ainsi positionné en selle que le cavalier faisait évoluer sa monture, avec légèreté, précision et élégance. Les maîtres français ont fait du XVIIe siècle le siècle-clé en matière d'équitation. Ils cherchaient à dominer physiquement et psychiquement le cheval, donc à rationaliser l'équitation, qui avait été jusque-là presque uniquement instinctive. Mais, comme le cheval était toujours avant tout un instrument de guerre, ils se sont très vite appliqués à le mettre aux airs relevés, dans le but de permettre aux hommes de guerre d'esquiver les coups sur le champ de bataille, avec la levade par exemple, ou de se débarrasser des fantassins, avec la croupade ou la ballottade. Cependant, il est plus que douteux que ces airs aient été souvent utilisés dans les combats, car rares étaient ceux possédant le talent et le cheval nécessaires pour les exécuter. En fait, ces sauts d'école prouvaient la maîtrise des forces et de l'équilibre du cheval, aboutissement de l'équitation académique codifiée par Antoine de Pluvinel dans son livre *L'Instruction du Roy.*

Les carrousels

Au tout début du XVIIe siècle, après que le pape, puis le roi eurent interdit les tournois, l'équitation académique trouva une expression à sa mesure dans les carrousels. Ces spectacles équestres en musique connurent leur période la plus faste sous le règne de Louis XIV. Ils étaient la preuve que l'équitation était devenue un art, mais un art de cour complètement confiné au manège, ne cherchant plus d'autre fin qu'en lui-même.
En 1680, la construction du château de Versailles s'achevait. Louis XIV, aussi grand chasseur et homme de cheval que son père, voulut alors que sa cavalerie soit proche de lui et digne de sa grandeur. Il l'installa dans la grande et la petite écurie. S'y ajoutèrent l'école des pages (formation des écuyers) et le « manège de Versailles ». Cette institution eut sans cesse à sa tête des écuyers de grande valeur, tels que Duverneuil du Plessis, Antoine de Vendeuil, Gaspard Saunier, Nestier, les frères d'Abzac et bien d'autres. Elle acquit au cours des XVIIe et XVIIIe siècles une réputation incomparable, symbole du rayonnement de l'équitation française à cette époque.

Prémices de l'équitation moderne

Sous la Révolution, après que les nobles s'occupant du manège de Versailles eurent émigré, l'institution fut confiée à leurs subordonnés, piqueurs (ayant en charge la cavalerie) ou sous-officiers de carrière. L'instruction de l'équitation académique s'est alors interrompue en France, tout en continuant à l'étranger. Elle a repris à Saumur à la Restauration, comme l'indique le nom alors porté par les premiers écuyers civils : le manège académique de Saumur. En même temps, se développait un courant dénommé « anglomanie » (achat de pur-sang anglais, monte en selle anglaise...) qui se caractérisait par le goût pour l'équitation d'extérieur, à l'origine de l'équitation sportive moderne et préconisée par le comte d'Aure. Car une fois la tourmente de la Révolution et de l'Empire passée, le XIXe siècle équestre fut dominé par l'opposition de deux maîtres talentueux, d'Aure et Baucher, qui ont rédigé, entre autres, *Cours d'équitation,* pour le premier, et *Méthode d'équitation basée sur de nouveaux principes,* pour le second. D'Aure (1799-1863), étourdissant cavalier d'extérieur dédaignant un peu le manège, assurait : « L'art doit être appliqué à régulariser les allures, à posséder le cheval tout en lui laissant son énergie naturelle et en l'aidant à développer presque de lui-même les qualités qui lui sont propres. » Baucher (1796-1873),

La croupade selon le Cadre noir de Saumur : le cheval détache une ruade énergique des deux postérieurs.

François de La Guérinière

François Robichon de La Guérinière (1688-1751), véritable chef d'école, n'appartint jamais au prestigieux manège de Versailles. Il a ouvert une académie rue de Tournon à Paris, en 1715, puis dirigé jusqu'à sa mort le manège royal des Tuileries (où avait enseigné Pluvinel).
Il a partagé sa vie entre la direction de ces manèges, où il donnait un enseignement pratique, et la rédaction de deux ouvrages, *l'École de cavalerie,* aujourd'hui encore considérée comme « la bible équestre », et *Éléments de cavalerie.* La Guérinière est reconnu comme le « père de l'équitation française ».

époustouflant écuyer de cirque, a été décrit par un de ses élèves, le général L'Hotte – qui eut aussi d'Aure pour maître –, comme « le génie équestre le plus exceptionnel qui ait peut-être jamais existé ». Sa méthode consistait à vaincre les résistances du cheval, pour le dominer totalement.
En résumé, d'Aure privilégiait presque l'instinct et Baucher la méthode. Il n'est donc pas étonnant qu'ils se soient opposés, chacun cherchant à prouver que sa méthode était la meilleure. Leur élève commun, le général L'Hotte (1825-1904), a porté sur eux un jugement digne du roi Salomon : « Selon que l'on pratique l'équitation de campagne (d'extérieur) ou de manège, on donnera la préférence à la méthode d'Aure ou à celle de Baucher. »

L'école royale d'art équestre andalouse reprend le flambeau des grands écuyers espagnols.

Les grandes écoles

Le Cadre noir de Saumur a conservé les traditions de l'école française, notamment les sauts d'école. Son origine remonte à la création en 1815 d'un manège académique au sein de l'École de Saumur, école vouée à l'instruction des troupes à cheval. Vêtus de leur uniforme noir, coiffés du célèbre bicorne, les écuyers, maîtres et sous-maîtres du Cadre noir ont assumé, pendant plus de 150 ans, la formation équestre des officiers de cavalerie. Depuis 1972, ils poursuivent leurs missions traditionnelles au sein de l'École nationale d'équitation (ENE). Les écuyers évoluent dans les reprises de manège et celles des sauteurs en liberté (montures tenues en main, effectuant des sauts d'école), reprises complétées aujourd'hui par des présentations individuelles montées et à la main.
Autre temple de l'équitation en Europe : l'École espagnole de Vienne, en Autriche. Fondée en 1729, elle a pour but la conservation de l'art équestre selon l'enseignement des maîtres du XVIIIe siècle, sa référence première étant François de La Guérinière. Les écuyers de l'École ne montent que des étalons lipizzans blancs, produits aux haras de Lipica près de Trieste et de Piber en Styrie (Autriche). Ces animaux sont les descendants de chevaux andalous importés entre le XVIe siècle et la Première Guerre mondiale (d'où le nom de l'école). Leur dressage se fait selon les principes anciens, d'abord à la longe, puis aux longues rênes, enfin « aux piliers », les chevaux étant enrênés entre deux poteaux au centre du manège. Le travail « aux piliers » fait d'ailleurs partie des démonstrations publiques. D'autres écoles européennes sont

Les « airs relevés » portent des noms de sauts d'école apparus sous la Renaissance, mais leur style a évolué et ne correspond plus toujours aux définitions de La Guérinière.

À l'École espagnole de Vienne cohabitent à la fois tradition historique, respect de l'équitation académique et montures « d'époque », des lipizzans identiques à leurs ancêtres, déjà élevés pour cette même école.

moins connues mais non moins actives. À Carabanchel, près de Madrid, l'École d'application de cavalerie et d'équitation pratique toutes les formes d'activités équestres et détient le record du monde du saut en longueur (8,30 m). En Espagne, à Jerez, l'École royale andalouse a rouvert ses portes au milieu des années 1970, à l'initiative de l'illustre écuyer espagnol Don Alvaro Domecq Romero.
Héritier des fameuses écoles italiennes de Pinerolo et de Tor di Quinto, où enseigna Caprilli, inventeur de la monte moderne sur l'obstacle, le Cercle pré-olympique militaire italien prépare les officiers aux compétitions internationales. C'est là que furent formés les célèbres frères d'Inzeo.

Le conservatoire des « airs relevés »

Selon le général Decarpentry, la pratique des sauts d'école à l'École espagnole de Vienne est entièrement conforme aux définitions données en 1778 par Montfaucon de Rogles :
- la pesade (ou encore levade) est un ployé sur les hanches, avant-main relevée et antérieurs repliés, le cheval restant immobile comme un chien faisant le beau ;
- le mézaïr est une pesade rapide, à la suite de laquelle le cheval repose ses antérieurs, pour revenir immédiatement à la pesade ;
- la courbette consiste en une série de petits bonds en position de pesade, sans que l'avant-main ne revienne au sol (la courbette de Saumur est une pesade haute) ;
- la croupade est un saut sur place, postérieurs et antérieurs ramenés sous le corps ;
- la ballottade est le même saut que le précédent, dans lequel le cheval tient ses postérieurs comme s'il était prêt à ruer (la ballottade classique, comme la croupade classique, ne sont plus présentées) ;
- la cabriole est un saut où le cheval bondit en l'air en détachant une ruade des deux postérieurs.

croupade Saumur

levade

pesade haute

courbette Saumur

LE POLO

LA NAISSANCE DU POLO REMONTE À LA NUIT DES TEMPS ET SON ORIGINE DEMEURE UN PEU MYSTÉRIEUSE. IL SEMBLE ACQUIS QUE L'ON JOUAIT DÉJÀ AU *PULU* EN PERSE VOICI QUELQUE 2 700 ANS. LE POÈTE PERSAN FERDOWSI (Xe SIÈCLE APR. J.-C.) SITUE EN EFFET EN L'AN 700 AV. J.-C. LE RÉCIT D'UN MATCH DE POLO OPPOSANT SEPT CAVALIERS IRANIENS À SEPT CAVALIERS TURCS.

UN SPORT DES PLUS ANCIENS

Certains écrits attribuent sinon la paternité de ce sport, du moins son développement, à l'Arabie et à son légendaire calife Haroun al-Rachid (766-809 av. J.-C.), un des personnages des célèbres *Mille et Une Nuits*.

On dit par ailleurs qu'Alexandre le Grand introduisit ce jeu aux Indes, même si certains prétendent au contraire que ce sont les Chinois qui l'amenèrent dans ce qui allait être, durant des millénaires, son principal fief. Car certains spécialistes pensent que le jeu tire son origine de chasses pratiquées au Tibet. Au cours de celles-ci, le gibier était poursuivi à cheval et abattu avec un long bâton. En été, lorsqu'il n'y avait plus d'animaux à chasser, les cavaliers remplaçaient leurs proies par une balle de racines recouverte d'une peau d'animal. Le mot tibétain *pulu* désigne la racine dans laquelle était taillée la balle. Décrit souvent comme « le sport des rois... et le roi des sports », le polo est sans doute aussi l'un des sports les plus anciens encore pratiqués de nos jours.

DE L'INDE À L'ARGENTINE

En 1859 fut créé le premier club de polo dans l'État indien de Manipur. On y jouait, depuis des siècles, avec de petits poneys manipuri, qui toisaient à peine 1,20 m. Avec le retour au pays des régiments d'élite, tels le 9e lanciers, le polo gagna l'Angleterre. Il se jouait alors encore à huit ou neuf joueurs par équipe. Des chevaux plus rapides permirent de limiter ce nombre à quatre et ainsi d'augmenter le nombre des équipes. En 1869 furent publiées les premières règles du jeu, et l'année suivante fut disputé, toujours en Angleterre, le premier tournoi public européen de polo.

Puis New York inaugure en 1876 le premier terrain de polo couvert. L'Amérique du Sud, et notamment l'Argentine, découvre elle aussi ce sport. À la même époque, sous l'impulsion de Britanniques en villégiature, le polo entame en France sa conquête de l'Europe continentale.

Grâce à la qualité et au dressage des poneys argentins, les criollos, et au talent de ses officiers et de ses joueurs, l'Argentine allait devenir la nation n° 1 au monde dès le début du XXe siècle, ainsi que le premier producteur de poneys. Ces montures n'ont aujourd'hui plus de poney que le nom puisque leur taille est passée de 1,30 m environ à 1,52 m. Toutefois, chez les spécialistes, le terme de « poney » demeure. La monture de polo idéale est le résultat d'un croisement entre le criollo

Règles du jeu.
Vu les risques de collision à grande vitesse, les charges ne sont autorisées que selon des règles bien précises. Bousculer un adversaire sous un angle dangereux, l'intimider, le prendre « en sandwich », couper le passage d'un adversaire qui poursuit la balle, tout cela est interdit.

argentin et le pur-sang anglais. Elle ne dépasse pas 1,55 m au garrot, elle a une encolure bien attachée, le rein court, des jarrets impeccables, des membres et des sabots bien solides.

Son dressage doit la rendre très équilibrée, maniable et « explosive ». Le criollo ne craint pas le contact avec les autres chevaux ni la « lutte ». Il sait même anticiper l'ordre de son cavalier et « joue » avec la balle et avec les autres chevaux. Le dressage doit permettre de maintenir une cadence lente rênes longues, de diriger au moyen de la rêne contraire (l'autre main du cavalier est prise par le maillet...) ou d'obtenir arrêts et demi-tours immédiats.

Pour entretenir et parfaire la musculation et la souplesse du poney, le travail au petit galop, rênes longues, avec de constants changements de direction et de rythme, est indiqué. On fait également de longues promenades au trot ou même au pas (excellent pour le souffle !).

En Argentine, le polo, avec quelque 5 000 joueurs, plus de la moitié des ténors mondiaux, et des dizaines de milliers de supporters, reste, à l'aube du 3e millénaire, un sport national très important, juste derrière le football.

Éviter le jeu dangereux

Les notions de puissance, de vitesse et surtout de contact, propres au polo, induisent aussi le danger. Le polo est un jeu très rapide et c'est pour cela que des règles très subtiles ont été instituées, qui ont pour but d'éviter tout jeu dangereux. Deux arbitres à cheval surveillent la régularité du jeu et un troisième, dont la décision est sans appel, se trouve en dehors du terrain. Les arbitres peuvent infliger des pénalités, sortes de coups francs (balles arrêtées), qui sont frappées de 27, 36 ou 54 m, du milieu du terrain ou à l'endroit de la faute.

L'équipement

Le cheval est assez caparaçonné et le joueur porte obligatoirement un casque, des gants, des bottes ainsi que des genouillères. Son maillet en canne de jonc frappe une balle d'un diamètre de 7,5 à 8,5 cm et d'un poids de 130 g. Le pantalon blanc, le « polo » aux couleurs de l'équipe et les bottes brunes (ou fauves) font partie de l'équipement classique. Cravache et éperons sans molette sont autorisés. Les gauchers ne sont guère tolérés, ils doivent jouer comme des droitiers. On monte beaucoup assis dans la selle, les étriers longs.

Pour éviter une trop grande disparité entre les équipes, chaque joueur se voit affecter une valeur située entre -2 (débutant) et +10 (meilleurs joueurs du monde). Le handicap d'une équipe est égal à la somme des handicaps des quatre joueurs qui la forment. En tournoi, il est tenu compte de l'éventuel écart de niveau en accordant à l'équipe la plus faible le nombre de buts correspondant à la différence des handicaps des deux formations.

Les chevaux de polo ont la crinière rasée et la queue tressée pour ne pas gêner le mouvement du maillet. Des bandes de flanelle sont appliquées sur les membres afin de les protéger contre les balles et les éventuels coups de maillet.

Sport ou jeu ?

Pour rendre la pratique de ce sport plus accessible, moins coûteuse, on a inventé quelques « dérivés ». En Europe, on joue beaucoup au *paddock-polo*, sur un terrain plus petit (115 m x 55 m), avec trois joueurs par équipe et une grosse balle en caoutchouc de 12,5 cm de diamètre. En manège, on parle aussi d'*indoor-polo*. Le *junior-polo* se pratique avec de petits poneys type A et B. En Australie, on pratique le *polo-cross*, avec une balle en caoutchouc et des raquettes à long manche. Jeu ou sport ? Le polo est les deux à la fois.

Données techniques

Le polo se pratique sur un terrain de gazon d'une longueur de 275 m au maximum et d'une largeur de 145 m, comportant un but à chaque extrémité, haut de 3,10 m ; la distance séparant les deux poteaux est de 7,45 m. Le jeu consiste à faire passer la balle entre les poteaux du camp adverse, à n'importe quelle hauteur. On change de côté après chaque but.

Les deux équipes sont composées de quatre cavaliers (les avants portent en principe les numéros 1 et 2, le centre le numéro 3, l'arrière le numéro 4).

La partie se joue traditionnellement en huit reprises *(chukkas)*, mais la tendance actuelle est de limiter le match à quatre, cinq ou six périodes de 7 min 30 s chacune, séparées par une pause de 3 min durant laquelle les joueurs changent de monture. On arrête le jeu si un cheval tombe ou boite, si le harnachement se défait ou si un joueur perd son casque, et si la balle sort, évidemment.

LE MONDE DES COURSES

CHAQUE SOIR DES CHEVAUX GALOPENT, TROTTENT OU SAUTENT DES HAIES SUR LES ÉCRANS DE TÉLÉVISION. MONTÉS PAR DES JOCKEYS OU MENÉS PAR DES DRIVERS, ILS PASSENT LA LIGNE D'ARRIVÉE D'UN GRAND PRIX ENTRE LES INFORMATIONS ET LA MÉTÉOROLOGIE. MAIS CE BREF RÉSUMÉ NE PEUT À LUI SEUL REPRÉSENTER TOUTE LA COMPLEXITÉ DU MONDE DES COURSES.

LE CHEVAL ET LA COURSE

Rares sont les hommes qui ne s'intéressent pas à la compétition sous une forme ou une autre. Aussi peut-on imaginer, sans risque d'erreur, que les tout premiers cavaliers se sont mesurés dans des courses. Pour montrer et se prouver à eux-mêmes l'adresse qui était la leur à cheval. Pour le plaisir ! Pour la gloire ! Mais, en confrontant leur monture à celles d'autres cavaliers, ils pouvaient aussi juger de sa puissance et de sa rapidité, donc des atouts dont ils allaient disposer à la chasse ou au combat. Les courses étaient alors à la fois ludiques et utilitaires, comme elles devaient le rester jusqu'à nos jours.

Les Grecs, mais surtout les Romains, ont été les premiers à véritablement organiser des courses, dans l'arène des cirques. Les courses montées – sans obstacles à sauter, les étriers n'existant pas à l'époque – étaient moins attrayantes que celles de chars. Aussi à Rome faisait-on alterner courses de char et courses montées, en corsant ces dernières pour les rendre plus spectaculaires. Acrobates équestres, les *desultores* se mesuraient en pratiquant presque ce que l'on nomme aujourd'hui la poste hongroise. Dans des courses nocturnes par relais, les cavaliers galopaient en brandissant un flambeau, qu'ils devaient transmettre à un équipier. Mais, dans tous les cas, les chevaux étaient choisis en fonction de leur âge et du service auquel ils étaient affectés (combat, chasse, poste, etc.). Ces compétitions étaient donc avant tout des spectacles, mais avaient aussi toujours un rôle de sélection plus ou moins officiel des montures.

Après l'effondrement de l'Empire romain, les courses de vitesse n'ont plus eu lieu pendant bien des siècles qu'occasionnellement, pour ne pas dire accidentellement. Sauf peut-être en Angleterre, où dès la fin du Moyen Âge se pratiquaient déjà les courses « de clocher à clocher » (*point to point*, en anglais), d'un village à un autre. Au cours de ces confrontations, pour atteindre leur but les cavaliers choisissaient le chemin qui leur semblait le meilleur, en fonction des aptitudes de leur cheval (rapide, ou bon sauteur, ou sûr de pied, ou aimant l'eau, ou bon grimpeur, etc.). Ces courses étaient disputées par des nobles qui, tout en s'amusant, sélectionnaient les bons chevaux dont ils avaient besoin pour guerroyer ou pour

Ce tableau célèbre de Géricault, *Course de chevaux à Epsom* (détail), illustre bien l'importance que ce sport avait acquis au XIXe siècle, en Angleterre puis en France.

voyager. Et ces cavaliers étaient observés de près – et leurs montures peut-être plus encore – par leurs vassaux, qui pariaient peut-être déjà sur un hypothétique gagnant...

La naissance d'une race

Au XVIe siècle, toujours en Angleterre, le roi Edouard VIII décida d'organiser la production de chevaux. Il favorisa l'importation de sujets orientaux et espagnols, ainsi que la mise en place de haras. Pour encourager la production et la sélection de chevaux rapides et résistants, il dota de prix somptueux certaines courses traditionnelles à travers le pays. Sous le règne de Jacques Ier, au début du XVIIe siècle, le premier hippodrome fut ouvert à Newmarket et les compétitions furent pour la première fois codifiées. Un peu plus tard, le puritain Cromwell interdit les courses dans un premier temps, mais les rétablit très rapidement en constatant qu'il venait de se priver d'un irremplaçable moyen de sélection, pour la remonte de ses armées ! À la Restauration, Charles II poursuivit la politique de ses prédécesseurs. Il fit acheter des chevaux orientaux, qui, avec quelques-unes des meilleures poulinières de course locales, allaient constituer la base de la race pur-sang.
La nouvelle race n'était pas telle que nous la connaissons aujourd'hui, puisqu'en 1817 les pur-sang ne toisaient guère plus de 1,50 m, certains, rares, atteignant cependant 1,60 m, taille encore assez modeste. On faisait se mesurer ces animaux sur des distances longues, puisque certaines épreuves se disputaient sur plus de 6 000 m (contre un peu plus de 3 000 m seulement de nos jours, en moyenne). En ce début du XIXe siècle, les courses étaient encore un moyen de mettre en évidence des sujets rapides et relativement endurants, des chevaux aptes à des services variés et divers : guerre, transport, chasse...

Des épreuves sur mesure

Des méthodes de sélection de plus en plus pointues, une alimentation et une hygiène de plus en plus soignées, ainsi qu'un entraînement sérieusement pensé, ont permis au fil du temps d'améliorer les qualités de base du pur-sang, mais, bien évidemment, au détriment de la rusticité. Sa taille et son gabarit ont progressivement augmenté, tout comme sa vitesse. Aujourd'hui, il galope à près de 58 km/h, mais sur de très courtes distances. Un raccourcissement des distances fort apprécié pour la bonne raison que, de tout temps, et maintenant plus que jamais, les courses ont incité à engager des paris. Plus une épreuve est brève, plus vite on en connaît le résultat. Plus les courses sont nombreuses, plus souvent on peut parier. Et, plus souvent on parie, plus on laisse d'argent dans les poches des bookmakers ou du PMU, sans parler de celles de l'État... De l'épreuve de sélection qu'elle était à l'origine, la course hippique est devenue, petit à petit, une simple mais grasse affaire d'argent.
Partie d'Angleterre, la vogue des courses de galop (et des paris) s'est rapidement répandue sur toute la planète, tout d'abord parce que le pur-sang a très vite été donné comme étant la race « supérieure ». En conséquence, tous les grands de ce monde ont tenu à avoir des pur-sang dans leurs écuries, pour les faire courir... et gagner ! Pour leur fierté et leur prestige de propriétaire ! Pour la gloire ! Et puis, parce que les sommes d'argent pariées sur les chevaux ont très vite été si importantes que les courses hippiques sont devenues une véritable industrie, faisant tout pour s'implanter là où se trouvaient des parieurs potentiels, à Buenos-Aires comme à Panamá, aux États-Unis comme en Espagne, à Melbourne comme à Hongkong. Des parieurs qui, de plus en plus, ne retiennent que le numéro des animaux, en oubliant leur nom, soucieux qu'ils sont de jouer. De jouer... seulement pour gagner.

Les courses d'obstacles

D'apparition tardive, les courses d'obstacles sont en faveur dans un bon nombre de pays. Il leur a cependant fallu un certain temps pour attirer les foules. En France, la Société générale de steeple-chase est née en 1863, à l'initiative de quelques

La tenue du jockey a très peu varié depuis deux siècles, répondant toujours à deux exigences, légèreté pour ne pas entraver la vitesse du cheval et visibilité pour qu'on reconnaisse de loin les couleurs du propriétaire.

Les paris

Plusieurs formes de pari existent. Le plus souvent, ils sont collectés et répartis – moyennant un pourcentage – par des bookmakers. En France, le Pari mutuel est une organisation créée en 1891 pour gérer les paris sur les champs de course. Les sommes jouées dans les différents bureaux répartis sur l'hippodrome sont centralisées dès le départ d'une course, de manière à calculer les rapports et à verser rapidement leurs gains aux parieurs avisés. Avant cette répartition, un pourcentage allant de 14 à 20 % est prélevé sur la masse des enjeux. Une bonne part de ce prélèvement va à l'État. Une autre est destinée à couvrir les frais engagés par le Pari mutuel pour collecter les mises. Une troisième va aux sociétés de course pour leur permettre de doter les épreuves. Enfin, une quatrième part est destinée aux haras nationaux pour « l'amélioration des races chevalines » autres que le pur-sang.
Le Pari mutuel urbain, le célèbre PMU, a été créé par une loi de 1930. Le but de cet organisme est de collecter, au niveau national, les sommes de ceux qui ne vont pas sur les champs de courses et jouent dans les bureaux urbains.

Les obstacles de steeple sont très impressionnants par leur largeur comme par leur hauteur, même si les chevaux broussent le plus souvent les haies.

passionnés de chasse à courre. Après des débuts difficiles, les courses d'obstacles ont fini par devenir populaires, au point d'être dotées de prix aussi importants que celles de plat. Le « grand steeple-chase de Paris », qui se dispute chaque année à Auteuil, est jalonné d'obstacles impressionnants, mais qui ne sont cependant rien à côté de ceux hérissant le « grand national de Liverpool », en Angleterre, considéré comme une des épreuves les plus dangereuses du monde. Ce danger vaut aux courses d'obstacles d'avoir toujours leurs détracteurs, considérant que, dans ces épreuves, il s'agit moins de sport et de course que de spectacles malsains, en raison des chutes attendues par une part du public. À quoi les amateurs de ce genre de compétitions rétorquent qu'elles ont le mérite de mettre en valeur des chevaux à la fois puissants et rapides. Ce qui est vrai, mais n'était utile qu'en tant que moyen de sélectionner des chevaux dans le but de les affecter à un service indispensable... avant la motorisation. Il faut admettre que les courses n'ont plus désormais comme but que leur propre développement.

LES COURSES DE TROT

En Angleterre, les courses de trot attelé sont connues depuis le milieu du XVIIIe siècle. Mais elles ne devinrent jamais populaires dans ce pays,

Les courses de trot attelé sont spectaculaires grâce, notamment, à la puissance dégagée par les chevaux semblant voler devant les sulkys.

bien qu'à une certaine époque elles aient fort amusé les aristocrates. En France, le trot attelé est apparu brutalement en 1836, le jour de l'ouverture de l'hippodrome de Cherbourg, grâce aux efforts d'un inspecteur général des Haras nationaux, Ephrem Houel. Ce genre d'épreuve obtint immédiatement un franc succès, prélude à un développement aussi rapide qu'inattendu. Après la mode anglaise des courses de galop, la mode française des courses de trot essaima de par le monde, mais ne fit des adeptes que dans un nombre assez limité de pays. Curieusement, partout où les courses de trot sont à l'honneur, il n'est question que de trot attelé, sauf en France où des trotteurs disputent des épreuves montées, principalement sur trois hippodromes spécialisés : Vincennes, Enghien, Cagnes-sur-Mer. Les États-Unis ont aussi leur spécialité en matière de trot, puisque, cas unique dans le monde, la majeure partie des trotteurs y sont mis à l'amble, allure assez rare naturellement chez le cheval.

Les courses sur neige

L'hiver venu, aux mois de janvier et de février, on pratique plusieurs disciplines équestres en Suisse sur le lac gelé de Saint-Moritz et aux alentours : du saut d'obstacles, du polo, avec la Coupe du monde sur neige, et des courses de plat, de trot et de *skijöring* (cheval tirant un skieur). La Suisse est le seul pays au monde où se déroulent de vraies courses sur neige. Les premières courses organisées sur le lac gelé de Saint-Moritz le furent en 1907. Depuis, une autre station grisonne, Arosa, propose le même spectacle mais de façon plus intermittente, son lac n'étant pas toujours suffisamment gelé en janvier. À Saint-Moritz, l'hippodrome blanc accueille trois réunions, généralement les trois premiers dimanches de février. La manifestation est baptisée *White Turf*. D'excellents galopeurs et trotteurs y viennent, de Suisse et même de l'étranger.

Une couche de glace de 30 cm suffit pour supporter l'infrastructure mise en place sur le lac : un anneau, des tribunes, des restaurants et des bars, une centaine de chevaux, 5 à 10 000 spectateurs et le parc à voitures ! L'épaisseur de la glace, souvent de 60 cm à cette saison, garantit une sécurité absolue à la manifestation. Une couche de neige tassée de quelque 15 cm recouvre ensuite la glace. La préparation de cet hippodrome... particulier dure deux bonnes semaines.

Course sur neige.
Pour pouvoir galoper sans glisser et pour que la poudreuse ne colle pas sous les sabots, les chevaux sont munis de fers à crampons et de plaques de cuir ou d'anneaux en plastique *(huf grips)* servant à évacuer la neige.

Dans ce décor de neige et de rêve, le *skijöring* constitue l'une des grandes originalités et attractions des réunions de courses de Saint-Moritz et Arosa. Le mot *skijöring* vient du norvégien, il signifie littéralement « conduite à la ficelle ». Le skieur est effectivement tiré par un pur-sang « nu », sans cavalier. Le cheval est harnaché en « longues rênes » avec un « tablier » derrière la croupe pour éviter que les projections de neige et de glace n'aveuglent le « meneur ». Se retrouver sur des skis, à plus de 50 km/h, entouré d'une dizaine d'autres chevaux lancés à grande vitesse, c'est plutôt impressionnant et grisant. L'idéal est d'être, à l'image du champion suisse Duri Casty, professeur de ski et cavalier émérite.

Les courses célèbres

Les courses de plat ont de grands rendez-vous : prix de Diane pour les pouliches et prix du Jockey-Club pour les poulains à Chantilly, prix de l'Arc-de-Triomphe à Longchamp en France ; 2 000 Guinées à Newmarket, King George VI et Queen Elizabeth Stakes à Ascot en Angleterre.

Les courses de trot européennes les plus connues sont françaises et courues à Vincennes. Courses attelées, prix du Président-de-la-République pour les 4 ans et prix d'Amérique pour tous chevaux ; course montée, prix Cornulier.

Les grandes courses d'obstacles se déroulent en France à Auteuil : comme le Grand Steeple-Chase de Paris. En Grande-Bretagne, le Grand National de Liverpool est la plus connue, sans oublier le fameux Derby d'Epsom.

JBB

Le trot est une discipline plus récente, en course, que le galop. Les grands champions (comme Ténor de Baune, ici en pleine action) n'en sont pas pour autant des vedettes moins aimées.

LES SPECTACLES ÉQUESTRES

ANIMAL VÉRITABLEMENT MAGIQUE, LE CHEVAL EST DÉJÀ UN SPECTACLE EN LUI-MÊME. EN SONT LA PREUVE LES NOMBREUSES PERSONNES QUI REGARDENT DES WESTERNS POUR LE SEUL PLAISIR DE VOIR ÉVOLUER DES CHEVAUX. ET, DEPUIS DES SIÈCLES, IL EST BIEN D'AUTRES MANIFESTATIONS DONT LES CHEVAUX SONT LES ACTEURS QUI SUBJUGUENT LES FOULES.

CAVALCADES ET TOURNOIS

Dès que des hommes sont devenus cavaliers, sachant que leur monture attirait invariablement les regards, ils ont pris plaisir à la mettre en valeur et à montrer leur adresse à la maîtriser. Quatre siècles avant J.-C., le général grec Xénophon, dans son traité *l'Hipparque*, donnait déjà des instructions précises à ses troupes pour « l'organisation de cavalcades dans les fêtes publiques », dans le but « d'offrir un beau coup d'œil au sénat ». Pour impressionner sénateurs et spectateurs, il préconisait des évolutions au galop – l'allure de rêve ! –, permettant de montrer « tout ce que l'on peut faire à cheval ». Tout au long de l'histoire et jusqu'à une époque très récente, les guerriers à cheval de tous les pays devaient aussi chercher à mettre en évidence leur monture et leur savoir-faire.

Au Moyen Âge, les tournois n'étaient pas vraiment des spectacles équestres. D'abord parce que le but des chevaliers était de faire preuve de bravoure et d'adresse dans l'usage des armes, et non d'adresse équestre ; ensuite parce que leur monture, dissimulée sous une armure et un caparaçon, était à peine visible. Cependant, les juges d'un tournoi, qui auraient pu s'installer sur un confortable siège pour observer les joutes, officiaient à cheval...

DÉFILÉS ET CARROUSELS

Les hussards de Napoléon avaient beaucoup plus de succès auprès des dames que ses grenadiers. De même, dans les défilés, la cavalerie, surtout précé-

Les reconstitutions historiques de tournois par des cascadeurs confirment, par le succès qu'elles remportent, que le spectacle était bien fait pour enflammer le public.

dée d'une fanfare, déchaîne davantage l'enthousiasme des foules que les unités motorisées les plus performantes. Pour preuve, les applaudissements que déclenche régulièrement l'arrivée de la Garde républicaine sur les Champs-Élysées, à l'occasion du défilé du 14-Juillet. L'arme est bien désuète aujourd'hui, comparée aux chars d'assaut et aux avions à réaction. Mais le prestige du cheval demeure toujours intact.
Les carrousels, spectacles dont l'origine est militaire, mêlent d'élégantes évolutions à des exercices guerriers (voir « Les jeux traditionnels », p. 94). Hier, c'était la course à la bague ou le jeu du piquet. Aujourd'hui, c'est le ballet des cavaliers de la Police montée canadienne, brandissant leurs lances.

Les spectacles de vitesse

Autres manifestations drainant les foules : les courses. Dans l'Antiquité, les biges – attelages à deux chevaux de front – et surtout les quadriges – attelages à quatre chevaux de front – se mesuraient dans des arènes aux dimensions souvent impressionnantes : le Circus Maximus, à Rome, pouvait contenir 385 000 spectateurs ! Il y avait douze courses par jour, sous le règne d'Auguste, trente-quatre sous celui de Caligula et jusqu'à cent sous ceux des Flaviens ! Les épreuves s'étalaient du lever au coucher du soleil ! Et elles faisaient d'autant plus frémir l'assistance que les meneurs ne disposaient que de moyens rudimentaires pour guider leurs attelages. Autre course populaire, le Palio de Sienne en Italie, dont l'origine remonte à 1260. Tous les 2 juillet et 15 août, dix cavaliers, montant à cru et représentant les dix quartiers de la ville, disputent une course autour de la très exiguë Piazza del Campo. La victoire revient à celui qui le premier en accomplit trois fois le tour. La course est brève, mais son succès immense, en dépit – ou à cause ?... – des chutes, des chevaux et des cavaliers blessés... Les courses hippiques qui se déroulent quotidiennement sur les innombrables hippodromes de la planète, qu'elles soient de trot ou de galop, attirent des foules considérables. S'il est sûr que de nombreux turfistes se rendent sur le terrain pour constater immédiatement quels sont les gagnants, il est évident que de très nombreux spectateurs ne sont là que pour admirer l'évolution des chevaux.

Les présentations des gardes républicains, en France, comme celles des carabiniers en Italie ou de la Police montée canadienne, continuent à entretenir la tradition des défilés de cavalerie, toujours très prisés par le public.

Les courses de chars remplissaient les arènes de la Rome antique.

LE CHEVAL EN SCÈNE

LE RÔLE DU CHEVAL, DANS UN SPECTACLE DE SCÈNE, EST GÉNÉRALEMENT DE COLLABORER À UN SCÉNARIO. MAIS PARFOIS, PLUS QU'UN ACTEUR, IL DEVIENT L'ÂME MÊME DE LA REPRÉSENTATION. SANS LUI, PAS D'HISTOIRE, PAS DE SOUFFLE : IL EST ALORS À LA FOIS CRÉATURE ET CRÉATEUR ORIGINAL.

LES DÉBUTS DU CIRQUE

Lieu de spectacle s'il en est, le cirque tel que nous le connaissons n'est apparu qu'à la fin du XVIIIe siècle. Grâce au cheval ! Et d'abord pour lui. Dans les années 1760, en Angleterre, un sous-officier de dragons, Philippe Astley (1742-1814), venait de démissionner. Aidé de sa femme et de deux partenaires, il présenta alors des numéros de voltige dans un champ de la banlieue de Londres. Bientôt, cet excellent cavalier orienta son spectacle en tournant en dérision les exercices d'entraînement des troupes montées, en en faisant des pantomimes comiques. Son succès fut tel que, dès 1770, il ouvrit le premier cirque clôturé depuis l'Antiquité et, en 1780, le premier amphithéâtre couvert, dans Westminster Road, à Londres. Sa réputation parvint au roi George III, qui vint assister en personne à son spectacle, enrichi de numéros de clowns, de chiens savants et d'acrobates. Peu de temps après, l'écuyer anglais se produisit en France, où il ouvrit, en 1783, l'Amphithéâtre anglais, faubourg du Temple. Depuis cette époque, de nombreux autres cirques sont nés, ambulants pour la plupart.

La tradition du cirque « à l'ancienne » est toujours vivante grâce à Alexis Gruss, digne représentant d'une famille où le cheval est roi depuis plusieurs générations.

ÉCUYERS À PART ENTIÈRE

Pendant tout le XIXe siècle, le cirque demeura un spectacle essentiellement équestre, orienté dans trois directions : la haute école, l'acrobatie et la présentation en liberté. L'écuyer François Baucher (1796-1873) fut l'un des promoteurs de la première de ces trois disciplines, tout comme les membres de la famille Franconi et l'écuyer anglais James Fillis (1834-1913). Ces cavaliers d'exception furent très admirés, mais aussi sévèrement critiqués. Ils pratiquaient en effet une équitation basée sur les allures naturelles du cheval, comme en équitation académique – piaffer, passage, pas espagnol, etc. –, mais ils ajoutaient à cela des airs artificiels, totalement ignorés du cheval dans la nature, tels que galop en arrière ou sur trois jambes, ou galop en arrière sans rênes.

Le général L'Hotte, commandant à l'École de cavalerie à Saumur de 1875 à 1880 et grand admirateur de Baucher, écrit dans *Questions équestres* : « L'équitation de cirque, devant frapper les yeux des foules, est loin de demander que, dans le cours du travail, la position du cavalier demeure invariable et régulière. Si les mouvements du cavalier sont apparents et révèlent l'effort, ils n'en impressionnent que davantage le public, qui applaudit d'autant plus que ce qu'il voit lui semble plus difficile à obtenir. » On peut penser avec lui que l'équitation de cirque est, aujourd'hui comme hier, simplement une équitation différente, ayant ses buts propres, mais tout aussi estimable que n'importe quelle autre. Certains grands cavaliers l'ont parfaitement compris, tel le commandant de Novital, écuyer en chef à Saumur en 1841, qui invitait Laurent Franconi à monter son propre cheval de dressage, Ourphaly, lorsque le célèbre cavalier de cirque venait à passer chez lui.

L'acrobatie à cheval est, elle aussi, jalonnée de noms prestigieux, parmi les gens du voyage. Au XIXe siècle, les Anglais John Glenroy et James North inventèrent le saut de la mort à cheval. Leur compatriote Oren Davenport reprit ce dangereux saut périlleux, mais en l'accomplissant d'un cheval à un autre ! Après les Freidani, famille suisse travaillant au début du XXe siècle, personne n'est parvenu à égaler une de leurs performances, la « colonne à trois » sur un cheval au galop : un acrobate debout sur les épaules d'un autre, lui-même debout sur celle du cavalier.

UNE TRADITION VIVANTE

Les présentations en liberté d'un cheval, de deux, ou de toute une troupe, sont le résultat de patients dressages. Entre 1950 et 1990, en Allemagne, les Krone ne possédaient pas moins de cent sujets de races différentes ; quant à Frantz Althof, il faisait évoluer quarante chevaux ensemble sur la piste. Au Danemark, la cavalerie des Schuman attirait d'autant plus les foules qu'elle s'était rendue célèbre dans le monde entier. En France, dans les années 1970, Alexis Gruss était le plus connu des anciens grands écuyers de cirque. Il s'est éteint après avoir fondé une dynastie, comprenant ses fils, Alexis junior et Lucien, et sa fille Christine, qui transmettront leur savoir afin que perdure la formule du « cirque à l'ancienne », où les chevaux ont toujours une place de choix.

ZINGARO

Bartabas, chef de clan de cette troupe à l'esprit nomade et cosmopolite, fonde Zingaro en 1984 lors d'un festival théâtral à Bordeaux. Le spectacle qu'il présente alors est très proche du café-théâtre. Depuis, ce véritable metteur en scène qui croit à l'émotion et aux sentiments qui passent à travers les chevaux, évolue vers un spectacle de plus en plus épuré. Avec *Chimère*, symphonie de couleurs qui fit triompher la chorégraphie des « centaures » à New York en 1996, puis *Éclipse* en 1997, poème équestre en noir et blanc, avec des films comme *Mazepa* et *Chamane* (1995 et 1996), Bartabas entraîne le public dans un univers exigeant, loin des acrobaties ou des présentations traditionnelles. Dans ce véritable théâtre équestre, chaque cheval est mis en scène comme un monstre sacré, selon sa personnalité. La voltige est aussi présente pour susciter l'émotion, ainsi que l'équitation de haute école mise en scène comme une sorte de moyen d'évocation. Les inspirations de Bartabas, qui officie en selle, sont tant ibériques (tauromachie, *doma vaquera*) que classique (école de Versailles du XVIIIe s.) et l'ont mené à présenter, par exemple, quelques foulées du mythique galop en arrière... Et cela, sans objectif de performance, mais dans l'optique de déclencher chez le spectateur des émotions primitives.

Zingaro a pris le parti de surprendre à chaque fois le public par une sorte d'esthétisme et d'expressionnisme équestres inimitables qui incitent à oublier le dresseur pour ne « sentir » que les acteurs : les chevaux.

Bartabas présente, à travers Zingaro, sa recherche d'union entre la perception instinctive et intérieure du cheval et la perception intelligente et artistique de l'homme.

La piste d'un cirque

Tous les cirques ont conservé la même caractéristique : une piste de 13 m de diamètre. Parce que des numéros avec des chevaux y sont présentés et que la longe d'une longueur de 6,50 m est celle qui permet de faire tourner un cheval (toujours dans le même sens, contraire à celui des aiguilles d'une montre) le plus facilement et le plus régulièrement.

Par ailleurs, lorsqu'un numéro change de cirque, les chevaux se retrouvent à évoluer sur le même périmètre, la croupe inclinée selon le même angle. Au cirque, le cheval est donc chez lui, plus que tout autre animal !

LE CHEVAL AU CINÉMA

SPECTACLES MODERNES PAR EXCELLENCE : LE CINÉMA ET LA TÉLÉVISION. DANS LES FILMS ET AUTRES FEUILLETONS, LE CHEVAL TIENT UNE PLACE SOUVENT IMPORTANTE, PARFOIS LA PREMIÈRE. CEPENDANT, SI, LAISSÉ À LUI-MÊME, IL EST TOUJOURS UN PERSONNAGE FASCINANT, IL NE DEVIENT VÉRITABLEMENT ACTEUR QUE LORSQU'IL EST GUIDÉ PAR L'HOMME. C'EST LE CASCADEUR QUI ÉDUQUE, DRESSE ET DIRIGE LES CHEVAUX DE CINÉMA.

RISQUES CALCULÉS

Dès que l'on pense cascades, on imagine tours de force et risques d'accident. Mais, s'il est vrai que, dans un passé pas si ancien, les cascadeurs étaient avant tout des casse-cou, ils sont devenus bien autre chose depuis quelques décennies : des artistes au plein sens du terme. Dès les débuts du cinématographe, les scènes délicates avec des chevaux ont été confiées à ce que l'on appelle aujourd'hui des conseillers équestres. Ils avaient un seul impératif : réaliser à cheval le « tour » que l'on attendait d'eux, aussi fou soit-il, quels que soient la manière et les moyens employés. Et, très souvent, ils ne parvenaient à leurs fins qu'en prenant des risques insensés. Prenons l'exemple du Français Joë Hamman, à qui il fut demandé, pour les besoins d'un film du début du XXe siècle, de se mettre en selle sur le wagon-plat d'un train, d'où il devait sauter avec sa monture d'une dizaine de mètres de haut dans une rivière, alors que ce train passait sur un pont. Le cheval ne manifesta aucune crainte tant qu'il fut sur le wagon roulant sur la voie, mais, une fois arrivé sur le pont, il refusa évidemment de sauter. Brève bagarre entre l'homme et l'animal, que des éperons utilisés vigoureusement décidèrent enfin à faire le bond impressionnant... alors que le pont était presque traversé ! Heureusement le cavalier et sa monture tombèrent tout de même dans l'eau, d'où ils ressortirent parfaitement indemnes.

Les risques font partie du métier de cascadeur; mais c'est aussi sa responsabilité de dresser suffisamment bien son cheval pour que celui-ci coure le moins de danger possible.

CASCADES RÉGLEMENTÉES

Durant les premiers âges du cinéma, beaucoup d'autres cascades aussi audacieuses ont été réalisées par d'intrépides cavaliers méprisant le danger. Bon nombre de ces casse-cou ne sont pas ressortis entiers d'aventures de ce genre... Les chevaux n'étaient nullement ménagés puisque, par exemple, pour les faire chuter, on tendait un fil de fer en travers de leur chemin... Pour faire cesser ce qui tournait souvent à un véritable carnage, des règlements ont été édictés vers le milieu du XXe siècle dans le but de protéger les animaux.

Depuis lors, pour réussir leurs prouesses, les cascadeurs ont dû compter avec le cheval et l'éduquer pour l'amener à réaliser ce qui est pour lui parfaitement contre nature. Ils apprennent ainsi à leur monture à chuter à la demande, en douceur, sans que le cheval ni le cavalier ne prennent le moindre risque. Tout le monde y gagne, y compris les producteurs de films, qui obtiennent exactement l'action prévue par un scénario, à l'endroit et au moment où ils le désirent.

Franchir une barrière de feu est l'une des actions les moins naturelles pour un cheval. Il lui faut une belle confiance en son cavalier et un long entraînement pour le faire.

La cascade, c'est aussi du dressage, afin que le cheval exécute des gestes précis au moment voulu et à l'endroit exact où on les attend.

Les chevaux ont évidemment peur du feu. Pourtant le dresseur français contemporain Mario Luraschi a réussi à galoper sur un cheval recouvert d'un caparaçon en flammes. Comment est-il parvenu à cet étonnant résultat ? En prouvant à l'animal que le feu posé sur son dos ne lui est en rien douloureux. Et en mettant méticuleusement au point un caparaçon très spécial qui, une fois enflammé, peut être laissé sans risque sur le cheval pendant 4 minutes. La cascade est devenue un grand art, où se mêlent de l'audace, une parfaite connaissance du cheval et une extrême rigueur.
Les cascades sont rendues plus spectaculaires encore par des trucages. Dans le film *le Capitan*, Jean Marais saute d'une fenêtre sur son cheval. En voyant l'acteur s'élancer d'une telle hauteur, on souffre pour l'animal ! En fait, l'acteur a sauté de la fenêtre dans une bâche, puis a enfourché sa monture plus sportivement que de coutume. Un montage adroit des images donne l'impression d'une action unique.

Dresseur en coulisse

Dans les années 1980, au cours du tournage d'un film, un mauvais vent chargé de poussière s'est levé sur la carrière où Jean-Yves Bonnet, le conseiller équestre, amadouait un très jeune poulain. Le metteur en scène a vu là l'occasion d'un beau plan et lui a demandé de faire coucher le poulain, pour que la vedette du film vienne le caresser sous le regard de la caméra. Les spectateurs ont pu voir l'héroïne passer sa main dans la crinière ébouriffée du poulain, sans imaginer que tout près, mais hors du champ de la caméra, Jean-Yves Bonnet ne cessait de parler doucement, pour empêcher l'animal de bouger. Le cascadeur est toujours en coulisse... Pour certains conseillers équestres, il est des tournages de scènes de films qui ne sont guère plus que des présentations en liberté d'un spectacle de cirque. Car comment imagine-t-on qu'ont été guidés les chevaux utilisés pour tourner le célèbre *Étalon noir* ? Tout simplement à la voix. Ces animaux – dont certains durent être partiellement teints, car ils n'étaient pas assez noirs – ont été choisis pour leur aptitude à exécuter des mouvements – telle la cabrade suivie d'un piétinement pour écraser le serpent – sur une simple injonction verbale. Le rôle du héros du film était en fait tenu par des chevaux différents !
Airs d'école, utilisation de la voix, actions étonnantes et spectaculaires, le cascadeur n'est pas loin de l'homme de cirque, tout comme l'artiste de cirque est quasiment un cascadeur.

4

LE CHEVAL AU QUOTIDIEN

QU'IL SOIT AU PRÉ
OU À L'ÉCURIE,
LE CHEVAL NÉCESSITE
ET MÉRITE
DES SOINS ATTENTIFS,
UNE NOURRITURE ÉTUDIÉE,
UN CADRE DE VIE SOIGNÉ.
IL NE FAUT PAS
ÊTRE SEULEMENT SON
« PROPRIÉTAIRE »,
MAIS AUSSI SON AMI
RESPONSABLE.

Le cheval a besoin, sinon de marques d'affection trop humaines, au moins de récompenses et d'encouragements, autant que d'autorité bienveillante.

LE CHEVAL AU PRÉ

TOUT COMME UN PRISONNIER PRÉFÈRE LA COUR DE PROMENADE À SON ÉTROITE CELLULE, LE CHEVAL, SAUF CAS DE FRAGILITÉ PARTICULIÈRE, PRÉFÈRE VIVRE AU PRÉ PLUTÔT QU'EN BOX, D'AUTANT QUE L'HERBE EST TOUJOURS PLUS SUCCULENTE QUE LE MEILLEUR DES FOINS. MAIS L'AMÉNAGEMENT ET L'ENTRETIEN D'UNE BONNE PÂTURE NE DOIVENT RIEN LAISSER AU HASARD.

UNE PÂTURE SAINE

À moins d'être destinée à un cheval camargue, habitué aux marais, une pâture ne peut être située en zone humide. Les chevaux risqueraient de se retrouver avec des sabots ramollis, fragilisés, voire de la gale de boue, douloureuse et toujours difficile et longue à soigner, ou encore avec, à plus ou moins longue échéance, des rhumatismes.

De plus, une pâture humide est facilement abîmée, défoncée par les pieds des chevaux, donc obligatoirement de piètre qualité.

Le terrain destiné à faire brouter des chevaux ne doit pas être jonché de morceaux de ferraille ou de fil de fer barbelé, de tessons de bouteilles et autres objets susceptibles de blesser un pied ou le bas d'une jambe. Il nécessite donc une inspection régulière. En fonction de la qualité de l'herbage, mais également de la taille et de la race du cheval, on compte qu'une superficie d'environ 1,5 ha (100 m x 150 m) suffit à nourrir un animal à l'année.

Un abri n'est pas forcément une « cabane » : un toit (hauteur la plus basse, 2,50 m) incliné et deux côtés fermés, au nord et au vent dominant, sont suffisants pour conserver un râtelier au sec.

L'ABREUVEMENT

Les chevaux à l'herbage boivent généralement peu (10 à 20 litres par jour, selon le climat). Cependant toute pâture doit comporter un point d'eau (ruisseau, mare, abreuvoir). Il est préférable que ce point d'eau, quel qu'il soit, soit situé à l'ombre, pour que les chevaux puissent boire frais en été. Mais, dans ce cas-là, attention à la chute des feuilles : il faut le nettoyer régulièrement, pour que l'eau n'y soit pas trop trouble.

LES ABRIS

Les chevaux se tiennent rarement dans les cabanes qu'on leur installe dans les pâtures, tout simplement parce que, une fois à l'intérieur, ils ne peuvent faire le tour de l'horizon du regard et déceler d'éventuels dangers. C'est la raison pour laquelle on les trouve souvent croupe au vent dans une bourrasque, à quelques pas de la cabane qu'on leur a aménagée. Cependant ils doivent disposer d'un abri où on leur distribue le picotin au sec et où on peut les soigner par mauvais temps. Cela ne doit pas faire oublier que les chevaux préfèrent la protection relative d'un boqueteau ou d'un gros buisson et qu'ils ont besoin d'au moins un arbre solide, contre lequel se gratter.

LES CLÔTURES

À l'évidence, une pâture doit être enceinte d'une clôture sûre. Mais de quel genre ? Elle peut être en fils barbelés, qui restent efficaces même lorsqu'ils sont légèrement détendus ou abîmés, mais qui présentent l'inconvénient de blesser les chevaux (à la peau plus tendre que le cuir des bovidés), lorsque, pris de panique pour une raison ou une autre, ils se lancent dedans, sans même la voir. La clôture peut être aussi en fils lisses et, contre ce type de clôture, les chevaux ne peuvent se blesser. Mais l'inconvénient est cette fois que les chevaux se grattent volontiers contre les fils lisses, qu'ils parviennent souvent rapidement à détendre. La solution est de doubler le dispositif d'un ou de deux fils électriques, en choisissant la hauteur où les placer en fonction de la taille et des manies des chevaux. Que l'on utilise quatre ou cinq rangs de fil, il faut avant tout veiller à la hauteur de celui qui est le plus bas : il doit être placé à environ 40 cm du sol. Plus élevé, il peut laisser à des

Pour une clôture non barbelée, il est préférable que le fil supérieur, mais lui seul, soit barbelé ou électrifié, compte tenu de la force que peut exercer un cheval en s'appuyant sur la clôture pour brouter au-delà. Avec de l'herbe fournie (même si les boutons-d'or ne sont pas comestibles et devront être traités au début de l'hiver), voilà une poulinière et son poulain bien installés.

poneys – ou à des malins ! – suffisamment d'espace pour se glisser dessous et s'échapper. À moins de 40 cm, le fil devient un piège, dans lequel un cheval peut se prendre un antérieur en grattant le sol de plaisir ou d'impatience. Le cheval qui s'accroche ainsi un pied n'a qu'un réflexe : tirer dans l'espoir de se libérer...

Un simple ruban électrique peut imposer le respect à un cheval, même aussi imposant que celui-ci, tant que le courant est mis, et parfois même lorsqu'il est éteint.

La clôture électrique

Le dispositif consiste en un transformateur branché sur une batterie et possède deux sorties, l'une à relier directement à la terre, l'autre à accoupler au fil métallique – ou à un ruban souple supportant un mince réseau de fils en acier inoxydable – qui ceinture la zone à pâturer. Ce fil est soutenu à environ un mètre du sol par des piquets sur lesquels il est fixé par des isolateurs. Lorsque le dispositif est en marche, le courant est envoyé par saccades (toutes les 2 ou 3 secondes) dans le fil, à condition qu'un simple brin d'herbe ne mette pas le fil en contact avec la terre. Lorsque le cheval touche cette clôture, il reçoit une brève mais forte décharge qui l'incite à respecter ce fil magique. Il peut en avoir ensuite une telle crainte qu'il refusera d'enjamber un fil totalement inoffensif posé à terre : les chevaux se méfient toujours de ce qui leur a causé une douleur.

À l'inverse, certains chevaux peuvent apprendre incidemment qu'en arrivant au galop et en arrachant le fil, ils peuvent s'échapper sans grande douleur. Avec ceux-là, il faut renoncer à utiliser la clôture électrique.

Les piquets d'une clôture doivent être solides et durables. Les meilleurs sont en acacia, quasiment imputrescible et facile à fendre lorsque l'arbre vient d'être abattu. Les écorcer s'avère une bonne précaution, sinon l'humidité se glisse entre l'écorce et le bois, dont elle réduit la longévité.

Entretien des pâtures

Une prairie ce n'est pas seulement de l'herbe, mais des herbes et des plantes très diverses qui poussent en fonction de la composition du sol, plus ou moins humide, plus ou moins acide, etc. Presque toutes sont profitables au cheval ; il les broute à belles dents, tandis qu'il en ignore d'autres qui ne lui apporteraient rien ou même lui nuiraient (voir « Plantes toxiques pour le cheval », p. 196). Il y a donc de bonnes et de mauvaises herbes. Et il importe de ne pas laisser envahir la pâture par les secondes. Prêle, menthe des prés, orties, boutons-d'or, oseille sauvage, chardons, ronces se reproduisent d'autant mieux que les chevaux les écrasent en marchant dessus. Si on ne fait rien pour les combattre et les éliminer, ces plantes inutiles risquent en quelques années de couvrir toute l'étendue de la pâture. Et cela avec des effets durables, puisque les graines d'oseille sauvage, par exemple, peuvent demeurer dix ans en terre, en attendant des conditions favorables pour produire une plante.

Des campagnes d'extermination de ces indésirables doivent impérativement être entreprises, avant que les plantes ne déposent leur nuisible semence dans le sol. On peut arracher les racines des mauvaises plantes à la pioche, plant par plant. Cette méthode est très efficace, mais nécessite un travail long et fastidieux (certaines racines sont souvent très profondes et il est indispensable de les arracher en entier). On peut aussi faucher régulièrement les zones envahies, ce qui à terme affaiblit les espèces à combattre, mais toutes ces parties de la pâture sont alors inutilisables.

Traitement chimique

Autre méthode, traiter chimiquement la pâture. Il existe des désherbants sélectifs qui ne s'attaquent, en principe, qu'aux dicotylédones (plantes à larges feuilles). Employer ces produits chimiques sur toute la pâture, c'est la débarrasser, au moins pour l'année, de toutes les plantes inutiles, mais c'est souvent aussi, en fonction des produits, faire disparaître le trèfle et les pissenlits, que les chevaux ne dédaignent pas. L'idéal étant de ne se débarrasser que des plantes indésirables, on peut les traiter une à une. Cela demande en moyenne une heure ou deux par hectare, avec un des désherbants totaux, généralement biodégradables, disponibles sur le marché. Pour cela, on utilise un pulvérisateur à dos, avec lequel on projette quelques gouttes sur les feuilles des plantes à éliminer,

Protection des arbres
Les chevaux sont friands des jeunes pousses, des bourgeons, voire de l'écorce des arbres, notamment fruitiers. Il faut donc bien protéger les plantations par une barrière de 1,60 m de haut, formant un carré de 3 m x 3 m avec un fil rond à 60 cm du sol, pour que le cheval puisse tout de même brouter l'herbe qui est au pied de l'arbre. Pour les poneys, prévoir du fil électrique !

qui vont ensuite dépérir en quelques jours. La meilleure période de traitement se situe vers mai ou juin, lorsque les plantes sont arrivées à maturité et que la floraison est proche. Pour obtenir un maximum d'efficacité, il est préférable de traiter lorsqu'a disparu la rosée du matin, qui risquerait de diluer le produit. Mais, attention, pour que cette méthode soit efficace, il ne faut pas qu'il pleuve pendant trois jours après le traitement. Car une averse sur les plantes traitées « lave » les produits chimiques, les empêchant d'agir. Les mauvaises espèces se complaisant principalement dans les terrains acides, on peut faire faire une analyse du sol pour connaître ses carences, puis le traiter pour l'équilibrer. Si l'analyse est bien interprétée et l'opération judicieusement menée, on obtient une diminution du pourcentage de plantes indésirables et une augmentation de la pousse d'herbes fourragères.

Quel que soit l'épandage que l'on effectue dans la pâture ou le traitement qu'on lui fait subir, il est bien évident qu'elle doit être interdite aux chevaux jusqu'à ce que les produits chimiques aient été absorbés par les plantes et la terre et qu'ils ne risquent plus d'être nocifs pour les animaux. Selon les produits employés et la pluviosité, le délai peut aller de quelques jours à trois semaines.

Astuce de traitement

Traiter une à une les plantes nuisibles sous-entend un effort d'attention fixé sur le sol... et souvent une désorientation générale : une fois au milieu du pré, comment se souvenir de ce que l'on a traité ou pas ? Une méthode simple est de marquer le produit en le colorant (avec du bleu de méthylène par exemple) : on sait tout de suite où l'on en est en regardant les taches de couleur pulvérisées.

Zones de refus

Les zones de refus sont des pertes de surface pâturable. On ne sait pas précisément pourquoi les chevaux refusent, en certains endroits, de brouter des herbes apparemment bonnes pour eux. Selon certains vétérinaires, les animaux éviteraient d'ingérer ce qui a poussé en un endroit particulièrement « riche » en crottin, par crainte instinctive de se recontaminer avec leurs propres parasites. En revanche, on peut constater que les chevaux mangent sans méfiance, et même avec plaisir, les herbes poussant autour des bouses de vache, tandis que les bovins ne dédaignent nullement celles poussant sur du crottin. Pour débarrasser la pâture des zones de refus, la solution la plus courante est de les faucher assez près du sol. Mais il en est une autre plus astucieuse, consistant à trouver un propriétaire de vaches ou de moutons qui accepte de faire pacager ses bêtes quelques jours après qu'on a retiré les chevaux. Bovins et ovins font disparaître les refus et les chevaux, une fois de retour, retrouvent un champ nettoyé.

Les chevaux ont souvent l'habitude de déposer leur crottin toujours aux mêmes endroits, parfois

L'abreuvement
En cas de présence d'eau courante, il est important que les berges soient en pente douce et que le fond soit ferme et non vaseux.

en couronnes plus ou moins larges, parfois en véritables pyramides. Que faire de ces excréments qui attirent les mouches ? Là encore il y a deux solutions. La première consiste à les épandre lorsqu'ils sont bien secs, après les avoir traités avec un antiparasite. La première pluie les fera disparaître dans le sol. Mais on peut aussi les mettre à la disposition des jardiniers, pour qui ils représentent un engrais incomparable. Certains sont si heureux de l'aubaine qu'ils s'offrent à faire eux-mêmes le ramassage.

Rotation des pâturages

Pour tirer le meilleur parti d'une prairie, surtout si elle est de faible surface, il est vivement conseillé de la diviser en plusieurs parcelles au moyen, par exemple, d'une clôture électrique. Chaque fois que, dans l'une d'elles, les chevaux ont brouté l'herbe en ne la laissant pas plus haute que 5 ou 6 cm, on les fait passer dans une autre. Si la saison est telle que l'herbage croît plus vite que les chevaux ne le rasent, on peut réserver une parcelle pour y faire du foin.

La repousse de l'herbe

Aux premiers jours du printemps, lorsque l'herbe reverdit, on est tenté de lâcher sans attendre les chevaux dans la pâture. Ce serait une erreur, car ils risqueraient alors de trop raser l'herbage encore court, et celui-ci aurait ensuite du mal à repousser. Par ailleurs, en cas de pluies persistantes, ils abîmeraient le mince tapis végétal avec leurs pieds. Il faut donc attendre que les tiges atteignent une dizaine de centimètres de haut pour ouvrir la barrière de la pâture. Mais cette nouvelle herbe est très riche et il faut limiter les premiers séjours au pré à quelques heures, deux fois par jour, puis la journée entière avec retour au box pour la nuit, et cela durant une semaine, sinon il y a risque de désordres intestinaux, voire de fourbure (voir « La fourbure », p. 233). Il est souvent pénible de garder des chevaux à l'écurie ou dans un petit enclos, parfois tout près de cette végétation qu'ils sentent croître, qu'ils devinent délicieuse, qui les attire irrésistiblement, sans les laisser aller y goûter. Mais, sauf à disposer de plus de terrain que nécessaire, on y est contraint pour gérer leur fourrage de l'année et pour ménager leur santé.

Le paddock

Il existe une solution intermédiaire entre prison et liberté, box et pâture : c'est le paddock. Ce terrain clos peut être plus ou moins grand, mais il doit suffire à la détente au galop d'un cheval (donc au minimum 20 m x 20 m). Son sol est de terre ou de sable, le plus proche possible de celui d'une carrière (où il fait si bon se rouler dans la poussière), bien qu'il soit souvent plus dur, tassé par les pieds des chevaux.

Le paddock doit être dépourvu d'arbres ou de poteaux pour des raisons de sécurité et sa clôture doit être en planches solides, plus haute qu'une barrière ordinaire (jusqu'à 1,80 m) s'il doit servir à la sortie d'un étalon.

Le paddock peut aussi bien être un lieu de détente transitoire, avant le travail ou entre deux mises au pré lorsque l'herbe est trop riche, que le seul endroit où il est possible de laisser un cheval entier en liberté sans risques, ni pour lui, ni pour les juments des alentours ! C'est là également que peut se détendre un cheval âgé ou convalescent que l'on veut garder à proximité des écuries.

Les ouvertures

Le pré comme le paddock doivent être équipés d'une porte adaptée à l'élevage des chevaux. Par rapport à l'ouverture d'un pâturage uniquement utilisé par des ruminants, cette porte doit être à la fois plus solide, plus pratique et mieux fermée. Plus solide, car les chevaux sont habitués à des

Un paddock destiné aux chevaux entiers doit disposer d'une clôture particulièrement impressionnante, pour les dissuader d'essayer de la franchir.

barrages et à des portes de boxes massifs et aussi parce que, compte tenu de leur caractère, ils seront moins respectueux d'une fermeture improvisée qu'un troupeau de vaches.
Plus pratique, parce que les allers et retours entre le pré et l'écurie sont très fréquents, qu'ils s'effectuent en tenant le cheval au licol, et qu'on est souvent même obligé d'empêcher ses autres compagnons de le suivre ; il faut pouvoir ouvrir et fermer avec une seule main.
Mieux fermée enfin, d'une part parce que les chevaux sont souvent habiles lorsqu'il s'agit de manipuler un loquet, par ennui ou par volonté d'aller ailleurs (retrouver un congénère ou rentrer à l'écurie et à sa mangeoire de grains) ; d'autre part, à cause de visites plus ou moins bien intentionnées (les vols ne sont malheureusement pas si rares dans les prés isolés).
Au sein d'une propriété, ou pour un paddock de détente où le cheval ne reste pas longtemps, il est possible de se contenter de deux barres, coulissant dans le prolongement des lices et soutenues au niveau des poteaux par des étriers dans lesquels elles peuvent être immobilisées par de longues chevilles amovibles. Leur réalisation est économique, mais leur manipulation est délicate avec un cheval au licol. La solution la meilleure reste donc la porte de 3 à 4 m, en tubes galvanisés (donc légère) ou en bois (plus esthétique) ; elle doit pouvoir pivoter dans les deux sens, et être suffisamment équilibrée pour ne pas se refermer toute seule sur le passage du cheval. Le portail à double battant est dans tous les cas plus onéreux, et pas toujours plus pratique que le vantail simple, sauf si la disposition des lieux empêche ce dernier, plus long, de s'ouvrir entièrement (pour faire passer un tracteur et tous ses accessoires pour herser ou faire les foins).

Ouverture et clôture électrique

Pour fonctionner, la clôture électrique doit être ininterrompue ; l'aménagement d'un passage est donc délicat. Avec l'ancien fil rond, le plus simple était de le surélever (à 3 m du sol environ) par-dessus le portail ; celui-ci était donc traditionnel, non électrifié. Désormais les rubans électriques de nouvelle génération, souvent aussi larges que des sangles, peuvent être installés de manière à aménager une porte : entre deux poteaux isolateurs prévus pour maintenir la tension de la clôture, ils sont munis de poignées isolantes et se décrochent, puis se raccrochent d'une main, sans que l'on soit obligé d'arrêter le courant.

La fermeture de cette porte peut être assurée par un loquet ou par un verrou, inaccessible pour le cheval et pouvant être muni d'un cadenas. Le recours à celui-ci est souvent critiqué : en cas d'accident, et d'absence de la personne ayant la clé, le cheval ne pourrait être sorti. Cette réaction est tout à fait justifiée lorsqu'il s'agit de la fermeture d'un box, endroit clos de petite dimension, se transformant en piège en cas d'incendie par exemple. En revanche, ce risque n'existe pas au pré, où il est toujours possible d'entrer par-dessus la clôture pour soigner un cheval blessé, sans attendre l'ouverture de la porte ; de plus, une sellerie bien organisée peut comporter, à côté de la pharmacie, une boîte où sont accrochés des doubles pour chaque cadenas avec l'identification du pré concerné. Enfin, de nombreux éleveurs installent des « passages d'homme », permettant de passer d'un pré dans un autre sans aller jusqu'au portail, mais qui sont impraticables aux chevaux.

Une pâture « rasée » par des yearlings doit être laissée au repos avant d'être « grattée » jusqu'à la terre. Pour favoriser la repousse de l'herbe, on peut herser le crottin et, après analyse de l'équilibre du terrain, amender le sol en azote, par exemple.

LE CHEVAL QUI SE COUCHE

LA SAGESSE POPULAIRE VEUT QU'UN CHEVAL COUCHÉ SOIT MAL EN POINT. CETTE VISION DES CHOSES EST TOUT À FAIT CARICATURALE. EN EFFET, UN CHEVAL PEUT SE COUCHER POUR DES RAISONS PHYSIOLOGIQUES, DIFFÉRENTES AU COURS DE SA VIE, TOUT AUTANT QUE POUR DES RAISONS PATHOLOGIQUES.

LA POSITION COUCHÉE NATURELLE

Le poulain se couche volontiers, parfois pendant des périodes assez longues, en s'étalant de tout son long, au soleil, à proximité de sa mère (voir « Les rythmes de vie », p. 18). Cela est tout à fait normal et une bonne petite sieste dans cette position est très agréable.

Le cheval adulte a un comportement différent. Certains chevaux ne se couchent jamais et dorment debout (un dispositif anatomique le leur permet, voir « La statique du cheval », p. 225). D'autres, au contraire, dorment couchés, en position sternale (sur le côté, les membres repliés). Un cheval adulte ne se couche que très rarement en position latérale (étalé de tout son long) ou, lorsqu'il le fait, il ne reste pas longtemps dans cette position, car la compression de certains muscles et viscères l'en empêche.

Il est en revanche très fréquent qu'un cheval se couche pour se rouler, parfois en faisant même un tour complet, pour le plaisir... Enfin, se coucher peut être un signe, tout à fait naturel, de poulinage imminent chez la jument en gestation !

LA POSITION COUCHÉE PATHOLOGIQUE

À l'opposé, la position couchée peut être alarmante, voire dangereuse.

Un cheval présentant des coliques peut se coucher et se relever plus ou moins brutalement et plus ou moins fréquemment. Il s'agit là d'un signe souvent accompagné d'autres manifestations : sudation, faciès inquiet, grattage du sol, muqueuses congestionnées, respiration rapide, etc. Le danger majeur dans ce cas, en dehors des coliques elles-mêmes, est celui d'une chute brutale au sol avec le risque d'éclatement d'un viscère (estomac, cæcum, plus rarement vessie) si celui-ci est plein. Le mécanisme de ce phénomène est comparable à celui de la bombe à eau.

Un cheval qui ne se couche pas habituellement et qui tout d'un coup se met à le faire peut également souffrir d'anémie, de fourbure, d'une fatigue intense, éventuellement d'une douleur (musculaire ou articulaire, etc.). Dans ce cas, il convient de l'observer, de prendre sa température, de palper les sabots à la recherche d'une chaleur anormale, de regarder la couleur des muqueuses et, au moindre doute, de contacter un vétérinaire.

Le cas particulier de l'anesthésie générale est aussi à envisager. En effet, le cheval est alors placé sur le côté ou sur le dos. Si l'anesthésie est de courte durée, il n'y a pas trop de problèmes et l'animal se relève généralement bien, car les protocoles modernes d'anesthésie sont fiables. Les difficultés surgissent pour des anesthésies de longue durée (en général deux heures). Tous les produits utilisés en anesthésie ont pour effet secondaire néfaste de perturber les fonctions cardiaque et respiratoire. Le cheval étant couché sur une surface dure (sol ou table d'opération), ses muscles en contact avec cette surface sont en quelque sorte écrasés par

Le cheval se couche en procédant toujours de la même manière : il plie légèrement les postérieurs en les engageant sous la masse, s'agenouille sur les antérieurs, puis approche le bout du nez du sol et finit de poser l'arrière-main, avec les deux postérieurs du même côté. À partir de cette position, il peut se rouler (vers le côté opposé à ses postérieurs) ou rester ainsi à dormir.

Il n'est pas inquiétant de voir des chevaux couchés durant la période la plus chaude de la journée.

son propre poids. En outre, en raison de l'effet dépresseur des anesthésiques, l'irrigation de ces muscles devient mauvaise, comme leur oxygénisation. Il peut s'ensuivre une « myopathie post-anesthésique », de modérée à grave, empêchant parfois totalement le cheval de se relever. C'est pour cette raison que celui-ci doit être positionné de façon confortable (lit de paille ou coussins amortissants, soutien des membres par des coussins, etc.) et que l'anesthésiste doit veiller à restaurer une oxygénisation de bonne qualité et une pression artérielle adéquate. Si de bonnes conditions sont réunies, on peut même gérer des anesthésies très longues (jusqu'à sept ou huit heures).

Les difficultés du relevé

Dans la plupart des cas, les problèmes sont liés au fait que le cheval se relève dans un espace trop restreint (box) ; il risque alors de se blesser. Parfois, il tente de se relever sur un sol glissant (situation aggravée par les fers) et n'y parvient pas, faisant des efforts infructueux. Le fait d'emballer les sabots dans une toile de jute ou une serpillière peut être utile dans ce cas. Une astuce : pour que le cheval ne se mette pas debout, il suffit de l'empêcher de relever la tête en la bloquant fermement au sol. Ainsi, on aura le temps de lui emballer les sabots. Attention : la personne qui fait cela doit rester dans l'axe des membres du cheval pour ne pas risquer de prendre un coup de pied.

Le relevé à la fin d'un acte chirurgical doit avoir lieu dans un vaste espace ouvert (pré, grand box ou manège) ou dans un box spécialement conçu pour cela. En effet, le cheval se relève très vite après la fin de l'anesthésie et, bien souvent, il a encore l'esprit « brumeux » : sa stabilité n'est pas parfaite et il est possible qu'il retombe et fasse ainsi deux ou trois tentatives avant de tenir debout.

Pour se relever, le cheval se sert de son encolure pour avoir de l'élan, soulever les épaules et dégager les antérieurs. Puis, en appui sur ceux-ci, il redresse l'avant-main ; ensuite, le balancier de son encolure lui permet, avec un coup de rein, de se remettre d'aplomb sur ses postérieurs. Bien souvent, à peine debout, il s'ébroue tout d'un coup, dos rond et encolure tendue.

LE CHEVAL AU BOX

AU PRÉ, UN CHEVAL NERVEUX PEUT SE BLESSER ; DE PLUS, IL FAUT DU TEMPS POUR ALLER LE CHERCHER ET LE BROSSER CHAQUE FOIS QU'IL DOIT ÊTRE MONTÉ. LES CHEVAUX DE COMPÉTITION ET LA PLUPART DES MONTURES DE CLUB RESTENT DONC À L'ÉCURIE EN DEHORS DES HEURES DE TRAVAIL. LE BOX EST AUJOURD'HUI LE TYPE D'ÉCURIE LE PLUS EMPLOYÉ.

ORIENTATION ET LUMIÈRE

On ne peut construire ou aménager des boxes n'importe où, car de leur situation dépend le bien-être des chevaux, mais aussi celui des hommes. Mieux vaut que les animaux n'habitent pas trop près de la maison, à cause des odeurs et des mouches et, accessoirement, du bruit.
Pour éviter ces mêmes inconvénients aux chevaux, le fumier est obligatoirement stocké assez loin de leurs boxes. Et, pour qu'ils ne souffrent pas trop fréquemment de mauvais courants d'air, leurs logis ne doivent pas se trouver sous les vents dominants. La lumière solaire est profitable aux chevaux, sur le plan tant moral que physique (elle permet la formation de vitamine D). Aussi est-il préférable, autant que faire se peut, que les portes de boxes ouvrent vers le sud.

TAILLE DU BOX

En tenant compte de ce qui précède, on peut aménager des boxes dans les dépendances d'une maison ou en construire. Mais il faut alors ne pas oublier de prévoir les dimensions en fonction des chevaux et non des hommes. Un poney shetland semble pouvoir vivre sur une surface moindre qu'un percheron. Mais, en dépit de leur différence de taille, ces deux fils des grands espaces ne trouvent jamais leur domaine suffisamment vaste ! Quel que soit le locataire pour lequel il est prévu, un box ne doit avoir en aucun cas moins de 3 m de côté. S'il est destiné à une poulinière, qui aura à y mettre bas, 4 m de côté sont préférables. Il faut qu'un cheval puisse se cabrer chez lui – ce qui se produit rarement à l'intérieur, mais peut arriver – sans se fracasser la nuque : la hauteur de plafond ne peut être inférieure à 2,80 m.

DES MATÉRIAUX SAINS

Les boxes préfabriqués proposés sur le marché sont généralement bien conçus. Mais, trop souvent, ils laissent à désirer au niveau de la solidité des murs. Car, même si les chevaux ne passent pas leur temps à botter et à ruer, une raison ou une autre – taons, douleur, panique, etc. – peut les

Lorsque les boxes ouvrent sur l'intérieur d'un bâtiment, il est indispensable de prévoir une hauteur suffisante pour l'aération et une allée centrale assez large pour le tracteur de fumier ou pour la brouette de carottes (ici chez Michel Robert, grand cavalier d'obstacles).

amener à le faire. On se retrouve alors avec un matériel détérioré et parfois un pied ou un membre blessé... Les boxes préfabriqués satisfaisants sur le plan de la solidité des murs sont ceux qui sont faits de rondins de bois.
Si l'on bâtit soi-même, il faut, pour la même raison, veiller au choix des matériaux pour monter les murs. Les briques creuses, trop fragiles, sont à proscrire. Les parpaings creux craignent aussi les chocs. Mais on peut cependant les utiliser, à condition de les renforcer en les remplissant de béton. À l'intérieur, les murs de maçonnerie ne doivent comporter ni aspérité ni arête et être crépis jusqu'à une hauteur d'au moins 1,50 m. Si le toit est isolé, il doit comporter des bouches d'air pour éliminer la condensation.

L'aération

Un box ne pouvant être aéré que par l'ouverture de sa porte n'est à l'évidence pas très sain. Car, par temps de grand froid, par exemple, cette porte est fermée presque hermétiquement et l'air ne se renouvelle alors que difficilement dans la pièce. Pour éviter cet inconvénient, il est judicieux de prévoir une, sinon deux petites lucarnes, placées en hauteur, qui permettront de laisser respirer le cheval en toute circonstance et peut-être de le rafraîchir durant l'été. Le volet de cette lucarne, lorsqu'il est fermé, doit laisser filtrer un peu de lumière dans le box, pour que le cheval ne se trouve jamais dans le noir absolu.
Dans le cas de la construction de boxes contigus, on peut ménager entre eux une lucarne solidement grillagée qui présente deux avantages : d'une part, l'aération est améliorée ; d'autre part, les chevaux occupant ces boxes pourront se voir autrement que par la porte, se sentir et communiquer plus facilement. En cela, ils supporteront peut-être mieux leur condition de « prisonniers »...

Le sol

Le sol doit être en pente douce vers l'écoulement destiné à évacuer les urines et éventuellement l'eau de lavage. Soit cette évacuation se fait par un tuyau enterré – auquel cas son entrée doit être protégée par une fine grille métallique bien efficace –, soit il s'agit d'un simple écoulement vers la porte, menant à un caniveau.
Avec quel matériau couvrir le sol ? Certains ne jurent que par la terre battue. Il est vrai que sous une bonne litière elle absorbe une part de l'urine, dans laquelle les pieds ne baignent alors pas. Un tel sol est cependant fragile et il arrive que, par désœuvrement, des chevaux entreprennent de le gratter, jusqu'à y creuser de véritables cratères. De plus, il n'est ni lavable ni facile à désinfecter. Un sol de béton est apparemment inusable, mais il est plus ou moins rapidement rongé par l'urine.

Un box destiné au poulinage doit être plus vaste qu'un autre.

La bonne porte

La porte d'un box se compose de deux demi-portes superposées, qui font d'elle soit une vraie porte, si ces deux parties sont ouvertes, soit une simple fenêtre, lorsque seule la demi-porte supérieure est ouverte. Sauf cas d'exception (grand froid, maladie, etc.), cette partie haute ne doit pas être fermée. Il convient donc de protéger le bord supérieur de la demi-porte du bas avec un fer en U ne comportant aucun angle vif. Le rôle de cette espèce de « consolidation » est d'éviter que le cheval n'abîme ce battant en y frottant son encolure ou en s'y faisant les dents. Et, pour que l'animal ne voile pas cette demi-porte en la frappant du pied ou en la poussant des genoux, il est indispensable qu'elle soit renforcée (traverses de bois, barres métalliques) et équipée de deux verrous (indispensables aussi par mesure de sécurité). L'ouverture de la porte doit avoir une hauteur d'au moins 2,30 m et une largeur de 1,20 m à 1,30 m. La hauteur de la demi-porte du haut importe peu, alors que celle du bas ne peut avoir moins de 1,30 m de hauteur.

Pour limiter ou gommer totalement ce problème, on doit obligatoirement incorporer au béton des éléments durcisseurs, avant de le couler. Par ailleurs, un sol de béton doit être très granuleux, sinon, il peut se transformer en véritable patinoire, surtout s'il est humide. Avec les risques de chute que cela comporte pour le cheval...

Des briques de terre cuite posées de chant constituent un excellent revêtement de sol, d'autant plus difficile à abîmer qu'il est épais et qu'il ne présente pas de larges surfaces pouvant se briser. Certains se contentent de poser les briques sur un lit de sable ou de petits graviers. Mais d'autres les cimentent, en s'arrangeant pour que les joints soient autant de petits drains. Voilà qui est astucieux et contribue à maintenir le box sec.

Éclairage

Il est indispensable d'installer l'électricité dans le box. Tous les fils, quel que soit leur type, doivent être encastrés. Car un cheval peut toujours être tenté de mordiller par ennui un câble courant le long d'un mur. Et, aussi solide que soit l'enveloppe de ce conducteur, il finira par la couper...

Par précaution, l'ampoule est à placer derrière un grillage protecteur. Elle ne doit pas être trop puissante pour ne pas surprendre le cheval outre mesure lorsqu'on le fait brutalement passer de l'obscurité à la lumière. Les chevaux sont sensibles aux changements d'éclairage et peuvent devenir inquiets lorsqu'ils sont soumis à de trop violentes variations de luminosité. Enfin, la prise électrique et le commutateur doivent être placés à l'extérieur, et encastrés.

La mangeoire

On peut servir au cheval son picotin, comme son eau, dans des seaux placés au sol et maintenus par un pneu. Mais une auge est autrement plus pratique, car inamovible. Elle peut être en plastique ou en béton, posée ou fixée dans un angle du box, à une hauteur d'environ 1 m.

Trop souvent dans les écuries, le foin est distribué dans des auges trop exiguës pour le contenir (lorsqu'il n'est pas simplement jeté à terre dans un coin...). Excités de voir arriver le fourrage, les chevaux le font plus ou moins rapidement et joyeusement sauter à terre en quelques coups de nez et de dents. Ensuite ils le piétinent, le mêlent au crottin, le perdent. Pour que l'animal mange agréablement son foin sans le gaspiller, il vaut mieux le mettre dans un bon vieux râtelier fixé au

Une porte traditionnelle se compose de deux parties. La porte du bas comporte deux verrous, celui du bas hors de la portée du cheval ! L'imposte supérieure permet une aération minimale lorsque la porte est entièrement fermée l'hiver.

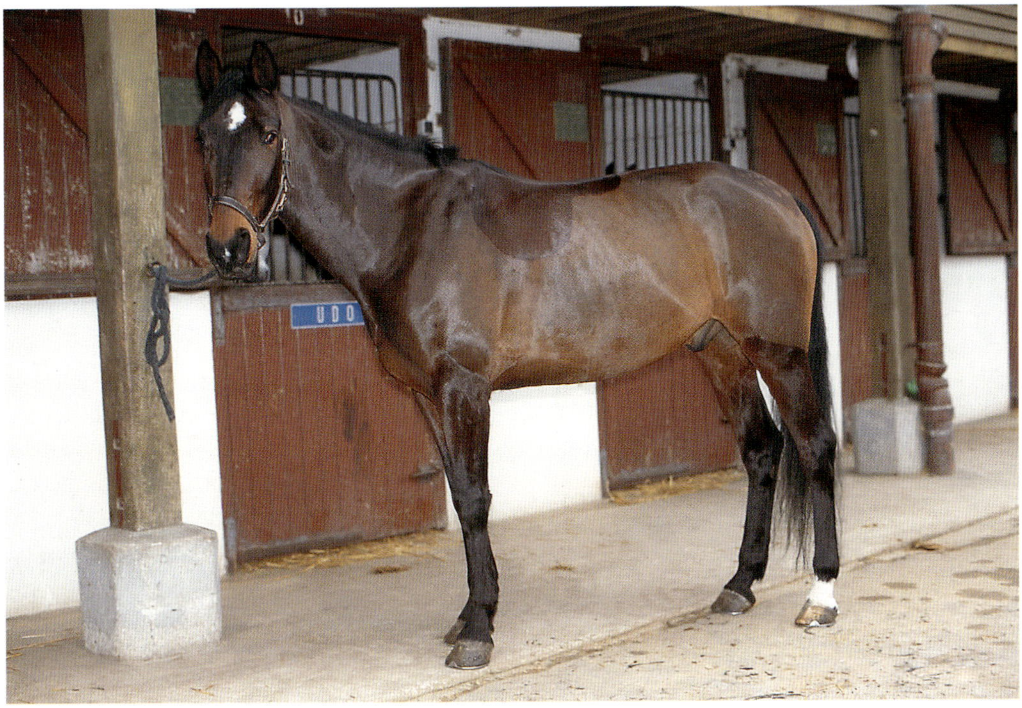

Parmi les aménagements accessoires, ne pas oublier les anneaux d'attache ; mais attention à ce que le cheval n'ait rien à mordiller à sa portée. C'est pour cela que les interrupteurs et les fils électriques encastrés sont une nécessité.

mur. Les meilleurs sont constitués de deux traverses de bois, disposées horizontalement et reliées entre elles par de petits barreaux de fer espacés d'une dizaine de centimètres. Aussi efficace pour le cheval, mais moins pratique pour l'homme : le filet à foin, qui, une fois (difficilement) rempli, sera attaché en hauteur.

Les accessoires

Un anneau d'attache à l'intérieur du box peut s'avérer indispensable (pour un examen vétérinaire, pour des soins, etc.). Il ne faut pas oublier de l'installer. Fixé au centre d'un mur à environ 1,30 m du sol, il ne doit pas constituer un obstacle contre lequel le cheval pourrait se blesser.

Dans certaines écuries, on trouve dans les boxes des blocs de sel accrochés par une ficelle à un clou ou à un piton. Voilà encore des éléments qui peuvent constituer des dangers, modestes mais réels, pour les chevaux. Pour mettre un bloc de sel à la portée du cheval sans prendre de risque, il y a deux solutions. La ficelle peut être passée dans le bloc et retenue par un clou ou tout autre moyen, fixé à l'extérieur du box, en passant par un petit trou pratiqué dans le mur. Le bloc de sel peut aussi être simplement posé dans l'auge en permanence. Cette seconde possibilité présente un avantage : le volume et le poids du bloc empêchent le cheval, lorsqu'on lui apporte son picotin, de jeter le grain à terre à coups de nez excités.

Peut-être n'est-il pas inutile de répéter que le cheval, animal des grands espaces, vit dans un box comme un prisonnier dans sa cellule. Si on l'y confine durant des laps de temps trop longs, il en pâtit tant au physique qu'au moral. Et, lorsqu'on le sort enfin, il est nerveux, excité, car il éprouve le besoin d'aller vers des horizons plus vastes que ses quatre murs, tout comme de dégourdir des muscles demeurés trop longtemps inactifs. Il devient alors, au moins pour un moment, une monture difficile, sinon dangereuse. Pour pallier cet inconvénient, il faut sortir l'animal aussi souvent que possible – au moins une fois par jour – pour travailler avec lui, même brièvement, ou le faire se détendre dans un paddock.

Les abreuvoirs

Le cheval qui vit à l'écurie est nourri entre autres de fourrage sec, foin et paille : il boit alors presque deux fois plus qu'au pré (jusqu'à 40 litres par jour). Aussi doit-il toujours avoir de l'eau à sa disposition. On peut penser que placer un seau ou une bassine d'eau dans un box est absurde, car le cheval va très vite renverser ce récipient. Ce qui est vrai, sauf à employer une astuce, qui consiste à placer seau ou bassine au centre d'un vieux pneu. Mais il ne faut pas oublier de renouveler régulièrement la provision d'eau.

Le mieux, pour que les chevaux disposent d'eau en permanence, est d'installer à environ 1 m du sol un abreuvoir automatique, dont il existe deux types. Le premier, à niveau constant, fonctionne sur le principe de la chasse d'eau, dans laquelle l'eau cesse d'arriver dès qu'elle est pleine. Lorsque le cheval boit, l'eau qu'il avale dans le bassin est automatiquement remplacée. Le second, à palette, est actionné par le nez du cheval qui, pour boire, appuie malgré lui sur une large palette faisant fonction de robinet. Les chevaux se satisfont de l'un ou de l'autre de ces deux modèles.

Le cheval en stalle

L'aménagement d'écuries intérieures en stalles est une formule pratique et économique pour des chevaux (lourds ou de selle) sortant quotidiennement. Mais, depuis le déclin de la traction hippomobile et du nombre de chevaux « de travail », les stalles correspondent moins au nouveau statut du cheval et tendent à disparaître.

Attache de stalle

Nœud de billot

Une vie attachée

La première caractéristique de la stalle est qu'elle n'est pas fermée : le cheval doit donc être attaché. C'est bien entendu impossible si ce dernier n'est pas travaillé, ou du moins sorti chaque jour. Et même dans ce cas, il faut qu'il soit de race et de caractère à bien supporter 22 ou 23 heures de quasi-immobilité. Car, si les dimensions de la stalle doivent être suffisantes pour lui permettre de se coucher, il ne peut pas se tourner. Sont donc exclus d'office les chevaux « près du sang » et très nerveux, ceux qui « tirent au renard », les juments pleines... Sont aussi écartés de la mise en stalle les chevaux porteurs d'une affection contagieuse.

Aménagement de la stalle

Les dimensions traditionnelles d'une stalle sont en moyenne de 2,80 m de long sur 1,50 m de large. Le plafond, qui est celui de la pièce où sont aménagées les stalles, doit être au minimum à 2,80 m du sol. Le cheval est installé face au mur, croupe vers le couloir, qui doit avoir au moins 2,50 m de large, pour faciliter la sortie du cheval à reculons, mais aussi permettre le passage du chariot à fumier. Si la taille de l'écurie le permet, il y a deux rangées de stalles, chacune face à l'un des murs les plus longs, de chaque côté du couloir.

Chaque stalle est séparée de la voisine soit par une paroi fixe, soit par un bat-flanc mobile. Ce bat-flanc est le plus souvent articulé au mur vers la tête du cheval, et soutenu par une chaîne du côté de la croupe ; pour qu'il puisse être démonté rapidement (si le cheval a passé un membre par-dessus par exemple), la chaîne est munie d'une sauterelle (dispositif de décrochage simple). Le bat-flanc mobile est placé à 30 cm du sol et monte jusqu'à 1,10 m ; par sa possibilité de déplacement, il procure un peu plus d'aisance à l'occupant du lieu lors de ses mouvements, dans la limite de confort du voisin de stalle ! Il permet aux chevaux de se voir, et même de pratiquer un peu de toilettage mutuel. Enfin, la mobilité de cette demi-cloison facilite l'entretien de la litière.

À la tête du cheval, au mur, sont installés la mangeoire, l'abreuvoir et le râtelier. Dans les installations traditionnelles, la mangeoire est une auge en pierre ou en ciment qui court tout le long du mur, à 1 m de hauteur, sur 40 cm de largeur et 20 cm de profondeur. L'abreuvoir est le plus souvent automatique (voir p. 173) ; si c'est un seau, il faut vérifier régulièrement que le cheval ne l'a pas renversé. Seau ou abreuvoir doivent de toute façon être placés d'un côté de la tête, et le foin de l'autre côté, afin que du fourrage tombé ou de la poussière ne s'accumule pas dans l'eau. Les râteliers classiques sont constitués de barreaux inclinés et suffisamment espacés pour que le cheval puisse attraper le foin par bouchées. Placés entre 1,50 m et 1,70 m du sol, ces râteliers sont parfois accu-

Un bat-flanc mobile est démontable, et permet de diviser en deux une grande stalle aux parois fixes, tout en préservant la possibilité de l'utiliser entière.

Les grandes écuries du XIXe siècle, comprenaient toujours des stalles pour les chevaux lourds (ici, une écurie d'époque Napoléon III).

Nœuds d'attache de sécurité (à l'extérieur)

Faire trois demi-clés successives (1), tendre la longe (2), faire une 4e demi-clé de sécurité (3).

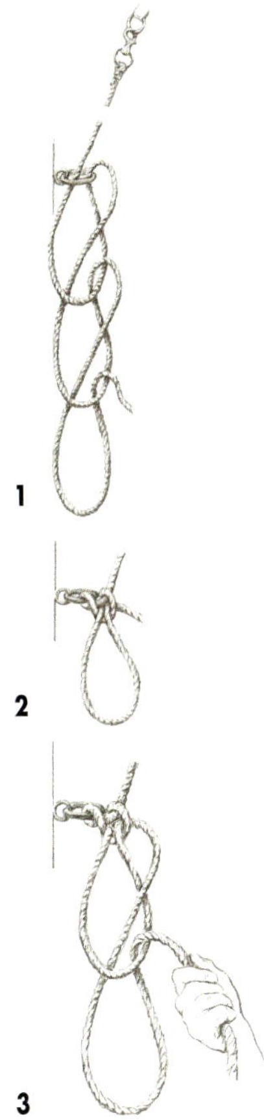

sés de donner la mauvaise habitude à certains chevaux de renverser l'encolure ; on pourrait toutefois en dire autant des pommiers, dont les chevaux au pré attrapent les fruits en levant la tête ! En fait, il y a très peu de relations entre ces mouvements du cheval seul et sa position d'encolure une fois au travail. Mais, pour les cavaliers inquiets, le foin peut être disposé dans un filet, fixé sur le côté et à hauteur de mangeoire.

Une litière soignée

Le cheval restant debout très longtemps au même endroit, il est primordial que la litière soit particulièrement bien faite. Il s'agit traditionnellement de paille, en couche épaisse, remontant « en banquette » le long des parois latérales et derrière l'animal. L'urine et le crottin se déposant toujours aux mêmes points, il faut enlever la paille souillée et en remettre de la propre plusieurs fois par jour. C'est bien sûr l'emplacement des postérieurs qui est le plus en cause, et ce sont les pieds qui s'abîment le plus (champignons et pourriture de la fourchette, crevasses...) en cas de stagnation dans une litière sale ; le curage et l'entretien des sabots devront donc être spécialement soignés.

Dans les grands haras (notamment nationaux) où les stalles sont encore utilisées, il est fréquent de voir respecter la coutume de la « tresse », sorte de natte de paille courant derrière toute une rangée, et séparant les litières du couloir, dans lequel ne traîne en conséquence aucun fétu ni crottin.

L'art des nœuds

Le cheval est maintenu dans la stalle par son licol ; celui-ci doit être en cuir (moins échauffant que le Nylon) et bien ajusté à la taille de la tête. Il est relié au mur soit par une chaîne, dont le dernier maillon coulisse le long d'une ferrure verticale fixée sous la mangeoire, soit par une longe. Cette dernière passe alors dans un anneau d'attache, puis dans un billot : ainsi la longe est tendue et arrêtée par l'anneau lorsque le cheval lève la tête ou recule, mais également (par le poids du billot qui la fait coulisser) lorsqu'il baisse la tête ou se couche. Cela évite les boucles dans lesquelles le cheval pourrait se prendre les antérieurs.

Un cheval est heureux de toutes les occasions de sortie, aussi brèves soient-elles : aussi le pansage est-il généralement effectué en dehors de la stalle. Pour emmener le cheval, comme le licol de maintien, lourd et solidement attaché, reste en place, c'en est un autre qui est utilisé. Le premier est alors déposé dans la mangeoire, et non par terre où il pourrait être souillé, voire piétiné par le cheval à son retour. La manière d'attacher le cheval à un anneau extérieur ne répond pas aux mêmes impératifs que dans la stalle. La longe n'a plus besoin de coulisser, le cheval pouvant être attaché plus court, sans gêne pour lui ; en revanche, il peut être nécessaire de pouvoir la défaire très rapidement, grâce à des nœuds dits « de sécurité ».

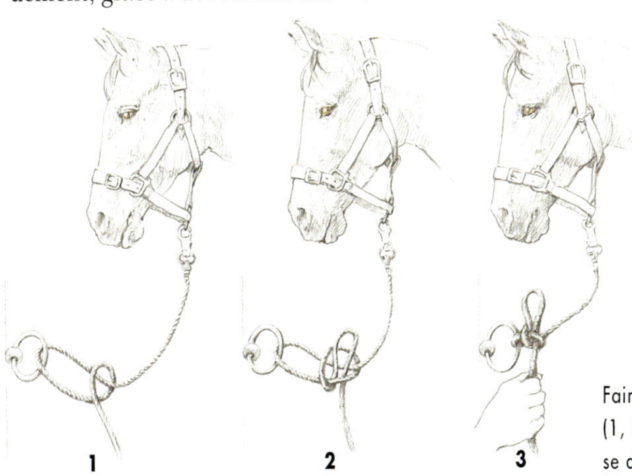

Faire une demi-clé gansée (1, 2), le nœud serré (3) se défait en tirant.

Choix et entretien de la litière

La litière et le fumier sont souvent la hantise de ceux qui entretiennent des chevaux chez eux. Car il ne faut pas garder une litière souillée, même si elle vient d'être changée. Cependant, avec une bonne organisation, ce travail est assez peu astreignant.

Litière sèche
Pour les chevaux qui mangent toute leur paille, ou bien dont les pieds nécessitent une litière très sèche, c'est la sciure qui est utilisée, plus rarement la tourbe.

Un lit de paille

La litière a deux rôles essentiels. En premier lieu, elle doit retenir, en les absorbant, les parties liquides des déjections. Ensuite elle doit fournir au cheval une couche confortable, sinon douillette, et surtout saine. Voilà qui indique clairement que, quelle que soit la matière dont elle est constituée, elle doit être suffisamment épaisse pour assurer ces deux fonctions.

Traditionnellement la litière des boxes et des stalles est faite en paille et joue dans ce cas-là un troisième rôle important : celui d'être mangé comme lest d'appoint. Certains ne veulent entendre parler que de paille de blé, d'autres ne jurent que par la paille d'orge. Mais, qu'il s'agisse de l'une ou de l'autre, ou encore de paille de seigle ou d'avoine, les chevaux semblent s'en satisfaire sans marquer de grandes différences, à condition qu'elles ne soient ni poussiéreuses, ni pourries (bottes rentrées mouillées l'été précédent).

Pailler un box paraît simple. Cependant l'opération nécessite un petit savoir-faire. En premier lieu, la paille ne doit pas être jetée à terre en simples paquets raides et compacts, juste tirés d'une botte. Car elle ne peut être souple et absorbante qu'après avoir été secouée, « ventilée » avec une fourche. Par ailleurs, la litière doit être plus épaisse là où le cheval a l'habitude de manger, près de l'auge, sous le râtelier, etc. Car, par faim ou par désœuvrement, l'animal grignote donc une partie de son « lit », qu'il est bon de rendre aussi agréable que possible à déguster.

Dans une stalle, la paille doit aussi être répartie de manière que le cheval puisse en manger une part, tout en conservant une couche agréable. En conséquence, elle est surtout distribuée près de la mangeoire, d'où le cheval la repousse ensuite vers l'arrière, en jouant des antérieurs, comme il le fait toujours faute de pouvoir vraiment se déplacer.

Copeaux, sciure, tourbe

La paille de bonne qualité est malheureusement de plus en plus difficile à trouver ; de plus, certains pensionnaires en mangent trop ou doivent suivre un régime. Elle peut alors être avantageusement

Un box doit être curé chaque semaine ; le travail n'est pas trop difficile si la litière a été nettoyée régulièrement entre-temps. C'est encore plus agréable si on travaille avec un cheval et non pas un tracteur bruyant et nauséabond.

remplacée par de la sciure (ou, mieux, des copeaux vendus en balles et dépoussiérés), du lin, du chanvre, de la tourbe, voire même du papier recyclé. Ces matériaux sont généralement bon marché, et conviennent à presque tous les chevaux, même allergiques, mais ne présentent pas toujours une utilisation aussi aisée que la paille, notamment lors du rafraîchissement de la litière et du tri entre parties propres et endroits souillés. Et puis, avantage mais aussi gros inconvénient pour l'occupation du cheval, celui-ci ne mange aucun de ces matériaux. Est-ce à dire qu'ils sont à proscrire? Non, c'est à chacun de faire son choix, en fonction de ses moyens et surtout du cheval qu'il a dans l'écurie, qui est plus ou moins douillet, gratteur, « pisseur » ou fragile.

Le nettoyage

Qu'elles garnissent des boxes ou des stalles, les litières doivent être nettoyées, retournées et rafraîchies chaque jour. Cela d'abord pour le confort du cheval, mais aussi parce qu'il s'agit d'un travail demandant peu de temps et de peine et qui évite la véritable corvée qu'est le curage complet, après plusieurs jours d'entretien négligé ou oublié.

Rafraîchir un box ne demande que quelques minutes. On ramasse d'abord le crottin et la paille souillée par l'urine, puis on secoue et on égalise la litière avec une fourche. Il ne faut pas oublier le nettoyage de l'abreuvoir, quel qu'en soit le modèle, qui peut être encombré de paille ou même aussi de crottin.

Un box rafraîchi quotidiennement est très rapide à curer, une fois par semaine. On trie systématiquement paille propre et paille souillée, pour évacuer cette dernière. Puis on répartit ce qui reste de paille utilisable, et on y ajoute de la nouvelle paille, en quantité suffisante pour satisfaire le plaisir des dents du cheval et le confort de son dos, si l'envie le prend de se coucher. Une ou deux fois par an, le box doit être entièrement curé, lavé puis désinfecté (par exemple au Crésyl) ; si possible, il sera passé à la chaux ou badigeonné avec une peinture insecticide. La meilleure période pour cela est le printemps ou la fin de l'automne.

Le tas de fumier

Pour limiter les inconvénients dus aux odeurs et aux mouches, le tas de fumier doit être éloigné de l'écurie et des habitations. Mais ce critère n'est pas le seul à prendre en compte, car le fumier de cheval représente un capital qu'il importe d'entretenir. Il a en effet une valeur marchande, puisqu'on peut le vendre, par exemple, aux exploitants de champignonnières.

Pour obtenir un bon fumier, il est indispensable qu'il soit entreposé non pas au pied d'un mur regardant vers le nord, mais au contraire au pied d'un mur exposé au soleil. Car, pour que la matière organique se décompose rapidement, elle a besoin de chaleur. L'humidité apportée par les pluies lui étant aussi nécessaire, le tas de fumier ne doit pas être couvert.

Le fumier n'est pas utilisable avant un certain temps, qui dépend d'abord de sa composition (plus ou moins de paille) et surtout de l'utilisation à laquelle il est destiné – engrais pour les fleurs, les jardins, etc. On peut cependant noter que, pour un jardinier ou un agriculteur avisé, un tas de fumier vieux de deux ans est une véritable mine d'or.

L'HABITAT DU PONEY

AU PRÉ COMME AU BOX, LES PONEYS SUPPORTENT MIEUX LES CONTRAINTES DE LA DOMESTICATION QUE LES CHEVAUX DE SELLE. LA RUSTICITÉ EST LA CLEF DE LEUR ACCLIMATATION.

Le poney, tout comme le cheval, ne doit pas être laissé seul au fond d'un pré. Il a besoin d'un compagnon et d'un minimum de soins.

AU PRÉ

Les poneys rustiques, qui peuvent vivre au pré toute l'année, demandent moins de soins que les chevaux de selle. Ils sont, par conséquent, d'un entretien plus économique. Certes, les poneys qui ne sortent du pré que pour aller au manège n'ont pas besoin d'être ferrés, tant qu'ils sont travaillés modérément. Il faut toutefois gérer l'usure de leur corne et la parer régulièrement. Mais, si un poney cherche à marcher sur l'herbe en balade, c'est qu'il a probablement mal aux pieds.

Les poneys rustiques savent aussi se contenter d'une végétation rare. Un cheval consacre, en moyenne, plus des deux tiers de son temps à pâturer. Mais un poney peut passer jusqu'à 80 % de sa journée à brouter dans des régions au sol ingrat. Plus encore que le cheval, il peut être qualifié de consommateur lent. De plus, sa surface dentaire, plus réduite que celle du cheval, accentue sa durée d'alimentation quotidienne.

Par conséquent, la plupart des poneys s'accommodent mal de riches herbages. Confinés au pré, ils ont tendance à prendre de l'embonpoint. Il faut surveiller leur apport alimentaire et corriger les problèmes qu'entraînent un trop bon appétit et une vie sédentaire.

Il faut prévoir 3 300 m^2 par poney. Poney et cheval se supportent après une période d'acclimatation. Le dominant n'est pas toujours le cheval. Au pré, on a vu un haflinger prendre le dessus sur un pur-sang anglais. Un poney peut donc prendre le commandement d'un troupeau de chevaux.

EN BOX

Par rapport aux chevaux, les poneys possèdent une plus grande faculté d'adaptation aux contraintes imposées par la vie en box. Ils souffrent moins que les chevaux de troubles de comporte-

ment liés au mode d'alimentation, au manque de place et de sommeil. Au box, les poneys mangent des aliments concentrés, qui entraînent une réduction importante du temps consacré à leur activité alimentaire. Ils ne passent plus que 5% de leur temps à manger contre 70 % au pré. Avec du fourrage, ils arrivent à passer 40 % de leur temps à s'alimenter, ce qui les rapproche le plus de leur rythme de vie en liberté.

La présence de congénères stimule fortement leur comportement alimentaire, mais la compétition dans ce domaine est souvent très intense. Fréquemment, les poneys de petite taille, non ferrés, sont placés à plusieurs dans un box collectif. Les querelles sont inévitables, mais la hiérarchie s'instaure vite au sein du groupe. Les animaux dominants risquant de monopoliser l'accès à la nourriture, il suffit alors d'installer plusieurs petites mangeoires ou une plus grande, afin que le dominant n'empêche pas les plus subordonnés de manger.

La grande faculté d'adaptation des poneys aux contraintes imposées par la vie en box n'est pas une raison pour les priver de leur liberté de mouvements et de leur sommeil. En effet, pour récupérer et dormir profondément, un poney ou un cheval doit pouvoir se coucher en vache (decubitus sternal), voire de tout son long (decubitus latéral). Même si le poney a la capacité de somnoler debout, il ne peut accomplir un cycle de sommeil complet sans se coucher.

Dans une stalle ou un box trop étroit, il ne peut pas toujours se coucher latéralement, la seule position qui lui permette d'entrer dans le sommeil paradoxal. Le poney va somnoler davantage, ce qui ne compensera pas sa déficience en sommeil. Une litière inadaptée et les perturbations sociales au sein d'un groupe en stabulation peuvent également entraîner une réduction de la fréquence et de la durée du temps de repos en position couchée.

Or, une privation prolongée de sommeil engendre inévitablement un état de stress chez l'animal. Son comportement général et son état physique s'en trouveront altérés. Le repos et le sommeil sont en effet essentiels à son maintien physique. Son box doit donc être d'une taille suffisamment grande. Et, dans la mesure où cela est possible, il est souhaitable d'offir au poney une pâture où l'on peut le lâcher après le travail.

Les petits poneys, non ferrés, sont souvent placés à plusieurs dans un même box. Ainsi, ils ne risquent pas de se blesser gravement en cas de conflit hiérarchique. Les poneys habitués à vivre ensemble au box créent aussi moins de problèmes en reprise.

Le poney et la préservation des paysages

La mise en œuvre du pâturage extensif permanent avec des poneys rustiques permet d'entretenir les sites naturels. En broutant les marais dunaires, les tourbières acides ou les pelouses calcaires, ils remodèlent le paysage, préservent des zones de refuge pour les oiseaux, protègent une plante en voie de disparition... Ils broutent des plantes que d'autres chevaux dédaigneraient. Ils se montrent également moins sensibles qu'eux aux variations de poids saisonnières et résistent mieux à des conditions difficiles.

Venu de Pologne, le konik polski entretient les terrains sablonneux et marécageux du Nord de la France, ainsi qu'en Lorraine, Rhône-Alpes, Bourgogne et Normandie. Le highland écossais semble plus adapté aux zones humides de la face ouest de la France, parmi les prairies dunaires et les roseaux. Dans les zones escarpées, on emploie plutôt des races de montagne comme le pottok. Le poney landais et le dartmoor sont utilisés aussi bien en zones humides que sèches. Et nos amis belges ont recours aux fjords pour entretenir les réserves de Wallonie.

LE PANSAGE

L'ÉTRILLE EST TROP SOUVENT CONSIDÉRÉE AVANT TOUT COMME UN INSTRUMENT DE NETTOYAGE. MAIS NE LA VOIR QUE SOUS CET ANGLE, C'EST IGNORER CE QU'EST LE PANSAGE. S'IL EST DESTINÉ, CERTES, À FAIRE LA TOILETTE DU CHEVAL, IL EST AUSSI FACTEUR D'HYGIÈNE MORALE ET DE BONNE FORME PHYSIQUE.

Éponge

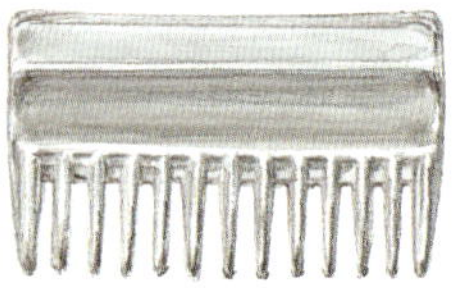

Peigne à crins

Les instruments de pansage :
une éponge (pour les yeux, les naseaux, les parties génitales), un peigne, un bouchon (brosse en chiendent), une étrille en caoutchouc, une brosse douce, un cure-pied.

LE MATÉRIEL

Un sac de pansage complet et bien composé contient : deux étrilles, l'une douce en caoutchouc et l'autre dure en plastique à pointes, un bouchon – brosse dure en chiendent –, une brosse douce, une époussette qui peut être un morceau de vieille serviette-éponge, un peigne à crinière, une éponge, un couteau de chaleur, un cure-pied. Il faut ajouter à cela un pot d'onguent pour les pieds et un pinceau.

Tout cela, bien sûr, sert à faire la toilette du cheval, à le rendre propre et beau, ce qui ne peut être que bénéfique à son moral. Mais ce nettoyage a aussi pour but de limiter les risques de blessures, sur le dos ou au passage de sangle, par exemple, où de la boue séchée sous le harnachement pourrait causer des dégâts. En ne considérant que ces deux raisons, on pourrait se dire que le cheval doit être pansé seulement avant d'être monté. Pourtant, qui veut réellement prendre soin de lui devrait le panser quotidiennement, qu'il soit monté ou non. Car toiletter un cheval, c'est obligatoirement l'inspecter de la tête aux pieds et avoir ainsi la possibilité de déceler des anomalies ou les premiers symptômes d'une maladie qui peut se faire jour, que l'animal travaille ou non...

CURER LES PIEDS

On commence le pansage par l'opération la plus salissante : le curage des pieds. En tournant le dos à la tête du cheval, on lui demande de lever le pied choisi, de la voix et du geste : on pousse de l'épaule le haut de son membre, tout en attrapant (en se penchant en avant) le fanon ou le boulet et en le soulevant. Une fois le sabot décollé du sol, il faut le maintenir d'une main, la sole vers le haut, et le curer de l'autre. Nombreux sont ceux qui ont tendance à ne jouer du cure-pied qu'au niveau de la sole. C'est une erreur, car c'est dans la zone de la fourchette et entre ses branches que des débris peuvent déclencher des inflammations. C'est donc là qu'il faut gratter et nettoyer le plus soigneusement possible. Après le cure-pied, un dernier coup de brosse enlève la terre ou le crottin et prépare le sabot à recevoir de l'onguent (voir « Le soin des pieds », p. 182).

Il est bon de profiter du moment où l'on cure les pieds pour « sonner » les fers, pour contrôler qu'ils tiennent bien en place. Cela consiste à les frapper avec le cure-pied, pour juger de la façon dont ils résonnent. S'ils rendent un son plein, ils sont toujours parfaitement « brochés ». Si au contraire ils rendent un son grêle, c'est qu'un ou plusieurs clous ne sont plus correctement rivés. Ce qui signifie que, tôt ou tard, le cheval va les perdre. L'intervention du maréchal-ferrant ou d'une personne ayant de bonnes notions de maréchalerie est alors indispensable, au moins pour remplacer les clous défaillants.

SOINS DU POIL ET DES CRINS

Pour débarrasser le pelage du cheval du gros des impuretés qu'il retient, on utilise l'étrille douce ou dure, en fonction de la sensibilité du cuir de l'animal. L'étrille ne se passe que sur les parties charnues et en aucun cas sur le bas des membres. On étrille à rebrousse-poil dans un premier temps, puis dans le sens du poil.

Le bouchon sert à décoller les poils, les cellules mortes et la crasse, et à en enlever la plus grosse partie. Pour l'utiliser efficacement, il est indispensable de le nettoyer régulièrement sur l'étrille tenue dans l'autre main, sinon son action consis-

Bouchon en chiendent

Étrille en caoutchouc

Brosse douce

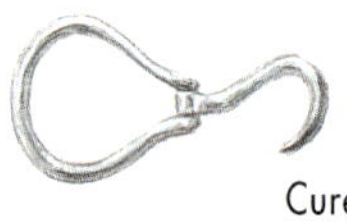

Cure-pied pliant

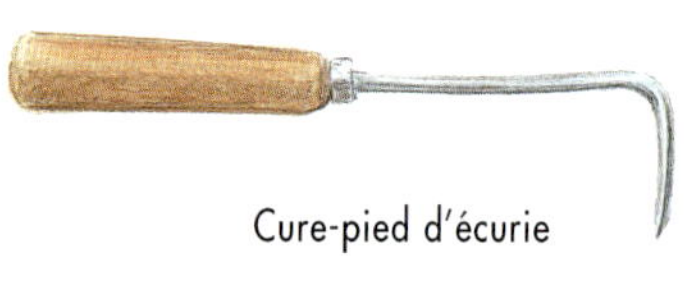

Cure-pied d'écurie

terait à simplement déplacer la saleté. L'étrille ainsi empoussiérée est à son tour nettoyée en la tapant à plat sur le sol pour faire tomber toute la poussière. Après le pansage, l'énergie déployée peut être mesurée au nombre « de fleurs de crasse » ainsi dessinées par terre.

On fignole le travail avec la brosse douce, en lissant le poil, et on le termine en passant l'époussette, qui fait briller la robe si on l'humidifie légèrement. Enfin on peut nettoyer à l'éponge humidifiée, dans l'ordre, les yeux, les naseaux, le fourreau ou la vulve.

Il ne reste plus qu'à s'occuper des crins. Queue et crinière sont d'abord démêlées avec le bouchon, puis passées au peigne. Attention aux ciseaux, que l'on peut avoir envie d'empoigner pour venir à bout de nœuds particulièrement rebelles ! Les utiliser serait faire de vilaines échancrures dans les crins, qui mettraient des mois à disparaître.

Toilettages particuliers

Pour participer à certaines compétitions, à certains défilés, carrousels ou à d'autres manifestations, on peut avoir besoin – ou simplement envie – de se présenter avec un cheval particulièrement bien toiletté. Mais, avant d'avoir la fierté de présenter sa monture, on doit entreprendre un long et minutieux travail, la veille de l'événement. En premier lieu, il est indispensable de laver les balzanes et autres marques blanches de la robe, avec du savon glycériné et une brosse douce humide. Après les avoir rincées, on les sèche soigneusement avec un chiffon doux.

Les crins de la queue, rarement très propres, sont aussi à laver de la même manière. Lorsqu'on les a rincés et soigneusement essorés, on n'a qu'un moyen de les faire sécher rapidement : empoigner la queue par sa racine et l'agiter.

Il existe de nombreuses façons de natter ou de tresser crinière et queue, qui tiennent à la fois de la vannerie et du matelotage. Certaines incluent l'utilisation de rubans, de plumes, de paille ou d'autres ornements.

Un cheval ainsi toiletté et natté doit passer la nuit à l'écurie, dans un box fraîchement paillé, pour éviter qu'il n'abîme son beau « costume » !

Il y a bien des raisons de panser un cheval du mieux qu'on le peut. Mais à toutes celles d'ordre hygiénique s'en ajoute une autre d'ordre affectif, mais tout aussi essentielle : l'animal aime être caressé, gratouillé, bichonné. En conséquence, il apprécie celui qui le bouchonne avec soin, qui défait les nœuds des crins de sa queue. Le panser, c'est donc, avant tout, commencer à établir un lien amical avec lui. Ce qui est important !

Panser le cheval, c'est nouer un lien particulier avec lui, et il n'est pas rare que, sans pour autant être mordeur ou énervé, le cheval mordille amicalement l'épaule ou la hanche qui se présente.

Présentation de prestige

On peut décorer le pelage d'un cheval, en y faisant par exemple un damier sur la croupe, comme le font les gardes républicains. La technique est simple. Il suffit de mouiller légèrement le poil et de le lisser par petites plaques, alternativement dans un sens et dans l'autre, avec une brosse imprégnée d'une substance collante comme la Gomina.

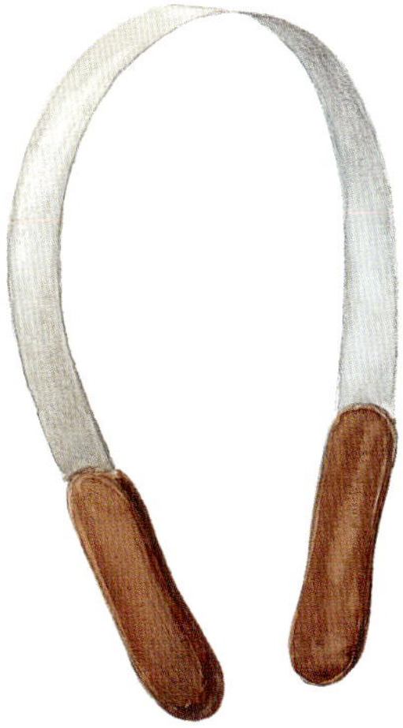

Les couteaux de chaleur, à lame flexible ou à manche, servent à enlever la sueur après un travail intense ou à éliminer l'eau après la douche.

LE SOIN DES PIEDS

« PAS DE PIED, PAS DE CHEVAL » VEUT L'ADAGE. ET RIEN N'EST PLUS VRAI. CAR QUE FAIRE D'UNE MONTURE BOITEUSE ET DONC MALHEUREUSE ? AUSSI LES PIEDS DE L'ANIMAL DOIVENT-ILS FAIRE L'OBJET D'UNE ATTENTION PERMANENTE : SOIN DE LA CORNE, MAIS AUSSI CHOIX ET SURVEILLANCE DES FERS.

LA POUSSE DE LA CORNE

Le cheval est un mammifère ongulé. Le terme est précis et juste, puisque ses sabots sont bien des ongles qui poussent constamment (d'environ 1 cm par mois). Libre dans la nature, l'animal sait parfaitement s'occuper d'instinct de la pousse et de l'usure de ses sabots. S'ils sont trop longs, il recherche les terrains durs, usants. À l'inverse, lorsqu'ils deviennent courts, il se déplace le moins possible, à l'économie, en choisissant autant que faire se peut les sols souples. Mais, lorsqu'il est sous la coupe des humains, il ne peut généralement plus entretenir sa corne à sa guise...

L'INVENTION DU FER

Jusqu'à l'invention du fer broché – cloué –, les sabots des chevaux ont posé des problèmes aux cavaliers. Car les animaux, ne pouvant se déplacer à leur gré, choisir leur terrain, et portant le poids d'un homme non prévu pour eux par la nature, usaient souvent très vite leurs sabots. Vers 400 av. J.-C., le général grec Xénophon donnait déjà une recette pour « durcir » les pieds des chevaux, qui consistait à les faire vivre dans des écuries au sol en pente pour évacuer l'urine, sur des pavés « de la taille d'un sabot ». Plus tard, les Romains, tout comme d'autres peuples, imaginèrent les hipposandales, sortes de semelles en cuir ou en métal qui s'attachaient sous les sabots. Mais le fer à clous, seul moyen d'utiliser le cheval sans s'inquiéter de l'usure de sa corne, n'a été imaginé que vers l'an 1000 chez les Celtes et les Gaulois. Cette invention a donc eu une importance capitale. Mais elle a aussi posé un nouveau problème : les fers empêchent la corne de s'user, donc avec le temps les sabots du cheval ferré s'allongent. Et, si on les laisse devenir trop longs, l'animal perd ses aplombs, souffre des tendons, marche mal et péniblement. Toutes les quatre ou cinq semaines au maximum, l'intervention du maréchal-ferrant est donc nécessaire, pour parer les pieds, les ramener à une longueur normale.

FERRER UN CHEVAL

Le bon maréchal est à la fois chausseur et orthopédiste. Aussi, avant de parer les pieds d'un cheval (éliminer la corne en excès), il le regarde marcher, afin de juger comment tailler la corne le plus judicieusement pour que l'animal ait les meilleurs aplombs possibles.
Il existe deux manières de parer et de ferrer. « À la française », le maréchal est aidé d'un teneur de pied. « À l'anglaise », il tient le pied lui-même tout en travaillant. C'est aux maréchaux de juger quelle est la méthode qui leur convient le mieux. Il en est d'excellents qui ferrent à la française, d'autres sont des virtuoses du ferrage à l'anglaise. Le maréchal commence par déposer les vieux fers. Utilisant sa mailloche et un vieux rogne-pied, il fait

Outils de ferrage :
1. Tricoises (tenailles).
2. Rogne-pied (lame affûtée).
3. Râpe à manche.
4. Râpe.
5. Rénette (ou rainette).
6 et 7. Marteaux à ferrer.
8. Mailloche.
9. Pince de forge
10. Fer (avant et après forgeage) et clou à brocher.

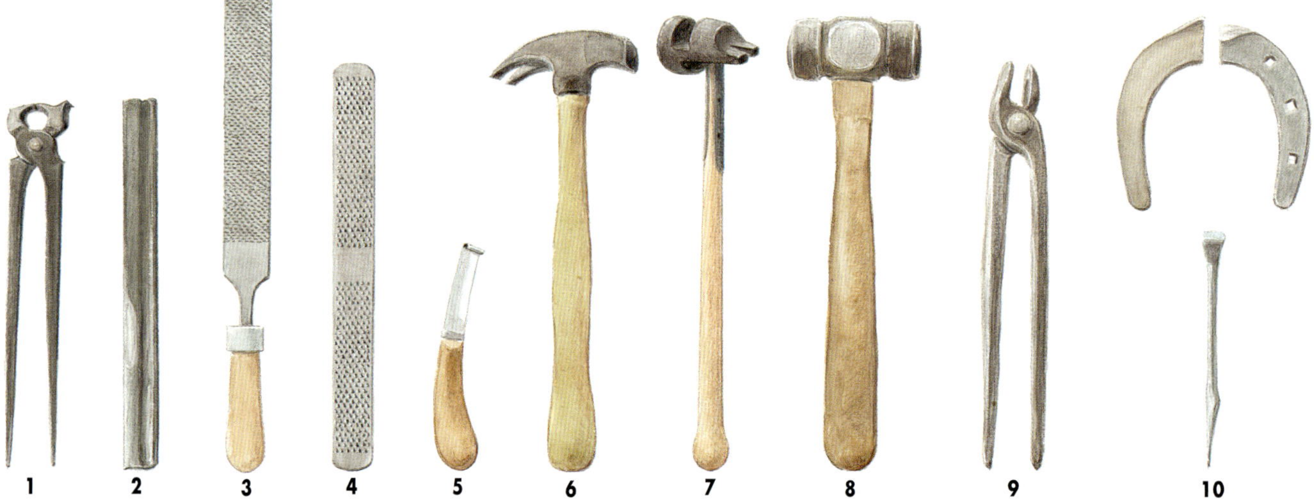

La ferrure au pré

Peut-on laisser un cheval ferré au pré ? Oui, sous certaines conditions.
S'il s'y trouve en compagnie d'autres chevaux, ce qui devrait toujours être le cas, il faut avoir la certitude qu'il ne risque pas de les botter. Car un coup de pied non ferré a rarement des conséquences graves, alors qu'un sabot ferré provoque presque toujours des blessures plus ou moins importantes. Si l'on a un doute sur le calme de l'animal, la solution est simple ; elle consiste à lui déferrer les postérieurs.
Autre question à se poser : le terrain n'est-il pas trop gras ? Si c'est le cas, il convient de déferrer entièrement l'animal. Car boue et terrains collants « sucent » les fers, les arrachent en faisant ventouse. Les professionnels connaissent bien le problème. C'est ainsi qu'on a pu constater à l'arrivée du prix France-Soir à Vincennes, en 1998, que le vainqueur de cette course de trot monté avait été déferré avant le départ de l'épreuve, parce que le terrain était très lourd.

d'abord sauter le bout rivé des clous. Puis il arrache le fer avec ses tricoises. Vient alors la partie la plus délicate de son travail, le parage. Au moyen de pinces coupantes et d'une rénette, ou plus souvent d'un rogne-pied et de la mailloche, il coupe le surplus de corne. Tout son art consiste à évaluer très exactement l'épaisseur qu'il doit enlever à chaque pied, pour que le cheval marche ensuite le plus aisément possible. L'opération terminée, il passe la râpe sur la surface d'appui du sabot, afin de bien l'égaliser.
Lorsque les fers déposés ne sont pas encore usés, le maréchal les rebroche, presque sans avoir à les rectifier. Mais, quand il s'agit d'en poser des neufs, il doit les mettre à la forme des pieds du cheval. Un proverbe veut que : « On tourne les fers à la forme des pieds, pas les pieds à la forme des fers. » Pour préparer des « chaussures » neuves au cheval, l'homme de l'art travaille soit « à chaud » – en chauffant le fer pour le mettre ensuite à la forme du pied –, soit « à froid ». Les deux méthodes sont bonnes, quelle que soit celle employée, le bon maréchal doit savoir poser des fers qui tiennent.

Attention aux clous

Une fois les fers à la forme des pieds, il faut les brocher. Les clous sont enfoncés au marteau dans la corne, à travers les trous prévus dans le fer (étampures). Ils comportent un « grain d'orge », une excroissance près de leur pointe qui est destinée à les guider vers l'extérieur du sabot. Et, pour que ce grain d'orge fasse son office, il doit être tourné vers le centre du pied, sinon le clou entrerait dans les chairs vives... Le point d'émergence du clou dans la muraille (paroi du sabot) a une grande importance. Sorti trop près du fer, il le tient mal en place et peut s'arracher en faisant éclater la corne ; sorti trop loin du fer, trop haut sur le sabot, il risque de comprimer ou de blesser les parties vives du pied...
La pointe des clous brochés est rabattue contre la muraille, puis sectionnée et enfin rivée, en utilisant mailloche et tricoises, ou encore la très efficace pince à river qui nous est venue des États-Unis. L'opération prend fin après quelques coups de râpe sur les rivets, pour qu'ils fassent le moins possible de saillies acérées sur la muraille. Une fois le cheval bien chaussé, il ne faut pas attendre

Une fois le pied déferré, le maréchal use du rogne-pied et de la mailloche pour enlever la corne abîmée par la ferrure précédente et le surplus dû à la pousse du sabot.

que ses fers s'usent, ou que la corne ait suffisamment poussé, pour appeler à nouveau le maréchal-ferrant. Il est indispensable de porter une attention permanente aux pieds du cheval.

Différents types de fers

Le chausseur qu'est le maréchal-ferrant dispose de nombreux modèles de fers, convenant à tel travail particulier du cheval, ou destinés à pallier un problème de pieds ou un autre. Sans faire un inventaire exhaustif, citons en quelques-uns.

Sur terrain glissant, les fers sont percés en talon de mortaises, pas de vis dans lesquels s'adaptent des crampons. Pour que le cheval ne se blesse pas, il est alors souvent muni de cloches protectrices. Pour éviter l'entassement de neige, un anneau de caoutchouc est fixé entre fer et corne.

Le fer de course est avant tout très léger, souvent en aluminium. Le fer à glace est percé d'étampures spéciales, dans lesquelles on peut visser des clous à glace. Véritable passe-partout, le fer antidérapant est muni d'une rainure qui protège les têtes des clous. Pour grossir les pieds d'un cheval à vendre et lui donner de la taille, on peut lui poser des fers « à la marchande », c'est-à-dire d'une grande épaisseur, ce qui n'est pas très honnête... Conçu pour le cheval encastelé (aux talons trop resserrés), le fer à pantoufle tend à écarter le pied. Il est bon de ferrer un cheval atteint d'une seime en pince (voir p. 185) d'un fer à seime comportant une échancrure, qui évite au pied l'appui en ce point sensible. En posant une plaque (de cuir ou de caoutchouc) entre le fer et le sabot, on protège une sole blessée.

On pourrait encore parler des innombrables modèles de fers en caoutchouc armé ou en plastique, qui pèsent moins lourd que ceux en métal et absorbent mieux les chocs. Ils ont été imaginés dans divers pays depuis des décennies, mais aucun n'est parvenu à détrôner l'économique et résistante ferrure métallique.

Entretenir la corne

Le cavalier impose bien souvent au cheval de vivre dans une écurie, c'est-à-dire les pieds plus ou moins au contact de son urine. Ce qui n'est pas fameux pour la corne... En dehors de maintenir la litière toujours aussi sèche que possible, on dispose de quelques moyens pour conserver les pieds du cheval en bon état.

D'abord, au moment du pansage, il est indispensable de curer les pieds, sinon le cheval peut mar-

Clou de rue et bleime

On parle de « clou de rue » lorsque la sole est traversée, perforée par un clou ou tout autre corps étranger qui pénètre dans une partie vive du pied (écharde, tesson de bouteille, etc.). Le cheval boite alors subitement bas et à l'arrêt garde son pied blessé au soutien. Il faut repérer la blessure, ce qui n'est pas toujours facile, tant la perforation peut être minuscule. Puis il faut retirer le plus rapidement possible le corps étranger s'il est resté dans le pied, au moyen d'une tenaille ou d'une pince. Il est indispensable d'appeler le vétérinaire qui juge de la gravité de la blessure et ordonne des soins en conséquence. Il recommande généralement la pose momentanée d'un fer à plaque par le maréchal-ferrant, pour éviter que la plaie ne soit souillée par de la terre ou de la boue durant la marche.

La bleime est une blessure moins grave puisqu'elle n'est qu'une contusion de la sole, due le plus souvent à un caillou, qui se coince entre la sole et le fer. Le cheval cesse généralement de boiter, ou boite moins bas, dès qu'on retire ce corps étranger. L'intervention du maréchal-ferrant, qui amincit à la rénette la corne à l'emplacement de la blessure et pose un pansement, suffit presque toujours à résoudre le problème. Si le blessé boite de plus en plus au cours des deux ou trois jours suivant l'accident, il convient de le faire examiner par le vétérinaire.

Pour limiter les risques de clous de rue et de bleimes, il suffit d'éviter les terrains à risques – rives caillouteuses de torrents, chantiers d'abattage de bois, etc. – et ralentir l'allure lorsqu'on se trouve dans l'obligation d'en traverser un.

cher longtemps avec de la paille imbibée d'urine coincée sous les sabots, ce qui leur est dommageable. Ensuite, pour entretenir la corne, il faut la graisser régulièrement, avec un des nombreux onguents disponibles sur le marché. Avec un pinceau, on frotte vigoureusement le produit sur la sole et la fourchette, puis sur la muraille, en insistant bien au niveau de la couronne, zone très sensible où la corne se forme.

À défaut d'onguent ou de goudron spécial, on peut utiliser une vieille recette efficace : frotter le sabot avec un morceau de couenne de bœuf. Bien qu'aucun vétérinaire n'ait pu expliquer pourquoi, cette graisse, passée quotidiennement le long de la couronne, favorise la pousse de la corne (certains chevaux ont des pieds qui poussent très peu et d'autres rapidement).

Certains pieds sont plus fragiles que d'autres. Les plus fragiles sont assez souvent ceux dont les sabots sont constitués de corne blanche, qui serait plus friable, plus sensible à l'humidité et aux attaques de diverses substances que la corne grise. Quelle que soit la qualité de la corne, la règle de base à suivre est simple. Si le cheval a les pieds trop secs, on doit les lui graisser régulièrement. S'il a les sabots qui s'amollissent, il faut le maintenir à l'écurie, les pieds au sec.

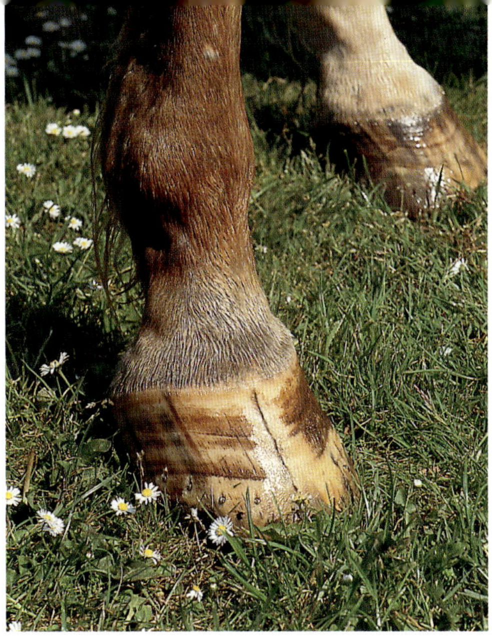

La seime est une fente longitudinale du sabot, entraînant à la marche un pincement des chairs sous-jacentes ; elle doit être rapidement « barrée » par le maréchal et soignée, au besoin par le vétérinaire.

La seime

La corne du sabot a la même origine anatomique que celle des poils et des crins. Elle est formée d'une masse de petits filaments parallèles collés les uns aux autres. Si pour une raison quelconque ces filaments se décollent, l'ongle, c'est-à-dire le sabot, éclate de haut en bas ou de bas en haut (voir « Le pied du cheval », p. 232). Il s'y produit alors une fissure, une seime, qui, dans un premier temps à peine gênante, ne tarde pas à pincer, à serrer les parties vivantes du pied et à faire souffrir plus ou moins douloureusement le cheval, donc à le faire boiter. Ce problème ne devrait pas apparaître chez un animal dont les pieds sont régulièrement graissés (au minimum deux fois par semaine). Sitôt la seime découverte, il faut faire intervenir le maréchal-ferrant, qui la « barre », c'est-à-dire pratique à la rénette une sorte de petite gorge au bout et en travers de la fente, l'empêchant ainsi de progresser. Il peut aussi amincir la corne sur les deux bords de la seime, pour que les chairs vives soient moins compressées et que le cheval cesse de boiter ou boite moins.

Il faut entretenir la corne. Une fois les pieds correctement curés et après un coup de brosse pour enlever les dernières matières adhérant au sabot, on passe, au pinceau, soit un onguent nourrissant pour pied normal, soit un onguent correcteur, adapté selon que la corne est trop sèche ou au contraire trop molle.

LES SOINS APRÈS LE TRAVAIL

PARCE QU'ON EST UN PEU LAS, ON PEUT ÊTRE TENTÉ, À LA FIN D'UNE SÉANCE D'ENTRAÎNEMENT SUR LA CARRIÈRE, D'UNE BALADE EN FORÊT OU D'UNE REPRISE AU MANÈGE, DE DESSELLER TROP VIVEMENT SA MONTURE ET DE LA RAMENER IMMÉDIATEMENT À L'ÉCURIE. CE SERAIT OUBLIER QU'ON LUI DOIT UNE CERTAINE CONSIDÉRATION ET QUELQUES SOINS BIEN MÉRITÉS.

LE MASSAGE DE LA SELLE

En mettant pied à terre, on dessangle immédiatement et on remonte les étriers. Ensuite, même si l'écurie est toute proche, on n'y mène le cheval qu'après l'avoir fait marcher au moins trois ou quatre minutes. Car il importe que la selle, maintenant quasi libre, masse son dos et y rétablisse une circulation normale.

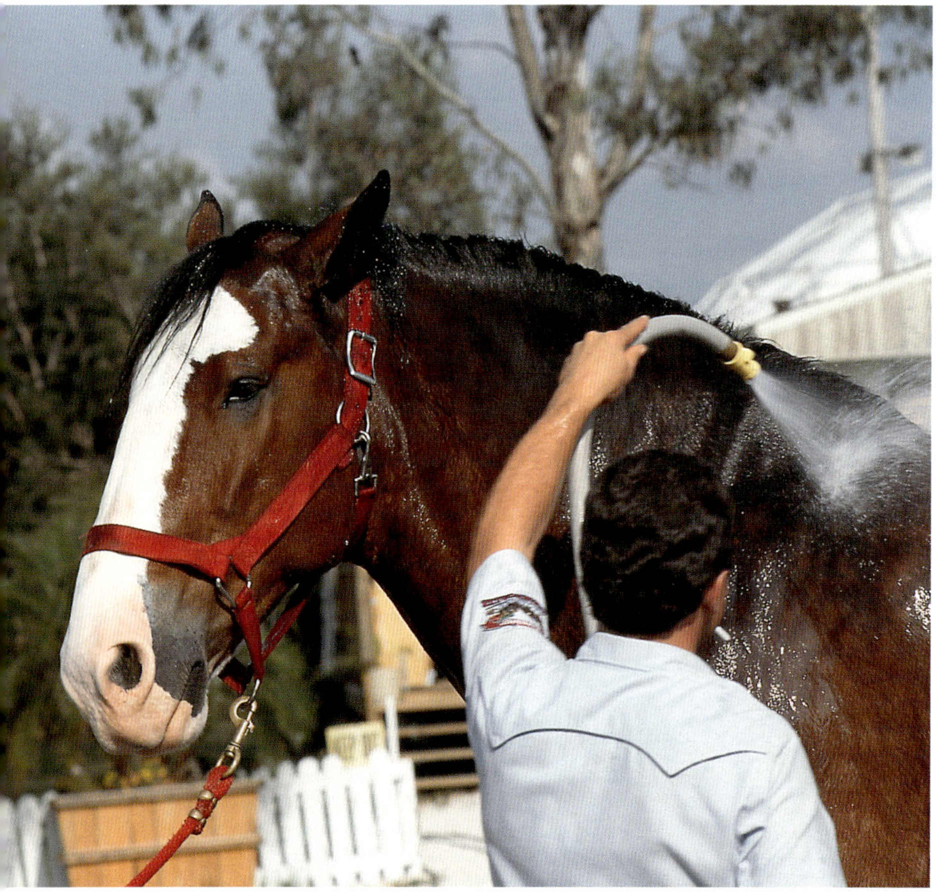

Doucher le cheval doit être un plaisir pour lui ; s'il est inquiet ou même seulement frileux, il faut se contenter de lui masser l'arrière des canons au jet.

C'est là un excellent moyen de prévenir la formation de gonfles (œdèmes), qui, même très petites et à peine visibles, seraient dommageables.

DÉBRIDER ET DESSELLER

Arrivé devant l'écurie, on commence par attacher le cheval, pour pouvoir s'occuper de lui librement. Pour cela, on lui attache le licol seulement par la têtière autour de l'encolure, puis on enlève la bride. Enfin, on passe le licol sur la tête sans lâcher la têtière mise sur la nuque.

Ce faisant, on regarde sa bouche, plus particulièrement à la commissure des lèvres, pour vérifier qu'elle n'a pas été blessée par le mors. Ensuite on enlève la selle, dont on tapote vivement tout l'emplacement, à nouveau pour prévenir la formation de gonfles. Par temps froid, on peut remplacer ce massage par un énergique bouchonnage (en vieux français, « bousche » signifiait poignée d'herbe). Il suffit de quelques poignées de paille pour éponger la sueur, activer la circulation et limiter les risques de mauvais refroidissement.

Sans recommencer à curer les pieds, il est souhaitable de les soulever pour juger rapidement de leur bon état et, par la même occasion, de tâter l'arrière des canons pour vérifier qu'ils ne sont ni chauds ni engorgés.

LA DOUCHE

Si la température le permet et que les membres du cheval en aient besoin (pour cause de fatigue, de boue collée, de tendons fragiles), on lui donne une douche. Mais, sauf en période de canicule, on ne passe au jet que les jambes. Pour que la douche soit efficace, bénéfique, elle doit être donnée du bas vers le haut des membres.

Dans le cas d'une très forte chaleur, on peut, sans aucun inconvénient, arroser la tête, le dos, la croupe, les crins du cheval – qui généralement apprécie fort. Mais, pour ne pas prendre le risque de déclencher certains troubles (coliques, etc.), mieux vaut ne pas mouiller la poitrine et le ventre de l'animal. Bien évidemment, il est hors de question de remettre à l'écurie, à l'ombre et peut-être dans une certaine fraîcheur, un cheval dégoulinant d'eau, en le condamnant à un refroidissement. C'est là qu'intervient le couteau de chaleur, inclus dans le sac de pansage (voir « Le pansage », p. 180). On utilise cette lame souple munie de deux poignées, en la passant sur les parties charnues du cheval dans le sens du poil, pour faire tomber l'eau du pelage.

Même après avoir été passé au couteau de chaleur, le cheval n'est pas entièrement sec. Aussi, il peut être nécessaire de le faire marcher un peu au soleil tenu en main, pour lui permettre de se sécher plus ou moins complètement.

Surveiller les tendons

Sur un cheval sain, les tendons sont froids et « secs » : en les palpant soigneusement entre le pouce et l'index sur toute leur longueur et leur épaisseur, on s'assure qu'aucune déformation n'est apparue sur les formations tendineuses.
On compare les sensations obtenues en faisant glisser simultanément ses mains sur les deux membres opposés pour repérer toute zone de chaleur anormale et évaluer son étendue. Déformation (« engorgement ») et chaleur sont les premiers signes de tendinite, c'est-à-dire d'une inflammation des tendons consécutive à leur élongation, voire à leur rupture partielle.
Cette affection survient le plus souvent à la suite d'un travail excessif ou prolongé, sur un sol trop profond ou avec une ferrure inadaptée. Plus rarement, elle fait suite à un coup ou à l'échauffement dû à des protections mal posées.
Lorsque les symptômes de tendinite apparaissent, il faut mettre le cheval au repos, doucher régulièrement les tendons atteints et contacter rapidement un vétérinaire. La prévention des tendinites passe avant tout par une bonne gestion de l'activité du cheval, dont les grands principes sont la régularité, le respect de l'échauffement et de la récupération, la pose de protections et une ferrure adéquate. Sur les chevaux sujets aux tendinites, les bandes de travail (posées comme des bandes de repos, mais seulement autour du canon) peuvent être utiles pour diminuer les contraintes mécaniques qui mettent la résistance des tendons à l'épreuve. Après une sollicitation importante, comme une séance d'obstacles en extérieur, on peut soulager les tendons par la pose de bandages de repos éventuellement imbibés d'astringent (eau blanche), ou par l'application de cataplasmes (terre armoricaine).

Dernier coup d'œil

Le cheval est prêt à retourner au box à condition que rien d'anormal n'ait été découvert chez lui. Dans le cas où l'on aurait repéré une atteinte, il faut commencer par la nettoyer et la désinfecter. Si la blessure semble importante, ou ne serait-ce qu'en cas de doute, il ne faut jamais hésiter à demander son avis et éventuellement son aide à un homme de cheval expérimenté.
Le cheval ramené dans son écurie ne doit manquer de rien. A-t-il à boire ? Son abreuvoir est-il propre ? Il suffit d'un coup d'œil circulaire pour se rendre compte que tout est en ordre. Si la pierre de sel est tombée, c'est bien peu de chose que de la ramasser. Quelques rapides coups de fourche permettent de remettre en ordre une litière inégale. En été, il faut s'assurer que la ventilation – haut de porte, lucarne, etc. – est correctement assurée. À la mauvaise saison, il faut en revanche se méfier de l'excès des arrivées d'air. Enfin, il ne faut pas oublier la distribution de carottes, de pommes, de pain ou de sucres à titre de récompense !

La pose des bandes de repos, qui descendent un peu plus bas sur le boulet que les bandes de travail, est assez délicate. Elles peuvent maintenir en place des compresses imbibées de liquide astringent.

Appliquez la bande sur la jambe en serrant suffisamment pour qu'elle ne glisse pas, mais sans gêner la circulation.

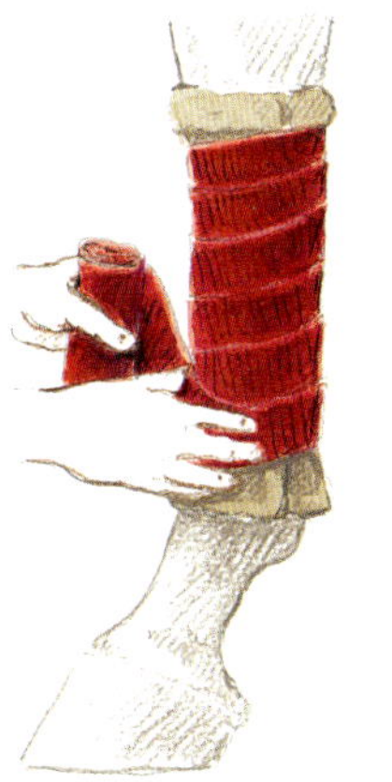

Commencez sous le genou et posez-la en diagonale en descendant vers le boulet, puis dans l'autre diagonale en remontant.

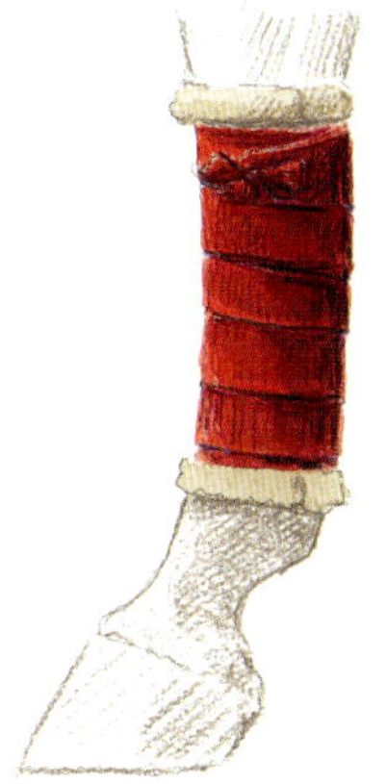

Nouez les rubans sur la face externe de la jambe pour que le frottement des membres ne les dénoue pas.

Les crevasses

Les crevasses ne se forment qu'au pli des paturons, surtout postérieurs (bien qu'exceptionnellement on en découvre parfois au pli du genou ou du jarret). À mi-hauteur entre le boulet et les talons, la peau est délicate, très souple et sans cesse pliée, froissée par les mouvements du pied au cours de la marche. Le froid, le soleil, les frottements de la terre, du sable ou du fumier arrivent parfois à l'éroder et à l'infecter. Elle devient alors rouge et douloureuse, puis elle suinte et se couvre d'humeurs coagulées, de petites croûtes d'un aspect vilain. Si le mal n'est pas découvert et soigné à temps, cette peau fine se fend longitudinalement et se boursoufle en masses quasi cornées et extrêmement sensibles. Le malade frappe sans arrêt le sol, cherche à gratter ses crevasses et boite en commençant à travailler. À ce stade, il faut chaque jour doucher les pieds atteints pour en faire tomber les croûtes, sans faire saigner, et pouvoir appliquer efficacement une pommade indiquée par le vétérinaire.
Certains chevaux sont sujets aux crevasses, tandis que d'autres n'en souffrent jamais, sauf s'ils vivent dans les pires conditions. Lorsqu'on a un cheval ayant tendance à développer ce type de lésion, deux précautions sont à prendre. En premier lieu, graisser régulièrement le pli des paturons avec de la vaseline pharmaceutique, et ensuite sécher soigneusement ces parties délicates, à la fin de chaque douche ou de chaque sortie dans l'humidité.

Les soins du poil

Comme les hommes, le cheval s'habille en fonction de la saison ! En fait, son pelage évolue selon les changements de température ; c'est la raison pour laquelle il parvient à résister aux froids les plus vifs, aux tempêtes de neige les plus glaciales et aux canicules les plus intenses – même s'il préfère le froid au chaud.

La pousse du poil

Dès les prémices de la mauvaise saison, le poil d'hiver commence à pousser chez tous les chevaux. Chez certains, il ne s'agit que d'une épaisse couche de poils relativement longs et serrés. Chez d'autres, sous cette protection assez rêche pousse un sous-poil très fin, qui peut finir par former comme une sorte de feutre sur la peau. Bien évidemment, ce sont ceux-là qui sont le mieux protégés des frimas et des bourrasques. Le poil de tous les chevaux ne pousse apparemment pas de la même manière parce que ces animaux savent s'adapter exactement aux conditions climatiques, et cela avec une rapidité étonnante. Des voyageurs qui traversaient la cordillère des Andes à cheval l'ont constaté. La géographie de ce pays est telle que, à certains moments, ils changeaient quotidiennement et très sensiblement d'altitude. Le matin, ils quittaient une torride vallée tropicale, à guère plus de 1 500 m d'altitude, où le mercure jouait entre les 30 et les 40 °C, pour se retrouver le soir à 4 000 m, où le thermomètre durant la nuit atteignait les -10 °C. Étonnamment, leurs chevaux ne pâtissaient nullement de ces énormes écarts de température, car ils parvenaient à modifier l'isolation fournie par leur pelage du jour au lendemain. Lorsqu'ils montaient et progressaient vers le froid, leur peau produisait immédiatement un efficace sous-poil, qui tombait au moindre coup d'étrille, sitôt qu'ils avaient regagné la chaleur étouffante d'une vallée.

La régulation thermique

Lorsqu'on sait cela, on ne peut plus s'étonner de voir un cheval transporté d'un pays chaud, où il est né et a toujours vécu, à un autre très froid, où il passe un premier hiver dans la neige, sans marquer le moindre étonnement ni avoir l'air de souffrir de la basse température. Son système pileux

Le poil d'hiver des chevaux rustiques se développe dès les premières nuits fraîches sous forme d'un sous-poil épais.

lui permet une adaptation quasi immédiate. À l'inverse, l'animal habitué à vivre dehors et par tous les temps tout au long de l'année auquel on fait soudainement regagner une écurie où la chaleur est douce ne produit plus, la mauvaise saison arrivant, qu'un poil d'hiver relativement peu fourni et isolant, sauf si on le remet dehors.

Si les chevaux sont extrêmement réceptifs aux variations de température liées aux saisons, ils sont en revanche dans l'incapacité totale d'anticiper celles que va leur imposer le travail demandé par l'homme. Et c'est là que leur poil d'hiver, quelle que soit sa densité, peut leur jouer de vilains tours. Monté par un cavalier et astreint à trotter et à galoper pendant une heure ou plus, le cheval transpire abondamment sous son vêtement d'hiver. Après quoi, même soigneusement bouchonné, il a du mal à réguler sa sueur en demeurant quasi immobile dans un box. Tenter de le faire sécher en le promenant en main prendrait très longtemps, lorsqu'il gèle et qu'il est vraiment trempé.

La tonte

Pour rétablir son équilibre thermique qu'il bouscule, l'homme a trouvé une solution : la tonte.

Il existe trois manières de tondre les chevaux, qui ne se pratiquent que lorsque le poil d'hiver est complètement poussé.

Celle dite « en chasse » est destinée aux chevaux de selle et de sport. On coupe tous les poils à la tondeuse, sauf ceux de la tête, des membres et de l'emplacement de la selle. Ces derniers amortissent le poids du cavalier et ne représentent qu'une faible surface à sécher à la main. Ce travail demande environ une heure.

Réservée aux chevaux de course de galop, la tonte « en manteau » ou « en sac » ne s'opère que sur les flancs de l'animal, en lui laissant les poils de la tête, du dos, du haut de l'encolure et des membres. Enfin, les chevaux de course de trot ont droit à la tonte « totale », qui ne leur laisse que les poils des jambes et de la tête.

L'homme peut bousculer la nature, mais pas en modifier le cours. Avec le temps, les poils coupés repoussent. Et il n'est pas rare qu'il faille procéder à une seconde tonte, vers le milieu de l'hiver.

On peut juger l'aspect du cheval tondu ridicule – pourtant certains trouvent cette tenue élégante. On peut aussi penser qu'en supprimant la protection naturelle du cheval on l'expose à bien des risques, mais un cheval en sueur laissé à lui-même dehors sait parfaitement rester en mouvement, augmenter son activité, et réguler ainsi sa chaleur musculaire, pour se sécher en échappant à tout refroidissement. On peut l'aider aussi en lui faisant porter une couverture, en dehors de son travail. Ce vêtement est une sorte de robe de chambre, qui doit épouser exactement le contour de l'encolure, couvrir le poitrail, sur lequel on le boucle, et être maintenu par un surfaix.

La mue du printemps

Avec le printemps et le radoucissement vient le temps de la mue, où le poil d'hiver tombe en laissant la place à un autre, plus fin et plus court. Pour juger à quel point les chevaux ont besoin de se débarrasser de leur vêtement d'hiver devenu inutile, il suffit de les observer au pré, se roulant plus fréquemment que d'ordinaire ; il suffit de constater quelles touffes de poils on découvre parfois le matin dans les boxes. C'est le moment d'aider les animaux, en jouant sérieusement de l'étrille et du bouchon durant les séances de pansage.

On pourrait penser que la pousse du poil dru d'hiver implique une transformation physique plus intense, plus éprouvante que celle liée à sa chute. Mais, curieusement, c'est exactement l'inverse. La mue s'accompagne souvent, surtout chez les chevaux qui travaillent, d'une baisse de forme assortie d'une certaine nonchalance. Cette brève période, qui dure de trois semaines à un mois, est réputée pour être celle où les chevaux « tombent sur les genoux »... En conséquence, tout au long de ce temps de mue, il est bon d'augmenter légèrement les rations et d'y inclure une petite poignée de graines de lin, énergétiques et reconstituantes.

La tonte n'est pas douloureuse pour le cheval ; en revanche, le bruit de la tondeuse peut inquiéter un jeune (surtout lorsque l'instrument approche de ses oreilles en haut de l'encolure).

Bon réflexe

Chez les chevaux qui ont couché au box depuis leur jeunesse, le réflexe de pousse du poil d'hiver s'est malgré tout un peu atténué et ils ne doivent pas être laissés au pré brutalement à la mauvaise saison, à l'occasion de leur retraite par exemple. Il est nécessaire la première année de les rentrer la nuit et, la deuxième année, de surveiller que leur poil d'hiver pousse à nouveau naturellement.

L'ALIMENTATION DU CHEVAL

IL EST GÉNÉRALEMENT ADMIS QU'UN CHEVAL « MANGE DE L'HERBE AU PRÉ ET DU FOIN ET DE L'AVOINE À L'ÉCURIE ». CE PRINCIPE DE BASE N'EST PAS SUFFISANT. POUR QUE L'ANIMAL SE PORTE BIEN ET SOIT APTE AU SERVICE QU'ON ATTEND DE LUI – SELLE, REPRODUCTION, COURSE, TRAIT, ETC. –, IL FAUT LUI APPORTER DES COMPLÉMENTS NUTRITIFS.

PLANTES ET HERBE

L'herbe est l'aliment naturel du cheval. Parmi les différentes espèces de plantes qui composent une prairie, il évite le plus souvent les toxiques, pour choisir et panacher celles qui lui sont bénéfiques. C'est toujours un spectacle fort instructif que de l'observer en train de brouter. Après s'être acharné sur une plaque de ray-grass, il en semble soudain dégoûté et ne veut plus que du trèfle, qu'il cherche avec obstination entre les touffes. Un moment plus tard, il paraît ne plus avoir de goût que pour de hautes tiges ligneuses. Mais, peu après, ses lèvres et ses dents tondent, apparemment sans distinction, un tapis de plantes les plus diverses. Il est visible que ce gourmet compose son repas !
On a parfois l'impression que les chevaux ne cessent de brouter, de manger, ce qui n'est pas tout à fait vrai. Car, comme ils ont un très petit estomac, ils mangent peu à la fois, mais, leur gros intestin (où s'effectue la part la plus importante de la digestion) étant très long, ils peuvent manger souvent.
D'un bout à l'autre de l'année, l'herbe a des valeurs nutritives extrêmement variables. Au printemps, les tiges qui font leur pousse comportent déjà des vitamines, mais sont surtout gorgées d'eau. De mai à juillet environ, l'herbe pousse « en graine ». Elle est alors le plus riche, le plus complète et le plus nourrissante.
C'est l'époque où les chevaux livrés à eux-mêmes dans la nature font des réserves en vue de la mauvaise saison. Au fur et à mesure que l'été s'avance, l'herbe perd ses graines, se dessèche petit à petit et perd ses qualités. Les premières gelées font disparaître ses vitamines et, tout au long de l'hiver, sa valeur nutritive est bien faible. De plus, elle ne repousse plus et est « labourée » par les sabots.
Les chevaux qui n'ont que cela à se mettre sous la dent durant la mauvaise saison perdent du poids, après avoir puisé dans leurs réserves. Ils attendent alors le printemps et la repousse...

À la fin de l'été, l'herbe a été broutée et il faut un complément de nourriture au cheval.

LEST ET ALIMENTS ÉNERGÉTIQUES

Une bonne pâture suffit pour nourrir correctement un cheval tout au long de l'année, mais à la condition qu'on ne lui impose pas un travail régulier trop fatigant. S'il vit au pré et qu'il soit souvent monté ou attelé, il doit recevoir quotidiennement le complément énergétique nécessaire pour lui permettre de faire son service.
La nourriture des chevaux domestiques qui ne vivent pas au pré se compose de lest et d'un complément énergétique. Le lest, c'est principalement le foin et la paille. Le complément énergétique, c'est surtout le grain.
Le lest constitue la base de la ration quotidienne. Lentement mais longuement, le cheval en ingère de gros volumes en mâchant soigneusement, ce qui

est indispensable au fonctionnement mécanique et glandulaire de son intestin, tout comme à l'efficacité de son transit intestinal.

Les fourrages

Dans les prairies naturelles poussent en permanence des herbes variées, avec une prédominance de graminées, dont les espèces varient en fonction du terrain, de l'exposition, de l'altitude, etc., donc de qualité variable (certaines zones, comme la Crau dans les Bouches-du-Rhône, sont réputées produire du fourrage de grande valeur). Pour engranger du foin, on fauche ces prairies généralement deux fois par an. La première coupe donne le foin proprement dit, qui est une excellente nourriture pour les chevaux. Avec la seconde, on obtient le regain, dépourvu de fleurs et de graines, dont la valeur nutritive est moindre. Donner du regain aux chevaux, qui ne l'apprécient guère, ne peut être qu'un pis-aller.

Les prairies artificielles sont des surfaces ensemencées soit en plantes d'un mélange calculé, soit avec une espèce unique (trèfle, luzerne, ray-grass, sainfoin, etc.). Dans le premier cas, si le mélange est équilibré, le foin récolté peut constituer une nourriture très satisfaisante. Dans le second cas, il n'est qu'un appoint, qui apporte aux chevaux des éléments manquant dans leur foin ordinaire.

La qualité d'un foin se juge d'abord à sa couleur. Plus il est vert, plus sa récolte a été faite dans de bonnes conditions (à la bonne époque, séchage correct, etc.). Ensuite, il doit dégager un bon arôme. S'il n'a aucune odeur, il s'agit d'une denrée mal récoltée, à laquelle la pluie a enlevé à la fois ses principes aromatiques et ses éléments nutritifs. Enfin, il ne doit pas être poussiéreux, ce qui serait signe de vieillesse et de désagrégation, ni présenter de signes de moisissure.

En complément du fourrage, lest traditionnel composé de foin et de paille, et du grain, il est pratique de joindre à la ration des granulés de luzerne déshydratée, voire des aliments « complets ». Attention, dans ce dernier cas, à l'équilibre entre apports nutritionnels et l'intensité du travail.

Ne pas oublier l'eau

Le cheval boit beaucoup (de 30 à 50 litres par jour en fonction de la chaleur et de sa nourriture), surtout si sa ration comporte beaucoup d'aliments secs : luzerne déshydratée, foin... L'idéal est donc qu'il ait de l'eau à sa disposition en permanence. Dans un box, le seau présente l'inconvénient d'être rapidement vide ou sale. Ce sont donc les abreuvoirs automatiques, à niveau constant ou à palette, qui doivent avoir votre préférence.

Au pré, l'eau courante, lorsqu'elle existe, est souvent très froide et d'accès délicat. Il faut donc prévoir de grands abreuvoirs, eux aussi à remplissage automatique.

La paille est plus un volume alimentaire qu'une véritable nourriture. Qu'elle soit de blé, de seigle, d'orge ou d'avoine importe donc peu, à condition cependant qu'elle soit de qualité. La mauvaise paille est sombre, terne, ou encore sent le moisi. Quantité de végétaux peuvent se substituer au fourrage classique, sur lesquels les chevaux ne font nullement la fine bouche. Les feuilles de charme et de saule se rapprochent des bons foins, tandis que celles de tilleul, d'orme et de vigne ont une composition proche de celle des luzernes. Riches en sucre, les roseaux et les tiges de maïs, tout comme la canne à sucre dans les pays chauds, sont toujours appréciés des chevaux. On pourrait encore citer les ajoncs et même certaines algues dessalées et séchées !

Les repas doivent être servis à heure fixe pour respecter l'attachement du cheval à ses habitudes. La grosse ration est à réserver pour le soir.

Les grains

Le grain qui constitue sans conteste le meilleur complément énergétique est l'orge, plus riche que l'avoine et moins excitante. De tout temps, c'est le grain qu'on a donné aux chevaux au Moyen-Orient, berceau de l'arabe, et en Afrique du Nord. C'est aussi celui que privilégient les Américains, particulièrement pour les champions d'endurance. Mais, s'il est donné brutalement à un cheval à l'herbe, il déclenche généralement des diarrhées. Il faut y habituer l'animal avec des rations progressives.
Le maïs est plus énergétique que l'orge ou l'avoine. C'est un grain dit « échauffant », très riche en apport calorique, qu'on ne peut distribuer aux chevaux qu'en hiver, saison durant laquelle il leur « tient chaud ». Il est assez pauvre en protéines, ce qui oblige à augmenter la ration de foin ; il ne convient donc pas à la jument portante ou allaitante, ni au jeune cheval en pleine croissance. En revanche, il est parfait pour remettre en état un cheval vieux ou fatigué. En dépit de bien des légendes, on peut le donner entier – sauf à des animaux souffrant des dents –, car la dimension des grains empêche le cheval de les avaler tout rond et l'on ne les retrouve pas dans son crottin.
L'avoine est avant tout un excitant. C'est le grain convenant aux chevaux de course, destinés à soutenir des efforts brefs mais très intenses. C'est celui que l'on distribuait autrefois à petite dose aux chevaux de trait, la veille d'une journée de

La maladie du lundi

Le nom savant de cette maladie est la myoglobinurie. Elle tient son appellation habituelle du fait qu'elle survient le lendemain d'un jour de repos. La manifestation en est que le cheval se fige, comme paralysé, en montrant des signes de violente douleur. Peu après, il évacue une urine couleur de porto, mais qui peut aussi être teintée de sang. Que s'est-il passé ? C'est que l'animal a reçu, la veille du jour de repos, une ration identique à celle qui est la sienne la veille d'un jour de travail. L'énergie qu'elle a apportée n'ayant pu être utilisée, les muscles surchargés ont pour ainsi dire explosé, libérant l'hémoglobine qui colore les urines ; ils se sont alors trouvés presque incapables de fonctionner.
Le cheval doit être immédiatement et totalement immobilisé. Il faut lui doucher reins et croupe, avant de les recouvrir de couvertures, et appeler d'urgence le vétérinaire. Le cheval doit boire de l'eau tiède abondamment, à la bouteille et de force si nécessaire. Si le vétérinaire intervient dans la journée, le cheval en sera quitte pour passer quelques jours désagréables, avant de retrouver une existence absolument normale.

La conservation du foin et de la paille n'est pas aussi simple qu'il y paraît : ils doivent être entreposés dans un endroit sec et surtout bien aéré. Il faut les utiliser dans l'année, sinon ils risquent de s'empoussiérer. Contre les rongeurs et leurs nids, c'est encore le chat la meilleure protection !

labour, pour les rendre un peu plus vifs. Mais il vaut mieux l'éviter, car, donné en trop grande quantité, il devient toxique à partir d'un certain seuil fort délicat à définir.
Quant au blé, dur à mâcher et très « échauffant », il est à proscrire.
Tout bon grain est dépourvu de véritable odeur et non mêlé d'impuretés ou de graines inconnues.
On peut donner les grains entiers ou passés à l'aplatisseuse, qui les fait éclater. Cette opération permet aux chevaux ayant des problèmes de dents, comme aux gloutons avalant tout rond, de mieux digérer leur ration. Il faut savoir que le grain aplati double de volume et le distribuer en conséquence. Une fois aplati, le grain doit être consommé aussi vite que possible, car, au contact de l'air, les vitamines qu'il contient disparaissent rapidement.

Les aliments industriels

Complément énergétique particulier : les aliments industriels, les granulés. Il en existe un très grand nombre, de composition variable, distribués par des marques diverses. Certains sont « complets », d'autres « complémentaires », d'autres encore ne sont constitués que d'une plante déshydratée, la luzerne par exemple. Ces produits présenteraient, selon des vétérinaires, l'inconvénient de constituer dans l'intestin du cheval une pâte ne jouant pas le rôle de desquamation que jouent la paille ou le foin, et donc nuisant au transit intestinal. Cependant, certaines montures de valeur ne sont nourries qu'avec des aliments industriels.

Problèmes de dents

Comment manger, écraser le grain avec des dents en mauvais état ? Si les chevaux souffrent rarement de caries, ils sont parfois très gênés par un autre problème dentaire : les surdents (voir p. 223). Il s'agit de petites pointes qui se forment à la surface des molaires, écorchent les joues de l'animal et le forcent à conserver entre ses joues et ses molaires un peu de nourriture comme tampon. Ce mélange fermente alors, en dégageant une odeur extrêmement désagréable. Le cheval souffrant de surdents ne parvient pas à manger autant qu'il en aurait besoin, aussi appétissante et abondante que soit la nourriture, et il maigrit.
Pour examiner sa denture, on lui introduit deux doigts à hauteur des barres, puis on saisit sa langue que l'on écarte. En pleine lumière, on peut alors inspecter les dents, les gencives et l'intérieur des joues. S'il s'avère que le cheval souffre bien de surdents, l'intervention du vétérinaire est indispensable pour les limer (certains maréchaux-ferrants effectuent aussi ce travail). Ensuite, l'animal retrouve tout son appétit en un ou deux jours.

Autres compléments

Le cheval doit toujours avoir à sa disposition du sel, sous forme de pierre à lécher ; il lui est indispensable pour digérer les protéines. Des vitamines en granulés, vendues chez le vétérinaire ou le marchand de grain, sont incluses régulièrement dans sa ration, surtout durant la mauvaise saison s'il vit au pré. Et, pour que ses intestins ne soient pas infestés de parasites, il est impératif de le vermifuger au moins au printemps et à l'automne.

En tenant compte des besoins du cheval et du travail qu'il doit fournir, on peut ajouter, momentanément, certains éléments à sa ration de grain. Riches en vitamines, laxatives et diurétiques, les carottes, que les chevaux adorent, se distribuent en morceaux ne risquant pas d'obstruer l'œsophage, à raison de 1 ou 2 kg par jour. Les betteraves, légumes de haute valeur énergétique, peuvent être données dans les mêmes quantités. Les tourteaux, restes des oléagineux après extraction de l'huile, très riches en protéines et en matières grasses, se mélangent émiettés au grain ou au foin en petite quantité, en ration plus importante pour un animal atteint de maigreur.
Le sucre, presque immédiatement transformable en énergie, est un excellent additif avant les compétitions, qu'il soit sous forme de poudre, de miel ou de mélasse.

Distribution des repas

Généralement, les chevaux font chaque jour deux repas principaux, le matin et le soir. Cependant, dans les cas de très grande dépense physique, le nombre des repas peut être porté à quatre, cinq ou même six par jour.
Les aliments servis au cheval doivent l'être dans un ordre précis, afin d'éviter des problèmes stomacaux et intestinaux. On le fait d'abord boire, puis on lui donne le grain et enfin le foin. La nourriture étant mieux digérée après le travail et le grain ne faisant sentir ses effets qu'au bout d'une douzaine d'heures, c'est le repas du soir qui doit être le plus important.
Lorsqu'on donne le picotin en extérieur – dans le cas d'un rallye, d'une randonnée, etc. –, c'est une erreur de verser le grain à même le sol. Car le cheval pourrait alors avaler de la terre et souffrir un peu plus tard de coliques de sable.
Pour éviter ce risque, il suffit de prévoir une musette mangeoire, grâce à laquelle l'animal non seulement n'avalera pas de terre, mais de plus mangera sa ration sans en perdre un grain. On peut acheter ce genre de musette chez la plupart des selliers, cependant il est aussi facile d'en bricoler une, dans un sac de jute, par exemple.

Les repas spéciaux

Certains chevaux ayant des problèmes alimentaires, ou convalescents, peuvent avoir besoin, une, deux ou trois fois par semaine, de « plats » spéciaux, les mashes, trempages dont la composition varie selon le cas à traiter ; ils sont dits « rafraîchissants » car, reposants pour l'estomac, ils redonnent de l'appétit.
Pour les chevaux de taille et de poids moyens, fatigués, maigres ou d'appétit capricieux, on mélange 200 g de foin haché, 200 g de paille hachée, 0,75 litre d'avoine aplatie, 80 g de farine d'orge, 1 litre de son et 10 g de sel pour un repas.
Pour les chevaux atteints d'entérite, la recette est la même, mais additionnée de 100 g de graines de lin et de 30 g de sulfate de soude.
Pour les chevaux en entraînement intensif et les poulinières, une ration quotidienne (à distribuer en deux ou trois fois) consiste en 2 litres d'avoine concassée, 2 litres d'orge concassée, 2 poignées de graines de lin, 4 litres de son, 200 g de paille hachée, 200 g de foin haché et du sucre à volonté.
Pour préparer un mash, il faut faire tremper les graines de lin pendant 24 heures, puis les faire bouillir. Ensuite, on place dans un seau le grain aplati, le foin et la paille hachée, sur lesquels on verse 4 litres d'eau bouillante. Il ne reste alors plus qu'à ajouter le reste des ingrédients, à recouvrir le seau et à laisser macérer jusqu'à refroidissement. On sert le tout bien mélangé.

Rations journalières

Quelle est la ration dont un cheval a quotidiennement besoin ? Tout dépend d'abord du cheval lui-même, qui appartient à une race ou à une autre, est petit ou grand, gourmand ou délicat, toujours gras ou ayant tendance à la maigreur, enflant bien qu'il mange peu ou au contraire ne prenant jamais de poids quelle que soit la nourriture qu'il avale. La ration dépend aussi du travail qui est demandé à l'animal : un cheval qui débarde le bois dans la forêt dépense plus d'énergie qu'un

Éléments utiles

Tableau des éléments utiles au cheval, par type d'aliment courant
en grammes par kilogramme d'aliment, sauf UFC (unité fourragère corrigée)

	UFC/kg	MAD	CB	Ca	P
Betterave fourragère	0,2	60	15	0,5	0,4
Carotte	0,2	58	15	5	1
Paille	0,3	0	400	3	1
Foin	0,5	50	300	6	3
Luzerne	0,6	100	250	13	2
Blé	1,05	90	20	0,8	4
Orge	1	80	60	0,6	3
Avoine	0,9	75	130	1	4

MAD : matière azotée digestive ; CB : cellulose brute ; Ca : calcium ; P : phosphore

Besoins journaliers

	Ration « type »		Besoins théoriques journaliers d'un cheval de 500 kilogrammes					
	Foin/luzerne (kg)	grains (kg)	UFC	MAD (g)	CB (g)	Ca (g)	P (g)	Sel (g)
Entretien	6	2	5,5	360	2 000	27	15	40
Travail léger	5	4	7	400	1 900	28	16	60
Travail soutenu	4	6	8	600	1 800	30	17	80

Le total des deux couvre les besoins théoriques

autre qui n'a qu'à se promener au pas. La saison et la température ont également leur importance, car, en hiver, un bon nombre de calories sont brûlées simplement pour se défendre du froid. Enfin, il est impossible de ne pas tenir compte de la qualité et des propriétés des aliments distribués. De tout cela, il découle que la ration de chaque animal varie fréquemment et qu'il est impossible de la définir autrement qu'à tâtons. Certes, bien des études ont été menées sur le sujet, à la suite desquelles ont été publiées des données chiffrées. Mais les rations indiquées comme équilibrées par tel chercheur diffèrent sensiblement de celles préconisées par tel autre. Ces chiffres ne sont que des moyennes et correspondent aux besoins d'un hypothétique cheval « moyen ». Ils doivent être considérés comme des indications pouvant aider à définir la ration journalière d'un cheval particulier, en faisant preuve de bon sens.

Les apports des aliments

Bien que chaque cheval ait des besoins particuliers en fonction de sa race, de sa taille, de son âge, de son travail, de sa physiologie (jument pleine, allaitante...), il a été établi des correspondances énergétiques entre les différents aliments, pour un éventuel calcul théorique des rations (voir tableau p. 194). Ces correspondances sont appelées « unités fourragères » (ou « énergétiques »), corrigées pour les chevaux par rapport aux ruminants (abréviation UFC). Une UFC est la quantité d'énergie utile (environ 2 700 cal) apportée par 1 kg d'orge. De même, les apports en protéines (ou en « matière azotée digestive », MAD), en cellulose brute (CB) pour le lest, en calcium (Ca) et en phosphore (P) peuvent être évalués de façon moyenne. Attention, un aliment de bonne qualité peut contenir deux à trois fois plus d'éléments et d'énergie utiles au cheval que le même aliment mal récolté ou bien encore mal conservé.

Les grains et les granulés se mesurent souvent en litres ; 1 litre = 2 kg (mais 1 kg seulement pour les grains concassés).

Le foin est désormais une denrée rare dans nos pays industrialisés et à agriculture intensive ; aussi les râteliers restent-ils souvent vides. Les chevaux trouvent alors le lest indispensable à leur digestion en mangeant leur litière, lorsqu'elle est en bonne paille de blé.

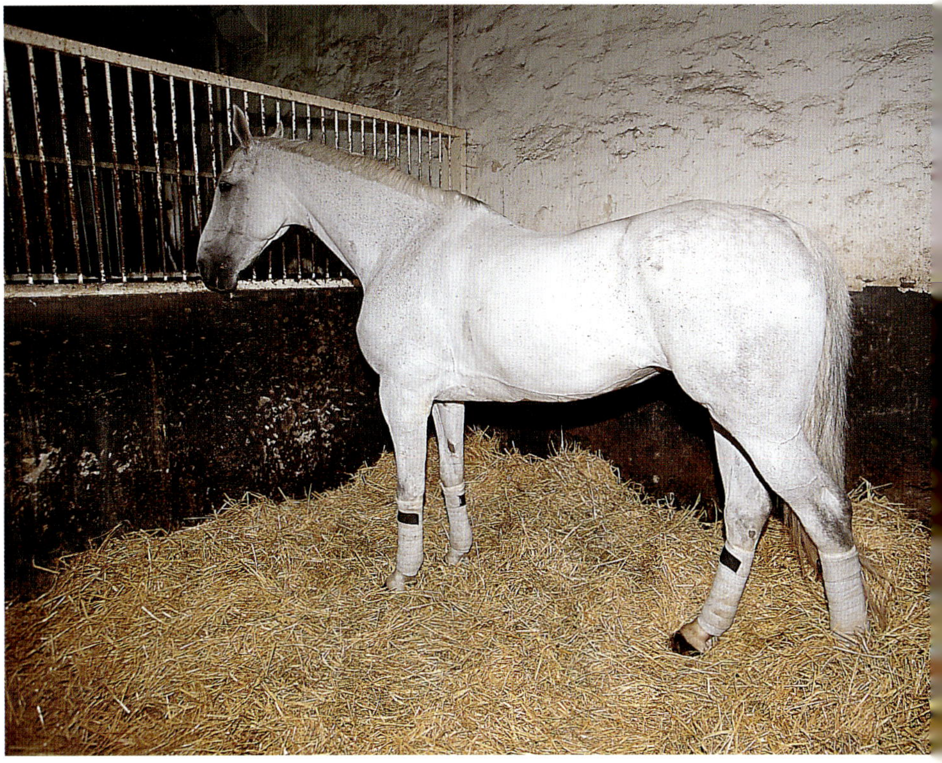

Plantes toxiques pour le cheval

Grande ciguë
Conium maculatum

Laurier-rose
Nerium oleander

Les intoxications végétales sont relativement rares chez le cheval. Toutefois, malgré l'adage selon lequel le cheval ne consomme pas les végétaux toxiques pour lui, il convient de connaître les plantes le plus souvent mises en cause afin d'éviter les accidents.

L'intoxication digestive peut provenir de la consommation du feuillage de certains arbres, voire de leurs fruits (glands du chêne).

Les causes d'intoxication

Les intoxications peuvent survenir soit par ingestion directe de la plante, soit par consommation de foin contaminé par des végétaux toxiques. Dans ce dernier cas, les intoxications évoluent plutôt sur un mode chronique, par consommation répétée de foin contenant une proportion assez forte de végétaux toxiques.
La plante la plus toxique est l'if. L'intoxication par l'if, parfois dénommée, à l'époque de la traction hippomobile, « maladie du cheval de corbillard » en raison de la présence fréquente des ifs dans les cimetières, ne se traduit généralement par aucun signe avant-coureur ; le cheval meurt brutalement, dans les minutes qui suivent l'ingestion des rameaux de cet arbuste. Toutes les parties de la plante sont toxiques. On constate que les intoxications surviennent plus volontiers en automne et en hiver. La dose mortelle est de 0,5 à 2 g par kg (soit, pour un cheval de 500 kg, 250 g à 1 kg).

Les principaux symptômes

Beaucoup d'autres plantes sont également toxiques. Il serait fastidieux d'en faire une liste exhaustive. Nous nous contenterons donc de les regrouper en fonction des symptômes dominants, mais non exclusifs, de l'intoxication.
Les plantes qui provoquent des symptômes digestifs sont les suivantes : genévrier sabine, thuya, glands du chêne, phytolaque, cytise aubour, daphné, grande ciguë, laurier-rose, séneçon de

Thuya
Thuja occidentalis

Chêne pédonculé
Quercus robur

Troène
Ligustrum vulgare

If
Taxus baccata

Fusain
Fusaginem

Moutarde
Sinapis arvensis

Séneçon de Jacob
Senecio Jacobea

Aconit
Aconitum napellus

L'intoxication digestive peut être provoquée par l'ingestion du feuillage de buissons ou de fleurs.

Des symptômes cardiaques sont caractéristiques d'une intoxication par la digitale ou le lierre.

Digitale
Digitalis purpurea

Lierre terrestre
Glechoma hederacea

Jacob, aconit, mercuriale, ricin, fusain, bourdaine, potentille, moutarde, ravenelle, roquette des vignes, troène et gui. Dans la plupart des cas, c'est le feuillage qui est toxique, sauf pour l'aconit (racine), le daphné (écorce) et le chêne (fruit).
Les plantes qui occasionnent des symptômes nerveux sont les suivantes : prêle, ivraie, aristoloche, buis, gesse, robinier (faux acacia), lupin, ciguë aquatique, belladone, jusquiame et datura. Là encore, c'est le feuillage qui est toxique, sauf pour le robinier (écorce) et la ciguë (tubercules).
Les plantes qui provoquent des symptômes cutanés (photosensibilisation) sont les suivantes : sarrasin, millepertuis, vesce, le trèfle hybride et le trèfle blanc en cas de consommation exclusive. La farine de sarrasin n'est pas toxique. La partie toxique de ces plantes est la partie aérienne, c'est-à-dire les tiges, les fleurs et les feuilles. Ces plantes entraînent des lésions chez les chevaux à robe claire et surtout dans les zones « blanches » (balzanes, en-tête, etc.). Les symptômes cutanés peuvent être associés à des symptômes digestifs et parfois nerveux. La première des choses à faire pour ce type d'intoxications est de mettre le cheval à l'ombre.
Les plantes qui provoquent des symptômes cardiaques sont la digitale et le lierre terrestre, par leur partie aérienne. Lors d'intoxication par ces plantes, il convient en tout premier lieu de laisser le cheval dans un calme absolu et de ne pas lui imposer de se déplacer.

Traitement et précautions

Dans la majorité des cas, le traitement de ces intoxications est purement symptomatique. Il n'existe pas d'antidote spécifique. Quelques exceptions sont cependant à noter, comme l'administration de vitamine B1 lors d'intoxication par la prêle, par exemple.
Dans tous les cas, il convient également de modifier le régime alimentaire. Ces intoxications ne sont pas toujours mortelles, fort heureusement. Néanmoins, l'intervention du vétérinaire est habituellement nécessaire.
Un autre cas de figure doit aussi être envisagé : on connaît depuis une dizaine d'années une maladie dénommée « maladie de l'herbe », ou « grass sickness », qui survient sans cause apparente, chez des chevaux à l'herbe et se traduit par des coliques sourdes (sans crise extrême) évoluant le plus souvent vers la mort. À l'heure actuelle, les mécanismes de cette « intoxication » ne sont pas élucidés. Enfin, il faut parfois se méfier des aliments eux-mêmes ! En effet, les aliments très énergétiques (granulés, blé, orge, avoine...), s'ils sont consommés goulûment et en quantité excessive, peuvent avoir des effets néfastes, parfois mortels.

La photosensibilisation par certaines plantes provoque chez le cheval des lésions cutanées lors de son exposition au soleil.

Jusquiame
Hyoscyamus niger

Belladone
Atropa belladonna

Datura
Datura stramonium

Millepertuis
Hypericum perforatum

Robinier
Robinia pseudoacacia

Prêle
Equisetum

LA SELLERIE

LE TERME SELLERIE DÉSIGNE LA PIÈCE OÙ SONT RANGÉS LES HARNACHEMENTS, MAIS AUSSI L'ENSEMBLE DE CEUX-CI, VOIRE MÊME (ASSOCIÉ À LA BOURRELLERIE) L'ART DE LES CONFECTIONNER. TOUT CAVALIER DOIT CONNAÎTRE CES HARNACHEMENTS ET SAVOIR LES ENTRETENIR.

PREMIER COUP D'ŒIL

Dans une sellerie modèle et bien ordonnée, les selles sont rangées sur des porte-selles fixés aux murs. Les brides, colliers de chasse, bricoles et autres accessoires sont accrochés soit à un autre mur, soit près de chacune des selles, avec lesquelles ils constituent le harnachement d'un cheval particulier, dont le nom est précisé sur une étiquette. Cette personnalisation est due au fait qu'une selle et une bride s'adaptant à la morphologie d'un cheval ne conviennent pas toujours à un autre. Et il existe presque une infinité de types et de modèles de selles.

La majorité de celles qui sont visibles dans la sellerie, utilisées pour pratiquer la quasi-totalité des activités équestres, sont anglaises parce les Anglais ont exporté et quasiment imposé partout dans le monde ce type de selle, imaginé seulement au XIXe siècle pour sauter à la chasse.

La selle Danloux, utilisée pour le saut d'obstacles, comporte des bourrelets saillants destinés à caler la cuisse du cavalier, à la différence de la selle anglaise plus classique.

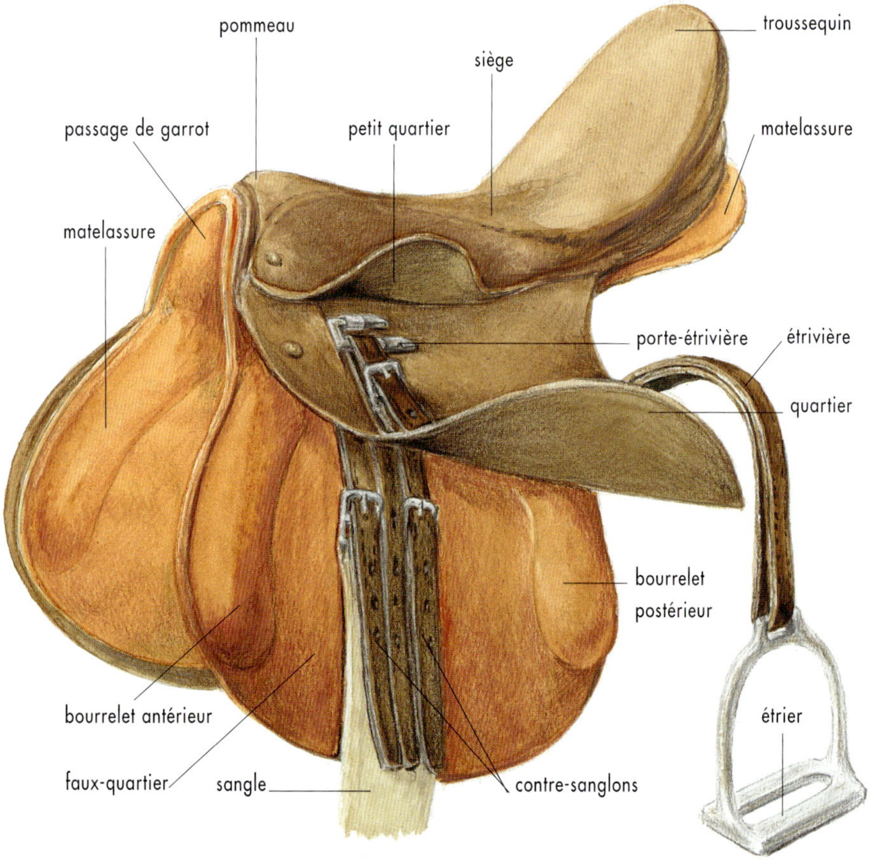

LES DIFFÉRENTES SELLES

Il existe bien des modèles et des dérivés de la selle anglaise, comme la Danloux, dotée de bourrelets pour maintenir la jambe, ou la Toptani, qui se veut polyvalente. Tous ont l'avantage d'être légers (environ 5 kilos, contre 10 à 15 pour une selle américaine), mais présentent aussi cet inconvénient de n'avoir qu'une faible surface portante au niveau de la matelassure, ce qui fait reposer le poids du cavalier sur une étroite partie du dos du cheval. Les arçons, armatures internes de tous ces modèles, comportent deux lames longitudinales parallèles à la colonne vertébrale du cheval et reliées par deux arcades métalliques formant l'ossature du pommeau et du troussequin. Ainsi la selle ménage une « gouttière » longitudinale et ne repose jamais sur la colonne vertébrale. Ces arçons sont en bois ou en métal, parfois en plastique. Les contre-sanglons et les porte-étrivières sont fixés à l'arçon.

– **Les selles de randonnée** sont souvent inspirées de la selle d'armes, elle-même plus ou moins calquée sur la selle anglaise. Elles sont cependant faciles à reconnaître à leurs quartiers plus larges, aux longues lames longitudinales de leur arçon – leur donnant une plus vaste surface portante, ce qui permet sans inconvénient de charger lourdement le cheval – et aux dès (anneaux métalliques, surtout au troussequin) destinés à arrimer le paquetage. Bien d'autres selles sont adaptées à l'équitation de randonnée, telle la MacLellan de la cavalerie américaine, ou d'autres encore, mises au point par des selliers, souvent avec beaucoup d'imagination, d'astuce et de savoir-faire.

– **La selle américaine**, ou selle western, a été conçue pour travailler le bétail autant que pour voyager. Il en existe une infinité de modèles, mais elle est toujours dotée de deux sangles, qui se serrent au moyen d'un « nœud de cravate ». La première entoure normalement la poitrine du cheval, tandis que la deuxième, passant sur son ventre, est destinée à empêcher la selle de basculer vers l'avant, lorsque le cow-boy a attrapé un animal avec son lasso, qu'il attache alors à la corne du pommeau (attention ! serrer cette seconde sangle c'est voir le cheval se lancer dans des sauts de rodéo !). Présentant en voyage une foule d'avantages pour seulement deux petits inconvénients – son poids et une position de jambe souvent peu

efficace –, cette selle a la faveur des adeptes de l'équitation américaine – évidemment – mais aussi de bien des randonneurs.
– **La selle d'endurance** comporte bien des modèles différents, mais qui ont tous trois points communs. Ils sont d'abord légers, car il importe de charger le cheval d'endurance au minimum. Ils sont dotés d'une surface portante importante, qui évite de mettre à mal le dos de la monture, au cours de très longues et éprouvantes chevauchées. Enfin, ils sont munis d'étriers à large planche, qui permettent au cavalier d'effectuer de longs moments de trot ou de galop en suspension, sans souffrir des pieds.
– **La selle de voltige** en ligne droite est plus rare. Proche de celle des Cosaques, son siège est un véritable coussin et elle est munie au pommeau d'une poignée verticale, permettant au voltigeur d'effectuer quantité d'acrobaties.
– **La selle « à cornes »**, ou à « fourche », est spécifique à la monte en amazone qui, bien que relativement rare aujourd'hui, a de plus en plus d'adeptes. Elle est réservée aux dames montant les deux jambes du côté gauche du cheval. La corne supérieure, pointée vers le haut, est destinée à appuyer la jambe droite par le dessous du genou, l'autre, dirigée vers le bas, permet à la jambe gauche de ne pas décoller.
– **La bardette** est une selle sans arçon qu'utilisent souvent les petits cavaliers montant des poneys. Il s'agit en fait d'une sorte de tapis de selle en cuir ou en feutre, ayant la forme d'une selle, et supportant étrivières et étriers.
– **La selle camarguaise**, bien française, mais toujours faite sur mesure et en cela coûteuse, est peu utilisée en dehors de sa région d'origine. Son pommeau et son troussequin enveloppant le cavalier constituent un moyen de tenue identique à celui dont disposaient les chevaliers d'antan, qui combattaient à la lance, encastrés dans leur selle « à piquer ». Ce qui n'est que logique, puisque les gardians utilisent leur trident comme une lance, pour pousser les taureaux. Confortable et agréable, la camarguaise est destinée à la pratique d'une équitation particulière, sur terrain plat.

Des selles particulières

On ne risque guère de trouver dans notre sellerie ces quelques selles qui sont destinées à la pratique d'équitations particulières, avec des chevaux et sur des aires d'évolution qui le sont tout autant.
– **La selle de jockey** doit avant tout être légère comme le cavalier lui-même. Aussi ce dernier utilise-t-il une sorte de mini-selle anglaise, ne pesant parfois que quelques centaines de grammes.
– **La selle mongole**, imaginée il y a plus de mille ans, doit permettre à des hommes d'un poids certain de monter efficacement des chevaux de petite taille. Ses principales caractéristiques sont des lames d'arçon très longues, répartissant bien le poids du cavalier, et un siège placé 10 ou 15 cm au-dessus du dos du cheval, dont il libère le dos.
– **La selle arabe**, que chacun connaît pour l'avoir vue sur les chevaux des cavaliers de fantasia comporte un pommeau et un troussequin hauts et étroits. Imaginée par les Bédouins vivant au pays des sables, elle a un air de famille avec la *rahla*, selle de chameau. Ce qui n'ôte rien à sa valeur !
– **La selle du gaucho**, le *recado* argentin, est constituée de deux boudins de roseaux en guise d'arçon, recouverts par de nombreuses pièces de cuir et de peau de mouton, maintenues par des sangles

La selle western a une « corne » au-dessus du pommeau, un troussequin relevé, une sangle principale en corde sous une large étrivière à étrier de bois et une sangle arrière qui ne doit pas être trop serrée.

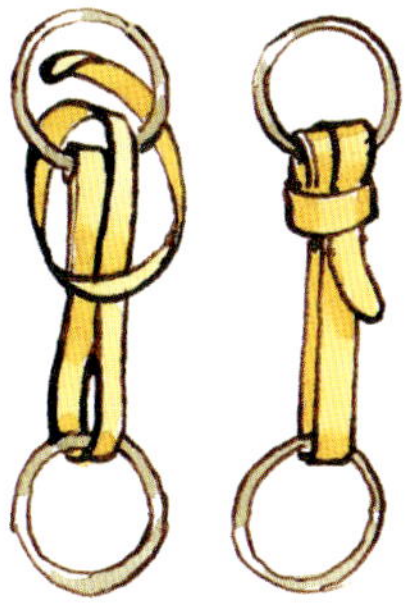

Le nœud de cravate permet d'ajuster les sangles de la selle américaine.

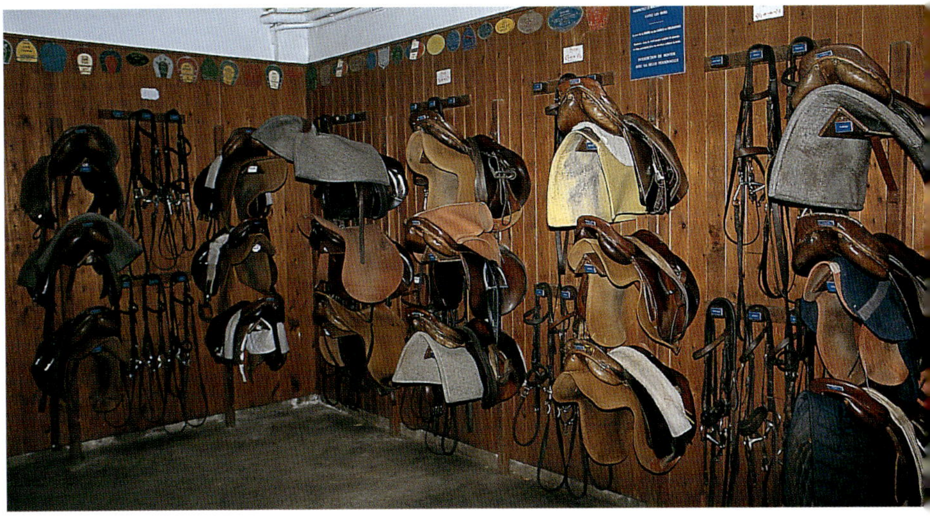

Dans un club, chaque cheval a une selle et un bridon qui lui sont attribués spécifiquement, car adaptés à sa morphologie et à son caractère. La sellerie est alors aménagée pour que les affaires de chaque monture soient identifiées (par des étiquettes) et placées ensemble à une place fixe.

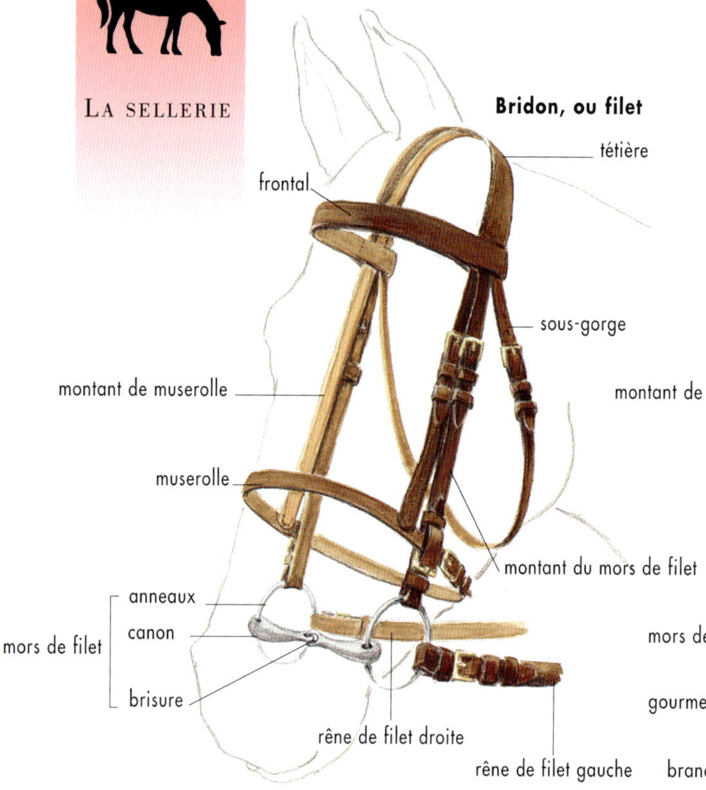

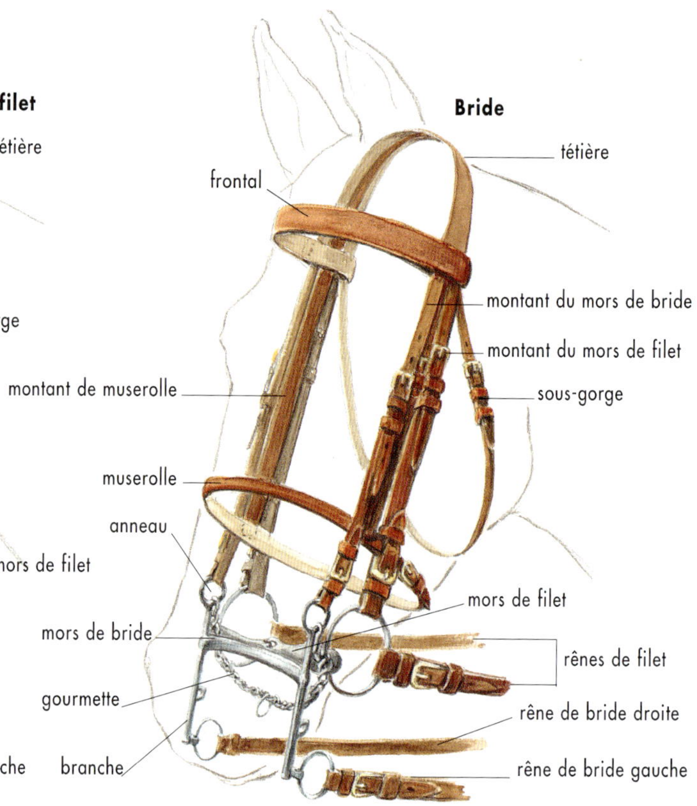

Le bridon, ou filet, est formé de trois parties : une monture (têtière, frontal, montants, sous-gorge) qui le fixe à la tête du cheval, un mors qui agit sur sa bouche, et des rênes qui permettent au cavalier de diriger le cheval.
La bride comporte deux mors, donc deux séries de montants pour les soutenir, et deux paires de rênes.

faisant surfaix. Dépourvue de pommeau et de troussequin proéminent, cette selle permet au cavalier, dont le cheval peut chuter en enfonçant un pied dans un des innombrables terriers minant la Pampa, de sauter aisément à terre.

Autour de la selle

On peut noter que, si un bon nombre de ces selles sont pourvues d'étriers que nous qualifierons d'ordinaires, ceux de certaines autres sont bien particuliers. Les étriers à grille montés sur la selle camarguaise évitent au cavalier de trop y engager le pied et de risquer ainsi de rester accroché en cas de chute. Ceux de la selle arabe ont une planche, sur laquelle la totalité du pied peut reposer, ce qui est un gage de stabilité et d'équilibre. En bois et à large planche, les étriers de la selle américaine – et souvent de celles d'endurance – ne coupent jamais la circulation sanguine. On pourrait encore parler d'une foule d'autres types d'étriers, d'hier et d'aujourd'hui, dont ceux de « sécurité » avec la branche extérieure remplacée par un caoutchouc.
Les sangles doivent être confortables pour le cheval, solides et faciles à entretenir. En toile, bon marché, lavables, elles sont plus ou moins raides et s'usent rapidement ; en Nylon, d'un prix abordable, solides et faciles à nettoyer, elles peuvent blesser relativement facilement ; en corde de coton, tressées ou non, elles demeurent d'un prix modeste et sont rarement cause de plaie ; en cuir tressé du type « polo », elles sont plus coûteuses, mais souples, solides, peu salissantes et faciles d'entretien ; en cuir aussi et de type « portefeuille », très confortables et sans danger, elles nécessitent peu d'entretien mais sont les plus onéreuses.
Le tapis de selle, en coton, en laine ou en peau de mouton, est souvent découpé à la forme de ce qu'il supporte. Mais il peut s'agir aussi d'une simple couverture pliée en quatre ou en huit. Il a pour fonction de protéger la selle de la sueur du cheval, mais d'abord et surtout de faire tampon entre le dos du cheval et la selle, pour limiter les frottements et les risques de gonfle ou de blessure. Pour qu'il puisse bien jouer son rôle, il doit évidemment être souple et propre.
Pour tenir compte de la morphologie de certains chevaux, on équipe parfois la selle d'un collier de chasse ou d'une bricole, destiné à empêcher tout le harnachement de glisser vers l'arrière. Le collier de chasse est une courroie en Y, qui s'accroche des deux côtés du pommeau et au milieu de la sangle, en passant entre les antérieurs. La bricole est une bande horizontale de cuir, souvent doublée de feutre ou de peau de mouton, qui barre le poitrail du cheval, en étant fixée de chaque côté en haut de la sangle, et maintenue en place par une courroie passant par-dessus le garrot.

Les mors

Il est impossible de décrire ici toutes les embouchures. Elles se ramènent à deux types de base : le mors de filet et le mors de bride. Le premier a

L'entretien des cuirs est une affaire sérieuse : leur souplesse (donc leur confort) et leur longévité (donc leur sécurité) en dépendent. Le démontage et le remontage d'une selle et d'un bridon apprennent aux jeunes cavaliers la place de chaque élément.

une action de « releveur » (sollicité par les rênes, il relève la tête du cheval), alors que le second est un « abaisseur » (voir « Les embouchures », p. 76). Voilà qui explique que certains cavaliers confirmés montent « en bride », en tenant quatre rênes, le cheval ayant les deux types de mors dans la bouche. Cela leur permet d'agir sur la tête du cheval, donc en partie sur ses mouvements, de manière très précise. Plus les canons (parties du mors dans la bouche du cheval) d'un mors de filet sont minces, plus celui-ci est violent, contraignant pour le cheval, tout comme l'est un mors de bride dont les branches sont très longues.

Les accessoires

C'est dans la sellerie que l'on trouve tous les accessoires indispensables aux soins du cheval. Ce sont les couvertures, dites « d'écurie », se maintenant sur le dos des animaux au moyen d'un surfaix, en grosse toile doublée pour protéger du froid, « de concours » pour les manifestations en tout genre (autant « beau vêtement » que protection) ou encore faites dans un tissu aéré (filet), pour permettre au cheval d'évacuer sa sueur sans risque par temps chaud. Ce sont aussi toutes les protections dont une monture peut avoir besoin au travail ou pour voyager : guêtres, bandes de travail et de repos, protège-queue, ou encore cloches en caoutchouc, qui sont enfilées à l'envers (retroussées), puis retournées, pour les antérieurs des chevaux qui risquent de se faire des atteintes avec les postérieurs.

Entretien des cuirs

La majorité des équipements contenus dans la sellerie sont en cuir, matériau vivant qui doit être soigneusement entretenu. Avant tout, on nettoie à l'eau et au savon glycériné. Puis on graisse avec un produit du commerce, en frottant pour bien le faire pénétrer dans le cuir. Cette opération est à renouveler d'autant plus souvent que le matériel subit l'agression de la pluie ou du soleil, qui le racornit ou le dessèche. Il existe un moyen de réduire la fréquence de cet entretien : on utilise non pas une graisse pâteuse, mais de l'huile dite « de pied de bœuf ». Seul petit inconvénient, au cours des premiers contacts que l'on a avec les cuirs, on se graisse les mains... et le pantalon.

Le matériel : bloc de savon glycériné pour le nettoyage, graisse pour le cuir, boîte d'éponges humides et chiffons doux et propres pour lustrer.

Choix et entretien du harnais d'attelage

Noir ou fauve, le harnais en cuir est solide, et, s'il est d'excellente qualité et bien ajusté, il ne blesse pas le cheval. Lorsque l'on pratique l'attelage de loisirs, le harnais se doit d'être confortable, car le cheval risque d'être attelé cinq ou six heures par jour. En compétition, où le matériel est mis à rude épreuve, le harnais est parfois en cuir doublé de Nylon pour être plus résistant. Le Nylon employé seul est à proscrire, car il provoque des échauffements de la peau.
Un harnais bien entretenu peut durer toute une vie. Les pièces en cuir seront soigneusement frottées au savon glycériné, puis séchées. Le cuir verni ne doit pas être mouillé mais seulement entretenu avec une peau de chamois. Les pièces de bourrellerie agressées par la sueur du cheval sont à protéger le plus possible par des fourreaux en peau de mouton ; sinon, elles seront graissées régulièrement avec du cirage. Le tissu et le Nylon sont à laver à l'eau et au savon. Les aciers doivent être savonnés, puis séchés afin de les faire briller.

LA VIE DU CLUB HIPPIQUE

PETITE EXPLOITATION FAMILIALE À LA CAMPAGNE OU GRANDE STRUCTURE TRÈS ORGANISÉE EN ZONE URBAINE, CHAQUE CLUB HIPPIQUE A SES PARTICULARITÉS ET SON AMBIANCE SPÉCIFIQUE. LES UNS N'ONT QUE DES CHEVAUX, D'AUTRES SONT UNIQUEMENT PONEY-CLUBS, D'AUTRES ENCORE ONT CHEVAUX ET PONEYS. CERTAINS PEUVENT PRÉPARER À LA COMPÉTITION.

LA MONTE « EN REPRISE »

L'enseignement de l'équitation est l'activité principale et, même si beaucoup de néophytes souhaiteraient pouvoir partir directement en forêt sur le dos d'un cheval, un minimum d'heures en manège ou en carrière sont indispensables pour acquérir les techniques de base qui permettent d'évoluer en sécurité.

L'enseignement se pratique en cours collectifs, appelés « reprises », qui durent traditionnellement une heure. Au début de l'heure, le moniteur attribue les chevaux, ce qui fait parfois le bonheur des uns et le malheur des autres ! La leçon débute par une phase de détente qui permet au cavalier et au cheval de s'échauffer, puis s'organise autour d'exercices pratiques pour acquérir ou perfectionner telle ou telle technique. En période scolaire, un planning des reprises est établi en tenant compte des différents niveaux d'équitation, et chaque cavalier vient pratiquer une ou plusieurs fois par semaine, à jour et à heure fixes. Cela permet de constituer des groupes homogènes suivis par un moniteur et d'assurer une progression tout au long de l'année. Dès que le cavalier a acquis les bases nécessaires, il peut partir en promenade et découvrir les joies de l'équitation d'extérieur.

DES STAGES AUX EXAMENS

Pendant les vacances, les clubs proposent des formules de stage à la demi-journée, à la journée ou pour une période plus longue lorsqu'il existe des possibilités d'hébergement. Les stages permettent de progresser plus rapidement, car, lorsque l'on monte plusieurs fois par jour, la petite appréhension que bien des cavaliers ont avant leur reprise hebdomadaire a tendance à disparaître, ce qui permet d'être plus décontracté. Les stages sont également la meilleure façon d'acquérir les bases de l'hippologie en participant au soin des chevaux.

Au fur et à mesure de la progression, le club proposera au cavalier de passer les tests fédéraux. Ce n'est pas une obligation, mais c'est un bon moyen d'évaluer son niveau et c'est également utile lorsque l'on souhaite changer de club, pour pouvoir s'intégrer tout de suite dans le bon groupe.

Les clubs proposent également une multitude d'activités telles qu'initiation et perfectionnement au saut d'obstacles, au cross, au dressage, au horse-ball, à la voltige... Certains stages sont polyvalents tandis que d'autres sont exclusivement spécialisés dans une discipline particulière. À chaque cavalier de faire son choix.

L'HÉBERGEMENT DES CHEVAUX

Le cavalier propriétaire d'un cheval qui n'a pas de pré ou d'écurie à lui devra choisir un club pour héberger son compagnon. Là encore, de la for-

La mise en selle, moment délicat à passer pour les cavaliers non confirmés, se déroule beaucoup mieux dans une reprise où tous les participants ont le même niveau.

mule très rurale pour le cheval de promenade à l'écurie sportive de haut niveau, de nombreuses formules sont proposées. Il est même possible au propriétaire de s'entendre avec un cavalier du club qui, en échange du paiement d'une partie de la pension d'hébergement du cheval, pourra monter celui-ci. Bien sûr, les horaires réservés à l'un et à l'autre cavalier sont à définir soigneusement au départ, ainsi que les modalités de participation à d'éventuelles épreuves amicales ou officielles. Enfin, ce même type de demi-pension peut être partagé avec le club lui-même, le propriétaire laissant alors au moniteur la disponibilité de son cheval pour être monté en reprise par différents cavaliers. Dans ce cas aussi, les modalités doivent être précisées dès le départ.

Comment choisir son club

Le néophyte ne sait pas toujours comment s'inscrire dans un club hippique et lequel choisir. Il faut s'y prendre à l'avance pour être sûr de trouver une place et, s'il existe plusieurs clubs à proximité de chez soi, il ne faut pas hésiter à tous les visiter pour trouver celui qui correspondra le mieux à ses attentes. Si la facilité d'accès est un critère important, il faut aussi aller se promener dans les écuries : dans un bon club, chevaux et poneys sont bien ronds, logés dans des locaux suffisamment clairs et aérés, sur une litière propre et abondante. Les aires d'évolution, manège couvert s'il y en a un et carrière, doivent paraître attirantes pour le futur cavalier ; leur sol doit être correctement entretenu. Si la visite a lieu un mercredi ou un samedi après-midi, le club sera forcément en pleine activité et c'est l'occasion d'observer comment se passent les reprises : les chevaux ont-ils l'air dociles, les moniteurs paraissent-ils bons pédagogues, les cavaliers ont-ils l'air satisfaits ? L'ambiance générale se sent rapidement : est-on bien accueilli avec le sourire ou a-t-on l'air de déranger ? Ce n'est pas toujours le bon moment pour trouver quelqu'un de disponible et obtenir toutes les informations, mais on peut déjà consulter la documentation si elle existe, puis rappeler pour convenir d'un rendez-vous.

Quel prix pour quelle formule ?

Pour faire son choix, il faut aussi bien étudier les tarifs et les formules proposés. Pour s'inscrire, il faut généralement acquitter une cotisation annuelle : comprend-elle la licence de la Fédération ou celle-ci est-elle en supplément ? Les reprises sont le plus souvent vendues sous la forme de forfaits trimestriels ; là encore, il faut savoir à l'avance si une leçon manquée une semaine peut être récupérée à un autre moment ou pas. Ne pas oublier non plus de demander le tarif des autres activités : animations, stages, examens fédéraux... Autre point important si l'on n'est pas vraiment sûr de persévérer : y a-t-il des formules d'essai avant de s'engager sur la cotisation et le forfait, peut-on emprunter une bombe... ? Autre élément à prendre en compte, l'existence d'un manège couvert qui garantira un bon confort des reprises pendant la période hivernale. Le nombre d'élèves dans les reprises est également un critère : un cours avec huit à dix élèves sera peut-être un peu plus cher qu'un cours de quinze élèves, mais le moniteur pourra consacrer plus de temps à chacun.

En matière de stages avec hébergement, la dimension du centre, le confort des infrastructures d'hébergement, le programme des activités proposées et la qualité de l'encadrement sont autant de paramètres à prendre en compte.

En ce qui concerne la mise en pension d'un cheval, il est prudent de disposer d'un contrat précisant bien les obligations de chacune des parties et la nature des risques couverts dans le cadre de la police d'assurance du centre équestre (voir « Le cheval et l'assurance » p. 332). Ce contrat doit également préciser ce qui est compris dans la pension et ce qui fait l'objet d'un supplément tel que ferrure, complément d'alimentation, sortie et travail du cheval, pansage, tonte, transport... Les conditions de résiliation du contrat doivent être claires et indiquer la durée de la période de préavis. Ainsi chacun pourra-t-il prévoir son budget.

Sortir le fumier n'est pas si rébarbatif qu'on pourrait l'imaginer et une participation bénévole est toujours appréciée.

Dans la plupart des clubs hippiques, les cavaliers se sentent accueillis en dehors des reprises ; ils peuvent s'occuper de leur monture habituelle, participer à l'entretien des installations ou, tout simplement, passer un moment entre amis.

PONEY-CLUB ET ÉQUITATION PARTICULIÈRE

DANS LES ANNÉES 1970, L'ÉQUITATION ENFANTINE ANGLAISE A FAIT ÉCOLE EN EUROPE. LES PONEYS BRITANNIQUES N'ONT JAMAIS ÉTÉ AUTANT EXPORTÉS. LES ENFANTS APPRENNENT ENFIN L'ÉQUITATION SUR UNE MONTURE À LEUR LA TAILLE.

L'équitation à poney aide l'enfant à s'épanouir. Non seulement il peut monter un cheval adapté à sa taille, mais il suit un enseignement plus ludique.

L'ÉQUITATION À PONEY EN EUROPE

En Angleterre, le poney fait traditionnellement partie de la famille, cadre dans lequel l'équitation enfantine s'est épanouie. Ainsi les *pony-games*, une tradition anglaise codifiée en 1957, sont-ils orchestrés par les parents qui se regroupent et montent des équipes avec leurs enfants s'affrontant lors de joutes à poney dans un pré voisin. Ailleurs en Europe, l'équitation à poney s'est développée, par contre, dans les clubs. L'essor qu'a connu le secteur des loisirs sportifs depuis la fin des années 1960 a entraîné la création d'un nombre croissant de poney-clubs, organisés autour de la performance sportive et des championnats d'Europe d'équitation sur poney. La grande majorité des fédérations équestres européennes ne distinguent d'ailleurs pas entre cavaliers à cheval et à poney (voir encadré ci-contre).

En France, au contraire, l'équitation à poney n'a bénéficié à ses débuts d'aucune reconnaissance par la fédération nationale des sports équestres et s'est développée autour de l'enfant. En 1971, quelques éleveurs français, soutenus par le service des Haras nationaux, ont créé le Poney-club de France, une petite fédération des poney-clubs transformée, en 1986, en une coopérative. C'est seulement face à l'ampleur du succès de l'équitation à poney que le président de la Fédération française des sports équestres (FFSE), fondée en 1921, prend, en 1987, l'initiative de réunir cette dernière avec l'Association nationale pour le tourisme équestre

(ANTE), créée en 1963, et le Poney-club de France au sein de la nouvelle Fédération française d'équitation (FFE). Chacune de ces trois grandes associations devient alors une délégation nationale (DNSE, DNTE, DNEP), avant d'être pleinement intégrée au sein de la fédération, organisée depuis 2000 en comités régionaux et départementaux.
En Grèce, pays dont la population équine était passée de 1 million à moins de 120 000 au cours des années 1960-1970, il a fallu attendre l'année 1991, date de fondation du poney-club hellénique, avant que l'équitation à poney prenne la même ampleur que dans le reste de l'Europe. Par ailleurs, les efforts entrepris depuis 1996 pour préserver le poney skyros, équivalent du shetland en Grèce, ont rencontré un certain succès, puisque le nombre d'animaux a augmenté de 80 à 180.

Une monture idéale pour les enfants

L'équitation sur poney n'est ni plus facile ni plus difficile que celle sur cheval, elle est simplement adaptée aux motivations, à la taille, au niveau et à l'âge des enfants. Le jeune débutant apprend à aborder un poney à sa mesure, à le soigner et à le harnacher. Il peut lui brosser la crinière ou le dos sans avoir besoin de monter sur une chaise. Le poney le met naturellement en confiance. Sur une monture près de terre, la chute paraîtra également moins haute.
C'est à shetland que le cavalier apprend à monter à cru, à sauter à poney comme un Indien, à guider l'animal à la voix… Et au fur et à mesure qu'il grandit, le jeune cavalier va monter des poneys toujours plus grands. De façon idéale, un poney-club dispose de poneys de toutes tailles, mais aussi de différents niveaux de difficultés pour chaque taille : à tous les âges, les enfants pourront monter des poneys routiniers qui connaissent leur métier ou des poneys nouvellement arrivés ou plus près du sang, tel un connemara ou un

L'équitation à poney en chiffres

Il est difficile, voire impossible, d'évaluer précisément le nombre de cavaliers à poney en Europe. En Allemagne, en Suisse et en Belgique, les fédérations nationales ou communautaires ne font aucune distinction entre les cavaliers à poney et à cheval. Il existe une seule licence, et les cavaliers à poney participent au même titre aux différents concours. En France, l'équitation à poney s'étant développée en marge du monde du cheval, il est, en revanche, possible de suivre l'évolution du nombre de licenciés à poney. De 2 700 licenciés au Poney-club de France en 1971, on passe ainsi à 26 586 enfants inscrits à la Délégation nationale d'équitation à poney (DNEP) en 1987, soit 15,9 % du nombre d'inscrits à la Délégation nationale des sports équestres (DNSE). En 1999, les 153 376 cavaliers à poney représentent 71,6 % du nombre d'inscrits à la DNSE et, en 2002, on en compte 193 000.

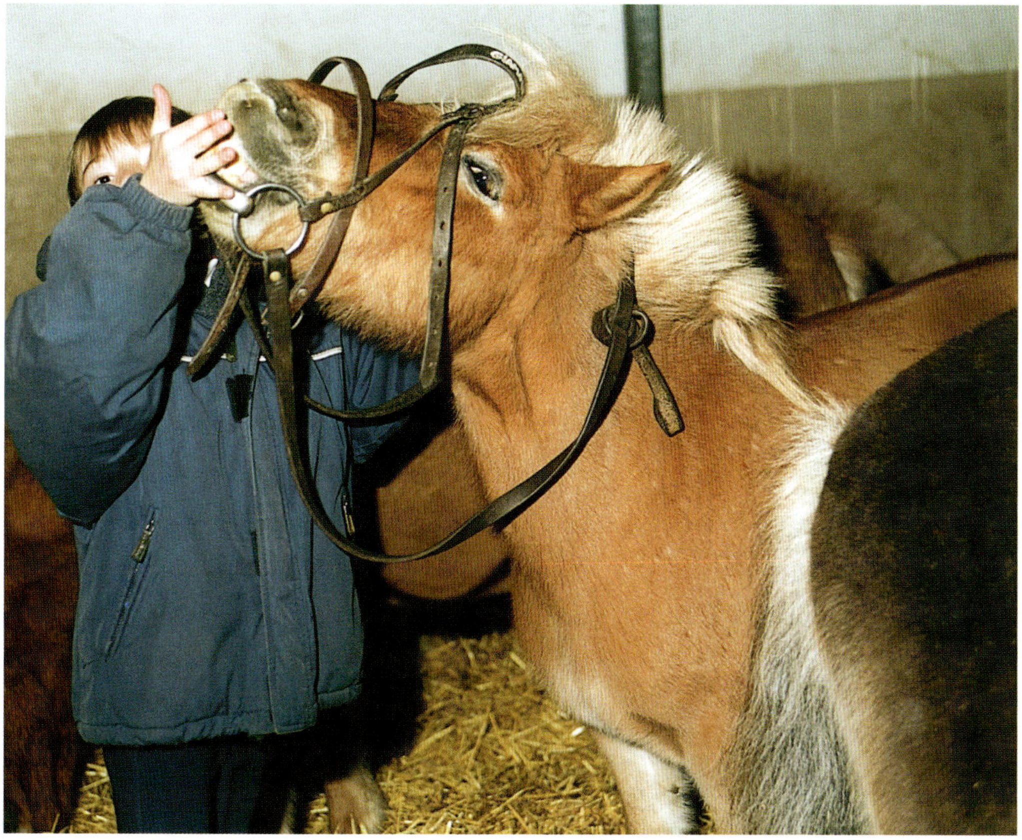

Un enfant peut brider son poney sans l'aide d'un adulte, même si l'animal lève la tête.

Le débourrage d'un poney A ou B de trois ans s'effectue aux longues rênes par le moniteur, qui ne peut monter sur son dos. Puis, un enfant de 12 ans pratiquant la compétition achèvera l'apprentissage.

welsh, qui demandent plus de précision dans l'emploi des aides ou plus de tact. Des poneys comme le fjord ou le highland sont plutôt réservés aux adolescents. Quelques parents font l'erreur d'acheter un jeune poney dans le but de le voir grandir en même temps que leur enfant. Mais ils oublient de tenir compte de la croissance de l'enfant alors que le poney conserve une taille égale. Rapidement, le cavalier deviendra trop grand pour le monter. Pour un très jeune débutant, mieux vaut choisir un shetland de sept ans qui a déjà de l'expérience. Un jeune shetland ne peut être repris en main ni par un cavalier novice, ni par un adulte trop grand. Gentil de nature, il deviendra ombrageux et aura tendance à prendre de l'embonpoint s'il est mal utilisé, peu monté et isolé dans un pré sans compagnon. Certains disent à tort que le shetland mord. C'est avant tout une question d'éducation et d'élevage : il faut que le premier contact se passe dans les meilleures conditions.

Dans les reprises à shetland, ni les doubles poneys ni les chevaux ne sont admis. Outre la petite taille des poneys, la pédagogie plus ludique explique cette séparation nette.

Passer de poney à cheval

Beaucoup de grands champions internationaux ont fait leurs classes à poney, tel l'Anglais John Whitaker ou la Française Alexandra Ledermann, avant de passer à cheval. Aujourd'hui en France, neuf sur dix des nouveaux établissements équestres sont des poney-clubs, et un nombre croissant de centres équestres ont des poneys dans leurs écuries. Le poney a enfin fait sa place aux côtés du cheval. De nombreuses passerelles commencent à joindre leurs deux univers qui ont longtemps été séparés en France. Dans les structures mixtes, les enfants peuvent maintenant passer en douceur de shetland à double poney et de double poney à cheval. Ils pourront même continuer à participer aux compétitions à poney, tout en suivant des reprises à cheval. D'autres voudront rester à poney le plus longtemps possible et certains, même, ne voudront jamais passer à cheval. Toutes les situations sont envisageables, selon le profil du cavalier et la cavalerie du centre équestre. Et tout apprenti cavalier n'est pas destiné à la compétition.

Aux championnats de France des poney-clubs à Lamotte-Beuvron, les vainqueurs ont droit à leur tour d'honneur.

Une pédagogie adaptée

En France, le monde du poney, longtemps dévalué par rapport à celui du cheval, n'a pu se construire sur le terrain sportif. Devenue le champ d'expression des pédagogues qui ont pu élaborer leur propre technique, l'équitation n'est plus une finalité en soi. Le poney devient un outil qui aide l'enfant à s'épanouir. Avec l'avènement de la société des loisirs, le sens de l'effort a cédé la place à la recherche du plaisir instantané. Plus de la moitié des cavaliers abandonnent en effet l'équitation au cours de la première année.

Pour fidéliser les jeunes cavaliers, l'équitation à poney ne doit pas rimer avec peur et paralysie. L'enfant doit prendre plaisir à maîtriser sa monture, même au pas. Il décide de ne pas faire ce dont il ne se sent pas capable. Il est en confiance et prend de l'assurance à partir du moment où c'est lui qui choisit la difficulté des exercices. Ainsi décontracté, il a envie de se surpasser et apprendra plus rapidement.

L'organisation des reprises doit être suffisamment souple pour répondre au rythme et aux envies de chaque enfant. Par exemple, des cavaliers de Galop 2 et 4 peuvent suivre la même reprise, mais avec des variantes, les uns au trot enlevé, les autres au trot assis sans étriers. Le moniteur peut à tout moment adapter le programme de sa séance, selon la réaction des cavaliers. Il peut s'adresser à un élève pendant que les autres continuent à évoluer, car chaque cavalier a besoin de sentir que le moniteur s'intéresse à lui.

L'exercice à exécuter doit être à sa portée, ni trop simple ni trop difficile. Guidé par son moniteur, l'enfant doit sentir qu'il progresse, sans se décourager pour autant. L'attribution d'un poney facile et adapté à son niveau l'aidera dans son apprentissage. De plus, rendu responsable de son poney, de sa propre évolution, voire de celle d'un cavalier plus jeune, il se prend en main et devient plus motivé.

Lamotte-Beuvron, à cheval et à poney

Dès ses débuts, le Poney-Club de France a mis sur pied des championnats de France à poney, qui se tenaient tantôt dans une ville tantôt dans une autre. Mais, face aux difficultés qu'éprouvèrent les parents pour préparer cette semaine de vacances, Serge Lecomte a cherché un site où aurait lieu, chaque année, cette grande manifestation. En 1992, il a trouvé Lamotte-Beuvron, en Sologne. Une partie du domaine, affectée au ministère de l'Agriculture et aux Haras nationaux, est alors mise à disposition du Poney-Club de France par une convention de trente ans. Avec 500 boxes, un bâtiment de 2 200 m^2, 25 hectares de surfaces sportives (carrières, cross, pistes...), ce vaste espace modulable peut accueillir jusqu'à 25 000 personnes. Le château a été acheté en juillet 2001, avant que l'ensemble du patrimoine du Poney-Club de France ne soit transféré à la FFE. Aujourd'hui, Lamotte-Beuvron est devenu Parc équestre fédéral, ouvert aussi bien à la compétition qu'aux loisirs, aux poneys qu'aux chevaux. En juillet 2002, il a accueilli le grand rassemblement de l'Equirando...

UN CHEVAL CHEZ SOI

QUEL AMOUREUX DES CHEVAUX N'A PAS UN JOUR RÊVÉ DE POSSÉDER LE SIEN ? MAIS, AVANT DE PASSER DU RÊVE À LA RÉALITÉ, IL S'AGIT DE BIEN RÉFLÉCHIR. CAR ACHETER UN CHEVAL C'EST PRENDRE LA RESPONSABILITÉ D'UN ÊTRE VIVANT, RESPONSABILITÉ QUE L'ON DOUTE PARFOIS DE POUVOIR ASSUMER...

UN LUXE ABORDABLE

Qu'ils soient riches ou moins aisés, les amoureux des chevaux, s'ils le désirent vraiment, peuvent posséder le leur. Tout dépend du type d'animal que l'on souhaite acquérir et du genre de service auquel on le destine. Selon qu'il s'agit d'un cheval de course, d'une bonne monture de compétition ou d'un petit cheval rustique apte à avaler les kilomètres, le prix de votre passion se comptera en dizaine de milliers ou en centaines d'euros.

Les animaux sans origine reconnue sont toujours moins chers que ceux possédant des « papiers » et les sujets de certaines races proposés à la vente atteignent parfois des prix élevés, uniquement du fait de leur appartenance à une race prestigieuse. À qualité égale, une jument coûte plus cher qu'un cheval et un cheval jeune se vend évidemment à un prix plus élevé qu'un vieil animal.

À côté des chevaux qui se vendent, il y a aussi ceux qui se donnent. Ce sont les animaux maltraités, récupérés par les sociétés de protection du cheval (pour les connaître, il suffit de se renseigner au haras national le plus proche). Ces chevaux sont confiés à des personnes qui s'engagent à bien les soigner et, évidemment, à ne pas les

Voir ses chevaux de ses fenêtres, dans un champ voisin, est un plaisir qui vaut beaucoup de sacrifices et, parfois, d'inquiétudes. Seule l'expérience apportera le complément de savoir indispensable au propriétaire, même s'il est déjà un cavalier confirmé.

vendre. Des animaux gratuits, voilà qui peut faire rêver ! Cependant, parmi ces chevaux, nombreux sont les convalescents, voire les « retraités » qui ne doivent pas être montés, ou très peu, et seulement pour entretenir leur forme physique. On n'est donc pas assuré de trouver par ce biais la monture idéale.

Le cheval a besoin d'espace…

Le cheval est l'animal des grands espaces, fait pour galoper crinière au vent. Cela signifie qu'il est évidemment moins facile d'avoir son cheval à soi lorsqu'on habite en ville que lorsqu'on vit à la campagne. Un citadin peut bien sûr confier son cheval à un agriculteur, qui le fera vivre avec ses propres chevaux ou avec ses vaches, mais il aura alors de longs trajets à effectuer pour aller voir et monter son animal. Il peut aussi le mettre en pension dans un centre équestre proche, mais c'est une solution relativement coûteuse. Ce coût peut être réduit par un accord de demi-pension avec un club hippique (voir p. 203). Le cheval est alors dit « au pair » et sera logé et nourri gratuitement. En contrepartie, il sera monté par les élèves du club (plus ou moins bien !) et son propriétaire pourra le monter dans des plages horaires convenues. Les frais de vétérinaire et de maréchal-ferrant resteront cependant à la charge du propriétaire de l'animal.

L'heureux habitant de la campagne, lui, peut aménager une écurie à peu de frais ou en louer une dans une ferme proche. Il doit toutefois prévoir un terrain de détente où il est indispensable de lâcher quotidiennement un cheval qui ne travaille qu'irrégulièrement. Certains agriculteurs ayant eux-mêmes des chevaux (ce qui est de plus en plus fréquent) acceptent parfois de mettre un cheval de plus avec les leurs, pour une somme modique.

… et de nourriture

Petit cheval rustique mangeant peu de grain ou pur-sang gourmand, un cheval doit être nourri. La base de la nourriture est l'herbe d'une pâture. À défaut de posséder le terrain adéquat, on peut en louer un à un particulier ou à la commune (les prix de location sont très variables d'une région à une autre, de 5 à 15 €/ha par mois). Mais on peut aussi faire paître son cheval gratuitement, en demandant à un agriculteur de le laisser pâturer avec ses vaches. Pour le convaincre, il suffit de lui prouver que bovins et équidés sont complémentaires sur une pâture, les uns broutant les refus des autres (voir « Le cheval au pré », p. 162). Pour le foin et le grain, voire les aliments industriels, la meilleure solution est généralement de les acheter dans une coopérative agricole. Plus les quantités commandées sont importantes, moins les prix sont élevés. Aussi est-il astucieux de contacter d'autres propriétaires de chevaux pour faire avec eux d'économiques commandes groupées.

Des frais annexes

Même avec un cheval toujours en excellente forme et santé, on ne peut échapper à une visite annuelle du vétérinaire, car il est le seul habilité à vacciner l'animal contre la rage. On lui demande généralement de procéder en plus à la vaccination contre le tétanos et la grippe équine. Cela pour le bien de l'animal, mais aussi parce que dans tous les rassemblements de chevaux, tels que compétitions et autres rallyes, les certificats de vaccination sont toujours exigés. On profite souvent de cette visite du vétérinaire pour lui acheter les indispensables vermifuges qui doivent être administrés au cheval au moins à chaque printemps et à chaque automne (il importe de varier les produits, pour être certain

Peu importe le matériau de construction d'un box ; il doit être un lieu agréable pour le cheval : aéré, sec et pas trop isolé. Le choix ne doit donc pas se faire à la légère.

que tous les parasites sont réellement éliminés). Autre dépense à ne pas oublier : les visites du maréchal-ferrant. Même si le cheval n'a pas besoin d'être ferré parce qu'il évolue seulement sur des terrains non usants, il est indispensable de faire parer les sabots et, si besoin est, de rétablir deux ou trois fois par an des aplombs défectueux.

Les frais d'achat et d'entretien de la sellerie et des harnachements ne doivent pas non plus être négligés. Cependant un matériel de qualité dont on prend soin régulièrement durera très longtemps.

Du temps à lui consacrer

Un cheval coûte de l'argent, mais aussi du temps. Tout au long de l'année, il faut nourrir l'animal matin et soir. S'il vit à l'écurie, la litière est à rafraîchir chaque jour et le box doit être complètement curé une ou deux fois par semaine. Il est indispensable de le sortir chaque jour pour qu'il puisse se détendre, soit en liberté dans un corral, soit monté. Un pansage quotidien, même rapide et succinct, est souhaitable, ne serait-ce que pour contrôler la bonne santé du cheval.

S'il est au pré, il faut aller le voir chaque jour, pour vérifier son état ainsi que celui des clôtures, et le niveau de l'eau. Ces visites sont aussi l'occasion d'apporter un complément alimentaire si cela est nécessaire.

Et, pendant les vacances, que faire de son cheval ? Bien évidemment, l'idéal est de passer ses journées avec sa monture, à l'entraîner ou à randonner. Le cheval y prend autant de plaisir que son cavalier ! Si l'on est équipé, et pour transporter le cheval, et pour l'accueillir, on peut aussi l'emmener sur son lieu de vacances. Mais il peut arriver que, pour une raison ou une autre, on se trouve dans l'obligation de quitter son cheval. On devra alors trouver une personne de confiance pour venir chaque jour le nourrir et prendre soin de lui. On peut aussi le confier à un autre propriétaire de chevaux, à qui l'on rendra le même service par la suite. Autre solution, on peut le mettre en pension dans une écurie ou un centre équestre.

Le pâturage doit être aménagé pour l'accueil des chevaux ; seule une clôture digne de ce nom peut retenir un animal puissant, même si ce n'est pas toujours un percheron !

Le compagnon indispensable

Nous venons de faire le tour des problèmes matériels posés par l'entretien d'un cheval. Mais il reste le plus important : son bien-être psychologique. Peut-être pourrait-il vivre seul sans en souffrir. Mais cela est bien douteux car, comme tous ses congénères, il possède un instinct grégaire si puissant que la solitude risque fort d'influer sur sa condition physique.

La solution est évidemment d'avoir deux chevaux. Les équidés ne se jugent guère entre eux à leur taille et encore moins à leur race. Aussi peut-on choisir pour compagnon d'écurie et de pâture de sa monture un petit shetland, dont le prix d'achat est modeste et l'entretien, bien peu coûteux. Les deux animaux ont des chances de devenir inséparables et le poney fera le bonheur des jeunes visiteurs. Mais, même si ce moyen d'éviter la solitude à son cheval est assez économique, encore faut-il disposer des fonds nécessaires.

Autre solution : chercher un propriétaire dont le cheval vit seul – et en souffre... –, avec lequel on peut conclure une entente profitable pour les deux montures. Il s'agit de faire vivre les deux animaux ensemble, tantôt chez l'un, tantôt chez l'autre. Évidemment, cela peut poser un petit problème de trajets, pour aller voir son quadrupède et le faire travailler lorsqu'il ne se trouve pas chez soi. Mais, en contrepartie, on se trouve épisodiquement déchargé des corvées d'approvisionnement et de ramassage du fumier.

Bien des chevaux se satisfont de la compagnie d'autres herbivores. On pourrait ainsi citer le cas de certains, qui vivent seuls et parfaitement bien au milieu d'un troupeau de bovins. Il est cependant un petit animal dont ils apprécient presque toujours la compagnie : la chèvre. Le capridé est, malheureusement, très encombrant autour d'une maison : remarquablement intelligent et indépendant, donc impossible à éduquer, il a une ten-

Disposer d'un grand terrain, c'est bien ; pourtant, lorsque l'on veut attraper sa monture, il vaut mieux être patient et avoir une mesure de grains à la main.

dance marquée à manger les salades du jardin et les fleurs d'ornement. Mais il présente un énorme avantage : le cheval auprès duquel il vit échappe à presque toutes les maladies contagieuses. Il s'agit là d'une réalité inexplicable, qui pourtant se trouve très souvent vérifiée.

Et puis, autre avantage, il existe des chèvres naines qui sont d'un prix modeste à l'achat et d'un coût d'entretien presque nul, puisqu'un kilo de foin par jour leur suffit largement.

Une vraie responsabilité

Avant d'acquérir son propre cheval, on peut encore se poser une question. Sera-t-on suffisamment compétent pour le soigner correctement ? Formuler cette interrogation, c'est déjà faire preuve de vraie responsabilité. Il est bien certain qu'il faut un minimum de connaissances de base pour nourrir et soigner un cheval. Mais il faut aussi savoir que, plus on en apprend sur les chevaux, plus on s'aperçoit à quel point on reste ignorant encore à leur sujet. Vous découvrirez vite à quel point il est passionnant de les observer au jour le jour ! Aussi, pour ne pas commettre d'erreurs, il suffit de toujours se remettre en question et surtout de ne jamais hésiter à demander les conseils d'une personne avertie, voire à faire venir le vétérinaire. Même s'il s'avère finalement que celui-ci s'est déplacé pour rien !

La retraite du vieux cheval

Il est naturel qu'un cavalier, lors de l'achat de son cheval, pense à tout autre chose qu'à la retraite de celui-ci. Pourtant, après un nombre d'années toujours trop court (en moyenne 12 ans pour un cheval acheté à 5 ans), la monture va présenter certains signes de vieillesse. Avec un cavalier attentif, qui sait diminuer l'intensité des efforts demandés au cheval à partir de 15-16 ans, le déclin des performances (au sens large de capacités physiques, et non uniquement de résultats en épreuves sportives) est progressif, sans heurts ni accidents. En revanche, une monture « forcée », travaillée trop durement pour ses possibilités, risque des claquages de tendons, des chutes, voire même des problèmes cardiaques – tout cela de façon parfois précoce. L'âge indiqué par le certificat de naissance ne peut tenir compte de ce qu'a vécu l'animal, le vieillissant prématurément ou, au contraire, lui forgeant une résistance accrue aux méfaits du temps. C'est donc au seul cavalier de savoir reconnaître les premiers signes d'essoufflement, de fatigue, de récupération plus lente.

Il doit alors penser au devenir de ce vieux compagnon. Il existe de nombreuses associations (voir « Protection et retraite du vieux cheval », p. 343), ou même des particuliers, qui prennent en « retraite » au pré les vieux chevaux, leur évitant ainsi la fin brutale de l'abattoir, qu'il faut repousser jusqu'à ce qu'ils ne puissent plus se déplacer et se nourrir seuls, ou qu'ils souffrent.

Un cheval seul s'ennuie ; en revanche, toute compagnie lui convient : congénère, vache, chèvre, poule... Toutefois, ce qu'il préfère reste la visite de son cavalier.

La superficie du pré

La sagesse paysanne a établi, pour les pays européens, que 1,5 ha de pré suffit à nourrir un cheval. Encore faut-il préciser que cela doit être une prairie de bonne qualité : en zone aride, il faudra 2 à 3 ha pour nourrir un cheval toute l'année, alors que, dans certains coins de Normandie, 1 ha suffit. Si trois chevaux pâturent ensemble, il faudra donc 4,5 ha, mais on les mettra alternativement sur une moitié, puis sur l'autre.

Cette rotation du pré, grâce à une clôture électrique, va permettre à l'herbe de repousser d'un côté pendant qu'elle est mangée de l'autre. Cela permet aussi d'organiser l'entretien (hersage du crottin, amendements, etc.), voire le fauchage pour garder le foin pour l'hiver. Outre qu'un cheval seul s'ennuie, un terrain de moins de 2 ha est un peu trop petit pour permettre de réaliser cet arrangement de façon pratique.

LE TRANSPORT

À L'ORIGINE, LE CHEVAL A ÉTÉ DOMESTIQUÉ POUR TRANSPORTER L'HOMME, MAIS, DEPUIS LA SECONDE MOITIÉ DU XXe SIÈCLE OÙ LE CHEVAL EST UTILISÉ QUASI EXCLUSIVEMENT POUR LE LOISIR ET LE SPORT, L'HOMME SE CHARGE PLUS FRÉQUEMMENT DE SON TRANSPORT. LE CHEVAL VOYAGE EN VAN OU EN CAMION, MAIS AUSSI EN BATEAU OU EN AVION SUR LES LONGUES DISTANCES.

LE TRANSPORT PAR ROUTE

Du van tracté à une place au grand camion transportant douze chevaux, du modèle le plus simple au modèle le plus sophistiqué (avec abreuvoirs automatiques, circuit de vidéo-surveillance interne...), l'équipement doit toujours être spécifiquement conçu pour le transport du cheval en toute sécurité et le confort de l'animal.
Le van tracté est idéal pour les particuliers, car il ne nécessite pas d'entretien coûteux et a des charges d'assurance réduites ; cependant il faut disposer d'une voiture suffisamment puissante et autorisée à tracter la charge concernée (mieux vaut se renseigner précisément, car certaines voitures ont la puissance nécessaire, mais n'ont pas le poids suffisant). En ce qui concerne les camions, l'entretien mécanique doit être parfait, en particulier celui des freins ; la caisse, le plancher et le pont demandent à être inspectés régulièrement afin de déceler toute anomalie pouvant causer un accident. Les emplacements réservés aux chevaux doivent être de taille suffisante en hauteur et en longueur : certains grands chevaux ne peuvent pas voyager dans des vans ou des camions trop exigus ou trop bas de plafond.
Dans tous les cas, le chauffeur doit conduire avec précaution, de la façon la plus souple possible afin de ne pas faire subir d'à-coups aux chevaux lors des virages, des accélérations ou du freinage. Si le cheval est seul dans un van à deux places, il vaut mieux le charger à gauche, car il sera ainsi moins soumis au dévers de la route.

Le cheval doit monter franchement sur le « pont » du van ; il est utile de laisser la porte latérale ouverte pour éclairer l'intérieur et ne pas donner au cheval l'impression de devoir s'élancer dans l'inconnu.

INSTALLER LE CHEVAL

Dans tous les cas, il faut mettre des protections au cheval avant tout transport. Au niveau des membres, des bandes de repos sont généralement suffisantes, mais il existe également des protections spéciales faciles à mettre et à enlever grâce à des attaches autoagrippantes, qui s'arrêtent au-dessous des genoux et des jarrets. Une bande ou un fourreau de queue évitera au cheval de s'abîmer les crins en se frottant. Enfin, pour certains chevaux qui ont tendance à lever brutalement la tête au moment de l'embarquement ou du débarquement, il est prudent de prévoir un protège-nuque. Selon la saison, la ventilation du camion et la durée du transport, on choisira de couvrir ou non le cheval ; certains, plus anxieux que d'autres, se mettent rapidement en sueur dans les camions et il vaut mieux ne pas trop les couvrir.
La phase la plus délicate est souvent l'embarquement. Il faut procéder avec calme et méthode. Le pont doit être bien ouvert et stable (utiliser une cale si le sol n'est pas régulier), une personne tient le cheval par le licol et le tire sans hésitation à l'intérieur du van ou du camion, une autre personne reste derrière et intervient dès que le cheval est en place pour fermer le bat-flanc ou fixer la barre arrière et fermer le pont ; ce n'est que lorsque le cheval est correctement calé et ne peut plus reculer que l'on peut l'attacher. Si on l'attache trop tôt et qu'il « tire au renard », il risque de tout casser, de se faire à la fois mal et peur, et il ne sera pas prêt à vouloir remonter dans un camion. Le mode d'attache est également fondamental ; on peut être tenté de laisser un peu de liberté au cheval de façon qu'il puisse s'équilibrer

correctement : c'est une erreur, car, plus le cheval bougera, plus il déséquilibrera le véhicule et rendra la conduite difficile ; il risque également de vouloir se retourner et peut se coincer ; enfin, s'il est en compagnie d'autres chevaux, il aura vite la tentation d'aller renifler ou de mordiller ses voisins et bientôt ce sera l'agitation générale dans le camion. Donc, pour la sécurité du transport et le confort du cheval, mieux vaut systématiquement l'attacher court. Au point d'arrivée, le débarquement doit suivre les mêmes règles que l'embarquement : dans le calme, une personne détache d'abord le cheval, puis une autre intervient alors pour ouvrir la barre arrière et libérer les bat-flanc. Une fois que tout est ouvert, on fait descendre le cheval doucement en marche arrière.

Pendant les trajets courts, il est inutile d'abreuver ou de nourrir un cheval. Pendant les grands voyages, il faut prévoir une pause toutes les quatre heures environ pour donner à boire aux chevaux.

AUTRES MOYENS DE TRANSPORT

Autrefois, les trains étaient fréquemment utilisés pour le transport des chevaux sur des longues distances, notamment pour les chevaux de l'armée. De nos jours, les gares modernes ne sont plus adaptées et il n'existe pratiquement plus de wagons aménagés pour le transport des chevaux. Le bateau non plus n'est plus choisi sur des longues distances mais reste le moyen le plus utilisé pour traverser la Manche, car l'accès au tunnel est interdit aux animaux vivants. Les camions sont chargés sur les ferries et ne sont autorisés à traverser que lorsque la météo est favorable. En cas de tempête, les chevaux doivent rester à quai. L'avion est coûteux, mais c'est de loin le moyen de transport le plus confortable sur des longues distances. Les chevaux sont embarqués dans des boxes montés sur palettes mobiles et supportent parfaitement le décollage et l'atterrissage dans la mesure où les soutes sont correctement pressurisées. En cas de turbulences, il arrive que l'on tranquillise les chevaux par injection médicamenteuse.

Transporter le cheval, c'est aussi penser à son abreuvement et à sa nourriture, durant le trajet ou sur place s'il faut séjourner en dehors d'une écurie, pour une épreuve sportive par exemple.

Le cheval qui ne veut pas monter dans un van

Lorsqu'un cheval refuse d'embarquer correctement, c'est souvent parce qu'il conserve un mauvais souvenir d'un transport précédent. S'il s'agit du même van ou du même camion, il faut s'assurer qu'il est bien adapté au cheval que l'on souhaite transporter (espace suffisant). Pour redonner confiance au cheval, il faut prendre tout son temps, rester calme tout en étant ferme lorsque cela est nécessaire. La meilleure technique est la carotte ou le seau de granulés pour inciter le cheval à monter doucement, un ou plusieurs aides restant derrière pour l'empêcher de reculer. Une autre façon de faire consiste à embarquer d'abord un autre cheval que le récalcitrant connaît bien et qu'il aura envie de rejoindre.

Dès que le cheval est monté (la première fois, cela peut prendre une bonne demi-heure), on l'attache correctement et on continue à le récompenser avec de la nourriture. Quand il est bien calme, un chauffeur fait démarrer le moteur et une personne reste avec lui dans le van pour le tranquilliser avec des caresses ou le réprimander s'il bouge de façon excessive. On part tout doucement faire un petit tour du pâté de maisons, puis on revient. On laisse encore le cheval dans le camion un bon moment, on peut même lui donner sa ration de nourriture, puis, quand il est bien calme, on le redescend. Il faut répéter cet exercice plusieurs jours de suite, jusqu'à ce que le cheval monte tout seul avec plaisir dans le camion.

LE CHOIX DE LA MONTURE

UNE FOIS PRISE LA DÉCISION D'ACHETER UN CHEVAL OU UN PONEY SE POSE LA DIFFICILE QUESTION DU CHOIX DE L'ANIMAL. DEVENIR PROPRIÉTAIRE D'UNE MONTURE PLUTÔT QUE D'UNE AUTRE CONTIENT FORCÉMENT UNE PART DE SUBJECTIVITÉ ET, MALGRÉ LE SOIN AVEC LEQUEL ON EFFECTUE LE CHOIX, LA CHANCE OU LA MALCHANCE PEUVENT TOUJOURS Y JOUER UN RÔLE.

DE LA RECHERCHE À L'ACHAT

Même les plus grands spécialistes se trompent régulièrement dans l'évaluation du potentiel d'un cheval : parfois le physique est parfait, mais le mental s'avère fragile, ou bien c'est le cas inverse, ou tout simplement l'entente indispensable avec le cavalier n'arrive pas à se faire.

Afin de mettre le maximum de chances de son côté, il faut se poser les questions suivantes avant de prendre une décision :

– quel budget maximal peut-on consacrer à l'achat, y compris les à-côtés tels que visite vétérinaire d'achat, frais de transport, équipement... ?
– quelle sera l'utilisation de la monture : loisir, promenade ; et si on prévoit de la compétition sportive, dans quelle discipline et à quel niveau ?
– quel est le niveau équestre du cavalier : débutant, confirmé ou très expérimenté ?
– qui s'occupera du cheval : le propriétaire seul ou le propriétaire encadré par un professionnel expérimenté qui pourra l'aider en cas de difficulté ?
– a-t-on une idée fixe sur une robe, une race, un sexe ou un âge déterminés ?

Autant de points qu'il convient de prendre en compte avant de se lancer dans la recherche et de se remettre en mémoire si, tout à coup, le coup de foudre se produit. Coup de foudre ne voulant pas toujours dire mariage réussi...Pour trouver la perle rare, on peut partir à l'aventure tout seul en consultant les petites annonces dans la presse spécialisée ou en interrogeant ses relations. Lorsqu'il s'agit d'un premier achat, il est préférable de se faire conseiller par un professionnel qui, grâce à son expérience, aura un avis plus sûr et s'engagera à échanger le cheval en cas de problème.

L'ESSAI DU CHEVAL

On doit toujours essayer le cheval dans de bonnes conditions. Le cavalier doit prévoir d'amener son équipement (culotte, bottes, selle lorsqu'il en a une) pour retrouver ses sensations habituelles lors de l'essai. Il vaut mieux monter sur le cheval tout de suite plutôt que de le faire détendre par son ancien cavalier ; il faut prendre son temps et effectuer un début de travail comme on a l'habitude de le faire. Normalement, on ne peut essayer le cheval qu'une seule fois ; exceptionnellement, il est possible de demander un deuxième essai mais, ensuite, il faut se décider. Une fois que le vendeur et l'acheteur sont d'accord sur le prix et les conditions de livraison du cheval, on considère que l'accord est fait, la seule réserve possible étant le

Un cheval présenté toiletté a bien sûr plus d'allure que boueux au fond de son pré. Et cela permet aussi de mieux juger son état de santé.

résultat de la visite vétérinaire d'achat. Celle-ci est effectuée par un vétérinaire choisi par l'acheteur, soit dans l'écurie du vendeur (pour éviter des transports inutiles en cas de refus pour motif vétérinaire), soit dans l'écurie choisie par l'acheteur. Une fois que le vétérinaire a rendu son avis, le cheval change, ou non, de propriétaire.

Le choix pour l'obstacle

S'il s'agit d'un cheval d'obstacle, on lui fait sauter quelques petits obstacles isolés pour voir comment il réagit, puis on réalise un ou plusieurs enchaînements sur des obstacles à la hauteur des parcours qu'on lui demandera ensuite de réaliser. Si possible, on lui fait également passer une ou plusieurs combinaisons (double ou triple), une rivière ou une haie. Si l'on cherche un cheval destiné à participer à des épreuves avec des obstacles à 1,10 m de hauteur environ, il est inutile d'essayer de lui faire sauter un obstacle de 1,40 m de haut. Cela risque d'abîmer le cheval et de fausser bêtement, en bien ou en mal, l'opinion que l'on cherche à se faire sur son aptitude sportive.

Le choix pour l'extérieur

En randonnée, le cheval doit porter un poids important – celui de son cavalier et de son paquetage – sur des distances pouvant être longues. Il lui faut évoluer habilement et sans crainte sur les terrains les plus divers. Il est appelé à changer souvent de nourriture, en fonction des conditions offertes par les étapes. Il vit presque toujours en extérieur, la nuit comme le jour. Le bon cheval de randonnée est donc presque un phénomène !
Quel est l'âge idéal du cheval d'extérieur ? Il est un seul impératif à respecter : sa croissance doit être achevée, il ne doit donc pas avoir moins de 6 ans. Car, pour porter lourd et longtemps, il faut un squelette formé et solide. Pour le reste, on connaît des chevaux de plus de 20 ans qui sont toujours d'infatigables randonneurs.
Étalon, jument, hongre ? On ne peut choisir qu'en fonction du sujet. Car les entiers ne sont pas tous intenables et les juments pas toujours des anges de gentillesse. Le hongre, lui, est a priori la monture sans problème même s'il a été castré tard ; car il conserve alors le caractère de l'entier sans en avoir cependant l'exubérance.
Parmi les très nombreuses races que l'on trouve en France, en Europe et dans le monde entier, c'est parmi les races rustiques, camargues, barbes, grands poneys, etc., que l'on a le plus de chances de trouver un bon cheval d'extérieur. Car ces chevaux sont habitués à vivre dehors, sur tous les terrains, à subir les intempéries, à se satisfaire des nourritures les plus variées. De plus, ils sont toujours solides, sûrs de pied, et généralement endurants et frugaux. Ce qui fait bien des qualités, pour devenir un mangeur de kilomètres ! Cependant il ne faut pas oublier que l'on peut trouver – même plus difficilement – un excellent cheval d'extérieur au sein de n'importe quelle race. Des trotteurs réformés l'ont parfois prouvé, tout comme, au cours de la débâcle de la Seconde Guerre mondiale, des... pur-sang réquisitionnés sur les champs de course !

La visite vétérinaire doit permettre de s'assurer que le cheval choisi, en fonction d'aptitudes prouvées ou espérées, est au moins une monture saine, sans vices la rendant inapte à l'équitation.

La visite vétérinaire lors de l'achat

La visite d'achat a pour objectif d'évaluer si le cheval est physiquement apte à effectuer le travail auquel son acheteur le destine. Autrement dit, les exigences et les moyens mis en œuvre ne seront pas les mêmes pour un cheval de sport destiné à une carrière sportive de haut niveau que pour un cheval de loisir et de promenade.
Dans tous les cas, le vétérinaire commence par vérifier le signalement du cheval et son âge, puis toutes les fonctions vitales font l'objet d'un examen : vision, cœur, appareil respiratoire et appareil locomoteur. L'examen se fait au repos et en mouvement. Pour avoir plus d'informations sur les risques potentiels d'apparition de boiteries, le vétérinaire peut compléter son examen par des radios des pieds avant et des jarrets ou de toute région qui lui paraîtrait suspecte lors de son inspection préalable. De même, si le cheval fait du bruit en respirant à l'effort (suspicion de cornage), le vétérinaire effectuera un examen endoscopique du larynx pour vérifier son fonctionnement. Dans certains cas, des analyses sanguines peuvent apporter un complément d'information utile.
Lorsque la visite est terminée, le vétérinaire doit remettre à l'acheteur potentiel un rapport clair et complet avec un avis sur l'état physique du cheval. S'il existe un problème réel et sérieux, le cheval est déclaré inapte ; si le cheval ne montre aucun défaut, il est déclaré apte. Entre ces deux possibilités, le vétérinaire peut soulever un certain nombre de réserves qu'il doit expliquer à l'acheteur ; celui-ci doit alors prendre sa décision tout seul : l'ensemble des qualités d'un cheval mérite parfois de passer sur une petite imperfection...

5

ANATOMIE, ÉLEVAGE ET RACES

BIOLOGIE ET MORPHOLOGIE SONT DES SCIENCES ANCIENNES, COMPLÉTÉES AUJOURD'HUI PAR LA GÉNÉTIQUE. LE CAVALIER PASSIONNÉ ET L'ÉLEVEUR DOIVENT AVOIR CONNAISSANCE DE CES MATIÈRES, QUI NE SONT THÉORIQUES QU'EN APPARENCE.

Une jument lipizzan galope avec son poulain. Celui-ci, né bai brun, deviendra blanc à l'âge adulte. C'est une particularité bien connue de cette race qui la partage avec le cheval camargue.

LE CHEVAL DANS SON ENSEMBLE

POUR APPRÉCIER LE MODÈLE D'UN CHEVAL, IL FAUT ÊTRE MÉTHODIQUE, ALLER DE L'IMPRESSION D'ENSEMBLE À L'APPRÉCIATION DES DÉTAILS. SI, DÈS L'EXAMEN PRÉLIMINAIRE, ON LAISSE SES YEUX S'ARRÊTER SUR QUELQUE BEAUTÉ OU DÉFAUT ISOLÉS, ON RISQUE DE PASSER À CÔTÉ DU COMPAGNON IDÉAL.

Le langage du corps

Le cheval, jugé dans son ensemble, doit donner une impression d'équilibre. Les proportions relatives des différentes parties du corps varient selon les origines de l'animal ; impossible donc de juger correctement le modèle d'un cheval sans connaître les standards de sa race. Les proportions relatives du corps varient aussi en fonction de l'âge de l'animal. De 0 à 6 ans, le squelette du cheval connaît une croissance importante avec des rythmes de développement différents selon les différentes parties du corps. Pendant la période de croissance, le garrot est par moments plus haut que la croupe et quelques mois plus tard c'est l'inverse. Après un an, le corps s'allonge et, à deux ans, il se développe en largeur.

La peau et le pelage en disent parfois très long. Un cheval au poil terne, aux crins cassants (avec la crinière ébouriffée et la queue abîmée), n'est pas un cheval « en état ». Au toucher, le pelage doit donner une impression de cohésion : il est le lien

Une bonne monture

Maître Wang Liang, hippiatre chinois du XVIIe siècle, disait : « Un cheval qui paraît grand à la vue et semble petit quand on s'en approche est un cheval nerveux. Un cheval qui paraît petit à la vue et semble grand quand on s'en approche est un cheval ayant du muscle ; tous deux sont de bonnes montures. Un cheval ne doit pas être trop maigre, l'on doit voir ses muscles ; il ne doit pas être trop gras non plus, ses os doivent être apparents. »

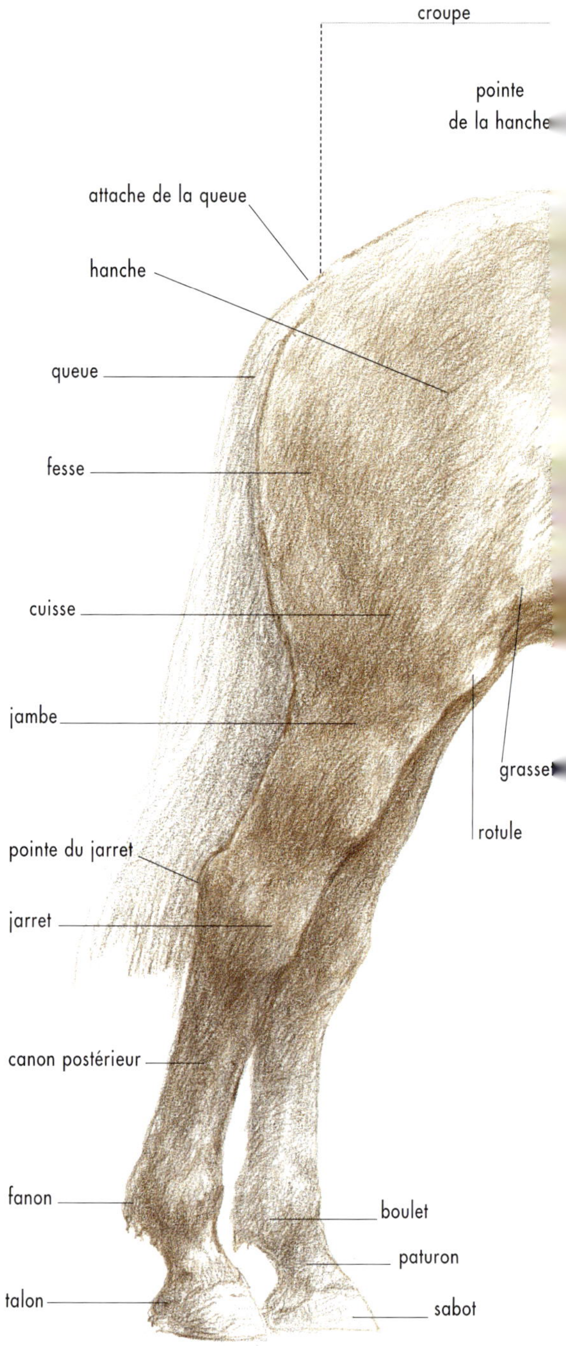

Le poulain nouveau-né est comme un échassier avec de très longs membres.

Après un an, les membres antérieurs et postérieurs grandissent alternativement.

Le cheval est adulte : le garrot est à la même hauteur, voire un peu plus haut que la croupe.

Le dos du vieux cheval s'enselle et le garrot ressort plus, parce que le tonus musculaire diminue.

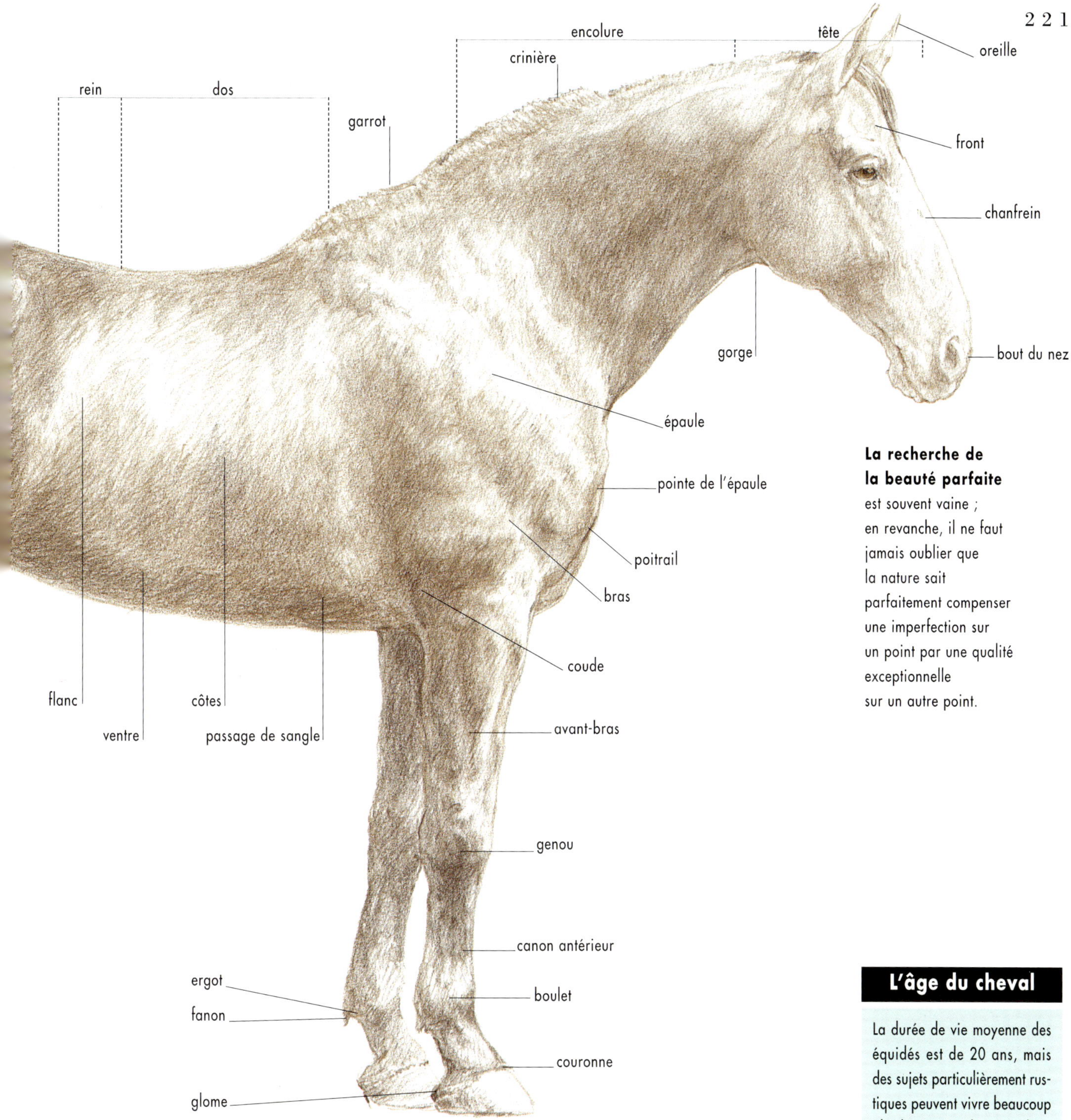

La recherche de la beauté parfaite est souvent vaine ; en revanche, il ne faut jamais oublier que la nature sait parfaitement compenser une imperfection sur un point par une qualité exceptionnelle sur un autre point.

direct entre l'animal et son environnement. Le poil d'un cheval au pré en hiver sera épais, légèrement huileux afin de le protéger de la pluie ; lors de la mue, le fin poil d'été apparaît, déjà brillant sous les touffes de poils d'hiver qui s'arrachent ; à la belle saison, la robe luit au soleil.

La taille

La taille se définit par la distance qui sépare le sol de la partie la plus proéminente du garrot. Elle se mesure à l'aide d'une toise spéciale, mais l'habitude confère un « coup d'œil » permettant de l'apprécier directement à 2 ou 3 cm près. En France, la taille des chevaux s'exprime en mètres ; dans les pays anglo-saxons, elle se mesure en « mains » (une main est égale à 4 pouces, soit 10,16 cm).

Avec l'amélioration des conditions d'élevage, la taille des chevaux a considérablement augmenté au cours des deux derniers siècles : en 1850, un cheval toisant 1,55 m était considéré comme normal tandis qu'aujourd'hui il est jugé petit. Toutefois, une petite taille ne constitue pas forcément un handicap : les célèbres pur-sang Éclipse et Ribot, invaincus sur les hippodromes, et le selle français Jappeloup, médaille d'or en saut d'obstacles aux jeux Olympiques de Séoul en 1988, mesuraient moins de 1,60 m !

L'âge du cheval

La durée de vie moyenne des équidés est de 20 ans, mais des sujets particulièrement rustiques peuvent vivre beaucoup plus longtemps, les records se situant autour de 50 ans. D'une manière générale, le cheval est considéré comme jeune jusqu'à 6 ans révolus (fin de la croissance et du développement musculaire), dans la force de l'âge de 7 à 14 ans, et il commence à montrer des signes de vieillissement à partir de 15 ans. Ces données sont à moduler pour chaque animal selon sa race, son mode de vie et la façon dont il est utilisé.

LA TÊTE DU CHEVAL

SIÈGE DES PRINCIPAUX SENS, MOBILE GRÂCE À LA SOUPLESSE DE L'ENCOLURE, LA TÊTE EST REPRÉSENTATIVE À LA FOIS DE LA RACE DU CHEVAL ET DE SON ÉTAT PHYSIQUE, DE SON CARACTÈRE, AINSI QUE DE SON HUMEUR.

FACE, PROFIL ET EXPRESSIONS

Pour la tête comme pour le modèle général, chaque race possède ses critères précis de « beauté ».
Chez le cheval de selle, on considère qu'une bonne tête doit être petite, courte depuis les yeux jusqu'à la bouche, avec des oreilles proportionnées et bien dressées, de grands yeux bien séparés saillant de chaque côté de la face, un profil plat voire légèrement concave, des naseaux développés et largement ouverts, une bouche petite avec la lèvre inférieure bien serrée, une peau fine laissant apparaître la charpente osseuse et les vaisseaux sanguins.
À l'inverse, sont généralement considérés comme défauts toute convexité du profil, des oreilles trop grandes plantées en avant ou tombant sur le côté, une grande bouche avec des petits naseaux comme chez le caribou, une lèvre inférieure pendante, un squelette peu anguleux aux formes molles.
Les expressions de la tête donnent des indications sur le tempérament du cheval et font partie de son « langage social » (voir « Les relations entre individus » p. 22). La façon dont la tête s'attache sur l'encolure a des conséquences sur les aptitudes du cheval au travail. Un angle ouvert, supérieur à 90°, est élégant et favorise un bon passage de l'air au niveau du larynx. L'espace situé derrière les ganaches doit être dégagé : on doit pouvoir y placer au moins deux doigts. Une ganache épaisse, une gorge large et empâtée pénalisent nettement la flexion de la nuque et il est fortement déconseillé de destiner un cheval à la discipline du dressage s'il présente ces caractéristiques.

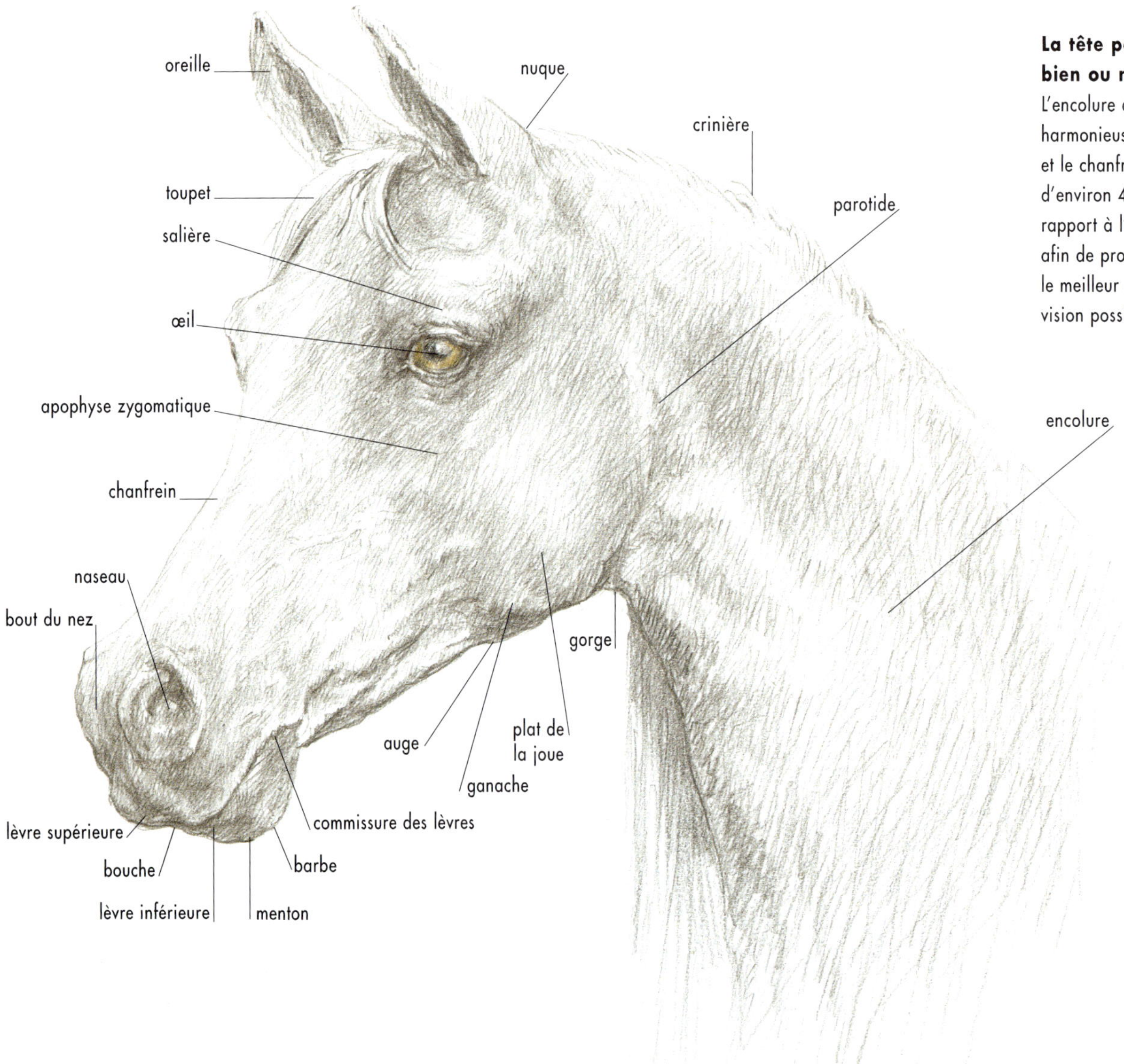

La tête peut être bien ou mal portée. L'encolure doit être harmonieusement courbée et le chanfrein incliné d'environ 45 à 50° par rapport à l'horizontale, afin de procurer au cheval le meilleur champ de vision possible.

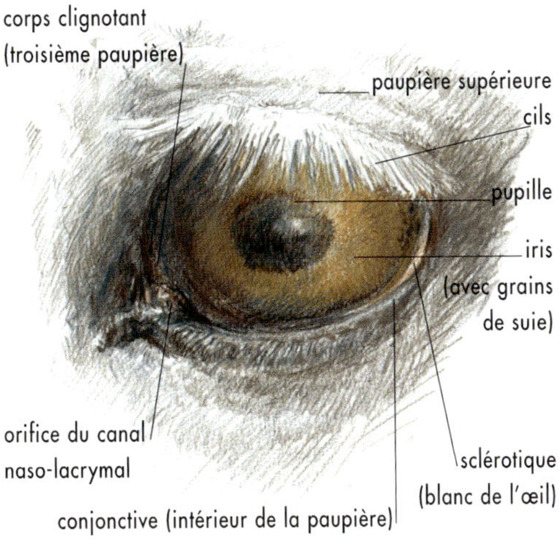

L'ŒIL ET LA VISION

Enfoncé dans son orbite, l'œil du cheval est bien protégé par deux épaisses paupières munies de muscles puissants, qui se ferment à la moindre menace. À l'angle interne, on distingue la troisième paupière, dispositif de protection supplémentaire qui, normalement, ne se voit pas. Sa procidence est signe de trouble, soit local (la troisième paupière n'apparaît que du côté de l'œil atteint), soit général, notamment lors de crise de tétanos (les deux yeux sont alors concernés). La lubrification de la cornée est réalisée par les larmes, produites par la glande lacrymale contenue dans l'orbite. Cette sécrétion est collectée par un petit orifice situé dans l'épaisseur de la paupière inférieure et descend par un fin canal, le conduit naso-lacrymal, cheminant à travers les os de la face jusqu'à une ouverture située à l'intérieur des naseaux. Lorsque ce conduit se bouche, à cause d'un grain de sable ou d'une infection, les larmes ne peuvent plus s'écouler par cette voie et l'œil du cheval pleure. À travers la cornée qui doit être bien lisse, on distingue l'iris, généralement de couleur marron. Une particularité des équidés est la présence d'amas de pigments noirs attachés à l'iris, appelés « grains de suie ». Ils sont parfaitement normaux et ne gênent pas la vision.

LA BOUCHE ET LES DENTS

La bouche du cheval mérite un examen approfondi. La langue ne doit pas être trop grosse afin de laisser la place au mors. Les dents du cheval ont la particularité d'avoir une croissance extrêmement prolongée (dents hysodontes). Tout au long de la vie du cheval, les dents poussent par la base tandis qu'elles s'usent à leur extrémité au cours de la mastication, par le frottement contre leur homologue de la mâchoire opposée. L'éruption compensant l'usure, le taux de renouvellement de la matière dentaire est d'environ 3 mm par an pour les molaires.
En observant le squelette de la tête du cheval, on constate que la mâchoire inférieure est nettement plus étroite que la mâchoire supérieure ; autrement dit, il n'y a pas d'affrontement complet entre les tables dentaires des molaires inférieures et supérieures. Ce décalage entraîne une usure irrégulière des dents et l'apparition d'aspérités appelées surdents du côté externe, contre la joue, pour les arcades supérieures, et du côté interne, contre la langue, pour les arcades inférieures. Ces surdents provoquent des blessures des joues et de la langue : le cheval mange plus lentement et moins, il se défend davantage contre la main du cavalier. L'intervention régulière (une fois par an) du dentiste équin pour éliminer les surdents fait partie des soins indispensables à apporter au cheval tout au long de sa vie.

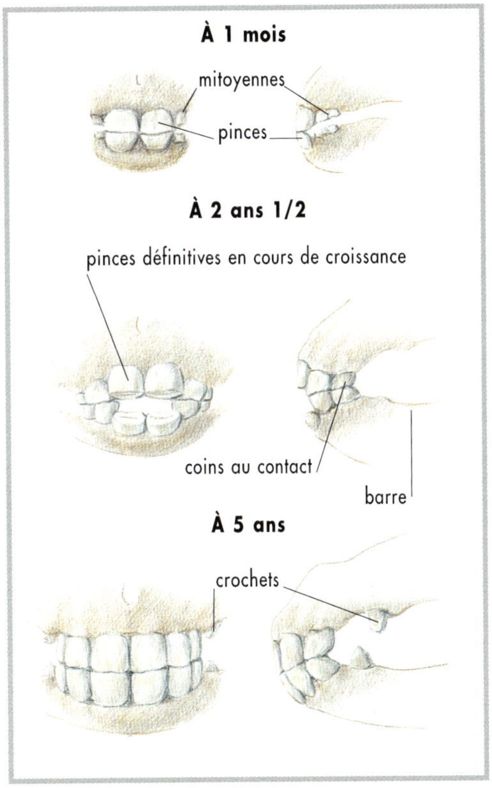

La sortie des incisives et l'âge du cheval
À la naissance, aucune incisive n'est sortie ; à partir de 1 mois, les pinces puis les mitoyennes apparaissent.
À 1 an, les coins de lait apparaissent. Les pinces et les mitoyennes sont en contact et s'usent (rasement) ; elles vont tomber (vers deux ans pour les pinces, 3 ans pour les mitoyennes) et être remplacées par les incisives définitives.
Les crochets apparaissent vers 4 ans. Les juments n'en ont pas.
À 5 ans, toutes les dents de remplacement sont sorties.
La bouche est faite. Les incisives vont s'user dans l'ordre de leur apparition et cette usure permet de connaître approximativement l'âge du cheval.
(Voir « Glossaire » p. 354)

L' éruption des dents et la forme de la mâchoire

Chez le poulain, les prémolaires et les molaires définitives sont en attente sous les dents de lait, dans les cavités des os des mâchoires, ce qui explique l'aspect plus arrondi de sa tête. Au fur et à mesure de la sortie des dents, qui se poursuit toute la vie, les os de la mâchoire se dégagent, les sinus deviennent des cavités creuses, les mandibules s'amincissent, la tête du cheval devient plus fine et même émaciée chez les vieux animaux avec le creusement des salières, la saillie des aspérités de la face et le tranchant des mandibules. Pour chaque mâchoire, le cheval adulte a six incisives (deux pinces, deux mitoyennes, deux coins), deux canines (ou crochets) et douze molaires.

LA STATIQUE DU CHEVAL

LE SQUELETTE DU CHEVAL EST CONSIDÉRÉ PAR TOUS LES ANATOMISTES COMME UN MODÈLE DE PURETÉ ET D'EFFICACITÉ. LES ÉQUIDÉS SE SONT FAÇONNÉS AU COURS DES MILLÉNAIRES ET SE SONT DOTÉS DE L'OSSATURE IDÉALE POUR DEVENIR DE RÉSISTANTS ET EFFICACES COURSIERS.

LE SQUELETTE

Eohippus, petit cheval vivant au miocène, n'avait déjà que quatre doigts à chaque membre. L'adaptation à la course s'est traduite par une simplification de l'appareil locomoteur et une réduction du nombre d'os : le cheval est le seul mammifère à n'avoir plus qu'un seul doigt à chaque membre.

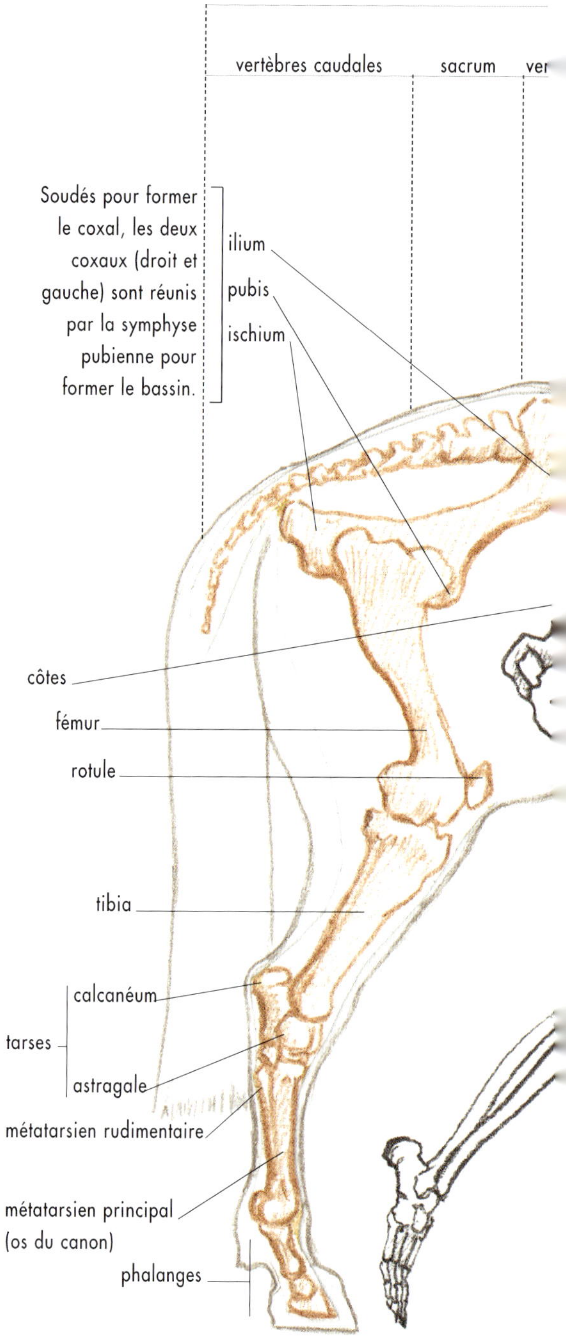

Si les os du cheval portent le même nom que ceux de l'homme, leurs proportions et leurs fonctions dans l'architecture du squelette sont sensiblement différentes. Dans le schéma ci-contre, pour faciliter la comparaison, l'homme a adopté la position du cheval et se tient debout sur ses doigts.

LE PONT SUSPENDU

D'un point de vue statique, l'équilibre du cheval peut se comparer à celui d'un pont suspendu. Le tronc, constitué des vertèbres dorsales et lombaires, du sacrum, des côtes, du sternum et de l'ensemble de la ceinture musculaire abdominale, est un ensemble solidaire qui renferme les organes vitaux du cheval et qui joue le rôle d'axe de transmission des forces lors de la locomotion.

Chez l'homme, les bras sont suspendus au tronc et lui sont attachés par l'intermédiaire d'un os appelé clavicule. Chez le cheval, c'est l'inverse : la clavicule n'existe pas et les membres antérieurs sont l'un des axes porteurs du « pont suspendu », l'autre axe étant celui des membres postérieurs.

La suspension de la colonne vertébrale par les membres postérieurs se fait essentiellement grâce à des ligaments rigides reliant le haut du bassin aux vertèbres du sacrum. Au niveau des membres antérieurs, des muscles attachés en haut de l'os de l'épaule et fixés sur l'encolure et les côtes supportent le poids du tronc entre les épaules.

Chez le jeune cheval, la ceinture musculaire est encore peu développée et le poids du cavalier est une contrainte rapidement fatigante. Avec le travail, le tonus de la musculature s'accroît.

Le pont suspendu : par son action de suspension du tronc entre les épaules, la ceinture musculaire joue un rôle fondamental dans les mécanismes d'amortissement des chocs lorsque le cheval est en mouvement.

LE CHEVAL DORT DEBOUT

Au repos, les angles articulaires des membres se maintiennent grâce aux tonus antagonistes des

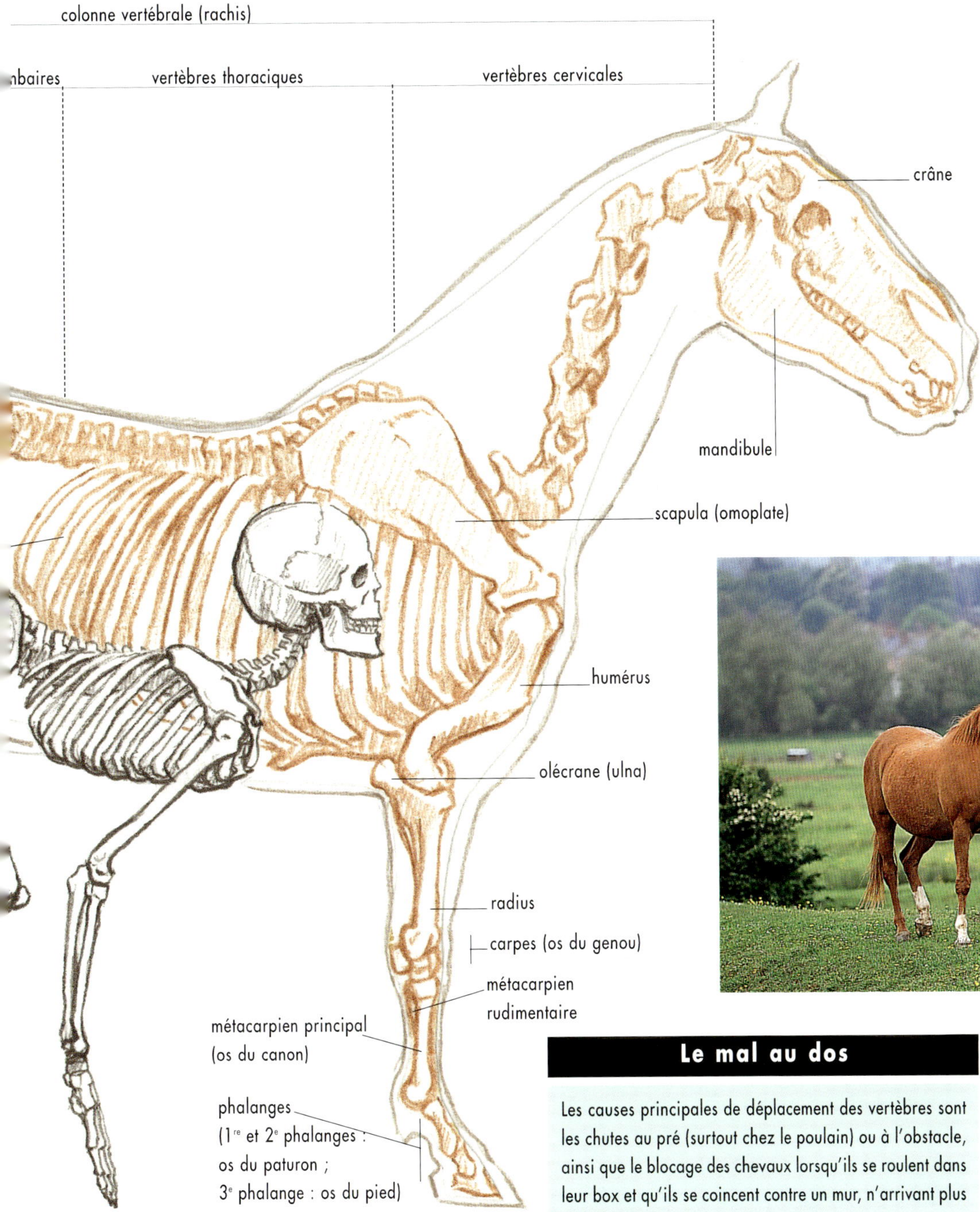

Le cheval se repose alternativement sur ses deux postérieurs : lorsque l'un est plié, l'autre, seul à l'appui, se fléchit un peu sous l'augmentation de la charge et les dispositifs tendineux se mettent alors sous tension, épargnant ainsi toute contraction musculaire.

muscles extenseurs et fléchisseurs, mais le cheval sait également rester debout tout en relâchant son système musculaire, grâce à des dispositifs tendineux et ligamentaires particulièrement astucieux.

Ainsi, devant, le cheval se positionne dans un aplomb légèrement « sous-lui » : l'ouverture de l'articulation du coude provoque la tension de la corde du biceps et bloque ainsi mécaniquement l'articulation de l'épaule ; le boulet descend, maintenu par son seul ligament suspenseur.

Au niveau du membre postérieur, la rotule assure l'ensemble du dispositif de blocage grâce à des ligaments qui la maintiennent accrochée sur l'extrémité inférieure du fémur.

Le mal au dos

Les causes principales de déplacement des vertèbres sont les chutes au pré (surtout chez le poulain) ou à l'obstacle, ainsi que le blocage des chevaux lorsqu'ils se roulent dans leur box et qu'ils se coincent contre un mur, n'arrivant plus à se relever.

Une douleur au niveau de l'axe vertébral se traduit rarement par une boiterie franche du cheval, mais peut se manifester par un certain nombre de signes : mauvais caractère, rétivité, réaction au sanglage ou au montoir, raideur au travail ; trotteur qui se met à la faute, cheval qui se désunit au galop, charge à l'obstacle, geint pendant le saut ou rue à la réception...

Un examen vétérinaire approfondi, avec d'éventuelles radiographies, permet d'apprécier la nature et le siège de la lésion. Selon l'origine du problème, le traitement sera de type médicamenteux (infiltrations) ou fera appel à des techniques ancestrales récemment réhabilitées : l'ostéopathie et l'acupuncture. Une gymnastique du cheval bien adaptée est également essentielle pour la rééducation et la bonne conservation de l'axe vertébral.

LE CHEVAL EN MOUVEMENT

LA « LIGNE DU DESSUS » EST SOUVENT CITÉE LORS DES DESCRIPTIONS DE LA MORPHOLOGIE ET DE LA MUSCULATURE DU CHEVAL. ELLE EST MOBILISÉE DANS CHACUN DE SES MOUVEMENTS, ET C'EST D'ELLE QUE DÉCOULENT NOMBRE DE SES APTITUDES.

LE BALANCIER DE L'ENCOLURE

La tête est directement reliée au garrot par l'intermédiaire d'une structure fibreuse très résistante appelée ligament cervical. La tension du ligament cervical provoque, par un effet de levier exercé sur le sommet du garrot, une pression des vertèbres dorsales et lombaires les unes contre les autres : l'ensemble de la colonne vertébrale devient plus tonique et assure une meilleure transmission des forces de propulsion.

LA COLONNE VERTÉBRALE

L'axe vertébral est une structure vitale profondément enfouie au sein de muscles puissants. Le squelette, entouré de ces muscles, maintient le lien entre avant- et arrière-main, et protège la moelle épinière qui assure la communication entre le cerveau et l'ensemble du corps.

Sur un cheval, on peut palper la colonne vertébrale à différents endroits. Au niveau de l'encolure, en plaçant ses mains à mi-hauteur de part et d'autre et en serrant fort, on sent sous ses doigts les corps osseux des vertèbres cervicales. Au niveau des autres régions, il n'est pas possible de palper directement le corps des vertèbres. En revanche, il est facile de suivre les sommets des apophyses épineuses tout le long de la ligne médiane du dos, du rein et de la croupe.

Région de l'encolure : sept vertèbres cervicales. Chaque vertèbre a la forme d'un cylindre allongé portant des apophyses peu développées ; elle est séparée de la voisine par un disque fibro-élastique épais. De ce fait, les mouvements de flexion longitudinale et latérale ne sont pas limités. Pour s'en rendre compte, il n'y a qu'à regarder un cheval dans un pré, lorsqu'il est importuné par des mouches : il réagit par de violents mouvements de la tête dans toutes les directions.

Région du garrot et du dos : dix-huit vertèbres dorsales. Les vertèbres dorsales, surmontées de longues apophyses épineuses, sont rapprochées les unes des autres et sont solidaires des côtes : elles sont donc peu mobiles. Une selle qui appuie sur le sommet des apophyses au niveau du garrot provoque une douleur vive et gêne les mouvements du cheval. Aussi, lorsque l'on selle un cheval, est-il impératif de toujours bien dégager le garrot et, au besoin, de le protéger par un pad épais et moelleux.

Région du rein et de la croupe : six vertèbres lombaires et cinq vertèbres soudées pour le sacrum. Rapprochées les unes des autres et bordées par des « ailes » (apophyses transverses) très développées, les vertèbres lombaires forment un axe presque rigide. Par rapport à la région dorsale où les mouvements sont limités en haut par les apophyses épineuses et en bas par les côtes, la région lombaire est plus « souple » en ce qui concerne la flexion et l'extension. Cette souplesse est essentielle dans la phase finale du saut ou dans la figure de haute école appelée cabriole. En revanche, ses mouvements latéraux sont considérablement limités par les « ailes ».

La queue : de quinze à vingt et une vertèbres caudales. Jusque dans les années 1950, certains chevaux étaient amputés systématiquement des dernières vertèbres : les cobs notamment étaient « écoués » et leurs crins coupés très court pour qu'ils ne se prennent pas dans les traits d'attelage.

La tension du dos

Le cheval qui grimpe une côte en baissant la tête a le dos bien tendu et ce sont les membres postérieurs qui assurent la propulsion.

Si le cheval relève sa tête, la tension du dos se relâche, la poussée des postérieurs est inefficace et le cheval doit accélérer et se tirer avec les épaules.

Le placer du cheval de dressage, en mettant en œuvre l'action de tension du ligament cervical, permet l'exécution des « airs relevés ».

Encolure

7 vertèbres cervicales

Dans la flexion et l'extension, les mouvements les plus amples ont lieu en profondeur au niveau de l'articulation entre la dernière vertèbre cervicale et la première vertèbre dorsale.

Ici, en flexion latérale, c'est au niveau de l'articulation entre la première vertèbre cervicale (atlas) et la seconde (axis) que se produit l'essentiel des mouvements de rotation de la tête.

Garrot et dos

18 vertèbres dorsales

Leur ensemble se comporte comme un arc flexible dont les mouvements sont centrés vers la douzième vertèbre dorsale, ce qui correspond à l'emplacement du cavalier.

Rein

6 vertèbres lombaires

L'articulation entre la dernière vertèbre lombaire et le sacrum est très mobile : sa flexion permet l'engagement des postérieurs « sous la masse » et son extension rend possible la détente du bassin.

Croupe

5 vertèbres sacrées

Soudées entre elles, elles constituent le sacrum.

Suspendu au bassin, le sacrum assure ainsi la transmission des mouvements des membres postérieurs à l'ensemble de la colonne vertébrale.

Queue

15 à 21 vertèbres caudales

Peu développées et très mobiles, les vertèbres caudales n'interviennent pas dans la locomotion du cheval, mais sont essentielles pour chasser les mouches.

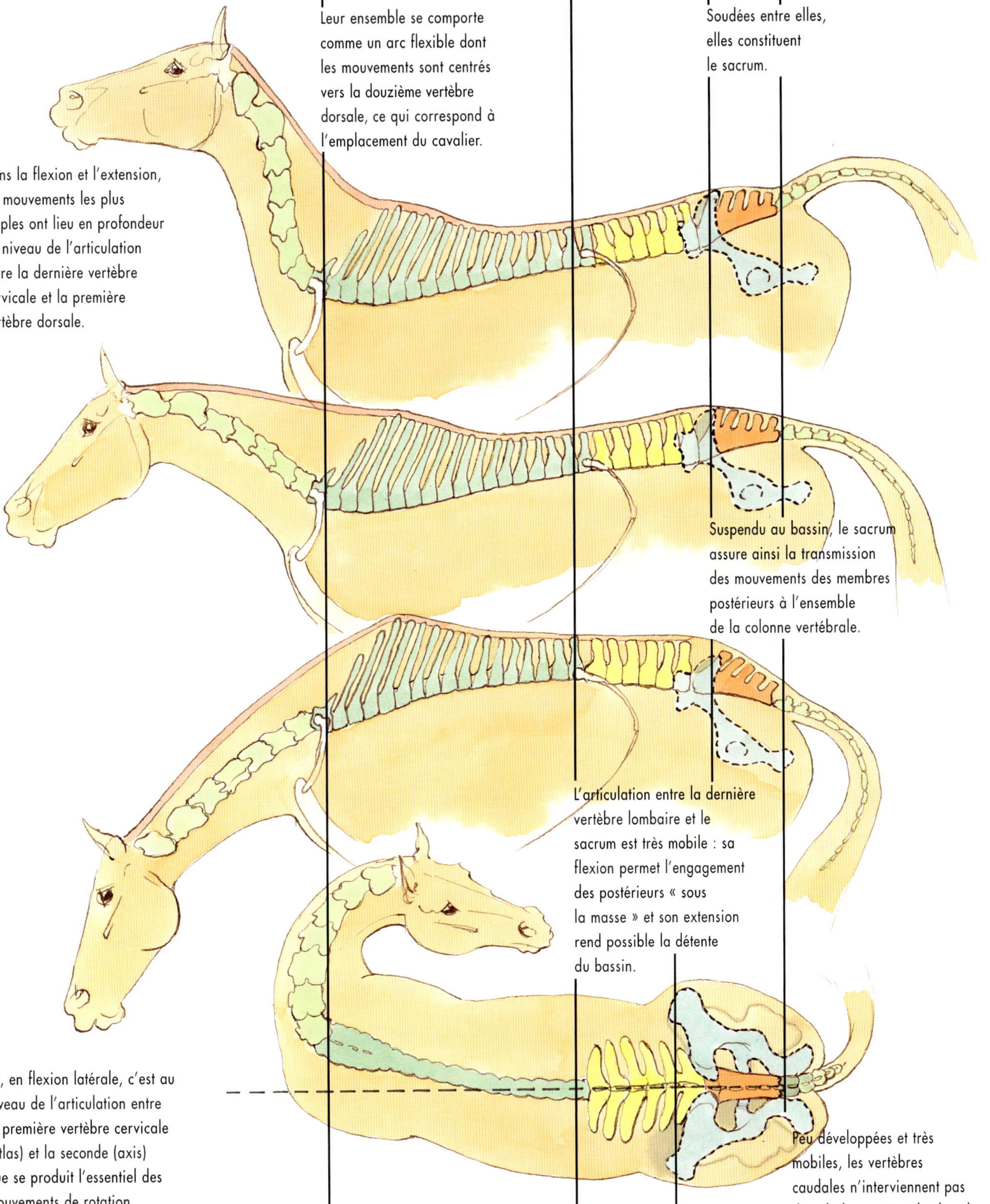

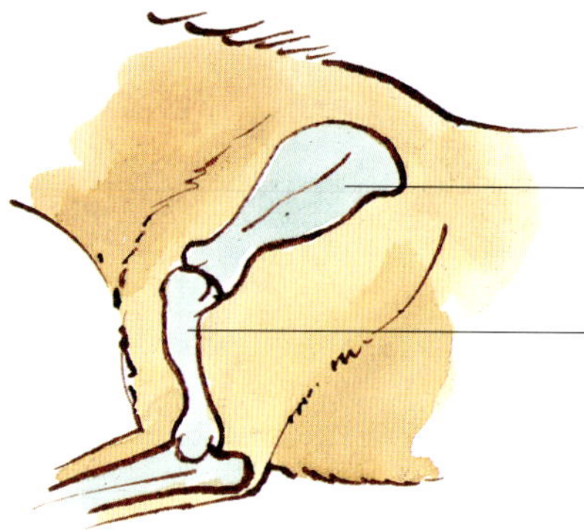

En mouvement, lorsque le cheval étend son membre vers l'avant, la scapula bascule vers l'arrière et l'humérus se rapproche de la verticale ; puis le pied touche le sol et le corps du cheval effectue un mouvement pendulaire vers l'avant au-dessus de l'appui.

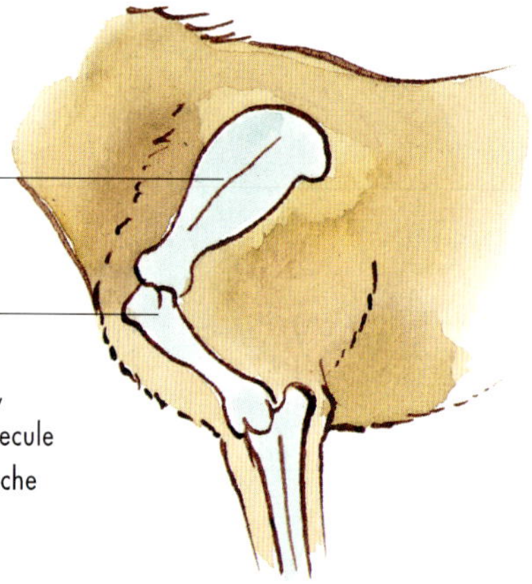

Pendant l'appui, la scapula se redresse, la pointe de l'épaule recule et l'humérus se rapproche de l'horizontale.

Les proportions de l'avant-main et de l'arrière-main, l'ouverture des articulations et l'inclinaison des axes osseux interviennent pour beaucoup dans le développement des foulées du cheval ; son aptitude à certaines allures, son endurance et même le confort du cavalier en découlent directement.

L'ÉPAULE

Dès 1797, Claude Bourgelat, fondateur de l'École nationale vétérinaire d'Alfort, résumait parfaitement le premier jugement à porter : « Les épaules doivent être plates : lorsqu'elles sont trop rondes, grosses et trop chargées de chair, l'animal est pesant, il se lasse facilement, il bronche, et le poids énorme supporté par les jambes de devant en occasionne bientôt la ruine. Il ne faut pas cependant qu'elles soient décharnées, leur force en serait moins considérable, et ces parties ne pourraient que devenir débiles après un certain temps de travail. »

La surcharge des membres antérieurs par un développement excessif des masses musculaires de l'avant-main se rencontre surtout sur des chevaux mâles. La castration, qui entraîne un allégement, est souvent recommandée à titre préventif.

Hormis la forme générale, l'épaule s'apprécie par la disposition de ses axes osseux, et plus précisément la longueur et l'inclinaison respective de l'axe reliant le sommet de l'épaule à la pointe de l'épaule (scapula) et de celui reliant la pointe de l'épaule à la pointe du coude (humérus).

Dans les deux phases extrêmes du mouvement en avant, l'angle de l'épaule s'ouvre au maximum. Plus la longueur combinée des deux os sera grande, plus la foulée aura d'étendue : une qualité que l'on recherche chez le galopeur et qui se traduit par des rayons osseux allongés, et une scapula inclinée associée à un humérus le plus vertical possible.

À l'obstacle, le cheval doit pouvoir plier toutes les articulations – épaule, coude, genou – de façon efficace. Pour cela, la meilleure combinaison au niveau de l'épaule est une scapula naturellement inclinée faisant un angle relativement fermé avec un humérus court.

En dehors des aptitudes purement sportives, il faut aussi savoir que les axes du paturon et de l'épaule étant quasiment parallèles, un cheval à épaules obliques aura des paturons obliques et sera par conséquent beaucoup plus confortable qu'un autre dont les axes sont plus verticaux.

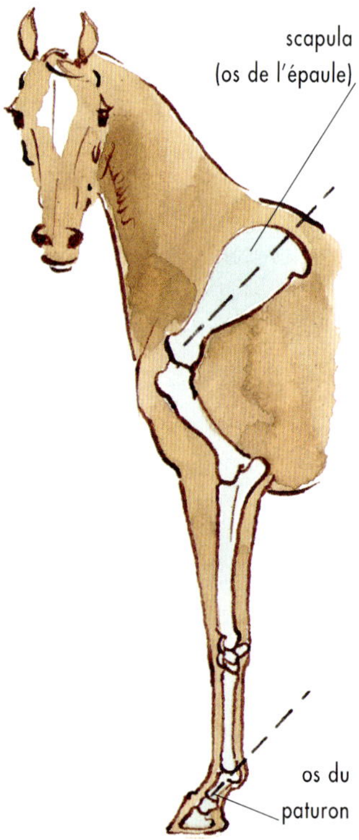

Les axes de l'épaule et du paturon sont presque parallèles.

L'ARRIÈRE-MAIN

Véritable centre de propulsion du cheval, l'arrière-main est une combinaison complexe de systèmes de leviers mis en œuvre par des muscles puissants. Ainsi, si la forme de la croupe et l'analyse des angles des différentes articulations du membre postérieur peuvent donner des indications sur le potentiel athlétique du cheval, il convient de juger avec prudence et surtout d'observer en mouvement comment fonctionne tout l'ensemble de l'arrière-main.

Le syndrome podo-trochléaire

Le syndrome podo-trochléaire (anciennement « maladie naviculaire ») est un ensemble d'affections pouvant intéresser différents éléments anatomiques (l'os sésamoïde distal, le tendon perforant ou les ligaments sésamoïdiens) et qui s'exprime par les mêmes symptômes. Typiquement, le cheval présente une boiterie antérieure chronique et intermittente, marquée par une diminution de la phase postérieure de la foulée (défaut de propulsion). En effet, lorsque le membre est à l'appui et que le paturon se verticalise, l'articulation interphalangienne distale se met en extension et augmente les contraintes sur les éléments lésés douloureux. La radiographie et l'échographie permettent de préciser la nature et l'étendue des lésions. Le traitement doit être nuancé selon les cas, mais se base de façon constante sur la maréchalerie et la gestion de l'activité.

+

L'accrochement de rotule

Il correspond au déplacement et à l'accrochement de la rotule au-dessus d'un relief osseux du fémur (la lèvre médiale de la trochlée fémorale). Il est physiologique chez le cheval et correspond à une attitude de repos. Il peut devenir pathologique et provoquer un blocage en extension du membre intermittent ou permanent. Le plus souvent, les deux postérieurs sont touchés. Le décrochement peut être spontané ou nécessiter l'intervention du vétérinaire. Les récidives sont fréquentes en l'absence de traitement adéquat et les complications articulaires dégénératives, courantes.

Dans tous les cas, le bassin doit être bien allongé et la pointe de la hanche doit être située nettement en dessous de la pointe de la croupe.
Vue de derrière, la croupe doit donner l'impression d'être large, bien équilibrée, comme le toit d'une maison.
Le jarret subit d'importantes pressions lors du travail, il doit être fort. Vu de profil, la pointe de la fesse, la pointe du jarret et le bord postérieur du canon doivent se situer sur la même ligne verticale.

Les lésions osseuses

La boiterie est une manifestation intermittente d'une lésion permanente. La douleur, liée à des affections osseuses et articulaires, est souvent l'expression ponctuelle soudaine ou intermittente d'une lésion évoluant depuis longtemps (quelques mois à plusieurs années).
Les facteurs déclenchant de la douleur sont fréquemment une activité inhabituelle (nature, intensité) ; un accident (glissade, traumatisme) ; des conditions d'activité modifiées (sol, modification de parage ou de ferrure, changement de cavalier).
Hors de ces phases douloureuses, la lésion est tolérée par le cheval.
En fonction du type d'affections :
– s'il s'agit d'une lésion juvénile (acquise entre 0 et 18 mois), la boiterie peut apparaître tardivement (au débourrage, à 6 ans, à 10 ans ou même au-delà) ;
– si la lésion est acquise, dégénérative, la boiterie est également souvent différée.
Le traitement consiste à supprimer ou à diminuer la douleur, sachant que la lésion est le plus souvent irréversible.
Pour les chevaux de compétition à activité physique intense, les boiteries liées aux affections des

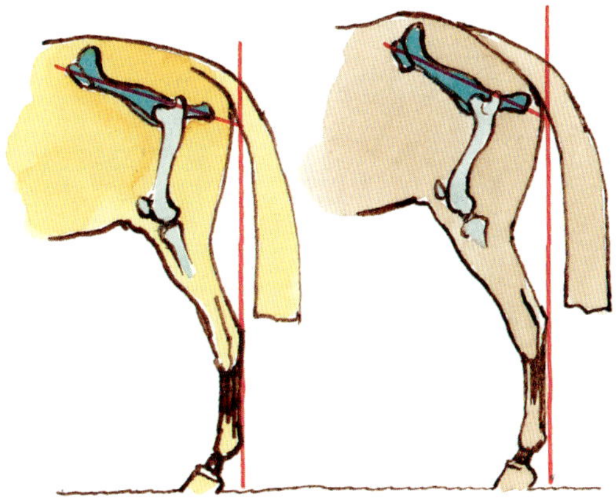

L'inclinaison du bassin, qui se juge en observant l'axe entre la pointe de la hanche et la pointe de la fesse, donne une bonne indication sur le potentiel sportif du cheval. Le bassin incliné (dessin de droite) se retrouve chez les sprinters, type quarter horse ; un bassin plus horizontal (dessin de gauche) donne plus d'ampleur à la foulée.

tissus mous (tendinite et synovite, voir ces affections page 187 et page 231) apparaissent souvent en même temps que la lésion.

L'extrémité des membres

Ce qui est la main et le pied chez l'homme correspond à l'ensemble canon-boulet-paturon-pied chez le cheval. En mouvement, lors de l'impact du pied sur le sol, des forces considérables s'exercent pour faire descendre le boulet.

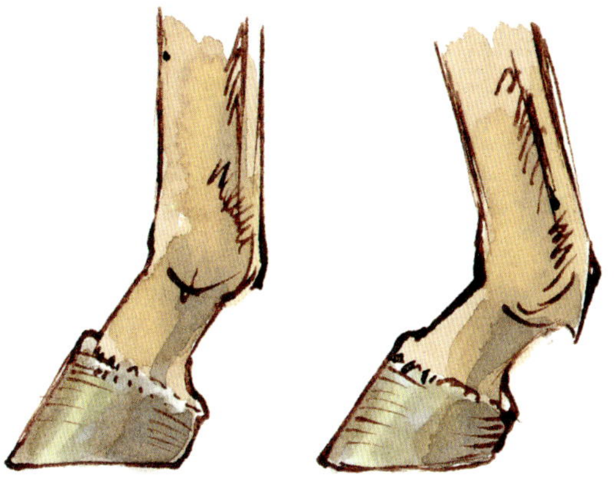

La descente du boulet est un mécanisme essentiel qui permet d'amortir une partie des forces verticales, évitant ainsi un tassement brutal de toute la colonne osseuse du membre.

Dans un premier temps, le ligament suspenseur du boulet, collé derrière le canon, et le tendon du muscle extenseur des phalanges, situé sur la face antérieure du membre, assurent la rigidification de l'ensemble. Les muscles fléchisseurs profonds et superficiels des phalanges se contractent alors et, par l'intermédiaire de leurs puissants tendons, limitent la descente du boulet puis relancent la propulsion.

La queue doit être bien attachée dans l'arrondi de la croupe et ne doit pas être placée trop bas.
En mouvement, l'ondulation de la queue est un signe de souplesse et d'énergie.

DÉFECTUOSITÉS DE L'APPAREIL LOCOMOTEUR

La morphologie de l'appareil locomoteur peut présenter deux types de défectuosités : des problèmes d'aplomb et la présence de tares. Lorsque le cheval se tient à l'arrêt, ses membres constituent les axes d'appui de sa masse. Ce sont ces axes qui définissent ses aplombs.

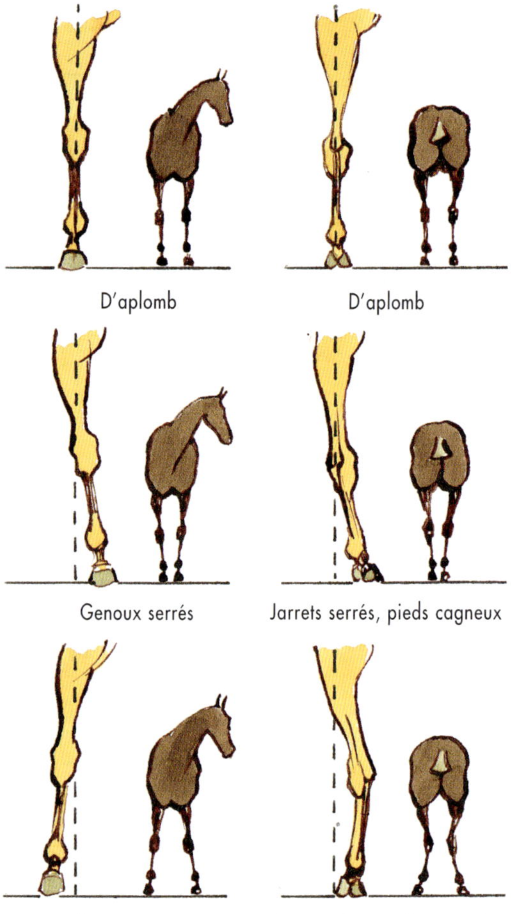

Principaux aplombs du cheval à l'arrêt

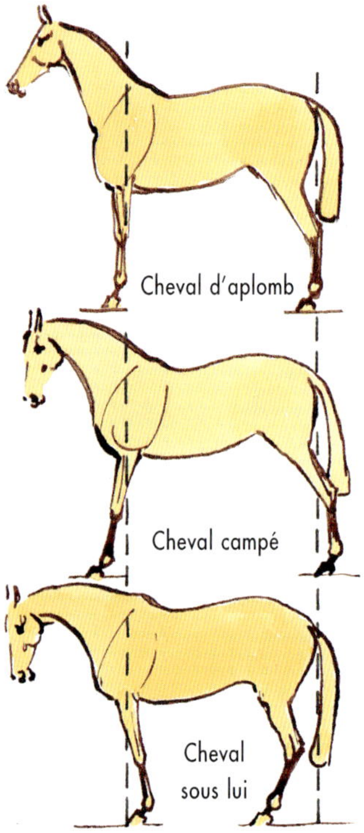

Le bon et les mauvais aplombs du cheval à l'arrêt, vu de profil.

Les aplombs

Porter un jugement sur les aplombs d'un cheval demande autant de bon sens et de réelles connaissances que pour apprécier un modèle. Dans tous les cas, il faut tenir compte de la race de l'animal, de son âge, de son état général, du développement de sa musculature, de son niveau de dressage, et aussi, principalement, de l'usage auquel le cheval est destiné : course, sport, randonnée...
Il faut d'abord regarder le cheval à l'arrêt, bien positionné sur un sol régulier, et en faire tout le tour pour l'examiner tranquillement de face, de profil (des deux côtés) et de derrière.
Si l'on a décelé une anomalie à l'arrêt, il faut mettre le cheval en mouvement pour apprécier :
– de quel niveau part la rupture d'aplomb (par exemple, pour un cheval panard, est-ce au niveau des coudes, du genou, du boulet ou du pied ?) ;
– dans quelle mesure ce défaut risque de provoquer des conséquences néfastes sur la santé de l'animal et de compromettre son utilisation ;
– de quelle manière il est possible de corriger partiellement ou totalement le problème.

En matière d'aplombs, il faut bien se garder de vouloir tout rectifier à tout prix, car la nature sait bien faire les choses et se charge de compenser elle-même les imperfections. Un bon équilibre alimentaire (pour le bon état de l'ossature) et un bon maréchal-ferrant tout au long de la vie sont de toute façon indispensables, que le cheval ait ou non des aplombs plus ou moins parfaits.

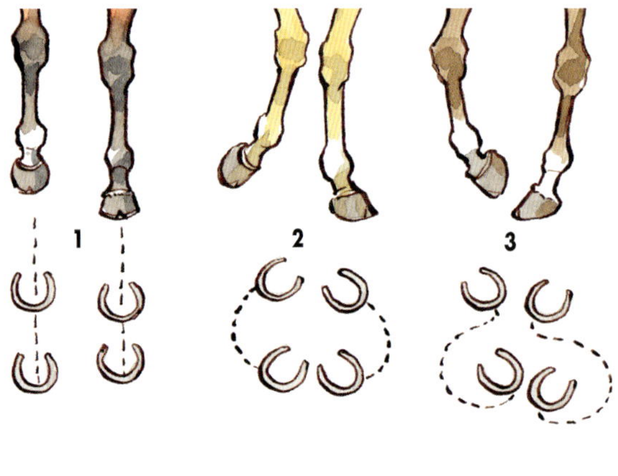

Mouvements et empreintes du cheval.
1. Cheval d'aplomb
2. Cheval aux genoux cagneux et aux pieds panards.
3. Cheval aux genoux panards et aux pieds cagneux.

Les tares

Les tares sont des traces apparentes de déformations que l'on observe au niveau des membres. Une fois que l'on a appris à détecter leur présence, il faut essayer de déterminer leur origine et apprécier la gêne réelle qu'elles occasionnent.
Les tares molles. Les tares molles sont des poches de « liquide ». Toutes les articulations et tous les tendons au niveau des zones articulaires sont entourés de capsules ou de gaines renfermant un liquide lubrifiant appelé synovie. Toute source d'inflammation aiguë (traumatisme) ou chronique (défaut d'aplomb, surmenage...) sur une articulation ou un tendon provoque une hypersécrétion de liquide synovial et une distension des capsules ou des gaines qui le renferment.

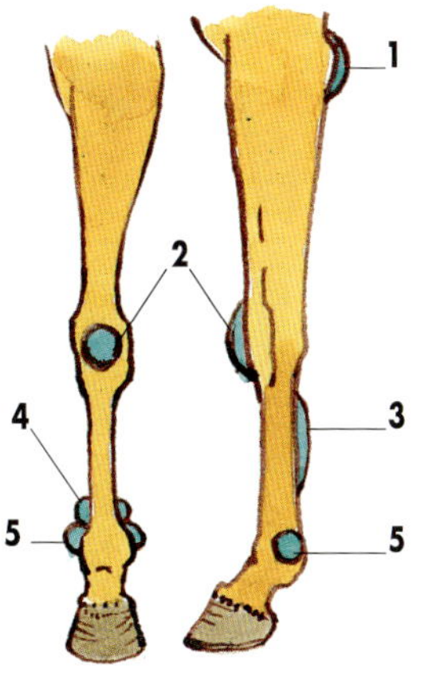

Tares molles de l'antérieur

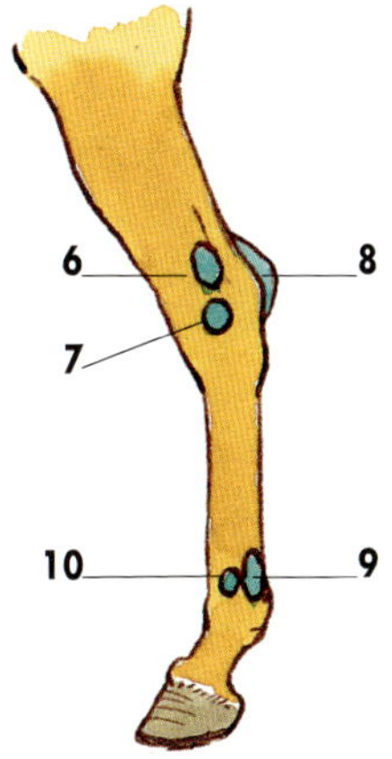

Tares molles du postérieur

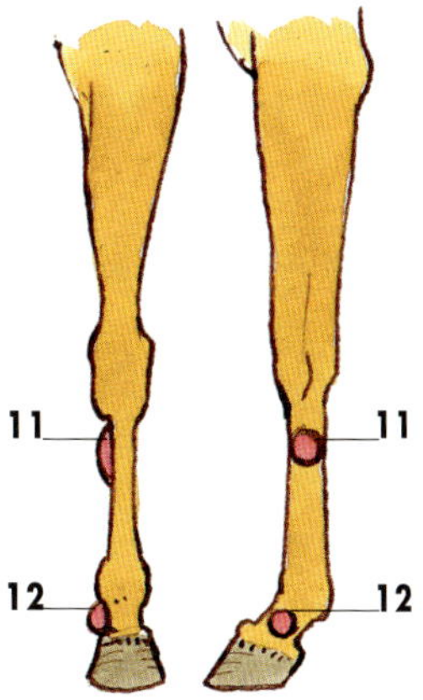

Tares dures de l'antérieur

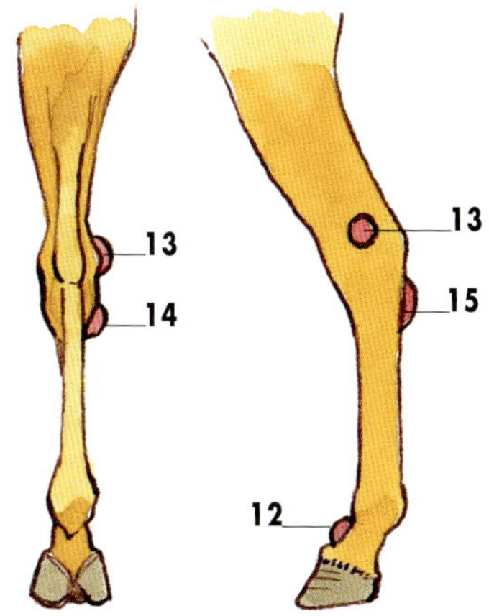

Tares dures du postérieur

Les gonflements qui en résultent peuvent n'être que passagers ; mais, comme les tissus qui composent les gaines sont peu élastiques, ils peuvent devenir définitifs. Les tares molles les plus fréquentes sont les molettes et les vessigons.
Les molettes s'observent au niveau des boulets des membres antérieurs ou postérieurs :
– si la distension est allongée entre le ligament suspenseur du boulet et les tendons fléchisseurs, il s'agit d'une molette tendineuse ; elle est relativement fréquente et peu préoccupante, sauf en phase évolutive où elle apparaît chaude et dure ;
– si la distension est plus sphérique, située plus en avant, entre le ligament suspenseur du boulet et le canon, il s'agit d'une molette articulaire ; il faut la suivre avec plus d'attention, car elle peut être le signe de processus dégénératifs chroniques au niveau des surfaces articulaires (arthrose).
Les vessigons concernent les jarrets et ont également deux origines possibles :
– le vessigon tendineux, situé entre la pointe et la corde du jarret, a une forme grossièrement sphérique ; il est rarement associé à une boiterie ;
– le vessigon articulaire se caractérise par trois zones de « gonflement », l'une en avant de l'articulation au niveau du pli du jarret, les deux autres en arrière de part et d'autre, sous l'emplacement du vessigon tendineux. Sa présence est relativement systématique chez les chevaux à jarrets droits. L'existence en même temps d'une gêne articulaire nécessite un examen approfondi.
Les autres tares molles s'apparentent le plus souvent aux ampoules que nous pouvons avoir aux mains, c'est-à-dire des distensions de poches dans l'épaisseur de la peau, renfermant un liquide, sans rapport direct avec un tendon ou une articulation. Elles ont, par conséquent, une signification fonctionnelle moindre. Il s'agit des éponges, capelets, hygromas du genou et bursite du garrot.

Les tares dures. Les tares dures sont des proliférations anormales qui se forment à partir du tissu osseux et répondent à trois types de processus.
– Premier cas : la minéralisation des appareils ligamentaires. Les ligaments sont des tissus fibreux attachés sur les os, soumis en permanence à des tiraillements. Lorsque les tensions deviennent excessives ou lorsqu'elles ne sont plus dirigées selon la direction habituelle, une inflammation apparaît, avec pour conséquence le dépôt de minéraux à l'intérieur du ligament, transformant une structure molle en une structure dure déformante. C'est de cette manière que se forment certains suros consécutifs à des défauts d'aplombs, les jardes (aussi appelées « courbes » lorsqu'elles sont hautes) en arrière du jarret ainsi que l'ossification des cartilages complémentaires du pied.
– Deuxième cas : la souffrance d'une articulation peut entraîner des déformations plus ou moins visibles. Lorsque l'inflammation est en phase aiguë avec des remaniements au sein même de l'espace articulaire, la douleur est vive. Lorsque l'évolution inflammatoire est achevée, la déformation peut être apparente sans entraîner de gêne. Les tares correspondantes sont la forme haute, au niveau du paturon (articulation entre la première et la deuxième phalange), la forme basse, au niveau de la couronne (articulation entre la deuxième et la troisième phalange) et l'éparvin en face interne et inférieure de l'articulation du jarret.
– Troisième cas : un cal osseux se développe suite à une fracture d'un petit élément osseux. Moins la fracture est stable, plus le cal sera exubérant. C'est ainsi qu'apparaissent certains suros après traumatisme d'un métacarpien rudimentaire.
Ainsi chaque tare peut avoir une origine, une évolution et des conséquences très différentes. Seul un examen vétérinaire approfondi avec des radiographies permet de juger de sa gravité.

Les tares

1. Éponge
2. Gros genou
3. Claquage
4. Molette tendineuse
5. Molette articulaire
6. Vessigon tendineux
7. Vessigon articulaire
8. Capelet
9. Molette tendineuse
10. Molette articulaire
11. Suros
12. Forme
13. Courbe
14. Éparvin
15. Jarde

+

L'éparvin

L'éparvin désigne une tare dure en face dorso-médiale du jarret. Cette pathologie est caractérisée par une dégénérescence du cartilage articulaire et une atteinte de l'os qui lui est adjacent (os sous-chondral), ainsi que des remaniements osseux périarticulaires (ostéophytes). Ces lésions sont irréversibles, le pronostic est donc réservé, et le traitement palliatif. Il vise à réduire l'inflammation, la douleur et à limiter les contraintes mécaniques sur la zone lésée par le biais de la maréchalerie.

LE PIED DU CHEVAL

LORSQUE L'ON REGARDE LE SABOT D'UN CHEVAL, ON PEUT AVOIR L'IMPRESSION QU'IL S'AGIT D'UNE STRUCTURE RIGIDE ET INERTE. EN FAIT, C'EST TOUT LE CONTRAIRE : L'ENSEMBLE DU PIED EST UN ORGANE COMPLEXE ET TRÈS MOBILE. D'OÙ L'IMPORTANCE DES SOINS À LUI APPORTER. (VOIR AUSSI PAGE 182.)

Le pied du cheval est constitué intérieurement de la troisième phalange (os du pied) et des cartilages qui la prolongent, ainsi que de l'articulation entre la troisième et la deuxième phalange.

MORPHOLOGIE

Quand le pied touche le sol, l'impact se produit au niveau de la paroi du sabot. Les vibrations qui en découlent cheminent à travers tout le réseau des lamelles de la corne et de la chair feuilletée, et sont alors en partie absorbées par le « lit hydraulique » formé par les multiples petits vaisseaux sanguins qui irriguent l'ensemble.
Ainsi, si la surface du fer, première zone d'impact, ne représente que 50 cm², le réseau des lamelles, qui correspond à plus de 5 000 cm² en surface développée, est le premier moyen pour atténuer l'onde de choc.

Lors de la phase d'appui, au moment de la descente du boulet, la force verticale du poids du corps est transmise aux deux tiers postérieurs du sabot. Le coussinet plantaire se comprime, appuie sur les cartilages complémentaires de chaque côté, les talons s'écartent, la fourchette se déplie et descend. Dès que l'appui cesse, les talons se resserrent à nouveau grâce aux propriétés d'élasticité de la fourchette, des cartilages complémentaires et de la corne au niveau des talons. Ces mouvements d'expansion et de contraction du coussinet plantaire et des parois du sabot participent également à l'amortissement des chocs et, en assurant un brassage important du sang, activent toute la circulation sanguine dans le membre du cheval.

LE TRAVAIL DU MARÉCHAL-FERRANT

Les chevaux sauvages n'ont ni propriétaire attentionné ni maréchal-ferrant expert pour maintenir leurs pieds en parfait état. Et cependant ils

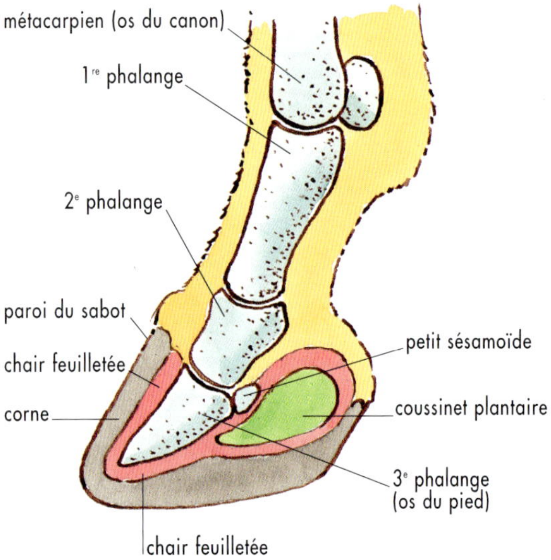

La paroi du sabot est formée par un assemblage de millions de « pailles » cornées collées les unes aux autres. L'espace situé sous les os du pied et au-dessus de la fourchette est rempli par le coussinet plantaire, tissu fibreux riche en graisse et en vaisseaux sanguins.

La corne est produite (6 à 8 mm par mois tout au long de la vie de l'animal) sous le bourrelet périoplique situé au niveau de la couronne. La corne qui recouvre la sole est moins résistante et rejoint la corne de la paroi au niveau de la ligne blanche.

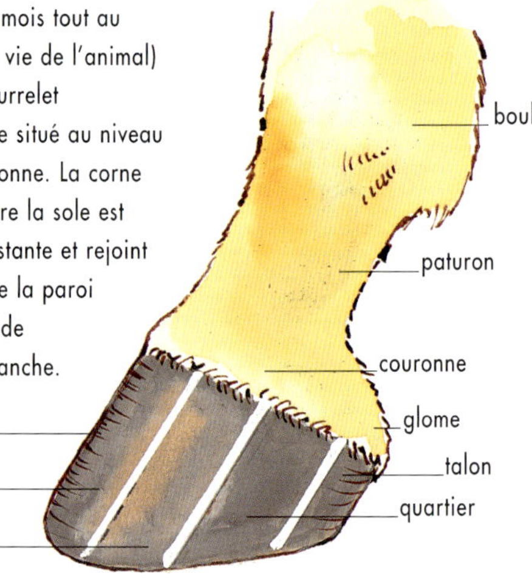

L'os du pied est tapissé par une chair feuilletée riche en vaisseaux sanguins et formant un nombre considérable de lamelles qui, en s'intriquant avec les lamelles cornées de la face interne du sabot, permettent l'accrochage entre l'os et le sabot.

Coupe transversale de la paroi

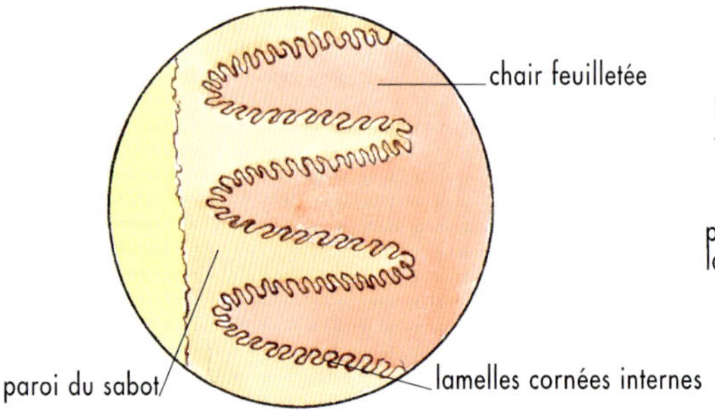

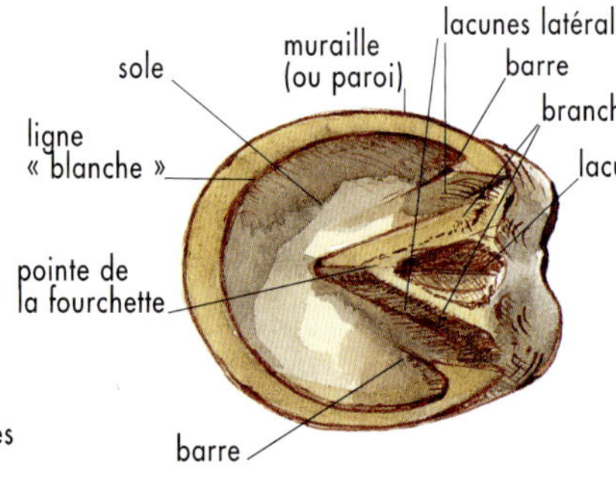

La paroi du sabot est épaisse au niveau de la pince, elle s'amincit vers les talons puis se renforce au niveau des barres.

parviennent à vivre de nombreuses années sans que leurs pieds ne connaissent de problèmes : leurs sabots s'usent à une vitesse à peu près équivalente à celle de la croissance de la corne et leur régime alimentaire leur apporte des fibres en quantité suffisante, ainsi que toutes les vitamines nécessaires au bon état des pieds.

Un cheval domestiqué a un mode de vie différent : en liberté, son domaine se limite aux dimensions de son pré ; à l'écurie, il reste quasiment immobile pendant de nombreuses heures ; au travail, son pied est soumis à des chocs et à des tensions répétés. L'homme doit donc l'aider à entretenir sa corne. Le point essentiel est de conserver la forme originelle du pied du cheval, c'est-à-dire un sabot au contour régulièrement arrondi, une sole bien concave, des barres solides, une fourchette nettement au-dessus du sol lorsque le pied repose sur une surface lisse, une pente de sabot parallèle à l'axe du paturon.

Lorsque le pied est ferré, au cours de la période qui sépare deux ferrages, l'ensemble de la boîte cornée du pied s'allonge, mais la croissance n'a pas la même importance à tous les niveaux :

– la pince solidement fixée au fer ne subit aucune usure et grandit d'environ 1 cm en six semaines ;

– les talons ont une corne moins solide et subissent une légère érosion en frottant contre la surface supérieure du fer au cours des mouvements d'expansion et de contraction des talons ; ils ne gagnent guère que 0,5 cm en six semaines ;

– la sole et la fourchette, quant à elles, subissent une certaine usure si le cheval travaille en terrain varié ou sur du sable un peu grossier ; en revanche, leur corne a tendance à s'épaissir si les sorties se limitent au manège.

Le cheval non ferré a lui aussi le pied qui pousse plus vite qu'il ne s'use s'il est dans une pâture humide au sol meuble, ou s'il ne travaille que sur des surfaces non abrasives.

Le parage du pied, c'est-à-dire l'élimination du surplus de corne, est donc indispensable à intervalles réguliers, environ toutes les six semaines. Avec son rogne-pied, le maréchal-ferrant raccourcit la paroi du sabot, surtout au niveau de la pince, dégage les barres et la fourchette et creuse la sole. Ce travail est la partie la plus délicate du travail du maréchal-ferrant et de sa réussite dépend la qualité de l'aplomb du pied.

Les différentes zones du fer portent le nom de la partie cornée avec laquelle elles sont en contact.

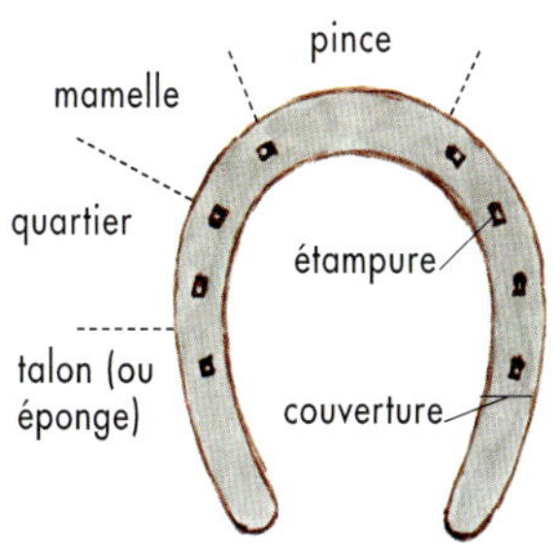

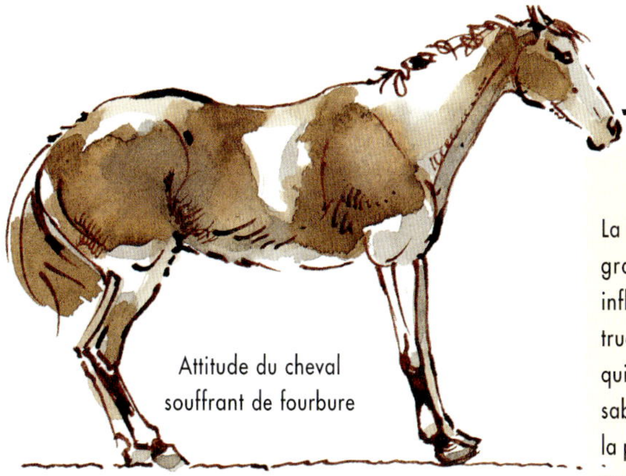

Attitude du cheval souffrant de fourbure

La fourbure

La fourbure est une affection grave qui correspond à une inflammation, puis à une destruction de la chair feuilletée qui assure la fixation entre le sabot et l'os du pied. La cause la plus fréquente est l'excès de nourriture riche associé au manque d'exercice. La fourbure est excessivement douloureuse pour le cheval, qui prend alors, pour diminuer la douleur, une attitude caractéristique : il étend ses antérieurs vers l'avant afin de reporter tout son poids sur ses talons, dans le cas d'une fourbure des antérieurs.

Principes de ferrage

Le choix de la taille du fer par rapport à la taille du pied est un point important : le choix d'une pointure doit se faire non seulement en fonction de la taille réelle du pied, mais aussi selon la forme idéale que le pied devrait avoir. Si le pied paraît trop petit avec une tendance spontanée à se resserrer, il faut choisir un fer long qui dépassera un peu sur les côtés de façon à favoriser l'expansion des parois. À l'inverse, si le pied a tendance à s'élargir, on utilisera un fer plus ajusté.

La ferrure et le parage permettent de rectifier les défauts du sabot.

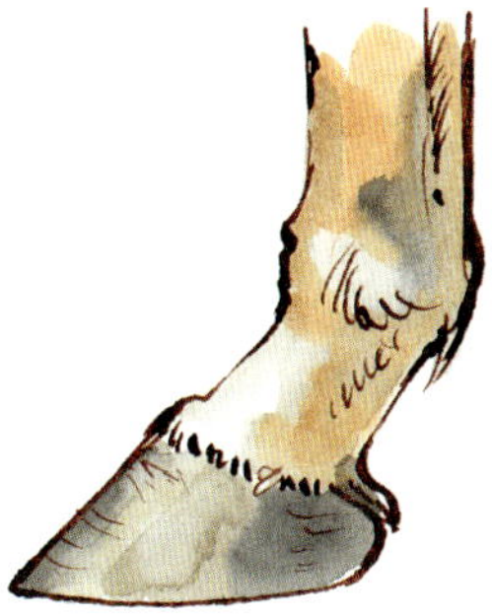

Trop de pince et pas assez de talon

Pas assez de pince et trop de talon

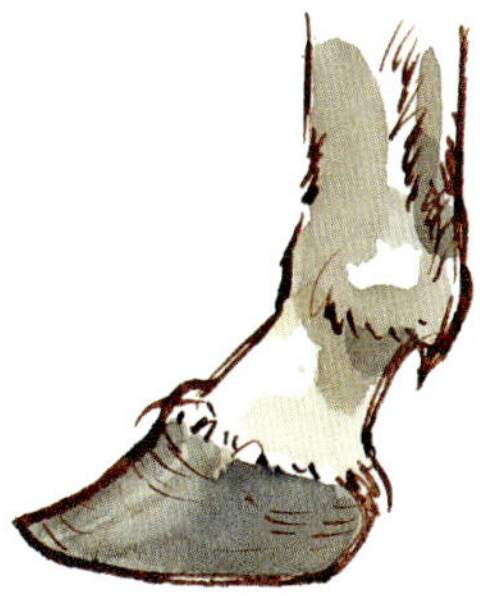

En pagode (pince incurvée) : mauvais entretien du pied

Selon le cas, le fer est fixé par six, sept ou huit clous. De façon à ne pas entraver les mouvements d'expansion des talons indispensables à l'amortissement des pressions, le dernier clou ne doit pas dépasser la zone de courbure maximale des quartiers, la partie la plus large du pied.

Pour que le fer soit solidement fixé, il faut que les clous soient bien plantés. Des clous trop bas ou trop superficiels affaiblissent la paroi, la corne s'écaille et part en éclats. Des clous qui sortent trop haut ont une forte chance de passer à la limite des tissus sensibles et peuvent faire boiter.

LES ORGANES INTERNES

LA CONNAISSANCE DE L'ANATOMIE DES ORGANES INTERNES N'EST PAS DIRECTEMENT INDISPENSABLE AU CAVALIER ; MAIS LEUR FONCTIONNEMENT, OU DYSFONCTIONNEMENT, CONDITIONNE TOUTE UTILISATION DE LA MONTURE. ET LA SURVEILLANCE DE CERTAINS PARAMÈTRES (RYTHMES CARDIAQUE ET RESPIRATOIRE, TEMPÉRATURE...) EST INDISPENSABLE LORS DE L'ENTRAÎNEMENT RAISONNÉ DU CHEVAL DE SPORT.

Le pouls se prend assez facilement le long de la mandibule, au bord inférieur de l'auge.

LE CŒUR ET LA CIRCULATION

Le cœur est un muscle creux, pesant entre 4 et 9 kg selon les sujets, capable de pomper plus de 30 l de sang par minute. Il est situé dans le thorax entre les deux poumons et repose sur le sternum du côté gauche. Chez le cheval, le cœur est bien protégé par les muscles de l'épaule et est relativement éloigné de la paroi du thorax : ainsi, même si l'on glisse sa main sous les muscles de l'épaule gauche, on ne perçoit pas les battements du cœur. Son auscultation demande un bon stéthoscope et beaucoup d'expérience.

Le rythme cardiaque se situe entre trente-deux et quarante pulsations par minute chez le cheval normal au repos et peut monter à plus de deux cents au cours d'un exercice violent. Plus que la valeur absolue du rythme cardiaque au repos, c'est la façon dont il ralentit après un effort qui permet d'apprécier la condition physique d'un cheval : plus le temps de récupération (c'est-à-dire la durée nécessaire pour revenir au rythme de repos) diminue, plus le cheval est apte à fournir un effort physique intense. Le suivi cardiaque est particulièrement important chez les chevaux de course, de concours complet et d'endurance. Le sang qui traverse le cœur est envoyé dans les différents vaisseaux sanguins de l'organisme selon le circuit bien connu : cœur – artères – capillaires – veines – cœur. Un cheval pesant 500 kg possède environ 35 l d'un sang composé pour 60 % de liquide clair appelé plasma et pour 40 % de globules blancs et de globules rouges.

Lorsque l'on demande au cheval un effort plus intense, la consommation en oxygène augmente ; deux mécanismes interviennent pour faire face à ce besoin :

– l'accélération du rythme et du débit cardiaques, qui permet aux globules rouges de circuler plus rapidement dans l'organisme ;

– la contraction de la rate, qui « injecte » dans la circulation sanguine des globules rouges complémentaires. Ce mécanisme qui, bien sûr, existe chez toutes les espèces animales, est particulièrement développé chez le cheval ; en effet, le nombre de globules rouges circulant peut être augmenté de 30 à 50 % à la suite d'une excitation ou d'une sollicitation physique.

LA RESPIRATION

L'ouverture de l'appareil respiratoire sur le milieu extérieur se situe au niveau des **naseaux.** Chacun d'eux est construit autour d'un cartilage en forme de croissant permettant les mouvements d'expansion à l'inspiration. L'air circule ensuite dans les cavités nasales au travers de fines circonvolutions dans l'épaisseur du chanfrein ; il est alors épuré et réchauffé.

La gorge est un carrefour stratégique entre les voies respiratoire et digestive, disposant d'un système efficace de « passage à niveau » constitué par l'épiglotte et le voile du palais. L'épiglotte est une sorte de clapet situé à l'entrée du larynx ; elle est baissée en temps normal pour permettre à l'air de circuler et elle se relève au moment de la déglutition afin de fermer hermétiquement les voies respiratoires. Parallèlement intervient le voile du palais : baissé au repos, il dirige l'air vers la trachée et, relevé au moment de la déglutition, il évite aux aliments de refluer vers les fosses nasales.

Le larynx renferme deux cordes vocales dont les vibrations permettent au cheval de produire son hennissement. Lorsqu'elles fonctionnent normalement, les cordes vocales sont en permanence tendues par deux petits muscles et elles s'écartent au passage de l'air.

Différentes affections peuvent entraîner la paralysie de ces muscles, rendant la ou les cordes vocales correspondantes molles et flottantes. Cela pro-

Les muqueuses

L'examen des muqueuses au niveau des gencives donne de bonnes indications sur le fonctionnement de l'appareil cardio-vasculaire. Elles sont normalement rosées et, lorsque l'on appuie dessus avec un doigt, la trace blanche provoquée par la pression disparaît en une ou deux secondes. Des muqueuses blanches ou violacées sont signe de désordres graves. En cas de problème hépatique ou de piroplasmose, les muqueuses deviennent jaunes.

voque une perturbation du passage de l'air à l'inspiration avec pour effet le bruit classique du cornage et une gêne respiratoire importante. Un examen vétérinaire utilisant un endoscope permet de vérifier le diagnostic et de proposer une solution chirurgicale.

La trachée est un long tuyau cartilagineux que l'on peut aisément palper sous l'encolure dans sa partie supérieure. Après son entrée dans la cage thoracique, la trachée se divise en bronches et en bronchioles qui conduisent l'air jusqu'aux alvéoles pulmonaires.

À l'inspiration, les naseaux se dilatent, les muscles inspiratoires écartent les côtes, le diaphragme se contracte, créant une aspiration qui permet à l'air de s'engouffrer dans les alvéoles. À l'expiration, les côtes retombent, le diaphragme se relâche et les muscles abdominaux se contractent légèrement pour évacuer l'air des poumons. L'observation de l'ensemble de ces mouvements permet de mesurer la fréquence respiratoire : au repos, celle-ci doit se situer entre huit et quatorze inspirations par minute.

L'augmentation de ce rythme au repos ou l'accentuation des mouvements de contraction de l'abdomen au moment de l'expiration sont des signes de troubles qui nécessitent un avis vétérinaire (on dit alors que le cheval respire avec le flanc : c'est l'une des manifestations caractéristiques de l'emphysème).

En cas de déshydratation, lors d'un pincement à l'encolure la peau apparaît sans tonus et reste en bourrelet une fois relâchée. En revanche, chez un cheval bien hydraté, la peau est souple et élastique.

L'ÉLIMINATION

Comme tous les mammifères, le cheval possède deux reins. Relativement petits, pesant moins de 1 kg chacun, ils sont solidement attachés de part et d'autre de la colonne vertébrale au niveau des deux dernières côtes. Formés de différentes couches, ils agissent comme une sorte de filtre en extrayant les déchets du sang. Chez le cheval, comme chez la plupart des herbivores, cette fonction pose peu de problèmes, les reins ne se fatiguent guère, sauf troubles pathologiques.

À côté de ce rôle purement dépuratif, les reins jouent également un rôle fondamental dans ce que l'on appelle l'homéostasie, c'est-à-dire le maintien très strict des normes sanguines. Ainsi, lorsque l'organisme manque d'eau, le sang devient plus concentré. Des récepteurs placés au niveau des

L'appareil respiratoire

L'appareil respiratoire du cheval est très fragile et l'apparition de toute anomalie (écoulement nasal, toux, essoufflement...) doit immédiatement être prise au sérieux. Un cheval qui tousse ne doit pas travailler et, dans la mesure où beaucoup d'affections respiratoires sont contagieuses, il est préférable de l'isoler lorsque cela est possible. À titre préventif, il est essentiel de bien respecter le calendrier de vaccination contre la grippe et la rhinopneumonie.

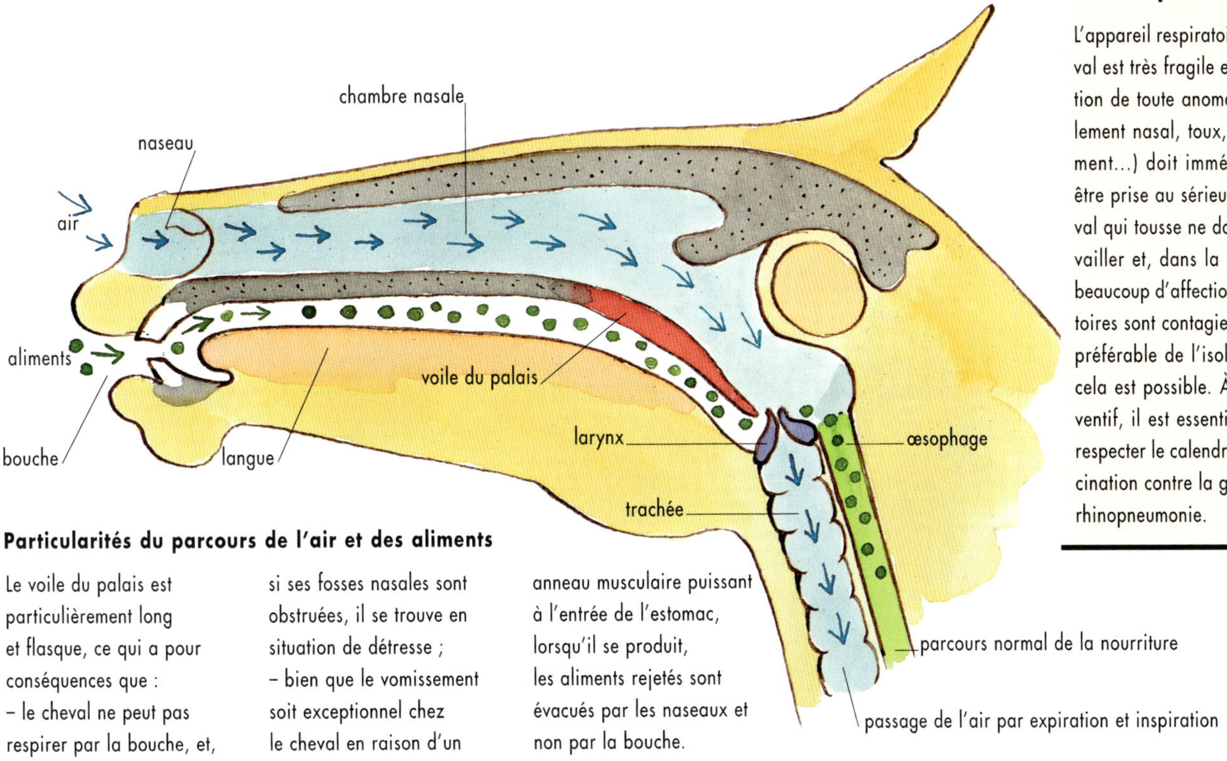

Particularités du parcours de l'air et des aliments

Le voile du palais est particulièrement long et flasque, ce qui a pour conséquences que :
– le cheval ne peut pas respirer par la bouche, et, si ses fosses nasales sont obstruées, il se trouve en situation de détresse ;
– bien que le vomissement soit exceptionnel chez le cheval en raison d'un anneau musculaire puissant à l'entrée de l'estomac, lorsqu'il se produit, les aliments rejetés sont évacués par les naseaux et non par la bouche.

reins enregistrent cette modification et y réagissent en envoyant un signal sous la forme de la production d'une hormone spécifique. Cette hormone déclenche un certain nombre de processus de rééquilibrage et en particulier stimule le centre de la soif situé au niveau du cerveau. Ce système théoriquement infaillible peut se trouver en défaut chez le cheval lors de fortes transpirations. La sueur du cheval est très concentrée en sels, aussi lorsqu'elle est produite en grandes quantités, le corps va manquer d'eau mais la concentration du sang en sel n'augmentera pas du fait des pertes importantes liées à la transpiration. Les reins ne sont pas avertis du déficit, la stimulation du centre de la soif ne se fait pas. On arrive alors à la situation paradoxale du cheval épuisé et déshydraté qui refuse de boire. Cette particularité est très importante à connaître. En pratique, cela signifie qu'il faut absolument proposer régulièrement de l'eau à un cheval au cours d'un effort prolongé et ne pas hésiter à ajouter dans sa ration des sels réhydratants, à titre préventif.

L'APPAREIL DIGESTIF

La lèvre supérieure, dotée de poils sensitifs appelés vibrisses, permet au cheval de reconnaître et de trier les aliments. Les incisives coupent l'herbe des prés et la langue dirige les aliments vers les molaires, qui assurent le broyage en fines particules. Trois glandes salivaires (les sublinguales situées sous la langue, les parotides et les sous-maxillaires occupant tout l'espace en arrière de la mandibule) produisent alors une importante quantité de salive ; cette sécrétion représente jusqu'à 40 litres par jour, le foin absorbant quatre fois son poids de salive et les céréales ou granulés environ le double de leur poids. Cette première phase de transformation des aliments en « bol alimentaire » prend du temps : il faut de 30 à 40 min au cheval pour ingérer 1 kg de foin, de 10 à 15 min pour la même quantité de céréales ou de granulés.

Après la déglutition, les boulettes d'aliments descendent dans l'œsophage et on peut alors les voir passer le long de la gouttière jugulaire à gauche de l'encolure.

L'estomac est un sac en forme de J, à la paroi épaisse, remarquable par sa petite taille comparativement au volume total de l'animal et de ses repas. Il peut contenir jusqu'à 15 à 20 litres, mais il n'assure une digestion efficace que pour un contenu de 10 à 12 litres. D'où l'intérêt de fractionner la ration quotidienne en plusieurs petits repas et de laisser suffisamment de temps au cheval pour absorber tranquillement sa ration.

L'intestin grêle est un tube de 5 à 8 cm de diamètre, long de plus de 2 m et organisé sous forme d'anses successives suspendues dans une sorte de toile d'araignée fibreuse au niveau de la partie supérieure du flanc gauche. En appliquant son oreille contre cette partie du corps du cheval, on peut entendre les bruits normaux liés aux multiples contractions des muscles de l'intestin grêle et aux diverses sécrétions d'enzymes en provenance du pancréas et du foie.

Le gros intestin est constitué de trois parties : le cæcum, le côlon et le rectum.

Le cæcum est un grand sac allongé, en forme de banane, long d'environ 1,20 m, situé verticalement au niveau du flanc droit, en arrière des côtes. Il joue un rôle de cuve de fermentation, brassant en permanence plus de 40 litres d'un « bouillon de culture » riche en bactéries. Il a également une fonction fondamentale dans les phénomènes de réabsorption de l'eau.

La première portion du côlon, appelée côlon replié, est très volumineuse, d'un diamètre de 20 à 40 cm sur plus de 3 m de long. Il est replié en quatre avec plusieurs rétrécissements successifs qui peuvent être le siège d'occlusions.

La deuxième portion du côlon assure le moulage des crottins qui sont ensuite stockés dans le rectum, à l'intérieur du bassin, avant d'être éliminés

En cas de coliques, le cheval manifeste sa douleur par un comportement anormal. Il gratte le sol, tourne en rond dans son box, se couche et se relève fréquemment, se regarde les flancs.

Les coliques

De façon rigoureuse, le terme « colique » désigne toute manifestation de douleur abdominale. Tous les organes contenus dans le ventre du cheval sont susceptibles d'être impliqués. En pratique, c'est le tube digestif qui est le plus souvent la cause du trouble.

Dans les cas de douleur extrême, le cheval peut rester calme et figé, en état de choc, ou bien devenir comme fou en se jetant violemment par terre et en se débattant sans répit.

Dans tous les cas, le problème est à traiter avec beaucoup de sérieux. Pour déceler le plus tôt possible les signes d'anomalie, il faut déjà bien connaître le comportement normal de chaque cheval. Certains ont l'habitude de faire une bonne sieste, d'autres ne le font jamais. Inutile donc de paniquer pour rien, mais attention à ne pas passer à côté du premier message que vous adresse votre cheval. En cas de doute, contacter tout de suite un vétérinaire.

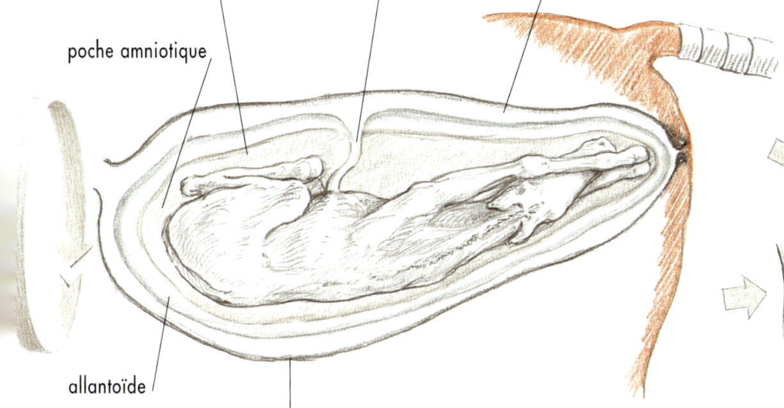

Le poulain se positionne pour la mise-bas.

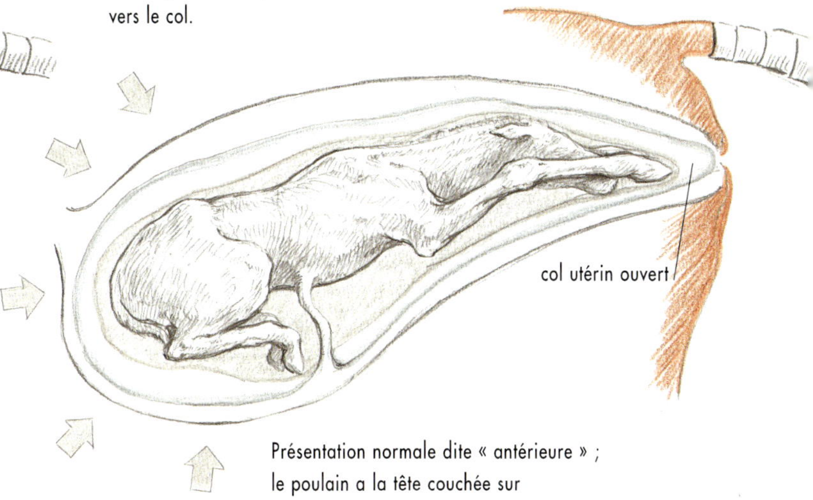

Le poulain juste avant la mise-bas.

selon une fréquence de 5 à 12 fois par jour, pour une masse de 15 à 25 kg au total.

La durée moyenne du transit alimentaire, depuis la bouche jusqu'à l'évacuation des crottins est de 3 à 4 jours, les premiers déchets étant éliminés au bout de 24 heures et les derniers après 5 jours.

Les organes de la reproduction

Chez le mâle, normalement, les testicules sont présents dans les bourses dès la naissance ; ils sont alors très petits, pesant entre 5 et 10 g. Ils restent ainsi jusque vers l'âge de 10 mois et commencent alors un développement progressif qui les rend apparents entre 11 et 16 mois. Dès 18 mois, les testicules produisent des spermatozoïdes (le mâle est fertile) et sécrètent activement de la testostérone. Cette hormone, d'une part, donne à l'étalon son comportement particulier, extériorisation des instincts sexuels inscrits dans la mémoire de l'espèce, et, d'autre part, intervient sur la morphologie en favorisant le développement des masses musculaires. La castration peut se pratiquer dès que les testicules sont apparents et l'on évite ainsi l'apparition de tous les caractères sexuels mâles. Il n'y a aucun inconvénient particulier à pratiquer la castration plus tard, ce n'est qu'une question de bon sens : l'opération devient indispensable si l'on constate le développement de signes d'agressivité, un alourdissement excessif de l'avant-main ou si le jeune mâle est amené à partager un pré avec une ou des juments.

Chez la jument, les ovaires, qui ont la forme de gros haricots d'environ 3,5 cm sur 2 cm, sont l'horloge de la vie génitale, découpant le cadran du temps en cycles successifs : les premières chaleurs apparaissent vers 18 mois, puis tous les 20 à 25 jours. Elles sont surtout importantes entre février et juin. Au cours de la période de chaleurs, la jument est légèrement agitée, son appétit diminue ; elle peut avoir des « humeurs » et en particulier manifester de l'agressivité vis-à-vis d'autres juments.

En revanche, elle montre sa réceptivité aux mâles. Lors de cette période, un ovule est libéré par les ovaires et, si la jument est saillie par un mâle dans les heures qui suivent, il y a fécondation.

Entre le jour de la saillie et celui du poulinage, onze mois s'écoulent pendant lesquels le futur poulain se développe dans l'utérus de la jument. Pendant toute cette période, des examens vétérinaires (échographie, fouille rectale) permettent de vérifier si le développement du fœtus se passe normalement.

Pendant les trois derniers mois de la gestation, le poulain réalise 70 à 80 % de son développement. L'alimentation de la jument est alors fondamentale : il faut lui offrir un bon fourrage, un apport énergétique et un complément minéral vitaminé adapté. Le développement de la mamelle de la future mère débute 4 semaines avant le terme et, pendant les dix derniers jours, elle devient volumineuse et tendue. Les derniers jours, le lait apparaît sous forme de « cire », les ligaments du bassin se relâchent, la vulve s'allonge... Tout est prêt pour le poulinage.

L'utérus maternel grandit pour accompagner le développement du fœtus, mais a aussi un rôle dynamique dans le positionnement du poulain. Jusqu'au milieu de la gestation, celui-ci est allongé sur le dos, puis, dans les mois qui suivent, il effectue un retournement complet pour se présenter finalement la tête vers le col de l'utérus et le dos contre les lombes de sa mère.

Le cheval pif

Le cheval pif est un cheval cryptorchide : les testicules sont restés à l'intérieur de l'abdomen au lieu de descendre dans les bourses. Extérieurement, il a la morphologie d'un hongre alors qu'il possède toutes les caractéristiques d'un étalon. Lorsqu'un seul testicule est descendu, il est dit monorchide.

LES ROBES

LA COULEUR DU CHEVAL, APPELÉE ROBE, EST LA PREMIÈRE CARACTÉRISTIQUE QUI FIGURE SUR SA « CARTE D'IDENTITÉ ». ON DISTINGUE CLASSIQUEMENT LES ROBES SIMPLES, CARACTÉRISÉES PAR UNE SEULE COULEUR DE POILS, ET LES ROBES COMPOSÉES. CELLES-CI SONT À COULEURS MÉLANGÉES (DEUX, VOIRE TROIS POUR LE ROUAN) OU CONJUGUÉES (CHEVAUX DE « COULEUR »).

L'alezane est, avec la baie, la robe la plus répandue. Poils et crins sont de la même teinte, allant du fauve au marron, avec des nuances tirant vers le rouge, le gris ou le doré.

La classification

Pour mémoriser la classification des robes, très rigoureuse en France : BANC pour les robes simples (blanc, alezan, noir, café-au-lait), BIS pour les robes à deux couleurs séparées (bai, isabelle, souris), GAL pour les robes à deux couleurs mélangées (gris, aubère, louvet).

Lorsque l'on choisit un cheval, on peut être influencé par l'aspect de sa robe. Une bonne robe, bien marquée, est souvent liée à une bonne qualité générale des tissus tandis qu'une robe « sale », mal définie, peut indiquer une certaine faiblesse de l'animal. Beaucoup de blanc au niveau de la tête et des membres est parfois la cause d'une sensibilité excessive de la peau (aux poussières et aux piqûres) dans ces zones dépigmentées.

La robe d'un cheval évolue tout au long de sa vie. Ainsi, certains poulains naissent d'une couleur totalement différente de celle de leur robe d'adulte. C'est le cas des chevaux camargue qui naissent gris foncé et qui deviennent blancs à l'âge adulte. La saison a également une influence : le pelage d'hiver peut être sensiblement différent de la robe estivale, particulièrement chez les chevaux bais et isabelle.

Un cheval isabelle a des poils « café-au-lait » (tendant vers le jaune clair) associés à des crins et des extrémités noirs.

La robe tigrée est plus définie par la taille de ses taches que par la couleur des poils.

Le cheval bai a des poils marron avec des crins et des extrémités noirs. Il existe plusieurs variations depuis le bai-brun, le bai-cerise jusqu'au bai doré.

La robe grise, mélange de poils blancs et noirs sur un fond de robe pigmentée, peut être gris ardoisé, gris foncé ou gris clair selon la prédominance du blanc ou du noir.

La robe crème est composée de poils et de crins blanc cassé, voire jaunâtres, sur un fond de peau rose.

Un cheval albinos est dépourvu de toute pigmentation, ses poils et ses crins sont blancs, sa peau est rose, ses yeux sont roses ou bleu clair.

Un cheval pie a une robe avec des grandes taches blanches. Pour le décrire, on associe le mot pie à la couleur de la robe : « pie alezan », « pie noir »... si le blanc prédomine ; « noir pie », « alezan pie », « aubère pie »... si les taches sont moins importantes que le fond de la robe.

Le palomino a des poils dorés sur un fond de peau pigmentée, avec une crinière et une queue blanches.

L'appaloosa est une robe tachetée très spectaculaire.

Le cheval souris a des poils uniformément gris uni, plus ou moins foncé, et des crins noirs. C'est une robe très rare.

L'aubère est un mélange intime de poils blancs et de poils marron.

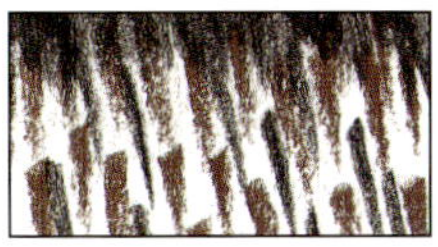

Le rouan est un mélange de poils blancs, marron et noirs, et de crins noirs.

Le cheval louvet a des poils bicolores, café-au-lait et noirs, et des crins noirs.

Les particularités

Chaque cheval est un être unique. Pour pouvoir l'identifier avec précision, on observe l'ensemble des petites variations de son pelage : c'est ce que l'on appelle les particularités.

Les marques du corps

Un riche vocabulaire, très imagé, permet d'affiner et de préciser la description d'une robe. Si la robe n'a aucun poil blanc, on dit que le cheval est zain. Lorsqu'une robe foncée porte des poils blancs peu nombreux mais régulièrement disséminés, le cheval est dit « rubican ».

La raie de mulet est une bande noire qui s'étend de la crinière à la queue le long de l'épine dorsale. Elle est relativement fréquente chez les chevaux à robe isabelle.

En plus de ces variations naturelles d'origine génétique, des marques peuvent apparaître à la suite de blessures. Lorsqu'une plaie fait l'objet d'une cicatrisation longue, le poil a tendance à repousser blanc.

Enfin, dans de nombreuses races, on utilise le marquage à chaud pour officialiser l'appartenance d'un cheval à son stud-book ou à un élevage particulier, créant une cicatrice sur laquelle les poils ne repoussent pas.

Les marques de la tête

La tête porte très fréquemment des marques blanches. Lorsqu'elles sont situées sur le front, on les appelle en-tête. Selon leur taille, on les

Les gros plans ci-dessous donnent un bon exemple de différentes robes grises.

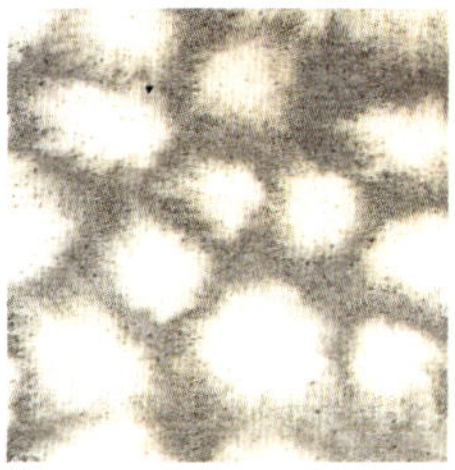

Gris pommelé : un dessin particulier de « pommes » blanches s'inscrit sur un fond plus foncé.

Gris moucheté : des petits pinceaux de poils noirs apparaissent sur un fond de robe blanc.

Gris truité : des petits pinceaux de poils marron apparaissent sur un fond de robe blanc.

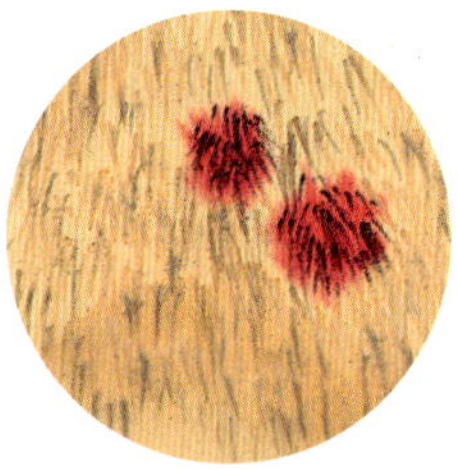

Tisonnures : taches rouges mélangées de noir sur un fond de robe alezan ou gris.

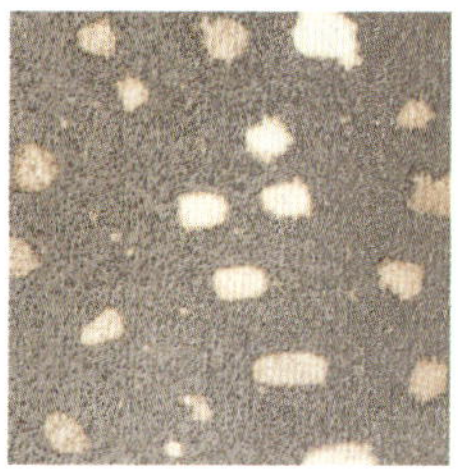

Neigeures : taches blanches ressemblant à des flocons de neige sur un fond de robe foncé.

Il existe des marques naturelles comme la raie de mulet, ou des taches accidentelles qui peuvent apparaître après cicatrisation, au garrot, au passage de sangle et aux membres. Un marquage de race peut être réalisé sur la cuisse ou sur l'encolure.

Pelote légèrement en tête

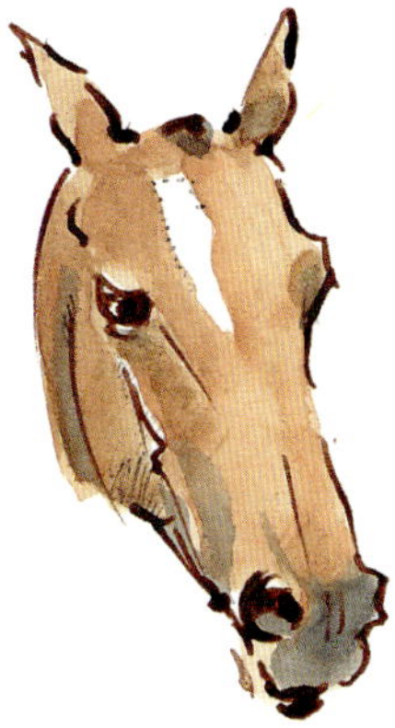

En pointe, fortement en tête

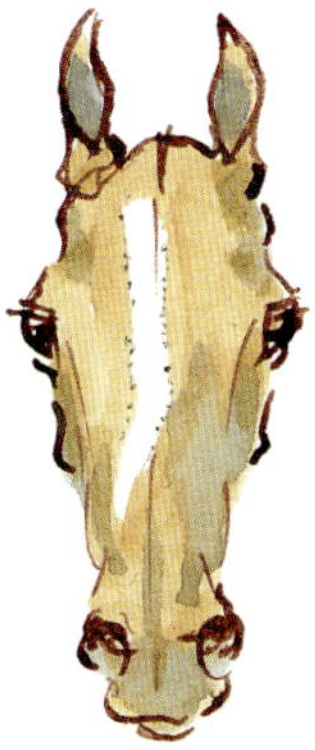

Liste étroite déviée

Cheval qui « boit dans son blanc »

Ladres

décrit sous les termes suivants : quelques poils en tête, légèrement en tête, fortement en tête... On caractérise également leur forme : pelote, étoile, croissant, losange, triangle, en pointe... ainsi que leur situation par rapport à la ligne des yeux, à la ligne médiane, à la hauteur des salières. On peut aussi définir leur direction : verticale, inclinée de droite à gauche. Lorsque la marque s'étend sur le chanfrein, on l'appelle « liste ». La liste peut n'avoir que quelques poils, être étroite, large, déviée, débordante à droite ou à gauche, s'arrêter à mi-chanfrein ou descendre jusqu'aux naseaux.

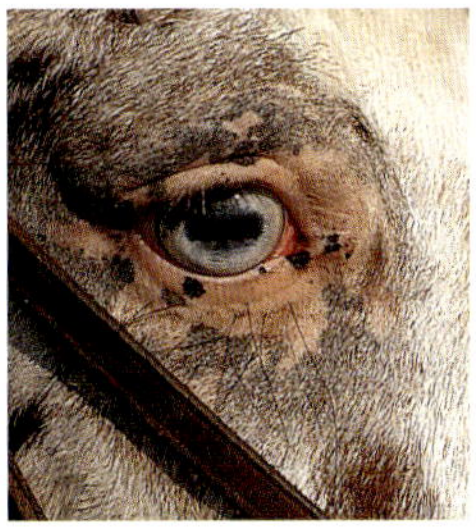

L'œil bleu est appelé œil vairon. Relativement rare, il surprend mais n'est en rien un défaut : il assure une vision tout à fait normale.

Un cheval avec une large liste qui s'étend jusqu'à la lèvre supérieure de part et d'autre des naseaux « boit dans son blanc ». Sur le bout du nez et les lèvres, on distingue parfois des taches roses plus ou moins étendues, ce sont les ladres, dont les contours caractéristiques font partie de la carte d'identité du cheval.

Les marques des membres

Les marques blanches aux extrémités des membres s'appellent les balzanes. Selon leur hauteur et leur localisation, on respecte une terminologie très précise. La trace de balzane est une tache blanche peu étendue qui ne fait pas le tour de la couronne. Le principe de balzane fait le tour de la couronne mais ne dépasse pas le paturon. Au-dessus, on utilise la limite régionale pour décrire chaque balzane : balzane paturon, balzane mi-canon, balzane haut-chaussée lorsqu'elle va au-dessus du genou ou du jarret...
Les châtaignes sont de petites excroissances cornées situées sur la face interne des membres au-dessus du genou et sous le jarret. Comme nos empreintes digitales, on dit qu'elles ont une forme unique pour chaque cheval.

Les épis

Lorsqu'un cheval n'a pas de marque caractéristique, seule la description des épis permet d'assurer son identification.

Les marques de tête se définissent selon leur emplacement, leur dimension, leur forme ou leur direction.

Les épis (ici, au-dessus de la pelote) situés sur la tête, sur l'encolure et sur le poitrail correspondent à des zones d'implantation irrégulière du poil.

Les balzanes, zones de poils blancs sur le bas des membres, jouxtent le plus souvent une partie du sabot où la corne pousse blanche. Le cheval a les extrémités « claires » si elles sont délavées sans qu'on puisse parler de balzanes.

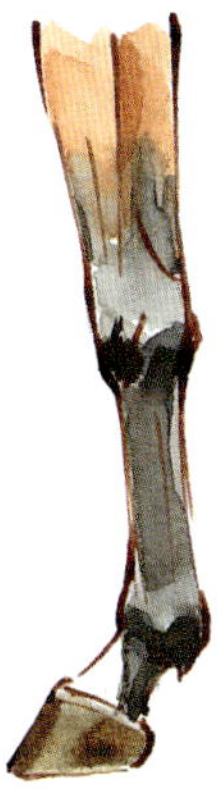

Trace

Principe

Bas-chaussée

Balzane canon

Les châtaignes, seuls vestiges, avec les ergots, des doigts disparus chez les ancêtres du cheval, sont constituées de corne. Elles ont une croissance lente mais continue. On peut les tailler au rogne-pied comme les sabots.

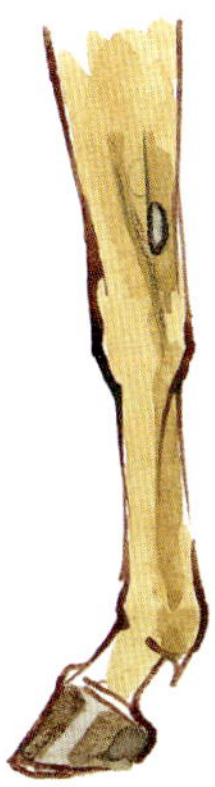

Antérieur, face intérieure

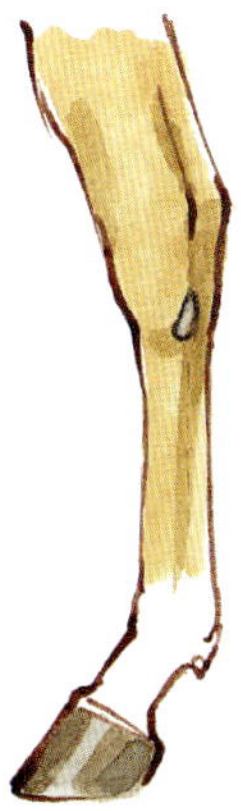

Postérieur, face intérieure

LE CHEVAL ET SA FAMILLE

D'OÙ VIENT LE CHEVAL ? QUELLE EST SON ORIGINE ? POUR AUSSI CURIEUX QUE CELA PUISSE PARAÎTRE, IL A POUR LOINTAINS PARENTS... LES RHINOCÉROS ET LES TAPIRS ! CAR, COMME LUI, ILS ONT POUR ANCÊTRE LE CONDYLARTHRE, QUI VIVAIT IL Y A QUELQUE 60 MILLIONS D'ANNÉES. LE CHEVAL ET SES COUSINS TRÈS ÉLOIGNÉS APPARTIENNENT À DES BRANCHES DIFFÉRENTES DE LA DESCENDANCE DE CET ANIMAL.

UN HERBIVORE DE COURSE

Au départ de la lignée du cheval se trouve *Eohippus*, qui vivait dans les forêts d'Amérique du Nord il y a 45 millions d'années. Pas plus grand qu'un renard, il avait quatre doigts aux pattes de devant et trois à celles de derrière (comme les rhinocéros et les tapirs actuellement). Omnivore solitaire, il se cachait et fuyait pour échapper à ses prédateurs.

Le dartmoor est un poney de régions froides, mais verdoyantes : de taille moyenne, il accumule des réserves avant la mauvaise saison ; son poil d'hiver est très fourni.

Il y a 38 millions d'années apparaît *Mesohippus*, haut de quelque 50 cm et n'ayant plus que trois doigts à chaque membre, dont seul le médian était vraiment fonctionnel. À cette époque, à la suite d'un changement de climat, les forêts ont laissé place à la savane, puis à la steppe. Herbivore, *Mesohippus* ne pouvait plus se nourrir de feuilles tendres, mais devait brouter des herbes et des graminées dures à mastiquer, abrasives. Cela explique que ses prémolaires étaient semblables à ses molaires.

Il y a 26 millions d'années, *Merychippus* mesurait plus de 1 m. Il avait bien encore trois doigts, mais ne marchait que sur le médian, ce qui faisait de lui un bon coureur. Il est plus que probable qu'il ne vivait plus en solitaire, mais en troupeaux, dont les membres pouvaient veiller ensemble efficacement sur l'espace alentour et déceler les dangers. L'étude de son crâne montre qu'il avait des capacités intellectuelles proches de celles des chevaux d'aujourd'hui.

Il y a 11 millions d'années, *Merychippus* est devenu *Pliohippus*, monodactyle (avec un seul doigt) comme les équidés actuels. Dépourvu de cornes ou d'autres moyens de défense, il ne pouvait que fuir devant le danger.

Il y a 2 millions d'années est apparu *Equus caballus*, qui, se transformant progressivement, allait donner naissance à *Equus* il y a 750 000 ans, tel que nous le connaissons.

Voilà un long inventaire cependant bien incomplet. Car l'arbre généalogique du cheval comporte d'autres branches, disparues à des époques plus ou moins reculées, qui ont pour noms *Hyracotherium, Parahippus, Hypohippus* ou encore *Hipparion*. Ces animaux, tout comme les ancêtres directs du cheval, originaires d'Amérique du Nord, se sont répandus partout à travers le monde. Car, durant certaines périodes, les variations de climat et la dérive des continents leur ont permis d'investir l'Asie, l'Europe et l'Afrique. Et il est vraisemblable que certains d'entre eux ont brouté presque épaule contre épaule. Mais seul *Equus* a survécu, de qui descendent tous les équidés actuels, le zèbre, l'hémione, l'onagre et l'âne.

ÉVOLUTION ET MILIEU DE VIE

L'environnement dans lequel doit survivre l'espèce – géographie, végétation, climat – lui impose, à l'évidence, d'évoluer. Lorsque leurs conditions d'existence sont rudes, les chevaux s'adaptent, physiquement et psychiquement. Ainsi le poney shetland, originaire d'îles désolées, au climat

Le pur-sang arabe est le cheval de sang par excellence. Originaire de contrées chaudes, il a acquis une morphologie sèche, sans couches graisseuses inutiles – que la pauvreté du fourrage l'aurait d'ailleurs empêché d'entretenir.

éprouvant, à la végétation maigre, est un tout petit cheval, faute de fourrage nutritif. Il tire cependant merveilleusement parti de sa maigre nourriture, puisqu'il est proportionnellement le plus fort de tous les chevaux. Il est aussi devenu malin et capable, par exemple, de se mettre à genoux pour atteindre un trou d'eau et boire.
À l'inverse, le percheron, vivant dans les grasses prairies normandes, est un grand cheval impressionnant par sa masse et sa musculature. N'ayant aucune difficulté à vivre, il n'est pas très débrouillard et sait à peine gratter la neige en hiver pour découvrir l'herbe et la brouter.
Lorsque les chevaux sont confinés dans des marais, comme le camargue, leurs sabots s'élargissent pour leur permettre d'évoluer sur les sols mous. Et ils acquièrent l'aptitude à se déplacer à toutes les allures, en détectant trous d'eau, fondrières et autres sables mouvants.
Vivant en forêt, comme c'est le cas du haflinger au Tyrol, les chevaux ne peuvent plus faire le tour de l'horizon du regard, pour détecter les dangers, ni fuir dans un galop vers l'horizon, ni voir en permanence leurs congénères de la harde. Aussi sont-ils devenus très agiles pour fuir à travers les frondaisons, et « parlent-ils », hennissent-ils plus souvent que la norme, pour communiquer et se prévenir des dangers vrais ou supposés.
Quant aux chevaux des déserts, ils sont devenus d'une étonnante endurance, du fait qu'ils doivent effectuer de longs trajets, entre les rares herbages et les points d'eau.

Chevaux et poneys

À la question souvent posée « Quelle est la différence entre un cheval et un poney ? (voir « La redécouverte du poney » p. 40) », les réponses sont diverses. Dans les milieux sportifs, cette différence est établie à partir de la taille de l'animal. Tout cheval mesurant moins de 1,47 m (1,48 m ferré) est appelé « poney », tandis que, au-dessus de cette taille, il est nommé « cheval ». Pourtant, en pratique, cette limite posée au centimètre près semble fort arbitraire. Tout le monde s'accorde pour

Sang chaud et sang froid

Le cheval à sang froid est un animal calme, voire un brin apathique. Sont qualifiées de la sorte surtout les races de chevaux de trait, percherons et autres comtois.
Le cheval à sang chaud se juge à son influx nerveux. Très nerveux (« chaud »), il est souvent d'une race « pure » (anglais ou arabe), et on dit qu'il est « de sang ». Le croisement de deux sujets, l'un de race pure et l'autre non, donne ce qu'il est convenu d'appeler un « demi-sang »... qui a plus ou moins d'influx nerveux ! On dit qu'il est « près du sang », qu'il a « beaucoup de sang » ou « un peu de sang ». Le cheval à sang chaud est toujours un animal de selle, élevé par l'homme et nourri au grain, qui donne de la taille et de la vivacité.

constater la différence entre l'immense « cheval » shire, dont la taille peut dépasser 2 m, et le minuscule falabella, toujours nommé « poney », parce qu'il ne dépasse pas 70 cm. Mais, dès qu'il est question de l'arabe ou du camargue, qui mesurent tantôt plus tantôt moins que le fameux 1,47 m, nul n'oserait les qualifier de « poneys ». Alors, qu'est vraiment un poney ? Simplement un petit cheval, sans que sa taille maximale puisse être clairement établie. Ce sont sans doute les Anglo-Saxons qui donnent le meilleur sens à ce terme. Pour eux, un poney est un très petit cheval, ou simplement un animal rustique – camargue, appaloosa ou encore mustang –, quelle que soit sa taille. Quoi qu'il en soit, la limite entre chevaux et poneys demeure tout de même assez floue.

Les ânes

Cousin du cheval, l'âne est le dernier équidé qui soit apparu. Depuis les temps bibliques et jusqu'au milieu du XXe siècle, il a toujours été « le cheval du pauvre » : frugal, peu délicat et facile d'entretien, endurant et solide à la tâche, il abattait un important travail sans coûter beaucoup. De plus, comme les guerriers, grands « consommateurs » de chevaux le dédaignaient, il était aussi meilleur marché qu'un destrier ou qu'une monture de hussard. Évidemment, on peut se poser des questions sur son prétendu mauvais caractère. Ne dit-on pas « bête ou têtu comme un âne » ? Ne faisait-on pas porter autrefois un bonnet d'âne aux mauvais élèves ? Cependant, en dépit de sa très ancienne mauvaise réputation, l'âne est plus intelligent et plus malin que borné. Ceux qui le connaissent bien affirment qu'« un cheval peut se dresser, alors qu'un âne ne peut que s'éduquer ». Ce qui marque une sérieuse différence.

Mulets et bardots

Depuis l'Antiquité, des croisements entre chevaux et ânes ont toujours été effectués. L'accouplement d'un baudet (âne reproducteur) et d'une jument donne naissance à un mulet ou à une mule ; celui d'un étalon et d'une ânesse, à un bardot. Ces hybrides sont presque toujours stériles, mais ne manquent pas de qualités. Ils ont presque la taille du cheval, tout en conservant la frugalité et la résistance de l'âne. Leur légendaire sûreté de pied les a toujours fait rechercher par les montagnards. Dans les années 1990, la production de mulets et de bardots avait sérieusement régressé dans toute l'Europe. Pourtant, sur le plan mondial, entre 1983 et 1993, elle avait augmenté de plus de 25 %. Utilisés principalement au bât, dans des pays aussi

Le mulet, en fonction de la race de la jument génitrice, peut s'apparenter à tous les types de demi-sang. Sa robe présente le plus souvent une « raie de mulet » et il sera toujours reconnaissable aux oreilles !

divers que l'Afghanistan ou la Colombie, mules et mulets sont aussi montés aux États-Unis dans des courses d'endurance et même... des concours de saut d'obstacles !

ZÈBRES ET ZORSES

Les zèbres sont les descendants africains d'*Equus*. Il en existe trois espèces : le zèbre de Grévy, au bord de l'extinction, le zèbre du Cap, moins menacé, et le zèbre de Grant, en nombre stable. Les zoologistes jugent que les zèbres ne peuvent être dressés. Mais on en a connu plusieurs attelés dans les rues du Cap et de Londres, et un autre est monté aujourd'hui en France par un particulier. Le zorse est un hybride issu du croisement entre un zèbre et une jument. Le croisement entre un zèbre et une ponette s'appelle zebroid ou zeony, entre un zèbre et une ânesse, zebrass ou zedonk. Le zorse est actuellement très prisé aux États-Unis. Un registre a même été ouvert à l'American Donkey and Mule Society sous le nom de Zebra and Exotic Hybrid Bloodstock. Une vingtaine de spécimens y sont déjà répertoriés, mais on estime à 200 leur population. De nombreux croisements ont en effet été effectués avec des juments pur-sang arabes, appaloosas, paints, quarter horses... Quelques très rares naissances naturelles sont répertoriées dans le monde, dont une en France, en juillet 2002, dans un parc animalier privé près de Reims. En France, le zorse Stormy, monté sans filet par Andy Booth, un nouveau maître australien adepte de la méthode Pat Parelli, a fait sensation au Salon du cheval de Paris en 2001. Comme tout hybride, le zorse est généralement stérile. Sa robe, qui peut être de toutes les couleurs, est parcourue de sombres zébrures. Ayant hérité du caractère sauvage de son père, il peut devenir très vite ombrageux et fuir si subitement qu'il déposera à terre son cavalier. Il lui faut donc un entraînement particulier sous la selle.

Le zorse Stormy et son cavalier australien, Andy Booth, connaissent un grand succès lors de spectacles équestres.

Deux chevaux primitifs

C'est en 1879 que Nicolas Prjewalski a découvert, à la lisière du désert de Gobi, des chevaux tels qu'on n'en imaginait pas. Leur physique grossier a laissé penser à cet explorateur russe qu'il était en présence du plus lointain ancêtre vivant des chevaux. Bientôt chassée pour répondre à la demande des zoos, la race a frisé l'extinction, mais a pu être étudiée de près. Cependant, rien ne prouve que le cheval de Prjewalski soit le maillon manquant entre les chevaux d'aujourd'hui et ceux de la préhistoire, car il a soixante-six chromosomes au lieu de soixante-quatre.

Un autre animal est souvent donné comme l'ancêtre de tous nos chevaux : il s'agit du tarpan, qui vit à l'état sauvage dans certaines contrées d'Asie. Mais, même en capturant des sujets de cette race et en les étudiant scientifiquement, on aurait du mal à définir leur généalogie. Car, de tout temps, les hardes de tarpans ont attiré et intégré des juments domestiques. La race est donc plus ou moins abâtardie...

Le prjewalski a une robe brun clair marquée d'une raie de mulet et la crinière en brosse. Il a conservé l'essentiel de son agressivité naturelle, bien qu'il soit élevé en captivité.

Le tarpan, plus élancé que le prjewalski, a une robe gris souris marquée d'une raie de mulet, rêche comme celles des cervidés.

LES RACES

AU SEIN DE LA FAMILLE DES ÉQUIDÉS (DÉSIGNÉE PAR LE NOM LATIN *EQUUS*), LE CHEVAL ET LE PONEY SONT REGROUPÉS SOUS LE NOM D'ESPÈCE *CABALLUS*. LEURS DIFFÉRENTES RACES PEUVENT PRÉSENTER DES PARTICULARITÉS MORPHOLOGIQUES ET DES CARACTÈRES TRÈS VARIÉS. SANS ÊTRE EXHAUSTIFS, NOUS PRÉSENTONS DANS LES PAGES QUI SUIVENT LES RACES LES PLUS COURANTES ET LES PLUS APPRÉCIÉES.

LES DIFFÉRENTES UNIONS

Compte tenu des connaissances génétiques admises aujourd'hui, il est désormais possible d'expliquer « scientifiquement » les classifications établies autrefois par expérience. L'union d'espèces différentes (appelée hybridation) produit le plus souvent des animaux stériles. C'est le cas par exemple du mulet (né d'une jument et d'un âne) et du bardot (cheval et ânesse). Bien qu'en l'occurrence les parents aient le même nombre de chromosomes, leurs caractéristiques génétiques sont trop différentes pour que le produit hybride puisse se perpétuer de façon viable.
Au sein de l'espèce *Equus caballus* (le cheval et le poney), les trois grands types d'union peuvent être classés en :

Eclipse, pur-sang anglais descendant de Darley Arabian, est aussi célèbre pour avoir été invaincu sur les champs de course que pour avoir engendré plus de trois cents gagnants, eux-mêmes souvent fondateurs de grandes lignées de vainqueurs.

– **croisement**, mélange de caractères proches entre différentes races ;
– **sélection**, combinaison des mêmes caractères au sein d'une même race ;
– **consanguinité**, préservation de caractères « purs » entre individus de la même famille.

Le pur-sang anglais fournit des exemples de chaque cas de cette classification. Du XIVe au XVIIe siècle, des chevaux arabes furent importés régulièrement en Angleterre et des croisements très fréquents eurent lieu avec les races autochtones. Au début du XVIIIe siècle, la race du pur-sang anglais était « fixée ».
Le modèle et les caractéristiques de ce cheval étaient reconnus en tant que tels, grâce à la sélection des produits descendant de trois étalons arabes et barbe importés, Byerley Turk (vers 1685), Darley Arabian (1700) et Godolphin Arabian (1730).
Enfin, les plus célèbres chevaux de course depuis le XIXe siècle ont tous dans leur ascendance plusieurs fois les mêmes reproducteurs, notamment les étalons Eclipse, King Herod et Matchem. En fonction du nombre de générations séparant les deux apparitions d'un même parent dans une lignée, on distingue alors la consanguinité étroite (*in-and-in-breeding*) entre parents directs, de la consanguinité proche (*inbreeding*) du troisième au cinquième degré de parenté ; au-delà du cinquième degré, la consanguinité est quasi nulle (*interbreeding*).

FAIRE UN SORT AUX IDÉES FAUSSES

Si la consanguinité étroite permet d'obtenir un poulain avec toutes les excellentes qualités pour lesquelles les parents ont été choisis, elle peut malheureusement aussi mettre en évidence des caractères récessifs négatifs : manque de stabilité psychique, prédispositions à des faiblesses morphologiques... Non exprimés chez les géniteurs, ou tempérés par un autre gène, ces caractères récessifs qui font apparaître ou amplifient une tare (dite héréditaire) expliquent la méfiance traditionnelle avec laquelle les éleveurs ont toujours manié la reproduction consanguine.
En revanche, il faut faire un sort à quelques idées fausses et pourtant longtemps répandues. Ainsi, une jument de sang « pur », saillie par un étalon d'une autre race, ne sera pas pour autant « marquée », « imprégnée » par cette « mésalliance », et elle ne transmettra pas à sa descendance ultérieure des caractéristiques de ce premier étalon.

Cette théorie appelée « télégonie » est une croyance dénuée de tout fondement scientifique, même si elle est encore proférée par certains éleveurs (de chiens surtout, il est vrai). Quant aux « méthodes » permettant de choisir à coup sûr le sexe du futur produit, aucune n'est fiable, bien que certaines ne soient pas dénuées de logique comportementale (influence du climat et de la richesse nutritionnelle notamment). Par ailleurs, il semblerait plausible d'admettre que la transmission bilatérale des caractères (une moitié des chromosomes provenant du père, une autre moitié de la mère) ne soit pas totalement symétrique : ainsi, l'expérience fait parler de croisement « normal » entre un étalon de sang pur et une jument d'autre race, et de croisement « à rebours » dans le cas d'une jument de sang pur et d'un étalon d'une autre race, avec des résultats qui ne sont pas exactement comparables.

Les pourcentages de sang

Un autre exemple connu de croisement est celui du pur-sang anglais et du pur-sang arabe, dont l'origine est assez récente, l'anglo-arabe (voir page 251). Outre l'intérêt que l'on peut porter à cet excellent cheval, il est important de connaître la définition de sa race : l'anglo-arabe est le produit du croisement de pur-sang anglais et arabes, entre eux ou avec un anglo-arabe, ou le produit du métissage entre anglo-arabes – à la condition que le pourcentage de sang arabe ne soit pas inférieur à 25 %. Ce pourcentage est calculé en ajoutant le pourcentage de sang arabe de chacun des deux parents et en divisant cette somme par deux. Un pur-sang anglais comptant pour 0 %, un pur-sang arabe pour 100 %, voici quelques exemples :

– le croisement d'un pur-sang anglais et d'un pur-sang arabe donnera un anglo-arabe à 50 % ;
– le croisement d'un pur-sang anglais et d'un anglo-arabe à 50 % donnera un anglo-arabe à 25 % ;
– le croisement d'un pur-sang arabe et d'un anglo-arabe à 50 % donnera un anglo-arabe à 75 % ;
– une jument ayant 15 % de sang arabe et 75 % de sang anglais ne sera pas anglo-arabe, mais seulement « facteur d'anglo-arabe ». Saillie par un pur-sang arabe, elle donnera un produit métissé ayant 57,5 % de sang arabe, qui sera donc accepté selon les critères de l'anglo-arabe.

Les caractéristiques physiques et morales du cheval arabe sont immuables depuis plusieurs siècles ; sa race est dite « pure » et il est recherché comme reproducteur pour la transmission à sa descendance, même croisée, de ses qualités.

Les livres généalogiques

Les premières lignées équines conservées par écrit sont sans doute celles des juments de Mahomet, définissant les origines du cheval arabe pur (*asil*). Le terme de stud-book apparaît en Angleterre vers 1791, et désigne les livres dans lesquels sont consignés les origines et les croisements de ce nouveau cheval de course, le pur-sang anglais. En France, les premiers livres généalogiques des races pures sont ouverts en 1833. Aujourd'hui, un stud-book du cheval de selle regroupe toutes les races de chevaux participant à des compétitions officielles. Ainsi, chaque cheval reconnu peut être inscrit au stud-book, reçoit un certificat d'origine, et son livret signalétique, véritable passeport international, est alors établi.

Taille : de 1,42 m à 1,51 m.
Robe : toutes les couleurs sont admises, la plus fréquente étant le gris.
Ses jambes à la fois fortes et délicates, ses petits pieds durs dénotent son aptitude à la course et son endurance.
Son encolure gracieuse et sa tête fine, aux naseaux largement ouverts, lui confèrent une allure pleine de noblesse.

L'ARABE

Selon la légende, Allah aurait créé le cheval arabe avec une poignée de vent du sud. En fait, certains prétendent qu'il a vécu à l'état sauvage, pendant des millénaires, dans les déserts d'Arabie. Mais on n'a jamais retrouvé d'ossements de chevaux préhistoriques dans ce pays d'où il a vraisemblablement émigré peu avant notre ère. D'autres assurent qu'il a pour ancêtre l'akhal-téké, le cheval turkmène, lui aussi gracieux, doté d'allures légères, souples et dégagées, ainsi que d'une étonnante endurance. On peut certes trouver quelques similitudes sur le plan morphologique entre les deux races. Mais, de là à affirmer que l'une descend de l'autre, c'est peut-être aller un peu vite... Et, finalement, l'origine du cheval arabe demeure merveilleusement mystérieuse !

En revanche, on sait que la race est le résultat de la sélection rigoureuse à laquelle se sont livrés les Bédouins d'Arabie, depuis les premiers siècles de notre ère. Dès cette époque, ils avaient ouvert un livre des origines... oral ! Et ils veillaient à la pureté de la race, avec un véritable fanatisme, refusant qu'un animal *asil* (pur) s'accouple avec un autre non *asil*.

La rude existence dans le désert a sans nul doute sérieusement contribué à faire de l'arabe le cheval frugal, sobre et endurant qu'il est. La nourriture et l'eau sont rares dans le désert. Aussi pour les trouver, pour les atteindre, faut-il couvrir parfois des distances considérables sous un soleil ardent. On raconte que, parfois, lorsque la pluie se faisait trop attendre et que l'herbe manquait, les chevaux les plus précieux étaient nourris de lait de chamelle, de dattes et même de viande de chameau séchée...

Les chevaux arabes ont commencé à se répandre dans le monde au fil des conquêtes découlant de la guerre sainte. Plus tard, à l'époque des croisades, quelques sujets furent ramenés en Europe, mais sans que l'on songe encore vraiment à les utiliser comme améliorateurs. C'est à partir de la Renaissance et surtout des guerres napoléoniennes que la supériorité de ces chevaux orientaux, pour ce qui est de la rapidité et surtout de l'endurance, s'imposa et qu'on commença à rechercher leur sang. La liste des races forgées à partir de croisements avec des arabes est aujourd'hui fort longue. On peut citer le connemara, le haflinger, l'andalou, le criollo ou le... percheron !

Depuis plus d'un siècle maintenant, on élève des arabes un peu partout dans le monde. Certains vivant dans des pays comme l'Arizona, désert au climat et à la végétation proches de ceux du berceau d'origine, conservent toutes les caractéristiques de la race. En revanche, les chevaux élevés dans des contrées tempérées, aux herbages riches et abondants, deviennent en quelques générations plus grands, plus fragiles et moins endurants que leurs cousins du désert d'Arabie. Cela n'enlève rien à leur beauté vivace typique, à leur panache, prisés par tant d'amateurs.

Le pur-sang anglais

Le pur-sang est plus connu sous le nom du service auquel il est destiné : cheval de course. Il est très probable que, dès que les chevaux ont été montés, des cavaliers se soient mesurés dans des courses, pour le plaisir, pour la gloire ou pour prouver la valeur de leur monture. Mais ce n'est qu'au XVIIe siècle, en Angleterre, que les courses ont connu un début d'organisation. Découvrant des gentilshommes écossais qui comparaient la vitesse de leurs chevaux dans des courses à Newmarket – devenu depuis le centre britannique du cheval de course –, Jacques Ier Stuart comprit l'intérêt de ce type d'épreuves : elles permettaient de sélectionner des animaux rapides, pour des services tant civils (poste...) que militaires. Aussi, comme ses successeurs allaient le faire après lui, il encouragea les importations de bons chevaux étrangers. Saillies par ces étalons, généralement orientaux, arabes ou barbes, les juments locales les plus rapides donnèrent naissance à des poulains de plus en plus grands et performants, mais qui n'étaient pas encore des pur-sang.

Durant les premières années du XVIIIe siècle, trois nouveaux étalons orientaux arrivèrent en Angleterre. Ils avaient pour noms Darley Arabian, Byerley Turk, Godolphin Arabian et allaient être les fondateurs d'une nouvelle race. Les poulains qu'ils engendrèrent étaient d'une rapidité telle qu'on n'en avait encore jamais vu de semblables. En 1750, les Anglais considérèrent qu'une race était fixée et en ouvrirent le stud-book. Tous les pur-sang qui y furent inscrits possédaient au moins un de ces trois géniteurs d'exception dans leurs ascendants.

L'engouement pour les chevaux « buveurs de vent » fut tel que les champs de course se multiplièrent rapidement à travers l'Angleterre. Non pour donner à tout un chacun le plaisir de voir courir des athlètes de valeur, mais parce que les courses offraient des possibilités intéressantes pour les parieurs ! Et c'est à coup sûr pour cette même raison, que, en un peu moins d'un siècle, la mode anglaise des courses hippiques s'est répandue dans le monde entier.

Notons à l'actif du pur-sang anglais que son croisement avec d'autres races moins « près du sang » a joué un rôle d'améliorateur certain, par exemple chez le selle français.

De nos jours, le pur-sang n'est plus un cheval spécifiquement anglais, puisqu'on l'élève sur tous les continents, au pays du *blue-grass* au Tennessee, dans la Pampa argentine, dans les prairies normandes, sur les pâtures russes, allemandes, australiennes, colombiennes, tout comme dans la campagne anglaise. Et cela toujours de la même manière, en le nourrissant, en le faisant vivre, en l'entraînant dans le seul but de le voir courir vite, très vite, surpasser ses semblables, gagner.

Les sommes d'argent qui circulent quotidiennement par le biais des courses, les enjeux financiers liés à l'élevage du pur-sang anglais sont tels que cet élevage se pratique même dans des pays fort peu propices a priori (à cause du climat, du manque de fourrage...) pour entretenir cette race relativement délicate. À Hongkong par exemple, petite enclave ne comptant pas un mètre carré de prairie mais dotée d'un hippodrome, tout comme à Panamá, où la canne à sucre pousse mieux que la luzerne, on reçoit des pur-sang par avions complets, ainsi que la nourriture qui leur est nécessaire.

Taille : de 1,50 m à 1,70 m.
Robe : alezane, alezan brûlé, baie, grise ou noire. On remarque tout de suite la finesse soyeuse de son pelage, qui laisse apparaître certaines veines sous la peau. Avec un dos court, un thorax large, un passage des sangles profond, une croupe tantôt avalée tantôt plate, mais toujours bien musclée, des canons courts, ce cheval présente les caractéristiques du coureur rapide.

Taille : de 1,40 m à 1,50 m.
Robe : alezane, alezan brûlé, noire, grise ou bai foncé.
Sa tête est allongée et son profil délicat. Ses jambes sont longues et fortes, ses épaules, plates, et sa croupe, avalée ; il a la queue portée bas.
Extrêmement solide, il se contente d'une nourriture pauvre en quantité et qualité.

LE BARBE

Le barde est originaire d'Afrique du Nord, de la zone semi-aride en bordure du Sahara. Lorsque les Maures envahirent l'Espagne au VIIIe siècle, ils montaient plus de barbes que d'arabes. Croisés avec des juments espagnoles, ces chevaux de guerriers contribuèrent à produire la race andalouse.

En 1662, le port de Tanger tomba sous la domination du roi Charles II d'Angleterre, qui fit venir en Angleterre pendant plus de vingt ans des barbes destinés à améliorer la vigueur et la vitesse des premiers chevaux de course britanniques. Une fois encore, ce cheval africain contribua à produire une race, celle des pur-sang.

À côté de ses qualités prouvées d'améliorateur, la rusticité, la frugalité et l'endurance du barbe en ont fait de tout temps un cheval fort prisé et, en premier lieu, par les cavaliers de son berceau, les Bédouins. Durant des siècles, le cheval barbe a été, pour ces pasteurs guerriers, la base, le pivot de leur civilisation. Il leur était indispensable pour déplacer leurs troupeaux de dromadaires et de moutons, pour faire la fête (*fantasia*), mais aussi pour effectuer des razzias, ce qui les amenait à affronter d'autres tribus. La vélocité de leur monture et son endurance étaient alors souvent garantes de leur vie. Aussi la menaient-ils rudement – sinon violemment –, mais avec un grand bon sens. Dans son livre, *les Chevaux du Sahara*, le général Daumas (1803-1871) cite les véritables exploits de certains de ces cavaliers du désert, qui faisaient couvrir, par exemple, 150 km en 24 heures, presque sans boire, à une monture qui terminait la course « prête à repartir ». Voilà qui semble époustouflant, mais l'est moins lorsqu'on considère l'étonnante connaissance du cheval des Bédouins. Ne disaient-ils pas : « La nourriture du matin va au fumier, celle du soir passe à la croupe. » ? Ou encore : « Après une longue course, laissez le cheval sellé jusqu'à ce qu'il soit sec et qu'il ait mangé l'orge. » Et aussi : « Le cavalier qui ne donne pas un bon repas à son cheval n'est pas un cavalier, il excite la pitié. »

Parmi ceux qui ont découvert avec bonheur les chevaux barbes, citons le grand écuyer du XIXe siècle qu'était le capitaine Beudant. Au cours de ses séjours au Maroc, il a effectué avec des barbes des raids à travers le bled, aussi éprouvants que ceux des Bédouins. Mais, de plus, il mettait ses montures à la haute école et au saut d'obstacles, leur faisant passer rien moins que les hauts murs des douars. Avec brio ! Que faudrait-il de plus pour mettre en évidence les étonnantes qualités et les aptitudes du barbe ?

Jusqu'à l'époque de la guerre d'Algérie, de nombreux barbes étaient importés chaque année en Europe, où ils constituaient souvent une part importante de la remonte des centres équestres. Cependant leur élevage hors Afrique est demeuré quasi inexistant. Voilà qui explique que, les arrivages en provenance du berceau ayant cessé pour diverses raisons liées aux événements historiques, récents et plus anciens, le barbe soit devenu fort rare. Ici et là on assure que, tout bonnement, « il n'est plus à la mode ». Mais, la valeur de ce cheval étant ce qu'elle est, est-il bien question de « mode » ?

L'ANGLO-ARABE

Rassembler, chez un même sujet, les qualités de l'arabe et celles du pur-sang ne pouvait être que séduisant. L'expérience fut tentée au début du XIXe siècle, dans le midi de la France d'abord (haras de Tarbes et de Pau), puis en Angleterre et en Pologne. Au début, ne furent croisés que des sujets de pur sang arabe et de pur sang anglais. Mais les premiers produits furent ensuite croisés avec des juments d'origine locale, possédant elles-mêmes un certain pourcentage de sang arabe depuis l'arrivée des cavaliers maures.

Taille : de 1,45 m à 1,60 m.
Robe : de n'importe quelle couleur franche, généralement baie ou alezane.
Ses caractéristiques physiques varient, tirant tantôt vers celles du pur-sang, tantôt vers celles de l'arabe. Mais les proportions des épaules, de la poitrine, la profondeur du passage des sangles sont toujours excellentes.

En France, M. Gayot, directeur des Haras, rationalisa ces croisements dès 1833, ce qui allait amener l'émergence d'une nouvelle race de chevaux, remarquables sous la selle, pour la course, mais surtout pour le saut.
En dépit de ses qualités, l'anglo-arabe a été longtemps ballotté, tiraillé entre ses deux origines. Ici on le préférait plus « arabe », là, plus « pur-sang ». Certains ne juraient que par l'arabe croisé pur-sang, d'autres par les anglo-arabes se reproduisant entre eux. On parlait de pur-sang anglo-arabes, ou de demi-sang anglo-arabes, qui avaient des stud-books distincts. Mais toutes ces oppositions, pour ne pas parler de querelles, ont cessé lorsqu'en 1942 la décision fut prise de répertorier tous les anglo-arabes dans un même stud-book. À une condition cependant : un sujet ne peut être inscrit dans ce livre des origines, sous l'appellation anglo-arabe, que s'il a au moins 25 % de sang arabe (voir « Les races, p. 246 »).

Des anglo-arabes ont plus récemment été produits dans le Limousin au haras de Pompadour, selon les mêmes règles, mais à partir d'autres géniteurs que ceux de Tarbes ou de Pau. Aussi l'anglo-arabe du Limousin diffère-t-il légèrement de celui du Midi, tarbais ou palois, moins étoffé, moins compact que lui. Les chevaux produits et élevés en Pologne et en Angleterre ont aussi leurs petites caractéristiques propres. La race n'est donc apparemment pas homogène ; cependant, tous les anglo-arabes font à peu de chose près preuve des mêmes qualités. Faciles à éduquer – surtout très jeunes –, sauteurs adroits et intelligents sur l'obstacle, ils sont d'excellents chevaux de chasse à courre et souvent des champions en concours hippique. Parmi les « vedettes » de la race, citons le célèbre Farceur VIII, fils de Velox (33,50 % de sang arabe), né en 1921, dont les descendants constituent une prestigieuse lignée, comptant nombre de champions de saut d'obstacles.
Et comment oublier Rempart, l'anglo-arabe du général Wattel, écuyer en chef à Saumur, de 1919 à 1930 ? Le dressage poussé de ce cheval d'école faisait l'admiration de tous, et nul ne pouvait le regarder au piaffer ou au passage sans avoir envie d'applaudir. Nous sommes loin du saut d'obstacles, spécialité de l'anglo-arabe, mais ce n'est là qu'une maigre preuve des nombreux atouts cachés dont dispose le personnage !

Taille : 1,60 m.
Robe : de toutes les couleurs franches.
Au bout de membres solides, il se pose sur de très bons pieds. Il a une poitrine impressionnante, une croupe ronde et avalée.
Sa tête et son œil à l'air énergique dénotent assurance et intelligence.

LE HUNTER

Hunter est le mot anglais signifiant « chasseur ». Voilà qui définit le service auquel ce cheval irlandais était à l'origine généralement affecté : la chasse à courre.
Qui dit chasse à courre en Irlande dit non seulement longues distances à couvrir, à un train rapide et souvent décousu, sur des terrains parfois très lourds, mais aussi multitude d'obstacles à passer : haies, murettes et aussi digues enserrant des canaux plus ou moins larges. Tout cela explique que le hunter est à la fois un athlète et, en quelque sorte, un véritable acrobate. Sur le plan physique, il doit être très endurant, agile et capable de ce sursaut d'énergie permettant de se tirer immédiatement d'un mauvais pas. Sur le plan psychologique, il ne peut qu'être audacieux, intelligent et débrouillard.

Les qualités du hunter ont fait qu'il n'est plus seulement dévolu à la chasse à courre. Excellent cheval d'extérieur, il séduit randonneurs et amateurs d'endurance. Et il obtient de beaux succès en saut d'obstacles.

Taille : de 1,55 m à 1,70 m.
Robe : de toutes les couleurs.
Son profil est souvent busqué.
Il a des oreilles un peu longues, une encolure forte, des épaules puissantes et il est assez fréquemment « loin du sol ».

LE SELLE FRANÇAIS

Autrefois existaient en France quantité de chevaux dits « demi-sang », résultats de croisements entre des étalons arabes ou pur-sang avec des juments d'un terroir ou d'un autre. Les demi-sang anglo-normands, les plus connus et les plus appréciés, constituaient un cheptel important.

En 1958, la direction des Haras nationaux décida d'ouvrir un unique stud-book pour inscrire les demi-sang élevés à destination sportive, excepté les anglo-arabes, sous la dénomination de « cheval de selle français ». À l'évidence, la nouvelle race n'est pas homogène. Et elle ne peut l'être, puisque par un jeu de « demi-papiers », sous certaines conditions, en deux générations, de nouveaux sujets peuvent être inscrits au stud-book tenu au haras de Saint-Lô, et qui n'est pas fermé. Il est évidemment facile de critiquer cette « race qui n'en est pas une ». Mais ce système présente cependant bien des avantages. Le principal est de valoriser les produits des éleveurs français, en permettant aux amateurs de sports équestres de disposer d'une remonte de qualité.

LE TRAKEHNER

Taille : environ 1,60 m.
Robe : de n'importe quelle couleur franche.
Actif, agréable et gentil, c'est un beau cheval de selle de bonne conformation. Sa tête retient l'attention, mince au niveau des naseaux, aux yeux écartés et aux oreilles assez longues. Garrot saillant, vaste poitrine, il a une arrière-main musclée.

En 1732, le roi Frédéric-Guillaume de Prusse fonda un haras dans la province orientale de son pays, à Trakehnen. C'est là qu'à partir de divers croisements fut développée une excellente race de chevaux de selle, baptisée du nom de la ville. L'élevage des trakehners se poursuivit jusqu'à la Seconde Guerre mondiale, à la fin de laquelle la Prusse orientale – et le haras – devint polonaise. À cette époque, quelque vingt-cinq mille sujets étaient enregistrés dans le stud-book de Trakehnen. Des chevaux qui se trouvaient

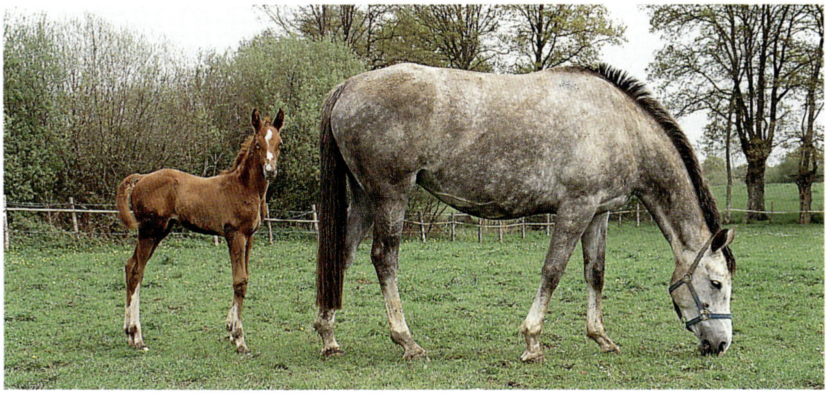

pour la majorité d'entre eux en Pologne, mais aussi, pour quelques-uns, en Allemagne de l'Ouest. Durant toute la guerre froide, la race fut maintenue – sans doute différemment – de chaque côté du rideau de fer.
À la chute du mur, Polonais et Allemands purent comparer leur cheptel et constater que, dans l'un et l'autre pays, le trakehner était – est – toujours un animal d'une grande vigueur, prouvant ses qualités d'athlète dans tous les sports, en dressage et à l'attelage.

LE HANOVRIEN

Taille : de 1,53 m à 1,70 m.
Robe : de toutes les couleurs franches.
L'arrière-main arrondie et musclée de ce cheval dénote sa puissance. Son œil intelligent, fier et plein d'assurance surprend, dans une tête un peu disgracieuse.

Originaire du Hanovre et de Basse-Saxe, le hanovrien est l'une des plus anciennes races allemandes. Il descend, dit-on, des fameux hanovriens isabelle, dont la robe devait son nom à la reine Isabelle la Catholique. Ce qui n'est sans doute qu'une légende ! Mais, il est certain que la race a été développée et maintenue au haras de Celle en Basse-Saxe, sous la protection de la famille royale anglaise (George Ier, électeur de Hanovre, ayant été appelé au trône de Grande-Bretagne). Détail étonnant, ce cheval, plus bâti pour la selle que pour le trait, a tiré les carrosses royaux britanniques jusqu'au début du XXe siècle.
La puissance, l'équilibre et l'intelligence se combinent chez le hanovrien et font de lui une monture de dressage et de concours hippique de premier ordre. Les amateurs de ces deux disciplines l'achètent d'ailleurs à des prix souvent fort élevés. C'est sur sa jument hanovrienne Simona que Hartwig Steenken remporta en 1974 le championnat du monde des cavaliers. Et certains assurent que Simona, alors âgée de seize ans, a sauté les obstacles en montrant les dents, en riant !

Taille : autour de 1,60 m.
Robe : alezane, alezan brûlé, noire, baie, grise ou aubère.
Il a un garrot saillant, des épaules tendant à être droites, un poitrail profond, un dos fort, une croupe avalée.
D'un caractère bien trempé, il a autant de bonne volonté que de combativité.

LE TROTTEUR FRANÇAIS

Le trotteur français est un des rameaux de la race anglo-normande. Les premières courses de trot furent organisées en France, à Cherbourg, en 1836. Comme toujours, ces compétitions étaient initialement destinées à sélectionner les meilleurs sujets en vue de la reproduction. Mais, bien vite, les courses de trot permettant d'engager des paris devinrent très populaires. On en mit sur pied un peu partout en Europe, tout comme aux États-Unis. Détail oublié : vers le milieu du XIXe siècle, on faisait courir les chevaux aussi bien par couples que seuls.

Bien évidemment l'envie, le besoin d'établir une race finirent par se faire jour. Au début du XXe siècle, on se livra dans ce but à une sévère sélection, dans laquelle certains étalons tels que Normand, Lavater, Fuschia ou Young Rattler jouèrent un grand rôle. Et l'on chercha à améliorer le trot des chevaux obtenus par des apports de sang hunter, lui-même très sérieusement imprégné de sang pur, et de norfolks, trotteurs anglais réputés. En 1922 fut ouvert un stud-book dans lequel les anglo-normands trottant le kilomètre dans une course publique en 1 min 42 s, ou moins, étaient susceptibles d'être inscrits.

En 1941, le stud-book fut fermé, c'est-à-dire réservé aux produits des géniteurs déjà inscrits. On pourrait croire que la race était alors définitivement fixée. Mais il n'en a rien été, puisque les produits de sujets déjà inscrits croisés avec des pur-sang anglais pouvaient et peuvent toujours entrer dans le stud-book. Voilà pourquoi la race évolue toujours et est de plus en plus près du sang. À l'origine, le trotteur français était élevé uniquement en Normandie (Calvados, Orne et Manche), le « pays des bons chevaux » qui fournissait des « carrossiers » depuis fort longtemps. Mais, le succès des courses aidant, on en a bientôt produit dans bien d'autres régions de France, en Seine-et-Oise, en Vendée, dans le Charolais, en Saône-et-Loire et jusque dans le Sud-Ouest.

Le trotteur français est généralement plus grand que les autres trotteurs. Simplement parce qu'en France – cas unique –, à côté des courses attelées, il s'en dispute d'autres, montées, courues fréquemment par les mêmes chevaux. Aussi le trotteur doit-il être assez grand et puissant pour porter au trot des charges allant jusqu'à 75 kg, sur des distances relativement considérables.

Même si elles n'ont pas tout à fait le même prestige que les courses de galop, celles de trot attirent les foules. Ce qui n'a rien d'étonnant lorsqu'on sait à quel point un trotteur en plein effort peut être admirable. On compte cinq à six mille courses de trot organisées chaque année sur les nombreux hippodromes de l'Hexagone. La plus importante, l'événement annuel guetté par les turfistes, est le prix d'Amérique, de classe internationale, qui se court à Vincennes fin janvier.

Le trotteur américain

Taille : de 1,50 m à 1,70 m.
Robe : couleurs franches.
La morphologie des trotteurs et des ambleurs est très variable, car le seul critère pour les juger est la vitesse. Ils doivent être dotés d'une vaste cage thoracique et d'une puissante arrière-main.

Aux États-Unis, on fait courir des trotteurs mais aussi des ambleurs. Pourtant, bien que leurs spécialités soient assez différentes, ces deux catégories de coureurs portent le même nom : *american standard*. Pourquoi ? Parce que *standard* signifie « norme » ; et, pour participer à des courses, trotteurs et ambleurs doivent être dans la norme, remplir des conditions de vitesse déterminées. Les trotteurs doivent être capables de couvrir un mile (1 609 m) en moins de 2 min 30 s et les ambleurs en moins de 2 min 25 s.

L'*american standard* est le résultat d'une longue recherche tâtonnante. Il possède bien sûr un pourcentage important de pur-sang anglais parmi ses ascendants, depuis que « l'ancêtre », Messenger, a été importé de Grande-Bretagne, il y a plus de 200 ans. Mais, avec le sens de l'efficacité qui est le leur, les Américains ont cherché à améliorer ses performances au fil du temps, en lui apportant du sang de trotteur anglais et canadien, de hackney et, affirme-t-on, de barbe et de morgan. Et ce subtil cocktail s'est avéré des plus efficaces, même si la morphologie n'est pas très harmonieuse.

Taille : de 1,50 m à 1,60 m.
Robe : de toutes les couleurs de base.
Ce cheval est docile et toujours joyeux. Corps et poitrail larges, il a une arrière-main puissante, des membres secs et des crins abondants. Généralement, sa queue est anglaisée.

Le tennessee walker

Ce sont les planteurs du sud des États-Unis qui ont fondé cette race, en recherchant des montures d'une grande vigueur et ayant surtout des allures particulièrement souples et confortables. Les premiers sujets ayant ces qualités naquirent d'un trotteur américain venu au monde en 1886 et possédant un bon pourcentage de sang morgan. Ils furent croisés avec des pur-sang, des chevaux de selle américains et des narragansetts, ce qui donna la race telle qu'elle existe aujourd'hui. La particularité du tennessee walker est due à son allure de promenade particulière, moitié posée, moitié sautée, qui en fait une des montures les plus confortables du monde. Certains poulains la pratiquent sans même l'avoir apprise, simplement en imitant leur mère au pré, durant leur première année. C'est une allure à quatre temps, où les antérieurs se lèvent droit et haut et où les postérieurs marquent une très longue foulée, se posant 15 à 30 cm en avant des antérieurs. Il en résulte un mouvement doux, ferme et glissant, tandis que le cheval rythme sa cadence de la tête... et des dents !

Taille : 1,60 m au plus.
Robe : généralement grise.
L'andalou a une tête au chanfrein convexe, avec des yeux vifs aux longs cils et des oreilles mobiles. L'encolure est forte, le poitrail développé, le dos et le rein courts, l'épaule et la croupe puissantes. Les membres sont fins, le pied, petit.

L'ANDALOU

Issu de la péninsule Ibérique, l'andalou a hérité des apports des invasions successives. Le sang arabe et barbe s'est donc mélangé à celui des lourdes montures nordiques des « barbares » grignotant l'Empire romain. Les Espagnols, imitant leurs conquérants maures, sélectionnèrent lors de la reconquête de la péninsule des montures rapides et légères, adroites et maniables. La race ainsi définie fut fixée notamment par les moines chartreux dans un élevage célèbre de la région de Jerez. La création d'un haras royal et l'établissement du premier livre généalogique par Philippe II, en 1571, coïncida avec le développement de l'équitation dite « académique », codifiant les différentes figures équestres utiles à la guerre et merveilleusement exécutées par ce type de monture. De caractère chaud et généreux, le cheval andalou est malgré tout très doux ; sa docilité et un travail régulier en font une parfaite monture de haute école, mais permettent aussi au jeune cavalier de sortir en toute confiance en extérieur. Il compense son manque de vitesse et son inaptitude à l'obstacle par son élégance, son endurance et sa bonne volonté.

LE LIPIZZAN

Originaire d'Autriche, le lipizzan est le descendant de chevaux barbes et napolitains croisés avec des andalous importés d'Espagne au début du XVIIIe siècle.
La race a été fixée, après de nombreuses introductions de sang arabe, au haras de Lipica (en Slovénie). Les lignées dites pures comprennent cinq familles seulement, descendant chacune d'un reproducteur dont le nom figure toujours dans le patronyme complet de chaque sujet. Le haras principal est celui de Lipica (voir p. 142) ; les poulinières y mettent bas et les jeunes étalons y sont débourrés. Les chevaux adultes vivent dans des haras autrichiens, et les meilleurs sont sélectionnés pour l'École espagnole de Vienne. Le caractère doux et docile du lipizzan, allié à ses aptitudes physiques, en a fait la monture exclusive de cette institution, fondée en 1729, qui conserve intactes les traditions de l'équitation dite « classique ». Les reprises présentent aussi bien des chevaux aux longues rênes que montés, en travail individuel ou en groupe. Les étalons les plus doués sont réservés à l'usage des écuyers. Les autres produits sont recherchés pour le dressage, mais surtout pour l'attelage, où leur puissance et leur obéissance font merveille. L'homogénéité de la robe ne fait qu'ajouter à l'élégance de ces chevaux sous les harnais.

Taille : de 1,52 m à 1,58 m.
Robe : blanche, parfois noire.
Ce cheval a les membres puissants, la croupe plate, la tête forte. Ses crins, longs et soyeux, rappellent ceux de l'andalou. Le poulain naît noir ; quand il vieillit, sa robe devient grise, puis blanche.

Le lusitano

Originaire du Portugal, ce cheval souvent nommé « lusitanien » doit son courage et sa valeur à ses ancêtres andalous, croisés avec une race autochtone vivant en zone montagneuse qui lui légua sa robustesse et ses lignes courtes. De nombreux élevages ayant cherché à rapprocher encore plus leurs produits du type andalou, le cheval lusitanien a failli disparaître. Ce sont ses aptitudes extraordinaires au travail des troupeaux qui ont conduit les autorités portugaises, conseillées par quelques excellents écuyers (comme Nuno Oliviera), à rechercher puis préserver la race et ses particularités.
Cheval fort et très courageux, le lusitanien est une monture aux talents exceptionnels, fort utile aux *rejoneadores* qui gardent les troupeaux et ont développé une technique consistant à faire tomber (pour le marquer ou le soigner) le taureau en le poussant au défaut de l'épaule avec une longue lance à bout arrondi. Ce cheval, à la croissance lente, est également apte aux airs de haute école, mais il ne doit pas être monté trop tôt.

Taille : 1,60 m.
Robe : grise, alezane ou baie.
Ce cheval a une encolure forte et un garrot noyé.
Le corps est court, le dos et les reins, puissants.
Les membres sont plutôt fins et les pieds, petits. Les crins sont ondulés.

Le quarter horse

La race quarter horse a été fixée aux États-Unis à partir du XVIIIe siècle. Des colons de Virginie et des deux Carolines opérèrent des croisements entre chevaux espagnols et nord-européens, pour obtenir des montures robustes et surtout spécialisées dans les courses sur très petites distances (dont le quart de mille, d'où leur nom).

Ces chevaux étaient choisis avec une arrière-main très puissante, leur assurant des démarrages fulgurants. Il devint bientôt évident que cette morphologie les rendait particulièrement aptes au travail rapproché du bétail : séparer les veaux de leur mère, trier les vaches, etc. En même temps que se développaient des épreuves sportives inspirées de cette discipline (comme le *cutting* et le *barrel racing*), la race elle-même prenait de l'extension, pour devenir aujourd'hui l'une des plus représentées au monde.
Son succès tient aussi à son caractère : doué d'un sens du bétail instinctif, le quarter horse est également très attentif aux ordres.
Ce cheval est si doux que la plupart des étalons peuvent être montés par de jeunes cavaliers. Ni peureux ni agressif, il est très endurant, mais souffre souvent d'une certaine fragilité des membres, très sollicités par sa musculature surdéveloppée.

Taille : autour de 1,60 m.
Robe : de toutes les couleurs simples.
C'est la croupe très développée, même chez le poulain, qui frappe au premier abord ; les membres sont secs, le dos, court et musclé, la tête, petite sur une encolure forte et des épaules musclées.

L'AKHAL-TÉKÉ

Taille : de 1,42 m à 1,52 m.
Robe : avec un poil qui présente souvent des reflets métalliques chez un grand nombre de sujets de la race, elle est exceptionnelle.
Sa longue encolure et son long corps, ses jambes dures et nerveuses, sa démarche souple et gracieuse donnent à l'akhal-téké des airs de lévrier.

Selon certains, on aurait élevé ce cheval au Turkménistan durant la plus haute antiquité, peut-être dès 500 avant J.-C. Depuis toujours monture des nomades des steppes d'Asie centrale, il s'adapte sans mal aux conditions climatiques extrêmes, passant sans sourciller d'une chaleur torride au froid le plus intense. Son endurance et sa frugalité sont légendaires. On raconte que, en 1935, des cavaliers montant des akhal-tékés pour aller d'Achkhabad à Moscou (4 300 km) auraient traversé plus de 300 km de désert sans eau en moins de trois jours...

On dit de ce cheval qu'il a mauvais caractère, qu'il est têtu et lunatique. Mais ceux qui le connaissent bien affirment, en le comparant à la mule, qu'il est tout bonnement plus intelligent et plus malin que bien d'autres.
Les chevaux turkmènes, et en particulier l'akhal-téké, sont souvent donnés comme les ancêtres de l'arabe.

LE KATHIAWARI

Cette race qui porte le nom d'une péninsule de l'Inde est connue sous d'autres appellations le long de la côte ouest de ce pays : rajputana, marwar, etc. Elle aurait pour origine... un naufrage ! À une époque que nul ne peut préciser, un navire arabe chargé de coursiers aurait coulé près de la côte. Quelques-uns de ces chevaux auraient réussi à nager jusqu'à terre ; là, ils se seraient croisés avec les poneys indiens, petits, étroits et mal faits. Cette histoire est peut-être une légende, mais l'influence du sang arabe sur la race est indéniable, car le kathiawari a un panache qu'il ne peut devoir à aucun autre. L'importation de reproducteurs en provenance du port d'Aden pour « améliorer les montures du prince » est d'ailleurs décrite par Marco Polo, dans le récit de ses voyages.

Taille : de 1,40 m à 1,50 m.
Robe : de n'importe quelle variété, mais généralement alezane.
Cet étrange cheval a des oreilles à nulles autres pareilles : lorsqu'il les dresse, leurs pointes se touchent presque. Il est mince, légèrement bâti, et il a tendance à avoir les jarrets coudés.

De ses vilains mais solides ancêtres poneys, tout comme de l'arabe, notre cheval indien a hérité une robustesse, une résistance, une endurance et une frugalité exceptionnelles. Aussi excelle-t-il sous la selle, tout comme sous le bât. Le kathiawari est le seul cheval d'origine indienne, à être d'une taille supérieure à celle d'un poney.

Le frison

Ce cheval, originaire de la province de Frise aux Pays-Bas, a reçu à coup sûr du sang andalou au XVIe siècle, lors de l'occupation espagnole. Au XIXe siècle, la vogue des courses de trot gagna la Hollande. Par divers croisements, les éleveurs cherchèrent alors à affiner le cheval de trait assez lourd qu'était encore le frison. Et cette orientation faillit lui être fatale, car, plus léger, il n'était plus adapté aux travaux de la ferme.

À la fin de la Première Guerre mondiale, il ne restait que trois étalons frisons... Quelques éleveurs comprirent l'intérêt de sauver la race et s'y employèrent. Trente ans plus tard, elle était reconstituée et, en 1954, la reine Juliana des Pays-Bas accorda à la Société du cheval frison le titre de société royale. Apte à la selle comme au trait léger, le frison a la faveur de tous ceux qui, comme bien des écuyers de cirque, recherchent un cheval docile, plein de panache et d'allure.

Taille : autour de 1,50 m.
Robe : toujours noire.
Le frison se reconnaît au premier abord avec ses crins et ses poils fournis, en particulier aux paturons. De belle prestance, avec une tête fine et élégante, il est aussi, visiblement, puissant.

Le camargue

Le cheval camarguais serait le descendant de montures de Carthaginois ou de Sarrasins, échappées et retournées à la liberté dans le delta du Rhône. Jules César déjà, séduit par sa vivacité, aurait créé des haras pour favoriser son élevage. Par la suite, ce cheval a souvent été l'objet de croisements destinés principalement à lui donner de la taille. Mais, chaque fois, l'influence de son environnement bien particulier a gommé les apports de sang étranger. Et l'on peut affirmer sans prendre de risque que le camargue d'aujourd'hui est fort proche de ses ancêtres vivant il y a deux mille ans.

Il existe encore une trentaine de manades, troupeaux vivant en semi-liberté, résistant au soleil brûlant et au mistral glacial, se nourrissant d'herbe et de végétation aquatique. Les jeunes (qui naissent noirs) sont regroupés par les manadiers pour être marqués et dressés. Ce cheval (et non poney) fait preuve d'une étonnante rusticité.

Monté, il ne connaît guère que le pas et le petit galop. Le baron de Baroncelli, monté sur Sultan, a mis son endurance en évidence, en couvrant, aller et retour, les Saintes-Maries-de-la-Mer – Lyon, soit 450 km, en 43 heures !

Taille : rarement plus de 1,45 m.
Robe : toujours grise.
Sa silhouette est rustique, ses attaches, fortes, son corps, court, et ses reins, puissants. L'existence dans les marais lui a forgé de larges pieds. Son caractère est à la fois docile et battant.

LE HOLSTEIN

Ce serait un curieux cocktail que ce cheval allemand. Il aurait du sang « oriental, andalou et napolitain et, aux XIXe et XXe siècles, aurait reçu des apports pur-sang et bai de Cleveland ». D'un cheval indigène qui vivait jadis dans les marécages situés à proximité de l'Elbe et de ses affluents, il reste le holstein actuel, plein de prestance, dont la croupe et les jarrets puissants font une très bonne monture de saut d'obstacles. De même, ses capacités de galopeur, son énergie et son endurance, tout comme sa docilité, l'ont souvent conduit aux premières places dans les épreuves de concours complet.

Ajoutons pour terminer ce tableau, que le holstein est également un magnifique cheval d'attelage.

Taille : 1,55 m à 1,65 m.
Robe : toutes les couleurs franches, mais le plus souvent noire, baie ou alezan brûlé.
Cheval de conformation harmonieuse un peu lourde. Forte encolure et vaste poitrine, garrot saillant, passage de sangles profond et large poitrail, arrière-main puissante. Longues foulées, parfois un brin comme exagérées.

LE BAVAROIS

Le bavarois descend de l'ancien cheval à robe alezane, le rottaler, que l'on élevait dans la fertile vallée du Rott, en Basse-Bavière. Au Moyen Âge, il fut surtout produit pour la remonte des chevaliers, qui l'estimaient comme cheval de bataille. Au XVIe siècle, il fut élevé et sélectionné dans les haras des monastères de Hornbach et de Worschweiler, dans la région de Zweibrücken. Au XVIIIe siècle, il fut amélioré par des croisements, avec des normands, des bais de Cleveland, et des demi-sangs anglais. Enfin, au XIXe siècle, l'oldenbourg apporta à ce cheval alezan les qualités nécessaires, pour en faire une monture de compétition moderne. Pour quelque mystérieuse raison, en 1960, on abandonna le nom de rottaler, pour s'en tenir à celui de bavarois. Mais sous son nouveau nom, l'animal demeure un bon cheval de dressage et de saut d'obstacles. Il ne lui manque que la puissance de galop, pour obtenir des résultats en cross. Défaut bien mineur !

Taille : un peu plus de 1,60 m.
Robe : alezane.
Cheval au corps large, profond et puissant. Jambes fortes et solides. Cet animal est endurant, docile et de bonne volonté.

■ Le mecklembourg

Le mecklembourg est un proche parent du hanovrien. Car les fondateurs des deux races sont approximativement les mêmes et, au fil du temps, de nombreux échanges ont eu lieu entre les élevages de chacune de ces branches. Ce fut le cas en particulier à la fin des guerres napoléoniennes, qui avaient amené le mecklembourg au bord de la disparition. La race fut alors sauvée, grâce à un sérieux apport de sang hanovrien. Longtemps élevé pour fournir aux besoins de remonte de la cavalerie militaire, ce cheval allemand n'est plus produit, depuis la fin de la Seconde Guerre mondiale, que comme cheval de selle tous usages.

Taille : 1,55 m à 1,70 m.
Robe : toutes les couleurs franches.
La tête de taille moyenne est portée par une solide encolure. Les épaules et la poitrine sont puissantes, et le passage de sangles profond. Les jambes sont bien charpentées, avec des canons courts et des sabots ronds et durs.

■ Le masure

Ce cheval polonais est une sorte de continuation, de prolongation du trakehner prussien. Car il descend des chevaux laissés derrière eux par les Allemands, au cours de leur retraite de 1945. Bien qu'il soit souvent confondu avec le poznan, race cousine un peu plus influencée par le sang arabe, et même officiellement inclus avec lui sous le terme plus général de wielkopolski, le masure est considéré dans certaines régions d'élevage comme une race bien distincte. Il est élevé avec grand soin et compétence dans les haras polonais, et est devenu un splendide et vigoureux cheval de selle. Gentil, actif, intelligent et loyal, il excelle dans une quantité de sports équestres, y compris l'attelage léger. À noter, parce que cela est peu fréquent : en plus d'un demi-siècle maintenant, la race ne semble avoir connu aucune introduction de sang étranger.

Taille : environ 1,60 m.
Robe : toutes les couleurs franches, les plus communes étant baies et alezanes.
Beau cheval de selle, au front large et aux yeux écartés, aux oreilles longues et dressées, il est doté d'une forte encolure portée par de solides épaules, et d'un garrot saillant. Sur ses longues jambes minces, il a des allures franches et dégagées.

LES RACES

LE CRIOLLO

Taille : de 1,33 m à 1,50 m.
Robe : toutes couleurs (en Argentine, on dispose de plus de cent mots pour les qualifier !), mais assez souvent avec une raie de mulet et des zébrures sur les jambes.
Il a un corps ramassé, robuste et harmonieux à la fois, une tête courte et large, une encolure musclée, de fortes épaules, une vaste poitrine et une arrière-main puissante.

Ce cheval d'Amérique du Sud est avant tout connu comme la monture du gaucho argentin. Mais ses qualité d'endurance, de frugalité et de longévité sont telles, qu'il a essaimé à travers tout le continent, du Brésil au Vénézuela, en passant par le Pérou ou le Chili. Son importance est devenue telle qu'un syndicat des éleveurs de criollos d'Amérique du Sud a été mis sur pied, dès le milieu du XXe siècle. Quelles sont les origines de ce cheval ? Il descend bien sûr des chevaux espagnols et portugais, amenés par les conquistadors dès le XVIe siècle.
Son nom signifie d'ailleurs littéralement « d'origine espagnole ». Mais, façonné par des biotopes, berceaux différents de ceux de la péninsule Ibérique, il a acquis ses caractéristiques propres, autres et parfaitement sud-américaines.

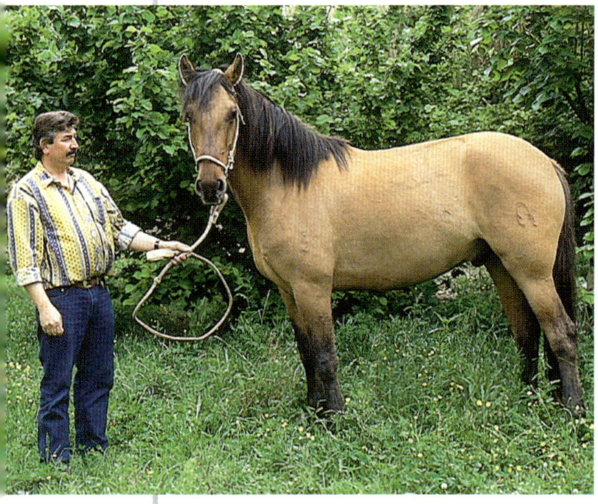

LE MANGALARGA

Cet élégant cheval de selle brésilien, est le résultat de croisements effectués à la fin du XIXe siècle, entre des étalons portugais et andalous et des juments criollos. Certains sujets ont la capacité innée de marcher un dérivé de l'amble, qui les rend particulièrement confortables pour voyager. L'endurance du mangalarga est légendaire. Une légende dont certains cavaliers au long cours ont pu constater qu'elle est une réalité, en couvrant des distances plus que conséquentes, montés sur ce cheval peu commun. Au Brésil, le mangalarga a un cousin: le campolino, cheval de selle et de trait léger. La race a été créée il y a plus de cent ans par un certain Cassiano Campolino. Un cheval portant ce nom a l'allure d'un mangalarga, mais il est plus lourd et plus éclaté du devant.

Taille : environ 1,45 m.
Robe : baie, alezane, grise ou rouanne.
On remarque immédiatement sa tête longue et son œil intelligent. Son épaule est très oblique et son garrot important. Son dos est court, son rein puissant et sa croupe ronde et musclée.

Le beberbeck

Le haras de Beberbeck, près de Kassel, ville allemande du nord de la Hesse, fut fondé en 1720. L'objectif de départ aurait été de produire une race palomino. Mais cette utopie ne put que bien vite être abandonnée. Et la production débuta vraiment avec des poulinières locales et des étalons arabes. Par la suite, le pur-sang eut une influence considérable sur l'évolution et la formation de la race. Le haras fut fermé en 1930 – comme tant d'autres, dépassés, bousculés par l'arrivée des machines et de la motorisation, remplaçant les chevaux. Depuis, bien qu'on continue, semble-t-il, à l'élever ici et là, et que le stud-book n'ait pas disparu, le très bon cheval de selle qu'est le beberbeck s'est fait fort rare, pour ne pas dire plus que rarissime.

Taille : 1,60 m minimum.
Robe : presque toujours baie ou alezane.
Ce cheval ressemble beaucoup au pur-sang anglais, mais en plus sec, avec une ossature plus imposante.

L'arabe polonais

On peut s'étonner que des chevaux arabes, valant ceux produits dans le désert, puissent être élevés dans la Pologne aux hivers glaciaux. Mais c'est alors oublier que, selon les témoignages de nombreux officiers de Napoléon, les arabes sont les montures ayant le mieux résisté aux horribles conditions de la retraite de Russie.

Parmi ceux ayant introduit des chevaux arabes en Pologne, au début du XIXe siècle, le plus important fut Waclaw Rzewuski, passionné de culture orientale. Après les carnages des guerres napoléoniennes, les problèmes de remonte étaient aigus. Rzewuski fut chargé d'aller en « Arabie » acheter des chevaux de valeur. En dépit d'une multitude d'aventures et de mésaventures, il parvint en trois ans – 1818-1821 – à ramener cent trente-sept chevaux et juments, logés dans les haras de Sawran et de Kuzmin. Des animaux dont on ne connaît pas le destin final individuel, puisqu'ils ont été confisqués par l'armée et l'administration russes, et éparpillés en Russie et en Ukraine... Mais on a une certitude, c'est qu'ils ont laissé des descendants en Pologne même, puisque aujourd'hui l'arabe est l'un des meilleurs chevaux du pays. Quant à Waclaw Rzewuski, il ne nous reste de lui qu'un de ses nombreux écrits : la passionnante relation de son voyage, aux pays des Bédouins et des chevaux « buveurs de vent ».

Taille : de 1,42 m à 1,51 m.
Robe : toutes les couleurs franches sont admises, avec une prédilection pour le gris (comme chez son alter ego oriental).

Taille : parfois plus de 1,80 m.
Robe : bai foncé avec souvent les extrémités des membres blanches.
C'est le plus grand cheval du monde ! Bien qu'il soit énergique et actif, sa douceur est telle qu'on peut le confier à un enfant. En plus de sa taille surprenante, il est reconnaissable aux poils de ses paturons, qui couvrent presque totalement ses sabots.

LE SHIRE

Les origines du shire sont controversées. On parle bien d'un ancêtre « grand cheval noir anglais », ou « grand destrier du Moyen Âge », mais sans expliquer sa provenance.

À observer la noble allure du shire, on a pourtant immédiatement une certitude : il a une part de sang arabe. D'où qu'il vienne, le shire a été élevé et amélioré en raison de sa formidable puissance (il peut tirer jusqu'à 5 tonnes !). Avec le temps, on en vint à fixer les critères de la race et, en 1878, la Société du cheval shire fut fondée. Ce grand cheval a été moins vite mis au chômage par l'arrivée des machines que la plupart des chevaux de trait. Car il a fallu relativement longtemps pour qu'apparaissent des camions assez puissants pour tracter les lourds chargements de fûts des brasseurs. Les shires et les voitures chargées de tonneaux étaient – et sont – si populaires que les brasseurs anglais continuent encore aujourd'hui à en atteler, dans un but publicitaire !

LE CLYDESDALE

Taille : de l'ordre de 1,60 m.
Robe : alezane ou baie, marquée de blanc sur la face, les membres et le ventre.
Ses longs paturons ont des poils abondants.
Ses antérieurs sont droits, directement sous l'épaule, comme ses postérieurs.

Depuis des temps très reculés, de solides chevaux de bât étaient produits dans la vallée écossaise de la Clyde, pratiquement dépourvue de routes pendant longtemps. Au XVIIIe siècle, des mines de charbon furent ouvertes dans la région. Pour en écouler la production, les animaux de bât étaient insuffisants. Aussi aménagea-t-on des routes carrossables, pour permettre le passage de tombereaux de houille. Pour tirer ces lourdes charges, il fallait des chevaux forts, puissants, pour lesquels la demande devint rapidement importante. Désireux d'en tirer profit, les éleveurs s'ingénièrent à améliorer leur production. Après quelques tâtonnements, ils y parvinrent en accouplant leurs vaillantes juments de bât avec des étalons flamands plus lourds. Le résultat fut la création de la race telle que nous la connaissons ; moins massif que le shire, ce cheval peut être vif. Jusqu'à l'ère des machines, partout où l'on avait besoin de bons chevaux de trait, on pensait au clydesdale, qui a encore ses adeptes. Mais en moins grand nombre...

Le percheron

Taille : de 1,52 m à 1,70 m.
Robe : grise ou noire.
Avec sa tête fine, ses yeux bien écartés et intelligents, ses naseaux ouverts et son encolure rouée, il a une touche de grâce orientale. L'amplitude de sa poitrine, l'attache de son rein et son arrière-main musclée montrent sa puissance.

Le vrai percheron est élevé dans son berceau d'origine, s'étendant sur la Sarthe, l'Eure-et-Loir, l'Orne et le Loir-et-Cher. Mais des percherons sont aussi élevés hors berceau, dans l'Auge, le Berry, le Nivernais et le Maine, régions qui ont chacune leur propre stud-book de la race. Cheval puissant, il doit sa « grâce » à des apports de sang arabe.

Ce cheval de trait, le plus populaire du monde, est apprécié dans de nombreux pays, des États-Unis au Japon.

Les Américains en importèrent pour la première fois en 1839. Et ils achètent toujours les meilleurs produits du berceau, parce que, sans un peu de sang d'origine, leurs percherons perdraient la pureté de la race, donc ses qualités, auxquelles ils tiennent fort. Car des associations aux États-Unis les font travailler par passion, attelés à faucheuses, faneuses et voitures. Les Japonais importent aussi des percherons, qu'ils attellent à des traîneaux, pour les faire se mesurer dans des courses, sur des pistes sablées et jalonnées d'obstacles. Là-bas, loisirs et paris tiennent la race éloignée de l'abattoir...

Le boulonnais

Cet élégant cheval de trait n'est pas sans rappeler son voisin le percheron. Le boulonnais est grand et fort, ce qui s'explique peut-être moins par une ascendance un brin floue que par la richesse des herbages de son berceau d'Artois. Jusqu'après la Seconde Guerre mondiale, il a été élevé pour les services qu'il rendait, particulièrement dans les travaux des champs. Mais, lorsqu'est venu le temps où la machine l'avait partout remplacé, on a principalement continué à produire des boulonnais – de moins en moins –, pour les vendre à la boucherie...

Et, comme pour toutes les autres races dans le même cas, ce ne sont plus des chevaux aptes au travail que les éleveurs ont cherché à produire, mais des animaux « faisant le poids », « faisant de la viande »...

Cependant, comme partout, quelques amoureux ont continué à élever des boulonnais pour les faire travailler. Et, au cours des années 1990, on pouvait encore en voir, attelés à une bineuse entre des rangs de légumes, ou encore, guidés par un cavalier, tirant un filet pour pêcher la crevette !

Taille : 1,60 m.
Robe : généralement gris pommelé, mais parfois alezane ou baie.
Il a une forte encolure, une ample avant-main, un dos ensellé, des jambes longues et musclées. Sa crinière est fournie et sa robe est soyeuse.

Taille : de 1,50 m à 1,60 m.
Robe : bai clair ou foncé.
Il a un front large et de petites oreilles. Son encolure rouée est large et musclée et son garrot, prononcé. Il a un poitrail éclaté, une croupe avalée et puissante. Ses membres nets et courts se terminent par de solides sabots. Il pèse de 550 à 650 kg.

LE FRANCHES-MONTAGNES

La première description du franches-montagnes date de 1619. C'est dire que la race est très ancienne. Jusqu'au XIXe siècle, elle a été élevée sur le versant suisse des montagnes du Jura, principalement pour satisfaire les besoins des agriculteurs. En 1907 fut créé le Syndicat d'élevage du franches-montagnes, à Saignelégier, où se déroule toujours, chaque second week-end d'août, le grand marché concours de la race. En 1924 fut ouvert le premier livre généalogique.
À partir de cette époque, la machine remplaçant les chevaux, les éleveurs ont cherché à améliorer la race, pour satisfaire aux besoins d'un marché en pleine évolution. Et la valse des croisements a commencé. Pour pallier une perte de sang due aux premiers croisements avec des percherons, des shires, des bretons, des belges et des norfolks, on a apporté du sang arabe à la race. Aujourd'hui, la lignée pure a pratiquement disparu. Il reste deux excellents types de franches-montagnes, aptes au trait léger ou confortables sous la selle.

LE COMTOIS

C'était à l'origine un trait léger, puisque sous l'Empire il était monté par des dragons – cavaliers lourds – et tirait caissons d'artillerie et carrosses. Les qualités et la réputation de ce cheval de tout temps très recherché lui ont presque été fatales. Des ponctions excessives sur le cheptel – pour la remonte de l'armée – ont quasiment fait disparaître la race. Vers 1850, la pénurie de chevaux était telle en Comté qu'on en est arrivé aux pires errements : les juments locales ont été croisées avec des bretons ou des percherons.

Taille : de 1,50 m à 1,60 m.
Robe : alezan plus ou moins brûlé.
On le reconnaît à ses crins lavés et à son élégance.
Dos court, reins bien attachés, croupe charnue et membres secs, il est doté d'une harmonieuse morphologie.
Son poids varie de 600 à 800 kg.

Le comtois s'est donc trouvé dénaturé, jusqu'à ce qu'on n'utilise plus pour la monte que des étalons ardennais de modèle moyen. Et le miracle s'est produit. L'influence du berceau a fait que le comtois, bien que devenu différent, a retrouvé ses qualités d'autrefois, au premier rang desquelles la rusticité. En 1919, un syndicat d'élevage fut créé et le stud-book, ouvert.

L'oldenbourg

Taille : de 1,62 m à 1,72 m.
Robe : de toutes les couleurs franches.
Avec une encolure puissante, une poitrine profonde, des épaules et une arrière-main musclées, des jambes courtes, il est doux et courageux.

Deux longs et curieux cocktails sont à la base de la naissance de cette race. Entre le XVIIe siècle et le tout début du XXe, ce cheval originaire de Frise orientale a été soumis par les éleveurs à de nombreux croisements avec d'autres races. On peut les citer en suivant un très probable ordre chronologique : andalou, napolitain, barbe, pur-sang anglais, hanovrien, bai de Cleveland et enfin anglo-normand. Le résultat de cet énorme mélange a donné un excellent cheval d'attelage du type carrossier (grand sans être lourd).
Après la Première Guerre mondiale, la race pâtit comme tant d'autres de l'avènement de l'automobile et n'intéressa plus guère que les militaires. Mais pour peu de temps... La mécanisation incita les éleveurs à s'adapter à la demande du marché. Ce fut le début du second cocktail. Pour alléger l'oldenbourg, on le croisa surtout avec des pur-sang et des anglo-normands. Il en résulta une agréable monture de bonne taille, convenant bien à la pratique des sports hippiques.

Taille : ne dépasse pas 1,50 m.
Robe : souvent rouan vineux ou foncé, mais aussi alezane, baie ou, rarement, noire.
Il est toujours vif, actif et plein de bonne volonté.
Sa taille ne l'empêche pas d'être aussi solide que fort.
Il remplace comme cheval de trait son « cousin », le trait breton, qui n'est plus destiné qu'à la boucherie.

Le postier breton

Le postier breton résulte de croisements relativement récents entre des chevaux autochtones, des hackneys et des trotteurs norfolk. Cet animal de trait et d'attelage mi-lourd se remarque avant tout par l'excellence et la netteté de ses allures, spécialement le trot, qu'il peut soutenir sans effort véritable pendant longtemps. Il a souvent été exporté comme reproducteur, dans des pays en voie de développement cherchant encore à améliorer la robustesse de leurs chevaux d'attelage. Aujourd'hui, il est trop souvent élevé pour la boucherie, mais travaille encore aux champs, plus qu'on ne pourrait le croire. Car il est pour bien des maraîchers un précieux auxiliaire. Grâce à lui, on peut retourner facilement la terre entre les rangs serrés d'artichauts, par exemple.
Mais le postier, cheval breton aujourd'hui le plus connu et répandu, ne doit pas faire oublier les deux autres types originaires du même berceau. Le trait breton est le résultat de croisements avec des percherons, des boulonnais et des ardennais. C'est un cheval lourd, compact et puissant. Le troisième type est le cheval de Corlay, trait léger, produit de croisements avec des arabes et des pur-sang. Il a aujourd'hui presque disparu.

LE SHETLAND

Taille : rarement plus de 1 m.
Robe : toutes les couleurs, y compris pie et souris.
Crins fournis, dos court et fort, membres vigoureux, il semble être un concentré de puissance.
Courageux et gentil, il est aussi très volontaire.

Comment ce petit cheval est-il arrivé sur les lointaines îles Shetland ? Nul ne peut répondre à cette question avec précision. Pourquoi est-il de si petite taille ? Tout simplement à cause des conditions d'existence dans son berceau, terre rude, froide et ventée, à la végétation maigre, dépourvue d'arbres et n'offrant que peu d'abris. Pour juger à quel point la nourriture y est pauvre, il suffit de savoir que les shetlands y mangent parfois, faute d'herbe, des algues !

Toutes proportions gardées, ce petit cheval est le plus fort de tous les équidés : en 1920, un shetland de 90 cm a porté un homme de 85 kg sur une distance de 65 km en une journée ! Au XIXe siècle, cette force légendaire a fait le malheur de bien des sujets de la race, qui étaient utilisés pour tirer les wagonnets au fond des mines, d'où ils ne ressortaient que morts ou aveugles...
Facile à éduquer, le poney shetland est le compagnon de jeu des jeunes enfants. Il a aussi la faveur des adultes, qui ont plaisir à l'atteler. Seules précautions à prendre : ne pas le laisser trop grossir ni devenir capricieux !

LE NEW-FOREST

Dans les landes anglaises du New-Forest, de tout temps des poneys ont vécu et se sont reproduits en liberté. Et, pendant des siècles, l'homme a prélevé sur les troupeaux les sujets qui lui étaient nécessaires, sans modifier la race. Mais, à partir du XVIIIe siècle, de nombreux étalons d'autres races furent croisés avec les juments locales. La légende veut qu'un pur-sang mauvais en course ait été reproducteur quelques années dans le New-Forest, avant de se révéler être le géniteur du légendaire Eclipse, qui s'imposa, à partir de 1769, sur tous les champs de course. Entre 1852 et 1890, la reine Victoria prêta successivement trois étalons arabes, qui furent lâchés dans les landes pour améliorer la race. À la fin du XIXe siècle, des étalons galloway et welsh arrivèrent à leur tour. Avant d'autres ! Et ce n'est qu'en 1938 qu'on a commencé à contrôler la production du new-forest.

Taille : le type A mesure moins de 1,32 m ; le type B de 1,32 m à 1,42 m.
Robe : de toutes les variétés, sauf pie.
Dos court, arrière-main puissante, membres fins, canons courts et bons pieds dénotent vigueur et endurance.

Ce poney a une particularité : son aire de distribution étant sillonnée de nombreuses routes, il ne craint pas la circulation automobile. Parfois pas assez...

Taille : le welsh mountain type A, 1,22 m ; le welsh type B, de 1,22 m à 1,37 m ; le welsh type C, 1,47 m maximum ; le welsh cob type D, cheval léger de 1,47 m à 1,57 m.
Robe : le plus souvent baie.

Le welsh

Ces poneys du pays de Galles sont l'orgueil des Britanniques et l'une des races les plus exportées dans le monde. Le welsh mountain (poney de montagne) est souvent donné comme un « arabe miniature ». Doux, rustique et résistant, c'est une excellente monture pour les enfants.

Plus grand, le welsh B est surnommé « le pur-sang du pays de Galles ». Il a longtemps été la monture des gardiens de moutons, lorsque ceux-ci recherchaient leurs troupeaux éparpillés dans les collines galloises. C'est un très bon galopeur, aimant se mesurer dans des courses. Mais il a aussi des aptitudes pour le saut d'obstacles. C'est une monture adaptée aux juniors.

En dépit de sa taille assez modeste, le welsh type C peut être monté par des adultes. Car il est trapu, très robuste et porte facilement 75 à 80 kg. Endurant, au pied très sûr, il excelle dans les longues promenades et les randonnées. Mais il est aussi bon sauteur et, attelé, c'est un trotteur infatigable.

Le welsh type D, appelé aussi « welsh cob », a du sang de l'ancien cheval d'attelage welsh pembrokeshire, qui lui a donné sa rusticité et son endurance. Bien que robuste, vigoureux et fougueux d'apparence, il est très doux et docile. Apte tant à la selle qu'à l'attelage, il a de quoi satisfaire tous les amateurs de balades à travers la campagne.

Le connemara

Taille : de 1,30 m à 1,40 m.
Robe : à l'origine louvette, avec un raie de mulet et des crins noirs ; aujourd'hui fréquemment grise, noire, alezan brûlé ou baie.
Corps long et ramassé, croupe forte et souvent avalée, membres courts et pieds durs, il a des allures confortables.

On pense que le connemara est issu de la même souche que le highland, avec lequel il a quelques ressemblances. On l'a toujours connu à l'état sauvage, dans les montagnes de la côte ouest irlandaise. À la fin du XVIe siècle, de nombreux croisements auraient été effectués avec des genets d'Espagne, rescapés du naufrage de l'Invincible Armada. Par la suite, la race reçut des apports de sang arabe et, plus récemment, de pur-sang. Ce brassage explique la quasi-disparition de la robe louvette à raie de mulet.

De son côté, le connemara a contribué à l'amélioration de certaines races, telles que le hunter irlandais. Par ailleurs, des croisements avec des étalons pur sang ont donné d'excellents chevaux d'obstacles. On peut citer à ce sujet le célèbre Dundrum qui, bien que sa taille n'ait été que de 1,43 m, a franchi un obstacle de 2,13 m !

Intelligent, doux et docile, sûr de pied, bon sauteur, ce poney est une monture idéale pour les jeunes attirés par la compétition, ou ceux qui rêvent d'équitation en liberté.

Taille : le pottok, de 1,10 m à 1,32 m ; le double pottok, de 1,32 m à 1,40 m ; le grand pottok, 1,50 m et plus.
Robe : alezane, baie, bai-brun ou pie.
Cheval rustique par excellence, le pottok est de conformation massive.

LE POTTOK

Ce poney vit en liberté depuis plusieurs milliers d'années dans les montagnes du Pays basque. Et, pour satisfaire à la langue en usage dans son berceau, on doit prononcer son nom *pottiok* (le pluriel étant *pottiokak*).

Sa morphologie lui donnant les allures des équidés des peintures rupestres, certains veulent voir en lui le descendant direct des chevaux de la préhistoire. Mais les artistes de cette époque peignaient-ils les animaux qu'ils voyaient, ou qu'ils souhaitaient ?
Le pottok a été utilisé autrefois pour tracter les wagonnets au fond des mines. On assure aussi qu'il a souvent été cheval de bât pour les contrebandiers jusqu'à la Seconde Guerre mondiale... Il se trouvait autant chez lui d'un côté des Pyrénées que de l'autre et des croisements avec le barbe en Espagne expliqueraient la taille du « grand pottok ». Aujourd'hui, bien qu'il soit possible de le monter, surtout s'il est éduqué jeune, il est plus facile de l'atteler. Les pottiokak ont vécu véritablement sauvages jusqu'en 1970. À cette date, la direction des Haras nationaux s'est intéressée à la race, a soutenu la création de l'Association nationale du pottok et le stud-book a alors été ouvert.

LE PONEY FRANÇAIS DE SELLE

Au début des années 1960, on a éprouvé le besoin de contrôler et d'optimaliser la production globale de poneys, un peu comme on l'avait fait pour le cheval de selle, en créant le selle français. En 1962, un recensement de la population des poneys autochtones et croisés fut effectué, instrument de base pour créer une nouvelle race. En 1969 naquit l'Association nationale du poney de selle français. Très vite, elle eut pour rôle de tenir à jour le stud-book de la race, d'animer de diverses manières le monde des éleveurs de poneys, de qualifier des étalons en vue de la monte, sélectionnés parmi les races facteurs de poney français de selle (arabes, connemara, dartmoor, français de selle, landais, new-forest, welsh).

Taille : de 1,25 m à 1,47 m.
Robe : de n'importe quelle couleur.
Il doit avant tout se présenter comme un véritable petit cheval de selle, ayant une poitrine large, une épaule bien placée et un garrot sorti.

On peut évidemment penser qu'il s'agit là d'une race fantôme, puisque les croisements les plus divers se poursuivent sans cesse. Mais ce serait alors perdre de vue que le but de l'opération n'est pas de fonder une race au sens biologique du terme, mais de mettre sur le marché des poneys de qualité, pour le plaisir des jeunes et des moins jeunes.

Le fjord

Opiniâtre, mais aussi sociable que gentil, ce poney norvégien n'a rien d'un cheval de combat. Et pourtant ! Les anciens Vikings l'élevaient pour le faire s'affronter à ses congénères... La race n'a pas ou peu reçu de sang étranger et le fjord est demeuré presque semblable à ses lointains ancêtres. Dans son pays montagneux, il a été durant des siècles un indispensable animal de bât. Il portait des charges sur les sentiers peu praticables et était attelé à des voitures ou à des charrues. Séduisant par son aspect inhabituel, son goût pour la compagnie et son caractère amène, le petit cheval norvégien a la faveur de beaucoup dans bien des pays. Infatigable, frugal, peu coûteux à entretenir, il fait le bonheur des randonneurs. Mais, comme presque tous les chevaux rustiques, mieux vaut ne pas le mettre dans des pâtures trop riches.

Taille : de 1,30 m à 1,42 m.
Robe : de toutes les nuances de louvet.
Sa crinière en brosse est argentée et panachée de noir. Il a l'encolure épaisse, l'arrière-main ronde, le pied dur, les jambes vigoureuses.

Le haflinger

Cette race a été créée au Tyrol, à la fin du XIXe siècle, en faisant saillir les juments locales par un étalon arabe, El Badavi, dont tous les haflingers sont issus. De cet ancêtre commun, les petits chevaux autrichiens tiennent leur élégance et leur port altier. Quant à leurs grands-mères tyroliennes, elles leur ont transmis toutes les aptitudes du cheval de montagne, à commencer par la sûreté de pied.
Ils tiennent leur nom du village de Hafling où se trouvait le plus grand nombre d'élevages de l'Empire austro-hongrois, avant le rattachement de cette région à l'Italie.
Pour conserver à la race ses qualités, les éleveurs autrichiens mènent une politique draconienne : tout étalon ne satisfaisant pas leur commission de contrôle doit être castré. Les haflingers vivent en liberté dans les alpages jusqu'à l'âge de quatre ans, avant que l'homme ne les éduque et ne les utilise. C'est peut-être là le secret de leur robustesse et de leur longévité (ils vivent fréquemment jusqu'à quarante ans !). Leur valeur est telle qu'en 1984 l'armée indienne en a acquis cinq mille pour remonter les troupes de l'Himalaya, en les préférant aux fameux trekking-poneys.

Taille : environ 1,40 m.
Robe : alezane et crins lavés.
Sa tête moyenne, à l'extrémité pointue, porte des yeux câlins. Son petit corps bien musclé, à la vaste poitrine, à la croupe puissante, est planté sur des membres courts et solides.

LES RACES

LE DARTMOOR

Depuis des temps immémoriaux, de vigoureux petits poneys vivaient dans la région anglaise du Dartmoor. Mais, jusqu'à la fin du XIXe siècle, ces animaux n'étaient ni enregistrés où que ce soit, ni protégés d'aucune manière. C'était l'époque où l'on avait besoin de petits chevaux, pour tracter les wagonnets dans les mines. La race a alors été fortement mise à contribution, et souvent batardée avec des shetlands. Ce qui a ému et fait réagir un certain nombre d'éleveurs, qui ont ouvert le premier stud-book, en 1899. Aujourd'hui, le dartmoor est un poney fort prisé dans les poney-clubs, car il a toutes les qualités d'un bon cheval – allures franches, sûreté de pied, etc. –, mais sans en atteindre la taille, ce qui convient parfaitement aux enfants.

Taille : jusqu'à 1,22 m.
Robe : généralement baie, noire ou alezan brûlé – les robes composées interdisant l'inscription au stud-book – avec une queue et une crinière fournies.
Avec sa tête fine et ses petites oreilles, le dartmoor a des allures d'aristocrate, mais d'aristocrate solide. Épaules puissantes, dos, reins et croupe fortement musclés, tout en lui dégage une impression de force.

LE DÜLMEN

De ce petit cheval allemand, vivant en semiliberté en Westphalie, il n'existe plus qu'un nombre limité. Le troupeau le plus important – guère plus d'une centaine de juments, dit-on – vit dans une réserve sur le Meerfelder Bruch, créé vers 1850 par le duc de Croy. Chaque année, ce troupeau est rassemblé, et les jeunes mâles, tout comme les sujets indésirables, sont capturés et vendus. Quelle est l'origine de cette race, dont le nom est mentionné pour la première fois dans un document datant du début du XIVe siècle ? Nul ne le sait vraiment. Tout ce que l'on peut affirmer, c'est qu'au cours des siècles, de multiples croisements de sang étranger ont été opérés (poneys polonais, anglais, etc.).

Détail à noter: le dülmen, ainsi que le senner (autre race de poneys allemands, originaire de la forêt de Teutobourg, mais éteinte aujourd'hui), auraient contribué à l'évolution du hanovrien.

Taille : environ 1,30 m.
Robe : toutes les variétés, les plus communes étant alezan brûlé et souris.
Ce très solide poney râblé se reconnaît à sa tête courte et à ses épaules obliques. Généralement très éclaté, il a une ample poitrine.

Le falabella

C'est un original argentin, Julio Falabella, qui a créé cette race de chevaux nains (certains prétendent qu'il serait aussi parvenu à produire des chevaux géants, et d'autres, « bleus »!). Dans son estancia, Recreo de Roca, non loin de Buenos Aires, Julio Falabella s'est trouvé un jour à voir naître un pur-sang, dont la taille est toujours restée fort modeste. Et ce serait en croisant cet animal et des ponettes shetland de très petite taille, qu'il serait parvenu à fixer la race qui porte maintenant son nom, et dont le stud-book a été ouvert dans les années 1940. Vrai cheval ramené au rôle d'animal de compagnie, le falabella est maintenant connu et apprécié dans le monde entier.

Taille : entre 0,70 m et 0,77 m.
Robe : de n'importe quelle couleur, souvent pie ou tachetée.
C'est le plus petit cheval du monde. Sa taille est presque le tiers de celle du shire anglais, qui peut atteindre quelque 2 m de haut. On a tendance à le prendre pour un tout petit poney, alors qu'il est en fait un véritable cheval miniature.

Le cheval de Mérens

Il est originaire de la haute vallée de l'Ariège, dans les Pyrénées, où on l'élève en semi-liberté. Nul ne peut dire précisément qui sont les ancêtres de la race – bien que certains aient cru reconnaître en eux les chevaux ayant inspiré les artistes préhistoriques, pour les gravures des grottes de la région. Conscients de sa valeur, les éleveurs se sont réunis au sein du Syndicat d'élevage ariégeois, en 1946, et ont ouvert un stud-book poney en 1947. Compte tenu de ses caractéristiques, il est désormais classé parmi les chevaux.
Quelles sont donc les qualités de ce petit cheval de Mérens ? D'abord une résistance et une endurance peu commune. Bâté, on lui a longtemps fait porter des charges de plus de 150 kilogrammes. Et sa sûreté de pied est légendaire, qui lui permet d'évoluer à n'importe quelle allure, sur les terrains les plus escarpés, quasiment avec l'aisance d'un chamois.

Les qualités physiques et la gentillesse du mérens, en font une monture prisée par bien des randonneurs et des meneurs d'attelage. Des fans toujours très entourés lors des manifestations sportives ou d'élevage, tant le public est séduit par les allures, les crins exubérants et l'œil pétillant de ce cheval pyrénéen !

Taille : de 1,40 m à 1,55 m.
Robe : d'un noir zain, donc sans un seul poil blanc, avec des crins abondants.
C'est un petit cheval robuste et massif, à la tête distinguée et à l'ossature forte. Ce qui ne signifie nullement qu'il manque de vivacité.

LE PINTO

Taille : variable.
Robe : si elle est faite de grandes taches blanches et noires, le pinto est « overo » ; si les taches sont blanches et d'une autre couleur que le noir, il est « tobiano ».

Le cheval pie est généralement assimilé à la monture des Indiens, qui, effectivement, en possédaient – et en ont encore – souvent. Pas particulièrement par goût, mais tout simplement parce qu'ils laissaient les chevaux se reproduire en liberté, sans contrôle aucun et surtout pas en ce qui concerne la couleur. Il était alors naturel que les chevaux tachetés se multiplient, ce qui ne se produisait pas ou peu dans les élevages des blancs, ayant souvent pour principal client l'armée, qui refusait les sujets non « uniformes ». Aux États-Unis, on a voulu faire de ces animaux aux larges taches une race, sans doute parce qu'ils sont des montures personnalisées, reconnaissables, parce qu'aucun n'est d'aspect semblable à un autre. Mais, au sein de cette race, ne se transmettent – ne peuvent se transmettre – que les caractéristiques de pigmentation et pas de manière certaine. Voilà pourquoi les pintos n'ont morphologiquement et psychiquement rien de commun. Ce qui importe peu, puisqu'ils ont leurs fans dont ils font le bonheur.

L'APPALOOSA

L'appaloosa était le cheval des Indiens Nez-Percés, qui l'élevaient avec grand soin dans le nord-ouest des États-Unis, sur les bords de la rivière Palouse.
Il fournissait à ces Indiens une remonte d'une telle qualité qu'ils tinrent longuement tête à l'armée américaine, la chassant de leur pays à la fin du XIXe siècle. Une fois que les Nez-Percés furent vaincus, la race s'étiola.
Dans les années 1930, un éleveur de l'Oregon, Claude Thompson, s'intéressa aux chevaux tachetés. Ayant capturé ou acquis quelques juments de pure race appaloosa, il les fit saillir par un étalon arabe. En 1938, il créa l'Appaloosa Horse Club et ouvrit le studbook de la race.

Taille : ne peut être inférieure à 1,40 m.
Robe : marquée en partie ou en totalité de petites taches. Ses crins sont très peu fournis et le blanc de son œil est visible. Critère oublié : ses sabots devaient être striés de noir et de blanc.

À partir de cette époque, d'autres croisements furent effectués, en particulier avec des quarter horses. La race qui avait prouvé sa valeur sous la selle des Nez-Percés était donc peu à peu envahie de sang étranger. Malgré cela, l'actuel appaloosa demeure très prisé aux États-Unis et dans le monde, sans doute parce qu'il est une monture personnalisée et d'une très grande gentillesse.

Le palomino

Comment ne pas avoir envie de le produire à volonté, ce merveilleux cheval doré ? Des éleveurs américains s'y essayent, depuis le milieu du XXe siècle. Mais, si deux géniteurs ont donné naissance à un poulain palomino, cela ne prouve nullement qu'en les faisant s'accoupler une fois de plus on verra à nouveau naître un poulain doré. Car les prévisions génétiques en matière de couleur de robe sont encore impossibles...

Taille : de 1,50 m à 1,65 m.
Robe : elle tire tantôt sur le brun, tantôt sur le jaune. Ce cheval doré ne peut avoir d'autres marques que du blanc sur la tête et les membres. Ses crins doivent être blancs, avec moins de 15 % de foncé. Ses yeux sont toujours sombres.

En dépit d'une production plus qu'aléatoire, l'Association américaine des éleveurs de palominos a été mise sur pied. Son but est de poursuivre de patientes recherches, avec l'espoir de créer un jour une véritable race. Elle ne reconnaît que les sujets ayant une robe dorée et mesurant entre 1,42 m et 1,53 m, à condition toutefois qu'ils aient une bonne conformation de cheval de selle.
La production de palominos tient encore du rêve. Mais n'est-ce pas justement ce qui fait la valeur des chevaux dorés ?

Le knabstrup

Cette race danoise, très populaire dans son pays, a été créée à l'époque napoléonienne à partir d'une seule jument. L'animal avait pour nom Flaebehoppen et aurait été acheté à un officier espagnol, nul ne sait trop où. Croisée avec un certain étalon frederiksborg, cette jument d'exception donna naissance à des poulains tous tachetés sur fond aubère et tous semblables à de légers frederiksborg. Les éleveurs ont été séduits par ces produits, à partir desquels ils ont bâti une race, en les faisant se reproduire entre eux.
On peut évidemment être étonné par ces accouplements consanguins, réputés préjudiciables à la descendance des géniteurs. Mais ce serait oublier que l'arabe, par exemple, race de valeur s'il en est, a été maintenu au fil des siècles en ne faisant se reproduire entre eux que les sujets de race pure et en refusant tout apport de sang neuf.
Dans la seconde moitié du XXe siècle, le knabstrup a été croisé de manière inconsidérée dans le but d'obtenir des robes plus marquées, mais sans prendre garde à la continuité du type. Ces errements ont pris fin et le cheval tacheté danois est aujourd'hui une excellente monture de dressage ou la vedette de spectacles équestres.

Taille : environ 1,50 m.
Robe : tachetée, comme celle de l'appaloosa avec toutes ses variantes, mais sur un fond aubère.

Taille : moins de 1,53 m pour le petit nonius et plus de 1,53 m pour le grand nonius.
Robe : noire, baie ou alezan brûlé.
Il a un œil doux dans une tête expressive et un corps ramassé, aux allures dégagées. Il est toujours d'humeur égale.

LE NONIUS

C'est un des chevaux de la Puszta hongroise, où on le monte pour rassembler les troupeaux, où on l'attelle et où l'on pratique les jeux équestres nationaux avec lui. Nul ne sait trop quelle est l'origine de ce cheval.

Ne sont connus avec certitude que le nom du fondateur de la race et le lieu où elle a été développée. Au début du XIXe siècle est arrivé, au haras hongrois de Mezöhegye, un étalon français appelé Nonius, capturé par la cavalerie hongroise après la défaite de Napoléon. Ce cheval mi-lourd serait né vers 1810 d'une jument normande et d'un demi-sang anglais. Croisé avec des juments autochtones, il eut une nombreuse descendance, qui elle-même produisit à Mezöhegye plus de deux cents animaux propres à la reproduction. On devine la suite.
Le nonius est un des ancêtres du furioso, cheval de selle prisé dans son pays, qui est le résultat de croisements entre des juments nonius, un pur-sang anglais nommé Furioso et un norfolk du nom de Étoile du Nord.

LE DON

Son nom le laisse entendre, ce cheval russe était la monture des Cosaques, vivant sur les rives du Don. Il a, entre autres, fait la preuve de sa valeur durant la retraite de Russie de 1812. Tout au long de cette épopée, les chevaux français, éprouvés par le froid et une nourriture trop maigre, parvenaient difficilement à porter leur cavalier et finissaient par mourir par milliers. En revanche, les petits chevaux du Don, habitués à se débrouiller pour survivre dans les steppes, continuaient à galoper dans la neige sous la selle des Cosaques.
Au XIXe siècle, on a cherché à améliorer la race de ces vilains chevaux, petits, maigres, secs et nerveux. Pour cela, on importa des étalons turkmènes, karabakhs, ainsi que d'autres, de type oriental, qu'on lâcha dans les steppes avec les chevaux du Don.

Taille : environ 1,50 m.
Robe : de toutes les couleurs franches.
Son aspect un peu sec, ses aplombs pas toujours parfaits et ses allures courtes et peu élégantes tendraient à faire oublier une endurance et une résistance hors du commun.

Par la suite, on introduisit des étalons pur sang anglais et orlov, dans le but d'apporter un peu de taille au don. Ce cocktail a donné un excellent cheval de selle, à la vigueur extraordinaire. Il est toujours élevé aujourd'hui en troupeaux, dans les plaines russes entre Ukraine et Kazakhstan, et reste un cheval de travail très utile aux gardiens de bétail.

Le morgan

Il était une fois, dans le Massachusetts à la fin du XVIIIe siècle, un étalon aux origines troubles nommé Figure, capable de tirer les charges les plus lourdes, tout comme de gagner toutes les courses attelées ou montées. Acheté par Justin Morgan, il fit gagner à son nouveau maître, ainsi qu'aux propriétaires qu'il eut par la suite, une quantité de paris. Mais les qualités de cet animal ne s'arrêtaient pas là. Doté d'un extraordinaire potentiel génétique, il engendrait des produits presque tous à son image.

Ces animaux, doux, attentifs à leur travail quel qu'il soit, possédaient tous la puissance et l'endurance de leur père, alliées à une frugalité peu commune. Ils acquirent vite une telle réputation qu'on ne les appela plus que « morgan », en se référant à leur géniteur d'exception, « le cheval de Justin Morgan ». De là à créer une race à partir de ces sujets si valeureux et semblables, le pas fut franchi, tout en lui donnant un peu plus de taille. Supposés aujourd'hui encore meilleurs que leur ancêtre commun, les morgans sont recherchés pour toutes les activités équestres.

Taille : de 1,40 m à 1,52 m.
Robe : alezane, alezan brûlé, baie ou noire.
Avec une encolure épaisse et musclée, des reins et une croupe puissants, il est doté d'une force et d'une endurance remarquables.

Le mustang

Les ancêtres de ce cheval d'Amérique du Nord seraient les chevaux espagnols ayant échappé aux conquistadors et s'étant reproduits en liberté. Mais s'en tenir là serait oublier que, après les chevaux ibériques, bien d'autres ont été introduits au Nouveau Monde, en provenance d'Europe, dont certains également sont retournés à la liberté et se sont joints aux hardes sauvages. Dans quelle mesure leur sang plus rustique a-t-il influencé la race ? Mystère...

La dispersion des troupeaux sauvages a favorisé leur adoption par de nombreuses tribus indiennes, puis par les premiers cow-boys. Toutefois, leurs médiocres qualités équestres et leur caractère souvent difficile les ont défavorisés dans le travail du bétail, où ils ont été supplantés généralement par le quarter horse. Laissés libres, les mustangs ont tant proliféré dans les États désertiques de l'Ouest qu'on a dû les chasser (qu'on se souvienne du film *The Misfits*). Dans les années 1970, la race était au bord de l'extinction et une loi a dû être votée pour la protéger. Depuis, lorsque leurs hardes sont trop nombreuses sur les pâtures, on capture des mustangs qu'on donne à des particuliers, à charge pour eux de les nourrir et de les soigner. Sans qu'ils aient, bien sûr, le droit de les vendre !

Taille : de 1,40 m à 1,50 m.
Robe : toutes couleurs.
Ce cheval sauvage est disgracieux et semble véritablement « taillé à la hache », mais il a une très bonne ossature. Extrêmement frugal et résistant, il a le pied sûr. Courageux, il est d'une indépendance maladive.

LES REPRODUCTEURS

FAIRE SAILLIR UNE JUMENT PAR UN ÉTALON N'A PAS POUR BUT UNIQUE DE VOIR UN POULAIN S'ÉBATTRE DANS SON PRÉ ! LES DIFFICULTÉS QUE REPRÉSENTE LE BON SUIVI D'UNE MISE BAS, LA RESPONSABILITÉ DE L'ÉDUCATION DU JEUNE CHEVAL ET LE COÛT DE SON ÉLEVAGE FUTUR IMPLIQUENT QUE LE NAISSEUR SOIT PERSUADÉ D'OBTENIR UN POULAIN QUI RÉPONDRA À TOUTES SES ATTENTES. LE CHOIX DES PARENTS EST DONC CRUCIAL.

LES QUALITÉS DES REPRODUCTEURS

Le minimum à obtenir du bon choix des parents, c'est un poulain en bonne santé, exempt des maladies dites héréditaires, physiquement apte à l'utilisation à laquelle il est destiné, moralement prêt à être éduqué par l'homme et à passer la plus grande partie de sa vie active avec lui.

Pour garantir l'absence de maladies sexuellement transmissibles, la plupart des haras exigent un certificat vétérinaire pour les juments qui viennent à la saillie. Pour les mêmes raisons, les étalons sont régulièrement examinés ; de plus, on s'efforce désormais d'écarter de la monte les sujets issus d'une lignée où sévit une maladie dite héréditaire, c'est-à-dire qui peut être transmise à la descendance. C'est le cas, entre autres, de l'ostéoarthrite, provoquant des lésions osseuses. Et, si des séquelles d'accident n'empêchent pas en elles-mêmes une jument de reproduire (en dehors de toute atteinte des organes génitaux), il peut être important d'analyser la cause initiale (défaut d'aplombs, faiblesse des membres par rapport à la masse...) afin de savoir si une éventuelle transmission de ces traits exposera le poulain à des risques d'accident similaire. Il est possible d'écarter des chevaux au tempérament difficile, pour éviter de faire naître des chevaux pouvant par la suite être dangereux dans leur carrière hippique.

Dans l'absolu, il est imaginable de définir tous les caractères que l'on veut voir s'exprimer chez un cheval, et de trouver les parents qui les lui apporteront sans ajout de tares ou de défauts. Le choix des reproducteurs peut s'appuyer sur la connaissance et l'appréciation, d'une part, des caractéristiques de la race de chacun et, d'autre part, des particularités qu'ils présentent eux-mêmes. La première observation est surtout valable dans le cas de races pures (voir « Les races », p. 246) ; la seconde est la seule efficace sur les géniteurs au sang très mélangé, bien que certaines caractéristiques (mentales notamment) semblent resurgir au bout de lignées même très croisées.

Dans les races pures, on peut parler d'« hérédité conservatrice », car la plupart des caractères s'exprimeront chez le poulain comme chez les aïeux de ses parents. Si, malgré tout, un étalon a une particularité vis-à-vis de la race qui se transmet à sa descendance, on parle de lui comme d'un « raceur » ; il sera d'autant plus recherché comme géniteur que cette caractéristique nouvelle améliorera les performances de la race dans telle ou telle utilisation.

Les étalons des haras nationaux sont détendus régulièrement. Selon leur race (ici deux jeunes anglo-arabes), le travail est plus ou moins complet, alternant par exemple sorties attelées et montées. Souvent, ces chevaux participent également à des épreuves sportives régionales.

UN LABEL

Dans les races mélangées, et à moins de tomber sur un improbable raceur qui va créer sa propre lignée (voir le cas du morgan, page 277), tous les caractères, exprimés ou non, présents chez les parents peuvent s'exprimer. Néanmoins, certains traits semblent dominants, notamment l'aptitude à se satisfaire de la présence de l'homme : heureusement pour les cavaliers ! De manière plus sérieuse, l'étude des « produits » précédents peut indiquer assez justement ce que risque d'être le poulain à venir. C'est ainsi que, depuis quelques années, des éleveurs se sont lancés dans la sélection de reproducteurs connus pour la santé physique, mais aussi mentale de leurs progénitures, dans le but d'obtenir de parfaites montures de loisir. Cette recherche s'apparente ainsi non pas à un choix

La jument pleine doit bouger pour garder forme et moral. Le meilleur mouvement est encore celui qu'elle se donne en liberté, avec un ou plusieurs compagnons, à condition que son caractère s'y prête. Si elle est trop nerveuse, il faut opter pour une vie en box, avec détente sous surveillance.

Ténor de Baune, né en 1985, a gagné trente courses consécutives jusqu'au prix d'Amérique, avant de commencer une carrière de reproducteur.

de race, mais bien plutôt à l'établissement d'un label. Les chevaux qui seront reconnus posséder les qualités requises pour être qualifiés « de loisir » donneront à leurs géniteurs une crédibilité réelle de reproducteurs pour cette utilisation – dans la mesure où ce label sera suivi avec compétence. C'est une sorte de sélection à rebours, la progéniture qualifiant les parents. Mais ceci est-il bien différent, toutes proportions gardées, du cas du pur-sang anglais, les résultats en course justifiant a posteriori des croisements consanguins risqués ?

La reproduction en élevage

Si la puberté du jeune cheval commence vers 15-18 mois, il est déconseillé de faire saillir les étalons « près du sang » avant 2 ans, les autres avant 3, voire 4 ans ; ceci est lié à la fin de la croissance, qui peut être perturbée par l'effort physique dû à des saillies trop précoces. Durant la première année, le nombre de « sauts » doit être limité (une quinzaine) ; les résultats par la qualité de la descendance montrent qu'il n'y a pas de règle quant à un âge optimal, ou même maximal, certains étalons pur-sang anglais engendrant de futurs vainqueurs jusqu'à plus de 20 ans. C'est sa santé physique qui peut décider de la fin de carrière d'un bon étalon, la monte étant éprouvante pour les jarrets et le cœur.

La poulinière, en plus des qualités personnelles et raciales pour lesquelles elle a été choisie, doit avoir une morphologie apte à la reproduction, notamment un bassin large permettant le passage du futur poulain. Un caractère capricieux ou vicieux, en dehors même du risque de le retrouver chez le jeune, peut entraîner de nombreux problèmes lors des soins, pendant la gestation, puis la mise bas. Elle doit être saine, ni trop maigre, ni trop grasse et vaccinée. Comme pour les mâles, l'âge de la première saillie est déterminé par la fin de la croissance – en tout état de cause pas avant 3 ans. Une bonne poulinière peut avoir un poulain tous les deux ans jusqu'à 18 ou 20 ans, si son état physique et moral le lui permet. Les reproducteurs ne sont destinés ni à être enfermés dans un box, ni à séjourner sans soins au pré. Les étalons ont besoin de sortir régulièrement, malgré les précautions à prendre avec les autres chevaux. Ils sont lâchés dans un paddock à part aux lisses plus hautes que la normale, éloigné des champs de poulinières, ou bien ils sont montés, voire attelés (comme les étalons lourds des haras nationaux). Les poulinières au pré sont toilettées régulièrement, les pieds déferrés (sauf problème particulier) sont curés et parés. Enfin, l'alimentation (voir « L'alimentation du cheval» p. 190) doit être particulièrement choisie, pour l'étalon comme pour la poulinière : pas échauffante, c'est-à-dire riche en apports caloriques (pas trop d'avoine les premières semaines pour les chevaux venant des courses et souvent « brûlés » alimentairement), mais riche en lipides (maïs), en vitamines (carottes) et en minéraux. Les rations varient en fonction du travail (période de monte ou de repos) et de la saison ; les poulinières verront leur ration de protéines, de calcium et de phosphore (tous présents dans l'avoine) augmenter à partir du quatrième mois, mais complétée de mashes rafraîchissants.

Un étalon célèbre

Les grands vainqueurs de sports hippiques ne sont pas forcément des chevaux entiers. C'est toutefois plus fréquent en course qu'en sports équestres, dans lesquels la monture est soumise à une discipline plus contraignante et durant de nombreuses années, ce que supportent assez mal la plupart des étalons. Ténor de Baune (ci-dessus) est le bon exemple d'un trotteur au palmarès prestigieux qui, depuis sa retraite sportive, s'est affirmé comme l'un des grands étalons de ces dernières années. Citons, entre autres parmi sa descendance, Fleuron Perrine, vainqueur du Critérium des 3 et 4 ans et Gavroche Perrine, vainqueur du Critérium des 3 ans en 1997. Ténor de Baune est désormais dans le haut du classement des pères de jeunes chevaux gagnants.

LA SAILLIE DE LA JUMENT

LORSQU'ON A UNE JUMENT ET QU'ON SOUHAITE LA FAIRE SAILLIR, EN SACHANT PAR QUEL TYPE D'ÉTALON – RACE, MORPHOLOGIE, ETC. –, COMMENT S'Y PRENDRE POUR TROUVER CE GÉNITEUR, SUSCEPTIBLE D'ENGENDRER LE POULAIN SOUHAITÉ, ET COMMENT S'ASSURER DU BON DÉROULEMENT DE L'OPÉRATION ?

La reproduction n'est pas qu'une affaire de génétique : il est certain qu'un étalon bien soigné et enjoué engendrera de meilleurs poulains qu'un mâle épuisé ou lymphatique !

LE CHOIX DE L'ÉTALON

En premier lieu, on pense aux étalons dont on a entendu parler autour de soi. Mais, dans le cas où l'on cherche un géniteur d'une race particulière, on peut s'adresser à l'association des éleveurs de cette race – presque toutes ont la leur – qui fournit les adresses des propriétaires de reproducteurs. Les petites annonces des revues spécialisées sont aussi une source de renseignements. Et il ne faut évidemment pas oublier les étalons des haras nationaux.

Lorsqu'on a repéré un ou plusieurs sujets paraissant convenir, il est indispensable d'aller les voir de près, pour juger s'ils ont toutes les qualités, tant physiques que psychiques, que l'on recherche. Il faut prendre en considération la distance à parcourir pour emmener la jument au mâle, qui implique des frais de voyage plus ou moins élevés. Au transport de la jument s'ajoute, bien évidemment, le prix de la saillie. Un prix très variable, qui peut aller d'une somme presque symbolique, pour le saut d'un étalon des haras nationaux ou d'un étalon privé sans grandes origines, à de véritables fortunes pour un champion de courses, en passant par quelques milliers ou dizaines de milliers de francs pour une saillie d'un reproducteur vedette de saut d'obstacles. Mais que se passerait-il si la jument n'était pas fécondée ? Certains propriétaires d'étalons donnent des assurances sur ce point – échographie après la monte, etc. –, d'autres remboursent en cas d'échec la totalité de la somme versée, d'autres ne prennent aucun engagement...

L'INSTANT PROPICE

La jument est menée à l'étalon lorsqu'elle est en chaleur. Bien des signes prouvent son état : légère excitation à la vue d'autres chevaux, urines troubles, comportement particulier propre à chaque jument selon son caractère. Mais la meilleure manière de s'assurer qu'elle est bien en période fécondable est de la présenter à un « souffleur » (qui n'effectuera pas la saillie). Si cet animal, généralement un étalon mais parfois un hongre castré tard, s'excite à son approche, elle est en chaleur. Dans le cas contraire, il demeure parfaitement calme. Par mesure d'hygiène, une jument ne peut être saillie que si elle est en bonne santé,

La monte en liberté
permet aux partenaires de retrouver un rythme naturel lors de leurs manifestations d'intérêt sexuel.

La monte en main
peut être plus ou moins « guidée », selon l'expérience et le caractère de la jument.

non porteuse d'une maladie transmissible – gourme, gale ou autre – et à jour des vaccins obligatoires. L'étalon faisant la monte, dans les écuries des haras nationaux et des grands élevages, est toujours sanitairement en règle et en bonne santé. Mais, chez certains petits propriétaires et éleveurs, il est souvent prudent de s'assurer de son état sanitaire, pour ne pas risquer de voir la poulinière contaminée.

En main ou en liberté ?

La saillie peut se dérouler de deux manières, en main ou en liberté. Pour limiter les pertes de temps et les risques de mouvements d'humeur et de blessures, on ne pratique que la monte en main avec les étalons des haras nationaux et les animaux de grand prix. Dans certains cas, pour prévenir une possible nervosité de la part de la jument, on l'entrave en reliant à un collier d'encolure des sangles fixées à ses postérieurs, afin de l'empêcher de ruer ou de botter. Toujours par précaution, il n'est pas rare que l'étalonnier aide le mâle, le dirige pour qu'il pénètre la femelle. L'inconvénient de ce système est qu'on limite l'action de l'étalon à un seul saut, ce qui ne donne pas une assurance de fécondation.
La monte en liberté est celle où l'on lâche la jument avec l'étalon dans une pâture, pour un laps de temps plus ou moins long. La prudence veut évidemment que les deux animaux soient déferrés, afin qu'au cours de leurs ébats ils ne puissent se blesser d'un coup de pied, motivé par la joie ou la nervosité. Pour être sûr que la jument soit bien pleine, il est souhaitable de la laisser avec l'étalon au moins un mois, de telle sorte que, si elle n'est pas fécondée durant ces chaleurs, elle le soit au cours des suivantes. Il est sans doute inutile de préciser que, entre l'accouplement surveillé – la monte en main – et celui en liberté, c'est le second que les chevaux préfèrent !

L'insémination artificielle

Reconnue en France depuis 1988, elle est pratiquée pour les étalons de grande valeur. Elle permet de multiplier par cinq le nombre de juments servies par un même géniteur durant une saison. Les taux de fécondation en fin de saison varient de 88 % (sperme frais) à 70 % (sperme congelé). Grâce à la facilité de transport du matériel, l'insémination artificielle concourt à augmenter le brassage du patrimoine génétique. Elle est pratiquée par des inséminateurs équins vétérinaires, ou titulaires d'un diplôme d'inséminateur.

L'âge de la puberté
Chez le mâle la puberté commence vers un an et demi, et la production d'une hormone (la testostérone) favorise l'apparition des caractères sexuels. Chez la jument l'âge de la puberté se situe aux alentours de 18 mois, c'est alors qu'apparaissent les premières chaleurs.

LE DÉROULEMENT DE LA GESTATION

QUELQUES SEMAINES APRÈS LA SAILLIE, LE VÉTÉRINAIRE PEUT S'ASSURER QUE LA JUMENT EST BIEN FÉCONDÉE, CE QU'IL FAIT SOIT PAR PALPATION, SOIT EN PRATIQUANT UNE ÉCHOGRAPHIE. LORSQUE CET EXAMEN SE RÉVÈLE POSITIF, IL SUFFIT DE VEILLER AU BON DÉROULEMENT DE LA GESTATION POUR QUE L'ANIMAL DONNE NAISSANCE AU PLUS BEAU POULAIN POSSIBLE.

L'échographie

Cette technique employant les ultrasons est très utilisée en reproduction équine pour le diagnostic de gestation, puis pour le suivi de la gestation et la recherche de gémellité. Elle est pratiquée par des vétérinaires ou des agents des haras nationaux. L'échographie est également utilisée pour rechercher des altérations d'autres organes (tendons et articulations, cœur, organes digestifs).

CONDITIONS NORMALES

Chez la jument, la période de gestation est de onze mois. Cependant, ce long processus reste peu visible jusqu'aux toutes dernières semaines. En effet, le plus souvent, l'aspect physique de la jument se modifie peu (innombrables sont ceux qui ont eu un jour la surprise de voir une jument mettre bas, alors qu'ils étaient à cent lieues de l'imaginer pleine !). Tout au plus change-t-elle très légèrement d'attitude. Elle peut faire preuve d'une sorte d'apathie (mais une apathie très éveillée !). Elle peut soudain préférer se tenir à l'écart de ses congénères, dont elle semble parfois se méfier. Elle peut paraître par moments un peu lunatique, avec des réactions de crainte ou, au contraire, de curiosité, très différentes de ses réactions habituelles. Mais, même pour qui la connaît bien, ces minces différences d'attitude et d'humeur ne sont pas toujours évidentes.

La plupart des grossesses se passent sans problème. Mais il n'est pas inutile de montrer, à l'occasion, la future mère au vétérinaire.

DIÉTÉTIQUE

Comme toutes les autres futures mères, la jument pleine mange « pour deux ». Il faut en tenir compte en composant ses rations, qui doivent être plus complètes que jamais et graduellement augmentées jusqu'à la mise bas. La quantité de fourrage importe moins que sa qualité et surtout sa variété. À un bon foin de prairie, on peut ajouter avec profit un peu de plantes légumineuses, telle la luzerne, qu'elle soit coupée ou déshydratée (granulés). Un apport en vitamines et en minéraux est un gage de bon développement et de bonne ossification du poulain. À oublier moins que jamais, la très importante pierre de sel. Pour ce qui est de la ration énergétique, elle doit devenir très progressivement de plus en plus importante et est évidemment fonction du travail de l'animal. Il ne faut pas cependant en arriver à une suralimentation, qui entraînerait de néfastes excès et pourrait rendre difficile le poulinage.

TRAVAIL OU PAS

La jument doit-elle continuer à travailler, ou doit-on la laisser totalement en paix ? Les avis divergent sur ce point. Certains estiment que, pour amener son petit à terme sans accidents ni problèmes, la mère ne doit plus travailler du tout, passés les trois ou quatre premiers mois de la gestation. D'autres pensent, au contraire, qu'il est

très profitable au poulain que la jument travaille, qu'elle soit montée ou attelée, jusqu'aux dernières semaines de la gestation. Dans la nature, expliquent-ils, la jument doit continuer à marcher et à trotter des lieux de pâturage aux points d'eau et, en cas de danger ou même de simple alerte, il lui faut fuir au galop, suivre le reste de la harde au long d'une course qui peut être longue et éreintante.
Une jument pleine peut donc travailler calmement sous la selle ou dans les brancards, sans fournir d'efforts importants préjudiciables à son état et cette activité sera bénéfique au futur poulain, parce qu'elle est tout simplement naturelle. On a de multiples exemples de juments ayant travaillé presque jusqu'au jour de la mise bas et qui ont mis au monde sans problème des poulains qui sont devenus de solides chevaux.
Le moyen terme, qui consiste à atteler et à monter la jument avec modération – mais à le faire de moins en moins au fur et à mesure que les mois passent pour la laisser complètement en paix quelques semaines avant la mise bas –, est sans doute la manière d'agir la plus raisonnable. En tout état de cause, le choix se fera en tenant compte de la nature de la jument : ses capacités propres, sa rusticité, son goût pour le travail...

La dernière semaine

Il est temps durant la dernière semaine (selon un calcul théorique du temps de la gestation) de préparer le box de poulinage si la jument doit mettre bas à l'écurie. Le box, désinfecté depuis au moins une semaine pour que l'odeur chimique ne soit pas incommodante, est abondamment paillé et la jument y est nourrie pour qu'elle s'habitue à y rentrer volontiers. Il faut aussi multiplier les visites, car les premiers signes de la venue du poulain peuvent se succéder rapidement.

La future mère
ne doit pas être laissée à elle-même, sauf rares exceptions de races très rustiques ou de jument supportant mal les attentions de l'homme (mais, dans ce cas, pourquoi la faire pouliner ?).

LA NAISSANCE DU POULAIN

DANS 80 % DES CAS, LA MISE BAS SE PASSE BIEN, POUR LA JUMENT ET POUR LE POULAIN. MAIS LES COMPORTEMENTS HÉRITÉS DE SES ANCÊTRES SONT TRÈS FORTS CHEZ LE CHEVAL, ET LA NAISSANCE DU POULAIN EN ÉLEVAGE DOIT TENIR COMPTE DES ACTES INSTINCTIFS QUI AURAIENT ÉTÉ VITAUX POUR SA SURVIE EN LIBERTÉ.

LE JOUR DE LA NAISSANCE

Lorsque la fécondation est confirmée (on dit que la jument est « pleine »), il est important pour l'éleveur de déterminer la date de mise bas afin que tout soit prêt pour accueillir le jeune poulain dans les meilleures conditions. Si la grossesse est le résultat d'une seule saillie, dont on connaît la date, il semble évident de faire un rapide calcul, en prenant une gestation normale de onze mois pour prévoir le jour de la naissance. Mais, comme en météorologie, il ne peut s'agir que d'une prévision, pas d'une certitude. Car l'heureux événement peut se produire de une semaine avant à 10 à 12 jours après cette date. C'est d'abord pour des causes tenant à l'état physique de la jument : certaines ont une gestation toujours plus longue (ou plus courte) que la moyenne, mais de longueur égale pour tous leurs poulains, ce qui surprend pour le premier-né ; d'autres portent plus longtemps lorsqu'elles sont trop bien nourries, moins longtemps dans le cas inverse. Mais c'est aussi parce qu'il semble que la future mère attende, pour mettre son petit au monde, que des conditions particulières (et qui ne sont pas toujours expliquées) soient réunies. Le changement de lune, par exemple, semble avoir une grande importance, puisqu'un bon nombre de poulains voient le jour à ce moment-là.

L'approche de la naissance est annoncée par divers signes. Les mamelles prennent du volume, puis une substance cireuse apparaît sur les tétons. Certaines juments deviennent alors assez indolentes ; cependant, la plupart du temps, elles demeurent parfaitement sereines...

La mise bas peut survenir à toute heure du jour ou de la nuit, mais, le plus souvent, elle a lieu à l'aube. Ceci constitue une première survivance du passé : les chevaux libres d'autrefois étaient plus en sécurité à cette heure-là, au moment où dans la nature les fauves rentraient de la chasse, repus ou moins agressifs parce que las, donc théoriquement moins dangereux.

Aujourd'hui, en élevage, le poulain vient au monde là où l'homme impose à sa mère de vivre. Si la jument est rustique, on peut parfaitement la laisser mettre bas en liberté dans une pâture (les conditions météorologiques, même difficiles, ne posent pas de vrais problèmes). Mais, s'il s'agit d'un animal délicat ou « près du sang », il est préférable de l'installer dans un box confortable, de manière à pouvoir intervenir au cas où l'affaire tournerait mal. Il ne faut cependant pas être trop alarmiste, car les mises bas dangereuses, nécessitant une intervention sont assez rares.

Il est important d'assister à la naissance pour la sécurité de la mère et de son poulain et pour les contacts futurs de celui-ci avec l'homme (voir « L'éducation du jeune poulain », p. 294). Lorsque la jument est dans un box, c'est relativement facile, à condition d'être patient et d'accepter de veiller, parfois même plusieurs nuits de suite ! Mais, si la jument est libre dans une pâture, c'est plus difficile.

La mise bas
Lorsque le moment décisif est proche, aux premières contractions, la jument est inquiète, elle commence à s'agiter en se regardant les flancs. Elle transpire abondamment sur les épaules. Sa croupe s'abaisse, s'affaisse. Selon son caractère et la durée de la mise bas, la jument peut rester debout en écartant les postérieurs ou bien se coucher.

Lors d'une mise bas allongée, le poulain est expulsé par les contractions utérines : dès la rupture de la poche des eaux, il peut respirer, alors même que sa tête sort à peine. En cas de mise bas debout, les antérieurs, la tête et l'encolure vont pendre jusqu'au sol, où le poulain se retrouvera couché.

Car son instinct lui commande de pouliner discrètement, en catimini, loin de tout regard, même ami. Et les quelques minutes où elle demeure seule, alors que l'homme s'est absenté, lui suffisent parfois pour mettre son petit au monde.

La mise bas

La poche des eaux (l'enveloppe contenant le poulain) apparaît d'abord et se déchire en laissant s'écouler le liquide amniotique. Le nez et les sabots antérieurs du poulain se présentent alors, suivis du corps tout entier, qui glisse sur le sol. Le cordon ombilical se tend, se rompt et le poulain émerge de la « délivre ». Sitôt né, ou presque, le petit poulain entre en action. Dès les instants qui suivent la naissance, les yeux grands ouverts, il bouge la tête et les membres, puis se redresse sur son sternum. Ainsi couché, il commence déjà à explorer son environnement : il regarde, il flaire, il écoute, et se met même à téter, de façon quasi réflexe, tout ce qu'il peut trouver à portée de sa bouche. Pendant ce temps, sa mère, qui est restée couchée à ses côtés, commence par établir avec lui un premier lien en se penchant vers lui ; elle lui fait un « naseaux à naseaux », par lequel elle respire son souffle. Elle enregistre l'odeur de son petit, lui fait connaître la sienne et émet un doux et rassurant hennissement de contact.
Ensuite, la jument lèche la tête du poulain régulièrement, puis, dans le quart d'heure suivant la mise bas, elle lui administre une toilette complète qui a pour effet salutaire de stimuler sa respiration et d'activer sa circulation sanguine. Elle accomplit là un acte essentiel qui lui permettra de reconnaître sans se tromper sa progéniture, par l'odorat.

Le premier lien social

Dans la vie sauvage, il était d'une importance vitale pour le jeune d'être parfaitement et immédiatement identifié. Le cheval, qui est un herbivore, était nécessairement astreint à des déplacements plus ou moins importants pour trouver à se nourrir ou à s'abreuver, déplacements que les mères effectuaient accompagnées de leur petit. En outre, les juments étaient (et sont toujours) « sélectives », c'est-à-dire qu'elles n'admettent à la tétée que leur propre progéniture et repoussent sans pitié le petit de la voisine. Ainsi cette toilette néo-natale permettra-t-elle à la mère de mémoriser, avant que le poulain ne s'éloigne d'elle, les indices olfactifs caractéristiques pour le reconnaître ensuite à coup sûr. Un tel comportement de léchage est exceptionnel chez les chevaux adultes : il n'intervient que chez les juments vis-à-vis du poulain et dans les moments qui suivent la naissance. C'est dire le risque qu'en situation d'élevage on peut faire courir au nouveau-né tout humide, en voulant le sécher aussitôt, privant ainsi la jument de la possibilité de prendre réellement ses « marques » vis-à-vis de son petit, et exposant celui-ci à être rejeté. L'instauration d'une telle liaison entre la mère et son jeune explique la difficulté de procurer une mère adoptive au poulain orphelin : l'absence de reconnaissance se traduit par un rejet, et par des menaces à l'égard du jeune qui cherche à téter. Aussi, dans un tel cas, utilise-t-on quelques ruses qui s'avèrent plus ou moins efficaces : soit recouvrir l'orphelin de la peau et des enveloppes fœtales de la progéniture décédée de la mère d'adoption, soit jouer directement sur le sens olfactif de celle-ci en lui enduisant les naseaux d'un produit à odeur forte qu'on répartit également sur la tête et l'arrière-main de l'orphelin.

Apprentissages de base

Stimulé par la toilette de sa mère, le nouveau-né essaie de se lever. Il agite ses membres, cherche à se mettre sur ses pieds, instinctivement conscient de devoir rapidement apprendre à marcher, puis à courir. Encore une fois, les siècles durant

---

+

Cas dangereux

Les cas dangereux sont les mises bas avant terme (risques de mortalité périnatale par immaturité du fœtus) et les malpositions fœtales (présentations postérieure ou transverse). L'assistance au poulinage est à prévoir dès lors que le fœtus n'a pas été expulsé après 30 ou 45 minutes de « travail », ou en cas de mauvaise présentation. Les visites préventives ne sont indispensables que si l'on suspecte une mortalité fœtale in utero.

---

lesquels ses ancêtres ont dû fuir devant les prédateurs pour survivre ont marqué son comportement et cela l'incite à se mettre debout au plus vite. Les premières tentatives se soldent par un échec, mais il est encouragé par sa mère qui émet un doux et rassurant appel de contact et lui donne quelques petits coups de langue sur la tête à chaque fois qu'il retombe. Une demi-heure à une heure après avoir vu le jour, le poulain se hisse sur un antérieur, puis sur l'autre, avant de redresser son arrière-main, dans la même séquence de mouvements que celle dont il usera tout au long de sa vie. Il se retrouve debout, flageolant encore, mais bien campé sur ses quatre membres. Alors, il commence à marcher, titubant un peu, mais néanmoins plus solide qu'il n'y paraît, et se recouche de la même façon que pour se lever, en fléchissant d'abord les antérieurs. Dès le deuxième lever, tout est en ordre, et c'est presque dans la plus grande facilité que tout se passe.

Il faut saluer cette performance du poulain par rapport à des chiots ou des chatons nouveau-nés qui, aveugles et sourds, ne savent que ramper pendant deux à trois semaines. Mais il est un autre besoin commun auquel tous doivent satisfaire : téter. Sur le plan moteur, pas de problème : dès les premières minutes, on l'a vu, tout contact avec la bouche provoque une sorte de réflexe de succion. Encore faut-il réussir à trouver la tétine ! Ce qu'on constate alors, c'est l'existence d'un « schéma de comportement inné » se traduisant par la recherche d'endroits doux et sombres. À partir de là, le petit poulain va explorer le corps de sa mère, en premier lieu les parties à sa portée, les membres et le flanc. La relation est déjà établie entre le jeune et la mère et celle-ci, se faisant complice, le pousse du nez vers ses mamelles et l'aide en les lui présentant tout en fléchissant un postérieur. Et, dès qu'une tétine est trouvée et qu'arrive le réconfort de la tétée, on peut être rassuré : il n'y aura plus à l'avenir de tâtonnements. Cette première tétée est capitale à plus d'un titre, puisque c'est au cours de celle-ci qu'est absorbé le « colostrum » qui, riche en anticorps, constitue une protection naturelle contre les infections et est indispensable pour permettre au poulain d'évacuer le « méconium », ces excréments accumulés dans son intestin durant sa vie intra-utérine.

L'INDISPENSABLE PRÉSENCE MATERNELLE

Quoi qu'il en soit, dans la nature, tout se passe généralement bien et deux heures ne se sont pas écoulées que le nouveau poulain voit, entend, flaire, se lève, se recouche, tète, se déplace alentour avec une curiosité évidente, tout en suivant sa mère jusqu'à la coller si le moindre inconnu survient. D'emblée, une tendance à suivre se manifeste, qui fait partie de son patrimoine génétique et qui contribue à lui faire rechercher un étroit contact avec sa mère. Tous deux commencent déjà à échanger : elle, en maintenant le contact par de doux hennissements, lui aussi qui lui « parle » dès qu'il se sent un peu inquiet. Il ne reste pas une demi-heure sans venir se rassurer près d'elle, à l'occasion d'une tétée aussi réconfortante que nourrissante.

En de telles circonstances, elle ne manque pas de s'assurer de l'identité de son rejeton en tournant l'encolure, pendant qu'il tète, pour venir lui flairer la base de la queue. Elle garde aussi le contact pendant qu'il dort (ce qu'il fait la moitié de son temps) en restant à proximité.

S'il s'éloigne, elle ne tarde pas à le rappeler, car, au fur et à mesure que les heures passent au cours de cette première journée de vie, les découvertes se

La jument procède à la toilette du poulain alors même qu'elle ne s'est pas encore débarrassée du « délivre ».
La première tétée est primordiale. Elle permet l'absorption de colostrum par le poulain et déclenche chez la mère les dernières contractions pour expulser le reste des enveloppes fœtales.

multiplient pour le petit et sollicitent son attention : la découverte de son propre corps, en se grattant, en se roulant ; la découverte d'un environnement physique : tout brin d'herbe, feuille ou brindille est bon à goûter... puis à recracher en secouant la tête ; la découverte aussi d'un environnement social, dès que ses premiers trots ou galops, qui deviennent vite grisants, l'amènent à suivre un peu n'importe qui... et à se trouver soudain confronté à d'autres, avant que sa mère ne le rejoigne et le rappelle impérieusement. Toute confrontation à un inconnu se traduit par une mimique de soumission émise spontanément par tous les poulains, et qui consiste en une sorte de mâchouillement assorti de claquements de mâchoire, évoquant un peu la tétée. Mais la jument veille et de telles explorations se terminent sous la rassurante protection de la présence maternelle.

Le poids de la nature

Le poulain est à peine né que son comportement suit déjà des schémas déterminés par les instincts de l'espèce, par son propre rythme biologique et celui de sa mère, par les interactions avec les autres chevaux du groupe auquel il appartient. Cela est bien sûr d'autant plus marqué que l'on observe des animaux vivant en liberté, avec peu d'influence de la part de l'homme.

Si le poulain et même le cheval adulte s'effraient à la moindre alerte et s'ils sont prompts à prendre la fuite, même pour une cause minime, au lieu de faire front et de montrer de l'agressivité, c'est parce que, par le passé, ce comportement a permis à leurs ancêtres de survivre. Les prédateurs naturels du cheval ne sont plus que les mouches et les taons, mais, autrefois, seuls les plus attentifs (ou inquiets) et les plus rapides pouvaient échapper aux carnivores affamés – et c'est d'eux que descendent les chevaux d'aujourd'hui.

Un exemple de l'influence du milieu sur la vie du poulain est fourni par la période de naissance. En effet, au printemps, la durée du jour (ou « photopériode ») augmente et favorise la sécrétion d'hormones spécifiques agissant sur les organes sexuels. Cela se traduit par le développement des comportements liés à la reproduction et contribue à ce que les saillies se réalisent presque toutes en même temps ; compte tenu de la durée de gestation (un peu moins d'un an), voilà l'explication de la « période de poulinage » au début du printemps. Moment particulièrement favorable, puisque le temps commence à s'adoucir, que l'herbe nouvelle est très riche pour la nourriture de la jument et sa lactation et que, enfin, le poulain profitera d'une grande période clémente avant le retour de la mauvaise saison, qu'il pourra aborder en ayant bien grandi. Les scientifiques parlent d'un mécanisme physiologique de la jument qui contribue ainsi au « succès reproducteur » de l'espèce, en faisant coïncider les naissances avec les conditions d'environnement les plus favorables.

Les interactions avec les autres individus sont encore rares pour le poulain tétant sa mère ; mais bientôt, au fur et à mesure de son autonomie, il devra cohabiter avec des membres particuliers de son groupe : autres poulains pour des jeux et des actes de « socialisation », adultes qui imposeront leur autorité, puis autres jeunes lors de la puberté. Et de nombreuses hiérarchies s'établiront alors dans le groupe (voir pages suivantes et « L'organisation sociale des chevaux libres »).

Notre poulain n'en est pas encore à ce stade de développement, mais il faut garder ces facteurs complexes en tête pour comprendre comment il va évoluer au cours de sa croissance naturelle – ou comment procéder pour l'accompagner dans sa croissance en élevage, souvent isolé des jeunes de son âge, sorti de son contexte familial par l'homme.

Les premiers pas sont chancelants, sous la surveillance attentive de la mère, qui souvent encourage le poulain et l'invite à poursuivre ses efforts à petits coups de nez délicats.

LES PREMIÈRES EXPÉRIENCES DU JEUNE POULAIN

EN MÊME TEMPS QUE SON ALIMENTATION ÉVOLUE, PASSANT DU RÉGIME LACTÉ EXCLUSIF À UN DÉBUT DE DIVERSIFICATION EN BROUTANT « COMME MAMAN », LE POULAIN ÉLARGIT SON DOMAINE D'EXPLORATION. CONNAÎTRE SON COMPORTEMENT À L'ÉTAT SAUVAGE PERMET DE MIEUX COMPRENDRE LE POULAIN ET DE RÉUSSIR SON DRESSAGE.

UNE MÈRE OMNIPRÉSENTE

Très vite, un jour ou deux seulement après la naissance, le poulain apprend à reconnaître sa mère, au moins lorsqu'il est à proximité et la suit spontanément, sans s'égarer à suivre d'autres adultes du groupe. Dans le même temps, la nature de ses apprentissages sociaux se diversifie : il reconnaît bientôt les manifestations de menace que peuvent lui adresser les autres mères suitées : mimiques avec oreilles couchées, esquisse de « coups de botte ». La mère, qui s'était jusque-là employée à lui éviter tout contact avec les autres membres de la harde, se fait dorénavant plus tolérante avec son poulain et n'intervient plus guère que lorsqu'il est l'objet d'un comportement agressif de la part d'une jument ou d'un poulain plus âgé. De même, au bout de quelques jours, laisse-t-elle l'étalon s'approcher de son petit. L'univers du poulain est pourtant encore centré autour d'elle : il la mordille, joue avec sa queue ou sa crinière, lui décoche des ruades, tourne autour d'elle, et en définitive s'éloigne peu. Hormis cela, ses jeux sont pour la plupart solitaires. Il s'intéresse à tout ce qui se trouve à sa portée, gratte le sol, joue avec des brindilles ou tout simplement exerce ses muscles par quelque cabriole, mais en s'éloignant rarement de plus de quelques mètres. Et, lorsqu'il se couche, ce qui est fréquent puisqu'il consacre environ la moitié de son temps au repos, c'est encore à proximité immédiate.

Les tétées sont rapprochées, à peu près tous les quarts d'heure, et il n'est pas rare que ce soit la jument qui les interrompe en se mettant à marcher. De toute façon, chacune d'elles, très nourrissante, ne dure pas plus d'une minute. Lorsqu'il a faim, le poulain s'approche de sa mère en secouant la tête, oreilles couchées et en émettant à son intention un appel de contact. Puis, après être passé à proximité de sa tête, il se met à l'œuvre tête-bêche, de telle façon qu'elle peut régulièrement vérifier son identité en reniflant la base de la queue.

VERS L'AUTONOMIE : DE NOUVEAUX COMPORTEMENTS

À l'âge de une semaine environ, la relation avec sa mère s'enrichit d'un nouveau comportement qui marquera ensuite toute sa vie sociale et qu'il repro-

Complètement allongé, couché sur le côté, la tête reposant sur le sol, le poulain est plongé dans le sommeil paradoxal, le sommeil pendant lequel interviennent les rêves.

duira avec d'autres poulains, puis avec d'autres adultes : la toilette mutuelle ou toilettage social (Voir « Les rythmes de vie », p. 18). Ne se produisant tout d'abord que de façon intermittente, cet épisode de « grattouilles » donnera lieu à des séances plus fréquentes et plus longues au fil des semaines. Un autre type de relation, particulier à cet âge, s'est établi avec sa mère : il lui arrive en effet de manger un peu de son crottin, pour constituer ainsi sa propre microflore intestinale à partir des bactéries maternelles. Cette pratique, d'observation tout à fait habituelle, perdure généralement un bon mois.

Il inaugure par ailleurs sa vie d'herbivore en commençant à goûter l'herbe occasionnellement, en écartant alors largement les antérieurs pour compenser la faible longueur de son encolure : ce n'est que vers l'âge de trois ou quatre mois que l'allongement de celle-ci lui permettra d'abandonner cette posture caractéristique. En outre, avant de se mettre à paître, il gratte généralement le sol (de même qu'il le fait avant d'ingérer du crottin), ce qui est très peu le cas chez les adultes.

Après les approches effarouchées et les retraites précipitées, bientôt la timidité cède le pas à l'intérêt : vers l'âge de trois ou quatre semaines commencent des séances de toilettage social, qui prendront progressivement de plus en plus d'importance.

Premières explorations

Vers l'âge de deux ou trois semaines, le jeune poulain franchit une nouvelle étape. Jusqu'à présent, sa capacité à reconnaître sa mère était essentiellement fondée sur l'odorat, ce qui était largement suffisant pour assurer la sécurité de leur relation du fait de la grande proximité que l'un et l'autre s'attachaient à maintenir entre eux.

Maintenant, il devient capable de reconnaître la couleur de sa robe, à quelques dizaines de mètres, de même que le son de sa « voix », lorsqu'elle le rappelle. Certes une telle reconnaissance n'est pas absolue et, même pour des adultes, certaines robes peuvent aisément se confondre. L'olfaction, en dernière analyse, apportera une signature certifiée conforme ! Devenant ainsi plus autonome, c'est à ce même âge qu'il entreprend ses premières explorations sociales. Alors que jusqu'à présent les contacts étaient essentiellement le fait d'autrui, adultes ou adolescents de la harde, il prend dorénavant l'initiative d'aller à la rencontre d'autres jeunes comme lui. À l'âge de un mois, les jeunes passent déjà autant de temps à jouer ensemble que seuls ou avec leur mère.

Le poulain de deux à trois semaines commence aussi à s'intéresser à l'étalon de la harde. Il s'en approche avec cette mimique typique de soumission consistant en une sorte de mâchouillements et de claquements de mâchoire, et prend contact de la façon la plus classique, naseaux à naseaux. Puis, manifestant tout à la fois sa nature curieuse et son caractère joueur, il lui mordille les jambes ou la queue, et s'en va aussi flairer le fourreau. L'étalon se montre d'une grande tolérance à l'égard de ces taquineries.

Activités et rythmes de vie du poulain

Pourtant son emploi du temps est surtout caractérisé, comme chez tous les très jeunes mammifères, par l'importance du temps consacré au repos, soit quotidiennement près d'une vingtaine d'heures dans les jours qui suivent la naissance. Alors que l'adulte ne consacre au repos qu'un cinquième à un quart du cycle quotidien, le jeune poulain d'un mois y passe une bonne moitié de ce cycle, en étant d'ailleurs le plus souvent couché, sur le côté, de tout son long.

Le temps restant est pour ainsi dire consacré au jeu, ce qui contraste encore plus radicalement avec le rythme de vie de l'adulte, pour lequel presque tout ce temps est dévolu à la nourriture ! Mais, chez le poulain de cet âge, qui ne s'essaie à brouter que quelques minutes de temps à autre, se nourrir n'est en définitive que peu consommateur de temps, puisque les tétées sont courtes.

LES PREMIÈRES EXPÉRIENCES DU JEUNE POULAIN

Et la nature des jeux, qui a évolué durant le premier mois, passant de jeux solitaires à des jeux avec d'autres poulains, l'entraîne de plus en plus loin de sa mère.
Les jeunes de l'année, qui ont au plus deux à trois semaines de différence d'âge, se regroupent en premier avec ceux qui sont nés deux ou trois jours avant ou bien après eux. Leur comportement varie si rapidement à cette période de leur vie que les affinités sont pour l'instant très sélectives. Un autre critère de rapprochement peut être le sexe, les poulains se regroupant parfois entre eux, les pouliches, entre elles.

Des jeux « sexués »

Lorsque les jeunes mâles sont ensemble, ils sont facilement bagarreurs et préfigurent dans leurs affrontements les combats qu'ils livreront plus tard contre d'autres étalons : ils se cabrent en boxant des antérieurs, cherchent à se mordre l'encolure, s'agenouillent, s'agrippent mutuellement les postérieurs, se poursuivent en se mordant la croupe. Presque tout le répertoire y passe, mais entre amis, car ce sont quasiment toujours les mêmes qui jouent ensemble. Si, parfois, on ne craint pas non plus d'affronter l'étalon de la harde, celui-ci reste bienveillant et ne changera d'attitude que bien plus tard, lorsque le jeune mâle atteindra deux ou trois ans. Les pouliches, qui recherchent moins la bagarre, utilisent plus volontiers leurs postérieurs : elles se décochent des ruades, caracolent, partent en « coups de cul », reviennent, repartent et parfois se poursuivent.
Ces grands déploiements d'activité surviennent le plus souvent en début de matinée et en fin d'après-midi.

Transformations du comportement

Au fur et à mesure que le temps va s'écouler, des évolutions sensibles vont se faire jour quant aux comportements de base du poulain, particulièrement au cours de la première année.
Ainsi, allant de pair avec une diminution globale des activités requérant une forte énergie, notamment les jeux débridés, les bagarres ou les poursuites, les périodes de repos vont-elles subir quelques modifications : à trois mois, la moitié du temps est toujours consacrée à se reposer ; à un an, cette proportion n'est plus que d'un quart. Plus encore, la nature même du sommeil change assez radicalement : alors que le nouveau-né est plongé chaque jour dans un sommeil paradoxal, propice au rêve, et qui dure trois heures et demie, le poulain d'un an ne connaît un tel sommeil que pendant une demi-heure de son temps quotidien de repos. On le verra donc beaucoup moins souvent couché de tout son long.
Dans le même temps, le rythme de l'alimentation lactée diminue et la durée de pâturage s'accroît. Si

Il n'est pas rare que, par une sorte de contagion (ce qu'on appelle la facilitation sociale), des juments elles-mêmes s'associent aux poursuites des poulains, rompant ainsi avec leur placidité habituelle.

Avec la diminution du rythme des tétées, le temps passé aux expériences « gustatives » va nettement augmenter.

le poulain va téter quelque quatre fois en moyenne par heure lorsqu'il a une semaine, deux fois environ lui suffisent à un mois et demi, puis une fois à cinq mois, et, à huit mois, il ne va plus rechercher les mamelles de sa mère qu'à peu près toutes les deux heures. Au regard de cette évolution, qui peut sembler d'assez faible importance si l'on se souvient de la courte durée de chacune des tétées, le temps passé à brouter croît considérablement : ne représentant que deux ou trois heures quotidiennes à un mois et demi, il s'élève à une douzaine d'heures dès huit mois, c'est-à-dire approximativement ce qu'y consacre un adulte.

C'est peu après qu'intervient le sevrage naturel si la jument est pleine. Elle arrête assez fréquemment d'allaiter son petit quelques semaines avant la mise bas suivante. Si, en revanche, aucune naissance ne doit avoir lieu, le poulain pourra bénéficier d'un ultime répit de quelques mois, jusqu'à l'hiver suivant, et il semble bien que dans ce cas le lien qui subsistera ensuite entre la mère et son jeune en sera d'autant renforcé.

Variations saisonnières

L'évolution de certains comportements se conjugue aussi avec le rythme des saisons.

Ainsi en est-il des jeux entre poulains qui, particulièrement intenses en été, vont se calmer à partir de l'automne pour ne retrouver force et vigueur qu'au printemps et à l'été suivants.

Il en va de même du toilettage social que le jeune avait d'abord initié avec sa mère peu après sa naissance, et qu'il s'était mis ensuite à pratiquer avec ses jeunes camarades, mâles et femelles, vers la fin de son premier mois d'existence. Cette toilette mutuelle prend une importance et une intensité particulières lorsque les jeunes atteignent 3 ou 4 mois, ce qui coïncide avec les mois d'été, puis se ralentit ensuite en septembre avant de reprendre en avril de l'année suivante.

De telles variations vont en outre assez largement de pair avec les fluctuations des cycles sexuels. Les poulains et les pouliches se livrent d'ailleurs au toilettage social avec un style assez distinct : plus empreint de douceur et de délicatesse chez celles-ci, plus vigoureux, voire brutal chez ceux-là, qui vont jusqu'à pincer leur compagne plutôt que de la mordiller gentiment, et qui s'égarent même parfois dans des tentatives de monte... que la pouliche a tôt fait de stopper en montrant les dents ou d'un énergique coup de botte !... sans pour autant empêcher que les deux amis se retrouvent peu après pour engager une autre séance de « grattouille ».

Séance de toilette mutuelle : la belle saison rend les pouliches entreprenantes. Avec un hongre plus âgé, cela ne pose aucun problème, mais, dans la nature, le partenaire est toujours un poulain – ou l'étalon lui-même.

LE SEVRAGE DU JEUNE POULAIN

EN LIBERTÉ, LE SEVRAGE S'EFFECTUE NATURELLEMENT AVEC LA DIMINUTION (EN QUANTITÉ ET QUALITÉ) DU LAIT MATERNEL. EN ÉLEVAGE, CETTE OPÉRATION DOIT ÉGALEMENT ÊTRE TRÈS PROGRESSIVE, POUR ÉVITER LES TROUBLES DIGESTIFS ET COMPORTEMENTAUX.

LA MATURITÉ ALIMENTAIRE

Le poulain commence très tôt à goûter à la nourriture de sa mère ; c'est le cas de l'herbe, mais aussi des grains et des compléments que l'on peut être amené à donner à la jument, notamment si elle est de nouveau pleine. Tout désordre intestinal doit donc être surveillé et noté. Il est également intéressant de regarder le crottin pour voir comment les grains ont été broyés par les jeunes dents, ou s'ils ont été excrétés intacts. Les poulains de races « près du sang » ont besoin d'une nourriture plus riche que les autres, pour développer leur squelette, à croissance plus rapide : ils sont naturellement tentés de compléter leur ration de lait maternel, et se montrent très avides de suppléments alimentaires. À l'opposé, les jeunes poneys rustiques n'acquièrent d'appétence pour les grains que bien plus tard. Progressivement, le poulain va espacer les tétées de lui-même, ce qui va déclencher un ralentissement de la lactation chez sa mère. En effet, la production de lait dans les mamelles est provoquée par la présence dans le sang maternel d'une hormone, l'ocytocine, dont la sécrétion est conditionnée par... la tétée.

LES COMPLÉMENTS

La lactation, préparée par des hormones chez la mère gestante, est donc activée puis entretenue chez la jument suitée par la succion exercée par le poulain. Le lait à proprement parler va être produit en quantité toujours suffisante pour un poulain (10 à 12 litres au maximum par jour, pour des besoins quotidiens de 2,5 litres déjà en moyenne à la naissance), mais trop juste pour la croissance viable de jumeaux. Le lait de jument est moins riche en protéines et en matières grasses que celui de vache, mais nettement plus riche en sucre. La jument doit bénéficier d'une alimenta-

Très tôt, le jeune cheval se forme aux goûts variés proposés dans les pâtures. Ses expériences ne sont pas toujours très heureuses, mais sa mère est là pour lui éviter tout essai trop dangereux.

En imitant sa mère, le poulain goûte à tous les aliments étranges que l'homme met à sa disposition. Il prend ainsi goût au bloc de sel, qui lui apportera des compléments indispensables.

Être avec un compagnon permet au poulain de mieux supporter la difficile transition du sevrage.
En effet, le changement de régime alimentaire n'est qu'un aspect mineur de l'évolution psychologique déclenchée par la séparation d'avec la mère.

tion équilibrée durant toute sa lactation, sinon son organisme risque de s'appauvrir en certains éléments servant à l'élaboration du lait, ce qui entraînerait une carence préjudiciable à sa santé.
Le poulain commence donc assez tôt à brouter, à l'occasion à grignoter la ration de sa mère. Les éleveurs de chevaux de course pratiquent des prises de sang régulières de la mère afin de compenser immédiatement par la ration le moindre déficit nutritionnel décelé. Le poulain profite ainsi indirectement (par le lait enrichi) et directement (dans l'auge) de ces compléments. Un élevage moins sophistiqué consiste tout simplement à surveiller l'« état » de la jument, à lui fournir du grain si elle maigrit ou si l'herbe devient plus rare. Il est conseillé également de laisser à disposition un bloc de sel enrichi. Au sevrage, même si les pâtures semblent encore riches, il faut nourrir le jeune – au moins pour ne pas rompre l'habitude acquise auprès de sa mère des visites régulières lors de la distribution de compléments. Pour le poulain au pré, la ration est « théorique » : 1 puis 2 litres d'avoine, concassée au début, puis entière (1 litre = 500 g). S'il est rentré au box, c'est progressivement de 4 à 10 litres dont il a besoin, en plus du fourrage et d'une épaisse litière de paille fraîche qu'il mangera en lest. Il est très important de procéder rapidement à sa première vermifugation. En effet, une infestation de parasites, normale après tout séjour au pré avec des congénères, peut être critique en cette période de bouleversement alimentaire. Une étude du crottin est nécessaire s'il apparaît très chargé en œufs de parasites, pour déterminer le traitement exact à employer lors d'une seconde prise de vermifuge. Ensuite, il faudra recommencer régulièrement deux fois par an ou à chaque changement de rythme alimentaire (mise au pré de longue durée, puis retour).
Chaque éleveur a bien sûr sa recette miracle pour un bon démarrage du jeune cheval : la plupart du temps à base de vitamines (A et D), de sels minéraux, de granulés élaborés par les grandes marques alimentaires équines. L'huile de foie de morue garde ses adeptes, sans doute avec raison...

Le sevrage sans douleur

Faut-il ou non préparer le poulain au sevrage, qui a lieu vers six mois ? Les avis divergent sur ce point. Certains préconisent d'enlever progressivement le jeune animal de sa mère, en l'en éloignant quelques minutes par jour dans la semaine précédant la grande séparation et en réduisant ainsi le nombre de tétées. D'autres jugent qu'il est préférable de procéder brutalement au sevrage, arguant que le poulain oublie très rapidement l'absence maternelle. Cela semble vrai, mais le sevrage provoque à coup sûr des désordres digestifs préjudiciables à la santé physique et morale du jeune, même si des troubles plus profonds du comportement ne peuvent être prouvés...
Une précaution peut être prise pour rendre la séparation moins pénible, moins stressante : ne pas laisser le poulain nouvellement sevré seul pendant la journée et lui fournir de la compagnie.

L'ÉDUCATION DU JEUNE POULAIN

LE JEUNE POULAIN GRANDIT HEUREUX, EN LIBERTÉ, S'IL EST AVEC DES CONGÉNÈRES DE SON ÂGE. MAIS, AUJOURD'HUI, IL NAÎT LE PLUS SOUVENT AU SEIN D'UN ÉLEVAGE. IL SEMBLE ALORS LOGIQUE DE L'HABITUER AUSSI RAPIDEMENT QUE POSSIBLE À LA PRÉSENCE (ET À LA DOMINATION) DE L'HOMME, PUISQU'IL DEVRA SANS AUCUN DOUTE PASSER TOUTE SA VIE AUPRÈS DE LUI.

LA LOGIQUE DE L'ÉLEVAGE

Puisque désormais les chevaux ne galopent plus en liberté à travers les plaines et les bois occidentaux, qu'ils ne se reproduisent plus en réelle liberté (hormis quelques camargues ou new-forests), il est très étonnant que certains considèrent comme naturel de laisser des jeunes chevaux livrés à eux-mêmes dans des pâtures jusqu'à l'âge de 2 ou 3 ans, âge auquel ils seront brutalement débourrés pour pouvoir être montés. Le plus élémentaire respect pour le poulain que l'on fait naître dans le but de le monter ou de l'atteler commande de l'habituer le plus vite possible à l'homme et aux rapports qu'il entretiendra (de façon idéale) avec lui : confiance, coopération et soumission volontaire. Sinon le « dressage » sera une épreuve de force, qui ne sera agréable ni pour l'homme ni pour le cheval ; compte tenu de la force de ce dernier, sa rébellion obligera le cavalier à procéder à une escalade de la violence. Tout cela pour aboutir à une monture « soumise » certes, mais surtout à la volonté cassée. Tout le contraire d'un cheval habitué dès le plus jeune âge à accepter de bon cœur la volonté de l'homme.

Le poulain s'habitue très vite au licol, surtout s'il l'associe à des visites agréables de la part de son éleveur.

LES PREMIERS CONTACTS AVEC L'HOMME

Dès la naissance du poulain, il est possible de lui inculquer le respect de l'homme, en qui il a confiance mais à qui il doit se soumettre. Il faut pour cela que l'éleveur soit présent lors de la mise bas. Dès que le poulain bien léché par sa mère réussit à se lever, il l'enserre dans ses bras sans brutalité, tout en lui parlant calmement. En l'immobilisant, mais en même temps en l'aidant à maintenir son équilibre, l'homme se pose en ami dominant. Après l'avoir laissé téter, l'éleveur immobilise à nouveau le poulain et, comme l'a fait la jument, il lui souffle dans les naseaux pour lui donner sa « carte olfactive ». Les scientifiques appellent cela « l'imprégnation », l'assimilation par le jeune d'une odeur (puis d'une voix, d'une apparence) avec le bien-être et la sécurité. Cela doit se répéter fréquemment les premiers jours.

LA MÉTHODE MILLER

Les partisans de la « méthode douce » pour l'éducation du cheval ont leur théoricien en la personne du docteur Miller, vétérinaire américain contemporain dont la méthode permet à la plupart des cavaliers américains d'ignorer ce qu'est un cheval caractériel, qui se sauve quand on va le chercher au pré, ou qui ne reste pas en place au montoir, par exemple.

Pour ce faire, l'idéal est de disposer pour la poulinière d'un box, jouxtant un petit enclos donnant sur une pâture, où elle peut passer la journée avec son petit. Grâce à l'appât d'un picotin, il est facile de faire réintégrer chaque soir le box aux deux animaux. Et là, matin et soir, les leçons se déroulent.

L'éleveur caresse le jeune poulain sur tout son corps. Il le couche en douceur, jusqu'à ce qu'il accepte cette contrainte sans s'agiter, sans chercher à se défendre, ce qui prouve que la leçon est comprise, « apprise » et devenue inutile. Il lui passe un doigt dans la bouche, surtout au niveau des barres, là où le mors prendra plus tard sa place. Il exerce de la main ou du bras des pressions derrière son garrot, point de son corps qui supportera un jour le poids d'une selle et d'un cavalier. Et puis,

Si le temps vous fait défaut pour pratiquer la méthode Miller, rassurez-vous : des visites très régulières créent déjà une confiance mutuelle qui enrichira votre vie équestre future, à l'un comme à l'autre.

sitôt que le poulain est assez assuré sur ses membres, l'éleveur l'habitue à se laisser prendre les pieds l'un après l'autre et tapoter, puis curer la sole et la fourchette.

L'éducation équestre

Au bout d'une, de deux ou trois semaines, en fonction de la docilité grandissante du poulain, il faut l'habituer au port du licol. L'éleveur lui présente d'abord la pièce de harnachement, en la lui laissant examiner et flairer. Puis il la frotte doucement sur son épaule, son encolure, sa tête, afin qu'il constate à quel point elle est inoffensive. Enfin, en l'immobilisant comme il en a maintenant l'habitude, il lui passe rapidement ce licol dépourvu de longe, avec lequel il le laisse repartir. Au cours des jours qui suivent, chaque fois que l'homme rend visite au jeune animal, il l'empoigne doucement par le licol, en s'efforçant, toujours en douceur et en parlant, de lui faire faire quelques pas tenu de la sorte.

Le moment est bientôt venu de lui apprendre à marcher tenu en main. Il faut alors l'aide d'une tierce personne, pour tenir la jument elle-même en main. Car, pour son petit, elle est le meilleur des maîtres d'école. Après avoir fixé une longe de bonne longueur au licol du poulain, l'éleveur lui fait sentir que, même en ne le touchant pas, il le tient prisonnier. Dans le cas où le jeune se rebiffe et tire, l'éleveur le suit en donnant du mou à la longe si nécessaire, de manière à ne pas trop le contraindre dans un premier temps. L'homme ne cesse de parler calmement et amène le poulain plus ou moins rapidement à arrêter de se défendre. Il faut alors raccourcir la longe, tout en donnant une récompense au petit élève.

Pour discipliner sa marche tenu en main, il suffit de lui faire suivre sa mère, qu'il imite naturellement. Dès qu'elle se met en mouvement, il la suit comme il l'a toujours fait. Il ne reste alors qu'à rendre sa progression égale, à l'empêcher d'utiliser ses jambes de façon trop brouillonne.

Récompenses

Les récompenses sont importantes et l'encouragent à persévérer à « bien » faire. Une récompense pour un cheval est principalement comestible. Aussi ne peut-on en donner au poulain avant qu'il n'ait commencé à brouter. Cependant, même lorsqu'il a goûté l'herbe tendre, il ne se jette pas sur un morceau de sucre, de carotte ou de pomme, dont il ignore la saveur. Et le seul moyen de lui faire apprécier ce petit cadeau est de le lui mettre d'office dans la bouche. Il n'est pas rare que, étonné, il le recrache ! Généralement, il suffit d'une ou de deux tentatives pour qu'il en fasse ses délices.

Une fois le poulain habitué au licol, il faut encore lui apprendre à rester à l'attache (utile lors d'un prochain transport dans un van ou un camion) sans tirer au renard. À nouveau, l'éleveur se fait aider par la jument maîtresse d'école dont il passe la longe du licol dans un anneau, puis attache celle-ci au licol du poulain. Si le jeune animal commence à tirer, il exerce sa traction sur le licol de la jument qui va résister de son côté, pendant que l'éleveur le calme de la voix. Le plus souvent, c'est l'immobilité de sa mère qui finit par le convaincre de cesser de s'agiter. L'éleveur peut alors lui remettre sa propre longe, mais il ne l'attache qu'après plusieurs leçons, lorsqu'il est sûr que le poulain ne risque plus de tirer au renard.

Élever et éduquer un poulain de la sorte demande peu de temps. On ne consacre en fait au jeune animal que quelque cinq minutes matin et soir. Ce qui est bien peu, si l'on considère qu'on le prépare à devenir un cheval calme et docile, avec lequel il sera inutile de se bagarrer, lorsque viendra le moment de le seller et de le monter.

En suivant sa mère et en la regardant obéir à l'homme, le jeune poulain se prépare à se discipliner à son tour.

LE POULAIN, DU YEARLING AU DEUX ANS

DANS LA NATURE, LE YEARLING (POULAIN SEVRÉ DE L'ANNÉE) VIT SA PUBERTÉ COMME UNE ÉTAPE D'AFFRONTEMENTS, PUIS DE SÉPARATION D'AVEC SA FAMILLE. EN ÉLEVAGE, CETTE PÉRIODE EST OCCULTÉE PAR L'APPRENTISSAGE ÉQUESTRE – SURTOUT POUR LES JEUNES MÂLES, QUI SONT SOUVENT CASTRÉS TRÈS TÔT.

LE DÉVELOPPEMENT NATUREL DE LA SEXUALITÉ

Alors qu'au cours du premier mois de vie, il arrivait que les jeunes, quel que soit leur sexe, pratiquent des simulations de monte avec leur mère, ce n'est plus ensuite que le fait des jeunes mâles. Ceux-ci diversifient bientôt leurs intérêts et procèdent également à des tentatives avec des pouliches. Ils se mettent par ailleurs, dès l'âge de deux ou trois mois, à avoir des érections. Pour autant, ces deux types d'événements sont loin encore de signifier une sexualité accomplie et ne sont normalement pas concomitants. Les érections en effet se produisent plutôt au cours d'une toilette mutuelle avec une pouliche, ou à l'occasion de bagarres avec des compagnons, voire même pendant le repos.

Les poulains ne sont physiologiquement en mesure de copuler que vers l'âge de quinze à dix-huit mois et, compte tenu de la saison à laquelle ils naissent d'ordinaire dans la nature, il n'y a guère alors de jument en chaleur dans les parages. Y en aurait-il d'ailleurs qu'ils auraient alors affaire à l'étalon... qui veille jalousement sur ses juments. Les pouliches, quant à elles, connaissent leurs premières chaleurs généralement au cours du second été suivant leur naissance, soit avant qu'elles aient un an et demi.

DANS LA NATURE, IL FAUT QUITTER PÈRE ET MÈRE

Lorsque les jeunes mâles se trouvent aptes à la reproduction et que l'appel des sens se fait plus insistant avec le retour des beaux jours, ils ont environ deux ans et ne tardent généralement pas à quitter le harem familial. Ils peuvent en prendre eux-mêmes l'initiative face à l'adversité ambiante. Sinon, l'étalon de la harde, réagissant à cette concurrence naissante, les y incitera fortement.

Ils se joignent alors à un groupe de jeunes mâles célibataires (voir « L'organisation sociale des che-

Les bagarres entre jeunes mâles sont des pseudo-affrontements où le prétexte sexuel est peu marqué : en liberté, l'étalon ne laisse pas les adolescents s'imposer !

vaux libres », p. 14), qu'ils ne quitteront que deux ou trois ans plus tard pour fonder eux-mêmes leur propre harde, non sans avoir connu, pour certains d'entre eux, quelque escapade passagère.
Les jeunes pouliches suivent un autre cheminement et connaissent dès l'âge de deux ans leur première expérience sexuelle. Non pas du fait de l'étalon de la harde, qui se désintéresse fréquemment d'elles ou qu'elles repoussent, mais de par les relations qu'elles établissent en s'éloignant du harem familial.
Deux éventualités alors existent : soit la pouliche établit d'emblée un lien durable avec un étalon, jeune mâle célibataire à la recherche d'une compagne ou étalon d'une famille ne comportant encore que peu de juments, soit, moins fréquemment, elle a une relation éphémère avec un autre mâle et rejoint assez vite sa famille. Dans un tel cas, et si ce retour perdure, elle mettra bas au sein de son propre harem familial. Mais, peu après, elle fera l'objet de sollicitations pressantes de mâles, chargés ou non de famille, qui, après s'être éventuellement vaillamment débarrassés de la concurrence qui les entoure, se l'approprieront avec son petit : il n'y a pas de statut durable de « mères célibataires » chez les chevaux.
Ainsi, par des voies différentes, et à un âge plus ou moins précoce, jeunes mâles et jeunes femelles se retrouvent-ils dans de nouvelles familles, recomposées en majorité avec des chevaux jeunes, et différentes de celles où ils ont vu le jour.

La puberté en élevage

Dans le cadre d'un élevage, les jeunes sont séparés de leurs mères dès le sevrage et aucun étalon n'est là pour exercer autorité et domination. Les manifestations d'énervement liées aux caractères sexuels sont considérées comme gênantes pour la carrière des chevaux et donc souvent supprimées : en séparant les jeunes et en les habituant individuellement à obéir à l'homme, mais aussi en castrant les jeunes mâles.
La castration est l'opération qui consiste en l'exérèse des testicules. Il s'agit d'une des opérations les plus courantes en chirurgie équine. Elle est généralement pratiquée pour des raisons de convenance, en permettant d'adapter le cheval à son utilisation. Elle peut être effectuée à partir de l'âge de 18 mois.
Pour limiter les risques de complication liés à la chirurgie, la castration n'est pratiquée que sur des sujets en bonne santé apparente, et vivant dans une écurie indemne d'affection respiratoire, en particulier de nature infectieuse. L'opération peut être pratiquée, soit sur un cheval debout fortement tranquillisé, soit sous anesthésie générale.

La reconnaissance entre jeune mâle et femelle « adulte » se produit fréquemment au cours de la rencontre de deux groupes familiaux distincts.

Les risques de la castration

Un œdème local peut se développer dans les trois jours qui suivent l'intervention. Pour limiter son importance, il est conseillé d'effectuer tous les jours des soins classiques, et de conserver une activité physique minimale au cheval. La cicatrisation se fait en deux ou trois semaines.
Les autres complications possibles de la chirurgie sont souvent très graves : il s'agit de l'hémorragie, de l'éviscération ou encore de l'infection.

Ce qu'il doit savoir à deux ans

Si le jeune cheval est resté au pré jusqu'à deux ans avec ses camarades de jeu, il a appris la vie en semi-liberté et rien ne l'a préparé à sa carrière de monture. Mais, s'il a eu de bons contacts (inspirés de la méthode Miller) avec son éleveur, cet âge où il apprend très vite est idéal pour pousser son éducation jusqu'au seuil du dressage.

Premières leçons

Inculquer à un jeune cheval des connaissances et des habitudes qui feront de lui un compagnon facile à vivre n'est pas à proprement parler un travail... Il est possible de donner des leçons au poulain lorsqu'on le souhaite ou lorsque les conditions s'y prêtent !

Le poulain n'a jusqu'à maintenant été tenu en main que dans la compagnie apaisante de sa mère. Il reste à lui apprendre à marcher seul de la sorte, sans traîner ni devancer celui qui le mène, ainsi qu'à tourner et à s'arrêter à la demande. Cela implique de lui parler, de lui donner des ordres brefs, correspondant à des actions précises (les mots eux-mêmes importent peu), tout comme de l'appâter et de le récompenser avec des friandises. S'il traînasse, il faut le pousser au moyen d'une longue badine, tenue de la main gauche et agissant sur sa croupe ou ses jarrets. S'il prend le pas de charge, il s'agit de le ralentir par des tractions plus ou moins vives sur la longe et, éventuellement, un léger coup de bout de longe sur le nez.

Tourner à gauche est facile, puisque celui qui le tient, étant de ce côté, l'entraîne lui-même du même côté. Pour tourner à droite, il faut appuyer le commandement en poussant de ce côté le haut de l'encolure de l'animal.

Pour faire comprendre l'ordre d'arrêt, il importe – dans les premiers temps – de « barrer » la route du poulain avec le bras, tout en exerçant une traction sur la longe.

Habituer très tôt le jeune animal à reculer à la demande est important, car, plus tard, monté, il aura à le faire, ne serait-ce que pour muscler son arrière-main, pour donner de la puissance à son « moteur ». Il devra aussi reculer pour sortir d'un van, d'une stalle, dégager l'ouverture d'une porte, etc. Il ne faut pas perdre de vue que reculer, sur-

L'habitude de l'eau est d'autant plus difficile pour le cheval que celui-ci la découvre tard. Heureusement que, même d'une taille proche de celle d'un adulte, il conserve à deux ans une curiosité de poulain.

tout en ligne droite, n'est pas un mouvement naturel chez le cheval, tout simplement parce que cela lui est rarement nécessaire en liberté. Il faut se placer devant l'animal en le tenant très court, puis lui donner l'ordre de reculer, en tapotant les canons de ses antérieurs au moyen d'une badine. Dès qu'il fait un pas en arrière, il obtient une récompense avant de reprendre la leçon plus tard. Au fil du temps, on obtiendra ainsi trois, puis cinq foulées en arrière, jusqu'au moment où l'élève reculera sans rechigner sur la distance que l'on souhaite, trois mètres, dix ou plus. Pour le faire aller en arrière en ligne droite, il est canalisé par la badine qui sera, en selle, remplacée par les jambes.

Sorties et activités

Apprendre au poulain à marcher correctement tenu en main et à reculer peut se faire au long de balades fort profitables. Car elles sont l'occasion de faire découvrir le monde au jeune animal, avec toutes les « anomalies », parfois effrayantes, qu'il comporte. Les chevaux font souvent preuve de craintes exagérées devant les objets les plus inoffensifs. Pour gommer ces peurs, généralement de manière définitive, il suffit de prouver au cheval que la « chose » n'est ni méchante ni nuisible.

En arrivant près d'une barrière d'une certaine couleur, le poulain pile, soudain sur l'œil, apeuré. Inutile de le bousculer. En le calmant de la voix, il faut le précéder jusqu'à la barrière et la toucher soi-même. Après quoi, rassuré puisque son congénère à deux pieds est indemne, il vient renifler l'objet et le tâter de ses vibrisses. Le jugeant inoffensif, il ignorera à l'avenir tout ce qui y ressemble.

Bien des chevaux ne marchent dans les mares, les ruisseaux, qu'avec une réticence plus ou moins marquée. Cependant le poulain devra tôt ou tard traverser des flaques ou des gués. Si, une fois arrivé au bord d'un ruisseau ou d'une mare, il refuse d'y pénétrer, une astuce permet de l'y obliger : le faire non pas avancer mais reculer dans cet élément qui lui répugne. N'étant plus gêné par les miroitements, il s'exécute alors sans problème et, une fois dans l'eau, s'y laisse manœuvrer sans plus protester, surtout si l'homme est à ses côtés.

Un apprentissage progressif

Lorsqu'il a plus d'un an, le poulain peut commencer à tourner à la longe, moins pour travailler physiquement que pour s'habituer à répondre aux trois commandements, « Pas ! », « Trot ! », « Galop ! », ce qui sera fort utile quand viendra le moment d'être monté. À défaut d'une longe et d'un caveçon, il est possible d'utiliser une corde d'une dizaine de mètres fixée au licol. Une chambrière est indispensable.

Pour faire tourner l'élève à main gauche, la longe est tenue de la main gauche et la chambrière de la droite. Pour le faire tourner à droite, longe et chambrière sont passées d'une main à l'autre.

Même si les séances à la longe doivent rester courtes pour le jeune cheval, il importe de le faire tourner autant dans un sens que dans l'autre, afin de ne pas déséquilibrer sa musculature.

Il est important d'habituer le poulain à porter la selle, bien avant qu'il ne soit question de le monter. Tout comme pour le tapis de selle, il faut la lui faire examiner, sentir, avant de la lui poser sur le dos. Si l'on a appuyé suffisamment souvent de la main ou du bras derrière son garrot, il est à peine surpris par le poids qu'il reçoit. Mais il peut manifester étonnement et crainte au contact de la sangle, qu'il importe de ne pas trop serrer dans un premier temps. En promenant le jeune cheval sellé, l'homme appuie de temps en temps sur l'étrier côté montoir, de la main d'abord puis du pied plus lourdement.

Si à deux ans l'animal a reçu régulièrement plusieurs leçons de ce genre, le débourrage – trop souvent synonyme de bagarre – devient une simple formalité. Déjà habitué à porter la selle et à sentir un poids peser derrière son garrot, il ne s'inquiétera pas de sentir un cavalier l'enfourcher.

Tourner à la longe paraît tout naturel au cheval de deux ans si, dès son plus jeune âge, il a été tenu et dirigé par le licol.

+

Les vaccinations

En Europe, les 4 maladies pour lesquelles une vaccination est recommandée et/ou obligatoire sont : la grippe équine, la rage, le tétanos et la rhinopneumonie.

La vaccination contre la grippe équine est obligatoire pour tous les chevaux participant à des manifestations officielles.

La vaccination contre la rage est obligatoire dans les zones infectées pour tous les équidés mis à la disposition du public.

La vaccination contre le tétanos est très efficace. Une injection de rappel doit être administrée au moins tous les deux ans, et chaque fois que le cheval se blesse.

L'ÉLEVAGE DANS LE MONDE

Le contexte de l'élevage des chevaux en Europe a été bien modifié pendant la première moitié du XXe siècle. Aux bouleversements entraînés par les deux conflits mondiaux se sont ajoutées les influences de la motorisation, en ville comme aux champs. La fonction utilitaire du cheval a été remplacée par une utilisation de loisir.

L'élevage en France

La France a de tout temps bénéficié de nombreux apports de races équines. Chaque invasion ou chaque conquête a apporté son lot de cavaliers, de chevaux et de traditions équestres. Si, au départ, le cheval était employé au mieux de ses aptitudes, il est vite apparu que, selon sa morphologie, il était plus apte à telle utilisation qu'à telle autre. Le développement d'une équitation plus élaborée, à l'époque de la Renaissance, conduisit à choisir la monture considérée comme idéale pour l'utilisation qu'elle devait avoir. Bien qu'empirique, cette sélection préfigurait l'élevage moderne.

– Les Haras nationaux. C'est Colbert qui institua en 1665 l'achat d'étalons par l'État pour servir à l'amélioration de la production chevaline. Ces reproducteurs étaient laissés en dépôt chez des particuliers, ou dans des Haras royaux fondés pour ce service : celui de Montfort-l'Amaury (près de Paris), puis ceux du Pin en Normandie et de Pompadour en Corrèze. Cet ensemble, appelé Haras du roi, fut supprimé en 1790, puis repris sous la forme de l'Administration des Haras en 1806. Cette institution existe encore aujourd'hui, dépendant du ministère de l'Agriculture ; des reproducteurs de toutes les races françaises sont représentés dans au moins un des vingt-trois haras nationaux. C'est en grande partie grâce aux Haras nationaux que la transition entre la traction animale et la motorisation n'a pas entraîné en France la disparition des races locales et notamment celle des chevaux lourds.

Les Haras nationaux sont également à l'origine de deux races recherchées maintenant dans le monde entier, le selle français et le trotteur français.

– Les haras privés. La France est riche en régions traditionnelles d'élevage ; pourtant un grand nombre d'éleveurs n'ont qu'une ou deux poulinières, qu'ils font saillir par des étalons nationaux ou privés. Cela diminue les frais d'entretien et permet, par le choix très grand de mâles ainsi disponibles, de varier et d'enrichir le potentiel de la descendance à chaque naissance. Le rêve de chaque naisseur est d'avoir un jour le poulain idéal, qui pourra être conservé entier et sera « approuvé » par l'Administration des Haras pour devenir étalon à son tour. Et pourquoi pas un champion, qui poursuit en parallèle une carrière d'étalon et une carrière de cheval de sport ? C'était en 1996 le cas de Jalisco B, vice-champion du monde par équipe en saut d'obstacles et reproducteur recherché en Normandie. Mais les haras privés les plus nombreux sont ceux de chevaux de courses, pur-sang anglais ou trotteurs français, qui accueillent les cracks qui ont terminé leur carrière de sportif et commencent celle d'étalon.

Le haras d'Avenches, en Suisse, héberge dans ses superbes infrastructures étalons publics et privés. Depuis 1998 s'y est également créé l'IENA, Institut équestre national d'Avenches, formant chevaux, cavaliers et meneurs.

L'élevage en Belgique

La société d'élevage la plus ancienne de Belgique est celle du Cheval de sport belge. Ce dernier est le descendant du cheval d'armes, qui servait déjà de remonte aux milices avant la révolution de 1830 (séparation de la Belgique d'avec l'Empire hollandais). Le stud-book du cheval de sang belge ne remonte, quant à lui, qu'à une trentaine d'années. Après la dernière guerre, avec l'introduction massive du tracteur, le cheval était près de dis-

paraître des campagnes lorsque de jeunes ruraux flamands se regroupèrent au sein d'une association présidée par le chanoine Darey. L'éclair de génie du chanoine fut d'aider l'ardeur et le savoir-faire de ces jeunes cavaliers, en orientant l'élevage de leurs montures vers des croisements avec des chevaux de sport français, allemands et hollandais.
Ils furent les premiers à importer des reproducteurs de races si différentes à l'époque. Les résultats obtenus dépassèrent tous les espoirs ; ainsi, dès les jeux Olympiques de 1972, le cavalier belge Eric Wauters monta un demi-sang belge, fils d'un étalon selle français et d'une jument issue d'un croisement trotteur/trait brabançon. Enthousiasmé par ce succès, le chanoine Darey prit alors une décision avant-gardiste pour l'époque : il décida que les jeunes étalons seraient approuvés en fonction de leur aptitude à l'obstacle. L'élevage ainsi aiguillé, cette politique relayée par les cavaliers et les marchands de chevaux permit à l'équipe belge de saut d'obstacles de remporter la médaille de bronze aux jeux Olympiques de Montréal. Aujourd'hui de nombreux étalons, nés en Belgique de reproducteurs importés, et sélectionnés uniquement sur leurs qualités sportives, engendrent des chevaux qui sont parmi les plus performants et les plus réguliers en saut d'obstacles.

L'élevage en Suisse

Pays de taille réduite, misant avant tout sur l'initiative privée, la Suisse ne compte qu'un seul haras national, à Avenches. Ce haras fédéral a, dès sa création en 1898, été chargé d'orienter et de surveiller la politique agricole afin de maintenir un effectif de chevaux d'élevage propre à satisfaire les besoins de l'agriculture, de l'armée et du sport équestre. L'élevage suisse compte trois races officielles, le demi-sang (souvent français par l'un de ses aïeux), le franches-montagnes et le haflinger. Le haras d'Avenches est surtout tourné vers l'élevage du demi-sang et du cheval de franches-montagnes (FM), seule race typiquement suisse (voir « Le franches-montagnes », p. 266). L'élevage du demi-sang suisse, « estampillé » CH, est assez récent. Ces trente dernières années, il a beaucoup évolué et l'on est passé d'un cheval pour la selle et l'attelage à une véritable monture de sport, orientée en particulier vers le saut d'obstacles.
Propriétaire de la majorité des étalons, l'État a été pendant longtemps responsable de la direction de l'élevage, de la sélection des reproducteurs et de la tenue des stud-books. La globalisation de l'élevage européen et la libéralisation de ses structures ont incité la Confédération à établir de nouvelles directives, à privatiser partiellement le haras et à abandonner certaines tâches. Depuis 1996, la direction de l'élevage et la tenue des livres généalogiques ont été remises à la Fédération suisse de l'élevage chevalin. Le haras d'Avenches ainsi que les haras privés ont désormais pour but de produire un cheval de sport dont la sélection n'est plus basée seulement sur le modèle, les allures et la santé, mais de plus en plus sur les performances individuelles et celles de la descendance.

Le Canada et ses chevaux

L'élevage en Amérique du Nord, et plus particulièrement au Canada, est largement dominé par la race du quarter horse. Les fédérations équestres, comme celle du Québec, regroupent tous les types d'équitation (classique et western), mais l'organisation la plus puissante reste l'association

Le haras de Compiègne, dans l'Oise, est l'un des vingt-trois haras nationaux répartis dans toute la France. Ses étalons sont régulièrement présentés au public.

Les haras privés les plus spectaculaires sont ceux consacrés aux chevaux de courses, pur-sang anglais ou trotteurs. Ils empruntent alors le meilleur de l'architecture régionale, comme ici le haras de Meautry, en Normandie.

d'élevage du quarter horse. Comme dans tous les pays du monde où elle est représentée, elle est en étroite relation avec l'American Quarter Horse d'Amarillo (Texas). Cette centralisation et la mise en place d'une réglementation efficace sur la reproduction de la race (insémination artificielle et transport de semence) expliquent le caractère homogène de cet élevage malgré sa très forte extension. Toutefois les chevaux de selle et de sport dits « classiques » sont bien représentés au Canada, et un cavalier de niveau international comme Ian Millar (médaille de bronze aux jeux Olympiques de Tokyo), en saut d'obstacles, ou les cavalières de l'équipe de concours complet (vice-championne du monde en 1994) sont de bons exemples de la qualité des montures dont disposent les Canadiens.

Le cheval dans le monde

La population chevaline mondiale, après un très fort déclin durant la première moitié du XXe siècle, va sa chute se ralentir depuis le milieu des années 1980. L'Europe a perdu encore plus d'un million de chevaux de 1992 à 2002 : si la France en gagne 22 000, la Belgique 11 000 et l'Angleterre 12 000, la Suisse, en revanche, en perd 7 000, l'Italie 31 000, les pays de l'ex-bloc soviétique près de 1,4 millions, la Pologne 400 000, l'ex-Yougoslavie 58 000... Partout les races lourdes régressent, au profit des chevaux de selle et de loisir ; les anciennes races de trait, souvent préservées pour un débouché de boucherie, bénéficient toutefois d'un regain d'attrait pour le travail attelé traditionnel, alors que la consommation de viande de cheval diminue de manière constante. Les deux Amérique bénéficient du développement du cheval de loisir et leurs chevaux libres sont désormais protégés (+ 840 000 entre 1992 et 2002). Mais certaines catastrophes, naturelles ou non (sécheresses, désertification, mais aussi guerres...) influent considérablement sur le déclin d'autres chevaux, notamment sauvages : entre 1992 et 2002, moins 69 000 chevaux en Australie, moins 1,8 millions en Chine, mais aussi moins 200 000 en Afghanistan et sans doute près de moins 500 000 chevaux en Éthiopie.

Les chevaux dans le monde par continents ou sous-continents, avec le détail pour quelques pays marquants. Source : chiffres FAO (février 2003)
(M = millions). Total : environ 58 M de chevaux, auxquels s'ajoutent 13 M de mules et mulets, 43 M d'ânes.

AMÉRIQUE DU NORD ET CENTRALE

(Chevaux 14,1 M / Mulets 3,8 M / Ânes 3,8 M)
Canada : 385 000 chevaux, 4 000 mulets
États-Unis : 5,3 M de chevaux, 28 000 mulets, 52 000 ânes
Mexique : 6,3 M de chevaux, 3,3 M de mulets, 3,3 M d'ânes

Le quarter horse, encore utilisé comme monture des gardiens de troupeaux, est devenu la race la plus nombreuse du monde.

AMÉRIQUE DU SUD

(Chevaux 15,7 M / Mulets 2,8 M / Ânes 4 M)
Argentine : 3,9 M de chevaux, 180 000 mulets, 95 000 ânes
Brésil : 5,9 M de chevaux, 1,4 M de mulets, 1,2 M d'ânes
Colombie : 2,6 M de chevaux, 622 000 mulets, 595 000 ânes

C'est en Amérique du Sud (ici au Pérou) que la population équine se développe le plus.

EUROPE

(Chevaux 7 M / Mulets 262 000 / Ânes 783 000)
Belgique/Luxembourg : 75 000 chevaux
France : 350 000 chevaux, 15 000 mulets, 16 000 ânes
Grande-Bretagne : 184 000 chevaux, 10 000 ânes
Italie : 285 000 chevaux, 10 000 mulets, 23 000 ânes
Ex-URSS : 4,5 M de chevaux, 431 000 ânes
Suisse : 45 000 chevaux, 2 000 ânes

En Angleterre, le pur-sang a « créé » les courses (ici le Royal Ascot), conservatoires de la tradition équestre.

ASIE

(Chevaux 15,5 M / Mulets 5,1 M / Ânes 18,4 M)
Afghanistan : 104 000 chevaux, 30 000 mulets, 920 000 M d'ânes
Chine : 8,3 M de chevaux, 4,4 M de mulets, 8,8 M d'ânes
Inde : 800 000 chevaux, 200 000 mulets, 1 M d'ânes
Mongolie : 2,7 M de chevaux

Le cheval est toujours un compagnon de travail dans certaines régions de Mongolie.

AFRIQUE

(Chevaux 4,9 M / Mulets 1,3 M / Ânes 15,5 M)
Éthiopie : 2,7 M de chevaux, 630 000 mulets, 5,2 M d'ânes
Maroc : 155 000 chevaux, 520 000 mulets, 1 M ânes

L'Afrique du Nord produit toujours des chevaux arabes très stylés, ici au haras de Bouznica au Maroc.

OCÉANIE

(Chevaux 382 000 / Ânes 9 000)
Australie : 220 000 chevaux

L'Australie a son cheval sauvage, appelé brumby, dont la population a été décimée, avant sa tardive protection.

6

Autour du cheval

Outre les métiers directement liés à l'équitation, avec leurs formations spécifiques, le monde du cheval va du droit aux assurances, des clubs à la Fédération équestre internationale, des jeux Olympiques à l'équithérapie. Un domaine très vaste, unifié par un vocabulaire équestre précis et une passion commune.

Les métiers liés au cheval sont pour la plupart techniques et proches du terrain (Théodore Géricault, *Cheval sortant de l'écurie*, Chantilly, Musée Condé).

Les métiers du cheval

Beaucoup de jeunes cavaliers rêvent peut-être de pouvoir concilier leur passion et leur vie professionnelle. Certains métiers permettent de vivre en compagnie des chevaux et le choix des études y conduisant est très large, du brevet technique jusqu'à une grande école, dont le cycle dure sept ans après le baccalauréat, en passant par la formation professionnelle pour adultes ou l'apprentissage.

L'ÉLEVEUR

Faire naître des chevaux et les élever, les voir grandir, les voir gagner une compétition, n'est-ce pas une magnifique activité ? Mais c'est aussi un métier contraignant, demandant rigueur et grande connaissance des chevaux. Un métier qui peut aussi parfois prendre des allures de loterie.

Savoir répondre à la demande

Au cours des dernières décennies, la demande de chevaux de qualité n'a cessé d'augmenter en Europe. Celle des chevaux de selle, bien sûr, mais aussi celle des chevaux de trait. Ces derniers, souvent qualifiés de « lourds », n'ont été élevés durant des décennies que pour satisfaire le marché de la boucherie. Mais, peu à peu, ils ont commencé à retrouver leur place de travailleurs, pour débarder les grumes en forêt, tirer les roulottes des touristes, ou remplir certaines tâches dans les jardins publics des grandes villes.

Le choix de la race à élever doit faire l'objet d'une étude préalable approfondie, car elle doit être adaptée au sol et au climat de l'exploitation et il faut bien en connaître le marché, pour assurer un débouché à sa production. À cet égard, le développement de l'équitation en tant que loisir est un élément favorable aux éleveurs. Ceux-ci satisfont à la demande, en faisant naître des poulains des races les plus diverses. La rentabilité de l'exploitation est liée à la race élevée : plus les chevaux sont rustiques, moins ils demandent de soins et moins ils occasionnent de frais, mais, très souvent, leur prix de vente n'est pas d'un très grand rapport. Plus près du sang, les chevaux de sport et de compétition peuvent rapporter des sommes beaucoup plus importantes, mais, généralement, ils sont aussi plus fragiles et plus coûteux à entretenir. Quant aux pur-sang destinés aux courses, délicats et nécessitant des soins attentifs, une nourriture bien particulière, leur élevage demande du temps et des moyens élevés. Lorsque l'éleveur parvient à faire naître un « crack », un vainqueur, il assure sa notoriété et est certain de vendre à très haut prix sa descendance par la suite. Mais ce succès se fait souvent attendre fort longtemps, quand ça n'est pas éternellement... On le voit, pour devenir éleveur il ne suffit pas d'être compétent, il faut aussi pouvoir investir. Ces investissements peuvent être plus ou moins lourds, le prix d'une poulinière camargue, par exemple, n'ayant rien à voir avec celui d'un pur-sang ayant remporté un grand prix.

Un travail très prenant

La tâche principale de l'éleveur consiste à surveiller, à nourrir et à soigner quotidiennement son cheptel, qui, en outre, peut présenter des problèmes de santé chaque jour. C'est dire qu'il ne connaît ni dimanche ni jour férié et que, pour lui, prendre des vacances est toujours un problème. Il lui faut aussi sélectionner judicieusement ses reproducteurs pour obtenir les produits qu'il souhaite, contrôler les saillies, assister aux naissances au printemps et éduquer les jeunes poulains.

Un éleveur peut vendre ses poulains dès le sevrage, ou bien à l'âge de 2 ou 3 ans, après les avoir débourrés. La seconde solution peut s'avérer très rentable, mais nécessite du temps et des compétences et, pour monter ou atteler

Une poulinière récompensée lors d'un concours d'élevage ou un poulain primé, pour dix ou douze chevaux présentés : le métier d'éleveur n'est pas toujours facile !

régulièrement les animaux à éduquer, du tact et un grand sens de la pédagogie. Et il est alors difficile de mener de front une activité complémentaire, par exemple sportive ou agricole.

La formation

Aucun diplôme n'est indispensable pour élever des chevaux. Et la majorité des éleveurs font naître des arabes, des mérens ou des percherons, en marge d'une autre activité, d'un autre métier, sans avoir suivi une formation quelconque.

Cependant, à l'évidence, plus on en sait sur les chevaux et l'élevage, plus on a de chances de rentabiliser au mieux son activité. L'élevage est un métier typiquement agricole, pour lequel il ne suffit pas d'avoir une bonne connaissance des chevaux. Il faut parfaitement maîtriser la gestion des sols et la production fourragère ou céréalière. À celui qui n'a jamais vécu dans une exploitation d'élevage, il est recommandé d'acquérir une formation préalable lui permettant de connaître les bases de l'agriculture. Dans le cadre scolaire, cette formation est assurée par les lycées agricoles qui mènent au BEPA élevage équin (brevet d'enseignement professionnel agricole) ; ils sont nombreux et leur liste peut être fournie par le ministère de l'Agriculture et de la Pêche* ou par le Conseil national de l'enseignement agricole privé*.

Après 18 ans, et si l'on a passé une année à travailler dans le milieu du cheval (écurie de course, élevage, etc.), on peut faire un stage d'étude dans un CFPA (centre de formation pour adultes), pour obtenir ensuite au bout de six mois d'études un BPA (brevet professionnel agricole).

Avec le niveau bac ou un brevet de technicien et après avoir effectué une préparation d'un an dans un lycée agricole, on peut passer le concours d'entrée dans une des deux ENITA* (école nationale d'ingénieurs agricoles) de Dijon ou de Bordeaux. Après deux ans d'études, on y obtient le diplôme d'ingénieur agricole.

Enfin, la plus ancienne filière consiste à acquérir son expérience « sur le tas », en travaillant comme employé dans un haras de renom. Pour qui veut vraiment découvrir les arcanes du métier en écoutant, en observant et en posant des questions, cette filière est sans conteste la plus performante. Pourtant, elle est de moins en moins suivie, car jugée peu valorisante.

On peut se renseigner utilement auprès de l'Union interprofessionnelle du cheval (UNIC)* ou du Service des haras, des courses et de l'équitation*.

* *Voir « Carnet d'adresses », p. 370.*

UN ÉLEVEUR À L'ANCIENNE

Jean-Louis Cannelle élève et éduque – les deux étant dans son esprit indissociables – des comtois, comme il a appris à le faire auprès des « anciens », dans son Doubs natal.

Pour choisir une jument, il observe sa morphologie en portant la plus grande attention à ses aplombs et à son allant, « parce que sans bons aplombs un cheval ne vaut pas plus qu'un coureur de marathon aux pieds plats et que la marche, surtout chez le cheval attelé, s'améliore difficilement ». Ensuite, il s'inquiète de la souche « de la famille tout entière », qui doit être dépourvue de tares, au sens large du terme. Il choisit un étalon « pouvant gommer les imperfections de la jument », et, lorsque cette dernière est pleine, il la fait travailler légèrement « pour que le poulain mémorise les mouvements de sa mère, les bruits de l'attelage, les ordres donnés, l'ambiance ; pour que le travail fasse partie de sa vie, avant même qu'il ne voit le jour ».

On peut trouver cette manière de procéder discutable. Mais, lorsqu'à la maison Cannelle on attelle pour la première fois une pouliche, vers l'âge de deux ans, en compagnie d'une ou deux juments ayant du métier, elle se comporte d'entrée en vieux cheval routinier !

La sélection et la méthode d'éducation de notre éleveur sont si efficaces qu'il remporte souvent des succès dans bien des concours et des épreuves, et n'a aucun mal à placer ses produits à des prix très rémunérateurs.

LE PALEFRENIER-SOIGNEUR

Trop souvent, l'image du palefrenier évoque celui ou celle qui manie la fourche à fumier et la brouette. Il s'agit pourtant d'un personnage clé, puisque de lui dépend le bon état physique et moral des chevaux d'une écurie. Par ailleurs, le travail de palefrenier est souvent un profitable tremplin pour passer à un autre métier.

Premier auprès des chevaux

Le palefrenier-soigneur commence sa journée bien avant le lever du jour, vers cinq heures du matin. Il donne d'abord leur premier repas aux chevaux, qui ont salué son arrivée de petits hennissements gourmands, puis il les sort de leur box l'un après l'autre et les panse. La toilette terminée, il rafraîchit la litière ou cure le box, avant d'y ramener son pensionnaire. Le pansage est l'occasion d'examiner le cheval de près, de le soigner s'il doit l'être, de lui montrer de l'attention, de lui faire une piqûre ou de lui changer un pansement.

On ne peut juger du travail du palefrenier-soigneur au nombre de chevaux dont il a la charge. Ce nombre varie d'une écurie, d'un établissement à l'autre et ne signifie pas grand-chose. Il est en effet moins contraignant de nourrir et de soigner une quinzaine de chevaux rustiques que d'avoir en charge une demi-douzaine de délicats pur-sang. Si la première partie de la journée de notre palefrenier est extrêmement occupée, il est ensuite beaucoup moins bousculé. Il lui reste à distribuer les autres repas aux chevaux – un, deux, trois, voire quatre, selon les écuries et les sujets – et à entretenir les lieux ainsi que, bien souvent, la sellerie.

La connaissance pratique

Il est certain qu'un palefrenier-soigneur, parce qu'il passe ses journées entières à soigner les chevaux, acquiert d'eux une excellente connaissance. Dans une écurie de course, pour accéder au rang de premier garçon, c'est-à-dire chef d'écurie et bras droit de l'entraîneur, il faut parfaitement maîtriser son métier. Ce qui peut donner envie de voler de ses propres ailes, inciter à se lancer dans l'élevage ou à devenir entraîneur. Et, alors qu'il faisait partie du « petit personnel » trop souvent dédaigné – à tort !...–, le palefrenier peut devenir une sommité du monde du cheval s'il fait naître ou s'il entraîne un « crack ». Acquérir les connaissances nécessaires pour être palefrenier-soigneur peut se faire de plusieurs manières. On peut entrer à 14 ans dans un collège agricole et, au bout de trois ans d'études, passer l'examen permettant d'obtenir le CAPA (certificat d'aptitude professionnelle agricole) de palefrenier-soigneur. Autre possibilité pour obtenir le même certificat : un apprentissage de deux ans chez un employeur, entrecoupé d'études dans un centre de formation. Les adultes peuvent aussi apprendre ce métier, s'ils ont déjà travaillé avec les chevaux durant un an, en passant le BPA (brevet professionnel agricole) de palefrenier-soigneur.

À l'École nationale des haras*, au Pin, on forme des cavaliers-soigneurs. Le terme est explicite : en plus des soins aux chevaux, on apprend aux élèves à maîtriser la pratique équestre. Les garçons de 14 ou 15 ans, du niveau de la 5e, ayant réussi le concours d'entrée sont admis dans cette école. Les études durent trois ans et sont sanctionnées par un CAPA de cavalier-soigneur. Ce métier peut s'envisager de deux façons : soit l'on s'occupe de chevaux de service (centres équestres, armée, écuries, etc.), et c'est une activité sédentaire ; soit l'on devient groom de cavaliers de concours, ce qui implique de nombreux déplacements, où le soigneur est mêlé aux victoires et aux défaites de l'écurie. Ce rôle semble parfois ingrat, mais il est reconnu comme étant très formateur et peut représenter un stade dans l'évolution d'une carrière. De grands cavaliers sont passés par cette formation.

ANAÏS DUNE DE L'ÉCURIE À LA ROUTE

Anaïs Dune a été palefrenière-soigneuse pendant six ans, avant de s'établir à son compte. Elle a étudié pour passer son certificat, tout en faisant son apprentissage chez un patron. Son diplôme en poche, elle a trouvé – difficilement, car les places sont assez rares – un emploi dans un centre de randonnée. Elle avait là dix-huit chevaux à soigner, sans être beaucoup aidée. « C'étaient mes copains et peut-être même plus que ça, dit-elle en souriant. Je les connaissais si bien, avec leurs manies et leurs goûts. Le matin en entrant dans l'écurie, il ne me fallait pas deux minutes pour repérer un malade ou un mal luné ! »

Pour pouvoir aider son employeur, Anaïs a passé son permis poids lourd et son brevet d'accompagnateur de randonnée. Mais elle ne s'est pas contentée, en dehors de son travail, d'entraîner des cavaliers à travers le causse, ni de conduire le grand van. Très bonne cavalière, aimant prendre des risques, elle s'est aussi lancée dans la voltige en ligne droite. Elle a joué la cascadeuse ! « Tout ça n'est pas si difficile, assure-t-elle modestement. Quand on a pris le coup, faire "à-terre-à-cheval" c'est presque comme marcher. Il y a un tour que je ne fais pas encore, c'est passer sous le ventre du cheval au galop. Mais je suis sûre que, quand on l'a fait une fois, c'est facile, comme le reste. » On aimerait la croire !

Anaïs a fini par acheter son cheval, Sultan, pour s'intégrer dans une petite troupe de cascadeurs, qui se produit dans les fêtes.

À force de conduire les chevaux de ses copains, vers les kermesses et les manifestations, elle est devenue une vraie professionnelle du transport des équidés. Ce qui lui a donné l'idée d'en faire son métier, en achetant un van d'occasion. « C'est long et dur parfois la route, constate-t-elle tout de même. Mais je n'ai jamais le temps de m'ennuyer, puisque j'ai toujours de un à six chevaux à bichonner avec moi ! »

* *Voir « Carnet d'adresses », p. 370.*

LE LAD, LE JOCKEY, LE DRIVER

Les écuries et les champs de course fourmillent de ces petits personnages (petits uniquement par la taille et par le poids !), qui sont les emblèmes du monde du turf. Ce sont eux qui vivent le plus intimement avec les chevaux les plus rapides du monde ; c'est sur eux que reposent toutes les compétitions sur les hippodromes.

On ne trouve des lads (ou garçons d'écurie) que dans les écuries des entraîneurs de chevaux de course. Leur tâche est pour une part la même que celle du palefrenier-soigneur.

Levé très tôt le matin, le lad nourrit et soigne les chevaux et participe à l'entretien de l'écurie et du matériel. Vient ensuite l'heure d'entraîner les coursiers : c'est pour lui le moment le plus important de la journée, celui qui le fait quelque peu rêver. Le lad est en effet un éventuel futur jockey ou driver.

La formation générale

Pour devenir lad, il faut avoir 14 ans, le niveau de la 4e, mesurer moins de 1,40 m et peser moins de 38 kg (les impératifs de poids sont moins pris en compte pour un postulant aux courses de trot attelé). Les études durent trois ans, en internat dans un établissement d'enseignement agricole, toujours situé à proximité d'un centre d'entraînement de chevaux de course. Elles préparent à passer le certificat d'aptitude professionnel agricole de lad-jockey ou de lad-driver. On peut aussi se présenter à cet examen, si l'on a moins de 16 ans, après un apprentissage chez un employeur agréé, alternant avec de courts mais nombreux stages de formation théorique, au centre d'apprentis de Chantilly*.

Son diplôme en poche, embauché par un entraîneur, le lad vit beaucoup d'espoir : celui de se voir confier chaque matin la monte des meilleurs chevaux de l'écurie, partant sur le terrain d'entraînement par « lots » (petits groupes homogènes au niveau des performances) ; celui de se conformer aux directives de son patron pour détendre, échauffer, faire trotter ou galoper, notamment durant les « canters » (périodes de galop moyen pour travailler le souffle), les chevaux qui lui sont dévolus ; celui surtout de s'entendre annoncer un jour : « Dimanche, tu monteras Ma douceur dans la cinquième. »

Du lad au jockey

Cette première course est toujours une épreuve mineure. Comme à l'entraînement, le lad doit se conformer au schéma et à la stratégie définis par l'entraîneur. Mais, une fois le départ donné, il lui faut aussi juger des ressources du cheval qu'il monte, en fonction du train imposé par les autres concurrents. S'il passe le poteau d'arrivée bien placé, en ayant tiré le meilleur parti possible de sa monture (ou s'il gagne !), il sait qu'il a quelques chances d'appartenir bientôt à cette caste des jockeys qui le fascine tant.

Qu'ils sont durs les petits matins près de Chantilly, quand les jeunes apprentis sortent dans le froid le premier « lot » des chevaux à l'entraînement.

C'est après avoir fait ses preuves et acquis une certaine notoriété, en montant de manière satisfaisante en course les pensionnaires de son patron, que le lad devient jockey. Il quitte l'écurie de l'entraîneur et monte sur l'hippodrome les chevaux des propriétaires et des entraîneurs qui le lui demandent. Et il continue à rêver de gloire et de fortune, car, comme tous ses semblables, il espère remporter un jour la Cravache d'or, récompense suprême.

Alors que le lad connaît tous les chevaux qu'il monte, puisqu'il les soigne et les entraîne chaque jour, le jockey doit souvent monter en course des animaux avec lesquels il n'a pratiquement jamais eu de contact. Aussi, même en s'appuyant sur les indications et les directives données par l'entraîneur, il lui faut deviner sa monture pour en tirer le meilleur au long d'une course. En cela, il est un véritable artiste, et il est rémunéré comme tel. Plus il remporte de succès, plus sa notoriété est grande, plus il demande des tarifs élevés pour monter un cheval en course. Et il arrive qu'il fasse vraiment fortune. Le jockey de galop et celui de trot (la France est le seul pays où les trotteurs sont montés), tout comme le driver qui mène les trotteurs attelés à des sulkys, suivent des parcours pratiquement identiques. Ils travaillent tout au plus différemment sur le plan technique. Le grand problème du driver et du jockey de trot est de ne pas pousser les coursiers au point de les faire « tomber » dans le galop, ce qui entraîne leur disqualification. Mais la vie d'un jockey est faite de succès et d'échecs...

LA JOURNÉE D'UN LAD-JOCKEY

Samedi, 6 h du matin : Luc file sous la douche. Il monte sur la balance : 61 kg. Au petit déjeuner, il se contentera d'un pain grillé et d'une tasse de café. Il vérifie son sac de course : le breeches (pantalon) blanc, les fines bottes de cuir à revers, la cravache, la selle de 2 kg aux petits étriers d'aluminium, le tapis de toile avec ses poches de cuir dans lesquelles on glisse les plaques de plomb. Ce matin, avant de partir, il ne montera que deux lots (au lieu de quatre habituellement) pour arriver à temps. Les courses sont à Nantes, à 200 km de là. En premier, il sortira le pur-sang qui doit courir cet après-midi : un petit galop, pas plus.

– « Comment est-il ? », demande l'entraîneur après ce court galop.

– « Il est souple, il ne souffle pas. »

– « Bon. Mais tu ne seras pas dur avec lui, le terrain sera un peu sec pour lui. 63 kg, ça va ? »

– « Ça va, patron. » En fonction de ses performances antérieures, le cheval doit porter un poids défini par les « handicapeurs » officiels. L'idéal étant que le jockey (et sa selle, qui peut être alourdie par des plaques de plomb) pèse juste ce poids-là.

13 h, au champ de courses : le déjeuner sera remplacé par une heure de sauna pour perdre une livre ou deux et ne pas dépasser les 63 kilos minimaux annoncés. Le cheval de la maison court la deuxième course. Ensuite, Luc a deux montes pour un entraîneur de Pornichet : des chevaux qu'il n'a jamais montés, mais qu'il a déjà vu courir. Pas des « cracks », mais de bons sauteurs. Il est confiant.

18 h : il faut rentrer. Le cheval de la maison a fait un parcours sage. Il est sixième en « finissant bien ». Des deux autres, le premier est tombé sur un obstacle. Pas de dégâts, sauf pour Luc, qui a une épaule endolorie. Mais il n'a rien dit pour pouvoir monter le second, qui avait une chance ; il a fini deuxième.

20 h, dîner en famille. Le téléphone sonne. C'est un entraîneur du Lion-d'Angers :

– « Luc, est-ce que tu peux monter pour moi demain ? C'est pour Jetsky. Le cheval a une première chance. »

– « Combien ? »

– « 62 kg... »

– « Désolé, monsieur. » Un kilo, pour un jockey déjà à son poids minimal, c'est impossible à perdre !

Les formations spécialisées

L'AFASEC (Association de formation et d'action sociale des écuries de course) sélectionne les candidats à cette profession dès leur sortie de 4e ou de 3e. Elle assure leur formation théorique et pratique en alternance avec les écuries d'entraînement, dans les deux disciplines du trot et du galop. Les Maisons familiales rurales, réunies dans l'UNMFREO* (Union nationale des maisons familiales rurales d'éducation et d'orientation), réparties sur l'ensemble du territoire, proposent le même type de formation. Ces établissements privés sont sous contrat avec le ministère de l'Agriculture et sont constitués sous forme d'associations de parents d'élèves et de professionnels, qui en assurent la gestion. En plus des courses, elles préparent aux métiers de l'élevage, de la maréchalerie et du tourisme équestre depuis plus de vingt ans. Tous les renseignements concernant ces établissements peuvent être obtenus auprès de l'AFPPICC* (Association de formation professionnelle des personnels de l'institution des courses) et de l'Association générale et du Syndicat professionnel des jockeys de galop*. En Suisse, le monde des courses est multiforme. On peut se renseigner auprès de la FSCC* (Fédération suisse des courses de chevaux).

Le driver des courses de trot attelé n'est pas astreint aux mêmes exigences physiques (taille et poids) que le jockey des courses de galop.

Pour les non-professionnels

On peut citer ici les cavaliers montant en course en amateur. Ils sont surtout présents sur les hippodromes de steeple-chase ou en course de trot. Ils adhèrent généralement au Club des gentlemen-riders et des cavalières* et à l'Association des cavaliers de courses amateurs de France*.

* Voir « Carnet d'adresses », p. 370.

L'ENTRAÎNEUR

On appelle entraîneur celui qui n'entraîne que des chevaux de course. Sa réussite dépend de celle des animaux dont il s'occupe et des résultats qu'il obtient sur les hippodromes. Voilà une profession délicate, pour ne pas dire hasardeuse...

Préparer des champions

L'entraîneur, qui n'a généralement pas de chevaux à lui, fait travailler ceux que lui confient des propriétaires, moyennant une rémunération convenue d'avance, qui peut être très variable. Dans certains cas, il demande un prix forfaitaire pour son travail et la pension de l'animal ; dans d'autres, il entraîne tel ou tel cheval, en spéculant sur ses gains éventuels en course, dont il demande à toucher un pourcentage.

Pour aussi curieux que cela puisse paraître, l'entraîneur ne monte presque jamais les chevaux qui lui sont confiés. Car c'est à pied qu'il peut le mieux juger les progrès d'un coursier. Lorsqu'un nouveau pensionnaire arrive dans son écurie, il l'observe longuement, étudie sa morphologie, ses allures, s'enquiert de son ascendance et des performances de celle-ci. Puis il fait monter ou driver le cheval par un lad (jeune garçon d'écurie) de petit poids pour juger de ses possibilités, du temps qu'il met pour couvrir une distance moyenne, de ses pointes de vitesse. Cet examen terminé, il programme l'entraînement de l'animal, qu'il va diriger pour essayer d'en faire un champion.

Savoir juger les chevaux

La journée de l'entraîneur commence avec la vie de l'écurie, vers cinq heures chaque matin. Car, même s'il a toute confiance dans ses lads et surtout dans son premier garçon (sorte de contremaître), aucun coup d'œil ne peut remplacer le sien. Faisant le tour des boxes, il observe attentivement chaque cheval, dont il examine l'état après une nuit de repos. Puis il prend ses décisions et donne ses directives concernant le travail des animaux et les conditions dans lesquelles il entend qu'il soit effectué. Ensuite, il supervise l'entraînement sur les pistes, comparant la forme des chevaux, les distances couvertes, les temps chronométrés. C'est au cours de ces séances, qui durent souvent toute la matinée, qu'il prend conscience de la montée en forme de tel animal, ce qui lui laisse espérer une prochaine victoire. Mais il peut aussi, devant les contre-performances répétées de tel autre cheval, renoncer à vouloir faire de lui un vainqueur. La sélection des chevaux de course se fait sans état d'âme.

Pour ceux qui travaillent en sa compagnie, l'entraîneur est un homme un peu mystérieux, pour ne pas dire sorcier... Car, même s'il est souvent prêt à leur répondre, ils ne lui demandent presque jamais la raison des décisions qu'il prend et qui leur semblent souvent étranges : par exemple, modifier de façon

L'INFLUENCE DU MILIEU

L'après-midi, l'entraîneur se rend généralement sur un champ de courses ou un autre, où il a toujours ses entrées. Évidemment, il tient à assister aux épreuves dans lesquelles sont engagés des chevaux entraînés dans son écurie. S'il préfère voir ses coursiers gagner, le déroulement de la course, quel qu'en soit le résultat, demeure de toutes façons pour lui plein d'enseignements et peut l'amener à revoir ou à infléchir l'entraînement de son ou de ses pensionnaire(s) en piste. Ces visites aux hippodromes sont aussi des opérations de relations publiques. Dans les tribunes et auprès des écuries, l'entraîneur croise, côtoie des collègues, ce qui lui permet de se tenir informé de tout ce qui concerne la profession.
Et puis, et surtout, il rencontre à ces occasions des propriétaires qui peuvent, un jour ou l'autre, lui confier des chevaux à entraîner.

extrêmement minime une ration, recommander de faire longuement marcher en main tel animal en compagnie de tel autre avant de le harnacher, ou encore ne jamais faire voyager cet autre cheval dans le van sans le chien dont la compagnie l'apaise, alors que son absence le rend nerveux...
Par la suite, lads et garçons d'écurie pourront s'imaginer que le gagnant d'une course doit sa victoire à tel ou tel détail prescrit par leur patron et leur paraissant plus ou moins insolite.

Progresser vers la victoire

En fait, l'entraîneur est une sorte d'artiste. Pour faire son métier, il doit avoir une grande connaissance des chevaux, mais être en plus doué d'un certain « nez ». Il travaille en raisonnant, certes, mais aussi en tâtonnant et en se fiant plus ou moins à son intuition.
Après avoir pris la mesure des capacités et des aptitudes d'un cheval, puis après l'avoir soumis à l'entraînement qui lui semble le plus judicieux, l'entraîneur cherche la course convenant le mieux à l'animal (distance, terrain, concurrents, etc.) et l'engage. En fonction du résultat obtenu dans cette première épreuve, il maintient ou modifie l'entraînement du cheval, en prévoyant de l'engager par la suite dans des courses qu'il sait déjà devoir convenir à l'animal et en lui donnant ainsi un maximum de chances de vaincre. Il arrive qu'il mette ainsi en évidence un grand vainqueur, un grand cheval, dont le nom entre dans l'histoire des courses pour y faire date, comme ceux d'Ourasi, de Une de mai ou de Driade des bois. C'est alors la gloire pour son écurie ! Car tout entraîneur faisant émerger un « crack » se voit plus fortement sollicité pour entraîner des coursiers. Aussi est-il amené à refuser des offres et des propositions. Mais cela lui permet de sélectionner les clients et de ne plus entraîner que des chevaux qui lui plaisent, dans lesquels il croit deviner une étoffe de grand champion. Ce qui est un nouveau facteur de réussite !

C'est le rêve de tout entraîneur de se retrouver au centre du paddock avec les propriétaires (ici, au champ de course de Longchamp), regardant tourner les cracks de son écurie.

La filière à suivre

Le plus souvent, on devient entraîneur pour répondre à une véritable vocation, pour mettre en œuvre un don n'ayant rien à voir avec les études livresques. Qui se lance dans ce métier ? Ce peut être un ancien jockey, un ancien éleveur de pur-sang ou de trotteurs, ou encore un ancien premier garçon d'écurie. Mais, dans tous les cas, il ne peut s'agir que de personnes ayant une excellente connaissance des chevaux, des impératifs de la course comme du milieu du turf. Des cours de recyclage sont prévus pour les entraîneurs à Chantilly, mais ils ne sont sanctionnés par aucun diplôme. Les entraîneurs sont regroupés dans trois organismes : l'Association des entraîneurs de chevaux de courses au galop en France*, le Syndicat des entraîneurs de trot* et l'AGPSPT (Association de gestion pour la protection sociale des professionnels du trot*).

* *Voir « Carnet d'adresses », p. 370.*

LE VÉTÉRINAIRE ÉQUIN

Devenir vétérinaire est le rêve de nombreux enfants, mais la route est longue pour y parvenir. Une bonne mémoire et la volonté de réussir sont indispensables pour franchir le cap des études.

Des études difficiles

L'entrée dans les écoles se fait par un concours portant sur des matières générales : mathématiques, physique, chimie et biologie. Durant quatre années à l'École vétérinaire, les élèves étudient l'anatomie, la pharmacie, la biochimie, la physiologie, la zootechnie (techniques d'élevage et études des différentes races), l'éthologie (comportement animal), la médecine, la chirurgie ainsi que toutes les matières permettant au vétérinaire de jouer son rôle de contrôle sanitaire : législation, maladies contagieuses, épidémiologie, inspection des viandes... De quoi avoir la tête bien pleine ! Après cette formation générale, le vétérinaire doit se spécialiser en faisant des stages pratiques sur le terrain et en suivant des cours postuniversitaires.
La pratique vétérinaire équine s'est considérablement développée au cours des dernières années grâce aux progrès de l'anesthésie, qui permettent d'examiner en toute sécurité un cheval debout ou couché, et à l'application de techniques modernes issues de la recherche médicale humaine.

Pour les interventions importantes, les chevaux sont amenés dans une clinique, qui dispose de tout le matériel moderne, notamment une table de soins basculante permettant de coucher le cheval endormi.

Un métier au grand air

Une grande partie du métier s'exerce de façon itinérante, allant d'écurie en écurie pour vacciner, examiner ou traiter des chevaux. Les interventions les plus courantes concernent les coliques, les épidémies de toux, les boiteries et les blessures bénignes. Dans les régions d'élevage, des vétérinaires spécialisés en gynécologie se déplacent de haras en haras pour examiner les juments et déterminer le moment optimal où elles doivent être saillies ou inséminées. Ce rôle a pris une importance considérable dans les élevages de chevaux de course ou de sport, étant donné le prix souvent élevé des saillies.

Dans sa voiture, le vétérinaire dispose souvent d'instruments permettant de faire des examens approfondis, tels qu'appareils de radiographie (pour l'examen des os), d'échographie (utilisé en gynécologie, en cardiologie et pour l'inspection des tendons), d'endoscopie (pour visualiser le larynx du cheval)... Toutefois, pour des examens plus complexes, les vétérinaires font venir les chevaux dans leur clinique, où ils disposent d'équipements encore plus performants.

L'évolution du métier

La chirurgie courante peut se pratiquer dans les écuries, c'est le cas notamment pour les castrations et les sutures de plaies bénignes. Toute intervention plus compliquée se fera dans une clinique vétérinaire spécialisée. Dans ce domaine, les progrès récents sont considérables. La mise au point de tables spéciales basculantes et de produits anesthésiques très performants a beaucoup changé la face des choses : coucher un cheval et le relever après une opération sont devenus des opérations quasiment sans risques. La chirurgie osseuse a également énormément évolué : presque toutes les fractures des membres peuvent techniquement se réparer grâce à la pose de plaques métalliques adaptées ; en ce qui concerne les troubles des articulations, le chirurgien intervient par arthroscopie, grâce à une microcaméra, sans avoir besoin d'ouvrir l'articulation. La chirurgie abdominale a suivi le mouvement : les coliques aiguës du type torsion s'opèrent avec un bon pourcentage de succès, à condition d'intervenir très rapidement après le début du trouble.

Techniquement, beaucoup de choses sont possibles, toutefois la décision d'intervenir prend quelquefois un aspect économique. Les interventions chirurgicales importantes nécessitent de mettre en œuvre des moyens considérables et, de ce fait, coûtent très cher, les soins postopératoires sont souvent longs et compliqués. De plus, même si le vétérinaire arrive à sauver la vie du cheval, il ne peut pas toujours garantir qu'il pourra à nouveau travailler ou redevenir un athlète. Dans chaque situation grave, on doit être amené à peser le pour et le contre et prendre la difficile décision de se lancer dans des frais importants, avec des résultats incertains, ou d'abréger la souffrance de l'animal en procédant à son euthanasie.

En dehors de sa clientèle régulière, le vétérinaire équin est de plus en plus sollicité pour procéder aux contrôles obligatoires de certaines compétitions sportives.

Panorama professionnel

Selon les statistiques du syndicat national des vétérinaires, en France, cent cinquante professionnels exercent exclusivement en spécialité équine et sept cents le font de manière partielle. Il s'agit donc bien d'une spécialité qui allie le goût des sciences à celui des chevaux. On peut citer nombre de vétérinaires qui sont également d'authentiques « hommes de cheval ». Il va sans dire que la médecine qui s'adresse aux chevaux de course et de sport est extrêmement spécifique et requiert une haute spécialisation. Ainsi, après les deux années préparatoires (post-baccalauréat) suivies des cinq années d'École vétérinaire, il reste généralement au futur hippiatre à perfectionner ses connaissances en travaillant quelques années encore en qualité d'assistant d'un patron expert.Il existe quatre écoles vétérinaires, à Maisons-Alfort, à Lyon, à Nantes et à Toulouse*.

Médecines complémentaires

Les rebouteux pour chevaux ont toujours existé dans les campagnes et les succès qu'ils obtenaient étaient la meilleure preuve de leur utilité. Comme en médecine humaine, cette pratique de manipulation de la colonne vertébrale s'est officialisée et développée sous le nom d'ostéopathie. Quelques vétérinaires se sont réellement spécialisés dans cette technique et obtiennent des résultats, là où la médecine traditionnelle s'avère inefficace. L'ostéopathie intervient non seulement de façon mécanique sur la colonne vertébrale, mais aussi par le biais de la circulation des énergies dans l'ensemble de l'organisme. Par cet aspect, elle est très proche de l'acupuncture, si bien que les vétérinaires combinent parfois les deux techniques pour consolider les résultats. L'absorption de médicaments étant heureusement interdite à tout cheval engagé dans une épreuve sportive (compétition équestre ou course), le recours aux substances naturelles s'est également bien développé avec la prescription de produits homéopathiques et phytothérapiques. Ces médecines complémentaires représentent de réels champs d'action intéressants.

Le dentiste équin

La nécessité de surveiller, voire de soigner, les dents des chevaux est trop souvent ignorée par le commun des cavaliers-propriétaires. C'est officiellement le vétérinaire qui, à l'occasion d'une visite, examine la denture, notamment à la recherche de surdents. Toutefois, certains maréchaux-ferrants ont acquis une expérience en ce domaine et peuvent intervenir s'ils sont équipés du matériel adéquat. Enfin, quelques « techniciens dentaires » se sont installés dans les régions d'élevage. Leur compétence fait l'objet d'un « bouche-à-oreille » efficace parmi les professionnels, mais la question d'une éventuelle responsabilité légale en cas d'accident n'est absolument pas réglée.

Voir « Carnet d'adresses », p. 370.

LE CHOIX D'UN VÉTÉRINAIRE

La pratique de la médecine équine est difficile, car souvent les propriétaires sont très exigeants : ils veulent que leur cheval soit non seulement en bon état général de confort, mais aussi apte à fournir rapidement des efforts physiques importants en vue d'une performance sportive ou d'une randonnée fatigante pour l'animal. Pour que la relation entre le vétérinaire et le propriétaire d'un cheval marche bien, il est indispensable que la confiance soit totale et réciproque.

Toute écurie doit disposer d'un vétérinaire attitré, géographiquement proche, apte à intervenir dans les situations d'urgence : accident, colique, coup de sang, fourbure... Il est toujours souhaitable que le propriétaire puisse avoir un contact direct avec le vétérinaire : la visite annuelle de vaccination est une bonne occasion pour faire connaissance, discuter et poser des questions. En cas de problème chronique, tel qu'une boiterie persistante, le dialogue est également important. Dans chaque domaine (orthopédie, cardiologie, gynécologie...), il existe des spécialistes reconnus. Le bon vétérinaire généraliste – lorsqu'il ne trouve pas lui-même la solution – proposera à son client de se référer à l'avis de l'un de ces spécialistes ; c'est une décision qu'il faut suivre absolument plutôt que d'aller voir un concurrent direct, qui devra reprendre le problème au point de départ.

LES CARRIÈRES MILITAIRES

Depuis les temps les plus anciens et jusqu'à une époque très récente, le cheval et l'équitation ont d'abord été l'apanage des militaires. Bien que les chevaux d'armes n'aient plus aujourd'hui d'utilité guerrière, on en entretient et on en monte encore quelques-uns dans de nombreux pays. Peut-être est-ce en souvenir des combattants d'autrefois ?

Souvenir du passé

Les premiers gardiens de l'ordre public ont été partout des militaires et bien souvent des cavaliers. À Paris, le premier « préfet de police » nommé par Charlemagne était déjà le « chevalier » du guet. Et jusqu'à l'apparition de l'automobile, les gendarmes (de « gens d'armes ») ont toujours disposé de chevaux. Le cavalier se trouve dans une position élevée qui lui permet de voir, de surveiller de loin. Il est aussi plus rapide qu'une personne à pied. Et puis, surtout, le fait de maîtriser un cheval, animal magique, lui confère un certain prestige que tous les cavaliers connaissent et qui est un atout essentiel pour accomplir un travail de maintien de l'ordre.

À l'époque de l'ordinateur et des voyages dans l'espace, dans des pays comme l'Angleterre, les États-Unis ou la France, la leçon du passé n'a pas été totalement oubliée et des policiers font toujours leur travail en selle. Grâce à leur monture, ils patrouillent efficacement et presque silencieusement sur les parkings géants, ou loin du bitume, dans les forêts. En dépit de leur aspect anachronique, ils sont, dans certains cas, difficilement remplaçables.

Le corps d'élite de la police montée canadienne ne comprend que soixante-quatre membres, mais ils sont renouvelés tous les deux ans pour permettre à tous les volontaires d'avoir une chance d'en faire partie.

La parade

Pour recevoir fastueusement les hôtes de marque, il n'est pas un pays qui ne fasse appel à ses militaires en habits de parade. Et quoi de plus prestigieux que des soldats à cheval, surtout vêtus d'uniformes chamarrés et ayant l'air d'appartenir à un brillant passé ? En Angleterre, ce sont les trois régiments royaux montés, dont les célèbres horse-guards, qui rendent les honneurs ; en Italie, les carabiniers montés ; en France, la garde républicaine ; en Inde, les lanciers ; au Canada, la police montée ; au Sénégal, la garde rouge de Dakar.

La plupart de ces prestigieuses unités de cavalerie donnent plus ou moins régulièrement des spectacles et autres carrousels, dans le but de maintenir leur réputation, leur renommée et souvent de montrer leur attachement à certaines traditions. Ces représentations, partout fort bien accueillies – la présence des chevaux aidant ! –, sont très souvent réclamées, sollicitées, à tel point que la demande est trop importante pour les disponibilités de ces troupes.

La police montée canadienne

Le 30 août 1873, le gouverneur général du Canada crée la Police à cheval du Nord-Ouest, unité semi-militaire de trois cents hommes, devant « accomplir les tâches habituelles d'un corps de police ». Cette poignée d'hommes, appelée d'entrée les Tuniques rouges, en raison de la couleur de leur uniforme, sont parvenus en peu d'années à faire régner l'ordre et la paix à travers un pays aussi étendu que l'Europe ! Leur prestige s'est trouvé rapidement établi et est demeuré depuis incontesté. En 1949, la Police à cheval du Nord-Ouest est devenue la Gendarmerie royale du Canada. Jusqu'en 1966 – donc longtemps après les débuts de la motorisation –, toutes les recrues ont reçu une formation équestre, considérée comme la meilleure, pour acquérir les qualités nécessaires à un bon policier. À la fin du siècle, sur les quelque 12 000 hommes que compte la Gendarmerie royale, les *mounties* ne sont plus que... 64 ! S'agit-il d'une section d'élite de cavaliers de métier ? Non, il s'agit plus simplement de policiers volontaires, qui apprennent l'équitation, deviennent assez fins cavaliers pour participer au fameux carrousel et qui, au bout de deux ans, retournent au service régulier.

En été, il n'est pas rare de voir sur la promenade Sussex, à Ottawa, un carrosse de cérémonie entouré de *mounties* à cheval, se dirigeant vers le palais du gouverneur général. L'importance de l'escorte varie selon les dignitaires. Pour un ambassadeur, on ne va pas au-delà de quatre cavaliers. Mais, pour la reine d'Angleterre, l'escorte est constituée de l'unité tout entière.

La Gendarmerie nationale française

La France conserve une cavalerie militaire importante, grâce à la gendarmerie et à ses régiments spécialisés appelés « Garde républicaine* ». Ceux-ci ont pour mission d'assurer les gardes d'honneur et les défilés, mais aussi, et de plus en plus souvent, la surveillance d'espaces boisés, comme les forêts domaniales, ou de tout site naturel sensible. Chaque année, une cinquantaine de gardes sont recrutés parmi les très nombreux candidats ayant déposé leur dossier à la Gendarmerie. Parmi les compétences requises, un minimum de connaissances équestres est exigé ; par la suite, les gardes auront accès à une formation interne de sous-officier, s'ils le désirent, puis à une école d'officier. La plus grande partie du corps est basée

C'est dans leur rôle de surveillance des forêts que les promeneurs préfèrent les gendarmes ! L'organisation du service national réserve aux volontaires une vingtaine de postes de gendarmes auxiliaires à cheval.

à la caserne des Célestins, à Paris, mais certains escadrons sont « délocalisés » sur les sites de leur mission. Tant que dure leur formation les futurs gardes alternent cours théoriques, exercices physiques, perfectionnement des soins aux chevaux et maîtrise de l'équitation, voire compétition sportive. Par la suite, quelle que soit leur mission, ils passeront de toute façon plusieurs heures de la journée à entretenir le matériel et à faire travailler les montures qui leur sont confiées.

Autres institutions françaises

L'armée française a conservé une partie de son activité équestre, axée sur le prestige et les sports équestres : courses, concours de sauts d'obstacles (CSO), concours complet et dressage. À Fontainebleau, le Centre des sports équestres militaires (CSEM) pratique ces disciplines et, de plus, accueille pour leur service national des jeunes cavaliers titulaires d'un palmarès (bataillon de Joinville). À Saumur, l'École nationale d'équitation*, qui comprend le prestigieux Cadre noir, pérennise la tradition de l'équitation académique, participe aux compétitions et propose des stages de perfectionnement aux professionnels.

La garde rouge de Dakar

L'escadron à cheval de la Gendarmerie nationale sénégalaise se compose de quatre pelotons, plus un autre de fanfare, dont les musiciens jouent de la trompette de cavalerie et des timbales. La garde rouge assure l'escorte des chefs d'État et des personnalités et donne des spectacles fort appréciés, fantasia ou carrousels.
La fantasia est le jeu équestre nord-africain, introduit au Sénégal par les spahis, qui furent amenés d'Algérie au milieu du XIXe siècle pour pacifier le pays et qui servirent de modèle au corps des spahis sénégalais, devenu en 1960 la Gendarmerie nationale. De leurs lointains devanciers bédouins les cavaliers de la garde rouge ont conservé le harnachement arabe des chevaux tout comme le burnous, la chéchia et les pantalons bouffants. Mais, en moins d'un siècle, ils se sont aussi bâtis leur tradition propre. La musique de la garde rouge semble bien être la seule au monde à être encore accompagnée d'un « chapeau chinois », fait de clochettes accrochées en haut d'une hampe de lance. Elle a une autre originalité : tous les musiciens sont montés sur des chevaux blancs, dont la queue est teinte en rouge au henné. Les montures de la garde sont habituées à se coucher à la demande et à laisser leur cavalier tirer en prenant appui sur eux.

* *Voir « Carnet d'adresses », p. 370.*

LE GUIDE DE RANDONNÉE

Voilà un métier qui fait particulièrement rêver, car on imagine souvent que, pour le pratiquer, il suffit de savoir monter à cheval et de se promener avec des clients. C'est ignorer le nombre et la diversité des tâches du bon guide de randonnée.

Itinéraires et chevaux

Pour attirer des clients, il faut avoir des services à leur offrir, les plus variés possibles. Le guide doit élaborer les siens. Il lui faut donc aller repérer des itinéraires de randonnée, souvent loin de chez lui, parfois à l'étranger.
Ces parcours praticables à cheval doivent être situés dans une région ou un pays étonnant, surprenant, exotique ou marqué par l'Histoire, pour dépayser les clients, si possible en les charmant. De plus, ils doivent être jalonnés de lieux où l'on peut faire étape et trouver du ravitaillement, pour les cavaliers et leurs montures. Certains guides, qui n'organisent des randonnées qu'à l'étranger, ne possèdent aucune cavalerie. Mais la plupart d'entre eux pratiquent leur activité au moins en partie dans leur région et entretiennent un certain nombre de chevaux. Choisir de bonnes montures, les nourrir, les soigner, les éduquer pour qu'elles donnent toute satisfaction aux clients, voilà les tâches que tout bon guide ne peut négliger.

Savoir se vendre

Lorsque notre cavalier commerçant a mis au point un bel éventail de services, il lui reste

Un guide de randonnée doit pouvoir prendre en charge un groupe de cavaliers et de chevaux, dans le bois voisin comme sur les hauts plateaux sauvages ou dans la neige du Grand Nord, et cela ne s'improvise pas.

encore à les faire connaître, à en assurer la promotion. Même avec l'aide de professionnels, concocter prospectus et catalogues n'est pas toujours évident. Une fois ce matériel prêt, vient le temps de le mettre sous les yeux des clients éventuels. Et le guide commence alors à participer à des salons et autres manifestations équestres ou touristiques, pour montrer, pour expliquer, pour convaincre et vendre des randonnées. On peut penser qu'au bout de ce marathon commercial notre homme a au moins le plaisir de monter longuement à cheval. Mais ce serait alors ignorer que, lorsqu'il accompagne un groupe de cavaliers à travers une région, il doit tout faire pour les satisfaire, pour que la chevauchée leur plaise, afin qu'ils lui fassent de la publicité par la suite. En cas de pluie persistante, il lui faut trouver le moyen de maintenir leur moral. Devant tel site, il doit raconter l'anecdote qu'il a su découvrir en préparant son itinéraire. Tout au long de la chevauchée et plus encore aux arrêts et aux étapes, il se fait animateur, veillant à ce que ses clients prennent du bon temps.

Une profession d'avenir

C'est une profession qui a sans doute devant elle un bel avenir. Cette activité se développe sans cesse, car elle séduit un public de plus en plus orienté vers le loisir et la nature. C'est une activité d'agrément, mais qui nécessite d'être un homme de cheval complet, responsable, organisé et bon gestionnaire, doublé d'un bon animateur, tant il est vrai que la bonne ambiance d'un groupe qui vit une semaine de raid en commun est déterminante pour que le plaisir soit au rendez-vous. Après la formation scolaire, c'est un métier qui s'apprend surtout par la fréquentation des écuries spécialisées.

La formation

Fondée en 1963, l'ANTE (Association nationale pour le tourisme équestre), devenue depuis DNTE* (Délégation nationale au tourisme équestre de la Fédération française d'équitation), forme des spécialistes du voyage à cheval. À ceux qui réussissent les examens qu'elle organise en fin de stage, elle délivre les diplômes d'accompagnateur de randonnée, de guide de randonnée et de maître randonneur. Ces diplômes, demeurés sans aucune valeur légale jusqu'en 1995, donnent droit maintenant aux titres d'accompagnateur et de guide de tourisme équestre, et ont été homologués par les pouvoirs publics. Seuls ceux qui les ont obtenus sont légalement en droit d'organiser des randonnées équestres payantes. On peut consulter utilement la Fédération internationale de tourisme équestre*.

* *Voir « Carnet d'adresses », p. 370.*

LES HARAS NATIONAUX

Les vingt-trois circonscriptions des haras nationaux découpant la France sont dirigées par autant d'officiers des Haras, ayant sous leurs ordres des ingénieurs des travaux agricoles, des techniciens d'agriculture et des gardes. La mission de toutes ces personnes est de gérer le patrimoine génétique que représentent les étalons nationaux, pour la qualité de l'élevage des équidés.

Le recrutement

Les officiers des Haras sont recrutés parmi les ingénieurs sortant de l'École nationale du génie rural des eaux et forêts*, dont les élèves – garçons et filles – sont choisis pour moitié parmi les diplômés de l'Institut national agronomique*, un quart parmi les ingénieurs des travaux du ministère de l'Agriculture*, et un quart parmi les diplômés de l'École polytechnique*. Avant d'être nommés directeur d'une circonscription, ils font un stage à l'École nationale des haras, au haras du Pin*. Un stage où l'on ne se bouscule jamais, puisqu'il n'y a, de toutes façons, que deux élèves officiers par an !
Le directeur d'un haras national est un gestionnaire, passablement pris par des tâches administratives. Mais il a aussi à tenir un rôle important de relations publiques, qui l'amène à participer à quantité de manifestations, telles que concours et foires agricoles, ou salons de l'agriculture.

Le garde des Haras a, entre autres, une mission de représentation, en concours de saut d'obstacles ou en attelage ; les étalons y sont montrés toilettés de façon traditionnelle.

Assistant de l'officier directeur d'un haras, l'ingénieur est issu de l'École d'ingénieurs des travaux agricoles de Bordeaux ou de celle de Dijon*. Avant d'être affecté à un premier poste, lui aussi effectue un stage à l'École nationale des haras, au Pin*.

Les techniciens d'agriculture sont recrutés par concours, parmi les candidats ayant soit le bac, soit le brevet agricole des lycées spécialisés. Ils s'occupent des petites tâches administratives et représentent souvent l'administration lors des relèvements de signalements de poulains, des concours d'élevage et autres manifestations. Les gardes des Haras sont chargés de l'entretien des étalons nationaux, au haras même durant l'hiver, dans les stations de monte (lieux où s'effectuent les saillies) pendant la période des saillies, entre février et août. Ils sont recrutés avant cette période de monte, en fonction des besoins des stations. Un CAP d'un métier du cheval – palefrenier-soigneur, maréchal-ferrant ou autre – est toujours un atout important pour être admis. Un garde peut être titularisé dès la fin de sa première saison. Par la suite, son avancement est lent, mais régulier et sûr. Inconvénient du métier : il est impossible de prendre des vacances pendant la saison de monte.

LES HARAS NATIONAUX

La France compte vingt-trois haras nationaux, répartis sur tout l'Hexagone : Annecy (74), Aurillac (15), Besançon (25), Blois (41), Bréviaires (78), Cluny (71), Compiègne (60), Gelos (64), Hennebont (56), La Roche-sur-Yon (85), Lamballe (22), Le Lion-d'Angers (49), Montier-en-Der (52), Le Pin (61), Pompadour (19), Rodez (12), Rosières-aux-Salines (54), Saint-Lô (50), Saintes (17), Strasbourg (67), Tarbes (65), Uzès (30), Villeneuve-sur-Lot (47).

La vie de tous les jours d'un garde des Haras : soin des chevaux et entretien méticuleux des installations et du matériel. Les écuries nationales sont toujours impeccables.

* *Voir « Carnet d'adresses », p. 370.*

LES ENSEIGNANTS

Moniteur d'équitation, instructeur ou écuyer-professeur, sont les trois diplômes qui permettent d'exercer la profession d'enseignant. Seul le premier est obligatoire pour enseigner, les deux autres attestent seulement que leur titulaire possède des qualités équestres supérieures.

Des compétences multiples

Les moniteurs d'équitation sont des enseignants diplômés d'État, titulaires du brevet d'État d'éducateur sportif du premier degré (BEES 1), qui les autorise à dispenser leur enseignement contre rémunération. Ils sont environ quatre mille en France. Ce chiffre est relativement faible en regard de la population cavalière, que l'on estime à près de un million de personnes, dont plus d'un tiers en possession d'une licence fédérale et s'intéressant donc généralement aux structures et à l'enseignement des centres équestres. Sachant que le nombre de pratiquants est en augmentation constante depuis plusieurs décennies, on peut admettre que la profession a devant elle un avenir favorable et prometteur.

Les compétences des enseignants sont multiples. Le moniteur doit être un cavalier de bon niveau, capable de démontrer ce qu'il professe et de participer à de petites compétitions. Il doit savoir donner un dressage de base à un cheval, pour que celui-ci puisse être utilisé par tout un chacun. Mais il doit également posséder un sens aigu des relations humaines : il doit être à la fois pédagogue et commerçant, les clients fréquentant les écoles d'équitation dans un but d'agrément. Enfin, il a souvent un rôle d'organisateur et d'animateur, qui exige esprit d'initiative et sens de la responsabilité, notamment en terme de sécurité.

La formation

Le diplôme d'État des moniteurs d'équitation est soumis à la réglementation générale de tous les éducateurs sportifs, telle qu'elle est énoncée par le ministère de la Jeunesse et des Sports*. Il comprend deux volets, l'un commun et l'autre spécifique.

– BEES 1 (brevet d'État d'éducateur sportif du premier degré) : la formation commune à toute discipline sportive est assurée par les centres régionaux d'éducation populaire et de sport (CREPS) ou par les directions régionales de la jeunesse et des sports (DRJS). Elle comporte

des notions telles que : anatomie, physiologie, histoire du sport, pédagogie, etc.
Ce brevet s'obtient soit par un examen (écrit et oral), soit par un contrôle au cours de stages (douze semaines en continu, ou neuf mois en discontinu). Pour s'inscrire, il existe un bureau DRJS dans chaque capitale régionale. Tout renseignement peut être donné par le service formation de la Fédération française d'équitation*. Il faut obtenir auparavant un brevet de secouriste, qui peut être délivré par la Croix-Rouge, les Pompiers ou la Sécurité civile.
La formation spécifique consiste à pratiquer dans un centre équestre, sur le terrain. Le centre doit être agréé par le ministère de la Jeunesse et des Sports, l'instruction est assurée par un instructeur (BEES 2). Sur une durée de un à trois ans, la formation doit durer 1 630 heures et comporte, outre une formation générale, un choix d'options parmi les différentes disciplines équestres. Pour déposer un dossier d'inscription auprès de la direction départementale de la Jeunesse et des Sports du lieu de résidence, il faut avoir 18 ans et posséder au minimum le 6e Galop. La liste des centres agréés peut se demander à la même Fédération. Cette formation spécifique peut également être suivie à l'École nationale professionnelle des haras*.
– BEES 2 : si le brevet de moniteur est indispensable à l'exercice de l'enseignement, le brevet d'instructeur (BEES du 2e degré) est une possibilité d'améliorer sa « carte de visite ». Il atteste d'un niveau de connaissance supérieur. Cet examen peut être présenté en candidat libre à l'occasion de l'une des deux sessions annuellement organisées par l'École nationale d'équitation (ENE) de Saumur*. Il suffit pour s'y inscrire d'être titulaire du BEES 1 depuis au moins deux ans. Cet examen doit être complété par un « tronc commun » du 2e degré, enseignement dispensé par le CREPS. Concernant la partie spécifique, l'ENE propose des stages de formation sur une durée de un an plein ou de douze semaines par alternance. Les postulants à ces stages subissent un test de sélection. À noter que ce diplôme est unique ; il ne comporte aucune option, comme c'est le cas pour le monitorat, et porte sur les trois disciplines olympiques que sont le saut d'obstacles, le dressage et le concours complet.
– BEES 3 : un niveau du 3e degré existe enfin, qui donne droit au titre d'écuyer-professeur. L'examen a lieu lors de sessions spéciales organisées par le ministère de la Jeunesse et des Sports. Il ne donne pas lieu à des stages officiels de préparation du fait qu'il ne concerne que très peu de candidats. En effet, s'il atteste d'un niveau plus élevé, il n'apporte néanmoins aucun avantage statutaire lors de l'exercice de la profession.

Les perspectives

Les brevets d'État d'éducateur sportif sont les seuls qui autorisent une carrière d'enseignant. C'est donc un débouché qui s'offre à leur détenteur, puisque tout centre équestre, associatif ou privé, ne peut se prévaloir du titre d'école d'équitation qu'à condition de justifier de la présence à plein-temps d'un enseignant diplômé. Il existe des conventions collectives qui établissent une distinction entre les deux premiers brevets.
Le BEES 1 donne droit au statut d'agent de maîtrise, avec des salaires planchers bruts évoluant de 15 à 20 % au-dessus du SMIC.

DES PRATIQUES VARIÉES

Entre le sport et le loisir, les quelque quatre mille cinq cents centres équestres français proposent, selon leur situation géographique et les goûts de leurs animateurs, toute une gamme de pratiques. Ainsi le moniteur peut-il choisir d'évoluer dans le genre qu'il préfère : saut d'obstacles, concours complet, dressage, voltige, horse-ball, polo, poney, tourisme équestre, attelage...
Son expérience et ses résultats sportifs dans certaines compétitions peuvent bien sûr favoriser sa spécialisation en attirant des cavaliers intéressés par la discipline qu'il saura le mieux enseigner.
Mais il faut savoir que, une fois son activité professionnelle bien établie, le moniteur n'aura plus beaucoup de fins de semaine disponibles pour participer aux épreuves, espérer y réussir ni même rester au niveau de compétition qu'il avait atteint auparavant. Au mieux, pourra-t-il y accompagner et encourager ses élèves !

Le BEES 2 donne droit au statut de cadre, avec des salaires planchers bruts pouvant atteindre une fois et demi à deux fois le SMIC.
Le poste de directeur de centre équestre n'est créé que dans les établissements à activité importante. Le salaire plancher brut, pour ce titre, peut dépasser le double du SMIC. Ce poste n'exige aucun diplôme particulier, seulement la reconnaissance de la compétence par l'employeur. Il va sans dire qu'un directeur qui n'est pas titulaire d'un brevet d'enseignant n'est pas autorisé à donner des leçons. Son rôle se limite à la direction proprement dite.
Il reste aussi la possibilité au détenteur d'un brevet d'État de « s'installer à son compte » et de devenir chef d'entreprise. Par son diplôme, il est habilité à créer un établissement professionnel. Le BEES 1 donne droit dans ce cas à une carte professionnelle de directeur d'école d'équitation, les BEES 2 et 3 permettent d'avoir celle de maître de manège.
Ces deux dénominations recouvrent les mêmes droits d'exercer, mais peuvent donner lieu à des différences de niveau dans la labellisation des établissements (voir « Les centres équestres », p. 340).

Si un enseignant se doit d'être bon cavalier, ce n'est pas durant la reprise qu'il peut le prouver : la plupart du temps, il la dirigera à pied, attentif et disponible pour chacun de ses cavaliers.

* Voir « Carnet d'adresses », p. 370.

LE SELLIER-BOURRELIER

Les selliers-bourreliers ont fort à faire actuellement dans un marché très internationalisé de la sellerie, où opèrent de nombreux importateurs.

Des nouveaux débouchés

Il leur reste cependant deux créneaux à exploiter, celui de la réparation et celui de la création de haute qualité ou de produits nouveaux. Le bricolage, trop souvent utilisé sur le matériel d'importation, est impossible dès qu'il faut obtenir sécurité et confort. Si les débouchés existent, ils sont assez restreints. La profession semble toutefois promise à un nouveau développement, grâce à la renaissance de l'attelage sportif et de loisir ; cette discipline est très consommatrice de harnachements qui doivent être parfaitement adaptés à la morphologie de chaque cheval. Le « prêt-à-porter », même s'il est beaucoup moins cher, n'est qu'une solution provisoire permettant au meneur de juger du matériel qui convient le mieux et de le faire confectionner aux mesures de son cheval.

La formation

Le métier de sellier-bourrelier se prépare le plus souvent par la filière du CAP de maroquinier, puis par une spécialisation qui s'acquiert par un apprentissage chez un fabricant confirmé ou encore chez les quelques rares artisans qui parviennent à subsister. Des informations sur ce métier et sa formation sont données par le Centre Grégoire*, par l'AFPA Aveyron*, par l'Atelier EPONA* et l'École du haras du Pin*.

Voir « Carnet d'adresses », p. 370.

LE CAVALIER PROFESSIONNEL

Outre le métier d'enseignant, traité ci-dessus, l'équitation proprement dite et certaines de ses disciplines de compétition offrent un débouché professionnel. L'UNIC* estime qu'environ 1 000 personnes en France vivent essentiellement de leur activité de cavalier.

Une formation complète

Ces professionnels sont les compétiteurs de 1re catégorie ou les spécialistes de jeunes chevaux. Il est vrai que la réussite en la matière réclame du talent et une formation poussée. Celle-ci n'exclut pas le passage par les brevets d'enseignant, ce qui n'est cependant pas suffisant. La plupart des cavaliers de concours ont acquis leur savoir-faire en travaillant pour le compte de cavaliers chevronnés. C'est un perfectionnement « sur le tas », qui succède à la formation de base du type monitorat. D'autres s'aguerrissent par quelques années passées au sein d'écuries institutionnelles.

Savoir gérer son écurie

Ensuite, les premiers succès en compétition permettent au cavalier d'agrandir sa cavalerie : un ou plusieurs propriétaires vont lui confier leurs chevaux avec lesquels il pourra participer à un plus grand nombre d'épreuves et donc mieux gérer sa vie professionnelle. Car c'est bien de gestion qu'il s'agit. À partir d'un certain niveau, le cavalier devra calculer au plus juste le temps qu'il passe en déplacements pour des concours, afin de préserver le travail personnel consacré non seulement à ses montures de compétition, mais aussi aux autres chevaux en pension qui, financièrement, lui assurent un revenu minimal, et constitueront peut-être la relève pour les épreuves à venir. Il ne lui est plus possible de poursuivre une carrière d'enseignant à plein-temps, si c'était sa profession, mais il peut organiser quelques stages payants au cours de l'année. Il arrive aussi que des cavaliers d'obstacles et de dressage de haut niveau interviennent comme courtiers dans les transactions de montures « haut de gamme ». Certains d'entre eux trouvent enfin un sponsor qui les rémunère pour présenter en concours une écurie au nom de sa marque. Dans ce cas, le nom de celle-ci est rajouté au nom des montures du cavalier et se trouve donc cité à chaque participation et à chaque

DE L'AGRICULTURE À LA COMPÉTITION

Membre de l'équipe de France de concours complet depuis les années 1980, Didier Séguret n'est devenu professionnel qu'à l'âge de trente ans. Issu du milieu agricole, il a d'abord exploité une propriété familiale après avoir suivi une formation en école d'agriculture, qui l'a mené jusqu'à une maîtrise en élevage.

« J'avais des résultats m'encourageant à poursuivre, mais, pour être performant, il faut s'y consacrer pleinement. Cependant, je ne regrette pas ma formation agricole, notamment pour les connaissances que j'en ai tirées en matière de zoo- et de phytotechnie. »

– Peut-on vivre exclusivement de la compétition ?

« Pas directement, mais plutôt de la notoriété qu'elle donne. C'est comme un label qui permet d'attirer soit des sponsors, soit des élèves à qui l'on doit fournir un enseignement et des montures. »

– Quelle a été votre évolution ?

« En 1966, j'ai pris la concession de centre équestre de Dinard. Cela m'aide à continuer la compétition de haut niveau, qui représente de grosses exigences financières. En retour, la compétition rehausse l'image de l'établissement. »

– Quel conseil donneriez-vous aux jeunes ?

« D'abord de ne faire ce métier que par passion, car elle est nécessaire pour en supporter la dureté. Ensuite, ne pas hésiter à effectuer un maximum de stages à l'étranger pour élargir son horizon. »

remise de prix. Toutefois, il ne faut pas se faire d'illusions : il y avait, à la fin des années 90, huit marques en tout et pour tout, représentées ainsi dans le circuit international de saut d'obstacles.

Le polo et ses cavaliers « mercenaires »

On joue maintenant régulièrement au polo dans plus de quarante pays à travers le monde et les spécialistes estiment à un millier le nombre de clubs de polo. L'Argentine, les États-Unis (notamment la Floride), l'Australie, la Nouvelle-Zélande, le Mexique ou le Pakistan ont de nombreux joueurs. En France, en Italie, en Espagne ou en Suisse, les chiffres sont en croissance, mais ces pays comptent entre cent et trois cents joueurs, pas plus. Et si ce sport reste un peu marginal, c'est d'abord à cause de son coût très élevé.

Pour jouer au polo, il faut des chevaux, beaucoup de chevaux. Ce sport est assez éprouvant pour les montures, et les cavaliers en entraînent chacun au moins trois ou quatre, de façon à pouvoir changer à chaque période (un cheval ne fera pas plus de deux « chukkers » par match). Le travail est donc long et l'écurie coûteuse, ce qui confère au polo cette image élitiste de sport de privilégiés. Toutefois, il ne faut pas oublier que, en plus des cavaliers (dont 50 % sont des professionnels), cette discipline induit en France quelque huit cents emplois : postes de lads dans les vingt-huit clubs et la dizaine d'écuries concernées, mais aussi de grooms pour s'occuper des nombreux chevaux nécessaires à chaque cavalier, à l'entraînement comme pendant le match.

Ce sont généralement les capitaines qui financent tout ou bonne partie de l'équipe : joueurs (souvent des « mercenaires » venus en renfort pour une ou plusieurs saisons), grooms, chevaux, équipement et déplacements. Cela explique aussi pourquoi les équipes ne représentent généralement pas des nations ni des villes, mais des mécènes, des clubs et des sponsors.

Bercy, à Paris : l'un des plus beaux « halls » pouvant abriter une épreuve de Coupe du monde pendant la saison d'hiver, aussi agréable aux spectateurs qu'aux cavaliers.

* Voir « Carnet d'adresses », p. 370.

LE MARÉCHAL-FERRANT

À partir du XIIe siècle, époque où on a commencé à ferrer couramment les chevaux, le maréchal-ferrant a été l'auxiliaire privilégié des gens de cheval. Non seulement il « chaussait » montures et chevaux d'attelage, mais il était aussi sollicité pour les soigner et les castrer. Aujourd'hui, son métier a évolué, mais il demeure l'homme de l'art indispensable car, comme le dit un vieil adage, « pas de pieds, pas de cheval ».

Évolution du métier

En 1761, Claude Bourgelat ouvre à Lyon la première école vétérinaire, destinée à l'origine à soigner uniquement les chevaux. Dès cette époque, le maréchal-ferrant commence à perdre son statut de soigneur – usant de « remèdes de bonne femme » –, pour être lentement relégué au rôle qui est maintenant le sien, celui d'un orthopédiste doublé d'un « chausseur » pour chevaux. Aujourd'hui, même s'il ne fabrique plus guère ses fers lui-même et broche le plus souvent des « fers mécaniques » (manufacturés) aux pieds des chevaux, le maréchal-ferrant est au départ forgeron, comme l'ont été tous ses prédécesseurs. Mais il n'attend plus les clients devant sa forge. Au volant d'une camionnette contenant tout le matériel pour ferrer (outils, fers, enclume et aussi forge chauffée par une bouteille de gaz), il va de centres équestres en écuries particulières.

Le maréchal aujourd'hui

Arrivé chez un client, s'il est un bon maréchal-ferrant, il commence par regarder attentive-

UN MÉTIER PHYSIQUEMENT DIFFICILE

La profession de maréchal-ferrant conserve à merveille l'esprit d'artisanat et s'avère correctement rentable. Mais il faut préciser que c'est un métier rude, d'autant que la façon de travailler est le plus souvent celle dite « à l'anglaise » (sans aide pour tenir le pied), ce qui oblige le maréchal à se maintenir dans une attitude de flexion permanente, physiquement très éprouvante, notamment pour la région lombaire.

Aussi vaut-il mieux réserver la maréchalerie aux garçons ayant une solide constitution.

Le « Miracle de Saint Éloi ». Saint Éloi est le patron des forgerons et des maréchaux-ferrants.

ment marcher le cheval qu'il doit ferrer, afin de juger de ses aplombs. Dans le cas où ceux-ci sont défectueux, il pare les pieds de manière à rectifier ces aplombs. Utilisant le rogne-pied ou la pince à parer, il coupe l'excès de corne, puis râpe le rebord du sabot, sur lequel le fer prendra place. Pour parer les pieds retournés du cheval et plus tard brocher les fers, il peut travailler « à la française », aidé par un teneur de pieds, ou « à l'anglaise », c'est-à-dire seul, en maintenant les pieds sur ses genoux (c'est la méthode la plus utilisée). Les pieds une fois prêts, le maréchal-ferrant choisit des fers de la bonne dimension, de la bonne pointure, les chauffe au rouge et les travaille sur l'enclume, pour les mettre à la forme des pieds du cheval. Car un bon maréchal n'est pas un simple « poseur de fers » ! Il refuse le bricolage, qui consiste à mettre « les pieds à la forme du fer » ! Un essayage de la « chaussure », tout en brûlant légèrement la corne et en la rendant bien lisse, lui permet de contrôler qu'elle va parfaitement s'adapter sur le sabot.

Tout homme de cheval peut apprendre comment déposer un fer et le brocher (ce qui est parfois fort utile). Mais il est douteux qu'il acquiert jamais l'art du bon maréchal, qui effectue l'opération de telle sorte que le fer ait le minimum de chances d'être ébranlé, arraché.

Sans oublier de placer le grain d'orge des clous vers l'intérieur du sabot, le maréchal les enfonce dans la corne et en fait réapparaître les pointes toutes à la même hauteur de la muraille. Ensuite, il coupe la plus grande longueur de ces pointes et constitue des rivets avec ce qui en reste, à l'aide de la tricoise et de la mailloche, ou encore de la pince à river américaine. Il reste à fignoler le travail, à limer soigneusement la base de la muraille et les rivets des clous.

Ferrer, mais aussi soigner

Si le maréchal-ferrant n'est plus le seul à donner des soins aux chevaux, il est souvent un précieux auxiliaire pour le vétérinaire, dès qu'il est question de problèmes de pieds. Il est difficile, par exemple, de soigner efficacement un mauvais « clou de rue » sans son aide. Venir à bout d'une bleime ou d'une seime est souvent son affaire. Et c'est lui qui forge et pose les fers à pantoufles, destinés à soulager les chevaux encastelés, ou encore les fers à patin servant à compenser un membre trop court, et qui résout beaucoup d'autres problèmes d'aplomb.

La formation

Deux ans d'apprentissage chez un maître artisan permettent de se présenter au CAP (certificat d'aptitude professionnelle) de maréchalerie. Il existe plusieurs centres d'apprentissage dans le cadre de la formation professionnelle par alternance (admission à partir de 15 ans) ou pour adulte (par l'intermédiaire des lycées agricoles). L'école de maréchalerie du Pin* forme également à ce métier ; l'élève doit subir un test d'entrée et avoir un maître d'apprentissage ; après deux ans de formation, il obtient un BEPA. On se renseignera utilement à l'Union nationale des maisons familiales et rurales d'éducation et d'orientation*, au Conseil national de l'enseignement agricole privé*, à la Fédération nationale des artisans ruraux* et au Syndicat français des maréchaux-ferrants*.

* *Voir « Carnet d'adresses », p. 370.*

Le métier de maréchal demande de sérieuses connaissances anatomiques du cheval, un bon contact avec les chevaux et une résistance physique certaine : il faut pouvoir ferrer des montures parfois ombrageuses...

Le cheval et le droit

Un mauvais accord vaut mieux qu'un bon procès, dit-on. Encore faut-il avoir les éléments nécessaires pour régler les conflits... À l'origine, on pouvait penser que le droit équin était un créneau juridique des plus étroits. Aujourd'hui, on voit clairement qu'il n'en est rien.

LE DROIT ÉQUIN

Comme c'est maintenant le cas dans beaucoup d'autres univers professionnels, le monde du cheval cède lui aussi à la tentation de recourir aux tribunaux.

Des sources nombreuses de conflit

On peut citer des exemples de conflits à tous les niveaux de la filière hippique. L'acheteur d'un étalon qui ne donne pas la descendance voulue n'attendra pas longtemps d'avoir une preuve de la fertilité de son animal pour traîner le vendeur du dit cheval en justice. Dans le cadre d'une compétition qui avait dû être annulée, on a vu des cavaliers réclamer devant les juges que le montant du premier prix leur soit remis à titre de dommages et intérêts. De leur côté, les tribunaux prennent aussi parfois le « mors aux dents ». En 1996, un tribunal de première instance du Sud-Ouest a ordonné qu'un acheteur soit remboursé d'un achat fait deux ans auparavant. Motif : le cheval était atteint d'une maladie naviculaire (arthrite chronique de l'articulation du pied) dont on a pu prouver qu'elle était antérieure à la date d'achat et peu importe que le cavalier ait pu faire, malgré cette maladie, des compétitions pendant ces deux années ! Le marchand a bien sûr fait appel... Devant l'afflux de plaintes relevant de nombreuses sources de droit, défenseurs, défendeurs et hommes de loi sont parfois désemparés. Le droit équin a ses subtilités. Chaque nation dispose d'une législation particulière. Les solutions évoquées dans ce chapitre relèvent du droit français. Il n'est donc pas possible de considérer qu'elles sont intégralement transposables dans d'autres pays. Elles présentent toutefois l'intérêt de faire comprendre les raisonnements juridiques qui ont abouti à la résolution de cas qui, eux, sont universellement connus.

Les quelques pages qui suivent n'ont pas l'ambition de brosser un panorama exhaustif de cette matière juridique en développement, mais le lecteur y trouvera les solutions retenues dans les situations les plus courantes.

L'INSTITUT DU DROIT ÉQUIN

Cet institut, créé à Limoges en 1984, rassemble un vaste fonds documentaire. Sur demande écrite, il peut fournir des textes de jurisprudence ou effectuer des études plus approfondies. Tous les trois mois, l'IDE édite un bulletin qui récapitule l'actualité du droit équin. Il réalise également des études sur la législation et met en place des journées de formation. L'IDE organise enfin un congrès annuel qui permet de confronter les connaissances des juristes aux problèmes des pratiquants.

LES VENTES DE CHEVAUX

Tout le monde, ou presque, peut vendre un cheval. En premier lieu, les éleveurs, qui sont autorisés à en vendre autant qu'ils le peuvent. À partir de trois chevaux, un particulier est tenu de les déclarer. Le métier de commissionnaire a pratiquement disparu et celui de courtier s'exerce principalement dans le milieu des courses. À la différence des autres vendeurs, les courtiers n'achètent pas les chevaux eux-mêmes, mais touchent une commission pour leurs transactions.

Aujourd'hui, la carte professionnelle n'est plus obligatoire.

Les marchands de chevaux

En 2001, la Chambre syndicale du commerce de chevaux de France (CSCCF) comptait 216 emplois directs. Elle recensait 180 marchands et environ 35 courtiers dans le secteur des pur-sang. En réalité, l'évaluation du nombre de transactions laisse supposer que beaucoup pratiquent cette activité sans la déclarer. Il faut savoir que le statut officiel de marchand de chevaux suppose l'adhésion à une charte, véritable code de bonne conduite censé être affiché visiblement chez tous les souscripteurs. Les signataires s'engagent, notamment, à fournir des chevaux munis de papiers et conformes à l'usage auquel ils sont destinés. Les vices et les tares éventuels de l'animal, pour peu qu'ils soient connus, seront révélés à l'acquéreur potentiel. Une facture sera délivrée et le marchand, dûment affilié à la Chambre syndicale de commerce des chevaux de France, s'efforcera d'échanger dans les huit jours suivant la vente un cheval qui ne ferait pas l'affaire.

Mais ces obligations n'ont, hélas, aucun caractère impératif et celui qui viendrait à les enfreindre ne s'exposerait qu'à une radiation de la Chambre syndicale (CSCCF) et à l'annulation de la vente du cheval.

Les foires aux chevaux restent une tradition dans l'ouest de la France (ici, celle de Lessay dans la Manche au début du XXe siècle, peinte par Jean-Louis Brown).

Les litiges

Aujourd'hui, on peut pratiquement considérer que l'acquéreur amateur a tous les droits et que le vendeur professionnel supporte tous les devoirs. Le vendeur est censé tout connaître de son cheval et, notamment, ne rien ignorer de son passé sanitaire. En matière de vente de chevaux, non seulement les vices cachés sont de moins en moins cachés, grâce à l'évolution des sciences et des techniques médicales, mais la justice impose aux professionnels de mener les investigations nécessaires qui permettent de certifier à l'acheteur que le cheval ne présente aucune tare non apparente. Une visite d'achat comportant par exemple une radio des pieds peut coûter jusqu'à 762 €. C'est donc une véritable obligation d'information qui pèse sur le vendeur. Cette obligation n'existe que dans un sens : l'acheteur n'a pas à mener les investigations ! Cette solution repose sur une interprétation de l'article 1642 du Code civil, qui stipule que « le vendeur n'est pas tenu des vices apparents et dont l'acheteur a pu se convaincre lui-même ». En réalité, cela signifie que la justice se livre à une interprétation des facultés d'expertise de l'acquéreur pour déterminer si celui-ci est à même de s'apercevoir, ou pas, de l'existence d'un vice. Or, la jurisprudence rappelle qu'il n'est pas évident de juger si un vice est caché ou apparent. Une boiterie, un cheval borgne, une tumeur sous la gorge sont autant de problèmes dont on aurait pu penser qu'ils sont des vices apparents. Dans la pratique, ce n'est pas si simple. En effet, il est arrivé que la justice les ait considérés comme des vices cachés, facteurs d'annulation de vente ! Par ailleurs, un acquéreur non professionnel n'est pas tenu d'avoir pris l'avis d'un vétérinaire lors de l'achat pour obtenir l'annulation de la vente. Mais, même s'il l'a fait, la responsabilité du vendeur est lourde : une autre décision a permis à l'acheteur d'un cheval souffrant d'une bleime (contusion de la sole) importante, mais non apparente, d'obtenir l'annulation de la vente alors même qu'il était accompagné d'un vétérinaire qui lui-même n'avait pu la détecter.

HARO SUR LE VICE CACHÉ !

En cas de problème, c'est au vendeur qu'il incombe de prouver qu'il a bien apporté toutes les informations nécessaires. La loi interdit au marchand de faire reposer la preuve d'un défaut d'information sur l'acquéreur. La tendance actuelle est claire : quand un non-professionnel est opposé à un professionnel dans une vente de chevaux litigieuse, ce dernier ne peut se soustraire à sa responsabilité. En principe, l'article 1643 du Code civil lui permettait de recourir à des clauses limitatives de garanties qui le protégeaient contre certains recours. Mais, de fait, toutes les formules qui auraient pour ambition de limiter l'action en annulation de la vente pour vice caché, sont sans effet.

LA PREUVE DE PROPRIÉTÉ

Le propriétaire d'un cheval dispose en principe de deux documents : la carte d'immatriculation et le livret d'accompagnement, deux pièces délivrées exclusivement par le SIRE (Système d'identification répertoriant les équidés) pour le compte du service des Haras nationaux.

Les papiers du cheval

À la naissance, l'éleveur déclare sur l'honneur qu'il est bien le naisseur du poulain. Il est dès lors considéré, de fait, comme propriétaire du cheval. Le signalement du poulain est effectué pendant l'été. Quelques semaines plus tard, le SIRE adresse au naisseur la carte d'immatriculation et le livret d'accompagnement.

La carte suit le propriétaire, le livret suit le cheval. Mais seule la carte peut constituer une présomption de propriété.

Le livret d'accompagnement, lui, servira de livret sanitaire, zootechnique et de passeport. Chaque équidé se voit en effet attribuer un numéro de matricule unique qui doit figurer dans le livret, éventuellement avec le nom de l'équidé. Ce document constitue également un certificat d'origine et, le cas échéant, un certificat d'inscription à un livre généalogique. Il suivra le cheval dans tous ses déplacements ainsi qu'à chaque changement de propriétaire.

Ventes et pertes

Il faut savoir qu'en cas de vente il n'existe aucune obligation de déclaration de cession, puisque le cheval est considéré comme un bien meuble au sens du Code civil (art. 2279). Mais devant la multitude des malversations, des parades sont instaurées.

Lors d'un achat, l'acquéreur doit veiller à ce que l'équidé soit bien enregistré dans le fichier central du SIRE et qu'il soit muni d'un livret d'accompagnement et d'une carte d'immatriculation délivrée par les Haras nationaux. Au moment du transfert de l'animal, le vendeur est en effet tenu de remettre à l'acheteur le livret d'accompagnement, qui suivra l'équidé dans tous ses déplacements. La carte d'immatriculation, qui atteste de la propriété de l'équidé, sera remise dès que le prix intégral aura été versé. Il faut alors s'assurer qu'elle a été bien délivrée au nom de la personne qui cède le cheval et que l'identité de ce dernier correspond à celle décrite dans le livret. À cette occasion, le vendeur doit endosser le certificat de vente qui figure au dos de la carte.Ce certificat doit être rempli par l'acheteur et signé par les deux parties. Dans un délai de 7 jours, qui lui permet de mieux apprécier le comportement de l'animal, l'acheteur envoie alors la carte au SIRE, qui, gratuitement, lui renvoie dans les huit jours une nouvelle carte à son nom. Ce système permet aux haras d'être informés de chaque changement de propriété. La première carte d'immatriculation d'un cheval comporte deux possibilités d'endos, en revanche les suivantes ne pourront être endossées qu'une seule fois. En cas de perte, le SIRE peut délivrer un duplicata (coût : 100 €), mais certaines conditions devront être réunies, afin de ne pas interférer sur la réalité de la propriété de cheval, qui peut s'avérer litigieuse.

Identification obligatoire

Le décret du 5 octobre 2001 fixe désormais les modalités d'identification des équidés.Sont concernés tous les chevaux qui participent à une manifestation publique, ceux qui doivent être inscrits sur un livre ou un registre généalogique, ceux qui font l'objet d'un transfert de propriété, d'un déplacement dans un État de la Communauté européenne ou, encore, ceux qui sont destinés à l'abattoir.

Les occasions de justifier de la propriété de son cheval ne manquent pas. Des contrôles sont d'abord mis en place dans les circuits où de l'argent circule. Sur les hippodromes, par exemple, un trotteur dont la carte ne serait pas établie au nom de son propriétaire au moment de la course ne pourrait prendre le départ de l'épreuve. La situation est désormais la même pour les galopeurs.

En ce qui concerne la monte publique (saillies effectuées dans les haras nationaux), les services des Haras vérifient de la même manière que le carnet de saillie est bien établi au nom du propriétaire qui en fait la demande. Une précaution fort utile quand on sait qu'il arrive que des gens peu scrupuleux aient pu utiliser un cheval comme étalon à l'insu de son propriétaire !

IDENTIFIER UN CHEVAL

Seuls les personnels qualifiés des Haras nationaux, les techniciens des organismes agréés à cet effet et les vétérinaires peuvent être habilités par le ministre de l'Agriculture à procéder à l'identification des équidés. Celle-ci comporte la description des marques naturelles de l'animal et, éventuellement, son hémotype et typage ADN. On peut y ajouter des marques acquises, le tatouage qui se pratique dans la lèvre ou la pose d'une puce électronique. Le tatouage est rarement appliqué aux galopeurs qui possèdent par contre un livret signalétique. Les recherches ADN en cours sur les poulains permettront de retracer la filiation des chevaux de course.

Le premier « propriétaire » d'un cheval, en France, est son éleveur, à partir du moment où il a déclaré sa naissance au service concerné des Haras nationaux.

LE CHEVAL AU PRÉ

Les conditions dans lesquelles un cheval est mis au pré engendrent des situations juridiques fort différentes. Par ordre croissant de coût, on peut distinguer trois cas différents.

Au pré, gratuitement

Entre amis du cheval, on trouve souvent le moyen de s'entraider. En échange de la mise à disposition gratuite d'un pré, celui qui possède un peu de terre peut trouver là un moyen esthétique et peu onéreux de participer à l'entretien de sa propriété. Mais ce n'est pas parce qu'il n'est pas rémunéré pour ce service qu'il n'a pas d'obligations. La loi lui impose, en effet, d'apporter au cheval qu'il héberge « les mêmes soins que ceux qu'il aurait apportés à la garde des choses qui lui appartiennent ». Par exemple, si le cheval se blesse, la responsabilité du propriétaire du terrain peut être engagée s'il est prouvé qu'il a commis une faute.

La même logique s'appliquera en cas de dommage causé à un tiers. Il y a quelques années, un poney qui s'était échappé d'un pré avait causé un accident. Les tribunaux ont considéré que seule la responsabilité de celui qui avait prêté son pré devait être engagée, car il se trouvait légalement gardien du cheval et donc responsable de ses débordements. La justice n'a pas d'égards particuliers pour ceux qui rendent service. Bien entendu, si le proprié-

taire terrien malchanceux peut prouver que l'accident résulte de la force majeure – cas extrêmement rare – ou d'une faute de la victime, rien ne saurait lui être reproché.
Dans une affaire déjà ancienne, un promeneur était entré dans un pré pour taquiner un cheval. Irascible, le quadrupède décocha une ruade dont le malheureux ne se releva pas. Les tribunaux n'ont retenu ni la responsabilité du propriétaire du pré ni celle du propriétaire du cheval, car la victime, qui connaissait par ailleurs les chevaux, avait incontestablement été l'artisan de son malheur.

Le louage d'herbage

Un peu plus onéreux – mais toujours moins qu'une pension –, le louage d'herbage consiste à louer un pré. Ici, les obligations du propriétaire du terrain sont fixées à l'avance et limitées. Il est tenu de mettre à la disposition de son locataire un espace conforme à l'usage auquel il est destiné, c'est-à-dire avec des clôtures et un système de fermeture adaptés à la garde des chevaux.
En revanche, le propriétaire du terrain n'a aucune obligation d'entretien ou de surveillance. Ainsi, s'il décide de mettre plusieurs chevaux dans un même pré et que survienne un accident, sa responsabilité ne sera pas engagée, sauf si un contrat stipule qu'il est responsable dans ce cas.

Le contrat de pension au pré

Celui qui prend un cheval en pension au pré a l'obligation de l'entretenir et de veiller à sa sécurité. Les modalités d'entretien (nourriture, pansage, maréchalerie, soins vétérinaires...) seront déterminées contractuellement. En cas de problème, le professionnel qui propose ce contrat est présumé responsable. S'il veut se dédouaner de cette charge, il devra d'abord prouver qu'il n'a commis aucune faute.

Un cheval peut se blesser en galopant ou bien provoquer un accident : la responsabilité de celui qui a loué son pré est-elle engagée ?

LE CHEVAL EN PENSION

Lorsqu'un propriétaire confie son cheval en pension, on peut distinguer plusieurs situations. Dans certains cas, le cheval est laissé à un tiers – le dépositaire –, qui devra simplement le nourrir, l'héberger et le surveiller. Il s'agit alors d'un dépôt. Dans d'autres cas, le cheval est confié pour être entraîné en vue d'une utilisation spécifique, courses, concours, etc. On parle alors d'entraînement.

Le contrat de dépôt

Le propriétaire d'un cheval passe (souvent sans le savoir) un contrat de dépôt salarié avec un haras lorsqu'il lui confie une poulinière, un poulain ou encore avec un club lorsque ce dernier accueille en pension son cheval, le propriétaire en assumant alors lui-même l'entraînement. Cette situation juridique particulière fait naître pour le dépositaire, celui qui a la garde du cheval, une obligation de moyens « renforcée » en matière de responsabilité. En clair, cela signifie que, s'il arrive un malheur quelconque au cheval que le propriétaire lui a confié, c'est le dépositaire qui est réputé responsable du dommage subi, à moins qu'il ne prouve qu'il n'a commis aucune faute. Cette jurisprudence reste toutefois limitée au seul contrat de dépôt, c'est-à-dire que le dépositaire ne doit être astreint à aucune autre prestation technique particulière, comme l'entraînement du cheval, par exemple. Dans ce cas, on ne se situerait plus dans le cadre du contrat de dépôt, mais dans celui du contrat d'entraînement, qui inverse la charge de la preuve d'une faute. Pour profiter de cette lourde charge qui pèse alors sur le dépositaire, des propriétaires ont tenté de défendre devant les tribunaux que, lorsqu'ils confient leur cheval à l'entraînement, il y a aussi contrat de dépôt ; par conséquent, le dépositaire doit être tenu pour

Pour un cheval en contrat d'entraînement, le propriétaire pourra difficilement se retourner contre l'entraîneur en cas d'accident.

responsable en cas de dommage. En réalité, dépôt et entraînement sont deux prestations indissociables et, en matière de responsabilité, c'est bien le régime du contrat d'entraînement qui s'applique s'il y a entraînement.

Le contrat d'entraînement

Un cheval à l'entraînement est exposé à des risques plus importants que celui qui passe ses journées au pré. De ce fait, en cas de dommage subi par un cheval confié à un tiers pour être entraîné, c'est le propriétaire qui est, en principe, responsable. Ce sera à lui de prouver que l'entraîneur a commis une faute s'il veut dégager sa responsabilité. La Cour de cassation a en effet jugé en 1988 que le contrat d'entraînement ne comporte qu'une obligation de moyens, quant à la sécurité de l'animal. Et cette disposition s'applique que l'accident se soit produit pendant l'entraînement ou en dehors de celui-ci. L'entraîneur ne sera reconnu responsable que si le propriétaire a pu prouver une faute de sa part.

Ainsi, un cheval qui se blesse sur le chemin du retour, entre les pistes d'entraînement et les écuries, est toujours sous le régime du contrat d'entraînement et c'est toujours au propriétaire de prouver que l'entraîneur a commis une faute.

Le cas est identique pour une jument attachée qui se blesse mortellement en tirant au renard. La responsabilité du propriétaire ne sera dégagée que si celui-ci prouve qu'il y a eu faute de la part de l'entraîneur.

Lors d'un accident au pré chez un entraîneur, une jument avait été retrouvée gravement blessée. Les tribunaux ont considéré que « la mise au paddock était une mesure bénéfique et de pratique courante pour assurer la détente et conserver le moral de chevaux à l'entraînement ». L'entraîneur ayant aussitôt appelé un vétérinaire, les juges ont estimé qu'aucune faute ne pouvait être retenue contre lui.

LA LOCATION DE CHEVAUX

Face à certains paysages exceptionnels, qui n'a pas un jour rêvé de louer un cheval ? Dans ces moments d'enthousiasme, le cavalier se soucie peu de savoir à quel type de professionnel il loue son cheval. À tort. Du statut juridique de ce prestataire découle une série de conséquences dont on ne découvre souvent l'existence que lorsqu'un problème survient. De nombreux litiges ou conflits portent en effet sur la location de chevaux.

Des métiers différents

Le loueur d'équidés et l'organisateur de promenades ou de randonnées qui a le statut juridique d'entrepreneur de promenade ne font pas le même métier. Le premier n'a pas besoin de compétences équestres particulières. Le second, lui, est un professionnel du cheval. Souvent enseignant, il dispose en tout cas d'un diplôme reconnu pour exercer son métier. L'objet de son activité n'est plus la mise à disposition d'un cheval, mais la vente d'une prestation globale qui est la promenade organisée. Le cavalier attendra plus de lui que d'un simple loueur, mais moins que d'un transporteur sur qui pèse une obligation de résultat sur les marchandises ou personnes transportées. L'activité de l'entrepreneur de promenade relève d'ailleurs du contrat d'entreprise alors que celle du loueur obéit aux règles du louage de biens mobiliers et du bail à cheptel. Bien que tous deux ne soient astreints qu'à une obligation de moyens, la jurisprudence a fixé l'étendue de leurs responsabilités avec une inégale sévérité.

Le loueur a avant tout l'obligation de fournir un cheval exempt de vice et un harnachement en bon état. Il loue un cheval à quelqu'un qui est censé le maîtriser. À l'inverse, la profession d'entrepreneur de promenade impose à celui qui l'exerce de garantir au cavalier une randonnée paisible. Pour cela, il peut être amené à lui dispenser les conseils ou l'enseignement nécessaires.

Obligations de sécurité

Le loueur a toutefois, lui aussi, des contraintes. Il a notamment l'obligation d'apprécier les capacités équestres de son client avant de lui remettre les rênes d'un cheval. Une obligation délicate à interpréter. Un loueur zélé qui voulait tester l'assiette de son client a ainsi été condamné pour avoir causé sa chute en lui demandant de trotter sans étriers. Il a également une obligation de sécurité, même si elle est moins pesante que celle de l'entrepreneur de promenade. Si le cheval de son client s'emballe, il sera d'autant moins responsable qu'il ne participe, en principe, pas lui-même à la balade. En revanche, s'il a laissé son client choisir lui-même son cheval et déterminer seul son itinéraire, la responsabilité du loueur pourra être engagée. L'un d'eux a été poursuivi pour n'avoir pas prévenu son client que le cheval qu'il lui confiait passait la langue par-dessus son mors.

De son côté, l'entrepreneur de promenade doit être en mesure d'offrir une balade à un cavalier sans expérience. Il a une obligation de conseil et de prudence. S'il ne vérifie pas les aptitudes équestres de son client, il commet une faute. En France, l'un d'entre eux a d'ailleurs été poursuivi pour ne pas s'être acquitté de cette charge auprès d'un de ses clients... qui ne parlait pas un mot de français ! L'entrepreneur de promenade a également une obligation de prudence. Il doit, par exemple, choisir un itinéraire sans risque. Dans une autre affaire, la responsabilité d'un entrepreneur de promenade a été retenue parce qu'un accident était survenu alors qu'il avait conduit la promenade dans un lieu où des chiens risquaient d'effrayer les chevaux.

Une responsabilité limitée

Les loueurs et les entrepreneurs de promenade ont toutefois la possibilité de dégager leur mise en cause, mais, là encore, dans des conditions inégales. Les uns comme les autres peuvent toujours invoquer la cause étrangère ou la force majeure. Mais la faute de la victime sera diversement appréciée en fonction du statut de celui qui l'invoque. Dans le cadre d'une location, le cavalier qui commet sciemment une imprudence sera déclaré responsable de son propre dommage. À l'inverse, dans le cas d'une promenade organisée, le béotien victime pourra solliciter la responsabilité de l'entrepreneur de

promenade. L'obligation de sécurité à laquelle ce dernier est tenu va au-delà des frasques de ses clients, d'autant plus qu'ils sont inexpérimentés. Les tribunaux ont en effet tendance à garantir assez facilement la protection des cavaliers débutants.
La dernière différence porte enfin sur les responsabilités de ces professionnels vis-à-vis des tiers. Là, le loueur ne risque rien, en principe, puisque la garde et donc la responsabilité des chevaux qu'il loue est transférée aux clients qui les utilisent. À l'inverse, les juges considèrent plutôt que l'entrepreneur de promenade conserve, lui, la direction et le contrôle de ses chevaux. Il est souvent considéré responsable en cas de dommages occasionnés à des tiers. Pour avoir attaché deux chevaux au même arbre au moment du pique-nique, un organisateur de promenade a été condamné en lieu et place du propriétaire du cheval qui avait agressé son congénère.

Une chute peut toujours se produire ; une monture adaptée au niveau équestre du cavalier et un équipement minimal sont des précautions élémentaires.

LE PRÊT D'UN CHEVAL

La situation de prêt est des plus courantes. Quel cavalier ne s'est jamais fait prêter un cheval ? Les occasions ne manquent pas et, par conséquent, les causes de litiges non plus. Pour éviter tout problème, les partenaires ont intérêt à établir par écrit un petit contrat.

Un prêt à usage déterminé

Le cadre juridique du prêt à usage déterminé est défini par le Code civil (art. 1875 et suiv.). L'emprunteur doit veiller au cheval « en bon père de famille », selon l'expression consacrée, à sa garde et à sa conservation. Il ne peut s'en servir que pour l'usage prévu par l'accord conclu entre les deux parties, ou bien déterminé par la nature même de l'animal. Pas question, par exemple, d'utiliser en concours un cheval qui a été prêté pour faire de la promenade. Si de telles règles étaient enfreintes, l'emprunteur indélicat serait bien entendu redevable du versement de dommages et intérêts à hauteur du préjudice subi.
Cela dit, si des dépenses urgentes et indispensables à la sauvegarde du cheval sont engagées par l'emprunteur, il va de soi que celles-ci sont à la charge du prêteur, dès lors que celui-ci n'a pu être prévenu avant l'engagement des frais. Pour autant, les dépenses d'entretien courant, comme la nourriture ou la ferrure, restent bien évidemment à la charge de l'emprunteur.

En cas de problème

Si un dommage survient pendant la durée du prêt, c'est au prêteur de prouver que l'emprunteur a commis une faute.
La seule façon pour l'emprunteur de dégager sa responsabilité sera d'invoquer la force majeure ou encore la faute du prêteur. Car le prêteur peut lui-même largement contribuer à la dégradation d'une situation de prêt. L'article 1891 du Code civil est très clair sur ce point : « Lorsque la chose prêtée a des défauts tels qu'elle puisse causer du préjudice à celui qui s'en sert, le prêteur est responsable, s'il connaissait les défauts et n'en a pas averti l'emprunteur. »
Le généreux propriétaire d'un cheval ombrageux qui prête sa monture au quidam qui ne se doute de rien ou qui, tout simplement, n'a pas les capacités équestres pour faire face aux humeurs changeantes du destrier est tenu pour responsable en cas d'accident. À condition, bien sûr, qu'il ait été lui-même informé de la dangerosité de son animal et qu'il se soit gardé d'en faire part à l'emprunteur...
Dans une affaire où une cavalière se livrait à une séance d'obstacles avec un cheval qui lui avait été prêté, elle descendait régulièrement de cheval pour monter elle-même les barres. Au cours d'une de ces escales techniques, l'animal décida de prendre un peu de liberté et lui échappa. La cavalière tenta de poursuivre le cheval mais celui-ci lui décocha un coup de pied atteignant la malheureuse au visage. Ici, il ne fut pas question de mettre en cause la responsabilité du propriétaire du cheval, alors même qu'il assistait à la scène et qu'il avait enjoint la cavalière de courir après l'animal. La situation aurait peut-être été différente si l'essai de la cavalière avait été effectué dans le cadre d'une vente éventuelle.

Amateurs et professionnels

La jurisprudence fait une distinction, dans le cadre d'une vente éventuelle, entre l'essai effectué par un amateur et celui tenté par un professionnel.
Si l'emprunteur est un amateur, la jurisprudence estime que le cheval reste, pendant

l'essai, sous la garde et donc sous le contrôle du propriétaire. Un propriétaire censé connaître son cheval et les réactions de celui-ci est normalement capable de les anticiper et de prévenir un dommage éventuel.
À l'inverse, si l'emprunteur est un professionnel, les juges considèrent qu'il a l'expérience et le savoir-faire nécessaires à la maîtrise du cheval. S'il se blesse pendant qu'il essaie le cheval, les tribunaux décident que le propriétaire n'y est pour rien.
En revanche, si l'emprunteur cause un préjudice à un tiers dans le cadre d'un prêt, c'est bien lui qui en sera responsable. La justice considère que, ayant le cheval sous sa garde, il en a le contrôle et la direction, et donc la responsabilité. Même s'il n'est pas le propriétaire de l'animal.

Les chemins peuvent être privés ou ruraux. Cela autorise ou non les riverains à les fermer, mais, dans tous les cas, meneurs et cavaliers obtiendront plus par la courtoisie que par la procédure.

LE DROIT DES CHEMINS

La liberté d'aller et de venir à cheval obéit à des règles strictes. En effet, que le cavalier traverse un bois, parcoure une plaine, longe un champ ou suive un chemin, il passe toujours sur la propriété de quelqu'un. On dit d'ailleurs « emprunter » un chemin. Une expression qui suppose des obligations... et des droits. Même la voie publique peut être soumise à des restrictions.

Des restrictions sauvages

Au fil des ans, de plus en plus de cavaliers constatent que les chemins qu'ils ont l'habitude d'emprunter ou qu'ils ont repérés sur une carte ont disparu. Ces disparitions résultent soit d'un manque d'entretien, soit d'une annexion plus ou moins licite par l'un des riverains. Les chemins sont parfois simplement barrés pour être privatisés, au moins temporairement. S'il s'agit de chemins privés, le promeneur n'a évidemment rien à redire. En revanche, s'il s'agit de chemins ruraux, la situation est différente.
La notion de chemin rural apparaît dans la loi dès 1881. Son statut particulier est aujourd'hui défini par le Code rural (art. L. 161.1), qui précise que ce sont des « chemins appartenant aux communes, affectés à l'usage du public, qui n'ont pas été classés comme voies communales. Ils font partie du domaine privé de la commune ». C'est le conseil municipal qui décide de la création d'un chemin rural, de son élargissement ou de son changement de régime. De ce fait, un riverain n'a aucun droit de limiter le passage sur un chemin rural. S'il le fait, il existe au moins trois possibilités de lui faire entendre raison. La première, la voie « diplomatique », consiste à demander à ce riverain de bien vouloir libérer un chemin qui ne lui appartient pas. S'il persiste dans ses velléités conquérantes, la demande peut être présentée par la police municipale. Deuxième possibilité, le maire peut exiger lui-même « la libération du chemin aux frais et aux risques de l'auteur de l'infraction », contre lequel des poursuites peuvent aussi être engagées. Le Conseil d'État a en effet rappelé à plusieurs reprises que « le maire est chargé de la police et de la conservation et qu'à ce titre il est tenu de prendre les mesures nécessaires pour y assurer la libre circulation ». La dernière solution est réservée aux esprits procéduriers. Si le riverain n'obtempère pas et si la commune n'intervient pas, il y a toujours possibilité d'entreprendre une action en justice, soit contre le riverain devant le tribunal d'instance, soit contre la commune, qui n'a pas exercé ses pouvoirs de police, devant le tribunal administratif. Mais on peut aussi tout simplement choisir de prendre un autre chemin...

Sur la voie publique

En vertu du Code des collectivités territoriales, le maire, qui est chargé d'assurer le bon ordre, la sécurité et la salubrité publique sur sa commune, peut user des pouvoirs de police dont il dispose pour restreindre la circulation sur la voie publique. Il peut tout à fait légalement décider d'interdire l'accès d'une voie à certains véhicules dont le passage serait incompatible avec la solidité ou le profil de celle-ci : les quatre-quatre, les motos et... les chevaux font souvent l'objet de telles restrictions. Toutefois, en matière de police, la liberté est la règle et l'interdiction, l'exception. Cela signifie que, quand un arrêté du maire vise à limiter l'exercice d'une liberté fondamentale comme celle d'aller et de venir sur la plage à cheval par tous les temps, cette décision doit être expressément justifiée. C'est le juge administratif qui pourra contrôler si cette mesure est bien adaptée au danger qu'elle tente de prévenir. C'est lui qui pourra considérer que le seul respect de la salubrité publique est un argument trop général pour être valablement retenu.

À la campagne

En zone rurale, enfin, on évitera très soigneusement de circuler à cheval en dehors des chemins prévus à cet effet. En France, il faut savoir que traverser à cheval une plantation de jeunes arbres de moins de dix ans est un délit puni d'une amende de 3 811 € (art. L. 331.7 du Code forestier). À cette somme pour le moins dissuasive s'ajouteront éventuellement les dommages et intérêts causés par la monture. Des mesures réglementaires locales peuvent, par ailleurs, restreindre la liberté de circulation pour les cavaliers au titre de la prévention et de la lutte contre les incendies ou de la réglementation des forêts de protection.

Le Code de la route

Le cheval n'est plus le roi de la route. Les progrès technologiques en ayant fait un moyen de transport marginal, le Code de la route ne fait pas la part belle à la plus noble conquête de l'homme. On peut dire clairement que la cohabitation de la voiture et du cheval s'est faite aux dépens de ce dernier.

Les dispositions concernant les voies de circulation s'appliquent de la même façon, que le cheval soit monté ou attelé. La circulation et le stationnement des chevaux sont expressément interdits hors des voies de circulation.

Les règles imposées aux véhicules à moteur doivent être strictement respectées par les cavaliers. Bien entendu, les autoroutes sont interdites aux chevaux, mais, partout ailleurs, les règles de dépassement, de croisement, de stationnement et les autres restrictions à la circulation s'appliquent de la même manière aux voitures et aux équidés.

En cas d'accident, la justice n'aura pas plus d'égard pour le cavalier que pour l'automobiliste. Dans une affaire récente, la justice a imposé un partage de responsabilité à l'occasion d'une collision entre un automobiliste et des chevaux qui se déplaçaient de nuit. Bien qu'ils se soient tenus sur le côté droit de la chaussée, les cavaliers durent supporter les trois quarts de la responsabilité de l'accident parce que leurs chevaux n'étaient éclairés que par une simple lampe électrique. Le chauffard, qui roulait pourtant à une vitesse excessive, ne fut reconnu responsable que d'une part minime des dommages subis. C'est encore un partage de responsabilité qui a été établi lors d'un accident, survenu la nuit, entre un cheval non éclairé circulant au milieu de la route et une voiture qui, elle aussi, roulait au milieu de la chaussée. Le fait que ces accidents se soient produits la nuit ne change rien. Il y a aussi partage de responsabilité dans une affaire où un cavalier avait été victime d'une chute à cause de l'écart qu'avait fait son cheval au moment où un camion le croisait. Parce que le cavalier était un professionnel du cheval, la justice a considéré qu'il était, en partie, responsable de son propre malheur en n'anticipant pas le comportement de son animal et en ne faisant pas tout pour en conserver la maîtrise...

MARÉCHAUX ET VÉTÉRINAIRES

Lorsqu'ils sont sollicités pour intervenir sur un cheval, vétérinaires et maréchaux-ferrants sont soumis à des régimes de responsabilité sensiblement différents. Le vétérinaire est tenu à une obligation de moyens, tandis que le maréchal est soumis à une obligation de résultat. La distinction entre obligation de moyens et obligation de résultat n'a rien de théorique. Elle permet en effet de déterminer à qui il incombe de prouver la faute, ce qui peut largement influer sur les chances d'indemnisation de la victime.

Obligation de moyens

Le Code rural et surtout la jurisprudence font obligation au vétérinaire de prodiguer « des soins consciencieux, attentifs et conformes aux données acquises de la science et de la technique ». Le propriétaire a l'obligation de signaler le passé médical du cheval, et le vétérinaire est tenu d'employer un langage direct mais accessible pour expliquer l'état de l'animal et les soins qu'il va prodiguer. Le vétérinaire n'a pas l'obligation de guérir l'animal qui lui a été confié. Il est néanmoins tenu de mettre en œuvre tous les moyens nécessaires pour permettre à l'animal de recouvrer un état de santé satisfaisant. Concrètement, dans le cadre de cette obligation de moyens qui s'impose au vétérinaire, c'est au propriétaire du cheval d'apporter les preuves de l'existence d'une faute, du préjudice subi et du lien de causalité entre l'un et l'autre. Par exemple, si un cheval meurt des suites d'une injection pratiquée par un vétérinaire, c'est au propriétaire d'établir la preuve du lien de causalité entre le décès de l'animal et le traitement prodigué.

Si le vétérinaire n'est assujetti qu'à une obligation de moyens, il est toutefois tenu de se tenir informé des progrès thérapeutiques. Sa responsabilité pourrait être mise en cause s'il mettait en œuvre des techniques dépassées. En outre, s'il est amené à intervenir en l'absence de problème pathologique, le vétérinaire est astreint à une obligation de quasi-résultat. Ainsi, la santé d'un cheval ne saurait être gravement atteinte par une « simple » opération de castration.

Le maréchal-ferrant peut être tenu pour responsable d'une boiterie consécutive à la ferrure.

La connaissance de l'anatomie des chevaux et l'art de les soigner sont anciens (ici, une gravure tirée du Traité complet de la médecine des chevaux, datant de 1772).

Obligation de résultat

Selon l'article 1789 du Code civil et surtout selon la pratique, le maréchal-ferrant se doit « d'opérer avec la conscience et la prudence requises, conformément aux données acquises de la technique ». Il est tenu par le contrat de ferrage de restituer le cheval dans le même état d'intégrité physique que celui dans lequel il se trouvait lorsqu'il lui a été confié. C'est l'obligation de résultat.

Ainsi, un maréchal dont le ferrage occasionne un abcès dans le pied d'un cheval quelques jours avant une compétition verra sa responsabilité sévèrement engagée. Ce sera à lui de prouver que le préjudice subi est complètement indépendant de son intervention. Un bon maréchal-ferrant refuse de toucher à un pied chaud qui risque de cacher un abcès.

Qui paiera ?

Aujourd'hui, le développement du système des assurances et la diminution des ressources du monde hippique favorisent le recours à la responsabilité des vétérinaires et des maréchaux. Sur ce plan, les vétérinaires semblent bien protégés puisqu'ils sont obligés de souscrire une assurance responsabilité civile professionnelle. Les assurances (qui coûtent de plus en plus cher aux vétérinaires) peuvent couvrir un sinistre à hauteur de 229 000 €, ce qui est suffisant dans la plupart des cas. Lorsque la valeur d'un cheval dépasse cette somme, les vétérinaires, en général, n'opèrent pas, sauf si le propriétaire les décharge de toute responsabilité. Les maréchaux-ferrants, qui doivent désormais être qualifiés et inscrits auprès de la Chambre des métiers, ont aussi l'obligation de souscrire une assurance. Cependant le Syndicat français des maréchaux-ferrants a mis au point, avec une compagnie d'assurances, le premier contrat d'assurance responsabilité civile professionnelle couvrant l'ensemble des activités spécifiques de leur métier.

Le confort relatif qu'offre la généralisation des assurances n'incite pas le juge à limiter la mise en cause de la responsabilité des professionnels. Dans ce contexte, faut-il craindre que tous les prestataires de services soient astreints à une obligation de résultat, comme l'avait imaginé à un moment la Commission européenne ?

Préparation d'un médicament. Gravure du XVIe siècle.

LE TRANSPORT DES CHEVAUX

Le transport de chevaux effectué par des professionnels obéit à des règles de droit très particulières. Ces règles sont différentes lorsque le voyage du cheval est pris en charge par un transporteur bénévole ou occasionnel.

Le transporteur professionnel

La Convention internationale des transporteurs routiers, signée à Genève en 1956, prévoit que les marchandises voyagent aux frais de l'expéditeur et sous la responsabilité du destinataire. Mais ce même texte, souvent mal connu, précise aussi que les transporteurs bénéficient d'une exonération de principe de leur responsabilité, « lorsque la perte ou l'avarie résulte du transport d'animaux vivants ». Cela signifie qu'il est, a priori, exclu de demander des comptes à un transporteur qui livrerait un cheval dans un état d'intégrité physique différent de celui qui était le sien avant le transport. Le transporteur d'animaux vivants a donc une simple obligation de moyens, et non une obligation de résultat, à la différence de ceux qui transportent d'autres marchandises.

Ce régime a toutefois ses limites : un transporteur est censé rendre l'animal dans l'état dans lequel celui lui a été confié ; il a donc tout intérêt à souscrire une police d'assurance de responsabilité civile, qui offre en général une couverture minimale de 1 830 €. De même, un propriétaire devrait prendre une assurance pour son cheval, surtout quand celui-ci est d'une grande valeur.

Cependant, cette assurance ne garantit la marchandise transportée, en l'occurrence le cheval, qu'à hauteur de... 1 600 €, ce qui représente peu de chose au regard de la valeur pécuniaire et sentimentale de son animal. Cela dit, si la valeur du cheval est supérieure au montant de la garantie, il appartient au propriétaire de souscrire une assurance complémentaire, même si cela n'est pas obligatoire. Chaque propriétaire peut en effet souscrire une assurance qui couvre tous les risques inhérents au transport de son cheval.

Enfin, si le dommage subi par le cheval résulte d'une faute du transporteur, la responsabilité de celui-ci peut toujours être engagée puisqu'il est lié à son client par un contrat (art. 1382 du Code civil). Une conduite dangereuse, un pont défectueux ou un plancher pourri sont des fautes inexcusables. De la même manière, l'exonération conventionnelle du transporteur d'animaux vivants peut encore être écartée lorsqu'un accord spécifique l'a prévu, à condition que la clause ne soit pas rejetée comme nulle.

Embarquement et débarquement

On pense, parfois à tort, que l'accident de chargement s'assimile à l'accident de transport. Parallèlement, beaucoup de transporteurs semblent considérer comme l'une des plus élémentaires courtoisies que de contribuer à l'embarquement ou au débarquement des chevaux qu'ils s'apprêtent à faire voyager. Ils ont tort. En principe, le contrat de transport se limite au seul transport et non aux opérations annexes. En effet, il existe un contrat type de transport public routier d'animaux vivants (annexe au décret du 7 avril 1988) qui précise que « le chargement des animaux incombe au donneur d'ordre, celui qui a la charge de son exécution ». En clair, cela signifie que le chargement du cheval relève de la responsabilité de celui qui a commandé le transport. Ce même texte confirme que transport et chargement sont des opérations totalement distinctes. Si le transporteur contribue à l'embarquement, c'est toujours pour le compte du donneur d'ordre. Sa responsabilité ne saurait donc être engagée dans ces circonstances. La justice a déjà eu à statuer sur une affaire où un transporteur professionnel devait amener une pouliche à son futur propriétaire. Au moment de l'embarquement dans le camion, l'animal se débat et se blesse grièvement. La question posée par les tribunaux était de savoir qui devait être considéré comme responsable ? Le transporteur, alors qu'il n'avait pas pris part à l'opération ? Le vendeur, qui n'était pas présent ? L'acquéreur, lui-même absent ? Ou encore le préposé du vendeur qui a tenté de procéder à l'embarquement ? La justice a considéré que le futur propriétaire devait être déclaré responsable parce que c'est lui qui avait commandé le transport. La solution consiste à stipuler dans le contrat avec le transporteur que l'assurance englobe les opérations de chargement et de débarquement.

Le transporteur bénévole ou occasionnel

La situation du transporteur occasionnel est bien moins enviable que celle du transporteur professionnel. Comme il agit souvent dans le cadre d'une relation conviviale, voire amicale, le transporteur occasionnel est rarement tenu par un contrat.

En cas de dommage, il est responsable de tout préjudice qui pourrait survenir lors du transport qu'il effectue, même sans faute de sa part. Pour cette raison, il est soumis au régime de la responsabilité délictuelle, c'est-à-dire de la responsabilité sans faute (art. 1384 du Code civil). En cas de problème, il peut être tenu de rembourser l'intégralité du dommage et, à l'inverse du transporteur professionnel, il ne bénéficiera pas de limitation de sa responsabilité. Une différence de traitement qui peut paraître d'autant plus injuste que, bien souvent, le transport occasionnel repose sur la simple volonté de rendre service.

En outre, il faut savoir que la loi ne fait pas de distinction entre les différents types de transports dits « de complaisance », qu'il s'agisse de transport effectué gratuitement ou de transport dit « intéressé ». La loi considère en effet que le transport intéressé, qui consiste à partager les frais de route, de carburant ou de péage, reste non professionnel et doit être assimilé au transport gratuit. Le simple partage des frais ne suffit donc pas à faire naître un contrat qui permettrait pourtant à celui qui rend service de se trouver dans la confortable situation du transporteur professionnel. Agissant dans un cadre non contractuel, le transporteur occasionnel ne pourra se dégager de la présomption de responsabilité qui pèse sur lui qu'en prouvant la force majeure, la faute du propriétaire du cheval ou le fait d'un tiers. Dans ce dernier cas, le transporteur ne sera pas exonéré de sa responsabilité envers le propriétaire de l'animal, mais il se trouvera simplement autorisé à exercer un recours contre ce tiers.

La meilleure façon de protéger le transporteur occasionnel est encore de faire signer, systématiquement avant l'embarquement, une décharge de responsabilité totale. Cela ne signifie qu'il sera déchargé totalement en cas de problème. Si, par exemple, le cheval meurt d'une crise cardiaque au cours du transport, le transporteur occasionnel devra prouver qu'il a conduit prudemment et qu'il n'y est pour rien.

De son côté, le propriétaire du cheval aura, dans tous les cas, la prudence d'assurer son cheval lors des déplacements.

Le transport de chevaux effectué par des professionnels obéit à des règles bien particulières. Une assurance spécifique est recommandée.

L'embarquement et le débarquement du cheval relèvent de la responsabilité de celui qui a commandé le transport.

Le cheval et l'assurance

En dehors du cadre de la compétition, rien n'oblige un sportif à s'assurer. Même s'il s'adonne à un sport dont la pratique n'est pas sans risque, le cavalier n'échappe pas à cette règle. Les adhérents de la Fédération française d'équitation (FFE) bénéficient toutefois d'une assurance liée à la licence qu'ils ont obtenue. Cette protection couvre la responsabilité civile du cavalier et offre une assurance individuelle accident en cas de dommage corporel. Pour autant, seules les personnes qui montent officiellement à cheval bénéficient de cette couverture fédérale minimale.

LES CENTRES ÉQUESTRES

Le nombre des centres équestres comme celui des cavaliers a pratiquement doublé en dix ans. Il est donc normal que les compagnies d'assurances proposent des contrats désormais adaptés à leurs activités.

L'obligation d'information

Il n'existe pas de textes spécifiques à l'assurance des centres équestres français. En revanche, l'article 37 de la loi du 16 juillet 1984 énonce que tous les groupements sportifs sont dans l'obligation de souscrire un contrat d'assurance couvrant leur responsabilité civile pour l'exercice de leurs activités. Ces contrats doivent couvrir non seulement la responsabilité du groupement sportif lui-même, en cas de dommage causé aux tiers dès lors qu'ils se trouvent dans son enceinte, mais également la responsabilité de ses préposés, rémunérés ou non, ainsi que celle des pratiquants. Quand un cheval donne un coup de pied dans une voiture normalement garée ou lorsqu'il s'échappe de son box et cause un accident de la circulation, la responsabilité du centre équestre se trouve engagée. Il en est de même si une botte de paille tombe sur la tête d'une mère qui attend la fin de la reprise de son enfant ou lorsqu'un cavalier est blessé par la chute d'une porte de box.

La loi de 1992 fait obligation aux groupements sportifs d'informer leurs adhérents qu'ils ont intérêt à souscrire un contrat d'assurance « individuel accident ». La loi leur impose également de mettre à la disposition des licenciés « diverses formules de contrat d'assurance susceptibles de réparer les atteintes à l'intégrité physique du pratiquant ». Dans un arrêt de 1996, la Cour de cassation précise que « la simple mise à disposition des adhérents des conditions du contrat d'assurance dans les locaux du groupement sportif ne constitue pas une information suffisante ». En cas d'accident et de mise en cause de sa responsabilité, il appartiendra au centre équestre d'apporter lui-même la preuve qu'il s'est correctement acquitté de son devoir d'information auprès de la victime.

Si l'assurance est utile pour se faire rembourser des frais personnels consécutifs à un accident, elle est surtout obligatoire pour couvrir des dommages causés à des tiers.

L'obligation de déclaration

Toute structure équestre, qu'il s'agisse d'un centre hippique, d'une écurie de propriétaires, d'une écurie de courses, d'un haras ou d'un poney-club, doit disposer d'un contrat d'assurances adapté à la spécificité de ses activités. La promenade, l'enseignement, la compétition ou le transport génèrent des risques particuliers qui, s'ils se réalisent, peuvent être à l'origine de sinistres particuliers.

Les contrats d'assurances, qui couvrent cet ensemble d'activités hétérogènes, sont conclus sur la base des déclarations de bonne foi du candidat à l'assurance. L'assureur peut venir lui-même évaluer le « risque » avant d'accepter ou de refuser d'établir un contrat, mais rien ne l'y oblige. Pour éviter des désagréments au moment de l'indemnisation d'un sinistre, certaines précautions doivent être prises.

D'une manière générale, à chaque fois que l'activité équestre évolue, il est indispensable d'en faire la déclaration à l'assureur. Développer une nouvelle activité de voltige ou d'attelage, faire construire dix boxes supplémentaires ou un manège peuvent constituer un risque nouveau ou l'aggravation d'un risque déjà garanti, et imposent une nouvelle couverture adéquate.

En cas de sinistre, l'indemnisation des risques initialement garantis ne sera pas remise en cause, mais le paiement du sinistre peut se trouver minoré, voire tout simplement exclu, notamment en cas de fausse déclaration intentionnelle ou en cas d'absence de déclaration. Dans ce cas, c'est à l'assureur de prouver qu'il y a dissimulation volontaire. Le cas échéant, il pourra faire valoir la nullité du contrat et conserver toutes les primes déjà versées à titre de dommages et intérêts.

Aussi, en vertu des dispositions du Code des assurances, l'assuré doit-il, à tout moment, déclarer auprès de son assureur une évolution d'activité.

Il lui suffit de signaler ces changements dans les quinze jours, par lettre recommandée avec accusé de réception. La compagnie dispose alors de dix jours pour répondre. Passé ce délai, son silence vaut acceptation et le contrat sera modifié. Si la modification implique une aggravation du risque, l'assuré paiera la surprime correspondante dans la mesure où le contrat a envisagé de telles modifications.

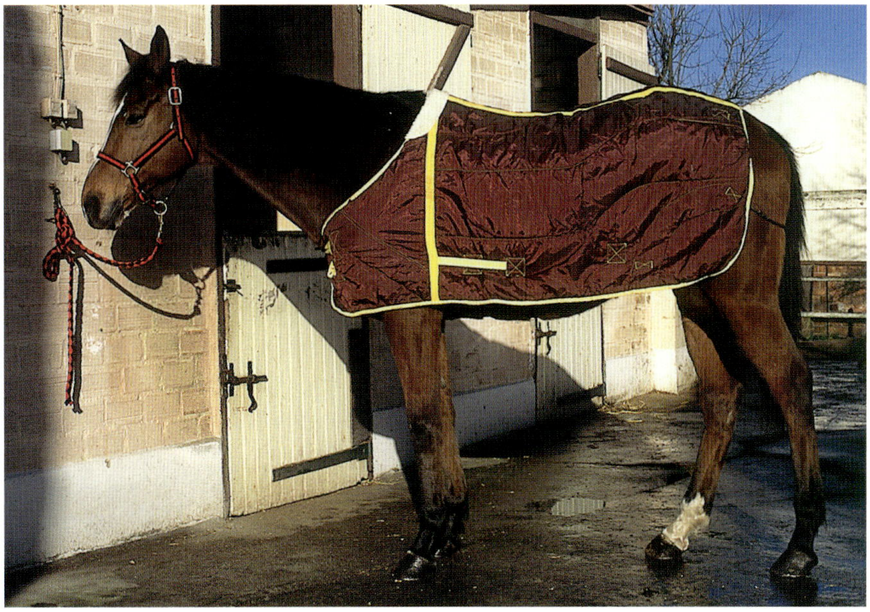

Le club ou le propriétaire d'écurie est responsable des chevaux mis en pension chez lui. Des assurances spéciales existent, couvrant les risques très particuliers liés à cette activité.

L'assurance des chevaux mis en pension

La responsabilité contractuelle des centres équestres ne fait l'objet d'aucune obligation légale. Or, les dommages résultant de la mise en pension de chevaux s'inscrivent résolument dans ce cadre. Qu'il y ait contrat écrit ou non, le centre équestre a, vis-à-vis des propriétaires, des obligations de garde et de restitution. Si le cheval est retrouvé mort dans son box ou s'il est blessé au pré, le centre équestre est présumé responsable dans tous les cas. Jusqu'à une époque récente, c'était au propriétaire du cheval d'apporter la preuve de la faute du centre équestre. Depuis une décision de la Cour de cassation de 1991, c'est au centre équestre lui-même de prouver qu'il n'a pas commis de faute. Autrement dit, le centre équestre est déclaré responsable de tout dommage causé à un cheval dont le propriétaire lui a confié la garde.

Il faut savoir cependant que cette règle connaît une exception dans le cas des chevaux mis en pension pour être entraînés à la compétition. Dans ce cas, il n'y a pas seulement contrat de dépôt, mais aussi contrat d'entraînement (voir aussi p. 326). Si un accident survient pendant l'entraînement ou pendant une compétition, causant l'invalidité ou le décès du cheval, c'est au propriétaire de prouver la faute du centre équestre pour prétendre à une indemnisation.

Pour être protégé contre ces responsabilités, les centres équestres ont intérêt à souscrire des garanties d'assurances spécifiques proposées par des assureurs spécialisés.

L'assurance des bâtiments

En ce qui concerne les bâtiments, les centres équestres devront souscrire une assurance spéciale pour les risques d'incendie, plus nombreux dans ces établissements qu'ailleurs du fait de la présence d'une concentration peu courante de matériaux inflammables. La garantie liée au risque incendie est, en principe, comprise dans les assurances de base, mais il n'existe, là encore, aucune obligation légale. Si, en pratique, les bâtiments sont souvent assurés contre l'incendie, il faut savoir que les chevaux, eux, le sont rarement. À chacun de s'entourer des garanties nécessaires.

Dans la plupart des cas, les assurances portent sur des constructions en dur. Or, dans le cas d'un centre équestre, les assureurs peuvent être tentés de refuser toute indemnisation en cas de sinistre lorsqu'ils s'aperçoivent que des bâtiments ont été construits en bois, ce qui est fréquemment le cas dans ce secteur d'activités. Le problème est identique pour les bâtiments ouverts, comme les granges ou les manèges, dont l'assurance, en cas de dommages causés par les tempêtes, n'est pas prévue par les contrats non spécifiques.

L'ASSURANCE MORTALITÉ

Assurer un cheval de grande valeur contre la mortalité est une précaution sans doute utile. Mais, quel que soit l'objet du contrat, il est important d'être lucide au moment de l'estimation de la valeur de l'animal. On s'aperçoit en effet qu'un nombre non négligeable de litiges surviennent au moment du paiement de l'indemnité.

S'informer avant de souscrire

Le principe de l'assurance mortalité est simple : en contrepartie du paiement d'une prime, dont le montant varie en fonction de la valeur estimée du cheval, le contrat permet à l'assuré de percevoir un capital au moment du décès de l'animal. C'est au moment du règlement de la somme attendue que la dure réalité juridique se rappelle aux souscripteurs, et cela malgré le devoir de conseil dont s'acquittent généralement les assureurs. Le Code des assurances précise en effet que « l'indemnité due par l'assureur à l'assuré ne peut pas dépasser le montant de la valeur de la chose assurée au moment du sinistre » (art. L.121-1). Concrètement, cela signifie que la valeur estimée dans le contrat ne correspond pas forcément à l'indemnité due. En effet, l'assureur peut mettre en avant la dépréciation de l'animal. Le prix du cheval estimé dans la police d'assurance ne correspond donc qu'au montant maximal que l'assureur peut verser à l'assuré en cas de décès. Il ne s'agit nullement d'une indication d'un montant de capital garanti. Alors, comment être sûr d'être indemnisé, de la manière la plus juste, du préjudice causé par la disparition du cheval ?

Valeur déclarée et valeur agréée

Au moment de la signature du contrat, il est possible de choisir entre la clause de valeur déclarée ou celle de valeur agréée.

Solution la plus économique, l'assurance en valeur déclarée permet à l'assuré d'évaluer lui-même le prix de son cheval. Toutefois, la valeur fixée ne garantit en aucune manière le montant de l'indemnité qu'il recevra à la mort de l'animal. Quand l'heure de la funeste échéance aura sonné, ce sera à l'assuré lui-même d'apporter la preuve du montant du préjudice qu'il estime avoir subi. L'origine du cheval, ses gains, son prix d'achat, les éventuelles propositions de rachat... tous les éléments de preuves devront être rassemblés pour que l'indemnité se rapproche le plus possible de la valeur déclarée. La charge de cette preuve peut paraître un peu lourde. Aussi de nombreux propriétaires privilégient-ils l'option dite de valeur agréée.

Dans le cas d'une garantie souscrite en valeur agréée, le prix est fixé d'un commun accord entre le propriétaire et l'assureur, après expertise préalable. La valeur déterminée sert donc à estimer le montant du dommage, mais ce n'est, là encore, qu'une présomption. Car, en cas de décès, il n'est pas certain que l'assuré puisse percevoir une somme égale au capital que représentait son cheval le jour de la souscription. L'assureur peut en effet contester le montant du versement attendu. Le principe d'indemnisation du Code de l'assurance (art. L.121-1) interdit que la valeur de l'assurance représente un capital intangible que l'assuré pourrait exiger au moment de la disparition du cheval. Car la valeur du cheval sur laquelle repose la police d'assurance correspond à celle de l'animal au moment de la conclusion du contrat, et non à celle qui sera la sienne le jour du sinistre.

Les accidents ont toujours inspiré les caricaturistes. Ici une gravure de Josquin, XIX*[e] *siècle.

Même si ce type de contrat s'avère plus onéreux, il permet à l'assuré d'être en meilleure position pour obtenir le versement du capital souscrit. En cas de litige, ce sera à l'assureur de prouver que la valeur du cheval au jour du décès de l'animal était inférieure à celle qui avait été fixée le jour de la conclusion du contrat.

ASSURANCES ET SPORT

L'équitation est-elle un sport à risques ? Sur le plan statistique, l'équitation se situe en 7e position dans la liste des sports pour la fréquence des accidents et au 3e rang pour leur gravité (étude CEREOPA de 1993). On estime le nombre d'accidents à moins de un pour mille heures d'équitation, à raison de cinq accidents déclarés par centre et par an. Cependant ces chiffres incluent seulement ceux qui ont pu être recensés dans le cadre de structures officiellement dédiées à la pratique de l'équitation...

Le risque accepté

La justice a progressivement été amenée à adopter une position qui relativise la mise en cause de la responsabilité de ceux qui pratiquent des sports « à risques » : c'est ce que l'on appelle la théorie du risque accepté. Cette théorie instaure un régime de responsabilité bien spécifique qui permet à certains sportifs de déroger aux règles classiques de la responsabilité civile. Les juges considèrent ainsi, d'une manière générale, que la participation d'une personne à certains sports, comme l'équitation, signifie que celle-ci en accepte les risques. Dès lors, elle est censée renoncer tacitement à mettre en cause la responsabilité de celui qui

Les chutes font malheureusement partie du « spectacle » attendu par certains spectateurs des courses et des présentations équestres. Pour les professionnels comme pour les amateurs, la monte en épreuve sportive fait l'objet de conditions d'assurances spéciales.

pratique ce même sport à ses côtés, concurrent ou coéquipier, et qui lui causerait un dommage. À moins, bien sûr, qu'une faute de ce dernier puisse être prouvée.

Il faut signaler toutefois que, dans le cadre de la pratique d'un sport dit « à risques », tous les dangers ne sont pas couverts par la théorie du risque accepté. Les sportifs sont censés accepter les risques « normaux » et uniquement ceux-là. La justice n'admettra pas qu'un sportif accepte de subir un dommage exceptionnel. Dans une triste affaire de voile, un skipper avait reçu l'assentiment de son équipage pour prendre le départ d'une régate malgré un temps exécrable. Bilan : sept morts. Les juges ont accepté d'indemniser les héritiers des navigateurs puisqu'il était inconcevable d'admettre que les victimes se soient volontairement exposées à un risque mortel.

Plus de risques, plus de responsabilité

En matière d'équitation, la justice fait désormais une distinction entre les cavaliers qui pratiquent leur sport sans chercher d'émotions trop fortes et ceux qui montent en compétition et qui sont ainsi amenés à prendre plus de risques. Ces derniers doivent alors en assumer les conséquences.

D'une manière générale, hors compétition, les juges considèrent que les accidents entre les participants d'une même activité équestre font disparaître la traditionnelle présomption de faute du gardien du cheval (art. 1385 du Code civil). Dans plusieurs décisions de justice, le cavalier blessé par le coup de pied d'un cheval monté par un autre cavalier n'a pu engager la responsabilité de ce dernier.

Ce type d'accident est considéré comme un risque normal auquel s'exposent ceux qui montent à cheval en groupe. À moins, bien sûr, que le cavalier dont le cheval a causé l'accident n'ait commis une faute. Mais ce sera à la victime d'en apporter la preuve, ce qui n'est pas toujours facile.

En compétition, en revanche, la justice applique depuis 1985 une position constante en matière de responsabilité. Dans une affaire qui fait jurisprudence, un cavalier qui attendait son tour pour entrer sur le terrain avait été blessé par la ruade d'un autre cheval au paddock (espace d'échauffement utilisé avant d'entrer en piste). Pour écarter la responsabilité de la cavalière du coupable équidé, les juges ont considéré que le paddock d'un concours était assimilable au terrain de concours lui-même et que « les réactions des chevaux étant imprévisibles, la ruade d'un cheval fait partie des risques normaux acceptés en connaissance de cause par les autres concurrents ».

Enseigner un sport à risques

Il est important de savoir enfin que cette théorie des risques acceptés entraîne aussi des conséquences sur la mise en cause de la responsabilité des enseignants.

En matière de sécurité, l'enseignant est astreint à une simple obligation de moyens. Cela veut dire que les personnes qui participent à un sport classé dangereux acceptent de subir d'éventuels dommages liés à la pratique de cette activité et renoncent, par avance, à toute action en réparation lorsqu'un accident survient.

Dès 1961, la Cour de cassation déclarait que « la pratique des sports implique de la part de ceux qui s'y livrent l'acceptation de certains risques et qu'en matière d'équitation, il fallait compter avec les réactions parfois imprévisibles des chevaux qui exposent à des chutes des cavaliers confirmés ». L'ancienne théorie militaire ne considérait-elle pas qu'un fantassin devait tomber au moins cent fois pour se transformer en cavalier ?

Une autre décision a confirmé que « le professeur ne s'engage pas à exonérer son élève de tout risque et à lui assurer son intégrité physique à l'issue de chaque leçon, mais assume seulement une obligation de se conduire en bon père de famille et en professeur prudent et diligent ». Pour autant, l'idée du risque accepté est de plus en plus remise en cause en matière d'enseignement. Dans beaucoup de cas, la victime est dispensée de rechercher la faute de l'enseignant : progressivement, une présomption de faute pèse sur celui-ci. Il ne pourra s'en défaire, et par conséquent dégager sa responsabilité, qu'en apportant une preuve inverse.

Accueil et encadrement

Qui dit activités équestres dit encadrement. De nombreuses structures sont chargées de veiller sur le bien-être et la sécurité du cavalier comme du cheval, à commencer par les haras et la Fédération française d'équitation, qui exerce un contrôle sur la qualité de l'enseignement dans les centres équestres. Mais le cheval peut également être un moyen de réinsertion pour les handicapés. Et, après des années de service, la monture a droit, elle aussi, à une retraite bien méritée.

LES HARAS NATIONAUX

C'est en 1665 que Louis XIV confia le soin de créer les Haras royaux au ministre Colbert. Leur mission était de constituer un cheptel de juments et d'étalons qui, grâce à la sélection, serait à même d'améliorer la cavalerie des armées. Cette institution a traversé les siècles, subissant les nombreuses transformations que l'Histoire imposa.

Ses missions

Cette institution devint administration des Haras nationaux à l'avènement de la république, et demeure aujourd'hui la tutelle principale de l'ensemble de l'activité hippique en France. Elle est, en fait, partie intégrante du ministère de l'Agriculture et de la Pêche, sous la dénomination : Service des haras, des courses et de l'équitation.

Jusqu'à la Deuxième Guerre mondiale, les Haras nationaux assuraient la remonte militaire, disposant encore d'une jumenterie. Ils complétaient leur production par des achats à l'élevage privé, auxquels ils proposaient le service de leurs étalons et des conseils en matière de sélection. Ils jouaient également ce rôle d'étalonnier au profit du monde agricole, qui utilisait encore des chevaux de trait. La mécanisation fit disparaître ces deux types de production, laissant en panne tout un secteur économique de grande importance.

La nouvelle mission assignée à cette administration, en 1950, fut de promouvoir de nouveaux débouchés à l'élevage et d'inciter les éleveurs à opérer les mutations nécessaires. Ainsi commença l'ère de l'équitation civile, de sport et de loisir. Les Haras nationaux, abandonnant presque intégralement leur jumenterie, mais conservant leurs étalons, se consacrèrent alors à la gestion et à la promotion des courses, de l'élevage et de l'équitation.

Une implantation régionale

L'administration des Haras nationaux est implantée sur l'ensemble du territoire grâce à vingt-trois dépôts d'étalons répartis en fonction de la densité de l'élevage hippique de chaque région. Le champ d'action de chacun est appelé circonscription. Ces dépôts sont dirigés et animés par des officiers des Haras, des techniciens et des gardes. Tous sont cavaliers et ont reçu une formation spécifique à l'École des haras, après avoir suivi des études d'agronomie ou de zootechnie.

Les courses

Au galop comme au trot, les sociétés organisatrices ont la forme juridique d'associations à but non lucratif de la loi de 1901 et sont réunies

Les Haras nationaux ont assuré la préservation des races de chevaux lourds menacés par la motorisation. Ceci explique la présence importante des attelages des Haras dans les manifestations publiques.

en une Fédération nationale des sociétés de courses de France. Celle-ci est placée sous la tutelle des Haras nationaux, qui approuvent les hippodromes, les commissaires et les programmes, avec pour objectifs la sécurité, l'amélioration des chevaux et la régularité des compétitions. Ce dernier point est important, car il s'agit de sécuriser les parieurs qui alimentent le Pari mutuel, à raison de 6,4 milliards d'euros par an (2001). Sur cette somme est exercé un prélèvement légal, dont une partie équivalant à 2 % est allouée à l'encouragement du secteur cheval. La gestion en est pour l'essentiel confiée au service des Haras, qui l'utilise pour son fonctionnement, ses investissements et redistribue une partie sous forme de primes et de subventions.

La saillie est la phase première du processus d'élevage. Les Haras nationaux s'efforcent de proposer à tout éleveur des étalons pour chaque race reconnue en France. (Gravure de 1687)

L'élevage

Pour participer aux compétitions sportives et aux concours d'élevage, tout équidé (cheval de sang, de trait, poney, âne) doit être inscrit au livre généalogique de sa race, appelé stud-book. La tenue de ces livres concernant les races de sang (pur-sang, trotteur français, selle français, arabe, anglo-arabe) incombe à l'administration. Celle des autres races est assurée par les associations de race elles-mêmes.

Les Haras se chargent d'opérer un signalement descriptif des poulains « sous la mère », c'est-à-dire avant leur sevrage, pour établir leurs papiers d'identification. Le service SIRE (Système d'identification répertoriant les équidés) tient ces documents à disposition des livres des quarante et une races d'équidés actuellement reconnues en France. Un poulain n'est inscriptible dans le stud-book de sa race que s'il est issu d'un étalon approuvé. Cette approbation donnée en fonction de critères de qualité appartient aux Haras nationaux. C'est là un rôle de sélection, y compris à l'égard des étalons de particuliers, qui sont de plus en plus nombreux au fil des années.

Les Haras gèrent leurs propres étalons en les répartissant pendant la saison (de mars à juillet) dans de multiples stations de monte pour les rapprocher des éleveurs. En chevaux de sang, cela représente 770 étalons pour 250 stations, au service de 3 600 éleveurs. Ils influent également sur la sélection de la jumenterie en organisant des concours d'élevage au cours desquels sont jugés poulains (jusqu'à 3 ans) et poulinières. Des primes financières sont attribuées à leurs propriétaires en fonction de classements, qui portent sur le modèle (conformation physique) et les allures (la locomotion). C'est aussi l'occasion de prodiguer des conseils sur leur production aux éleveurs.

Ces concours ne se limitent pas aux chevaux de sport, mais s'adressent aussi aux chevaux de trait (attelage) et de loisir, qui représentent un secteur à fort développement.

Enfin, les Haras assurent dans une large mesure une aide technique et financière aux associations d'éleveurs, d'une manière ponctuelle, lorsqu'elles organisent des événements de promotion, et, d'une manière générale, leur allouent des subventions de fonctionnement.

L'équitation

Cette discipline étant le débouché de l'élevage, les Haras y portent une attention soutenue. Ils apportent une aide financière aux compétitions et aux investissements des établissements équestres, leur confiant aussi, parfois, des chevaux d'instruction. Ils conservent un droit de regard dans les commissions d'autorisation et de classement de ces établissements. Enfin, il est de plus en plus fréquent qu'ils achètent des chevaux de compétition pour renouveler l'écurie de certains cavaliers de haut niveau, notamment dans la discipline du concours complet. C'est une façon de « soutenir » les ventes organisées par les associations d'élevage.

De même, soucieux de valoriser leurs étalons de sport, les Haras en confient couramment l'exploitation à des cavaliers professionnels du secteur privé.

LES DIRECTIONS NATIONALES

Pour mieux assumer leurs responsabilités administratives et techniques, les Haras nationaux ont récemment été réorganisés en plusieurs Directions nationales, dont notamment celles de la Valorisation et de la Filière, installées à Pompadour en Corrèze, qui gèrent, entre autres, le fichier informatique central de tous les équidées et de leurs performances sportives (SIRE), et celle du Développement, installée à Paris, qui comprend, entre autres, les départements Formation, Recherche et Expérimentation, Développement et Politiques régionales ainsi que Informations économiques et documentaires (Médiathèque du Cheval à Paris, Observatoire économique et social du Cheval au Lion d'Angers et le Centre de documentation et d'information au Pin au Haras).

LES FÉDÉRATIONS

La France, comme la Belgique, le Canada, la Suisse se sont dotés d'organismes chargés de la promotion et de la réglementation des sports équestres.

La Fédération française d'équitation (FFE)

- Mission et structure. À l'origine, son rôle était essentiellement axé sur la gestion des compétitions qui existaient alors : les concours hippiques (saut d'obstacles) et les militaires (concours complets) issus des pratiques de l'armée ou des équipages de chasse à courre. Le dressage devait s'ajouter par la suite, et le champ d'action fédéral se limitait à ces trois disciplines « olympiques ».

Beaucoup plus récemment, l'équitation de loisir s'est développée sous de multiples formes ou activités. Ces activités, regroupées en associations, donnèrent naissance à trois délégations nationales : la Délégation nationale aux sports équestres (DNSE), la Délégation nationale à l'équitation sur poney (DNEP) et la Délégation nationale au tourisme équestre (DNTE). La réforme des statuts intervenue en décembre 2000 a entraîné la dissolution de ces délégations et leur incorporation à la Fédération. Elles restent cependant représentées au sein du comité directeur qui comprend un Collège Cheval, un Collège Poney, un collège Tourisme et un collège Compétition. L'actuelle Fédération française d'équitation (association loi 1901) se situe au quatrième rang des fédérations olympiques par le nombre de ses licenciés (447 139 en 2003) et est la seule fédération olympique présidée par une femme, Mme Jacqueline Reverdy.

- **Les Comités régionaux et départementaux d'équitation (CRE et CDE).** Ils représentent la fédération dans les différentes régions administratives, y compris la plupart des DOM-TOM, où ils exercent les missions sportives (d'encadrement et d'animation) et politiques qui leur ont été déléguées par la fédération. Ces instances sont des associations loi 1901 elles-mêmes composées de représentants élus des groupements affiliés à la fédération et des représentants désignés des licenciés dans les établissements agréés par la fédération.

- **Attributions.** Par délégation du ministère de la Jeunesse et des Sports, la FFE est investie d'une mission de service public. Les deux axes principaux en sont le sport et l'enseignement. Pour ce faire, elle dispose d'une direction technique nationale ayant autorité sur l'ensemble des délégations, à la tête de laquelle se trouve le directeur technique national.

La FFE gère l'ensemble des compétitions équestres : toute organisation de concours, même d'initiative privée, doit se doter de la forme juridique d'une association loi 1901 et adhérer à la Fédération, pour revêtir un caractère officiel. Pour chaque discipline, la

Les fédérations équestres nationales déterminent les conditions de participation aux compétitions officielles et organisent les championnats nationaux (ici, le cavalier allemand Otto Becker monte Cento).

LE COMITÉ NATIONAL DE TOURISME ÉQUESTRE

Le CNTE a hérité des attributions de l'ancienne Association nationale de tourisme équestre (ANTE, de 1963 à 1987) et de la DNTE (de 1987 à 2000) et représente aujourd'hui, à travers les comités régionaux et départementaux de tourisme équestre, quelque 50 000 licenciés et 1 900 groupements et associations de cavalier pratiquant l'équitation d'extérieur. Il a notamment pour objectif de former les cavaliers à l'équitation de pleine nature, de former des accompagnateurs et guides – il délivre des diplômes homologués par l'État – et d'organiser des compétitions (Trec monté ou attelé) et des manifestations sportives et culturelles.

Fédération constitue des commissions chargées d'édicter les règlements et d'harmoniser les programmes. Elle gère les calendriers des compétitions départementales, régionales, nationales et internationales. Elle en publie les programmes et collecte les engagements.
Elle organise les championnats de France de toutes disciplines et de toutes catégories.
La FFE a en charge le haut niveau (national et international). Pour cela elle nomme des entraîneurs nationaux qui suivent les compétiteurs, sélectionnent les membres des équipes nationales, organisent des stages de préparation et encadrent à l'occasion des concours internationaux. Pour assurer le déroulement des épreuves de toutes sortes, la Fédération assume la formation et l'agrément des techniciens fédéraux : juges, commissaires, etc.
La direction technique nationale (DTN) est représentée au sein de chaque ligue régionale par un conseiller technique régional. Ceux-ci ont pour mission de soutenir le développement de l'équitation et de veiller à la qualité de l'enseignement dispensé dans les établissements. Ils sont présents sur le terrain, font passer les examens de niveau important et jouent un rôle de conseil et d'encouragement. La DTN rédige et édite les programmes d'examen.
De même, la Fédération intervient sur la formation des enseignants. Elle contribue, en relation avec le ministère de la Jeunesse et des Sports, l'École nationale d'équitation et les professionnels, à la mise en place des programmes des brevets d'État et diplômes de guide ou d'accompagnateur de tourisme équestre.
– Tutelle et affiliation. La particularité de la Fédération française d'équitation est qu'elle est une fédération placée sous double tutelle. Sport de cavaliers, l'équitation intéresse évidemment le ministère de la Jeunesse et des Sports, qui contrôle notamment les brevets d'État d'éducateur sportif des enseignants et participe au soutien des compétiteurs de haut niveau. De même, ce ministère prend en charge les salaires de ceux qui, nommés par la Fédération, assurent les différents encadrements techniques. Mais ce sport utilise également des chevaux, qui sont des produits de l'élevage, lequel représente un secteur économique important. Il intéresse donc le ministère de l'Agriculture et plus précisément le service des Haras, des courses et de l'équitation. Même si la Fédération n'est pas directement concernée, administrativement du moins, par les questions de l'élevage, il va sans dire qu'elle représente le débouché de cette activité. Pour cette raison, les Haras nationaux lui apportent soutien et subventions et, en contrepartie, exercent un contrôle sur son activité.
Cette double tutelle n'est pas sans contraintes, mais elle a toutefois l'avantage de multiplier les sources financières.

La Fédération royale belge des sports équestres (FRBSE)

La Fédération royale belge des sports équestres a été créée en 1947, date à laquelle elle remplace le Comité central hippique belge qui avait été fondé en 1898. En 2000, la FRBSE s'est scindée et est devenue l'organe faîtier de deux associations sans but lucratif, la Ligue équestre Wallonie Bruxelles (LEWB), francophone, et la Vlaamse Ligua Paardenspoort (VLP), néerlandophone, qui comptent plus de 27 000 cavaliers affiliés. Depuis 2001, seules les ligues sont compétentes pour délivrer des licences.
Au travers de ses commissions d'élevage, vétérinaire, juridique ou pédagogique, la FRBSE œuvre à la protection du cheval et à la promotion des sports équestres en Belgique. Elle est composée de plusieurs commissions sportives, qui bénéficient d'une certaine autonomie et représentent les différentes disciplines équestres : saut d'obstacles, dressage, endurance, concours complet, attelage, horse-ball, reining et voltige.
Membre de la FEI, la Fédération royale belge des sports équestres organise les compétitions nationales et internationales sur le territoire belge. Elle veille également à l'encadrement et à la formation des cavaliers de compétition.
Il existe aussi en Belgique une Fédération francophone d'équitation et d'attelage de loisir (FFE), indépendante de la FRBSE, composée d'associations régionales de tourisme équestre. Cette fédération publie une revue mensuelle, intitulée *Hippo News*.

La Fédération équestre canadienne (CEF)

Le premier groupement canadien dédié à l'équitation a été créé en 1946 sous la dénomination de Canadian Horse Show Association. En 1971 est fondée la Fédération nationale équestre du Canada. La fusion de ces deux institutions donne naissance, en 1977, à la Canadian Equestrian Federation (CEF). Cette Fédération équestre canadienne est reconnue par la Fédération équestre internationale (FEI) et par l'Association olympique canadienne (Canadian Olympic Association) comme le représentant officiel du sport équestre au Canada. Elle est chargée de favoriser et d'encourager le développement de l'ensemble des activités équestres, à l'exception des courses de chevaux.
Agissant comme porte-parole des intérêts des professionnels du cheval, elle joue un rôle de liaison avec les différentes instances gouvernementales, et en particulier avec le ministère canadien de l'Agriculture. En matière de formation, elle gère la mise au point des programmes d'enseignement et de préparation aux compétitions.
De son siège de Gloucester, dans la banlieue d'Ottawa, la CEF coordonne l'activité des organisations affiliées représentant les disciplines équestres, et des dix fédérations équestres provinciales. Ces fédérations de province sont notamment chargées d'organiser, selon les règlements de la fédération nationale, les compétitions qui se disputent chaque année à l'échelon local. Les grandes compétitions

UNE FÉDÉRATION INTERNATIONALE, LA FEI

L'ensemble des fédérations équestres, de par le monde, sont regroupées en une Fédération équestre internationale. À ce niveau s'élaborent les calendriers des compétitions internationales et les règlements sportifs internationaux. Ceux-ci ne sont pas intégralement reproduits par les instances françaises, mais ils leur servent de référence pour que les représentants des équipes de France soient habitués à la règle commune.
Enfin, à travers cet organisme, la Fédération française d'équitation œuvre, en synergie avec les autres fédérations nationales, à la promotion des sports équestres à l'échelon mondial et demeure l'interlocuteur du Comité olympique international.

reconnues par la FEI sont administrées par la fédération nationale.
La CEF assure aussi la formation et l'attribution des licences des juges, des commissaires et des délégués techniques. L'entraînement aux compétitions est réalisé par l'intermédiaire d'un comité spécialisé, le Canadian Equestrian Team (CET). Celui-ci est chargé de recruter, de sélectionner et d'entraîner les équipes internationales dans chacune des disciplines reconnues par la FEI.

La Fédération suisse des sports équestres (FSSE)

Fondée en 1900, la Fédération suisse des sports équestres vise à promouvoir et à organiser la pratique du sport équestre, qu'il soit de loisir ou de compétition, et donc à défendre les intérêts des 65 000 cavaliers suisses réunis au sein des associations ou des sociétés équestres nationales, régionales et cantonales.
La FSSE coordonne et contrôle la formation à tous les niveaux : cavaliers, moniteurs, entraîneurs, etc. Elle supervise le fonctionnement et le développement des six centres nationaux et des dix-huit places régionales de formation et d'entraînement. En contact avec l'administration fédérale, elle s'efforce d'intervenir sur la législation touchant, de près ou de loin, aux domaines du cheval, de la protection de l'environnement à l'aménagement du territoire, en passant par la circulation routière et l'agriculture.
Une autre mission de la FSSE consiste à veiller à la préservation et à la protection du cheval, et en particulier dans la pratique des sports équestres : révision du règlement vétérinaire, amélioration de l'identification des chevaux. Elle œuvre aussi à la promotion du cheval indigène, en collaboration étroite avec la Fédération suisse d'élevage chevalin (FSEC).
Enfin, la FSSE est chargée d'encourager le sport de compétition. Elle assure l'organisation des manifestations et des épreuves hippiques, conformément au règlement de la FEI, ainsi que dans les disciplines qui ne sont pas reconnues par la fédération internationale. Elle travaille également au recrutement et à la formation des futures élites, en collaboration avec L'Association suisse du sport (ASS), le Comité national pour le sport d'élite (CNSE) et l'Association suisse des professionnels de l''équitation et des propriétaires de manèges (ASPM).

LES CENTRES ÉQUESTRES

Il existe en France près de 5 400 centres équestres affiliés à la Fédération française d'équitation, et l'on estime à un million le nombre de cavaliers pratiquant dans ce cadre. L'ensemble des centres représente un large éventail d'activités. Certains en proposent une carte variée, d'autres sont spécialisés pour une seule.

Associations de la loi de 1901

Certains centres fonctionnent selon le mode des associations sportives à but non lucratif de la loi de 1901. Ce peut être le cas de réunion d'amateurs ou d'éleveurs désireux de mettre en commun des moyens pour pratiquer leur sport dans de bonnes conditions ; c'est aussi le cas de projets mis en œuvre par des collectivités municipales, départementales ou régionales.
Ces associations sont soumises à la réglementation générale : assemblée générale annuelle, élection d'un comité et d'un bureau qui comprend au moins un président, un secrétaire et un trésorier. Elles sont tenues de disposer d'au moins un enseignant diplômé d'État pour être en droit d'organiser des leçons. Généralement leur vocation est d'assurer une instruction qui permette aux élèves de passer les examens fédéraux, de prendre en pension des chevaux de particuliers et d'organiser des compétitions.

Établissements professionnels

Les autres centres sont des établissements professionnels, entreprises individuelles ou sous forme de société.
Selon leur vocation, ils font l'objet de différentes cartes professionnelles. On distingue :
– **Les écoles élémentaires d'équitation** : c'est la formule la plus répandue parmi ceux qui proposent une activité axée sur l'instruction, laquelle est obligatoirement dispensée par un

Les leçons d'équitation, dans un club fonctionnant sous un régime d'association comme chez un professionnel, doivent être données par un enseignant diplômé d'État.

LA CARTE DE CAVALIER

Tout cavalier désireux de passer les examens fédéraux ou de participer à des compétitions officielles doit être détenteur d'une carte de cavalier délivrée par la Fédération française d'équitation, mais il ne peut l'obtenir que par l'entremise d'une association ou d'un établissement affilié, dont il est adhérent. Cela implique que tout établissement d'enseignement est nécessairement affilié à la Fédération, soit qu'il est spécialisé dans les sports équestres, soit qu'il est dans l'équitation sur poney. De même, bien des loueurs d'équidés sont affiliés à la Fédération par le truchement du Comité national du tourisme équestre. Une bonne partie de l'activité équestre en France est placée sous la double tutelle des ministères de l'Agriculture (via les Haras nationaux, qui délivrent les agréments d'ouverture de centres) et de la Jeunesse et des Sports (via la Fédération).
L'équitation française tire de cette double tutelle les avantages d'une aide à la promotion et au fonctionnement accrue et, en contrepartie, elle se voit réglementée dans une large mesure... une réglementation conçue pour garantir au public le minimum souhaitable de qualité.

moniteur diplômé d'État (BEES 1). Celui-ci peut être indifféremment le patron de l'établissement ou son salarié. Les heures d'instruction sont vendues soit à l'unité (pour les clients occasionnels), soit par cartes d'abonnement de 10 ou 20 heures, soit par forfaits mensuels ou trimestriels. Le prix de revient des heures collectives sur les chevaux du centre peut varier de 12 à 18 €, selon que l'on est adhérent ou non. Ces établissements prennent également des chevaux en pension pour une tarification, généralement mensuelle, allant de 270 à 350 €. Ces prix sont donnés à titre indicatif et ne font pas l'objet d'une réglementation. Ils proposent également aux propriétaires de ces chevaux la possibilité de profiter d'un enseignement.

Dans bien des cas leur instruction opère sur deux niveaux. Tout d'abord une équitation générale qui conduit les élèves aux examens fédéraux (7 galops), qui au fur et à mesure ouvrent le droit à la compétition. L'autre niveau est précisément l'entraînement et la participation à ces compétitions.

On peut considérer que la majorité des cavaliers amateurs qui pratiquent les concours, le font au sein de ce type d'établissement, préférant profiter des conseils d'un professionnel qui joue alors un rôle d'entraîneur. Il est très fréquent que ce professionnel soit lui-même un cavalier de compétition.

Chaque établissement s'oriente vers une ou plusieurs des nombreuses spécialités, selon les compétences de son responsable.

Les écoles avec maître de manège sont des écoles d'équitation répondant aux mêmes règles que les écoles élémentaires. Elles fournissent en général le même type de services que celles-ci. La différence réside uniquement dans la qualification de leur directeur, qui est titulaire du brevet d'État d'instructeur d'équitation (BEES 2) ou du brevet d'État d'écuyer professeur (BEES 3).

– **Les écoles de dressage** : elles ne sont pas des lieux d'enseignement. Leur vocation est d'effectuer un travail de dressage et d'entraînement sur des chevaux appartenant à des tiers. Elles sont souvent gérées par des cavaliers professionnels qui prennent en pension des chevaux de propriétaires ou d'éleveurs, dans le but de les valoriser par le travail et leur exploitation en compétition, soit de dressage, de CSO ou de concours complet. Il n'est pas rare que ces cavaliers se chargent alors de la commercialisation des chevaux, puisqu'ils sont présents sur les terrains de compétition, c'est-à-dire en contact direct avec le marché.

La pratique de cette profession n'exige aucun diplôme. Elle évolue essentiellement sur la renommée des cavaliers.

Le champ d'action de ces cavaliers est fréquemment le circuit du « cycle classique », dévolu à l'éducation et à la mise en valeur des jeunes chevaux de 4, 5 et 6 ans, pour les trois disciplines dites « olympiques ». Nombreux sont également ceux que l'on retrouve dans les compétitions du plus haut niveau.

– **Les loueurs d'équidés** : aucun diplôme d'enseignant n'est exigé pour cette profession qui consiste uniquement à mettre à disposition des chevaux de loisir.

C'est une activité commerciale axée sur la promenade et le tourisme équestre. Les détenteurs de cette carte professionnelle ne sont pas autorisés à dispenser un enseignement. Ils assurent néanmoins l'accompagnement des randonneurs. À cet égard, il leur est décerné par le Comité national de tourisme équestre des brevets d'accompagnateur ou de guide. Leur compétence est de veiller à la sécurité des clients, mais aussi – et peut-être surtout – à leur plaisir. En effet, c'est une activité en grande expansion.

Généralement situés en des lieux touristiques (mer, montagne, campagne...), ces établissements offrent d'allier les joies de la nature à celles de l'équitation. Cela peut aller des sensations d'un galop sur une plage, à la découverte de sites merveilleux auxquels on ne peut accéder qu'à cheval. Il n'est pas rare qu'ils proposent des randonnées de plusieurs jours, avec gîte ou bivouac. On peut même y rencontrer la possibilité de pratiquer l'attelage.

Les loueurs d'équidés ont soin de fournir des chevaux rodés à leur tâche et faciles d'emploi. Ainsi, ne nécessitant qu'un niveau d'équitation élémentaire, leur prestation permet de satisfaire un public très large. Ces activités portent essentiellement sur les périodes de vacances.

Affiliation et tutelle

D'une façon générale, l'ouverture d'un établissement équestre, quelle que soit sa forme juridique, est soumise à un agrément de la part de l'administration des Haras nationaux.

À la commission d'agrément participent les représentants du comité régional de la Fédération (conseiller technique régional) et de la Direction des services vétérinaires.

Une telle précaution administrative est destinée à garantir la salubrité des établissements à l'égard des animaux et la sécurité à l'égard des cavaliers.

De surcroît, la Fédération française équestre a instauré un système d'identification des établissements d'enseignement de qualité, sous forme d'un label intitulé : « École française d'équitation ». Toutefois, la demande d'adhésion à ce label n'est pas obligatoire. Aussi son absence n'est-elle pas significative d'un manque de qualité... mais son obtention, fondée sur de nombreux critères concernant la communication, les structures et les activités, est d'un effet rassurant sur la clientèle.

LES EXAMENS D'ÉQUITATION

Les écoles d'équitation affiliées à la Fédération française d'équitation dispensent un enseignement dont la progression est établie par un programme officiel mis au point par la Direction technique nationale de la Fédération, qui est ponctué de brevets successifs. Il est publié sur un ensemble de deux manuels officiels de préparation aux brevets fédéraux, qui font l'objet d'une large diffusion.

Les brevets fédéraux

Les brevets fédéraux sont au nombre de 7, sous l'appellation de « Galops ». Chacun est décerné après un examen, réservé aux membres de la Fédération titulaires d'une carte de cavalier. Il est organisé par les écoles d'équitation, jugé par les enseignants eux-mêmes, à l'exception du 7e galop, qui doit l'être par un enseignant extérieur à l'établissement, voire, de préférence, par le conseiller technique régional de la ligue concernée.
Si l'inscription à un galop est assujettie à la détention du galop précédent pour les jeunes cavaliers, un adulte a la faculté de présenter directement le 7e galop sans avoir les 6 autres. Mais ce cas de figure est extrêmement rare.

Les niveaux

La progression est construite en fonction de deux étapes essentielles, qui sont sanctionnées par le 4e et le 7e galop. Ainsi le premier manuel, consacré aux quatre premiers examens, mène au Brevet de Cavalier. Il s'agit d'un enseignement général et commun à toutes les disciplines. Le deuxième, consacré aux galops 5, 6 et 7, offre une possibilité d'options et débouche sur le droit aux compétitions officielles de 4e catégorie.

Du galop 1 au galop 4

Le manuel s'exprime ainsi pour synthétiser les critères de chaque examen :
– **Galop 1** : « Après avoir pansé et amené sa monture en main sur le terrain, être capable de se déplacer au pas et au trot. »
– **Galop 2** : « Après avoir effectué un pansage complet, bridé et sellé (s'il y a une selle) sa monture, être capable de se déplacer aux trois allures. »
– **Galop 3** : « Après avoir vérifié le bon état général de sa monture et lui avoir ajusté le harnachement, être capable de diriger sa monture aux trois allures, sur des sauts isolés, ou en terrain varié. »
– **Galop 4** : « Le cavalier possédant une bonne connaissance de l'entretien, des besoins, de la locomotion et du comportement de sa monture dans le cadre des activités équestres, doit être autonome aux trois allures, en terrain varié, et dans l'enchaînement des sauts. »
Avec ce quatrième galop, l'élève se voit décerner le Brevet de Cavalier. Dans la spécialité du tourisme équestre, ce brevet permet de prétendre au titre de « cavalier randonneur ».
Cette étape est l'équivalent d'un « permis de conduire », puisqu'elle atteste que le détenteur du galop 4 est capable de partir seul avec un cheval et d'en assumer la responsabilité.
C'est un brevet d'équitation générale qui ouvre également la voie à l'apprentissage de l'équitation sportive. En effet, à partir de ce niveau, il est possible d'accomplir ses premières armes dans les disciplines spécifiques telles que le horse-ball, la voltige, l'attelage, ou le hunter (épreuve alliant présentation et saut d'obstacles)... C'est également vrai pour les disciplines olympiques, pour lesquelles les centres équestres organisent fréquemment des concours « d'entraînement », qui sont des parcours du tout premier niveau. De même, depuis quelques années, la DNSE a créé une 5e catégorie (licence de compétition que l'on peut solliciter dès le 4e galop). Elle permet de participer à des épreuves officielles de classe E, c'est-à-dire d'un niveau tel qu'elles peuvent être disputées avec des chevaux de club, leur vocation étant l'initiation aux parcours.

Du galop 5 au galop 7

Puis s'ouvre le deuxième manuel concernant les trois galops suivants :
– **Galop 5** : « Vous devez être capable de présenter un cheval ou un poney, stable dans ses allures et dans son attitude sur les tests d'équitation pratique du galop 5. »
– **Galop 6** : même formulation mais concernant les tests du galop 6.
Dans ces tests apparaissent, en matière de dressage, les départs au galop précis et les déplacements latéraux ; en saut d'obstacles, ce sont les enchaînements sur des parcours simples ; viennent également les premiers sauts de cross en terrain varié. Ce brevet est indispensable pour passer l'examen d'accompagnateur de tourisme équestre, lequel est une autorisation d'exercice professionnel accordée par la DNTE.
Galop 7 : « Vous devez disposer d'un niveau de pratique vous permettant de présenter votre cheval ou votre poney, dans un équilibre stable et une attitude adaptée sur une reprise de dressage, un parcours de saut d'obstacles, un parcours de cross. »
Ce dernier brevet est la clef qui permet d'obtenir une licence de compétition de 4e catégorie en dressage, saut d'obstacles et concours complet d'équitation. Il ne peut être présenté avant l'âge de dix ans. L'évolution vers les catégories supérieures se fera ensuite sans examen, uniquement par l'accumulation de performances. Le 7e galop est aussi indispensable pour obtenir le diplôme de guide de tourisme équestre, qui labellise les organisateurs de randonnées. Tous ces examens sont assortis d'épreuves orales concernant les connaissances théoriques en équitation et en hippologie.

Les options

Il existe différentes options au 7e galop.
Une option Dressage qui peut être choisie dès le 5e galop, excluant les exercices de saut d'obstacles et de cross. Elle ne conduit donc évidemment qu'à l'obtention de la licence dressage de compétition. Cette disposition est entrée en vigueur pour que le saut d'obstacles ne demeure pas le passage obligé de l'équitation qu'il était encore il y a quelques années. D'autant que, par ailleurs, les disciplines « non olympiques » se développent considérablement dans tous les centres équestres. Phénomène d'adaptation à une demande de plus en plus diversifiée vers des activités peut-être plus abordables – physiquement et parfois financièrement – ou tout simplement plus attractives, selon les goûts de chacun.
Il existe en conséquence, désormais, des galops 7 spécifiques. Il en est ainsi pour la voltige et l'attelage. L'attelage fonctionne d'ailleurs avec son propre système de galops. On y distingue

les brevets d'attelage à un cheval et les brevets d'attelage en paire.

En gravissant les sept galops, on peut obtenir successivement le brevet d'initiation (1 à 4), le brevet de meneur (galop 5), puis enfin la faculté de participer à des compétitions officielles (galop 7). L'instruction est dispensée par des enseignants titulaires de ces galops spécifiques, dans les centres équestres spécialisés. L'École nationale des haras propose aussi des stages de tous niveaux qui préparent à ces examens.

Plus récent encore, il existe un 7e galop de monte en amazone, remettant à l'honneur une tradition très ancienne et fort élégante.

Il faut citer enfin une filière parallèle d'instruction, comprenant elle aussi les 7 galops fédéraux, axée sur l'équitation de travail. On appelle ainsi l'équitation qui consiste à utiliser des chevaux pour le travail du bétail. À l'image de certaines formes d'équitation ibérique ou western, c'est une manière de dresser les chevaux dont on a extrait les gestes essentiels.

Le berceau français de cette équitation est bien sûr la Camargue et plus généralement la région provençale, mais son rayonnement progresse rapidement et, d'ores et déjà, des compétitions en sont organisées, y compris au niveau international.

Pour l'instant, deux disciplines récentes ne voient pas encore leur pratique soumise à l'obtention d'un quelconque brevet, ce sont les courses d'endurance et le TREC (technique de randonnée équestre de compétition).

LA PROTECTION DES CHEVAUX

De nombreux abus ont autrefois été commis dans le monde hippique au détriment des chevaux, et le sont encore parfois. La prise de conscience d'associations ou d'amis des chevaux permet de faire cesser ces mauvais traitements, et parallèlement d'assurer au cheval des conditions de fin de vie décentes.

Vigilance et mobilisation

Montures de courses surentraînées et dopées, champions de saut d'obstacles insensibilisés continuant à courir malgré des membres très abîmés, chevaux de « compagnie » achetés par des personnes ne connaissant ni l'élevage, ni l'équitation et abandonnés des semaines entières dans un pré minuscule, mourant de soif ou de malnutrition. Même si ces cas extrêmes ont été heureusement moins fréquents que la « simple » maltraitance, ils ont alerté l'opinion publique, relayée par les médias spécialisés (notamment la revue *Cheval Magazine*). De nombreuses associations se sont alors montrées très actives pour la protection du cheval. La prise de conscience collective du « bien-être » mérité par les chevaux déboucha, dans les années 1980, sur un phénomène sympathique et complémentaire des actions de défense : la mise en place de structures d'accueil pour leur retraite.

Il existe ainsi des associations spécialisées, mais aussi des particuliers, installés en milieu rural, équipés pour offrir aux montures fatiguées par une carrière sportive ou de « loisir » (définie ainsi par le cavalier !) un lieu de repos agréable jusqu'au terme naturel de leur vie.

La retraite des vieux chevaux

Moyennant une pension généralement minime et le paiement des frais vétérinaires, le propriétaire est assuré du bien-être de son animal ; il peut aussi préférer en faire don à l'association, accompagné d'une somme globale devant couvrir les frais prévisibles.

Une autre solution est d'offrir au cheval une retraite au pré... chez soi. Il faut alors avoir le terrain, mais aussi le temps pour veiller à l'acclimatation de la monture, surtout si elle a toujours vécu en box. Désormais dispensée de travail, elle ne peut plus rester enfermée (au risque de devenir agressive ou au contraire de s'ennuyer à mourir), mais la mettre dans un champ nécessite quelques préparatifs : l'habituer d'abord par des visites quotidiennes à son futur lieu de résidence, s'assurer de ses

Jean-Marie Laudat, directeur du domaine de Pech-Petit (Lot), présente Émir, un pensionnaire âgé de 43 ans.

réactions face à des situations nouvelles (rivière ou mare, déclivités importantes, clôtures inhabituelles, bouvillons joueurs dans le pré voisin...), enfin la présenter à son (ou ses) compagnon(s). Car l'instinct grégaire du cheval ne s'éteint pas avec l'âge, et il est impossible de garder seul dans un pré un animal qui a passé sa vie dans un club ou tout autre lieu, entouré de chevaux et d'animation.

Une adaptation réussie

Le choix de ce compagnon n'est pas difficile, presque n'importe quel autre cheval faisant l'affaire. Il n'y a guère que deux chevaux entiers qui pourraient ne pas s'entendre, ou bien deux juments particulièrement caractérielles à la période sensible de leur cycle sexuel.
La cohabitation peut s'avérer plus délicate si le nouveau venu doit s'intégrer dans un groupe d'équidés déjà formé : s'il est de caractère plutôt dominant, il essaiera de s'imposer, et des bagarres se produiront jusqu'à ce qu'un chef se soit dégagé des confrontations ; s'il est plus ou moins dominé, sa place sera plus rapidement définie au sein de la « harde » reconstituée. C'est donc à l'homme de décider s'il accepte quelques querelles jusqu'à ce que le cheval retraité soit adopté, ou bien s'il préfère lui trouver un compagnon tranquille dans un autre pré. Mais si son adaptation est réussie, le « retraité » pourra vivre encore de nombreuses années, avec même la force (et quelquefois aussi l'envie) d'être monté une fois de temps en temps, sans forcer. Et il n'est pas rare de voir, dans nos campagnes, un vieux « maître d'école » de 25 ou 28 ans enseigner, au pas et au petit trot, le plaisir de l'équitation à un jeune cavalier. On peut se renseigner au Centre d'hébergement et de protection des chevaux martyrs (CHEM) et au Domaine de Pech-Petit, dans le Lot, au Groupement pour la recherche des équidés volés (GREV), à la Ligue internationale pour la protection du cheval, à la Ligue française pour la protection du cheval et du poney, à la Ligue pour la protection du cheval en péril, à la Société protectrice des animaux (SPA), ou encore à l'Union nationale des propriétaires de chevaux de selle.

UN RÉGIME ADAPTÉ POUR UN CHEVAL « À LA RETRAITE »

Pour un cheval, le passage à une activité moins soutenue doit s'accompagner d'une diminution progressive de la richesse de l'alimentation – jusqu'à aboutir à un régime d'herbe sans complémentation, sauf pendant la période hivernale.
La transition est délicate : trop nourrir le cheval peut le conduire à la fourbure (voir « Le pied du cheval », p. 233), l'alimenter insuffisamment peut le faire maigrir, diminuer son « état » et donc sa résistance physique, à un moment où il est déjà fragile moralement.
De plus, il devra à plus ou moins long terme affronter la période hivernale, le froid, le vent, la pluie ; son poil d'hiver devra pousser plus dru qu'il n'était les années précédentes, en box ; seule une présence effective (et affective !) du cavalier pourra l'aider dans ce changement radical de mode de vie.

L'ÉQUITATION POUR HANDICAPÉS

La reconnaissance des vertus du cheval comme auxiliaire thérapeutique ne date pas d'aujourd'hui. Dans son encyclopédie (1751), Diderot en énumérait déjà les bienfaits. Mieux encore, au Ve siècle av J.-C., Hippocrate vantait « le rythme du cheval, si bon pour la santé ». Mais au-delà des pathologies ordinaires et curables, notre siècle a pris en compte le traitement organisé des affections irréversibles : celles qui concernent les handicapés, psychiques ou moteurs.

Naissance d'une équitation spécialisée

Dans cette récente mouvance, le cheval a pris sa place grâce à l'initiative d'une kinésithérapeute norvégienne, Elisabeth Bodiker, qui ouvrait en 1953 le premier centre équestre spécialisé en la matière. L'année 1962 voyait l'idée gagner la France, et la première association ayant pour vocation de structurer cette pratique naissait en 1970 : Handi-Cheval.
À ce jour, on estime à environ 100 000, en France, le nombre de pratiquants. En réalité, sous l'appellation générique d'« équitation pour handicapés » se regroupent des actions de types bien différents. Les troubles du comportement, les handicaps mentaux, les handicaps moteurs, qui peuvent être d'origine sociale, congénitale ou accidentelle, représentent autant de pathologies qui n'ont rien en commun quant à leur manifestation, qui relèvent de spécialités médicales diverses, mais qui se rejoignent en une même résultante : le risque de dévalorisation, d'isolement, voire même de rejet de l'individu atteint, si rien n'est entrepris pour enrayer le processus de dégradation.
Faut-il parler de thérapie au sens propre ou plus généralement de réhabilitation ? Toujours est-il que les praticiens, qu'ils soient issus des milieux médicaux, para-médicaux, médico-sociaux ou des milieux équestres, sont de plus en plus nombreux à approfondir le thème du « cheval-médiateur ».

L'équitation adaptée

Il existe de nombreuses associations pour la pratique de ce que l'on nomme de façon générale : l'équithérapie. Toutefois il n'existe pas d'organisme centralisateur qui fédère l'activité globalement, ni qui puisse renseigner le particulier désireux de découvrir cette forme d'équitation, du moins de façon exhaustive. Cependant la grande majorité des centres équestres qui ont une section spécifique pour handicapés sont affiliés à la Fédération française d'équitation et sont par conséquent répertoriés dans les Ligues régionales qui les concernent. Celles-ci sont toujours situées dans les capitales régionales du territoire et représentent la meilleure piste pour obtenir les adresses recherchées Indépendamment des sujets pris en charge à plein temps par des organismes spécialisés et qui ont leur propre solution pour la pratique de l'équitation (écurie personnelle ou entente avec un centre équestre), nombre de handicapés moteurs vivent dans leur milieu familial et doivent savoir que bien des écoles d'équitation sont prêtes à les accueillir. Celles-ci disposent d'enseignants spécialement formés. Ils doivent savoir aussi que les horizons qui s'ouvrent à eux ne se limitent pas aux exercices de base en manège. Grâce à des chevaux bien choisis et à un matériel approprié, ils peuvent découvrir les joies de la promenade, puis avec un bon entraînement, accomplir des randonnées. C'est alors une merveilleuse réadaptation que de parcourir des sites naturels ou sauvages aux allures d'un cheval complice. Cela est possible au point que l'on cite l'exemple de deux amis paraplégiques partis une semaine en randonnée sans le moindre encadrement !

Formation des thérapeutes et éducateurs spécialisés

Il existe deux circuits de formation des praticiens de l'équithérapie.

L'Institut universitaire sport et santé (IUSS) propose une Attestation universitaire de réadaptation par l'équitation (AURE), dispensée par la faculté de médecine de Bobigny. Ce cursus de formation s'adresse aux professionnels de la santé, de l'équitation ou aux travailleurs sociaux. Le cursus de l'AURE se déroule en deux années, en parallèle à l'enseignement du diplôme universitaire de Sport et Santé. Il comprend :

– un enseignement théorique délivré à la faculté de Bobigny par les enseignants de l'IUSS ;
– un enseignement pratique qui s'effectue dans les lieux de stage répartis dans les régions ;
– une initiation aux méthodes de recherche et la soutenance d'un mémoire qui clôturent cet enseignement.

Des formations optionnelles sont également organisées sous la responsabilité des centres de formation agréés par l'IUSS. L'université Pierre et Marie Curie – U.F.R. Pitié-Salpêtrière assure une formation de thérapie avec le cheval. Cette formation s'adresse aux médecins, psychiatres, psychologues, orthophonistes, psychomotriciens, kinésithérapeutes, infirmiers et infirmiers psychiatriques ; ou, après entretien et un examen du dossier, aux éducateurs spécialisés, assistants sociaux, aides médico-psychologiques. Elle a pour objectif de donner la possibilité d'acquérir les compétences nécessaires à l'exercice de la thérapie avec le cheval, tant dans la sphère du soin que dans celle qui concerne le cheval et ses utilisations. Comporte 9 modules, elle s'accomplit en 3 ans. Son programme porte sur le corps et le psychisme, la rencontre avec le cheval et la thérapie proprement dite.

La thérapie avec le cheval utilise la relation étroite et la connivence avec l'animal, pour ce qu'il apporte de présence et de contact en tant qu'être vivant. L'ensemble de cette action est menée par la Fédération nationale de thérapie avec le cheval (FENTAC).

Le matériel de sellerie

Il est évident que pour redonner leur liberté à des handicapés moteur – la liberté de se sentir bien à cheval et de caracoler – , il aura fallu accomplir de très importants progrès en matière de sellerie et notamment créer des selles dont les caractéristiques techniques sont tout à fait particulières.

Grâce à un matériel performant et aux compétences au niveau de l'encadrement, les cavaliers handicapés peuvent aujourd'hui participer à de longues randonnées en haute montagne.

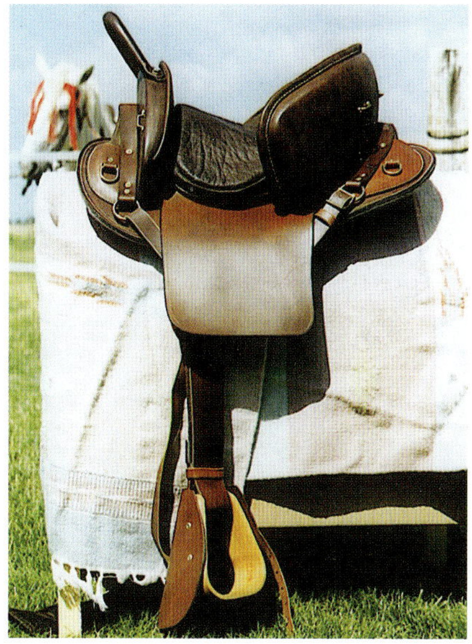

C'est l'association La Boussole, que préside Jean-Claude Eluau, qui distribue cette selle adaptée aux handicapés.

En 1996, un travail commun, réalisé dans le cadre d'une collaboration entre Patrick Segal et la Garde républicaine, avait abouti à la mise au point d'un premier modèle de selle adaptée. Ce projet, repris par Jean-Claude Eluau et son ami Christophe Guilbert (paraplégique), perfectionné grâce à l'intervention d'un professionnel, Pierre Tissidre (sellerie TH Cuir), a débouché sur la création du modèle « La Boussole ».

Il s'agit d'une selle bâtie sur un arçon de polyester du type de la selle à piquer, plus haut et plus grand, spécialement moulé. Le troussequin est rehaussé et prolongé vers le bas, de forme enveloppante. Le siège donne une assiette inverse de celle de l'équitation traditionnelle, maintenant le bassin en arrière pour garder le buste droit. Devant, l'épaule de la selle descend et se referme sur la jambe ; elle est assortie d'un système de taquet mécanique réglable qui fixe la jambe vers le bas et cale le pied dans l'étrier. Sur le pommeau est ajoutée une poignée qui permet de se repositionner. Le siège est agrémenté d'une épaisseur de gel silicone médico-chirurgical et d'une mousse particulière qui assure un grand confort au cavalier handicapé et permet d'éviter les escarres.

Grands cavaliers grandes épreuves

Avant de refermer le chapitre de l'équitation, il faut citer quelques grands noms de cavaliers et de chevaux qui se sont illustrés au cours des dernières décennies en saut d'obstacles, en dressage ou au polo. Ils ont marqué de leur virtuosité les grandes épreuves équestres mondiales, dont nous donnons les résultats dans plusieurs tableaux récapitulatifs.

LE SAUT D'OBSTACLES

Pour **la France**, souvenons-nous du Catalan Pierre Jonquères d'Oriola, seul cavalier double champion olympique individuel de saut d'obstacles (Helsinki 1952 avec Ali-Baba, Tokyo 1964 avec Lutteur B), du Bordelais Pierre Durand qui repris le flambeau aux J.O. de Séoul en 1988 avec son merveilleux petit Jappeloup, sans oublier Jean Cariou qui avait montré la voie en 1912 à Stockholm, Xavier Bizard, Christian de Castries, Jean d'Orgeix, médaillé en 1948 à Londres avec le légendaire Sucre de Pomme et « père » de la médaille par équipe en 1976 à Montréal, glanée par Marcel Rozier (un « pilier » durant plus de vingt ans !), Hubert Parot, Marc Roguet et Michel Roche, les Bertran de Balanda (quatre générations de champions !), le champion d'Europe et du monde Éric Navet, sacré à Stockholm (1990) et à La Baule (1991) avec l'étalon Quito de Baussy (par Jalisco B), puis à Jerez (2002) avec Dollar du Murier, le vice-champion d'Europe et du monde Michel Robert, les Cottier, Caron (devenu depuis entraîneur national), Bourdy et autres champions du monde par équipe, et les multiples « médaillés » Godignon, Delaveau ou Philippe Rozier et Alexandra Ledermann, médaille de bronze au J.O. d'Atlanta avec Rochet M.

L'Italie a produit des génies de la trempe des frères Piero et Raimondo d'Inzeo qui totalisent quatre titres individuels majeurs et onze médailles olympiques à eux deux et nous ont fait rêver par leur équitation fine et précise, le champion du monde olympique de Munich, le regretté Graziono Mancinelli ainsi que Vittorio Orlandi, mais on attend encore leurs véritables successeurs.

La Grande-Bretagne de l'après-guerre peut s'enorgueillir de cavaliers mythiques comme les multiples médaillés Pat Smythe, Harry M. Llewellyn, Harvey Smith, David Broome déjà médaillé olympique en 1960 à Rome à 20 ans, champion d'Europe et du monde par la suite, Marion Coakes, Peter Robeson, Paddy McMahaon, Malcolm Pyrah, Ann Moore, l'irremplaçable Caroline Bradley, Nick Skelton déjà champion d'Europe junior à 15 ans et les frères John et Michael Whitaker, les héros des années 1980 et 1990, aussi simples et... adulés l'un que l'autre. L'Irlande a connu des heures de gloire avec ses officiers, mais aussi avec la championne d'Europe Iris Kellett ainsi que son « élève » et protégé Eddie Macken, vice-champion d'Europe (pour un centième...) et du monde (pour un quart de point...), ou encore avec le champion d'Europe 1995 Peter Charles, sans oublier Trevor Coyle et son fabuleux étalon gris Cruising.

L'Allemagne aussi a connu beaucoup d'heures glorieuses avec Kurt Hasse, champion olympique en 1936, Fritz Thiedmann, Hans-Günter Winkler, détenteur de cinq médailles d'or olym-

Markus Fuchs (Suisse) sur Tinka's Bay.

RECORD DE LONGÉVITÉ...

Hugo Simon faisait partie de la glorieuse équipe germanique avant de choisir le passeport autrichien, de façon à pourvoir participer aux J.O. de Munich 1972. Il aura attendu Barcelone en 1992 pour monter sur le podium et... d'avoir fêté ses 50 ans pour obtenir, à Genève et à Göteborg, deux coupes du monde supplémentaires (après celle enlevée lors de la toute première finale en 1979). Et depuis 1996, avec E. T., son phénoménal petit alezan, il remporte les épreuves les plus convoitées de la planète. Une seconde jeunesse pour l'Autrichien.

Dermott Lennon (Irlande) avec Dollar, aux Championnats du monde à Jérez, en 2002.

piques et héros des jeux Olympiques de Stockholm 1956 (sa bonne Halla l'avait porté dans la seconde manche, car il avait été victime d'une déchirure à l'aine), les regrettés Hermann Schridde, Fritz Ligges, Hartwig Steenken et Gerd Wiltfang, tous quatre prématurément décédés, Norbert Koof le courageux champion du monde de 1982 qui se déplace désormais en chaise roulante, le héros des Jeux Olympiques de Montréal, Alwin Schockemöhle leader de cette équipe durant une dizaine d'années avant d'en céder les rênes à son frère cadet Paul, triple champion continental avec Deister. Franke Sloothaak, Ludger Beerbaum, Ulrich Kirchhoff (deux médailles d'or à Atlanta) ont pris le relais, régnant sur le monde du cheval dans les années 1990.

Les États-Unis ont vu défiler Frank Chapot comme cavalier, puis comme chef d'équipe, son épouse Mary Mairs, le génial coach George Morris, la fine Kathy Kursner qui, sur Aberali, sautait des obstacles de 2,20 m avec une simple muserolle, l'esthète et violoniste William C. Steinkraus vainqueur de Mexico en 1968, ainsi que les deux héros des J.O. de Los Angeles, Joe Fargis et Conrad Homfeld, sans oublier les vainqueurs de coupes du monde Michael Matz, Normann dello Joio.

Les Canadiens, quant à eux, n'oublieront pas les trois héros des J.O. de Mexico, Elder, Day et Gayford, le surprenant et « éphémère » Michel Vaillancourt, 2e des J.O. de Montréal, Mario Deslauriers vainqueur surprise de la finale de la coupe du monde 1984 (à 18 ans et demi !) et, enfin, Ian Millar, lauréat des finales en 1989 et en 1990 avec le « géant » Big Ben.

Le Brésil peut se targuer d'avoir les plus beaux des tandems, les Pessoa père et fils, Nelson le « sorcier », le fin stratège et Rodrigo son fils, sa doublure, sa réplique.

L'Argentine fut notamment représentée par Hugo Arrembide.

L'Australie, quant à elle, fut présente sur tous les terrains de saut d'obstacles grâce au merveilleux Kevin Bacon qui avait une complicité inouïe avec ses chevaux.

L'Espagnol Francisco Goyoaga fut le premier champion du monde de l'histoire en 1954 à Paris, au Parc des Princes. Malgré la classe des Martinez de Valejo, Queipo de Llanno ou de Luis Alvarez Cervera, il n'a pas eu de véritables successeurs.

La Hollande a l'une des équipes les plus performantes de la fin de ce siècle avec Raymakers, Lansink, Tops et Cie, mais Johann Heins et Henk Nooren leur avaient montré la voie.

Pour la Belgique, retenons les quatre mousquetaires médaillés aux J.O. de Montréal, François Mathy (deux médailles de bronze avec Gai Luron), Edgar H. Cüpper, Stanny van Paesschen et Éric Wauters, un homme-orchestre, organisateur de concours et speaker de talent, sans oublier J. Baudoin de Brabandère pour « l'entre-deux-guerres », Philippe Le Jeune, 3e de la coupe du monde 1988, Jean-Claude Vangeenberghe pour les années « octante » et Ludo Philippaerts pour les années « nonante ».

Pour la Suisse, les « anciens » comme Alphonse Gemuseus, champion olympique en 1924 à

Paris, puis les colonels Dégallier et Lombard, le major Paul Weier devenu un chef de piste international réputé, son épouse Monica Weier-Bachmann, et les « modernes », emmenés par Willi Melliger, Lesley McNaught, Urs Fäh, Stefan Lauber et les frères Fuchs (Thomas a arrêté la haute compétition, tout comme Philippe Guerdat et Walter Gabathuler) ont porté haut la bannière rouge à croix blanche. Aux J.O., Heidi Robbiani a décroché le bronze à Los Angeles (56 ans après la dernière médaille de Charles Kuhn...) et Willi Melliger l'argent à Atlanta avec son phénoménal Calvaro V, un des chevaux vedettes de cette fin de siècle avec ses 1,85 m au garrot et sa robe gris-argent.

Le cavalier Hugo Simon (Autriche) a commencé sa carrière aux J.O. de Munich, en 1972.

LE DRESSAGE

Tous les deux ans, l'élite du dressage se rencontre dans des championnats d'Europe, en alternance avec les jeux Olympiques ou les championnats du monde. Mis à part ces rencontres majeures, l'amateur de dressage éprouvera une satisfaction intense à voir une épreuve de Coupe du monde telle que celle de Paris, le plus souvent courue en mars au Palais omnisport de Bercy.

Il pourra aussi se rendre avec bonheur dans l'unique concours de dressage international officiel qu'un pays est autorisé à organiser chaque année par la FEI. Le nec plus ultra est sans doute celui d'Aix-la-Chapelle à la frontière allemande, qui se déroule généralement fin juin. Là, il lui sera donné de voir le gratin européen et donc mondial – à peu de choses près. À commencer par les vedettes allemandes dont les meilleurs représentants de la seconde moitié du XXe siècle ont été Nicole Uphoff avec Rembrandt ou Isabell Werth avec Gigolo, et avant elles, Reiner Klimke avec Alherich. Mais les Pays-Bas (Anky van Grunsven, trois fois vainqueur de la finale de la Coupe du monde avec Bonfire), la Suède (Louise Nathhorst), le Danemark (Anne Grethe-Tornblad ou Ann van Olst), la Finlande (Kyra Kyrklund), fournissent des challengers sérieux aux maîtres du monde du dressage.

Avant son éclatement, l'ex-URSS était également une bonne pourvoyeuse de talents tels que Sergueï Filatov ou Nina Menkova. L'Autriche, l'Espagne et la France n'occupent pas sur la scène internationale la place que leur histoire pourrait suggérer, sans doute parce que leurs cavaliers résistèrent longtemps avant d'adopter la rigueur équestre germanique. Les États-Unis ou le Canada, quant à eux, troublent très régulièrement l'ordre d'une discipline qui plonge ses racines dans des traités aussi anciens que ceux de Xénophon.

Isabell Werth (Allemagne) et Gigolo, un couple bien connu des terrains de dressage.

LE POLO

Aujourd'hui le polo est devenu un sport universel. Même s'il ne fait pas partie des sports olympiques (il a quand même été en démonstration et avec succès lors des jeux de Berlin en 1936), l'enthousiasme qu'il suscite continue de grandir.

L'Open de Palerme

Ces dix dernières années, l'Australien Kerry Packer, le Français Hubert Perrodo (l'équipe de Labegorce), l'Espagnol Luis Valdez, le Suisse Ueli Schwarzenbach, le Canadien John W. Manconi, basé en Angleterre et en Suisse, ont réuni autour d'eux les meilleures équipes, sans parler des mécènes tels que Peter Brant. Dans les années 1990, on a tout de même essayé de reconstituer des équipes nationales et d'organiser des Championnats du monde mais cela resta à un niveau moyen (équipes de low goal, 4 à 8 de handicap au total). Rien à voir avec le niveau des plus grands tournois ! Et le top, c'est évidemment l'Open de Palerme et cela depuis un siècle !

Assister à la finale de l'Open de Palerme, à Buenos Aires, est le rêve de tout passionné. Il n'est pas rare que la finale oppose deux équipes de 39 ou 40 goals ! Et quelque 15 000 spectateurs remplissent les tribunes le jour de la finale. D'autres grands tournois se déroulent en Floride et en Angleterre. La Coupe d'Or de Deauville (fin août) est le tournoi le plus important de France et d'Europe continentale.

Les joueurs ayant droit à un 10 de handicap se comptent habituellement sur les doigts de deux ou trois mains. Il n'y en a pas en Europe ou le(s) meilleur(s) a (ont) habituellement 7 ou 8. L'Argentine se taille la part du lion et, à elle seule, la famille Heguy compte déjà près de la moitié des 10 ! Le polo est souvent une affaire de famille et les meilleures se comptent souvent par paires ou par triplettes ! Que l'on pense aux frères et cousins Heguy ou encore aux frères Pierez, Trotz ou Llorente. En Angleterre, on pense aux frères Hipwood, en France à Lionel et Stéphane Macaire, leaders incontestés des années 1980 et 1990.

La dynastie Heguy

Mais la famille la plus célèbre au monde, c'est évidemment celle des Heguy, qui règne sur le polo mondial depuis les années 1960 : quarante ans de sacres ! Les Heguy pères jouaient souvent avec ou contre les frères Harriott et leur équipe « Coronel Suarez » était alors la meilleure de toutes. Horacio et Albert-Pedro, dit l'Eterno (l'éternel), totalisèrent ensemble 36 victoires à l'Open de Palerme, le tournoi le plus prestigieux de la planète. Ils eurent chacun quatre fils, histoire de constituer deux équipes complètes et si possible les deux meilleures du monde !

Nés un maillet à la main, les petits Heguy savaient monter avant même de marcher. Un grave accident (à l'âge de 10 ans) empêcha hélas Tomas de pratiquer un sport où son intelligence eût fait merveille. Les sept autres fils ont tous entre 7 et 10 de handicap. Et ils disposent des chevaux de leur propre élevage, qui sortent également du lot (tout va souvent de pair...). Les chevaux les plus compétitifs (souvent des juments...) ont entre 8 et 15 ans, voire davantage. Pensons à Marsellesa (« La marseillaise » !) ou à Mala Pata, victorieuses de l'Open de Palerme à 16 ou 17 ans. En 1986, l'équipe victorieuse ne comptait encore que trois Heguy en son sein, mais depuis 1991, ce sont souvent quatre frères (ou cousins) qui s'imposent : un fait unique dans l'histoire du polo !

Leur équipe fétiche est bien sûr celle de la famille « Indios Chapaleufu » mais, la plupart du temps, les Heguy jouent comme mercenaires à l'étranger, qui pour le compte du sultan du Bruneï, qui pour le milliardaire australien Kerry Packer et son équipe « Ellerston », qui pour des Européens. Ils changent de formation au gré des tournois, des sponsors et des contrats, jouant tantôt avec un frère, tantôt avec un cousin.

Un des principaux coups au polo : le coup droit avant au galop.

Le polo est un sport qui n'est pas à la portée de tous et les très bons joueurs sont rares. Pour renforcer leur équipe, la plupart des capitaines louent les services de cavaliers professionnels.

LES GRANDS RENDEZ-VOUS

GRANDS RENDEZ-VOUS ANNUELS EN SAUT D'OBSTACLES
Calendrier indicatif (non exhaustif)

CSIO	Malines	Belgique	décembre/janvier
CSI-W	Bordeaux	France	mi-février
CSI	Moorsele	Belgique	février/mars
CSI-W	Dortmund	Allemagne	début mars
CSI-W	S'Hertogenbosch	Hollande	mi-mars
CSI	Zurich	Suisse	fin mars
CSI-W	Paris Bercy	France	fin mars
CSI-W	Göteborg	Suède	début avril
CSIO	La Baule	France	mi-mai
CSIO	Rome	Italie	fin mai
CSIO	Hickstead	Grande-Bretagne	mai/juin
CSIO	Lisbonne	Portugal	mai/juin
CSIO	Poznan	Pologne	début juin
CSIO	Saint-Gall	Suisse	début juin
CSI	Cannes	France	début juin
CSIO	San Marino	Italie	fin juin
CSIO	Aix-la-Chapelle	Allemagne	fin juin
CSIO	Dublin	Irlande	début août
CSIO	Rotterdam	Hollande	fin août
CSIO	Gijon	Espagne	août/septembre
CSIO	Calgary	Canada	début septembre
CSIO	Linz-Ebelsberg	Autriche	mi-septembre
CSI-W	Bruxelles	Belgique	fin septembre
CSIO	Athènes	Grèce	début octobre
CSIO-W	New-York	U.S.A.	octobre/novembre
CSI-W	Amsterdam	Hollande	début novembre
CSIO-W	Toronto	Canada	mi-novembre
CSI-W	Berlin	Allemagne	fin novembre
CSI	Paris Pte de Versailles	France	début décembre
CSI-W	Seville	Espagne	début décembre
CSI-W	Londres Olympia	Angleterre	mi-décembre
CSI-W	Genève	Suisse	mi-décembre

CSI	Concours de saut d'obstacles international
CSIO	Concours de saut d'obstacles international officiel
CSI-W	CSI avec épreuve comptant pour la Coupe du Monde (indoor)
CSIO-W	CSIO avec épreuve comptant pour la Coupe du Monde

J. Dubbeldam, champion des J.O. de Sydney, monté sur Sjiem.

GRANDS RENDEZ-VOUS ANNUELS EN COURSE D'ENDURANCE

CEI	Biasca	Suisse	fin avril
CEI	Naples	Italie	fin mai
CEI	Vianden	Luxembourg	début juin
CEI	Göttingen	Allemagne	fin août
CEI	Montcuq	France	mi-novembre

CEI	Concours d'endurance international

GRANDS RENDEZ-VOUS ANNUELS EN CONCOURS COMPLET
Calendrier indicatif (non exhaustif)

CCI	Lexington	États-Unis	fin avril
CCI	Saumur	France	fin avril
CCI	Badminton	Grande-Bretagne	début mai
CCI	Luhmühlen	Allemagne	mi-mai
CCI	Pratoni del Vivaro	Italie	fin mai
CCI	Bramham	Grande-Bretagne	début juin
CCI	Burghley	Grande-Bretagne	début septembre
CCI	Blenheim	Grande-Bretagne	fin septembre
CCI	Boekelo	Hollande	mi octobre

CCI	Concours complet international

GRANDS RENDEZ-VOUS ANNUELS EN DRESSAGE
Calendrier indicatif (non exhaustif)

CDI-W	Neumünster	Allemagne	mi-février
CDI-W	S'Hertogenbosch	Hollande	mi-mars
CDI-W	Paris Bercy	France	fin mars
CDI	Munich	Allemagne	mi-mai
CDI-W	Sunnybrook	Canada	fin mai
CDI	Wiesbaden	Allemagne	fin mai
CDI	Schoten	Belgique	mai/juin
CDI	Copenhague	Danemark	début juin
CDI	Rennes	France	début juin
CDI-W	St Justin de Newton	Canada	début juin
CDI-W	Lipica	Slovénie	mi-juin
CDI	Arnhem	Hollande	mi-juin
CDIO	Aix-la-Chapelle	Allemagne	fin juin
CDIO	Hickstead	Grande-Bretagne	mi-juillet
CDIO	Rotterdam	Hollande	mi-août
CDI-W	Kaposvar	Hongrie	fin août
CDI	Saumur	France	mi-septembre
CDI-W	Wembley	Grande-Bretagne	début octobre
CDI-W	Aarhus	Danemark	fin octobre
CDI-W	Amsterdam	Hollande	début novembre
CDI-W	Toronto	Canada	mi-novembre
CDI-W	Berlin	Allemagne	fin novembre
CDI-W	Stockholm	Suède	début décembre
CDI-W	Genève	Suisse	mi-décembre

CDI-W	Concours de dressage avec épreuve comptant pour la coupe du Monde
CDIO	Concours de dressage international officiel

Nadine Capellmann, championne mondiale de 2002, sur Farbenfroh.

En marge des grandes compétitions internationales citées, les nombreux concours d'attelage régionaux réjouissent tout autant les spectateurs.

GRANDS RENDEZ-VOUS ANNUELS D'ATTELAGE (4 CHEVAUX)
Calendrier indicatif (non exhaustif)

CAI	Ludovica	Italie	fin avril
CAI	Jerez de la Frontera	Espagne	début mai
CAI	Altenfelden	Autriche	début mai
CAI	Windsor	Angleterre	mi-mai
CAI	Compiègne	France	fin mai
CAI	Saint-Gall	Suisse	fin mai
CAIO	Aix-la-Chapelle	Allemagne	fin juin
CAI	Saumur	France	mi-juillet
CAI	Beekbergen	Hollande	fin juillet
CAI	Szantodpuszta	Hongrie	fin juillet
CAI	Riesenbeck	Allemagne	mi-août
CAI	Bordeaux	France	fin août
CAI	Donaueschingen	Allemagne	mi-septembre
CAI	Poznan	Pologne	mi-septembre
CAI	Breda	Hollande	fin septembre

CAI	Concours d'attelage international

LES GRANDS CHAMPIONS

SAUT D'OBSTACLES
Jeux Olympiques

	INDIVIDUEL	PAR ÉQUIPE
Stockholm, 1912	Cariou (France)	Suède
Anvers, 1920	Lequio (Italie)	Suède
Paris, 1924	Gemuseus (Suisse)	Suède
Amsterdam, 1928	Ventura (Tchécoslovaquie)	Espagne
Los Angeles, 1932	Nishi (Japon)	Allemagne
Berlin, 1936	Hasse (Allemagne)	Allemagne
Londres, 1948	Cortes (Mexique)	Mexique
Helsinki, 1952	Jonquères d'Oriola (France)	Grande-Bretagne
Melbourne, 1956	Winkler (R.F.A.)	R.F.A.
Rome, 1960	D'Inzeo (Italie)	R.F.A.
Tokyo, 1964	Jonquères d'Oriola (France)	R.F.A.
Mexico, 1968	Steinkraus (États-Unis)	Canada
Munich, 1972	Mancinelli (Italie)	R.F.A.
Montréal, 1976	Schockemöhle (R.F.A.)	France
Moscou, 1980	Kowalczyk (Pologne)	U.R.S.S.
Rotterdam*, 1980	Simon (Autriche)	Canada
Los Angeles, 1984	Fargis (États-Unis)	États-Unis
Séoul, 1988	Durand (France)	Allemagne
Barcelone, 1992	Beerbaum (Allemagne)	Pays-Bas
Atlanta, 1996	Kirchhoff (Allemagne)	Allemagne
Sydney, 2000	Dubbeldam (Pays-Bas)	Allemagne
Athènes, 2004	O'Connor (Irlande)	Allemagne

*Jeux de remplacement : pour contourner les jeux Olympiques de Moscou de 1980 que de nombreux cavaliers ont boycottés pour des raisons politiques, les épreuves de Rotterdam ont été organisées en même temps.

SAUT D'OBSTACLES
Championnats du monde

Hickstead, 1965	Marion Coakes (Grande-Bretagne)
Buenos Aires, 1966	Pierre Jonquères d'Oriola (France)
La Baule, 1970	David Broome (Grande-Bretagne)
Copenhague, 1970	Janou Lefebvre (France)
La Baule, 1974	Janou Lefebvre (France)
Hickstead, 1974	Hartwig Steenken (R.F.A)

Nouvelle formule*

	INDIVIDUEL	PAR ÉQUIPE
Aix-la-Chapelle, 1978	Gerd Wiltfang (R.F.A.)	Grande-Bretagne
Dublin, 1982	Norbert Koof (R.F.A.)	France
Aix-la-Chapelle, 1986	Gail Greenough (Canada)	États-Unis
Stockholm, 1990	Eric Navet (France)	France
La Haye, 1994	Franke Sloothaak (Allemagne)	Allemagne
Rome, 1998	Rodrigo Pessoa (Brésil)	Allemagne
Jerez, 2002	Dermott Lennon (Irlande)	France

* À partir de 1978, les cavalières et les cavaliers ont disputé une épreuve commune, alors qu'avant cette date, les épreuves étaient différentes pour les cavaliers et les cavalières. De plus, a été créé un classement mondial par équipe.

Aux Championnats du monde de Jerez en 2002, Eric Navet (France) a remporté la médaille d'argent en saut d'obstacles individuel.

SAUT D'OBSTACLES
Coupe du monde

Göteborg, 1979	Hugo Simon (Autriche)
Baltimore, 1980	Conrad Homfeld (États-Unis)
Birmingham, 1981	Michael Matz (États-Unis)
Göteborg, 1982	Melanie Smith (États-Unis)
Vienne, 1983	Norman Dello Joio (États-Unis)
Göteborg, 1984	Mario Deslauriers (Canada)
Berlin, 1985	Conrad Homfeld (États-Unis)
Göteborg, 1986	Leslie Burr (États-Unis)
Paris, 1987	Katherine Burdsall (États-Unis)
Göteborg, 1988	Ian Millar (Canada)
Tampa, 1989	Ian Millar (Canada)
Dortmund, 1990	John Whitaker (Grande-Bretagne)
Göteborg, 1991	John Whitaker (Grande-Bretagne)
Del Mar, 1992	Thomas Frühmann (Autriche)
Göteborg, 1993	Ludger Beerbaum (Allemagne)
Hertogenbosch, 1994	Jos Lansink (Hollande)
Göteborg, 1995	Nick Skelton (Grande-Bretagne)
Genève, 1996	Hugo Simon (Autriche)
Göteborg, 1997	Hugo Simon (Autriche)
Helsinki, 1998	Rodrigo Pessoa (Brésil)
Göteborg, 1999	Rodrigo Pessoa (Brésil)
Las Vegas, 2000	Rodrigo Pessoa (Brésil)
Göteborg, 2001	Markus Fuchs (Suisse)
Leipzig, 2002	Otto Becker (Allemagne)
Las Vegas, 2003	Marcus Ehning (Allemagne)
Milan, 2004	Bruno Broucqsault (France)
Las Vegas, 2005	Mérédith Michaels Beerbaum (Allemagne)

DRESSAGE
Jeux Olympiques

	INDIVIDUEL	PAR ÉQUIPE
Stockholm, 1912	Bonde (Suède)	-
Anvers, 1920	Lundblad (Suède)	-
Paris, 1924	Von Linder (Suède)	-
Amsterdam, 1928	Von Langen (Allemagne)	Allemagne
Los Angeles, 1932	Lesage (France)	France
Berlin, 1936	Pollay (Allemagne)	Allemagne
Londres, 1948	Moser (Suisse)	France
Helsinki, 1952	Saint-Cyr (Suède)	Suède
Melbourne, 1956	Saint-Cyr (Suède)	Suède
Rome, 1960	Filatov (U.R.S.S.)	-
Tokyo, 1964	Chammartin (Suisse)	R.F.A.
Mexico, 1968	Kisimov (U.R.S.S.)	R.F.A.
Munich, 1972	Linenhoff (R.F.A.)	U.R.S.S.
Montréal, 1976	Stueckelberger (Suisse)	R.F.A.
Goodwood*, 1980	Stueckelberger (Suisse)	R.F.A.
Los Angeles, 1984	Klimke (R.F.A.)	R.F.A.
Séoul, 1988	Uphoff (Allemagne)	R.F.A.
Barcelone, 1992	Uphoff (Allemagne)	Allemagne
Atlanta, 1996	Werth (Allemagne)	Allemagne
Sydney, 2000	Werth (Allemagne)	Allemagne
Athènes, 2004	Van Grunsven (Pays-Bas)	Allemagne

*Jeux de remplacement : pour contourner les jeux Olympiques de Moscou de 1980 que de nombreux cavaliers ont boycottés pour des raisons politiques, les épreuves de Goodwood ont été organisées en même temps.

DRESSAGE
Championnats du monde

1990	Nicole Uphoff (Allemagne)
1994	Isabelle Werth (Allemagne)
1998	Isabelle Werth (Allemagne)
2002	Nadine Capellmann (Allemagne)

ATTELAGE À QUATRE CHEVAUX
Championnats du monde

	NOM DU MENEUR
Münster, 1972	Auguste Dubey (Suisse)
Fanenfeld, 1974	Sandor Fülop (Hongrie)
Kecskemet, 1978	György Bardos (Hongrie)
Windsor, 1980	György Bardos (Hongrie
Apeldoorn, 1982	Tjeerd Velstra (Hollande)
Ascot, 1986	Tjeerd Velstra (Hollande)
Stockholm, 1990	Ad Aarts (Hollande)
La Haye, 1994	Michael Freund (Allemagne)
Warlgem, 1996	Félix-Marie Basseur (Belgique)
Rome, 2000	Werner Ulrich (Suisse)

David O'Connor (États-Unis), ici monté sur Giltedge, a remporté la médaille d'or du concours complet lors des jeux Olympiques de Sydney en 2000.

CONCOURS COMPLET
Jeux Olympiques

	INDIVIDUEL	PAR ÉQUIPE
Stockholm, 1912	Nordlander (Suède)	Suède
Anvers, 1920	Mörner (Suède)	Suède
Paris, 1924	Vourt Van Zijp (Hollande)	Hollande
Amsterdam, 1928	P. de Mortanges (Hollande)	Hollande
Los Angeles, 1932	P. de Mortanges (Hollande)	États-Unis
Berlin, 1936	Stubbendorff (Allemagne)	Allemagne
Londres, 1948	Chevallier (France)	États-Unis
Helsinki, 1952	Blixen Finecke (Suède)	Suède
Melbourne, 1956	Kastenmann (Suède)	Grande-Bretagne
Rome, 1960	Morgan (Australie)	Australie
Tokyo, 1964	Checcoli (Italie)	Italie
Mexico, 1968	Guyon (France)	Grande-Bretagne
Munich, 1972	Meade (Grande-Bretagne)	Grande-Bretagne
Montréal, 1976	Coffin (États-Unis)	États-Unis
Moscou, 1980	Roman (Italie)	U.R.S.S.
Rotterdam*, 1980	Haagensen (Danemark)	France
Los Angeles, 1984	Todd (Nzl)	États-Unis
Séoul, 1988	Todd (Nzl)	Allemagne
Barcelone, 1992	Ryan (Australie)	Australie
Atlanta, 1996	Tait (Nzl)	Australie
Sydney, 2000	O'Connor (États-Unis)	Australie
Athènes, 2004	Law (Grande-Bretagne)	France

*Jeux de remplacement : pour contourner les Jeux Olympiques de Moscou de 1980 que de nombreux cavaliers ont boycottés pour des raisons politiques, les épreuves de Rotterdam ont été organisées en même temps.

Championnats du monde

	INDIVIDUEL	PAR ÉQUIPE
Luhmuhlen, 1982	Lucinda Green (Grande-Bretagne)	Grande-Bretagne
Gawler, 1986	Virginia Leng (Grande-Bretagne)	Grande-Bretagne
Stockholm, 1990	Blyth Tait (Nzl)	Nouvelle-Zélande
La Haye, 1994	Vaughan Jefferis (Nzl)	Grande-Bretagne
Rome, 1998	Blyth Tait (Nzl)	Nouvelle-Zélande
Jerez, 2002	Jean Teulère (France)	États-Unis

Glossaire

Le lecteur trouvera dans ce glossaire plus que de simples définitions. Il y trouvera aussi des informations techniques complémentaires sur de nombreux sujets, ainsi que les noms des grands personnages et des grands champions de l'histoire hippique.
Les mots suivis d'un astérisque sont expliqués dans ce glossaire.

Acculer (s'). Le cheval qui s'accule (parce qu'il a peur, ou bien qu'il tire* au renard) recule précipitamment en « s'asseyant » sur ses postérieurs, au risque de se blesser aux jarrets ; il ne faut surtout pas essayer de l'en empêcher en le tirant par devant, mais au contraire passer par derrière pour le repousser vers l'avant.

Acier. Autre terme pour désigner un mors*.

Âge. L'âge conventionnel part du 1er janvier de l'année de naissance. L'âge réel est celui indiqué par le certificat d'origine. L'âge marqué est celui qui est déterminé par l'examen de l'état général et de la dentition.
Détermination de l'âge du cheval. Les incisives de lait, puis les incisives permanentes, s'usent au contact de leur vis-à-vis de la mâchoire opposée. Cette usure progressive fait apparaître une surface correspondant à une coupe transversale imaginaire de la dent. Cette coupe a une forme, et des dessins de surface (en fonction des différents matériaux dentaires visibles) qui évoluent toujours de la même manière avec le temps. L'observation de la surface des pinces (incisives centrales) de la mâchoire inférieure permet donc, en se référant au schéma ci-dessous, de déterminer l'âge du cheval. Les incisives voisines (mitoyennes et coins*) présentent les mêmes caractéristiques, avec un décalage dans le temps (dû à leur croissance plus tardive) de 1 an pour les mitoyennes et de 2 ans pour les coins.

Aides. 1. Aides naturelles : ce sont les moyens par lesquels le cavalier communique avec sa monture. Il s'agit de l'assiette*, des jambes, des rênes* et du poids du corps ; on peut y ajouter la voix, bien que son usage soit interdit en reprise* de dressage officielle. 2. Aides artificielles : ce sont les artifices inventés au cours des siècles pour compléter, voire pallier l'insuffisance des aides naturelles, tels la cravache, les éperons, la chambrière*, les enrênements.

Air. 1. On dit que le cheval a de l'air sous lui lorsque la longueur des côtes est insuffisante proportionnellement à la taille des membres et que la poitrine paraît trop petite pour sa taille. 2. Un « air relevé » est un saut d'école, effectué monté ou non, et dérivant des sauts naturels du cheval en liberté : voir Cabriole, Courbette, Croupade, Levade. Un « air près de terre » est une allure d'école transformée par rapport à l'allure naturelle : voir Passage, Piaffer, Pirouette, Changement de pied, Mézaïr.

Albinos. Cheval présentant les caractéristiques de l'albinisme, peau dépourvue de pigmentation, poils blancs, yeux bleus ; ces caractères héréditaires ont parfois été sélectionnés, mais ne correspondent à aucune race précise, seulement à une robe particulière.

Alezan. Robe* simple aux poils et crins de la même couleur marron clair.

Allant. Se dit d'un cheval qu'il n'est pas nécessaire de solliciter, qui a des allures actives. Voir aussi Avant (en). Contraire : paresseux, « en arrière de la main* ».

Allure. Modalité de déplacement du cheval, liée à l'ordre de déplacement des membres ; les allures peuvent être classées d'une part en naturelles (pas, trot*, galop*, reculer) ou acquises (amble*, passage*, piaffer*...), d'autre part en « marchées » (le corps reste toujours en contact avec le sol par un ou plusieurs membres, comme dans le pas) ou en « sautées » (avec une phase pendant laquelle plus aucun membre ne touche le sol, comme pour le trot et le galop).

Amble. En théorie, l'amble est une allure marchée entre le pas et le trot, dans laquelle l'an-

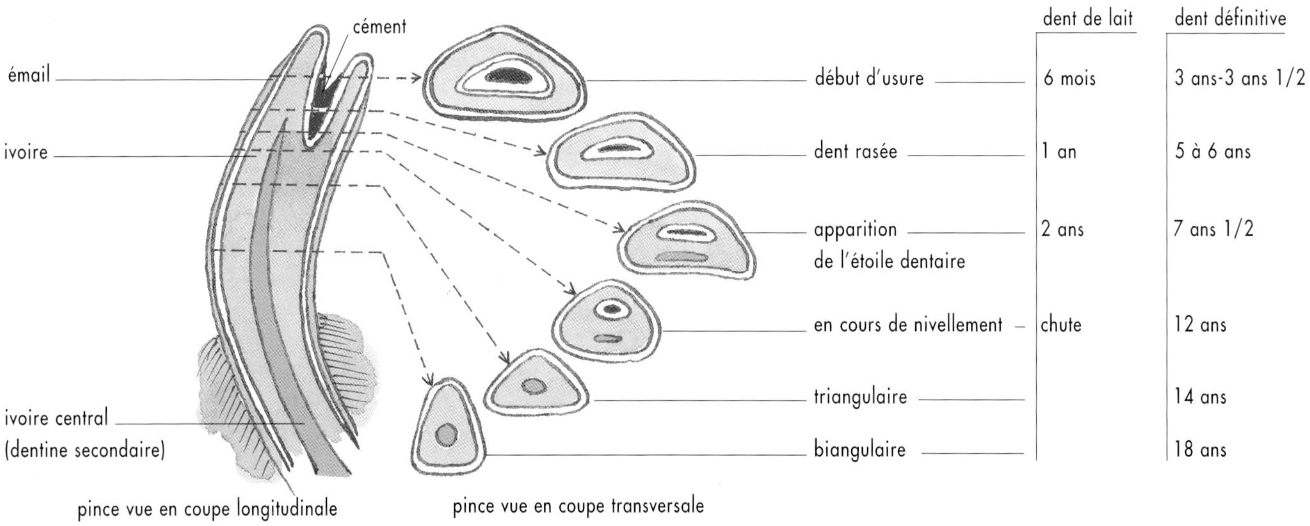

Âge. On peut déterminer l'âge apparent du cheval, grâce aux dessins causés par l'usure sur la surface des pinces (incisives centrales) de la mâchoire inférieure

térieur et le postérieur d'un même côté se lèvent et se posent en même temps. Il y a une infinité d'ambles, qui sont des allures à quatre temps. Des sujets de certaines races particulières amblent naturellement, mais si différemment dans le détail, que cette allure* chez l'islandais, par exemple, a un nom particulier : le tölt. Ces différences tiennent au fait que l'antérieur et le postérieur ne se lèvent pas et ne se posent pas exactement ensemble. Des chevaux adoptent cette allure particulière pour préserver leur équilibre en terrains meubles. Comme les chameaux ! Ainsi, sur la côte sablonneuse du Pérou, des chevaux venant d'un autre pays et ne connaissant pas l'amble, en venaient à pratiquer cette allure en quelques semaines.

Anglaiser. Relever la racine de la queue d'un cheval pour qu'il la porte en panache ; autrefois certains éleveurs sectionnaient un tendon sous-caudal pour donner une silhouette plus avantageuse au cheval à vendre, surtout pour l'attelage de loisir ; cette pratique est désormais proscrite, et un meneur peut obtenir le même résultat en réglant le culeron* plus serré.

Apophyse zygomatique. Saillie osseuse délimitant le bord antéro-supérieur de la joue du cheval.

Appel. 1. La battue d'appel est la foulée transformée par le cheval en mouvement vers le haut afin de franchir un obstacle. 2. L'appel de langue est un bruit de bouche souvent utilisé par le cavalier pour solliciter sa monture, qui l'entend très bien alors même qu'il est assez discret pour toute personne voisine.

Appelé. Un obstacle « appelé » dispose à son pied d'un relief (haie basse ou simple barre « d'appel » à peine surélevée) qui modifie son profil et aide le cheval à calculer sa trajectoire.

A.Q.P.S. Autre Que Pur Sang, appellation strictement française de chevaux de courses n'étant ni pur-sang anglais ni pur-sang arabe.

Arçon. Pièce en métal ou en bois, parfois désormais en plastique dur, qui forme l'ossature de la selle ; une selle à l'arçon cassé est inutilisable, car elle n'est plus rigide et peut blesser le cheval.

Ardennais. Cheval lourd belge et français, très charpenté et aux membres forts.

Arrêt. Station immobile du cheval ; monté, celui-ci doit avoir les membres d'aplomb ; présenté en liberté, sa position de référence varie selon sa race.

Arrière-main. Partie du cheval située derrière le cavalier en selle : croupe, membres postérieurs.

Ascot. L'un des champs de course les plus connus au monde, créé en Angleterre en 1776, près de Windsor ; il s'y court depuis le début du XIXe siècle la célèbre *Golden Cup*.

Assiette. Manière dont le cavalier assure son équilibre pendant la marche du cheval, quoi que fasse celui-ci.

Atteinte. Petite blessure qu'un cheval se fait aux paturons ou glomes* antérieurs avec ses postérieurs, ou bien causée par les sabots d'un autre cheval le suivant de trop près.

Aubère. Robe* composée aux poils et aux crins blanc et rouge mélangés, dite parfois « fleur de pêcher ».

Aubin. Allure défectueuse, mélange de trot* et de galop*.

Aure, Antoine Cartier d' (1799-1863). Écuyer au manège de Versailles, puis écuyer en chef à l'école de Saumur (1849), le comte d'Aure reste connu pour sa méthode d'utilisation du cheval « tel que la nature l'a fait », que l'on a longtemps opposée à celle de Baucher*, surtout par sa pratique de l'équitation en extérieur.

Avaloire. Appelé aussi reculement*, c'est la sangle de cuir passant derrière les cuisses du cheval, à environ trois doigts sous la pointe de la fesse, dans le harnachement* d'attelage.

Avant (en). Disposition morale du cheval la plus recherchée par le cavalier : la monture est attentive et prête à répondre énergiquement à toute demande. « En avant, calme, droit » est une formule du général L'Hotte* demeurée célèbre, car décrivant le cheval mis*.

Avant-main. Partie du cheval située devant un cavalier en selle : tête, encolure, membres antérieurs, jusqu'au garrot.

Avoine. Grain le plus utilisé dans l'alimentation du cheval ; attention à son surdosage pouvant provoquer des désordres digestifs et comportementaux (excitation).

Bai. Appellation du cheval ou qualificatif de sa robe* aux poils marron-rouge plus ou moins foncés, les crins et extrémités des membres étant noirs.

Balzanes. Marques blanches de l'extrémité des membres.

Bande. 1. Bande de travail : enroulée autour des membres au niveau du canon, entre le genou ou le jarret et le boulet*, elle est destinée à amortir les chocs éventuels, surtout à l'obstacle. 2. Bande de repos : elle entoure aussi le boulet* et, plus souple et élastique, elle permet aux membres de se reposer au mieux après le travail ou sert de protection durant le transport.

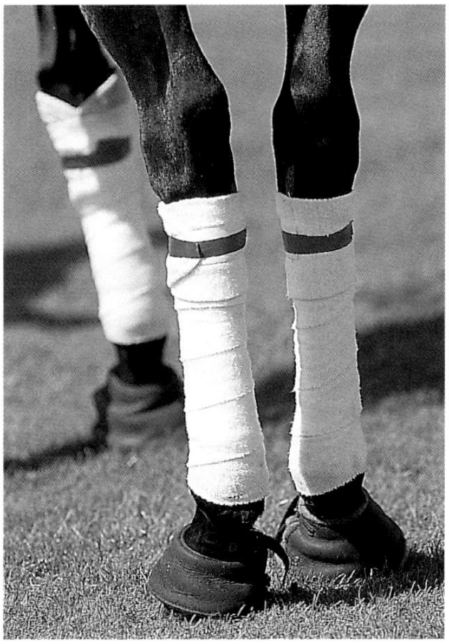

Bande. Bandes de repos et cloches

Barbe. Zone en arrière du menton du cheval, où se rejoignent les deux branches du maxillaire inférieur, et sur laquelle se place la gourmette*.

Bardot. Hybride, produit de l'accouplement d'une ânesse et d'un cheval.

Barre. 1. Espace de la gencive du cheval dépourvu de dents, entre les crochets* (canines des chevaux) ou les dernières incisives des juments (les juments sont dépourvues de crochets) et les premières molaires, et qui supporte le mors* (dans ce sens, le mot s'emploie généralement au pluriel). 2. Long rondin utilisé pour installer des obstacles de saut. 3. Faire une barre : se dit du cheval d'obstacle, qui commet une faute en faisant tomber une barre.

Battue. 1. Bruit causé par le poser d'un membre, ou de deux simultanément. Une foulée complète est composée de plusieurs battues. 2. Battue d'appel : frappe des antérieurs avant de s'élever au-dessus de l'obstacle.

Baucher, François (1796-1873). Écuyer de génie, rendu célèbre d'abord par ce qu'il obtenait des chevaux (galop en arrière sur trois jambes) dans le manège Pellier et Baucher et au cirque, ensuite par sa querelle avec d'Aure*, par son élève le fameux général L'Hotte* et par ses écrits : *Dictionnaire raisonné d'équitation*(1833), et surtout *Méthode d'équitation basée sur les nouveaux principes* (1842).

Billarder. Se dit d'un cheval dont le pied antérieur, lors de la flexion du genou, décrit un cercle vers le dehors.

Bipède. Association de deux membres : le bipède latéral est formé par l'antérieur et le postérieur du même côté (droit ou gauche), le bipède diagonal par un antérieur et le postérieur opposé (bipède diagonal droit : antérieur droit et postérieur gauche).

Blanc. Couleur de robe* très rare (uniquement chez les chevaux albinos) ; en fait, les chevaux dits blancs sont le plus souvent gris.

Bleime. Contusion du pied du cheval, meurtrissure du tissu velouté sous la sole*, se produisant généralement au talon et entraînant une boiterie.

Bouchon. 1. Brosse grossière avec laquelle on commence le pansage. 2. Poignée de paille ou de foin, qui permet de sécher la robe* du cheval, de la bouchonner.

Boulet. Articulation du cheval, situé à la jointure du canon et du paturon.

Bourrelet. 1. Partie proéminente de la selle, remplie de bourre, située à l'avant du faux quartier. 2. Partie dermique du haut du pied du cheval sécrétant la corne. 3. Bourrelet périoplique : organe situé à la couronne et sécrétant le périople (vernis recouvrant la corne du sabot).

Bout du devant. Désignation de l'ensemble tête-encolure du cheval.

Boute-en-train. Voir Souffleur.

Bracelet. Dans le harnachement d'attelage, petite lanière en boucle permettant de maintenir en place les brancards* au niveau du porte-brancard*.

Brancard. Chacune des deux pièces longitudinales fixées à l'avant d'un véhicule à un cheval, et entre lesquelles est attelé ce cheval.

Bréhaigne. Jument qui, comme les chevaux mâles, a des crochets*. Elle s'avère souvent stérile.

Bricole. Partie du harnachement de trait ou de selle. Large bande de cuir ou de toile qui se place en travers du poitrail du cheval et est retenue par une courroie (le surcou) passant au-dessus de l'encolure.

Bride. Partie du harnachement installée sur la tête du cheval, comprenant deux mors* (mors de bride et filet*), les montants*, la têtière*, le frontal*, la muserolle*, la sous-gorge, la gourmette* et les quatre rênes* (une droite et une gauche par mors). On appelle aussi parfois bride les seules rênes doubles.

Bridon. Harnachement de tête ne comportant qu'un seul mors*, celui de filet*, avec ses montants*, deux rênes* et un frontal ; peut également être appelé filet, tout simplement.

Brochage. Action de clouer (brocher) le fer sur le sabot. Cela demande de l'expérience, les clous devant pénétrer en biais dans la corne (voir schéma).

Brumby. Cheval sauvage d'Australie.

Brûlé. 1. Se dit d'une robe* aux crins plus foncés aux extrémités. 2. Un cheval brûlé par l'avoine* souffre de désordres digestifs et d'assimilation, à la suite d'une alimentation trop riche. Cela peut aussi intervenir sur son comportement (excitation, « coup de sang »).

Byerley Turc. Nom d'un des trois étalons* orientaux fondateurs de la race pur-sang.

Cabrer (se). Pour le cheval, se dresser sur ses pieds de derrière.

Cabriole. Air* relevé, dans lequel le cheval soulève l'avant-main*, puis décoche une ruade* horizontale.

Cadence. Se dit du rythme très régulier que le cheval mis* doit respecter dans chacune de ses allures*. Le cheval cadencé prouve ainsi son bon équilibre.

Cadre noir. C'est à partir de 1814 qu'un Manège académique s'est développé au sein de l'École de cavalerie de Saumur. Son nom de Cadre noir vient de la couleur de la tenue des écuyers, qui ont maintenu en France la pratique des sauts d'école. Depuis 1972, ils poursuivent leurs missions traditionnelles, sous la tutelle du ministère de la Jeunesse et des Sports, au sein de l'École nationale d'équitation. Cette école moderne, implantée près de Saumur, a pour mission première la formation

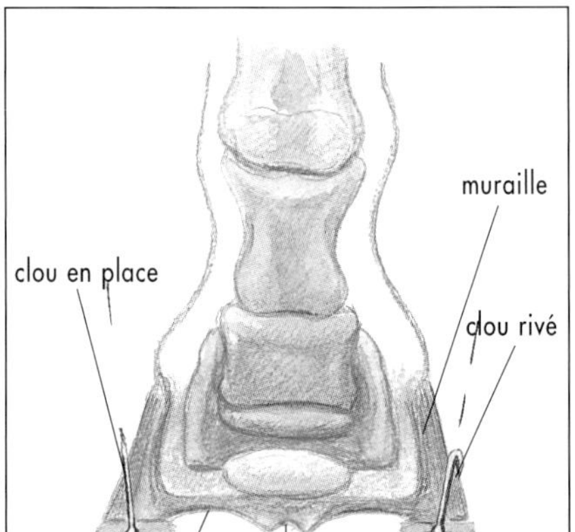

Brochage. Position des clous brochés (coupe imaginaire du pied ferré)

des enseignants de l'équitation, ainsi que le perfectionnement à la compétition des cavaliers français et étrangers. Le Cadre noir contribue largement au rayonnement de l'équitation française notamment par des présentations traditionnelles d'art équestre.

Cagneux. Qualifie le cheval, son membre ou son pied, atteint de cagnardise, défectuosité d'aplomb, où membres et pieds sont orientés vers le dedans.

Calme. Qualité indispensable du cheval à ne pas confondre avec le terme « endormi ». Voir Avant (en).

Capelet. Portant aussi le nom d'hygroma*, c'est une tare molle, provoquée par des frottements répétés, au coude, au genou, au jarret ou au boulet*.

Caprilli, Federico (1868-1907). Militaire italien, souvent qualifié de « père de l'équitation sportive moderne », a mis au point la monte en avant à l'obstacle, telle que nous la connaissons toujours. Avant lui, tout le monde sautait en restant bien assis au fond de la selle.

Carrière. Terrain en plein air où les cavaliers s'entraînent ou se livrent à des compétitions.

Carrossier. Se dit d'un cheval d'attelage de grande taille de type intermédiaire entre cheval de selle et cheval de trait.

Cavaletti. Petit obstacle d'entraînement formé d'une barre très basse (moins de 30 cm).

Caveçon. Harnais* de tête sans mors* dont la muserolle* située entre le bas du chanfrein *et

Caveçon. Harnachement de travail à la longe

le haut du nez, est équipée d'un renfort métallique articulé. Lors d'une traction sur la longe*, qui se fixe à des anneaux prévus à cet endroit, le dispositif exerce un pincement sur le nez du cheval. Son emploi est délicat et peut provoquer des fractures très douloureuses en cas d'utilisation brutale.

Cercle. Grande volte* effectuée sur toute la largeur du manège*.

Certificat d'origine. Pièce officielle délivrée par les Haras nationaux lors de la naissance d'un poulain, mentionnant ses origines et la date de mise bas. Il servira à l'établissement du livret* signalétique du cheval adulte.

Chambrière. Fouet à long manche et à longue lanière, permettant, par exemple, de faire tourner un cheval à la longe*. C'est son claquement qui le fait obéir.

Chandelier. Support des barres d'obstacle.

Chanfrein. Partie plane de la face du cheval, entre le front et le bout du nez.

Changement de main. Inversion du sens de giration lors d'une reprise* en carrière* (ou au manège*).

Changement de pied. 1. Pour le cheval, passage du galop* à droite au galop à gauche, ou inversement. 2. Pour le cavalier au trot* enlevé, qui s'assoit un temps sur deux, changer de pied signifie s'asseoir sur l'autre battue. On dit aussi changer de diagonal.

Chef de piste. Personnage officiel qui a la responsabilité de « construire » le parcours des épreuves de saut d'obstacles en respectant le règlement concerné.

Chukka. Terme originaire de l'Inde, désignant une période de jeu en match de polo (en tout 5 à 6, de 7 min 30 s chacune).

Claquage. Déchirement (partiel ou total) d'un tendon, le plus souvent sous le genou. La partie détachée s'affaisse dans sa gaine vers le bas du canon, formant un renflement « en ventre de truite » caractéristique.

Cloches. Protections* (généralement en caoutchouc) recouvrant le bas des paturons et le haut des sabots (surtout les glomes*), en forme de cloches. Voir Bande de repos et Protections.

Clou de rue. Tout corps étranger s'enfonçant accidentellement dans le pied d'un cheval. Désigne aussi la blessure qui s'ensuit.

Cob. Type de cheval entre le cheval de trait et le cheval de selle. Il avait autrefois la queue coupée.

Cob. Ici, ces cobs ont le type carrossier

Cœur. Un cheval « a du cœur » lorsqu'il est « en avant* », plein d'ardeur mais sans nervosité.

Coins. 1. Nom des incisives placées juste en avant des crochets* (chez les chevaux) ou de la barre* (chez les juments). 2. Angles du manège* ou de la carrière* ; le cheval ne doit pas les « couper » (tourner avant l'angle) et le cavalier débutant se verra demandé de « faire les coins », c'est-à-dire d'obliger son cheval à tourner le plus près possible de l'angle.

Colear. Épreuve de *charreria*, rodéo mexicain, au cours de laquelle le cavalier poursuit un veau, lui saisit la queue et l'enroule autour de sa jambe pour le faire chuter.

Collier. 1. Collier d'encolure : pièce principale du harnais* de trait, entourant l'encolure et s'appuyant sur les épaules, auquel aboutissent toutes les pièces servant à tirer. 2. Collier de chasse : pièce de cuir, en forme de Y, se plaçant sur le poitrail du cheval, fixée à la sangle* et aux deux côtés de la selle, pour empêcher cette dernière de glisser vers l'arrière.

Colostrum. Liquide sécrété par les mamelles de la jument à la naissance du poulain, qui permet à celui-ci d'éliminer le méconium (excréments accumulés dans l'intestin pendant la vie intra-utérine).

Combinaison. C'est un obstacle composé de plusieurs difficultés, nécessitant plusieurs efforts* : deux efforts pour un double, trois pour un triple. Un double est une succession de deux difficultés placées en ligne, à une ou deux foulées* de distance. Il peut s'agir de deux obstacles identiques (double de verticaux, de palanques, etc.) ou, au contraire, totalement différents. En cas de refus* au milieu de la combinaison, le concurrent doit reprendre l'ensemble de l'obstacle. C'est du reste la raison pour laquelle il y a une seule numérotation (8a et b, par ex.). Les pénalités s'additionnent évidemment. Un triple est une succession de trois difficultés placées à la suite, à une distance d'une ou deux foulées les unes des autres. Il peut y avoir un (ou deux) obstacle(s) de terre dans cette combinaison.

Concours. 1. Concours complet : il comprend trois épreuves distinctes, qui se disputent en trois jours avec le même cheval, dressage, course de fond et saut d'obstacles. 2. Concours de dressage : il met en concurrence les qualités des chevaux et des cavaliers en matière de dressage. 3. Concours hippique : autre appellation des épreuves de saut d'obstacles.

Contact. Liaison ferme mais douce du cavalier avec le cheval, entre les mains de l'un et la bouche de l'autre (par l'intermédiaire des rênes* et du mors*) et entre les jambes de l'un et les flancs* de l'autre.

Cornage. Bruit anormal, produit par le passage de l'air dans les voies respiratoires du cheval, pouvant avoir pour cause, par exemple, angine, bronchite ou coryza.

Corral. Autre nom du paddock*, terrain clos sans herbe où les chevaux peuvent être mis en liberté.

Courbette. Air* dans lequel le cheval soulève l'avant-main*, puis avance par bonds sur ses postérieurs.

Couronné. Se dit d'un genou marqué d'une blessure, plus ou moins profonde, que le cheval s'est fait en tombant à genoux.

Crampon. Gros bouton métallique se vissant dans les mortaises des fers dits à crampons et augmentant l'adhérence du cheval dans la boue et sur les terrains glissants.

Crin-Blanc. Film légendaire, réalisé par Albert Lamorisse en 1953, qui met en scène dans les plaines de Camargue le jeune Folco et l'étalon Crin-Blanc, tous deux à la recherche de la liberté totale.

Crochets. Canines qui sortent vers trois ans chez le cheval. Ils sont très rarement présents chez la jument, qui est alors qualifiée de bréhaigne*.

Croupade. 1. Ancienne : air* dans lequel le cheval saute en projetant ses postérieurs en l'air, mais sans effectuer de ruade*. 2. À Saumur, ruade très haute.

Croupière. Pièce de harnachement*, large courroie passant sur le dos du cheval et sur la croupe, prolongée sous la queue par le culeron*. Elle maintient en place la sellette* (attelage à un cheval) ou le mantelet (attelage à deux ou quatre chevaux) et soutient le reculement*.

Cross. Une des quatre phases de l'épreuve de fond en concours complet*, qui consiste en un long parcours en extérieur, jalonné d'obstacles divers, mais fixes.

Cru (à). Monter à cru, c'est monter sans selle. La position à califourchon derrière le garrot n'est pas très confortable à cru ; au-delà de quelques minutes (pour des exercices d'équilibre, de la voltige, ou pour ramener un cheval du pré...), il vaut mieux, comme le font traditionnellement les âniers, s'asseoir sur la croupe !

Cryptorchide. Qualifie le cheval dont les testicules ne sont pas apparents.

Culeron. Pièce du harnachement reliant la croupière* à la queue du cheval, qu'elle enserre.

Danloux, Pierre (1878-1943). Colonel français, écuyer-chef à Saumur. Il a été le théoricien de la monte en suspension* à l'obstacle. Son nom reste également attaché à une forme de mors* de filet et à un type de selle, adapté aussi bien à l'équitation de loisir qu'à la monte sportive.

Darley Arabian. Un des trois étalons* orientaux fondateurs de la race pur-sang.

Dartmoor. Race de poneys anglais à la robe baie, noire ou alezan brûlé, mesurant environ 1,20 m. Gentils et sensibles, ce sont des montures agréables pour les jeunes enfants.

Daumas, Melchior (1803-1871). Général, il fit toute sa carrière en Algérie où il fut nommé directeur des Affaires algériennes. Dans son passionnant ouvrage, *Les Chevaux du Sahara et Principes généraux du cavalier arabe,* paru en 1851 et souvent réédité depuis, il a décrit en détail la civilisation des Bédouins, centrée sur le cheval.

Débourrage. Éducation du jeune cheval à accepter le mors*, la selle et le cavalier.

Decarpentry, Albert (1878-1956). Blessé durant la Première Guerre mondiale, le général Decarpentry sera, malgré un coude gauche bloqué (« en position de main de bride », avait-il demandé au chirurgien), commandant en second de l'École de Saumur et brillant membre du Cadre Noir* avec son cheval Professeur. Il marqua le monde équestre sportif par son influence à la commission de dressage de la Fédération Équestre Internationale, dont il fut

Cru (à). Les poneys sont souvent montés à cru

président en 1947. Il est l'auteur de nombreux ouvrages, dont *Équitation Académique* (1949).

Décoiffer. Le cheval se décoiffe lorsque son bridon* s'enlève de par-dessus les oreilles (souvent lors d'une chute du cavalier). Pour éviter ceci, la sous-gorge doit être bien ajustée.

Défense. Le cheval se défend lorsqu'il refuse d'obéir aux demandes du cavalier, soit par incompréhension (jeune cheval ou jeune cavalier), soit par rétivité. Il peut se cabrer*, s'immobiliser ou au contraire « prendre la main » pour s'enfuir. Tout énervement du cavalier est de toute façon inutile ; il faut lui faire retrouver son calme avant de lui demander à nouveau, clairement et fermement, l'action qui a déclenché sa défense initiale.

Dégarroter. Dégager, relever légèrement le tapis de selle au-dessus du garrot avant de sangler, de manière à éviter qu'il ne comprime les chairs.

Demi-arrêt. Action brève et nette de la main du cavalier, qui amène le cheval à ralentir en engageant les postérieurs, ou à revenir à une allure inférieure.

Demi-sang. Cheval dont l'un des géniteurs est de race pur-sang.

Demi-tour. Mouvement demandé à un cheval, qui fait à l'arrêt un demi-tour sur lui même. En déplaçant son arrière-main*, il effectue un demi-tour sur les épaules. En déplaçant son avant-main*, il effectue un demi-tour sur les hanches.

Dent. Organe dur de la bouche, qui permet au cheval de... manger ! On peut déduire l'âge du cheval de la morphologie de ses dents, qui s'usent avec le temps. Les dents de lait sortent de 1 mois à 1 an ; elles sont remplacées par les dents d'adulte entre 2 et 5 ans. Elles apparaissent successivement dans l'ordre pince/mitoyenne/coins/(crochets)/molaires. Elles sont au nombre de 36 (juments) ou 40 (chevaux, avec les crochets).

Derby. 1. Parcours de saut d'obstacles (voir Épreuves). 2. Course de galop crée par lord Derby en 1780, se courant chaque année à Epsom, en Angleterre, sur 2 500 m. Une « copie » de ce derby à lieu aussi chaque année, sur l'hippodrome de Chantilly.

Dérobade. En concours hippique ou en complet, action du cheval qui évite l'obstacle au dernier moment au lieu de le franchir.

Dérouler (une reprise). Terme de dressage pour indiquer que le cavalier enchaîne les figures dans l'ordre correspondant à une reprise*.

Désengagé. Se dit d'un cheval dont les postérieurs ne s'engagent plus sous sa masse ; les empreintes des postérieurs ne recouvrent plus celles des antérieurs, le cheval se « découvre ».

Désuni. Qualifie le cheval dont l'un des bipèdes*, au trot ou au galop, n'est pas en harmonie avec l'autre.

Détente. 1. Action du cheval qui se propulse vers le haut devant l'obstacle. 2. Période de préparation physique et morale du cheval juste avant d'entrer sur la piste du concours (terrain de détente).

Diagonal. Raccourci de langage pour « bipède diagonal ». Voir Bipède.

Diagonale. Ligne imaginaire joignant un angle du manège (ou de la carrière) à celui diagonalement opposé, et que suit le cheval dans un changement de main dans la diagonale.

Dossière. Remplace la sellette* ou le mantelet pour certains attelages.

Double. Voir Combinaison.

Doubler. Figure de manège, dans laquelle le cavalier quitte la piste à angle droit, la rejoint en face et continue à évoluer à la même main.

Douche. La douche le plus fréquemment donnée au cheval consiste à lui laver les membres au jet, en remontant pour faciliter la circulation. On n'arrose le corps entier du cheval (sauf le ventre) que par temps très chaud (sans oublier ensuite de passer le couteau de chaleur).

Droit. 1. Autre nom d'obstacle vertical. 2. Manière correcte pour le cheval de se déplacer en ligne droite. Voir Avant (en), Rectitude.

Éclaté. Qualifie la largeur, l'ampleur du poitrail du cheval, qui est dit plus ou moins éclaté.

École. 1. L'équitation d'école est l'équitation académique ou artistique. 2. Basse école : exécution parfaite d'airs* dans les allures naturelles. 3. Haute école : exécution d'airs* dans les allures relevées, que ne peut pratiquer que le cheval rassemblé*.

Écouer. Couper partiellement ou entièrement la queue du cheval. Pratique désormais interdite.

Écurie. 1. Local où sont logés les chevaux. 2. Ensemble des chevaux appartenant à un même propriétaire.

Effort. Terme désignant en concours hippique le saut d'un obstacle.

Emballer. Un cheval « s'emballe » ou « est emballé » lorsqu'il échappe au contrôle de son cavalier et galope avec affolement.

Embarquer. 1. Se dit d'un cheval qui « prend la main » de son cavalier et va plus vite que celui-ci le désire (quelle que soit l'allure). 2. Action du cheval qui monte dans un van.

Embouchure. Autre nom du mors*.

Emphysème pulmonaire. Maladie pulmonaire chronique, communément appelée « pousse ».

Empreintes. Marques laissées au sol par le poser des sabots.

En-tête. Marque blanche sur la tête du cheval.

Encadré. Se dit du cheval tenu par le cavalier « entre les mains et les jambes », dans un contact particulièrement ferme.

Encapuchonné. Se dit du cheval dont le bout du nez se rapproche du poitrail ; le chanfrein n'est plus vertical (cheval « placé ») mais incliné vers le bas et à l'arrière. On dit aussi que le cheval « s'enferme ».

Encastelure. Affection du sabot du cheval, qui entraîne son rétrécissement au niveau des talons.

Endurance. Discipline équestre dont les adeptes disputent des courses sur de très longues distances, (de 20 à 130 km, voire plus), qu'ils doivent couvrir avec le même cheval, sans léser sa santé physique ou morale.

Engagé. Se dit du cheval dont les postérieurs se posent nettement sous la masse du corps, grâce à l'abaissement des hanches.

Enrênement. Normal, il est tout simplement constitué des rênes* ou des guides*. Mais il existe une quantité d'enrênements particuliers, reliant le mors* à certains points du harnachement*, pour modifier l'attitude du cheval.

Ensellé. Qualifie le cheval faible de la zone lombaire, dont la ligne du dos se creuse.

Entier. 1. Qualifie le cheval mâle non castré. 2. Autre appellation de l'étalon*.

Entraves. Liens placés aux membres du cheval pour l'empêcher de se déplacer (halte en randonnée) ou complètement de bouger (intervention vétérinaire).

Entrée dans les aides. Terme de dressage indiquant que le cheval est suffisamment assoupli pour « s'engager », à la demande du cavalier, à la détente d'un concours par exemple.

Eohippus. Ancêtre du cheval de la taille d'un renard, qui vivait à l'éocène il y a quarante-cinq millions d'années.

Éparvin. Tumeur osseuse, apparaissant au sommet interne du canon.

Éponge. Tumeur molle, aussi appelé hygroma*, apparaissant au coude du cheval.

Épreuves. Différents types de compétition de sauts d'obstacles :
Grand Prix : une ou deux manches (environ douze obstacles et quinze efforts* dans la première, huit à douze dans la seconde) au barème A (fautes comptabilisées en points, avec ou sans chronomètre) et un (ou deux) barrage(s) pour départager les meilleurs.
Coupe de Nations : épreuve par équipe, en deux manches, avec un éventuel barrage pour départager les meilleurs, au barème A. Chaque nation aligne quatre cavaliers et peut ainsi retrancher le plus mauvais résultat de chaque manche (il peut s'agir de deux cavaliers différents). On additionne donc les trois meilleurs résultats de chaque manche pour obtenir le classement final.
Puissance : compétition de saut en hauteur, consistant à franchir quatre à six obstacles au tour initial, en principe deux aux tours suivants (maximum de quatre barrages). On finit généralement sur un mur (en bois !), élevé de plus en plus haut.
Six-barres : six obstacles en ligne, distants de deux foulées chacun. Même principe que la Puissance, mais on ne supprime en principe pas d'obstacles au barrage, jamais plus de deux en tout cas.
Épreuve à difficultés progressives : parcours de six à huit obstacles de plus en plus sélectifs, qui peuvent valoir des « bons » points. Cette épreuve peut aussi se dérouler comme un simple barème A au chronomètre. Le ou plusieurs obstacles peuvent offrir des alternatives (joker rapportant gros – le double de points – ou coûtant éventuellement cher en cas de faute !).
Épreuve aux points (américaine, etc.) : chaque obstacle correctement franchi rapporte deux (bons) points, un obstacle renversé un point. L'épreuve se déroule généralement au barème A au chronomètre. Autrefois, on éliminait généralement le cavalier à la première faute. Dans « Choisissez vos points », le cavalier a un temps donné pour sauter les obstacles de son choix, ceux-ci valant tous un nombre de points différents (10, 20, 30, 40, etc.). Il peut aussi y avoir un joker. Dans « Choisissez votre itinéraire », c'est l'enchaînement libre des obstacles qui permet de gagner ou de perdre du temps.
Chasse : épreuve de vitesse et d'adresse jugée au barème C. Il peut y avoir des options et des obstacles naturels.
Derby : épreuve disputée sur un parcours-type, immuable d'année en année, fait d'une alternance d'obstacles fixes et tombants, et d'un grand nombre d'efforts (souvent 20 à 25 sauts en 800 à 1 000 m de parcours). Il s'agit d'un parcours-étalon, d'un tracé référence, généralement jugé au barème A, avec ou sans chronomètre.
Knock-out (ou Prix du Champion) : épreuve disputée simultanément par deux concurrents, lancés sur deux parcours identiques et parallèles. Le premier qui a bien franchi le parcours (cinq à huit obstacles) est déclaré vainqueur et qualifié pour le tour suivant. Il y a généralement seize concurrents (huitième de finale, quart de finale, demi-finale et finale). L'épreuve se déroule de préférence au barème C (fautes comptabilisées en secondes).

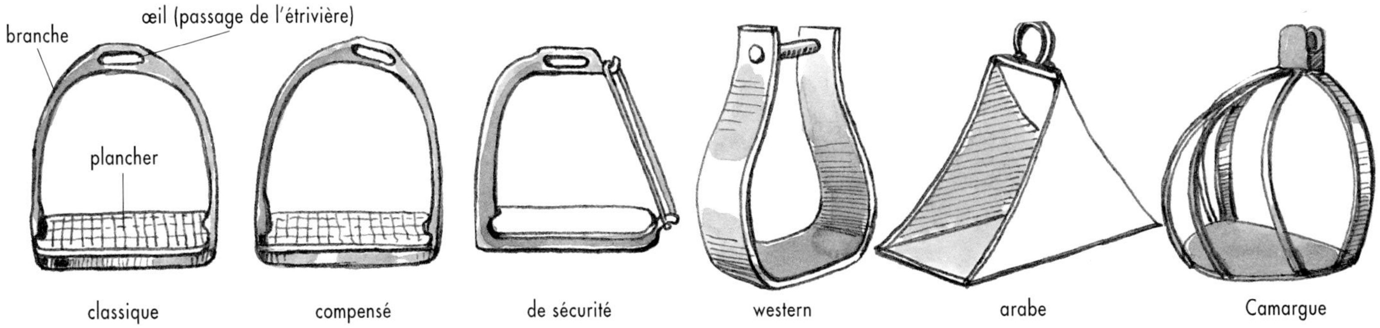

Étriers. Les différents types d'étriers les plus utilisés aujourd'hui en fonction de l'équitation et de la selle choisies

Relais : équipes de deux ou trois cavaliers. Le relais se fait automatiquement entre les deux parcours ou alors les concurrents se répartissent des portions de parcours en fonction des aptitudes de leurs chevaux et du gain de temps envisageable ici ou là (un cheval ne peut alors pas décoller sur l'obstacle suivant avant que l'autre ne se soit réceptionné sur le sol). Barème A au chronomètre ou C.

Epsom. Célèbre hippodrome anglais du Surrey, où se déroule chaque année le derby du même nom.

Étalon. Cheval entier qui fait la monte, que l'on fait saillir des juments.

Étalonnier. Employé de haras s'occupant de l'étalon et surveillant les saillies.

Étampure. Perforation pratiquée dans le fer à cheval, pour permettre son brochage*.

État. Aspect extérieur du cheval, se définissant à partir de la musculature, du luisant de la robe*, etc. On dit d'un cheval qu'il est « en état » ou qu'il n'« a pas d'état », ou peu.

Étrier. Pièce de métal (ou de bois) dans lequel le cavalier place son pied.

Étrille. Instrument de pansage, sorte de grosse brosse ou de raclette, en fer, en caoutchouc ou en plastique, servant à enlever le plus gros des malpropretés de la robe* du cheval.

Étrivière. Courroie de cuir fixée à la selle et supportant l'étrier*.

Extension d'encolure. Descente du bout du nez du cheval vers le sol, répondant à une demande du cavalier par descente des mains et allongement des rênes*.

Facteur. Lorsqu'une race a son stud-book* « ouvert », il est possible d'y inscrire les chevaux issus d'autres races sélectionnées : chacune de celles-ci est alors dite « facteur » de la race considérée.

Fait en descendant. Se dit d'un cheval dont la croupe est plus haute que le garrot.

Fait en montant. Se dit d'un cheval dont le garrot est plus haut que la croupe.

Falabella. Race de chevaux créée en Argentine au XIXe siècle. Avec ses 70 cm au garrot, le falabella est le plus petit cheval du monde. Sa taille trop réduite l'empêche d'être un bon poney de selle pour les jeunes enfants, mais il est un excellent cheval d'attelage. Il est un animal très populaire aux États-Unis.

Fanon. Poils plus longs de l'arrière du boulet*, le long desquels coule l'eau mouillant les membres, ce qui évite sa stagnation dans le creux du paturon*.

Faute. 1. En dressage, déséquilibre ou gêne chez le cheval, dû à une préparation insuffisante ou à une erreur du cavalier. 2. À l'obstacle, le cheval commet une faute lorsqu'il fait tomber une barre*, qu'il fait un refus* ou une dérobade*. 3. En course de trot, un cheval est « à la faute » s'il fait une ou plusieurs foulées de galop lors de la course.

Figure de manège. Mouvement bien précis, que le cavalier fait exécuter à sa monture au manège* ou en carrière*, seul ou en reprise*.

Filet. Autre nom du bridon*.

Fillis, James (1834-1913). Célèbre écuyer anglais qui exerça ses talents en France, en Belgique et à la cour de Russie. Bien que fort critiqué pour le peu de discrétion de ses aides, il mettait des chevaux aux airs* les plus difficiles. Il est l'auteur de : *Principes de dressage et d'équitation* (1890), *Journal de dressage* (1905), *Règlement pour le dressage du cheval d'armes* (1909).

Flanc. Région latérale du cheval, située entre la dernière côte, le rein, la cuisse et le ventre.

Foal. Poulain de race pur-sang de moins de six mois. Par extension, poulain de toute race non encore séparé de sa mère.

Foin. Herbe fauchée et séchée, utilisée pour nourrir les équidés. On distingue deux sortes de foins : le foin naturel, constitué d'herbes diverses, et le foin de prairie, constitué d'une herbe unique (par exemple du ray-grass), qui a été semée puis récoltée.

Fonte. Petite sacoche se fixant de chaque côté du pommeau ; mot souvent utilisé pour désigner également les sacoches accrochées derrière la selle.

Fonte. Équipement de base du randonneur

Forme. Tumeur osseuse des phalanges inférieures du cheval, cause de boiterie.

Foulée. Distance séparant deux empreintes successives du même pied. Par extension, durée séparant ces deux posers, ou l'ensemble des « temps » d'une allure*.

Fourchette. Formation cornée du dessous du sabot, en forme de V, la pointe vers l'avant et les branches rejoignant les talons.

Fourreau. Protection de peau contenant l'organe mâle lorsqu'il est rétracté au repos.

Francs-étriers (monter à). Expression ancienne correspondant à la monte à califourchon et à vive allure.

Frontal. Partie du harnais* de tête, reposant horizontalement sur le front du cheval.

Gale de boue. Sorte d'eczéma provoquant suppuration et croûtes en bas des membres, surtout au pli du paturon. Après avoir lavé soigneusement, enlevé les croûtes et désinfecté, il faut protéger la peau à vif avec de la pommade grasse, si possible anti-mouches.

Galop. Allure* naturelle la plus rapide du cheval, sautée à trois ou quatre temps. La vitesse moyenne au galop est d'environ 20 km/heure. Galop juste : sur le bon pied par rapport au sens des tournants ; galop à faux dans le cas contraire.

Génétique. Les organismes vivants d'une certaine complexité sont constitués d'organes, eux-mêmes constitués de cellules architecturées selon leurs spécialisations. Chaque cellule contient dans son noyau des éléments appelés chromosomes. En eux se trouvent les gènes, identiques dans toutes les cellules et responsables des caractéristiques propres à l'organisme et à son espèce. Ces chromosomes sont appariés, chaque espèce ayant un nombre spécifique de paires (32 pour le cheval, 22 pour l'homme) formées de deux chromosomes identiques – plus une paire de chromosomes sexuels déterminant le sexe mâle chez les mammifères (les fameux X et Y de l'homme, par rapport aux deux X de la femme). Lors de la fécondation, des cellules spéciales, les gamètes, qui ne contiennent qu'un seul chromosome de chaque paire (l'ovule chez la femelle et le spermatozoïde pour le mâle) fusionnent pour former un œuf ; celui-ci contient donc à nouveau des paires complètes, avec un chromosome de la mère apparié à un chromosome du père. Cet œuf, par division et spécialisation cellulaire, va se développer en être vivant complet.
En excluant les cas de mutation (la séquence des éléments d'un ou plusieurs chromosomes a été modifiée par rapport aux chromosomes parentaux), le poulain a donc des gènes provenant, pour moitié, d'un chromosome de chaque paire paternelle, et pour l'autre moitié d'origine maternelle.

Genouillère. Protection du membre antérieur du cheval, surtout utilisée en polo* et en concours* complet.

Glomes. Parties postérieures du talon, arrondies, souvent victimes d'atteintes*.

Godolphin Arabian. Nom d'un des trois étalons* orientaux, à l'origine de la race pur-sang. Parfois aussi dénommé Goldophin Barb.

Gogue. Enrênement* particulier – dû nom de son inventeur, René Gogue – destiné à contrôler les chevaux luttant contre l'embouchure* en levant la tête.

Gonfle. Œdème provoqué par une pression exagérée d'une partie du harnais* – généralement de la selle – sur la peau du cheval.

Gourmette. Chaînette ou petite courroie de cuir, passant sous la barbe* du cheval et reliant deux des anneaux du mors* de bride. La gourmette permet de serrer la mâchoire inférieure du cheval, dans les actions de main puissantes.

Grand maître. Nom donné à un écuyer de valeur, qui a exposé ses connaissances et théories dans des traités faisant autorité.

Gris. Qualifie la robe du cheval composée de poils blanc et noir. À noter que la robe* paraissant blanche est cependant dite grise car elle comporte toujours au moins quelques poils foncés (sauf chez l'animal albinos).

Guêtre. Protection* de cuir, enveloppant le bas des membres du cheval qui s'inflige des atteintes*.

Guides. Appellation des rênes* en attelage.

Guirlande (en). Se dit de rênes* tenues très flottantes.

Hache (coup de). Dépression très marquée de l'encolure, juste en avant du garrot.

Hackamore. Enrênement* d'origine américaine, dans lequel le mors* est remplacé par un système de pression sur les cartilages du nez du cheval. Le hackamore permet un travail très précis, puisque des champions de saut d'obstacles l'utilisent pour des montures à la bouche sensible. En revanche, il doit être très bien réglé pour ne pas blesser le cheval.

Hackney. Ce nom est donné, surtout en Angleterre, à une curieuse diversité de chevaux : un certain type de poney anglais, un demi-sang norfolk, certains chevaux d'attelage ; tous sont caractérisés par un mouvement particulièrement relevé des antérieurs, au trot.

Harnachement, Harnais. Ensemble du matériel (surtout en cuir) permettant de travailler, de monter ou d'atteler le cheval.

Hackamore. Il exige une main très douce

Highland. Race de poneys écossais, dont il existe deux types, de robes* très diverses. Le *scottish mainland* mesure un peu plus de 1,42 m au garrot. Le *western mainland* toise entre 1,22 m et 1,42 m. La résistance, la rusticité, la sûreté de pied, la vigueur et la puissance de ces petits chevaux sont quasi légendaires.

Hipparion. Ancêtre du cheval ayant vécu à la fin du tertiaire, dont les fossiles ont été retrouvés en Eurasie et en Afrique. Il ne possédait déjà plus que trois doigts inégaux à chaque membre.

Hippiâtre. Autre appellation du vétérinaire, lorsqu'il est spécialiste des soins aux chevaux ; terme de moins en moins employé.

Hongre. Cheval mâle castré.

Hygroma. Tare molle du genou, appelée aussi « gros genou », ne faisant généralement pas boiter.

Immobilité. 1. Absence totale de mouvement respectée par le cheval au moins 10 secondes lors d'un arrêt, en reprise. 2. Au montoir*, fait que le cheval se laisse enfourcher sans avancer ni reculer. 3. Vice rédhibitoire, découlant d'une affection cérébrale irréversible et qui se manifeste par une rigidité totale, pouvant affecter le cheval à tout moment, quels que soient ses aplombs et les sollicitations extérieures.

Impulsion. C'est la volonté du mouvement en avant, naturelle (cheval « allant* ») ou provoquée par les jambes du cavalier, la chambrière* du longeur* ou la sollicitation orale du meneur.

Inbreeding, In-and-in breeding. Locutions anglaises, désignant les croisements entre parents proches. *Inbreeding* entre un étalon et une jument parents du deuxième au quatrième degré (grand-père/petite-fille, cousin/cousine...), *In-and-in breeding* pour une consanguinité encore plus étroite (un étalon et sa fille, ou sa sœur).

Instinct. Les deux instincts primordiaux du cheval, qui ont permis à ses ancêtres de survivre à l'état sauvage, et qui dominent toujours ses réactions aujourd'hui avant son dressage, sont l'instinct grégaire (vie en troupeau) et l'instinct de fuite.

Irrégularité. 1. Dans les allures*, défaut de cadence dû à une gêne (boiterie, cavalier aux actions dissymétriques) ou à un manque de dressage. 2. L'usure des dents irrégulière peut être causée par un vice* (comme le tic à l'appui) ou par une fraude qui consiste à limer les incisives dans le but de modifier l'âge* apparent du cheval.

Jambe. 1. Le cheval a des jambes, et non des pattes ! 2. Les jambes du cavalier sont des aides naturelles. 3. Jambe isolée : action d'une seule jambe du cavalier, destinée à incurver ou à faire tourner sa monture.

Jarde. Tumeur dure, qui se développe à l'arrière de la base du jarret du cheval.

Juge. 1. Personnage officiel qui arbitre les compétitions, qu'elles soient de saut ou de dressage. Il peut être seul ou bien faire partie d'un jury qui comprend parfois jusqu'à cinq juges. En dressage par exemple, on peut trouver trois juges dans la tribune face à la ligne du milieu et un juge de chaque côté de la carrière*, au milieu du grand côté. 2. Le cheval qui « se juge » est le cheval dont les empreintes des postérieurs recouvrent celles des antérieurs. On dit aussi parfois que le cheval « se couvre ».

Jument. Femelle du cheval. Jument suitée, voir Suitée.

Jury. Voir Juge.

Kinésithérapie. La rééducation la plus courante pour le cheval est la promenade en main, puis montée au pas sur terrain souple. Pour les chevaux de grande valeur, la gymnastique en piscine se pratique également.

Kür. Mot allemand désignant une reprise* de dressage particulière que l'on appelle aussi « reprise libre en musique ». Le concurrent doit faire exécuter à son cheval des airs* et des mouvements donnés en des points précis et en un temps fixé, mais leur enchaînement et leur ordre sont laissés à l'initiative du cavalier. Il établit leur succession en fonction d'une musique qu'il a choisie et qui accompagne sa prestation.

Ladre. Zone de peau rose, le plus souvent proche des muqueuses (bouche, naseaux), dépourvue de pigments et presque de poils.

Laiton. Poulain de race lourde.

Langage. 1. Les termes employés par les cavaliers expriment un respect du cheval : on ne dit pas des pattes, mais des membres ; ni une gueule, mais une bouche... 2. Le cheval s'exprime par tout un assortiment de sons, mais aussi de postures du corps et de mimiques (dents, yeux, oreilles)...

Large. Obstacle nécessitant du cheval un saut plus « arrondi » que vertical. Une rivière* est un large, de même qu'un oxer*, une barre de spa*...

Latéral. Expression raccourcie pour « bipède latéral ». Voir Bipède.

Lavé. Des crins lavés sont plus clairs que les poils de la robe*.

Léger. Un cheval est léger à la main s'il ne s'appuie pas sur son mors*, et léger à la jambe s'il réagit dès les sollicitations les plus fines des jambes du cavalier.

Levade. Air* dans lequel le cheval à l'arrêt s'enlève de l'avant-main et, les antérieurs pliés, s'assied sur ses jarrets. La levade se pratique montée ou le cheval tenu en main.

L'Hotte, Alexis François (1825-1904). Officier de cavalerie, il termina sa carrière général de division et Président du comité consultatif de la cavalerie. Il reçut les leçons des deux maîtres antagonistes, Baucher et d'Aure. Auteur de référence de l'école équestre française, il compare enseignements et méthodes de ces deux cavaliers exceptionnels. Chacun connaît de lui la fameuse formule « Calme, en avant, droit ». Il est l'auteur de deux livres incontournables de la littérature équestre, *Un officier de cavalerie* et *Questions équestres*.

Liant. Qualité du cavalier lui permettant de garder sa jambe en contact avec le cheval, et ses fesses avec la selle lorsqu'il n'est pas en suspension*. Le liant participe à l'assiette*. Ce terme est aussi utilisé pour désigner le contact souple mais ferme de la main du cavalier avec la bouche du cheval, par l'intermédiaire des rênes*.

Licol. Harnais de tête en cuir, en nylon ou en corde, auquel se fixe la longe* permettant de mener le cheval en main ou de l'attacher.

Ligne du dessus. Désigne la morphologie du dos du cheval, du garrot à la croupe comprise ; son observation porte sur la ligne de la colonne vertébrale et sur les masses musculaires qui l'entourent.

Livre généalogique. Registre dans lequel sont enregistrées les naissances des sujets reconnus appartenant à une race précise. Souvent appelé stud-book*, il permet de connaître les ascendants d'un cheval de la race.

Livret signalétique. Appelé aussi « papiers* du cheval », il comporte signalement, date de naissance, origines et vaccinations du cheval. En France, il est établi par les Haras nationaux.

Longchamp. Hippodrome parisien, situé dans le bois de Boulogne, inauguré le 26 avril 1856.

Longe. 1. Longe d'attache : corde, courroie ou chaîne plus ou moins longue fixée au licol* et destinée à attacher le cheval ou à le conduire en main. 2. Longe de travail : longue d'au moins 6 m, elle est destinée à être fixée au caveçon* ou au bridon* pour faire tourner le cheval en longe.

Longeur. Personne qui fait tourner un cheval en longe ; elle est équipée d'une chambrière* pour entretenir l'impulsion.

Louvet. Qualifie la robe* du cheval composée de poils café-au-lait mêlés de noirs.

Luzerne. Plante légumineuse riche en éléments minéraux. On ne doit l'adjoindre à la ration de fourrage qu'en quantité limitée, sous peine de fatiguer les reins.

Main. 1. Le cavalier a une « bonne main » lorsqu'il ne tire jamais sur la bouche du cheval. 2. Le cheval est « sur la main » lorsqu'il s'appuie sur son mors* ; il « prend la main » lorsqu'il échappe au contrôle du cavalier et l'embarque. Il est « en arrière de la main » lorsqu'il ramène le bout du nez vers le poitrail pour refuser le contact des rênes*, ou qu'il n'est plus « en avant* ». 3. Piste à main droite, l'intérieur de la carrière* est à droite du cavalier marchant sur la piste*, et inversement pour piste* à main gauche.

Maïs. Grain riche en fécule et en sucre, pouvant remplacer l'avoine mais plus riche en lipides, donc à donner de préférence en hiver.

Maître d'école. Nom donné au cheval routiné*, que l'on fait suivre par un cheval novice, qui l'imite, apprenant ainsi son métier.

Mamelle. 1. Chacune des deux glandes de la jument, destinées à la lactation. 2. Région du sabot située latéralement de part et d'autre de la pince. 3. Région équivalente du fer à cheval.

Manège. Lieu couvert aménagé pour pratiquer l'équitation. Les murs en sont équipés de pare-bottes* et portent les lettres A, F, B, M, C, H, E, K, suivant l'ordre établi par l'usage. Ces lettres sont destinées à guider les cavaliers dans leurs évolutions sur la piste, selon les directives d'un instructeur au cours d'une reprise*.

Mash. Préparation appétissante et nutritive, donnée aux chevaux ayant des problèmes de digestion. Pour une ration moyenne, on met dans un seau : 2 l d'avoine, 15 g de sel, une poignée de graines de lin, 0,5 l de paille hachée, 1,2 l de foin haché, 1,2 l de son, que l'on recouvre d'eau bouillante, avant de couvrir le seau d'un linge. Après cinq heures de macération, la préparation peut être donnée au cheval.

Mezaïr. Air* relevé dérivé du galop dans lequel le cheval reporte le poids de son corps sur les hanches, très ployées sous la masse.

Mis. Un cheval « bien mis » est un cheval apte à conserver le rassembler* à toutes les allures*. Un cheval est « mis » à une allure* particulière lorsqu'il est rassemblé et cadencé à cette allure.

Mise bas. Poulinage.

Molettes. 1. Petites pièces rondes, avec ou sans pointes, fixées de manière à tourner à l'arrière de la tige de certains éperons. 2. Tare molle découlant de synovie chronique.

Modèle. Synonyme d'aspect morphologique du cheval en fonction de sa race ou de son utilisation : « Voilà un beau modèle. »

Monodactyle. Animal ayant un seul doigt à chaque membre (comme *equus* et sa famille).

Monorchide. Cheval entier dont un seul testicule est apparent.

Montants. Pièces de harnachement* de tête soutenant le mors* et réglables selon la taille de la tête du cheval.

Monte. 1. Action de saillir, pour l'étalon*. On dit de lui qu'il « fait la monte ». 2. Action de chevaucher un cheval ; la monte à cru est une monte sans selle, la monte en suspension* est une monte en équilibre, debout sur les étriers.

Montoir. Côté gauche du cheval, par lequel le cavalier se met en selle. On dit aussi côté du montoir.

Mors. Appelé aussi acier*, c'est la pièce de harnachement* placée dans la bouche du cheval. Il est constitué du canon, droit ou « brisé » (articulé), et des anneaux ou branches où sont fixés montants* et rênes*.

Mortaise. Trou avec pas de vis au talon des fers pour visser les crampons*.

Mouvement (en avant). On dit d'un cheval qu'il est « dans le mouvement en avant* » (ou « en avant* ») lorsqu'il adopte franchement une allure énergique à la moindre sollicitation.

Mur. 1. Obstacle constitué de fausses briques de 10 cm de haut, dont le dessus est arrondi et qui sert surtout en parcours de puissance. 2. Mur du Jura : il est surmonté d'une barre*. 3. Mur de Salzmaggiore : il est précédé d'un obstacle fait de barres* superposées.

Mur. L'un des obstacles les plus spectaculaires

Muserolle. Pièce du harnais* de tête qui enserre le bout du nez ou le chanfrein* pour empêcher le cheval de trop ouvrir la bouche.

Naisseur. Propriétaire de poulinières* commercialisant les poulains* sevrés avant leur élevage.

Naseaux. Orifices respiratoires du bout du nez du cheval ; traditionnellement, ils doivent être bien ouverts chez les races « de sang ».

Naviculaire. 1. Os naviculaire : petit os situé à la base et à l'arrière de la couronne, contre la face postérieure de l'os du pied. 2. Maladie naviculaire : grave détérioration de l'os naviculaire, sur lequel se forment des pointes, empêchant le fonctionnement normal de l'articulation du pied.

Newcastle, William Cavendish, duc de (1592-1676). Célèbre cavalier anglais, favori des rois Jacques 1er et Charles 1er. Lorsque Cromwell prit le pouvoir, Newcastle s'exila à Anvers, où il fonda une académie d'équitation, qu'il dirigea durant 18 ans. En 1657, il publia sa *Méthode et invention nouvelle de dresser les chevaux*. À son époque, il a fait figure de novateur. Aujourd'hui on retient surtout qu'il a été un des premiers en Europe à écrire un traité d'équitation, même si ce texte est contestable à bien des égards.

Noir. Couleur de robe* très rare ; le plus souvent, un cheval dit noir est en fait bai* brun très foncé.

Œil (sur l'). Caractère d'un cheval ombrageux. Expression liée au fait qu'un cheval inquiet a tendance à écarquiller les paupières, ce qui expose le blanc de son œil lorsqu'il regarde autour de lui.

Œillères. Pièces du harnachement* d'attelage, empêchant le cheval de voir sur les côtés et protégeant ses yeux de la mèche du fouet.

Oliviera, Nuno (1925-1989). Élève de M. de Miranda, dernier écuyer de la Maison royale portugaise, il devint un des maîtres du dressage. Les cavaliers venaient du monde entier faire des stages dans son école, Quinta do chafariz, près de Lisbonne. Il est notamment l'auteur de *Réflexion sur l'art équestre*.

Onagre. De la famille des équidés, cet âne sauvage vit encore en liberté dans certains pays du Moyen-Orient.

Orge. Céréale utilisée pour alimenter les chevaux. Parce que non excitante, c'est-à-dire non toxique même à haute dose, elle est préférée à l'avoine par beaucoup de cavaliers pour nourrir leurs chevaux.

Oxer. Obstacle large* composé de deux éléments verticaux parallèles, le vide entre les deux pouvant être comblé par une haie et qui se franchit en un seul saut.

Paddock. 1. Enclos permettant de garder les chevaux sans les attacher. 2. Enceinte réservée, dans laquelle sont présentés les chevaux avant une course sur un hippodrome, avant une compétition dans une manifestation équestre.

Paille. Tiges des céréales. Selon qu'elle est d'avoine, de blé, d'orge ou de seigle, elle est plus ou moins nutritive et plus ou moins utilisable pour faire la litière.

Palanques. Planches de bois épais remplaçant les barres dans l'obstacle portant ce nom.

Palonnier. En attelage, barre articulée perpendiculaire à l'axe de la voiture et reliée à l'avant de celle-ci.

Panache. C'est une chute « en soleil » , cheval et cavalier faisant un roulé-boulé en avant.

Panard. Se dit d'un cheval dont les pieds sont tournés vers le dehors de leur aplomb normal.

Panneau (de selle ou de sellette*). Parties larges descendant latéralement sur les côtés du cheval sur lesquels passe la sangle*.

Papiers. Voir Livret signalétique. Un cheval « sans papier » est un cheval aux origines inconnues, ou aux parents dépourvus eux-mêmes de papiers.

Parcours. Succession d'obstacles à franchir dans un certain ordre, lors d'un concours*.

Pare-botte. Paroi de bois inclinée, recouvrant la base des murs du manège* jusqu'à 1,50 m environ de hauteur, destinée à empêcher que la jambe des cavaliers ne se trouve coincée entre le mur et leur monture.

Parer. Couper l'excédent de corne des sabots trop longs, au moyen d'un rogne-pied ou d'une pince à parer.

Paroi. Aussi nommée muraille, elle est la partie visible du sabot lorsque le pied du cheval repose sur le sol.

Paso fino. Race de chevaux de selle, élevée dans les Caraïbes et quelques pays d'Amérique du Sud. Ils possèdent trois allures dérivées de l'amble : le *paso fino*, pas lent et rassemblé, le *paso corto*, qui permet de couvrir de longues distances à un train soutenu et le *paso largo*, l'allure la plus rapide.

Paso peruano. Race élevée dans les haciendas de la côte sablonneuse du Pérou. Ces chevaux à l'avant-main* hyperdéveloppée et à l'arrière-main* paraissant atrophiée par comparaison, marchent une allure particulière, le *paso llano*, un dérivé de l'amble*. Pour prouver à quel point cette allure est confortable pour le cavalier, les Péruviens enfourchent leur cheval de paso en tenant à la main un verre plein d'eau à ras bord. Quelle que soit la distance que l'animal parcourt par la suite, ils peuvent montrer, lorsqu'il s'arrête, le verre toujours plein, duquel il n'est pas même tombé une seule goutte...

Passage. Air* consistant en un « trot écourté et raccourci, très rassemblé, très soutenu et très cadencé. Il est caractérisé par un engagement des hanches prononcé et une flexion plus accentuée des genoux et des jarrets, ainsi que par la gracieuse élasticité du mouvement » (Decarpentry*).

Passage. Air très prisé des andalous

Périoplique (bourrelet). Situé au-dessus du sabot, c'est lui qui sécrète le périople, vernis recouvrant la corne du sabot, auquel il sert de protection.

Pharmacie. Une pharmacie destinée aux chevaux peut comprendre bien des accessoires et des médicaments, mais l'indispensable peut se limiter à ceci : du coton, des compresses et des bandes de gaze, des bandes velpeau, des ciseaux courbes, un bistouri, deux seringues stériles de 20 ml, des aiguilles intramusculaires, des épingles à nourrice, de l'alcool, de l'eau oxygénée et de la teinture d'iode, une pommade antibiotique et une cicatrisante, un antibiotique injectable, un antispasmodique injectable, un sérum antitétanique équin.

Piaffer. Air* consistant en un passage* exécuté sur place.

Pince. 1. Région antérieure du sabot du cheval. 2. Région identique du fer à cheval. 3. Chacune des incisives antérieures du cheval.

Piste. En carrière et en manège, chemin suivant intérieurement les bords. La « piste intérieure » est parallèle à la piste principale, à 2 mètres plus au centre (distance de croisement de cavaliers en sens inverse). Le sens de croisement de cavaliers sur des pistes contraires est à gauche (comme la circulation en Angleterre), un souvenir datant des amazones, et des cavaliers portant épée sur leur flanc gauche.

Pliohippus. Ancêtre du cheval dont les fossiles ont été retrouvés dans les couches géologiques du Pliocène (dernière période de l'ère tertiaire).

Poids du cheval. Le cheval adulte pèse de 400 à 600 kg en fonction de sa taille et de sa race (900 kg pour les chevaux de trait) ; le poulain pèse à sa naissance de 45 à 60 kg. Pour les poneys, le poids varie beaucoup avec la taille adulte (80 à 200 kg). En dehors de la pesée (pas toujours facile à effectuer), une évaluation correcte du poids peut être obtenue grâce à la « formule de Crevat » : C^3 x 80, avec C = périmètre thoracique mesuré (en mètre) en arrière du garrot.

Poids du cavalier. Un cheval, sauf lorsqu'il n'a pas fini sa croissance, puis lorsqu'il est vieux, est apte à supporter le poids de tout cavalier adulte. En revanche, celui-ci influe sur l'équilibre général du couple et il faut en tenir compte lors de toute demande de modification d'allure ou d'attitude du cheval.

Polo. Sport dont les matchs se disputent entre deux équipes de quatre cavaliers. On frappe avec le centre de la tête du maillet au tiers inférieur de la balle. Le joueur frappe lorsque son épaule arrive à la hauteur de la balle. Les coups droits se font dans le sens des aiguilles d'une montre, vers l'avant (à droite) ou vers l'arrière (à gauche), tandis que les revers se font dans le sens inverse.

Poney. Officiellement c'est un cheval ne toisant pas plus de 1,47 m (1,48 m ferré !). Les poneys sont de petits chevaux, originaires de rudes pays à la végétation pauvre, où ils sont devenus rustiques, frugaux, endurants et insensibles aux intempéries.

Porte-brancard. Passant en cuir ou en fer portant les brancards* de la voiture et supporté par la sellette*.

Porte-trait. Passant en cuir maintenant les traits* dans la bonne direction.

Poste. Jusqu'à l'apparition des machines, particulièrement des trains, on se déplaçait soit en voitures attelées, soit à francs-étriers*. Évidemment, les cavaliers ne pouvaient couvrir d'une traite et rapidement de longues distances avec la même monture. Aussi allaient-ils d'un relais de poste à un autre, pour pouvoir en changer fréquemment. Ces relais avaient été établis au fil de l'histoire, en fonction surtout de la géographie. La distance les séparant était en moyenne d'une lieue, soit 8 km. La plupart des cavaliers utilisant les services de la poste allaient d'un relais à l'autre au trot parce que cette allure permet d'avancer relativement vite, sans fatiguer les chevaux outre mesure, sans les faire arriver au relais suivant trempés de sueur, ce qui était toujours sanctionné d'une manière ou d'une autre (location d'une monture inconfortable, tarif plus élevé, etc.). Il arrivait pourtant que des gens pressés fassent « trois postes à l'heure », c'est-à-dire couvrent 24 km par heure, ce qui n'est possible qu'à un bon galop. Ces mauvais utilisateurs du cheval, qui étaient évidemment obligés de jouer sérieusement de l'éperon, avaient obligatoirement la bourse bien garnie. Car les maîtres de poste ne leur faisaient aucun cadeau... Les voyageurs ordinaires allaient au trot assis, puisque le trot enlevé n'a été imaginé en Angleterre qu'au XIXe siècle, c'est-à-dire à la veille de la disparition des relais de poste.

Poste hongroise. Manière pour un cavalier de conduire plusieurs chevaux, debout sur l'un et poussant devant lui les autres tenus en longues rênes. Traditionnellement pratiquée en Hongrie par les gardiens de chevaux de la Putza (plaine alluviale locale), cette particularité équestre est devenue depuis le XIXe siècle l'un des numéros de cirque les plus appréciés du public.

Poulain. Jeune cheval de moins de trois ans.

Pouliche. Jeune jument de moins de trois ans.

Poulinière. Qualifie la jument destinée à la reproduction.

Pouls. Chez le cheval au repos, en moyenne 32 pulsations/minute (fourchette de 24 à 48), 84 juste après le travail (52 à 124). Se prend à la jugulaire ou à l'artère du creux du canon.

Protections. Les sports équestres sollicitant énormément la jambe et le pied du cheval, le rôle des protections est tout simplement… de les protéger. Des blessures peuvent survenir lorsqu'un postérieur vient heurter un antérieur ou lors du franchissement d'obstacles. Guêtres allemandes (ouvertes devant), protège-boulets et cloches (aux antérieurs) constituent la panoplie classique du cheval d'obstacle. Pour les « sensibles des tendons », on utilise en plus des bandes de polo ou de travail auto-adhésives, placées en dessous des guêtres. En concours complet, les chevaux sont particulièrement bien protégés pendant la phase de cross*. Les guêtres ne sont plus ouvertes mais fermées, recouvrant le plus souvent des bandes de travail. Portées aux antérieurs comme aux postérieurs, elles sont munies de languettes descendant sur l'intérieur des paturons et remontant sur l'intérieur des genoux ou des jarrets. Quant aux cloches* (aux antérieurs et aux postérieurs), elles sont souvent doublées : une petite qui descend bien sur le glôme* et une plus grande pour protéger l'avant du sabot. Il existe aussi des anneaux en caoutchouc pour protéger les paturons et des genouillères* pour la face des genoux qui atténuent les chocs de ceux-ci avec les obstacles fixes ainsi que les conséquences d'une chute en avant. En dressage, les protections sont interdites en compétition et ne sont portées qu'à l'entraînement. En course de galop, les membres des chevaux sont protégés à l'aide de guêtres ou de bandes de travail. Pour les courses de trot, où les risques de blessure sont grands, les protections sont multiples et très solides. Il existe aussi des protections pour le transport des chevaux : protège-nuque (qui évite un traumatisme du crâne en cas de choc si le cheval lève la tête dans le camion), protège-queue et protège-jarret, protections des membres en mousse.

Quartier. 1. Région moyenne de chaque côté du sabot du cheval. 2. Région correspondante de chaque branche du fer à cheval. 3. Chacune des surfaces latérales de la selle, sur laquelle repose la cuisse du cavalier.

Queue d'aronde. Examinée lors de l'établissement de l'âge* du cheval par l'observation des dents, c'est une pointe apparaissant par usure en arrière du coin supérieur, à l'âge de 7 ans, puis de 13 ans, et s'arasant à chaque fois en l'espace de deux ans.

Ramener. Travail qui permet, par contact doux mais ferme de la main avec la bouche du cheval, et tout en le faisant engager*, de s'approcher du « placer » de la tête par relèvement de la nuque et rapprochement du chanfrein* d'avec la verticale.

Rarey, John Solomon. Célèbre dresseur américain du XIXe siècle, qui parvenait à dompter complètement en une heure les chevaux les plus rétifs et les plus ombrageux. Il a écrit un petit livre, *L'Art de dompter les chevaux*, paru en 1858 et republié en 1996 par Favre-Caracole.

Rassembler. Équilibre en mouvement ou à l'arrêt, du cheval engagé* et placé.

Rectitude. Attitude correcte du cheval sur la ligne droite, le rachis droit et les membres antérieurs marchant exactement devant les membres postérieurs. Sur le cercle, le cheval doit être incurvé selon la courbe décrite.

Reculement. Voir Avaloire.

Refus. Désobéissance du cheval qui pile devant un obstacle, ou le contourne (on dit alors que le cheval « dérobe ») au lieu de le sauter. En concours, un refus ou une dérobade coûte trois points et trois refus ou dérobades entraînent l'élimination.

Remonte. Autrefois, service de l'armée chargé de fournir en chevaux débourrés* les régiments montés. Aujourd'hui, jeunes chevaux venant augmenter la cavalerie (le « piquet » de chevaux) à la disposition d'un cavalier de concours.

Rênes. 1. Pièces de harnachement mettant en contact la main du cavalier avec la bouche du cheval, par l'intermédiaire du mors*. 2. Les effets de rênes* sont les différentes manières d'agir avec celles-ci : rêne d'ouverture, rêne d'appui, rêne contraire... 3. Longues rênes : rênes très longues permettant au dresseur de diriger le cheval, à pied derrière lui (travail aux longues rênes) ou à cheval (travail en tandem).

Reprise. 1. Ensemble de figures et d'airs* enchaînés par le cavalier de dressage. 2. Leçon d'équitation en groupe, sous les ordres d'un moniteur, en manège* ou en carrière*.

Rétif. Cheval désobéissant, s'opposant à la main du cavalier.

Rivière. Obstacle souvent naturel en parcours de chasse, mais artificiel en concours hippique ou en course et parfois précédé d'une petite haie d'appel.

Robe. Couleur d'un cheval, définie par celles des poils et des crins.

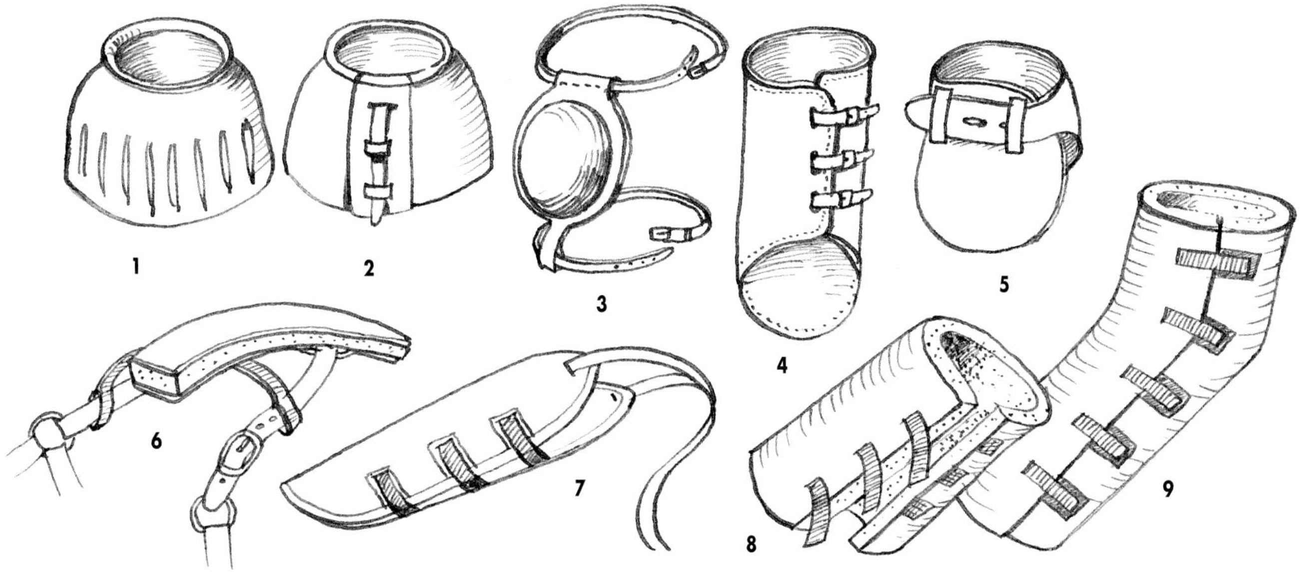

Protections. Les protections de travail : **1.** cloche - **2.** cloche ouverte - **3.** genouillère - **4.** guêtre - **5.** protège-boulet .
Les protections de transport : **6.** protège-nuque sur licol - **7.** protège-queue - **8.** protection pour les antérieurs - **9.** protection pour les postérieurs avec protège-jarret.

Rouan. Qualifie la robe* composée de poils noirs, blancs et marron-rouge.

Rouée. Qualifie l'encolure trop verticale à sa base, près du garrot, et courbée vers le bas à partir de la nuque. L'excès de cette morphologie est appelé « encolure de cygne ».

Routier. L'une des phases du concours d'attelage, qui consiste en un parcours sur routes et chemins, jalonné de passages obligatoires dits « obstacles ».

Routiné. Cheval de reprise qui connaît si bien son travail qu'il obéit plus aux ordres du moniteur qu'aux demandes de son cavalier !

Ruade. Action de ruer, de frapper vivement d'un « coup de botte » ou des deux postérieurs.

Saint-Fort Paillard, Jean (né en 1913). Officier de cavalerie, écuyer du Cadre noir*, puis journaliste équestre et directeur de la revue *L'Éperon*, il pratique avec succès tous les sports équestres : jumping, concours complet*, dressage, mais aussi polo*. Aux jeux Olympiques de Londres, en 1948, il est médaillé d'or par équipe. En 1975, il publie un ouvrage, *L'Équitation*, élogieusement préfacé par Jean d'Orgeix, dans lequel il critique avec bon sens la fameuse « tradition équestre ». Tout cavalier a à apprendre, dans cette véritable bible du cheval et de l'équitation.

Sang. 1. En parlant de race, un cheval « près du sang » est un cheval dont les origines sont proches de celles d'un pur-sang anglais ; une race à « sang chaud » est une race de chevaux de course ou de selle, « à sang froid » une race de chevaux lourds, de trait. 2. Un « pur sang » est un cheval dont les parents appartiennent tous les deux, et depuis des générations, à la même race. Mais par habitude, seul le pur sang anglais est qualifié de « pur sang ».

Sangle. Bande plate et large, de cuir, de toile ou de cordes de coton, passant sous la poitrine du cheval, à une main en arrière des coudes, et destinée à fixer la selle ou le harnachement.

Saut. 1. Bond pour franchir un obstacle. Le saut se décompose en cinq phases : l'approche de l'obstacle, l'appel, où le cheval s'enlève, le planer, la réception où les antérieurs de l'animal reprennent contact avec le sol, et la reprise de l'allure par le cheval. 2. Saut d'école, voir Airs relevés.

Sec. 1. Se dit d'un obstacle vertical « non appelé* ». 2. Désigne un cheval musclé mais sans graisse, pas tout à fait « en état* ».

Seime. Fente de la muraille, de la paroi d'un sabot.

Sellette. Petite selle faisant partie du harnachement de trait à un cheval, pourvue d'une dossière qui supporte les porte-brancards et, en sa partie supérieure, de deux anneaux dans lesquels coulissent les guides*. À deux chevaux ou plus, elles sont appelées le mantelet.

Sole. Plaque de corne formant le dessous du sabot.

Souffleur. Cheval entier* présenté à la jument (mais qui ne la saillit pas) afin de voir si celle-ci est prête à accepter l'étalon*.

Sous-lui. Se dit du cheval dont les postérieurs sont engagés* sous sa masse.

Spa (barres de). Obstacle formé de barres* s'étageant sur un support placé de biais, ou sur des chandeliers* penchés, de manière que cet obstacle soit plus large que haut.

Stud-book. Voir Livre généalogique.

Stud-book fermé. Plus aucune inscription d'origine nouvelle (géniteurs non inscrits et n'ayant pas de parents inscrits) ne peut être enregistrée.

Stud-book ouvert. Sur acceptation de ses caractères morphologiques et de ses performances, un géniteur peut être inscrit (à titre initial), et donc être à l'origine d'une lignée nouvelle dans la race considérée.

Sucre. La solidité des dents des chevaux et leur salive les protègent des caries. Le sucre n'est donc pas mauvais pour eux. En revanche, donner souvent à la main des sucres en morceau à un cheval peut le rendre mordeur, s'il n'est pas d'un caractère doux, et ce par gourmandise, par maladresse, ou même par colère le jour où il n'y en a pas. La meilleure récompense est encore une carotte.

Suitée. Jument accompagnée de son poulain qui la tête encore.

Surdent. Irrégularité d'usure de la table dentaire des molaires, créant des aspérités vers l'extérieur des dents, qui peuvent blesser l'intérieur des joues du cheval ; s'il souffre trop, le cheval arrête de mâcher, donc ne s'alimente plus et maigrit. Il faut faire intervenir un vétérinaire ou un dentiste équin.

Surfaix. Grande sangle* avec renfort au niveau du dos qui l'empêche de tourner ; muni de poignées, il peut servir à la voltige ; sinon, il est utile pour travailler le cheval en liberté, ou maintenir sa couverture.

Sur les épaules. Se dit du cheval dont le centre de gravité se déplace vers l'avant, le déséquilibrant et le faisant accélérer, par manque d'engagement des membres postérieurs.

Suros. Tare dure ne provoquant généralement pas de boiterie.

Suspension. Monte* du cavalier, non assis dans la selle mais en équilibre sur des étriers* à étrivières* raccourcies.

Taille. La taille du cheval (non ferré) se mesure au garrot, parfois à l'aide d'une toise. Elle atteint souvent plus de 1,80 m.

Tapis. Pièce de tissu ou de feutre placée sous la selle pour limiter les échauffements de la peau du cheval par frottement.

Taquet. 1. Bourrelet relevant l'arrière des quartiers* de certaines selles. 2. Ferrure servant à maintenir les barres* sur les chandeliers* d'obstacle.

Température. Chez le cheval au repos, la température rectale est de 37,5 °C. Elle peut atteindre 40 ° après un effort prolongé, mais doit revenir à 37,5 ° ou 38 ° en moins d'une heure.

Têtière. Partie du harnais* de tête qui se trouve sur la nuque du cheval, derrière les oreilles.

Tic. Vice d'attitude, le plus souvent causé par l'ennui. Voir Vices.

Timon. Pièce en bois ou en fer, longitudinale, prolongeant la voiture à deux chevaux ou plus, et de chaque côté de laquelle sont attelés les chevaux dits « timoniers ».

Tirer au renard. Cheval qui recule lorsqu'il est attaché et tire sur son licol* en s'acculant. Voir s'Acculer.

Toupet. Partie de la crinière retombant sur le front, entre les oreilles du cheval.

Traits. Longues pièces de cuir qui relient le harnachement du cheval d'attelage au palonnier* de la voiture et par lesquels s'effectue la traction.

Traquenard. Trot désuni, avec dissociation des bipèdes* diagonaux. C'est le fait de chevaux fatigués, ou au contraire de trotteurs dont l'allure est poussée.

Triple. Combinaison* de trois obstacles différents, placés avec un maximum de deux foulées entre chaque.

Tronc. Partie du cheval correspondant à son corps, placée sous la selle du cavalier.

Trot. Allure sautée à deux temps entre le pas et le galop, dans laquelle le cheval avance un diagonal* après l'autre.

Tschiffely, Aimé-Félix (1895-1954). Ce Suisse émigra à 20 ans en Argentine, où il devint maître d'école. Entre 1925 et 1928, avec deux chevaux criollos, Mancha et Gato, il réalise ce qui a été qualifié de « la chevauchée la plus folle, à travers quelques-uns des pays les plus inhospitaliers du globe », un raid entre Buenos Aires et New York. En 1933, il a publié le récit de cette fabuleuse aventure, qui n'a été traduit et édité en France qu'en 1948 et republié en 1991 par les éditions Favre-Caracole.

Vaccination. Certaines sont obligatoires (contre la rage en zones à risque, contre la grippe pour des chevaux participant à des rassemblements) et d'autres fortement conseillées (comme le tétanos pour les poulinières* par exemple).

Vessigon. Dilatations synoviales ou tendineuses, tares molles chroniques.

Vibrisses. Longs poils tactiles des lèvres, du menton, des paupières.

Vices. Habitudes plus ou moins mauvaises, pouvant aller jusqu'à nuire à la santé (physique ou morale) du cheval et dont certaines peuvent être facteur d'annulation de la vente (vice rédhibitoire : boiterie intermittente, immobilité, fluxion périodique des yeux, tic aérophagique, emphysème pulmonaire ou cornage chronique). Ces habitudes vicieuses sont souvent contagieuses lorsqu'elles se produisent au sein d'une écurie où les chevaux s'ennuient. C'est le cas du tic aérophagique (déglutition d'air) avec ou sans appui des dents sur un rebord ; de même du tic de l'ours, balancement latéral de l'encolure avec appui sur un antérieur puis sur l'autre. Citons d'autre part, le cheval mordeur et le botteur, ainsi que celui qui tire* au renard.

Vision. L'emplacement de ses yeux sur les côtés et l'importance de sa rétine assurent au cheval un champ de vision très large, de plus de 200° pour chaque œil, atout précieux pour détecter les dangers. Vers l'avant, sa vision binoculaire, qui permet de voir en relief et donc d'apprécier les distances, ne couvre qu'un champ de 60 à 70°. Toutefois, la flexibilité de son encolure lui permet aisément de compenser cette limitation.

Volte. Mouvement où le cavalier fait avancer sa monture sur un cercle.

Vitesse. Pas normal : 6 km/h, trot normal : 15 km/h, galop normal : 20 km/h ; pas allongé : 8 km/h, trot de course : 45 km/h, galop de course : 60 km/h.

Waler. Race assez peu précise de chevaux de selle australiens.

Xénophon (427-355 av. J.-C.). Philosophe grec, ayant eu un poste de commandement dans l'armée, il est l'auteur de deux ouvrages célèbres consacrés au cheval : *De l'équitation* et *Le Commandant de la cavalerie*. Ces traités, en dépit des quelques croyances amusantes qui y sont exposées, demeurent d'une étonnante modernité et sont sans cesse réédités.

Yearling. Poulain de pur-sang âgé d'un an. Par extension, poulain de toute race de sport, du sevrage à la puberté.

Zain. Qualifie le cheval dont la robe* ne comporte aucun poil blanc.

Zèbre. Mammifère ongulé africain, du groupe des équidés, dont la morphologie se rapproche plus de celle de l'âne que de celle du cheval. Il n'est pas considéré comme un animal de monte, malgré quelques rares exceptions.

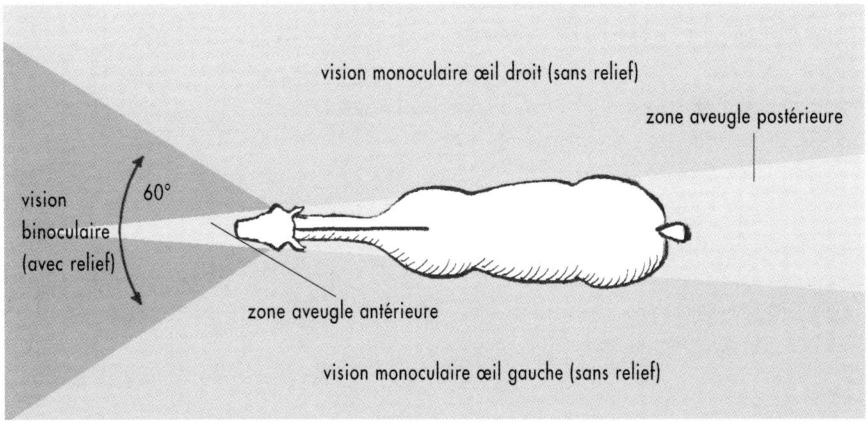

Vision. La zone aveugle antérieure, longue d'environ 1,20 m, n'empêche pas le cheval de bénéficier d'une excellente vision.

Carnet d'adresses

Adresses générales

FEI (Fédération équestre internationale)
Avenue Mon-Repos 24
Case postale 157
CH-1000 Lausanne 5
tél. (41) 21 310 47 47
fax (41) 21 310 47 60
www.horsesport.org

Fédération internationale de tourisme équestre
9 boulevard Macdonald
75019 Paris
tél. 01 49 52 03 30

France

FFE (Fédération française d'équitation)
9, boulevard Macdonald
75019 Paris
tél. 01 53 67 43 43

Les Haras nationaux
Médiathèque du cheval
16, rue Claude-Bernard
75231 Paris Cedex 05
tél. 01 44 08 17 53
fax 01 44 08 17 00

Les Haras nationaux
SIRE (Système d'identification répertoriant les équidés)
BP 3, route de Troche
19231 Arnac Pompadour Cedex
tél. 05 55 73 83 83

Ministère de la Jeunesse et des Sports
78, rue Olivier-de-Serres
75015 Paris
tél. 01 40 45 90 00

Musée vivant du cheval
7-9, rue du Connétable
BP 6023
60500 Chantilly
tél. 03 44 57 40 40
www.musee-vivant-du-cheval.fr

Service des haras, des courses et de l'équitation (Ministère de l'agriculture, de l'Alimentation, de la Pêche et des Affaires rurales)
78 rue de Varenne
75007 Paris
tél. 01 49 55 54 95

Belgique

FFE (Fédération francophone d'équitation)
12, rue du Tienne
B-5140 Ligny
tél. (32) 71 81 50 52
fax (32) 71 81 76 15
www.ffe.be

FRBSE (Fédération royale belge des sports équestres)
Avenue Houba de Strooperlaan 156
B-1020 Bruxelles
tél. (32) 2 478 50 56
fax (32) 2 478 11 26

LEWB (Ligue équestre Wallonie Bruxelles)
Chaussée de Gramptinne, 118
B-5340 Gesves
tél. (32) 83 23 40 70
fax (32) 83 21 82 61

Luxembourg

FLSE (Fédération luxembourgeoise des sports équestres)
14, avenue de la Gare
L-1610 Luxembourg
tél. (352) 48 49 99
fax (352) 48 50 39
www.hippoline.lu/flse

Suisse

FSSE (Fédération suisse des sports équestres)
Papiermühlestrasse 40 H
CH-3000 Bern 22
tél. (41) 31 335 43 43
fax (41) 31 335 43 58
www.svps-fsse.ch

Canada

CEF (Canadian Equestrian Federation)
Fédération équestre canadienne
2460 Lancaster Road, Suite 200,
Gloucester ON K1B 5N4
tél. (1) 613 748 56 32
fax (1) 613 747 29 20
www.equinecanada.ca/

Fédération équestre du Québec
4545 Avenue Pierre de Coubertin
CP 1000, Succursale M,
Montréal, Québec H1V 3R2
tél. (1) 514 252 30 53
fax (1) 514 252 31 65
E-Mail infocheval@feq.qc.ca
www.feq.qc.ca

France

Métiers du cheval

AFASEC (Association de formation et d'action sociale des écuries de course)
Allée de Jardy, BP 70419
60635 Chantilly Cedex
tél. 03 44 62 41 60
fax 03 44 58 57 37

AFPA Aveyron (sellerie-harnachement)
Rue Alexis Monteil
12300 Decazeville
tél. 05 65 43 83 00

AFPPICC (Association de formation professionnelle des personnels de l'institution des chevaux de courses)
10, rue du Faubourg-Montmartre
75009 Paris
tél. 01 45 61 94 86
fax 01 47 70 02 50

Association de gestion pour la protection sociale des professionnels du trot
Domaine de Grosbois
94470 Boissy-Saint-Léger
tél. 01 45 69 08 79

Association des cavaliers de courses amateurs de France
133, rue du Faubourg-Saint-Honoré
75008 Paris
tél. 01 53 75 25 60
fax 01 53 61 90 38

Association des entraîneurs de chevaux de courses au galop en France
18bis, avenue du Général-Leclerc
BP 70103
60501 Chantilly Cedex
tél. 03 44 57 25 39

Association générale et Syndicat professionnel des jockeys de galop de France
43, avenue de Saint-Germain,
BP 25,
78601 Maisons-Lafitte Cedex
tél. 01 39 62 05 28
fax 01 39 62 00 33

Atelier EPONA (sellerie-bourrellerie)
57, avenue du Général-Leclerc
60635 Chantilly
tél. 03 44 62 41 90
Centre Grégoire (sellerie-bourrellerie)
28, rue de l'Abbé-Grégoire
75006 Paris
tél. 01 49 54 28 00

CNTE
(Centre national de tourisme équestre)
9, boulevard Macdonald
75019 Paris
tél. 01 53 26 15 50
fax 01 53 26 15 51

Club des gentlemen-riders et des cavalières de France
133, rue du Faubourg-Saint-Honoré
75008 Paris
tél. 01 42 25 88 33
fax 01 53 61 90 38

Conseil national de l'enseignement agricole privé
277, rue Saint-Jacques
75005 Paris
tél. 01 53 73 74 20

ENE
(École nationale d'équitation)
BP 207
49411 Saumur Cedex
tél. 02 41 53 50 55

ENGREF
(École nationale du génie rural des eaux et des forêts)
19, avenue du Maine
75732 Paris Cedex 15
tél. 01 45 49 88 00

ENSAR
(École nationale supérieure agronomique)
65, rue de Saint-Brieuc
35000 Rennes
tél. 02 99 28 50 00

ENV de Lyon
(École nationale vétérinaire)
1, avenue Bourgelat, BP 83
69280 Marcy-l'Étoile
tél. 04 78 87 25 25

ENV de Maisons-Alfort
(École nationale vétérinaire)
7, avenue du Général-de-Gaulle
94704 Maisons-Alfort Cedex
tél. 01 43 96 71 00

ENV de Nantes
(École nationale vétérinaire)
Atlanpole, La Chantrerie
BP 40706
44087 Nantes Cedex 3
tél. 02 40 68 77 77
ENV de Toulouse
(École nationale vétérinaire)
23, chemin des Capelles
31076 Toulouse Cedex 3
tél. 05 61 19 38 00

ENITA Bordeaux (École nationale d'ingénieurs des travaux agricoles)
1, cours du Général-de-Gaulle - BP 201
33175 Gradignan Cedex
tél. 05 57 35 07 07

Centre équestre de l'ENESAD (Établissement national d'enseignement supérieur agronomique de Dijon)
24 boulevard de la Croix Saint-Martin
21800 Dijon Quetigny
tél. 03 80 46 22 28

ENPH (École nationale professionnelle des haras)
61310 Le Pin-au-Haras
tél. 02 33 12 12 12
fax 02 33 39 37 54

Fédération nationale des éducateurs sportifs d'équitation
Le Petit Chef du Bois
22450 Pommerit-Jandy
tél. 02 96 91 35 88

Garde républicaine
18, boulevard Henri-IV
75181 Paris Cedex 04
tél. 01 42 76 13 13

Gendarmerie nationale
Direction générale
35, rue Saint-Didier
75775 Paris Cedex 16
tél. 01 53 65 40 00

Groupement hippique national
215, boulevard Jean-Jaurès
92100 Boulogne-Billancourt
tél. 01 46 21 51 23

Institut hippique Bourgelat
(Voir ENV de Lyon)
tél. 04 78 87 26 77

INAPG (Institut national agronomique Paris-Grignon)
16, rue Claude-Bernard
75231 Paris Cedex 05
tél. 01 44 08 16 61
fax 01 44 08 17 00

Fédération nationale des artisans ruraux – maréchalerie
11, rue d'Uzès
75002 Paris
tél. 01 48 78 55 15
Syndicat national des exploitants d'établissements professionnels d'enseignement équestre
124, rue du Vieux-Port-de-Sèvres
92100 Boulogne
tél. 01 46 21 24 72

UNIC (Union interprofessionnelle du cheval)
104, rue Réaumur
75002 Paris
tél. 01 45 08 88 60
fax 01 45 08 88 03
www.chevalunic.fr

UNMFREO (Union nationale des maisons familiales rurales d'éducation et d'orientation)
58, rue Notre-Dame-de Lorette
75009 Paris
tél. 01 44 91 86 86
fax 01 44 91 86 45

Protection du cheval

CHEM
(Centre d'hébergement et de protection pour équidés maltraités)
6, rue de la Gare
45600 Villemurlin
tél. 02 38 36 07 01
fax 02 38 36 17 20

Domaine de Pech-Petit
Écurie retraite
46230 Cremps
tél. 05 65 31 60 61

GREV (Groupement pour la recherche des équidés volés)
Moulins de Sablons
61290 Maletable
tél. 02 33 25 71 44

Ligue française pour la protection du cheval et du poney
9 boulevard Macdonald
75019 Paris
tél. 01 53 26 15 15
fax 01 53 26 15 00

SPA (Société protectrice des animaux)
39, boulevard Berthier
75017 Paris
tél. 01 43 80 40 66
3615 SPA

UNPCS (Union nationale des propriétaires de chevaux de selle)
Retraite dans un centre "Pré-vert"
BP 31, 78770 Thoiry
tél. 01 34 94 72 18

Équitation pour handicapés

Association La Boussole
rue du Bout-Marchand
27180 Tournedos-Bois-Hubert
tél. 06 80 66 03 99

Faculté de médecine de Bobigny
Département Médecine du sport
74, rue Marcel Cachin
93017 Bobigny Cedex
tél. 01 48 38 76 13

FENTAC
(Fédération nationale de thérapie avec le cheval)
14, rue des Laitières
94300 Vincennes
tél. 01 43 28 04 79
fax 01 43 65 91 85

Handi-cheval
BP 144
79204 Parthenay Cedex
tél. 05 49 95 07 77

Droit - Assurances

Institut du droit équin
Centre de droit et d'économie du sport
Hôtel de Burgy
13 rue de Genève
87031 Limoges Cedex
Tél. 05 45 76 00

ENPH (École nationale des professionnels des haras)
61310 Le Pin-au-Haras
tél. 02 33 12 12 12 ou
02 33 12 12 00

Centre de documentation et d'information de l'assurance
2, rue de la Chaussée-d'Antin
75311 Paris Cedex 09
tél. 01 42 46 13 13

Comité européen des assurances
3 bis, rue de la Chaussée-d'Antin
75009 Paris
tél. 01 48 24 66 00

Belgique

Cheval de sang belge
Waversebaan 99
B-3050 Oud-Heverlee
tél. (32) 16 47 99 80
fax (32) 16 47 99 85

Société Royale Le Cheval de sport belge
av. Prince de Liège 103, bte 4
B-5100 Naumur
tél. (32) 81 330 660
fax (32) 81 330 666

Jockey-Club de Belgique
53, chaussée de la Hulpe
B-1180 Bruxelles
tél. (32) 2 672 72 48

Canada

Canadian Dressage Owners and Riders Association
Don Barnes
13-1475 Upper Gage Avnue
Association
Hamilton, ON L8W 1E6
tél. (1) 905 387 20 31
fax (1) 905 575 24 26
dressagegames@aol.com

Canadian Professional Horseman's Association
c/à John Weir
1793 15th Sideroad,
King City, ON L7B 1K5
tél. (1) 905 833 04 54

Luxembourg

Fédération des stud-books luxembourgeois
8, rue des Prés
L-6180 Gonderange
tél. (352) 78 81 76

Suisse

ASME (Association suisse de médecine équine)
Les Écuries Coup de Cœur
CH-1580 Avenches
tél. (41) 26 675 43 14
fax (41) 26 675 44 75

FSC (Fédération suisse des courses de chevaux)
Case postale 174
1580 Avenches, VD
tél. (41) 26 676 76 29

FSEC (Fédération suisse des organisations d'élevage chevalin)
Les Longs Prés
CH-1580 Avenches
tél. (41) 26 676 63 30
Stud-book (41) 26 676 63 33

FSG (Fédération suisse du galop)
Vordergasse 31-33
CH-8201Schaffhausen
tél. (41) 52 620 01 61
fax (41) 52 620 01 62

Index

Les chiffres en caractères **gras** désignent les passages où les termes sont plus particulièrement développés, et ceux en *italique* renvoient à une illustration.

ILLUSTRATIONS

Yvan Benoist-Gironière : pp. 16 à 30 ; pp. 49 à 85 ; pp. 88 à 110 ; pp. 122 à 152 ; pp. ; pp. 168-169 ; p. 199 ; pp. 227 à 236 ; pp. 238 à 241 ; pp. 354 à 369.
Philippe Meyrier : pp. 112 à 121 ; pp. 162 à 187 ; pp. 196 à 198 ; p. 200 ; pp. 220 à 226 ; p. 237 ; pp. 248 à 281.

CRÉDITS PHOTOGRAPHIQUES

Gilles Delaborde : pp. 10, 12-13, 14, 15, 16, 17, 19, 20, 23, 24, 25, 27, 77h, 81, 82, 83, 84, 90, 92, 96, 97, 98, 99, 101, 104, 115, 116, 118, 121, 125, 130, 132, 143, 144, 145, 148b, 153, 155h, 158, 159d, 163, 165, 173, 175, 190, 191, 192, 199, 201, 204-205, 210, 211, 213, 214, 215, 218-219, 242, 243, 244, 245m, 245b, 249, 250, 251, 252, 253, 255, 256, 257, 262, 265, 266, 267, 268, 269, 271, 272, 273h, 273b, 274, 277, 278 à 291, 292g, 293, 294, 295, 296, 297, 309, 310, 312, 314b, 325h, 328, 331bd, 333, 336, 348h, 349, 357, 358, 364, 365.
Frédéric Chéhu, Optipress : pp. 31, 42-43, 85, 86-87, 88, 89, 93, 108, 109, 110, 111, 113, 117, 119, 120, 123, 126, 127, 131, 133, 141, 142, 148h, 154, 156, 160-161, 167, 170, 172, 176, 181, 183, 184, 185, 186, 189, 195b, 202, 203, 216, 217, 229, 241, 245h, 247, 248, 254, 260, 264, 270, 276, 292d, 302b, 303hd, 314h, 316, 317, 318, 320, 321b, 324, 338, 340, 343, 346, 347, 348b, 350, 351, 352, 353, 355, 362.
Hoa Qui/Explorer : I. Bertrand pp. 102-103, 105h, 361 ; J.-M. Bertrand pp. 12, 33d, 95h, 303bg ; coll. ES pp. 94, 114 ; J. Damase p. 105b ; J. Dupont pp. 13, 259 ; P. Estay/Dune pp. 39, 302h ; P. Forget pp. 100-101, 107, 166, 301b, 331g ; L. Giraudou pp. 106-107 ; S. Grandadam p. 38 ; F. Jallain p. 36 ; P. Leroux p. 149 ; P. Lissac p. 303hg ; F. Varin p. 311 ; D. Mar p. 171 ; Mary Evans/Explorer Archives pp. 35, 128, 155b, 246 ; A. Philippon p. 95b ; E. Poupinet p. 8-9 ; A. Reffet p. 34 ; P. Tetrel p. 37 ; D. Thibaut p. 140 ; Trapman p. 315 ; H. Veiller p. 32 ; P. Willi p. 146 ; P. Wysocki p. 33g ; **Keystone** : P. Horvais p. 330g.
Bios : J.-J. Alcalay p. 225 ; H. Ausloos p. 275 ; F. Gilson p. 212 ; G. Lopez p. 270 ; Klein/Hubert pp. 11, 303bd ; C. Ruoso pp. 28-29, 159g ; Seitre p. 188 ; J.-L. et F. Ziegler p. 21 ; Dominique Halleux : pp. 306, 325b.
Collection Alban Poudret : D. Caremans pp. 134, 136, 137 ; DR pp. 122 ; M. Rebeschini p. 300.
Roger-Viollet : coll. Viollet pp. 323, 327, 332, 334.
Jean-Loup Charmet : pp. 321h, 330d, 337.
Bridgeman/Giraudon : musée Condé p. 304-305 ; Jean Leclerc p. 329
Siny Most : Chorsch p. 258. **Arnaud de Balsac** : p. 152.
Antoine Poupel : p. 157. **Bertrand de Perthuis** : p. 193. **Association La Boussole** : p. 345. **Bertrand Gourier** : p. 150-151.
Martine Denis : pp. 40-41, 138-139, 178-179, 206 à 209.
B. Langrish, Optipress : pp. 260 et 261.
Alain Laurioux, Optipress : p. 335.
Sally Anne Thompson, Animal Library (DR) : p. 263.
Stéphan Lefebvre : pp. 44 à 75, 77b à 79, 177, 195h, 298, 299, 301h.

Photogravure : Nord Compo / APS
Imprimé en Italie par G. Canale, Turin
Dépôt légal : Septembre 2003 - 560294/03
11003137 - Janvier 2006